Veröffentlichungen zum Verfahrensrecht
Band 106

herausgegeben von
Rolf Stürner

Gerrit Cornelius Niehoff

Verfahrenskonzentration durch *compulsory counterclaims* in den US-amerikanischen Zivilprozessordnungen

Mohr Siebeck

Gerrit Cornelius Niehoff, geboren 1986; Studium der Rechtswissenschaften an der Universität Passau und der University of London (Diploma in Law, External Programme); 2012–14 wissenschaftlicher Mitarbeiter an der Universität Passau; 2014 Promotion; seit 2014 Rechtsreferendar am Landgericht Frankfurt am Main.

Gedruckt mit Unterstützung der Studienstiftung ius vivum.

ISBN 978-3-16-153453-9
ISSN 0722-7574 (Veröffentlichungen zum Verfahrensrecht)

Die Deutsche Nationalbibliothek verzeichnet diese Publikation in der Deutschen Nationalbibliographie; detaillierte bibliographische Daten sind im Internet über *http://dnb.dnb.de* abrufbar.

Das Buch wurde von Gulde-Druck in Tübingen auf alterungsbeständiges Werkdruckpapier gedruckt und gebunden.

Meinen Eltern

Vorwort

Diese Arbeit wurde von der Juristischen Fakultät der Universität Passau im Wintersemester 2013/2014 als Dissertation angenommen. Literatur und Rechtsprechung wurden bis April 2014 berücksichtigt.

Mein herzlicher Dank gilt meinem Doktorvater, Herrn Professor Dr. Wolfgang Hau, der die Befassung mit der Thematik angeregt und die Entstehung der Arbeit während meiner Zeit als wissenschaftlicher Mitarbeiter an seinem Lehrstuhl in hervorragender Weise gefördert hat. Nicht minder dankbar bin ich ihm für seine vielfältige Förderung zu Studienzeiten. Herrn Professor Dr. Dennis Solomon, LL.M. (Berkeley), danke ich für die zügige Erstellung des Zweitgutachtens.

Herrn Professor Dr. Dres. h.c. Rolf Stürner danke ich für die freundliche Aufnahme der Arbeit in diese Schriftenreihe.

Der Studienstiftung ius vivum, namentlich Herrn Professor Dr. Haimo Schack, LL.M. (Berkeley), danke ich für den großzügigen Druckkostenzuschuss zur Unterstützung der Veröffentlichung dieser Arbeit.

Die Prozessanwälte der Sozietäten Baker & McKenzie LLP und Gibson, Dunn & Crutcher LLP haben mir während meines Forschungsaufenthalts in San Francisco, CA, USA, die Sicht der Praxis auf *compulsory counterclaims* nähergebracht. Für wertvolle Erkenntnisse und ihre große Diskussionsbereitschaft danke ich ihnen herzlich.

Ebenso großen Dank schulde ich meinen Lehrstuhlkollegen, Frau Dr. Claudia Mayer, LL.M. (Chicago), und Herrn PD Dr. Florian Eichel, für viele fruchtbare Gespräche und nicht zuletzt für die hilfreiche Durchsicht des Manuskripts. Letztere hat auch Herr Rechtsanwalt Jan Caba, LL.M., Maîtrise en droit, auf sich genommen, dem ich dafür und für so manches Treffen in München herzlich danke.

Ohne die uneingeschränkte Unterstützung meiner Eltern, Doris und Ulrich Niehoff, wäre die Anfertigung dieser Arbeit ein hoffnungsloses Unterfangen gewesen. Sie haben mir eine unbeschwerte Studien- und Promotionszeit ermöglicht und mich auf meinem Weg stets mit Rat und Tat sowie großer Anteilnahme begleitet. Dafür und für vieles mehr gilt ihnen mein tief empfundener Dank. Diese Arbeit ist ihnen gewidmet.

Frankfurt am Main, im Juni 2014 — Gerrit Cornelius Niehoff

Inhaltsübersicht

Vorwort VII
Abkürzungsverzeichnis XIX

Einleitung 1

A. Problemstellung 1

B. Zielsetzung und Gang der Untersuchung 6

Kapitel 1: Grundlagen der US-amerikanischen Rechtskraftlehre 9

A. Terminologie und Abgrenzung 9

B. Allgemeine Grundsätze 10

C. Rechtskraft im Einzelnen 16

D. Exkurs: Durchbrechung der Rechtskraft 64

Kapitel 2: Verfahrenskonzentration durch Rechtskraft 74

A. Konzentrationslast des Klägers 75

B. Konzentrationslast des Beklagten 79

C. Exkurs: Widerklagelast im deutschen Recht? 99

Kapitel 3: Verfahrenskonzentration durch gesetzliche Widerklagelast ... 104

A. Bundesrecht ... 104

B. Recht der Einzelstaaten ... 195

Kapitel 4: Verfahrenskonzentration und Interessenausgleich... 205

A. Rechtspolitischer Ausgangspunkt: Verfahrenskonzentration zulasten des Beklagten ... 206

B. Notwendigkeit des Beklagtenschutzes ... 207

C. Möglichkeiten des Beklagtenschutzes ... 214

Schluss ... 242

A. Ergebnisse und Thesen ... 242

B. Vorschlag einer geänderten Fassung der Rule 13(a) FRCP ... 248

Literaturverzeichnis ... 251
Entscheidungsverzeichnis ... 265
Sachregister ... 283

Inhaltsverzeichnis

Vorwort VII
Abkürzungsverzeichnis XIX

Einleitung 1

A. Problemstellung 1

B. Zielsetzung und Gang der Untersuchung 6

Kapitel 1: Grundlagen der US-amerikanischen Rechtskraftlehre 9

A. Terminologie und Abgrenzung 9

B. Allgemeine Grundsätze 10

I. Zweck der Rechtskraft 10
II. Rechtskraft im föderalistischen Gerichtssystem der USA 13
1. Einzelstaatliche Entscheidung – Einzelstaatliche Entscheidung 14
2. Einzelstaatliche Entscheidung – Bundesstaatliche Entscheidung 14
3. Bundesstaatliche Entscheidung – Einzelstaatliche Entscheidung 15
4. Bundesstaatliche Entscheidung – Bundesstaatliche Entscheidung 16

C. Rechtskraft im Einzelnen 16

I. *Claim preclusion* 16
1. Grundlagen 17
a) Historischer Hintergrund 17
b) Rechtsquellen 18

2. Voraussetzungen ... 19
a) Partei- und Parteirollenidentität ... 19
b) Wirksames Endurteil in der Sache *(valid final judgment on the merits)* ... 21
aa) Wirksames Urteil ... 21
(1) *Subject matter jurisdiction* ... 21
(2) *Personal jurisdiction* ... 24
(3) *Adequate notice* ... 26
bb) Endurteil ... 27
cc) Urteil in der Sache ... 28
c) Identischer Streitgegenstand *(same claim)* ... 31
aa) Common Law: *Different legal theories* ... 32
bb) *Primary rights theory* ... 33
cc) *Transactional test* ... 33
3. Ausnahmen von der Anwendbarkeit der *claim preclusion* ... 35
a) Disposition der Parteien ... 36
b) Festlegung durch das Gericht ... 36
c) Verfahrensrechtliche Beschränkungen im Erstverfahren ... 37
d) Allgemeine Billigkeitserwägungen ... 38
II. *Issue preclusion* ... 39
1. Grundlagen ... 41
a) Historischer Hintergrund ... 41
b) Rechtsquellen ... 42
2. Voraussetzungen ... 43
a) Parteiidentität ... 43
b) Wirksames „Endurteil" ... 43
c) Identität der verhandelten und entschiedenen Feststellung *(same issue litigated and determined)* ... 45
aa) Identität der *issues* ... 45
(1) Begriff der *issue* ... 45
(2) Identität der *issues* ... 47
bb) Verhandlung und Entscheidung *(actually litigated and determined)* ... 48
(1) Verhandlung ... 48
(2) Entscheidung ... 49
d) Entscheidungserheblichkeit der Feststellung *(issue essential to judgment)* ... 50
3. Ausnahmen von der Anwendbarkeit der *issue preclusion* ... 51
a) Keine Möglichkeit der Überprüfung durch Rechtsmittel ... 51
b) Rechtliche Feststellungen ... 52
c) Zuständigkeitsrechtliche Aspekte ... 52
d) Allgemeine Billigkeitserwägungen ... 53
III. Ausnahmen von der subjektiven Bindungswirkung ... 54

1. Bindung der Parteien und Dritter durch Rechtskraft ... 54
a) Der Bindungswirkung nicht unterliegende Parteien ... 54
aa) Prozessunfähige Parteien *(parties under incapacity)* ... 54
bb) Parteien mit mehrfachen Funktionen *(parties appearing in different legal capacities)* ... 55
cc) Nominelle Parteien *(nominal parties)* ... 55
dd) Streitgenossen *(coparties)* ... 56
b) Der Bindungswirkung unterliegende Dritte ... 57
aa) Begriff der *privity* ... 57
bb) Tatsächliche Prozessführung *(person who controls participation)* ... 57
cc) Repräsentierte Parteien *(person represented by a party)* ... 58
dd) *Virtual representation*? ... 59
ee) Materiellrechtliche Verbundenheit *(substantive legal relationships)* ... 59
2. Berechtigung Dritter durch Rechtskraft ... 61
a) *Doctrine of mutuality* ... 61
b) *Nonmutual issue preclusion* ... 62

D. Exkurs: Durchbrechung der Rechtskraft ... 64

I. *Appeal* ... 64
1. *Final judgment rule* ... 65
2. Verfahren ... 66
3. Reichweite der Überprüfung ... 67
II. *Motion for relief from judgment* ... 68
1. Überblick ... 68
2. Verfahren und Verhältnis zum *appeal* ... 69
3. Tatbestandsvoraussetzungen ... 70
III. Selbständige Equity-Aufhebungsklage ... 72

Kapitel 2: Verfahrenskonzentration durch Rechtskraft ... 74

A. Konzentrationslast des Klägers ... 75

I. Verfahrenskonzentration durch *claim preclusion* ... 75
II. Verfahrenskonzentration durch *issue preclusion* ... 77
III. Zusammenfassung der klägerischen Konzentrationslast ... 79

B. Konzentrationslast des Beklagten ... 79

I. Verfahrenskonzentration durch *claim preclusion* ... 79

1. Abgrenzung von *defenses* und *counterclaims* ... 79
a) *Defenses* ... 79
b) *Counterclaims* ... 81
aa) Überblick ... 81
bb) Historische Ursprünge von *counterclaims*: *Recoupment* und *set-off* ... 82
c) Abgrenzung ... 83
2. Konzentrationslast in Bezug auf *defenses* („Verteidigungslast“) ... 85
3. Konzentrationslast in Bezug auf *counterclaims* („Widerklagelast“) ... 87
a) Keine Erhebung der Widerklage im Erstverfahren: Keine Widerklagelast ... 87
b) Freiwillige Erhebung der Widerklage im Erstverfahren: Last zur objektiven „Widerklagehäufung“ ... 88
4. Insbesondere: Tatsachen, die sowohl *defense* als auch *counterclaim* begründen ... 90
II. „Common law compulsory counterclaim rule“ ... 91
1. Tatbestand ... 91
2. Rechtsfolgendogmatik ... 93
3. Exkurs: „Kontradiktorisches Gegenteil“ in der deutschen Streitgegenstandslehre ... 95
III. Verfahrenskonzentration durch *issue preclusion* ... 97
IV. Zusammenfassung der Konzentrationslast des Beklagten ... 98

C. Exkurs: Widerklagelast im deutschen Recht? ... 99

I. Saldierungsfälle ... 100
II. Abänderung von Unterhaltstiteln nach § 323 ZPO bzw. § 238 FamFG ... 102

Kapitel 3: Verfahrenskonzentration durch gesetzliche Widerklagelast ... 104

A. Bundesrecht ... 104

I. Einführung ... 104
1. Historischer Hintergrund ... 104
a) *Federal Rules of Civil Procedure*: Entstehung, Bedeutung und Abgrenzung ... 104
b) Entwicklung gesetzlicher Regelungen zu *compulsory counterclaims* ... 107

2. Regelungsziel, Funktion und Wirkung 109
a) Überblick 109
b) Zuständigkeitsrechtliche Aspekte 112
aa) Zuständigkeitsbegründende Funktion im Rahmen der *ancillary jurisdiction* 112
bb) Überwindung der zuständigkeitsbegründenden Funktion durch 28 USC § 1367 114
cc) *Personal jurisdiction* und *venue* 116
c) Verjährungshemmung des Widerklageanspruchs durch Klageerhebung 117
3. *Compulsory counterclaims* im föderalistischen Gerichtssystem der USA 119
a) Dogmatische Begründungsansätze 119
b) Teleologische Erwägungen 121
c) Gerichtliche Praxis 122
II. Tatbestand der Rule 13(a) FRCP 123
1. Tatbestandsvoraussetzungen 123
a) Klageerwiderung („pleading“) 123
aa) Erforderlichkeit 123
(1) Grundlagen 123
(2) Insbesondere: Die Rechtsprechung zur Präklusion nach Rule 13(a) FRCP bei Säumnis des Beklagten 126
bb) Formale und inhaltliche Anforderungen: Von *Conley* zu „Twiqbal“ 127
b) Bestand und Fälligkeit des *counterclaim* bei Zustellung des *pleading* 131
aa) Grundsatz 131
bb) Ergänzungen und Änderungen durch nachträgliches (*supplemental* bzw. *amended*) *pleading* nach Rules 13(e) und 15 FRCP 133
c) Subjektive Grenzen: *Counterclaim* gegen „opposing party“ 135
aa) Streitgenossen *(coparties)*: „Shifting status“ 136
bb) *Third-party practice (impleader)* 137
cc) Last zur parteierweiternden Widerklage? 140
(1) Grundsatz 140
(2) Verfahrensbeteiligung in verschiedenen Funktionen *(capacities)* 141
(3) *Privity*, insbesondere: *Representation* im Rahmen von *class actions* 143
(4) Zusammenfassung 145

d) Konnexität von *claim* und *counterclaim* („transaction or occurrence") 145
aa) Überblick 145
bb) Auslegungsansätze in der Rechtsprechung 147
(1) Überblick 147
(2) Überwiegende Identität der zugrunde liegenden Tatsachen- und Rechtsfragen 149
(3) Präklusion durch *res judicata (claim preclusion)* 152
(4) Wesentliche Übereinstimmung der erforderlichen Beweismittel 153
(5) Logischer Zusammenhang 155
(6) Abschließende Stellungnahme: Plädoyer für die Maßgeblichkeit der entscheidungserheblichen Tatsachen 160
e) Keine notwendige Einbeziehung Dritter außerhalb der gerichtlichen Zuständigkeit 163
aa) Dogmatische Einordnung 163
bb) Tatbestand 164
(1) Notwendige Parteihäufung nach Rule 19 FRCP 165
(a) Notwendigkeit der Parteihäufung 165
(b) Zuständigkeitsvoraussetzungen 168
(2) Schlussfolgerungen für Rule 13(a)(1)(B) FRCP 169
f) Zusammenfassung 171
2. Ausnahmen 173
a) Gesetzlich geregelte Ausnahmefälle 173
aa) Anderweitige Rechtshängigkeit des *counterclaim* bei Einleitung des Verfahrens 173
bb) Verfahren *(in rem)* ohne *personal jurisdiction* über Beklagten 176
cc) Insolvenzverfahren nach Chapter 11 des Bankruptcy Code 177
b) Sonstige Ausnahmefälle in der Rechtsprechung 178
aa) Ausnahmen aufgrund materiellrechtlicher Erwägungen 179
(1) Patent- und Kartellstreitigkeiten 179
(2) Parallelverfahren auf Grundlage des *Miller Act*. 180
(3) Qui tam-Verfahren auf Grundlage des *False Claims Act* 181
(4) Verfahren auf Grundlage des *Truth in Lending Act* 183
bb) Verfahrensrechtliche Ausnahmen 184
(1) Isolierte Feststellungsklagen 184

(2) Konsolidierung von *trial* und Anhörung zu Antrag auf einstweilige Verfügung 186
cc) Ausnahmen kraft Parteivereinbarung 187
(1) Schiedsklauseln 187
(2) Gerichtsstandsklauseln 188
III. Rechtsfolgendogmatik 188
1. Präklusion als Rechtskraftwirkung 189
2. Präklusion als *waiver*- bzw. *estoppel*-Wirkung 191
3. Stellungnahme: Rechtskraftergänzende Präklusion 192

B. Recht der Einzelstaaten 195

I. Einführung 195
II. Regelungen im Einzelnen 196
1. Keine Regelung zu präklusionsbewehrter Widerklagelast 196
2. Regelungen zur Widerklagelast 198
a) Orientierung an Rule 13(a) FRCP 198
aa) Geringfügige Abweichungen 199
bb) Ausdrückliche Ausnahmeregelungen 200
(1) Deliktische Ansprüche 200
(2) Ansprüche im Zusammenhang mit (Kraftfahrzeug-)Unfällen 201
(3) Prozessführung durch Versicherer 201
(4) Familienrechtliche Angelegenheiten 202
(5) Gerichte mit eingeschränkter Zuständigkeit 202
(6) Gerichtliche Vergleichsgenehmigung und Entscheidung aufgrund Vergleichs 203
b) Sonstige Regelungen 203

Kapitel 4: Verfahrenskonzentration und Interessenausgleich 205

A. Rechtspolitischer Ausgangspunkt: Verfahrenskonzentration zulasten des Beklagten 206

B. Notwendigkeit des Beklagtenschutzes 207

I. Überblick: Ausgleich struktureller Nachteile und Missbrauchspotenzial 207
II. Sicht der Praxis 210
1. Prozesstaktik und -ökonomie 211
2. Prozesskosten 212

C. Möglichkeiten des Beklagtenschutzes 214

I. Beklagtenschutz *de lege lata* auf Grundlage der im 3. Kapitel gefundenen Ergebnisse ... 215
1. Restriktive Tatbestandsauslegung ... 215
a) Konnexität ... 215
b) Parteibegriff ... 216
2. Ausnahmen von der Widerklagelast ... 218
II. Beklagtenschutz *de lege ferenda* ... 219
1. Versagung der Kostenerstattung in Zweitverfahren statt präklusionsbewehrter Widerklagelast ... 219
2. Streitwertabhängige Ausnahmen ... 220
3. Prozessführung durch Versicherer ... 221
4. Ausnahme für Ansprüche im Zusammenhang mit (Kraftfahrzeug-)Unfällen ... 222
5. Vorschlag einer Ausnahme für deliktische Ansprüche unter Versagung der Kostenerstattung im Zweitverfahren ... 222
III. Praktische Wege zur Vermeidung der Widerklagelast – „Prävention statt Präklusion" ... 225
1. Vermeidung der Widerklagelast durch Parteivereinbarung ... 225
2. Vermeidung der Widerklagelast durch „Flucht in die Säumnis" ... 228
3. Vermeidung der Widerklagelast durch Parallelverfahren? ... 230
a) „Reactive litigation" und Rule 13(a) FRCP: Anwendbarkeit der Norm vor Entscheidungserlass? ... 230
b) Instrumente zur Vermeidung von Parallelverfahren ... 232
aa) Parallelverfahren vor Bundesgerichten ... 232
bb) Parallelverfahren unter Beteiligung einzelstaatlicher Gerichte ... 234
c) Anwendung des Prioritätsprinzips zur Durchsetzung der Widerklagelast vor Entscheidungserlass ... 237
d) Ergebnis ... 240

Schluss ... 242

A. Ergebnisse und Thesen ... 242

B. Vorschlag einer geänderten Fassung der Rule 13(a) FRCP ... 248

Literaturverzeichnis ... 251
Entscheidungsverzeichnis ... 265
Sachregister ... 283

Abkürzungsverzeichnis

A.2d	Atlantic Reporter, Second Series
A.3d	Atlantic Reporter, Third Series
a.A.	anderer Ansicht
A.B.A. J.	American Bar Association Journal
a.E.	am Ende
a.F.	alte Fassung
ABl. EG	Amtsblatt der Europäischen Gemeinschaften
Abs.	Absatz
Ak.	Alaska
Ala.	Alabama
Ala. L. Rev.	Alabama Law Review
ALI	American Law Institute
Am. J. Trial Advoc.	American Journal of Trial Advocacy
Am. U. L. Rev.	American University Law Review
Am.Jur.2d	American Jurisprudence, Second Series
Anm.	Anmerkung
AnwBl	Anwaltsblatt
App.	Appellate
Appalachian J.L.	Appalachian Journal of Law
Ariz. L. Rev.	Arizona Law Review
Ark.	Arkansas
Art.	Artikel
Ass'n	Association
Aufl.	Auflage
ausf.	ausführlich
Az.	Arizona
B.A.P.	Bankruptcy Appellate Panel (United States Court of Appeals)
B.C. L. Rev.	Boston College Law Review
B.R.	Bankruptcy Reporter
BauR	Baurecht
Baylor L. Rev.	Baylor Law Review
Bd.	Band
BGB	Bürgerliches Gesetzbuch
BGBl.	Bundesgesetzblatt
BGH	Bundesgerichtshof
BGHZ	Entscheidungen des BGH in Zivilsachen
Brüssel I-VO	Verordnung (EG) Nr. 44/2001 vom 22.12.2000 über die gerichtliche Zuständigkeit und die Anerkennung und Vollstre-

	ckung von Entscheidungen in Zivil- und Handelssachen, ABl. EG 2001 Nr. L 12, S. 1
Bsp.	Beispiel
bspw.	beispielsweise
BYU L. Rev.	Brigham Young University Law Review
bzw.	beziehungsweise
C.D.	Central District (United States District Court)
C.J.S.	Corpus Juris Secundum
Ca./Cal.	California
Cal. L. Rev.	California Law Review
Cal.Rptr.	California Reporter
Cal.Rptr.3d	California Reporter, Third Series
Can.-Am. L.J.	Canadian-American Law Journal
Cardozo J. Int'l & Comp. L.	Cardozo Journal of International and Comparative Law
Case W. Res. L. Rev.	Case Western Reserve Law Review
CBA Rec.	Chicago Bar Association Record
CCP	Code of Civil Procedure
cert.	certiorari
Cir.	Circuit (United States Court of Appeals)
Co.	Colorado; Company
Colum. L. Rev.	Columbia Law Review
Com. R. of Prac. and Proc.	Committee on Rules of Practice and Procedure
Conn.	Connecticut
Cornell L. Rev.	Cornell Law Review
Corp.	Corporation
CPLR	Civil Practice Law and Rules
Creighton L. Rev.	Creighton Law Review
CRLJ	Civil Rules for Courts of Limited Jurisdiction
Ct.	Court
Ct. Cl.	United States Court of Claims
Ct. R. Pldg.	Court Rules of Pleading
D.	District (United States District Court)
D.C.	District of Columbia (Washington, D.C.)
d.h.	das heißt
dass.	dasselbe
De.	Delaware
Denv. U. L. Rev.	Denver University Law Review
ders.	derselbe
dies.	dieselbe
Drake L. Rev.	Drake Law Review
Duke J. Comp. & Int'l L.	Duke Journal of Comparative & International Law
Duke L.J.	Duke Law Journal
E.D.	Eastern District (United States District Court)

Emory L. J.	Emory Law Journal
EuGH	Europäischer Gerichtshof
EuGV(V)O	*siehe* Brüssel I-VO
EuZW	Europäische Zeitschrift für Wirtschaftsrecht
F.	Federal Reporter
f./ff.	folgende
F.2d	Federal Reporter, Second Series
F.3d	Federal Reporter, Third Series
F.R.D.	Federal Rules Decisions
F.Supp.	Federal Supplement
F.Supp.2d	Federal Supplement, Second Series
FamFG	Gesetz über das Verfahren in Familiensachen und in den Angelegenheiten der freiwilligen Gerichtsbarkeit
FamRZ	Zeitschrift für das gesamte Familienrecht
Fed.	Federal
Fed. Cl.	United States Court of Federal Claims
Fed. Ct. Study Com.	Federal Courts Study Committee
Fed. Litigator	Federal Litigator
Fed.Appx.	Federal Appendix
Fl./Fla.	Florida
Fla. Coastal L. Rev.	Florida Coastal Law Review
Fla. L. Rev.	Florida Law Review
Fn.	Fußnote
Fordham L. Rev.	Fordham Law Review
FPR	Familie, Partnerschaft, Recht
FRAP	Federal Rules of Appellate Procedure
FRBP	Federal Rules of Bankruptcy Procedure
FRCP	Federal Rules of Civil Procedure
FRE	Federal Rules of Evidence
FS	Festschrift
G.	Gesetz
Ga.	Georgia
Geo. L. J.	Georgetown Law Journal
Geo. Wash. L. Rev.	George Washington Law Review
GG	Grundgesetz
ggf.	gegebenenfalls
GKG	Gerichtskostengesetz
Gov.	Government
GS	Gedächtnisschrift
h.M.	herrschende Meinung
Harv. J. L. & Pub. Pol'y	Harvard Journal of Law & Public Policy
Harv. L. Rev.	Harvard Law Review
Hastings L.J.	Hastings Law Journal
Hous. L. Rev.	Houston Law Review
Hrsg.	Herausgeber
hrsgg.	herausgegeben

Ia.	Iowa
Id.	Idaho
IDEA	IDEA: The Journal of Law and Technology
Ill.	Illinois
Ill. L. Rev.	Illinois Law Review
Inc.	Incorporated
Ind.	Indiana
Ind. L.J.	Indiana Law Journal
Ind. Legal F.	Indiana Legal Forum
Ins. Counsel J.	Insurance Counsel Journal
insb.	insbesondere
Int'l Law.	International Lawyer
Int'l Rev. L. & Econ.	International Review of Law and Economics
Iowa L. Rev.	Iowa Law Review
IZPR	Internationales Zivilprozessrecht
IZVR	Internationales Zivilverfahrensrecht
J.	Judge
JR	Juristische Rundschau
Jud. Conf. of the US	Judicial Conference of the United States
JZ	Juristenzeitung
Kap.	Kapitel
krit.	kritisch
Ks.	Kansas
Ky.	Kentucky
L. Rev.	Law Review
La.	Louisiana
La. L. Rev.	Louisiana Law Review
Lewis & Clark L. Rev.	Lewis & Clark Law Review
lit.	litera
LM	Lindenmaier-Möhring (Anmerkungen zu Entscheidungen des BGH)
Loy. U. Chi. L.J.	Loyola University of Chicago Law Journal
Ltd.	Limited
M.D.	Middle District (United States District Court)
m.w.N.	mit weiteren Nachweisen
Mass.	Massachusetts
Md.	Maryland
Me.	Maine
Mercer L. Rev.	Mercer Law Review
Mi.	Michigan
Mich. L. Rev.	Michigan Law Review
Minn.	Minnesota
Minn. L. Rev.	Minnesota Law Review
Miss.	Mississippi
Miss. L.J.	Mississippi Law Journal

Mo.	Missouri
Monash U. L. Rev.	Monash University Law Review
Mrd.	Milliarden
Mt.	Montana
MüKoFamFG	Münchener Kommentar zum FamFG
MüKoZPO	Münchener Kommentar zur ZPO
N.C.	North Carolina
N.C. L. Rev.	North Carolina Law Review
N.D.	North Dakota; Northern District (United States District Court)
N.E.2d	North Eastern Reporter, Second Series
n.F.	neue Fassung
N.H.	New Hampshire
N.J.	New Jersey
N.M.	New Mexico
N.W.2d	North Western Reporter, Second Series
N.Y.	New York
N.Y.2d	New York Reports, Second Series
N.Y.C. CCA	New York City Civil Court Act
N.Y.S.2d	New York Supplement, Second Series
N.Y.Sup.	New York Supreme Court
N.Y.U. L. Rev.	New York University Law Review
Ne.	Nebraska
Neb. L. Rev.	Nebraska Law Review
Nev.	Nevada
NJW	Neue Juristische Wochenschrift
Notre Dame L. Rev.	Notre Dame Law Review
Nr.	Nummer
Nw. U. L. Rev.	Northwestern University Law Review
Oh.	Ohio
Ohio St. J. on Disp. Resol.	Ohio State Journal on Dispute Resolution
Ohio St. L.J.	Ohio State Law Journal
Ok.	Oklahoma
OLG	Oberlandesgericht
Or.	Oregon
Or. L. Rev.	Oregon Law Review
P.2d	Pacific Reporter, Second Series
P.R.	Puerto Rico
Pa.	Pennsylvania
PatG	Patentgesetz
PTCP	Principles of Transnational Procedure
R.	Rule(s)
R.I.	Rhode Island
RabelsZ	Rabels Zeitschrift für ausländisches und internationales Privatrecht

RCP	Rules of Civil Procedure
REA	Rules Enabling Act
Rest. (1st/2d) of Judg.	Restatement (First/Second) of Judgments
Rev. Litig.	Review of Litigation
RGZ	Entscheidungen des Reichsgerichts in Zivilsachen
Rn.	Randnummer
Rs.	Rechtssache
Rutgers J. L. & Pub. Pol'y	Rutgers Journal of Law & Public Policy
Rutgers L. Rev.	Rutgers Law Review
RVG	Gesetz über die Vergütung der Rechtsanwältinnen und Rechtsanwälte
s.	siehe
S.	Satz; Seite
S. Cal. L. Rev.	Southern California Law Review
S.C.	South Carolina
S.Ct.	Supreme Court Reporter
S.D.	Southern District (United States District Court)
S.D. L. Rev.	South Dakota Law Review
S.E.2d	South Eastern Reporter, Second Series
S.W.2d	South Western Reporter, Second Series
S.W.3d	South Western Reporter, Third Series
San Diego L. Rev.	San Diego Law Review
SchiedsVZ	Zeitschrift für Schiedsverfahren
Seton Hall L. Rev.	Seton Hall Law Review
So.2d	Southern Reporter, Second Series
sog.	sogenannt(e)
St.	Statute
St. John's L. Rev.	St. John's Law Review
Stan. L. Rev.	Stanford Law Review
Sup.	Supreme
Super.	Superior
Sw. L.J.	Southwestern Law Journal
Syracuse L. Rev.	Syracuse Law Review
Temp. L.Q.	Temple Law Quarterly
Terr.V.I.	Territorial Court of the Virgin Islands
Tex.	Texas
Tex. Int'l L. J.	Texas International Law Journal
Tex. L. Rev.	Texas Law Review
Tn.	Tennessee
Tulane L. Rev.	Tulane Law Review
U. Chi. L. Rev.	University of Chicago Law Review
U. Cin. L. Rev.	University of Cincinnati Law Review
U. Pa. L. Rev.	University of Pennsylvania Law Review
U. Pitt. L. Rev.	University of Pittsburgh Law Review
U. Tol. L. Rev.	University of Toledo Law Review

u.a.	und andere; unter anderem
U.C. Davis L. Rev.	University of California Davis Law Review
U.S.	United States; United States Reports
UCC	Uniform Commercial Code
UCLA L. Rev.	University of California Los Angeles Law Review
UNIDROIT	International Institute for the Unification of Private Law
USC	United States Code
Ut.	Utah
v.	versus
Va.	Virginia
Vand. L. Rev.	Vanderbilt Law Review
Var.	Variante
vgl.	vergleiche
Vt.	Vermont
W.D.	Western District (United States District Court)
W.V.	West Virginia
Wa.	Washington
Wash. L. Rev.	Washington Law Review
Wash. U. J. L. & Pol'y	Washington University Journal of Law and Policy
Wash. U. L. Q.	Washington University Law Quarterly
Wash. U. L. Rev.	Washington University Law Review
Wis.	Wisconsin
Wis. L. Rev.	Wisconsin Law Review
WL	Westlaw (Datenbank)
WM	Wertpapier-Mitteilungen (Zeitschrift für Wirtschafts- und Bankrecht)
Wy.	Wyoming
Yale L.J.	Yale Law Journal
ZPO	Zivilprozessordnung
ZVglRWiss	Zeitschrift für Vergleichende Rechtswissenschaft
ZZP	Zeitschrift für Zivilprozess

Einleitung

„The day has long since passed in civil procedure when litigation was thought of as a game in which each side was free to adopt whatever stratagem it deemed to its advantage, while the judge was expected to sit like a benign Buddha, calling a penalty only for the most flagrant gouging, kneeing, or biting. Today it is well recognized that there is an important public interest in efficient conduct of the courts, and in adjudications on the merits rather than on the cleverness of counsel. Compulsory counterclaim rules are an attempt to implement this public interest.“

– *Charles Alan Wright*, 39 Iowa L. Rev. 255, 288 f. (1953)

A. Problemstellung

Der US-amerikanische Zivilprozess wird gemeinhin als besonders kostspielig empfunden.[1] Einer aktuellen Studie zufolge betragen die Kosten eines Rechtsstreits in den USA das 2,6-fache der durchschnittlichen Kosten in der Eurozone.[2] Dies wird auf die hohe Anwaltsdichte[3] und die mit der Mandatie-

[1] Eingehend *Gryphon*, 8 Rutgers J. L. & Pub. Pol'y 567 (2011); *Maxeiner*, Failures of American Civil Justice, S. 31 („The costs of American litigation are high, beyond what even the well-off can afford.“); *Schack*, US-amerikanisches Zivilprozessrecht, Rn. 18 (schätzungsweise Kosten von jährlich $ 250 Mrd. bzw. 2,25% des Bruttosozialprodukts); *Levin/Colliers*, 37 Rutgers L. Rev. 219, 222 ff., 227 ff. (1985) (zu einigen absoluten Zahlen bezogen auf das Bruttosozialprodukt sowie zur Zusammensetzung von *litigation costs*); *Yeazell*, Civil Procedure, S. 279 ff. (Anstieg der Verfahren um 67% zwischen 1984 und 2008). Zur Problematik von Prozesskostenschätzungen allgemein *Lee/Willging*, 60 Duke L.J. 765, 769 ff., 783 ff. (2010) („the empirical evidence for out-of-control costs is limited“; Proportionalität von Prozesskosten und Streitwert); *Galanter*, 71 Denv. U. L. Rev. 77, 83 ff. (1993) („absence of any serious attempt to make a disciplined assessment“).

[2] *McKnight/Hinton*, International Comparisons of Litigation Costs: Europe, the United States and Canada (2013), hrsgg. vom U.S. Chamber Institute for Legal Reform (ILR), abrufbar unter http://www.instituteforlegalreform.com/uploads/sites/1/NERA_FULL.pdf (Letzter Zugriff: 6.5.2014) (Untersuchung der „liability costs“ als „costs of claims, whether resolved through litigation or other claims resolution processes“; USA: 1,66% des BIP, Deutschland: 0,68% des BIP). S. auch *Breyer*, Kostenorientierte Steuerung des Zivilprozesses, S. 205 ff. (auf Grundlage eines hypothetischen Beispiels: vier Mal so hohe Parteikosten in den USA wie in Deutschland).

rung eines Anwalts verbundenen Kosten zurückgeführt:[4] Üblicherweise werden Anwälte in den USA auf Erfolgs- oder Stundenbasis tätig; ein differenziertes Gebührensystem nach Vorbild des deutschen RVG existiert nicht.[5] Zudem hängt das Kostenrisiko des Klägers nicht vom Ausgang des Verfahrens ab: Nach der *American Rule* hat jede Prozesspartei im Grundsatz ihre Prozesskosten selbst zu tragen.[6] Das begünstigt wenig aussichtsreiche, gar missbräuchliche Klagen[7] und also eine erhöhte Belastung der Justiz. Hinzu kommt, dass das US-amerikanische Gerichtsverfahren in eine „vorgerichtliche" Phase *(pre-trial)* und die eigentliche Hauptverhandlung *(trial)* eingeteilt ist. Während der *pre-trial*-Phase stehen den Parteien im Anschluss an die *pleadings*[8] zur Klärung der Tatsachengrundlage des Prozesses *(discovery)* sanktionsbewehrte,[9] wesentlich weitgehendere Maßnahmen als nach der ZPO zur Verfügung.[10] Diese Maßnahmen sind für die Parteien wiederum zeit- und kostenintensiv, zumal die Zweiteilung des Verfahrens zu einer Zeugenvorbereitung und -befragung sowohl in der *pre-trial-* als auch in der *trial*-Phase führt.[11] Ferner erweist sich auch das dem US-amerikanischen Zivilprozess zugrunde liegende Modell des *notice pleading* als wenig prozessökonomisch.

---

[3] *McKnight/Hinton*, International Comparisons of Litigation Costs: Europe, the United States and Canada (2013) (Nachweis in vorheriger Fn. 2); *Schack*, US-amerikanisches Zivilprozessrecht, Rn. 18.

[4] *Levin/Colliers*, 37 Rutgers L. Rev. 219, 225 (1985) („A primary cost of legal services is the income of lawyers.").

[5] Dazu etwa *Stürner/Kern*, in: GS Konuralp, 2009, S. 997, 1022 f.; *Schack*, US-amerikanisches Zivilprozessrecht, Rn. 18 ff.

[6] Dazu noch unten S. 196 f.

[7] *Gryphon*, 8 Rutgers J. L. & Pub. Pol'y 567 (2011) (zur Verhinderung von „abusive litigation" durch eine „loser pays rule" ähnlich § 91 ZPO); *Maxeiner*, Failures of American Civil Justice, S. 34, dort krit. zur Realisierbarkeit einer Kostentragungspflicht der unterlegenen Partei in den USA. Zweifelnd *Mueller*, Twenty-First Century Procedure, S. 148.

[8] Darunter sind insbesondere die Klageschrift und die Klageerwiderung zu verstehen, s. für die Bundesgerichtsbarkeit Rule 7(a) der *Federal Rules of Civil Procedure* (FRCP). Zur Unterscheidung von *pleadings* und *motions*, also bloßen Anträgen an das Gericht (s. etwa Rule 12(b) FRCP), unten S. 123 ff.

[9] Rule 37 FRCP sowie dazu und zur Rolle von derartigen Sanktionen in den FRCP *Levin/Colliers*, 37 Rutgers L. Rev. 219, 246 ff. (1985). Näher zum Hintergrund der FRCP unten S. 104 ff.

[10] So etwa der schriftliche Austausch von Fragen und Antworten *(interrogatories)*, Rule 33 FRCP, die Aufforderung zur Abgabe bindender schriftlicher Geständnisse *(admissions)*, Rule 36 FRCP, bis hin zur Untersuchung der körperlichen und geistigen Gesundheit des Prozessgegners, Rule 35 FRCP. Einführend zur *pre-trial discovery* etwa *Böhm*, Amerikanisches Zivilprozessrecht, Rn. 388 ff. sowie aus rechtsvergleichender Perspektive *Reitz*, ZZP 104 (1991), 381, 383 ff., 391 f. (dort zum Einfluss der häufig vereinbarten Erfolgshonorare auf die Verhältnismäßigkeit der geforderten *discovery*-Maßnahmen) und *Chase*, 5 Cardozo J. Int'l & Comp. L. 1, 3, 6 (1997).

[11] *Kötz*, 13 Duke J. Comp. & Int'l L. 61, 72 (2003).

Dieses Modell sieht vor, dass der Kläger in der Klageschrift lediglich eine grobe Beschreibung seines behaupteten Anspruchs vortragen muss.[12] Detaillierte Ausführungen zu Tatsachen- und Rechtsfragen sind nicht erforderlich,[13] sodass sich die Relevanz einzelner Fragen und der damit verbundenen Beweiserhebung mitunter erst im Laufe des (*pre-trial-*)Verfahrens ergibt.[14]

Vor diesem Hintergrund liegt die Konzentration des Verfahrens sowohl aus prozessökonomischen Gründen als auch zur Wahrung des Entscheidungseinklangs nicht nur im Interesse der Parteien, sondern auch der die Justiz finanzierenden Öffentlichkeit.[15] Prozessökonomische Streitbeilegung kann freilich – insbesondere bei geringen Streitwerten[16] – auch abseits der ordentlichen Gerichtsbarkeit durch alternative Konfliktlösungsmöglichkeiten *(alternative dispute resolution, ADR)* erreicht werden, die in jüngerer Zeit immer wieder Gegenstand der rechtswissenschaftlichen Diskussion waren.[17]

---

[12] Vgl. Rule 8(a) FRCP; *Clark*, 23 A.B.A. J. 976, 977 (1937) („Experience has shown, therefore, that we cannot expect the proof of the case to be made through the pleading, and that such a proof is really not their function."). Näher zum Ganzen *Friedenthal/Kane/Miller*, Civil Procedure, S. 267 ff. sowie unten S. 104 ff.

[13] Anders ist dies noch in manchen Einzelstaaten, die das ursprüngliche Modell des *fact pleading* (auch: *code pleading*) nicht abgeschafft haben, vgl. etwa Ca. CCP § 425.10 (Kalifornien); Mi. Ct. R. 2.111 (Michigan); Fl. RCP 1.110 (Florida). Die entsprechenden Vorschriften werden durch die einzelstaatlichen Gerichte indes großzügig ausgelegt, *Friedenthal/Kane/Miller*, Civil Procedure, S. 253 Fn. 15 m.w.N. Zur Entwicklung vom *code-* zum *notice pleading Freer*, Civil Procedure, S. 309.

[14] *Kötz*, 13 Duke J. Comp. & Int'l L. 61, 72, 74 (2003) („It has been said that it is possible and by no means rare in the United States for a plaintiff to bring a lawsuit in order to discover whether he might actually have one."); *Junker*, ZZP 101 (1988), 241, 258 (*pleadings* als „funktionsleer" beschreibend).

[15] In diesem Sinne auch *Stosch*, Prozeßförderung durch das Mittel der Präklusion, S. 17 ff. In Kalifornien wurden die Kosten für jeden Arbeitstag eines Richters im Jahr 1993 auf rund $ 4.000 geschätzt (Ca. CCP § 1775(f)), was nach heutigen Maßstäben $ 6.000 entspricht, *Yeazell*, Civil Procedure, S. 315. Nachweise für ähnliche Berechnungen bei *Breyer*, Kostenorientierte Steuerung des Zivilprozesses, S. 212 Fn. 759.

[16] *Schack*, US-amerikanisches Zivilprozessrecht, Rn. 210 (US-amerikanischer Zivilprozess zur Beilegung kleinerer Streitigkeiten „kaum geeignet").

[17] Vgl. für die USA zuletzt etwa *Isaac*, 12 Appalachian J.L. 167 (2013); *Bellman*, 27 Ohio St. J. on Disp. Resol. 321 (2012); *Noone*, 37 Monash U. L. Rev. 57 (2011); *Reynolds*, 90 Or. L. Rev. 691 (2012); ausführlich auch *Schack*, US-amerikanisches Zivilprozessrecht, Rn. 210 ff. Vgl. für Deutschland zur neuen Richtlinie 2013/11/EU vom 21.5.2013 über die alternative Beilegung verbraucherrechtlicher Streitigkeiten *Roth*, JZ 2013, 637 („Paradigmawechsel"); *Hirsch*, NJW 2013, 2088. S. ferner *Hirtz*, NJW 2012, 1686; *Trappe*, SchiedsVZ 2013, 167. Zum kürzlich in Kraft getretenen Mediationsgesetz (BGBl. 2012 I S. 1577) etwa *Horstmeier*, JR 2012, 1; *Henssler/Deckenbrock*, Der Betrieb 2012, 159; *Jost*, Ad Legendum 2012, 63 sowie aus rechtsvergleichender Perspektive *Engel*, AnwBl 2012, 13. Krit. *Ewer*, AnwBl 2012, 18 („Stigmatisierung des streitigen Verfahrens"); krit. zur Richtermediation ferner *Engel/Hornuf*, ZZP 124 (2011), 505, 514, 518 („Mediation nicht Aufgabe der rechtsprechenden Gewalt").

Häufig wird in Anbetracht der Umstände des Einzelfalls, etwa der wirtschaftlichen Bedeutung der Streitigkeit oder schlicht mangels Mitwirkungsbereitschaft der Gegenseite, ein ordentliches Gerichtsverfahren indes unerlässlich bleiben. Dann stellt sich die Frage, inwieweit die bestehenden Instrumente des US-amerikanischen Zivilverfahrensrechts eine Verfahrenskonzentration herbeiführen können und inwieweit die Parteien angehalten sind bzw. sein sollten, zur Verfahrenskonzentration beizutragen.

Das Postulat der Verfahrenskonzentration im US-amerikanischen Zivilverfahrensrecht reicht weit zurück in die englische Tradition des Common Law[18]. Bereits die diesem Richterrecht entstammende,[19] äußerst facettenreiche Rechtskraftlehre begünstigt eine prozessökonomische Streitbeilegung durch ein weites Verständnis[20] des Streitgegenstands im Rahmen der Doktrin der *claim preclusion (res judicata)* sowie durch die dem deutschen Recht als solche fremde Doktrin der *issue preclusion (collateral estoppel)*. Nach der Doktrin der *claim preclusion* ist der mit der Klage geltend gemachte, als Lebenssachverhalt verstandene *claim* von einer erneuten Geltendmachung in weiteren Verfahren zwischen denselben Parteien ausgeschlossen; der Kläger ist also unter Präklusionsandrohung gehalten, sämtliche diesem *claim* entspringenden Ansprüche im Erstverfahren zu erheben. Selbiges gilt für etwaige Verteidigungsmittel *(defenses)* des Beklagten. Klärungsbedürftig ist hingegen die Frage, inwiefern den Beklagten durch *claim preclusion* eine Last[21] trifft, eigene Ansprüche widerklagend in das Verfahren einzuführen. Demgegenüber ist es Zweck der Doktrin der *issue preclusion*, einzelne Streitpunkte, über die tatsächlich gestritten und entschieden wurde, von einer erneuten Verhandlung in späteren Verfahren auszuschließen. Diese Doktrin bleibt in ihrer verfahrenskonzentrierenden Wirkung daher hinter der Doktrin der *claim preclusion* zurück. Gleichwohl kann sie, wie zu zeigen sein wird, bedeutenden Einfluss auf die Prozessführung der Parteien haben. Obschon die Rechtskraft in den USA wesentlich weiter reicht als in Deutschland, stehen andererseits vielfältige Möglichkeiten zur Verfügung, die Rechtskraftwirkung zu durchbrechen.

---

[18] Der Begriff des „Common Law" wird im anglo-amerikanischen Rechtskreis unterschiedlich verwendet, etwa in Abgrenzung zur Civil Law-Tradition Kontinentaleuropas oder als Gegenstück zur Equity, vgl. *Farnsworth/Sheppard*, An Introduction to the Legal System of the US, XIX f. sowie S. 102 f. (zur Abgrenzung von Law und Equity). Für die Zwecke dieser Arbeit bezeichnet „Common Law" das richterrechtlich geprägte Fallrecht der USA in Abgrenzung zu gesetzlichen Regelungen.

[19] Statt vieler: *Casad/Clermont*, Res Judicata, S. 5 ff. Zu den historischen Ursprüngen noch unten S. 17 f., 41 ff.

[20] Rechtsvergleichend im Hinblick auf die vom *American Law Institute (ALI)* und *UNIDROIT* herausgegebenen *Principles of Transnational Civil Procedure* (PTCP) *Stürner*, RabelsZ 69 (2005), 201, 249 (*Co-Reporter* für *UNIDROIT*).

[21] Zur Terminologie unten S. 74.

Der Rechtskraftlehre gleichsam nachgelagert sind die Instrumente der *Federal Rules of Civil Procedure* (FRCP) und der diesen nachgebildeten einzelstaatlichen Regelwerke, die für eine prozessökonomische Verfahrenskonzentration sorgen sollen. Um eine möglichst umfassende Streitbeilegung zu gewährleisten, wird den Parteien in Rule 13 FRCP das Instrument der Widerklage *(counterclaim)* an die Hand gegeben.[22] Die Regelung sieht zwei Arten von *counterclaims* vor: *permissive* und *compulsory counterclaims*.[23] Während die Verfahrenskonzentration im Wege des *permissive counterclaim* in das freie Ermessen des Beklagten gestellt ist, ergibt sich für diesen unter den Voraussetzungen von Rule 13(a) FRCP eine präklusionsbewehrte Last zur Einführung seiner als *compulsory counterclaim* einzustufenden Ansprüche in das Verfahren. Das Bestehen dieser – prägnant als „use it or lose it" beschriebenen – Widerklagelast hängt insbesondere von der Konnexität von klägerischem *claim* und *counterclaim* des Beklagten ab, die immer dann vorliegt, wenn die Ansprüche derselben Transaktion oder demselben Ereignis („transaction or occurrence") entspringen. Wie dieser unbestimmte Rechtsbegriff auszulegen sei, wird in der Rechtsprechung – wenig verwunderlich – unterschiedlich beurteilt. Auch der in Rule 13(a) FRCP verwendete Parteibegriff („opposing party") wirft Fragen auf, denn die Auslegung einiger Gerichte kann für den Beklagten im Einzelfall eine nicht unzweifelhafte Last zur parteierweiternden Widerklage bedeuten. Nicht zuletzt die Fülle an (überwiegend nicht normierten,[24] teilweise nur faktisch hingenommenen) Ausnahmen von der Widerklagelast erschwert eine zuverlässige Vorhersage der Anwendbarkeit der Rule 13(a) FRCP und ähnlicher einzelstaatlicher Regelungen. Letztere orientieren sich häufig am bundesgesetzlichen Vorbild, sehen mitunter aber zusätzliche Ausnahmen von der Widerklagelast vor. Auch in dogmatischer Hinsicht herrscht Uneinigkeit: Wie nämlich die mit der Missachtung der Widerklagelast einhergehende Präklusion des Beklagten dogmatisch einzuordnen ist, ob als Rechtskraftwirkung oder eher im Sinne eines *waiver* (in etwa: Verzicht) oder *estoppel* (in etwa: Verwirkung), ist umstritten.

Weitgehende Einigkeit besteht immerhin in rechtspolitischer Hinsicht: Rule 13(a) FRCP sei möglichst weit auszulegen, um die wünschenswerte Verfahrenskonzentration voranzutreiben.[25] Indes muss die Frage gestellt wer-

---

[22] Vor Einführung der modernen Zivilprozessordnungen bestand im Common Law die Möglichkeit der Anspruchshäufung nur für Ansprüche „under the same writ", *Friedenthal/Kane/Miller*, Civil Procedure, S. 366.

[23] Gewohnt pointiert *Wright*, 39 Iowa L. Rev. 255, 270 Fn. 76 (1954) („It should be noted, more in sorrow than in anger, that a great court has recently claimed to have found a counterclaim which is neither compulsory nor permissive. (…) There ain't no such animal.").

[24] S. aber Rule 13(a)(2) FRCP sowie dazu unten S. 173 ff.

[25] So etwa *Barefoot Architect, Inc. v. Bunge*, 632 F.3d 822, 836 Fn. 9 (3rd Cir. 2011); *Transamerica Occidental Life Insurance Co. v. Aviation Office of America, Inc.*, 292 F.3d

den, inwiefern dem Beklagten ein präklusionsbewehrter Beitrag zur Verfahrenskonzentration im Sinne eines „use it or lose it“ tatsächlich zumutbar ist, trifft ihn die Widerklagelast doch zu einer Zeit und in einem Forum über einen Prozessgegenstand der Wahl des Klägers. Mit einem schlichten Hinweis auf die Praxis, die sich mit der „harschen“[26] Regelung arrangiert habe,[27] lässt sich der hier erforderliche Interessenausgleich nicht zufriedenstellend bewerkstelligen. Das gilt umso mehr, als die Behauptung, der Beklagte werde seine Ansprüche grundsätzlich ohnehin widerklagend in das Verfahren einführen,[28] in Anbetracht noch näher zu erläuternder prozesstaktischer Überlegungen in der anwaltlichen Praxis keine universelle Geltung beanspruchen kann.

B. Zielsetzung und Gang der Untersuchung

Die vorliegende Untersuchung unternimmt den Versuch, einen angemessenen Beklagtenschutz im Rahmen der Widerklagelast nach Rule 13(a) FRCP zu entwickeln, der die Interessen der Parteien an einer möglichst weitreichenden Dispositionsbefugnis über ihre Ansprüche einerseits und der Herstellung von Rechtsfrieden andererseits sowie das Interesse der Justiz und der diese finanzierenden Öffentlichkeit an einer prozessökonomischen Verfahrenskonzentration gleichermaßen berücksichtigt. In die Überlegungen soll auch die Sicht der US-amerikanischen Prozesspraxis auf das Phänomen der *compulsory counterclaims* einfließen. Im Rahmen des angestrebten Interessenausgleichs werden Maßnahmen *de lege lata* und *ferenda* sowie praktische Wege zur Vermeidung der Widerklagelast vorgestellt.

Die Untersuchung ist in vier Kapitel untergliedert. Das erste Kapitel befasst sich mit den Grundlagen der US-amerikanischen Rechtskraftlehre. Nach einer kurzen Erläuterung der Terminologie und einer Abgrenzung der Rechtskraftlehre von anderen ähnlichen Instituten sowie einer Einführung zum Zweck und zur Wirkung der Rechtskraft im föderalistischen Gerichtssystem der USA werden die subjektiven und objektiven Voraussetzungen der *claim preclusion* und *issue preclusion* nebst den weitreichenden Ausnahmen

384, 390 (3rd Cir. 2002) („In short, the objective of Rule 13(a) is to promote judicial economy, so the term ‚transaction or occurrence‘ is construed generously to further this purpose“). Ausführlich dazu unten S. 206 ff.

[26] *Martino v. McDonald's System, Inc.*, 598 F.2d 1079, 1082 (7th Cir. 1979) („Rule 13(a) is in some ways a harsh rule.“).

[27] Vgl. etwa *Wright/Kane*, Law of Federal Courts, S. 568 (Kaum Präklusionsfälle durch Rule 13(a) FRCP in der Praxis).

[28] *Landes*, 14 Int'l Rev. L. & Econ. 235, 244 (1994) verweist darauf, dass der Beklagte auch ohne entsprechende Regelung bereits aus prozessökonomischen Gründen Widerklage erheben werde.

vorgestellt. Im Anschluss werden in einem Exkurs die ebenso weitreichenden Möglichkeiten der Durchbrechung der Rechtskraft erläutert.

Im zweiten Kapitel wird sodann die verfahrenskonzentrierende Wirkung der Rechtskraft für Kläger und Beklagten untersucht. Für die Konzentrationslast des Beklagten im Rahmen der *claim preclusion* sind zunächst *defenses* von *counterclaims* abzugrenzen, bevor der Frage nachgegangen wird, inwiefern eine Verteidigungs- bzw. Widerklagelast durch *claim preclusion* anzunehmen ist. Anschließend wird die sog. *common law compulsory counterclaim rule* erörtert, die funktional mit der aus der deutschen Streitgegenstandslehre bekannten Figur des „kontradiktorischen Gegenteils“ vergleichbar ist. In einem Exkurs wird die Rechtsprechung des BGH dargestellt, die im deutschen Recht in bestimmten Konstellationen zu einer präklusionsbewehrten Widerklagelast des Beklagten führt.

Das dritte Kapitel ist der Verfahrenskonzentration durch eine gesetzliche Widerklagelast gewidmet. Schwerpunkt dieses Kapitels ist die Auseinandersetzung mit der bundesrechtlichen Rule 13(a) FRCP. Nach einer Einführung zu historischem Hintergrund, Regelungsziel, Funktion und Wirkung der Regelung wird der Tatbestand der Norm beleuchtet. Hier geht es insbesondere um die bereits erwähnte Konnexität sowie das Verständnis des Parteibegriffs und dessen Auswirkungen auf den subjektiven Umfang der Widerklagelast. Danach werden die normierten wie richterrechtlich entwickelten Ausnahmen von Rule 13(a) FRCP erörtert. Es folgt eine Untersuchung der dogmatischen Grundlage der Präklusionsanordnung. Schließlich werden die einzelstaatlichen Regelungen zur Widerklagelast in ihren Abweichungen von Rule 13(a) FRCP vorgestellt.

Das vierte Kapitel dient der Entwicklung eines interessengerechten Beklagtenschutzes im Rahmen von Rule 13(a) FRCP. Ausgehend vom rechtspolitisch vorherrschenden Verständnis der Regelung wird die Notwendigkeit eines angemessenen Beklagtenschutzes unter Einbeziehung der Sicht der Prozesspraxis begründet. Sodann werden Möglichkeiten des Beklagtenschutzes *de lege lata* auf Grundlage der im dritten Kapitel gefundenen Ergebnisse ausgelotet. Daran schließen sich Vorschläge für einen auf Rule 13(a) FRCP bezogenen Beklagtenschutz *de lege ferenda* an. Abschließend wird der Frage nachgegangen, inwiefern dem Beklagten praktische Wege zur Vermeidung der Widerklagelast offen stehen sollten.

Kapitel 1

Grundlagen der US-amerikanischen Rechtskraftlehre

A. Terminologie und Abgrenzung

Der Begriff der Rechtskraft wird in den USA mit unterschiedlichen Bedeutungen verwendet. In der Sache geht es um *claim preclusion* und *issue preclusion*. Erstere meint die Präklusion mit einem bestimmten Streitgegenstand *(claim)* und wird traditionell als *res judicata*[1] bezeichnet. *Issue preclusion*, deren Bezugspunkt einzelne gerichtliche Feststellungen *(issues)* sind, wird dagegen meist – wenngleich unvollständig – als *collateral estoppel* bezeichnet. Verwirrend ist, dass *res judicata* einerseits als Synonym für *claim preclusion*, andererseits aber auch als Oberbegriff für beide Konzepte der Rechtskraftlehre gebräuchlich ist, mithin auch *issue preclusion* umfassen kann.[2] Für die Zwecke dieser Arbeit bezeichnen *claim* und *issue preclusion* die verschiedenen Bindungswirkungen eines Urteils, während *res judicata* als Oberbegriff und Synonym der Rechtskraftlehre dient.[3]

Im Übrigen ist die Rechtskraft von anderen ähnlichen Instituten des angloamerikanischen Rechts abzugrenzen. Die althergebrachte Common Law-Doktrin des *stare decisis* beschreibt die Bindungswirkung der Gerichte an Präjudizien, die durch autoritative Entscheidungen (meist letztinstanzlicher Gerichte) entstehen und unabhängig von den Parteien eines Rechtsstreits auf alle ähnlich gelagerten Fälle angewendet werden.[4] Die Doktrin des *law of the*

---

[1] Vgl. etwa *Cooper v. Federal Reserve Bank*, 467 U.S. 867, 874 (1984) („Basic principles of res judicata (merger and bar or claim preclusion) and collateral estoppel (issue preclusion) apply.").

[2] Vgl. etwa *Taylor v. Sturgell*, 553 U.S. 880, 892 (2008) („The preclusive effect of a judgment is defined by claim preclusion and issue preclusion, which are collectively referred to as ‚res judicata'."); *In re Summerville*, 361 B.R. 133, 141 (B.A.P. 9th Cir. 2007). Näher zur Terminologie *Freer*, Civil Procedure, S. 569 f.

[3] So etwa auch *Lüke*, Die Beteiligung Dritter im Zivilprozeß, S. 158 („wohl herrschend"); *Engelmann-Pilger*, Die Grenzen der Rechtskraft, S. 25; *Wright/Miller/Cooper*, in: Fed. Prac. & Proc., § 4402.

[4] Andererseits ist die Doktrin des *stare decisis* flexibler in der Anwendung als die Rechtskraft, da für die Gerichte die Möglichkeit besteht, Präjudizien unter Hinweis auf Unterschiede zum aktuellen Fall nicht anzuwenden („distinguish precedents"), eingehend *Hazard/Leubsdorf/Bassett*, Civil Procedure, S. 614; *Görtz*, Die subjektiven Grenzen der Rechtskraft, S. 16 ff.

case hingegen betrifft in einem Verfahren entschiedene Rechtsfragen, die im späteren Verlauf des Verfahrens – nicht jedoch in Rechtsmittelinstanzen – zugrunde zu legen sind.[5] Das Konzept des *judicial estoppel* schließlich entstammt dem Bereich der Equity und beschreibt nicht eine Rechtskraftwirkung, sondern soll verhindern, dass eine Partei in verschiedenen Verfahren unterschiedliche, sich widersprechende Positionen einnimmt.[6] Diese Art des *estoppel* (in etwa: Verwirkung) soll daher redliches Prozessverhalten gewährleisten und ist mit dem Grundsatz des *venire contra factum proprium* vergleichbar.[7]

B. Allgemeine Grundsätze

I. Zweck der Rechtskraft

Die Rechtskraft einer gerichtlichen Entscheidung im US-amerikanischen Zivilprozess dient mehreren Zwecken. Einerseits geht es um die Herstellung von Rechtsfrieden zwischen den Prozessparteien. Es liegt weder in deren noch im Interesse des übrigen Rechtsverkehrs, eine Streitigkeit immer wieder neu aufzurollen, kurzum: „At some point litigation over the particular controversy [must] come to an end."[8] Dies soll vor allem dem Beklagten zugutekommen, der dem Treiben des Klägers ausgeliefert ist und dem daher aus Gründen der Fairness[9] ein „right to repose"[10], also ein „Recht auf Ruhe" zugestanden wird. Andererseits soll die Rechtskraft die Wahrung des Entscheidungseinklangs gewährleisten. Bestünde die Möglichkeit, eine Streitigkeit wiederholt zu verhandeln und zur Entscheidung zu stellen, wären sich widersprechende Ergebnisse nicht unwahrscheinlich. Dies gilt im Grundsatz bei Tatsachenfindung durch einen Richter ebenso wie bei der diesbezüglichen

---

[5] *Hazard/Leubsdorf/Bassett*, Civil Procedure, S. 613.

[6] *Freer*, Civil Procedure, S. 573, unter beispielhafter Bezugnahme auf *New Hampshire v. Maine*, 532 U.S. 742 (2001) („Judicial estoppel is a doctrine distinct from the res judicata doctrines of claim and issue preclusion. Under the judicial estoppel doctrine, where a party assumes a certain position in a legal proceeding, and succeeds in maintaining that position, he may not thereafter, simply because his interests have changed, assume a contrary position (…)"). S. auch *Hazard/Leubsdorf/Bassett*, Civil Procedure, S. 644 f.

[7] *Görtz*, Die subjektiven Grenzen der Rechtskraft, S. 19 f.

[8] Rest. (2d) of Judg., § 19, Comment a.

[9] Rest. (2d) of Judg., § 19, Comment a.

[10] *Freer*, Civil Procedure, S. 572; ähnlich *Zeuner*, in: FS Zweigert, 1981, S. 603, 616 („Grundtendenz zunächst, den Beklagten zu schützen"); *Wright/Miller/Cooper*, in: Fed. Prac. & Proc., § 4402 mit Fn. 11 sehen hierin die wichtigste Funktion der Rechtskraft. Vgl. auch *Effron*, 65 Ala. L. Rev. 683, 693 (2014) (Rechtssicherheit).

Beteiligung einer aus juristischen Laien bestehenden Jury,[11] wenngleich letztere mitunter zur Tatsachenfindung wegen unzureichender Kenntnis der Sachlage von vornherein für „restlos überfordert“[12] gehalten wird. Aus alledem folgt indes nicht, dass die Rechtskraft die Parteien vor Fehlurteilen schützen soll.[13] Deren Beseitigung kann vor dem Prozessgericht (etwa mit einer *motion for new trial*, Rule 59 FRCP) und im Rechtsmittelverfahren erreicht werden.[14] Aufgrund des noch näher zu erläuternden weiten Verständnisses der Rechtskraft dient diese in den USA auch der hier besonders interessierenden Verfahrenskonzentration.[15] Miteinander in Zusammenhang stehende Fragen sollen in einem Verfahren abschließend zwischen den Parteien geklärt werden, um zu verhindern, dass Gerichte mit denselben Fragen mehrfach befasst werden. Hierdurch soll im Interesse der Beteiligten eine prozessökonomische Streitbeilegung erreicht werden. Selbstredend darf die Wirtschaftlichkeit dabei nicht auf Kosten der Rechtsstaatlichkeit gehen: Jeder Partei ist im Verfahren

---

[11] Die Parteien können auf ihr im 7. Amendment der U.S. Constitution verankertes *right to jury trial* verzichten, Rule 38(d) FRCP. Dies geschieht häufiger in Wirtschaftsstreitigkeiten, nicht jedoch, wenn sich eine Partei etwa in einem Produkthaftungsfall eine besonders hohe (Straf-)Schadensersatzsumme von der Jury erhofft, vgl. *Schack*, US-amerikanisches Zivilprozessrecht, Rn. 153 (dort auch zu Möglichkeiten des Richters, diesem Vorgehen entgegenzuwirken). Näher zu den Aufgaben der Jury in Abgrenzung zum Richter *Friedenthal/Kane/Miller*, Civil Procedure, S. 511 ff. sowie zur in der Praxis so bedeutsamen *jury selection*, S. 556 ff.

[12] So *Schack*, US-amerikanisches Zivilprozessrecht, Rn. 152 m.w.N. Erhellend ist in diesem Zusammenhang 28 United States Code (USC) § 1865(b), der die Anforderungen an ein potenzielles Jury-Mitglied neben Staatsangehörigkeit, Wohnsitz, Alter und Straffreiheit (von Straftaten, die mit Freiheitsstrafe von mehr als einem Jahr bestraft werden) im Wesentlichen auf ausreichende Englischkenntnisse und darauf beschränkt, nicht an geistigen und körperlichen Schwächen zu leiden, die zur Untauglichkeit für den Dienst in der Jury führen. Zu Ausnahmen *Friedenthal/Kane/Miller*, Civil Procedure, S. 557 ff.

[13] Anschaulich formuliert in *Jeter v. Hewitt*, 63 U.S. 352, 364 (1859) („The *res judicata* renders white that which is black, and straight that which is crooked.“). *Savigny* spricht in diesem Zusammenhang von der „Fiction der Wahrheit“, *Savigny*, System des heutigen römischen Rechts, Bd. 6, S. 261, 265.

[14] Rest. (2d) of Judg., § 17, Comment d („If the judgment is erroneous, the unsuccessful party’s remedy is to have it set aside or reversed in the original proceedings.“). S. etwa *Brown’s Tie & Lumber Co. v. Kirk*, 710 P.2d 18, 20 (Id.App. 1985); *Tirozzi v. Shelby Ins. Co.*, 719 A.2d 62, 65 (Conn.App. 1998). Keine Rechtskraft entfaltet hingegen ein nichtiges *(void)* Urteil, vgl. *DeNardo v. State*, 740 P.2d 453, 457 (Ak. 1987), cert. denied 484 U.S. 919 (1987) sowie näher *Engelmann-Pilger*, Die Grenzen der Rechtskraft, S. 39. Zur Durchbrechung der Rechtskraft noch unten S. 64 ff.

[15] Ausdrücklich *Zeuner*, in: FS Zweigert, 1981, S. 603, 604. Krit. im Hinblick auf die deutsche Rechtslage *Leipold*, in: FS Zeuner, 1994, S. 431, 433 („Daß ein größerer Beitrag der Rechtskraftlehre zur Vermeidung von Mehrfachprozessen auch für die deutsche Rechtspflege durchaus erwünscht wäre, bedarf angesichts der ständigen Klagen über die Prozeßflut und die Streitlust der deutschen Bevölkerung kaum einer Begründung.“).

rechtliches Gehör *(day in court*[16]*)* zu gewähren, mithin die Möglichkeit zu geben, ihren behaupteten Anspruch umfassend zur Entscheidung zu stellen *(full and fair opportunity to litigate claim).*[17] Die durch die Rechtskraft herbeigeführte Verfahrenskonzentration liegt allerdings nicht nur im Interesse der Parteien. Besonders das öffentliche Interesse geht dahin, die Ressourcen der Justiz möglichst effizient zu nutzen.[18] Schließlich liegt es auch im Interesse der Allgemeinheit, die Akzeptanz der gerichtlichen Konfliktlösung durch möglichst einheitliche Entscheidungen sicherzustellen.[19] Dementsprechend bezeichnet der *U.S. Supreme Court* die Rechtskraft als ein Konzept von „public policy and private peace“[20]. Zutreffend wird aber darauf hingewiesen, dass die privaten Interessen zur Rechtfertigung der Erforderlichkeit der Rechtskraft im Vordergrund stehen: Das zeigt sich bereits daran, dass das angerufene Gericht eine frühere entgegenstehende rechtskräftige Entscheidung – anders als im deutschen Recht[21] – nicht von Amts wegen zu berücksichtigen hat.[22] Es steht vielmehr zur Disposition der Parteien, die Rechtskraft als *affirmative defense* geltend zu machen, Rule 8(c) FRCP.[23]

---

[16] *Murphy v. Gallagher*, 761 F.2d 878, 879 (2nd Cir. 1985); *Freer*, Civil Procedure, S. 572.

[17] *McLaughlin v. Bradlee*, 599 F.Supp. 839, 847 (D.D.C. 1984), bestätigt durch 803 F.2d 1197 (D.C. Cir. 1986); *Kret By Kret v. Brookdale Hospital Medical Center*, 462 N.Y.S.2d 896, 900 (N.Y.App.2 1983), bestätigt durch 473 N.Y.S.2d 970 (N.Y. 1984).

[18] *Freer*, Civil Procedure, S. 572 („right to expect that the resources of the judicial system not be wasted“). Lapidar *Cleary*, 57 Yale L.J. 339, 348 f. (1948) („If the judges are too few to be able to decide cases fairly and on the merits, the public probably can afford to have more judges.“).

[19] *Wright/Miller/Cooper*, in: Fed. Prac. & Proc., § 4403 bei Fn. 5.5 („It is easier to live with the abstract knowledge that our imperfect trial processes would often produce opposite results in successive efforts than to accept repeated concrete realizations of it.“).

[20] *Hart Steel Co. v. Railroad Supply Co.*, 244 U.S. 294, 299 (1917).

[21] Hier wird die materielle Rechtskraft (§ 322 ZPO) als negative Prozessvoraussetzung angesehen, die von Amts wegen zu berücksichtigen ist, vgl. nur *Musielak*, in: Musielak, ZPO, § 322, Rn. 9.

[22] *Wright/Miller/Cooper*, in: Fed. Prac. & Proc., § 4403 bei Fn. 5; *Cleary*, 57 Yale L.J. 339, 348 f. (1948) („Saving judge's time is more afterthought than reason.“). Dagegen noch *Moschzisker*, 38 Yale L.J. 299 (1929): Öffentliche Interessen im Vordergrund.

[23] Ausführlich *Wright/Miller/Cooper*, in: Fed. Prac. & Proc., § 4405; *Engelmann-Pilger*, Die Grenzen der Rechtskraft, S. 34 sowie rechtsvergleichend *Millar*, 39 Mich. L. Rev. 1, 7 f. (1940). Das deutsche Recht sieht diese Dispositionsbefugnis unter Hinweis auf das öffentliche Interesse nicht vor, vgl. *Gottwald*, in: MüKoZPO, § 322, Rn. 58; *Rosenberg/Schwab/Gottwald*, Zivilprozessrecht, § 152 Rn. 17.

II. Rechtskraft im föderalistischen Gerichtssystem der USA

Im föderalistischen Rechtssystem der USA existieren zwei parallele Gerichtssysteme.[24] Das Bundesgerichtssystem besteht nicht – wie im deutschen Recht – ausschließlich in letzter Instanz, sondern setzt sich aus drei Ebenen zusammen: Die *Federal District Courts* in erster Instanz, die *Courts of Appeals* als Rechtsmittelinstanz sowie der *U.S. Supreme Court* als oberste Instanz, die zugleich auch die Entscheidungen der obersten Staatengerichte überprüft – letztere indes nur auf deren Vereinbarkeit mit Bundes(verfassungs)recht und nicht im Sinne einer „Superrevisionsinstanz".[25] Daneben unterhält jeder Einzelstaat seine eigenen Gerichte *(state courts)*, die sich zumeist ebenfalls in drei Instanzen aufteilen: *Superior* oder *District Courts* in erster Instanz, in zweiter Instanz häufig *Intermediate Appellate Courts* sowie schließlich ein *Supreme Court*.[26] Neben Spezialgerichten für bestimmte Materien wie etwa das Insolvenzrecht (*Bankruptcy Courts*, geregelt im 28. Titel des United States Code (USC) § 151) bestehen für geringfügige Streitigkeiten mitunter besondere Gerichte mit eingeschränkter Zuständigkeit (*municipal* oder *small claims courts*).[27]

Vor diesem Hintergrund ist zu klären, wie sich die Rechtskraft einer gerichtlichen Entscheidung im zweispurigen Gerichtssystem der USA auswirkt, mithin, auf wessen Recht es bei der Bestimmung der Präklusionswirkung der Entscheidung ankommt. Die Beantwortung dieser Frage hängt in verfassungsrechtlicher Hinsicht von Art. IV § 1 der U.S. Constitution (sog. *full faith and*

---

[24] S. aus rechtsvergleichender Perspektive *Stürner/Kern*, in: GS Konuralp, 2009, S. 997, 1020 f. Zum komplexen Verhältnis der beiden Gerichtssysteme zueinander *Halberstam*, RabelsZ 66 (2002), 216, 230 ff.

[25] 28 USC §§ 1254, 1257. Art. III § 1 der U.S. Constitution fordert allein die Existenz eines *Supreme Court*, wohingegen die (bundesgesetzlich geregelten) Instanzgerichte nicht zwingend vorgeschrieben sind. S. ferner *Schack*, US-amerikanisches Zivilprozessrecht, Rn. 16, 5 ff.: In jedem Einzelstaat gibt es mindestens einen *District Court*. Diese sind den 13 *Circuits* der *Courts of Appeals* zugeordnet, vgl. 28 USC § 41. Eine Übersicht der *districts* und *circuits* findet sich unter http://www.uscourts.gov/uscourts/images/Circuit Map.pdf (Letzter Zugriff: 6.5.2014). Eingehend *Farnsworth/Sheppard*, An Introduction to the Legal System of the US, S. 45 f., der die *Courts of Appeals* in der Praxis als „courts of last resort for most federal cases" bezeichnet. Dies mag auch daran liegen, dass der *U.S. Supreme Court* Entscheidungen nach seinem Ermessen zur Überprüfung annehmen kann, 28 USC § 1254(1) (erforderlich ist ein sog. *writ of certiorari*). Dazu *Halberstam*, RabelsZ 66 (2002), 216, 228.

[26] *Farnsworth/Sheppard*, An Introduction to the Legal System of the US, S. 44 f.; *Hazard/Leubsdorf/Bassett*, Civil Procedure, S. 673 f. Die Bezeichnung der Gerichte ist uneinheitlich und mitunter verwirrend: In New York ist der *Supreme Court* die erste Instanz, die letzte Instanz wird hingegen als *Court of Appeals* bezeichnet, *Schack*, US-amerikanisches Zivilprozessrecht, Rn. 8. Eine detaillierte Übersicht der unterschiedlichen Gerichte sämtlicher Einzelstaaten findet sich bei *Klein*, Federal and State Court Systems, S. 14 ff.

[27] *Schack*, US-amerikanisches Zivilprozessrecht, Rn. 8.

credit clause) sowie von 28 USC § 1738 als einfachgesetzlicher Norm[28] ab. Im Einzelnen sind folgende Konstellationen zu unterscheiden:[29]

1. Einzelstaatliche Entscheidung – Einzelstaatliche Entscheidung

Ergeht beispielsweise in einem Verfahren vor einem *state court* in Texas eine Entscheidung und wird sodann vor einem *state court* in Louisiana ein weiteres Verfahren zwischen denselben Parteien angestrengt, kann die Rechtskraftwirkung der Erstentscheidung entweder nach dem Recht von Texas oder dem Recht von Louisiana zu bestimmen sein. Sowohl nach Art. IV § 1 der U.S. Constitution als auch nach 28 USC § 1738 muss das später angerufene Gericht in Louisiana des Recht des erstangerufenen Gerichts, also texanisches Recht, anwenden und die Klage wegen entgegenstehender Rechtskraft abweisen, obwohl das eigene Recht eine Rechtskraftwirkung hier womöglich nicht vorgesehen hätte. Auch das Restatement (Second) of Judgments[30] geht unter Berufung auf 28 USC § 1738 davon aus, dass ein *state court* in Louisiana dem texanischen Urteil „denselben Effekt" geben muss, den es in Texas entfalten würde.[31]

2. Einzelstaatliche Entscheidung – Bundesstaatliche Entscheidung

Wird das auf ein Erstverfahren in Texas folgende Zweitverfahren vor einem *federal court* in Louisiana angestrengt, ist wiederum fraglich, ob hier dem Recht von Texas, Louisiana oder dem *federal preclusion law* die Präklusionswirkung der Entscheidung zu entnehmen ist. Aus dem insofern weit gefassten 28 USC § 1738 ergibt sich, dass der *federal court* hier das Recht von Texas anzuwenden hat.[32] Dies lässt sich indes nicht Art. IV § 1 der U.S. Constitution entnehmen, der nach seinem eindeutigen Wortlaut nur das Verhältnis

---

[28] Ausführlich zu dieser Vorschrift und deren verfassungsrechtlicher Grundlage *Burbank*, 71 Cornell L. Rev. 733, 797 ff. (1986); *Halberstam*, RabelsZ 66 (2002), 216, 241.

[29] Darstellung der verschiedenen Konstellationen im Folgenden nach *Freer*, Civil Procedure, S. 640 ff. S. zum Ganzen auch *Nelle*, Anspruch, Titel und Vollstreckung, S. 132 ff. und *Burbank*, 70 Cornell L. Rev. 625 (1985).

[30] Zur Rechtsnatur und Bedeutung der Restatements s. Kap. 1 Fn. 48.

[31] Rest. (2d) of Judg., § 86, Comment g („no more as well as no less"). Dies ist nicht unzweifelhaft, s. *Durfee v. Duke*, 375 U.S. 106, 109 (1963) (*Full faith and credit* „generally requires every State to give to a judgment *at least* the res judicata effect which the judgment would be accorded in the State which rendered it.", Hervorhebung nur hier) sowie ausführlich dazu *Wright/Miller/Cooper*, in: Fed. Prac. & Proc., § 4467 nach Fn. 49; *Casad/Clermont*, Res Judicata, S. 213 ff.; *Halberstam*, RabelsZ 66 (2002), 216, 240 f.

[32] S. nur *Allen v. McCurry*, 449 U.S. 90, 96 (1980) („Congress has specifically required all federal courts to give preclusive effect to state-court judgments whenever the courts of the State from which the judgments emerged would do so."; dies aber dann nicht, wenn vor dem *state court* kein ausreichendes rechtliches Gehör im Hinblick auf *federal rights* gewährt wurde bzw. werden konnte, 101).

einzelstaatlicher Entscheidungen untereinander betrifft. Das Recht des Einzelstaates soll für den *federal court* selbst dann maßgeblich sein, wenn das Zweitverfahren auf ausschließlicher bundesgerichtlicher Zuständigkeit *(exclusive federal jurisdiction)* beruht und die dort geltend gemachten Ansprüche vor dem *state court* des Erstverfahrens daher gar nicht hätten geltend gemacht werden können.[33]

3. Bundesstaatliche Entscheidung – Einzelstaatliche Entscheidung

Findet das Erstverfahren vor einem *federal court* in Texas und das Zweitverfahren vor einem *state court* in Louisiana statt, helfen für die Bestimmung des anwendbaren Rechts weder Art. IV § 1 der U.S. Constitution noch 28 USC § 1738 weiter: Beide Vorschriften beziehen sich nur auf die Anerkennung der Rechtskraftwirkungen von *state court judgments.*[34] Gleichwohl herrscht Einigkeit darüber, dass das Gericht in Louisiana *federal preclusion law* für die Bestimmung der Rechtskraftwirkung der Entscheidung anwenden muss,[35] und zwar unabhängig davon, ob dem Verfahren als *lex causae* Fragen des *federal* oder *state law* zugrunde liegen.[36] Zur Begründung wird Art. III der U.S. Constitution bemüht, der die Grundlage für eine rechtsprechende Gewalt („judicial power") in bestimmten Streitigkeiten („cases" und „controversies") schafft und als solcher auch die Reichweite der Streitentscheidun-

---

[33] *Marrese v. American Academy of Orthopaedic Surgeons*, 470 U.S. 373, 380 ff. (1985); *Matsushita Electric Industrial Co. v. Epstein*, 516 U.S. 367, 374 ff. (1996). Dazu auch *Freer*, Civil Procedure, S. 646 ff.

[34] So ausdrücklich *Semtek International v. Lockheed Martin Corp.*, 531 U.S. 497, 506 (2001).

[35] Dabei handelt es sich um Federal Common Law. Die Schaffung von Federal Common Law ist im Bereich der Rechtskraft anerkannt; grundsätzlich ist den Bundesgerichten die Schaffung von *general* Federal Common Law – jedenfalls im materiellen Recht – aber untersagt, s. die berühmte Entscheidung *Erie Railroad Co. v. Tompkins*, 304 U.S. 64, 78 (1938) sowie dazu Note, 46 Minn. L. Rev. 913, 923 ff. (1962); *D'Oench, Duhme & Co. v. Federal Deposit Insurance Corp.*, 315 U.S. 447, 469 (1942); *Semtek International v. Lockheed Martin Corp.*, 531 U.S. 497, 508 (2001). Näher *Woolley*, 72 U. Cin. L. Rev. 527 (2003); *Freer*, Civil Procedure, S. 566 f., 648. Krit. zum Federal Common Law in Bezug auf die Rechtskraft *Burbank*, 71 Cornell L. Rev. 733, 753 ff. (1986).

[36] So bereits Rest. (2d) of Judg., § 87. Für den Fall, dass das Verfahren auf *state law* basiert, hat der *U.S. Supreme Court* diesen Grundsatz erst in seiner Entscheidung in *Semtek*, die auf der sog. *diversity jurisdiction* (dazu unten S. 21 f.) beruhte, für die Doktrin der *claim preclusion* geklärt. Dabei kommt das Gericht zu dem Ergebnis, dass das anwendbare Federal Common Law hier das Recht des Einzelstaates übernimmt, in dem der *federal court* seinen Sitz hat, s. *Semtek International v. Lockheed Martin Corp.*, 531 U.S. 497, 508 (2001). S. auch *Casad/Clermont*, Res Judicata, S. 223 ff.; *Görtz*, Die subjektiven Grenzen der Rechtskraft, S. 25 ff., dort auch zur Übertragbarkeit von *Semtek* auf die Doktrin der *issue preclusion*; *Degnan*, 85 Yale L.J. 741, 755 ff. (1976).

gen zu bestimmen vermöge.[37] Es sei schlicht „undenkbar", dass *state courts* die Entscheidungen von *federal courts* missachten dürfen, wenn doch sowohl *state* als auch *federal courts* die Entscheidungen von (anderen) *state courts* anerkennen müssen.[38]

4. Bundesstaatliche Entscheidung – Bundesstaatliche Entscheidung

Nichts anderes kann im Verhältnis zweier Bundesgerichte gelten: Mit entsprechenden Begründungsansätzen wendet der *federal court* im Zweitverfahren auch hier Federal Common Law zur Bestimmung der Rechtskraftwirkung des von einem anderen *federal court* erlassenen Ersturteils an, wiederum unabhängig davon, ob das Verfahren auf *federal* oder *state law* beruht.[39]

C. Rechtskraft im Einzelnen

I. Claim preclusion

Die Doktrin der *claim preclusion* betrifft diejenige Bindungswirkung eines Urteils, nach der der Kläger gehalten ist, alle zu einem einheitlichen Streitgegenstand gehörigen Ansprüche in einem Verfahren geltend zu machen. Tut er dies nicht, ist er durch *claim preclusion* in späteren Verfahren mit der Geltendmachung dieser und aller weiterer zum selben Streitgegenstand gehörigen (und bisher nicht geltend gemachten) Ansprüche präkludiert. Der Kläger bekommt nur „one bite at the apple"[40]. Voraussetzung für die Anwendbarkeit dieser Doktrin ist, dass es sich im Erst- und Zweitverfahren um denselben Kläger und Beklagten handelt, das Erstverfahren durch ein wirksames *(valid)* und endgültiges *(final)* Urteil in der Sache *(judgment on the merits)* abgeschlossen wurde und es sich im Erst- und Zweitverfahren um denselben Streitgegenstand *(same claim, same cause of action)* handelt. In zuständigkeitsrechtlicher Hinsicht geht es hier um (relative) Urteile aufgrund der *in*

---

[37] *Wright/Miller/Cooper*, in: Fed. Prac. & Proc., § 4468 nach Fn. 5 unter Hinzuziehung von Art. VI § 2 der U.S. Constitution (sog. *supremacy clause*): „This Constitution, and the laws of the United States which shall be made in pursuance thereof; and all treaties made, or which shall be made, under the authority of the United States, shall be the supreme law of the Land; and the Judges in every State shall be bound thereby, any thing in the Constitution or Laws of any State to the contrary notwithstanding." So auch *Casad/Clermont*, Res Judicata, S. 223.

[38] *Wright/Miller/Cooper*, in: Fed. Prac. & Proc., § 4468 bei Fn. 1. So auch *Freer*, Civil Procedure, S. 649 („How can principles of federalism demand less (…)?").

[39] S. etwa *Seven Elves, Inc. v. Eskenazi*, 704 F.2d 241, 243 f., Fn. 2 m.w.N. (5th Cir. 1983); *Casad/Clermont*, Res Judicata, S. 226 („The two courts are arms of the same sovereign").

[40] *Freer*, Civil Procedure, S. 570.

personam jurisdiction.[41] Urteile *in rem* betreffen unmittelbar die dingliche Rechtslage und wirken daher *inter omnes* („against all the world“[42]), während Urteile *quasi in rem* keine Rechtskraft entfalten.[43] Auch reine Feststellungsurteile sind von der üblichen *claim preclusion*-Wirkung ausgenommen.[44]

Nach einem Überblick zu den historischen Ursprüngen und den Rechtsquellen (1) werden im Folgenden die Voraussetzungen der *claim preclusion* (2) sowie die weitreichenden Ausnahmen und Ergänzungen zur Bindungswirkung behandelt, die durch die Rechtsprechung geschaffen wurden (3).

1. Grundlagen

a) Historischer Hintergrund

Die Doktrin der *claim preclusion* hat ihre Ursprünge im Römischen Recht. Der lateinische Begriff „res iudicata“ – hier in seiner engen Bedeutung als Synonym für *claim preclusion* verstanden – heißt wörtlich „entschiedene Sache“ und stellte im Römischen Recht die Bedeutung des gerichtlichen Urteils für den Ausschluss weiterer Verfahren in den Mittelpunkt.[45] Über das Normannische und Anleihen aus dem Kanonischen Recht fand das Konzept der *res judicata* am Anfang des 12. Jahrhunderts Eingang in das Common Law Englands.[46] Hier wurde es parallel zu der bereits zu früheren Zeiten aus dem Germanischen Recht übernommenen Doktrin der *issue preclusion* angewendet; dabei wurden beide Konzepte zunächst nicht als einheitliche Doktrin

---

[41] Vgl. Rest. (2d) of Judg., § 17 („Valid and final *personal* judgment“, Hervorhebung nur hier). Eine auf diese Zuständigkeit gestützte Klage begründet im Erfolgsfall eine persönliche Verpflichtung *(personal obligation)* des Beklagten gegenüber dem Kläger. Die Begründung der *in personam jurisdiction* erfordert lediglich eine bestimmte Verbindung (etwa Wohnsitz oder Handlungsort) des Beklagten zum Gerichtsstand, vgl. Rest. (2d) of Judg., § 5, Comment a; *Freer*, Civil Procedure, S. 43. Näher zur Einordnung und Unterscheidung von *in personam, in rem* und *quasi in rem jurisdiction* unten S. 24 f. m.w.N.

[42] *Arndt v. Griggs*, 134 U.S. 316, 320 (1890). Diese Fälle sind in der Praxis selten, *Freer*, Civil Procedure, S. 46.

[43] *Friedenthal/Kane/Miller*, Civil Procedure, S. 120; *Görtz*, Die subjektiven Grenzen der Rechtskraft, S. 198 f.

[44] Vgl. Rest. (2d) of Judg., § 33, Comment c („A plaintiff who wins a declaratory judgment may go on to seek further relief, even in an action on the same claim which prompted the action for a declaratory judgment.“); 28 USC § 2202 *(Declaratory Judgment Act).* Ausführlich *Wright/Miller/Cooper*, in: Fed. Prac. & Proc., § 4446 (Anwendbarkeit von *issue preclusion*, aber „claim-preclusion effects are shrouded in miserable obscurity“).

[45] Vgl. L.1 de re jud. (42.1) (Modestinus): „Res judicata dicitur, quae finem controversiarum pronuntiatione judicis accipit.“ sowie ausführlich *Savigny*, System des heutigen römischen Rechts, Bd. 6, S. 265 ff., 298 f. und *Windscheid*, Lehrbuch des Pandektenrechts, Bd. 2, S. 640 ff. mit Fn. 1.

[46] *Friedenthal/Kane/Miller*, Civil Procedure, S. 650 f.; *Millar*, 35 Ill. L. Rev. 41, 44 (1940).

der Rechtskraft begriffen.[47] Die dem Common Law immanente Heterogenität veranlasste das *American Law Institute* erstmals im Jahr 1942, ein Restatement of Judgments in der äußeren Form eines Gesetzbuchs[48] herauszugeben. In den §§ 18–19 des Restatement (Second) of Judgments hat der auch heute noch gebräuchliche Grundsatz der Unterteilung von *claim preclusion* in „merger" und „bar" Eingang gefunden. Diese Begriffe werden synonym[49] zum Begriff der *claim preclusion* verwendet und beschreiben zwei Seiten derselben Medaille: Obsiegt der Kläger, geht sein Anspruch im Urteil auf *(merger)* und er kann nur noch aus dem Urteil, nicht hingegen aus dem zugrunde liegenden Anspruch vorgehen.[50] Obsiegt der Beklagte, stellt das Urteil eine Sperre *(bar)* gegenüber einer erneuten Klageerhebung aufgrund desselben Sachverhalts durch den Kläger dar.

b) Rechtsquellen

Die Doktrin der *claim preclusion* basiert im Wesentlichen auf dem über Jahrhunderte richterrechtlich entwickelten Fallrecht des Common Law.[51] Dieses wurde in der Folge durch das Restatement of Judgments aufbereitet und systematisiert. Mitunter finden sich in Bundesgesetzen Bezüge zur *claim preclusion*, die sich aber in der Bestätigung der Anwendbarkeit der Doktrin erschöpfen und inhaltlich keine Abweichungen zum Common Law vorsehen.[52] Zu nennen sind hier etwa der *Federal Torts Claim Act*[53] und der *Bankruptcy*

---

[47] So die heutige Lesart, vgl. *Friedenthal/Kane/Miller*, Civil Procedure, S. 651 („two arms of a single doctrine"); Note, 65 Harv. L. Rev. 818, 821 (1952).

[48] *Hay*, US-amerikanisches Recht, Rn. 32: Die Restatements erfassen das Fallrecht systematisch und bestehen für viele verschiedene Rechtsgebiete. Sie sind von großer praktischer Relevanz und werden häufig von den Gerichten zitiert, obschon sie nicht autoritativ im Sinne eines förmlichen Gesetzes sind. Zur Bedeutung von Sekundärquellen und insb. der Restatements im US-amerikanischen Recht vgl. auch *Farnsworth/Sheppard*, An Introduction to the Legal System of the US, S. 91 ff., 96. Das Restatement of Judgments besteht mittlerweile in zweiter Auflage von 1982 und wird zudem laufend aktualisiert (abrufbar in der letzten Aktualisierung von Juni 2014 über *Westlaw*, letzter Zugriff: 5.6.2014).

[49] Teilweise ist auch von *claim preclusion* als der „rule against splitting a claim" die Rede, vgl. etwa Rest. (2d) of Judg. § 24; *Clark*, Code Pleading, S. 473 („metaphorical expression"); *Cleary*, 57 Yale L.J. 339, 343 f. (1948). S. auch *Friedenthal/Kane/Miller*, Civil Procedure, S. 367 f. („indirect sanctions against ‚claim splitting'.").

[50] Treffend *Cavanagh*, 29 Rev. Litig. 859 (2010) („That claim has disappeared and metaphysically become part of the judgment."); *Hay*, in: FS Geimer, 2002, S. 325, 327.

[51] Exemplarisch *AVX Corp. v. Cabot Corp.*, 424 F.3d 28, 30 (1st Cir. 2005) („[Res judicata] rules have developed through judicial decision, drawing on common law res judicata doctrine as it has developed over time."); *Lüke*, Die Beteiligung Dritter im Zivilprozeß, S. 159.

[52] *Wright/Miller/Cooper*, in: Fed. Prac. & Proc., § 4403 bei Fn. 23.

[53] 28 USC § 2676.

Code[54]. Auch in Rule 41 FRCP wird auf *claim preclusion* Bezug genommen, wenn es um die Frage der „adjudication on the merits" geht. Ferner wird die Rechtsfolge der Rule 13(a) FRCP häufig mit der Doktrin der *claim preclusion* begründet, ohne dass die Norm dafür einen Anhaltspunkt böte.[55]

In verfassungsrechtlicher Hinsicht hat der *U.S. Supreme Court* angedeutet, dass sich im Hinblick auf die Rechtskraft ein gewisser Vertrauensschutz der jeweiligen Parteien aus dem 14. Amendment der U.S. Constitution *(due process)* ergeben kann.[56] Auch aus dem 7. Amendment *(right to jury trial)* wird vereinzelt ein solcher Schutz in Bezug auf die Tatsachenfindung durch eine Jury hergeleitet.[57] Die verfassungsrechtliche Rechtfertigung der Rechtskraft hat indes bei den Instanzgerichten wenig Anklang gefunden.[58] Ihr Einfluss auf die Grundsätze des Common Law bleibt daher begrenzt.[59]

2. Voraussetzungen

a) Partei- und Parteirollenidentität

Die Bindungswirkung eines Urteils im Sinne der *claim preclusion* trifft grundsätzlich nur die am Verfahren beteiligten Parteien, mithin den bzw. die Kläger und Beklagten als Prozessgegner.[60] Dabei liegt dem US-amerikanischen wie auch dem deutschen Zivilverfahrensrecht ein formeller Parteibegriff zugrunde: Partei ist, wer als solche bezeichnet ist und der *jurisdiction* des Gerichts unterliegt.[61] Ein am Verfahren nicht beteiligter Dritter kann also grundsätzlich weder selbst aus einem Urteil vorgehen noch aufgrund dessen in Anspruch genommen werden.[62] Weit verbreitet ist in diesem

---

[54] 11 USC § 505(a)(2)(A). Weitere Beispiele bei *Wright/Miller/Cooper*, in: Fed. Prac. & Proc., § 4403 Fn. 23 und 24, dort zu (seltenen) Fällen, in denen die Grundsätze die *res judicata* gesetzlich überwunden werden.

[55] Zur Rechtsfolgendogmatik im Rahmen der Rule 13(a) FRCP noch unten S. 188 ff.

[56] *Goldblatt v. Town of Hempstead*, 369 U.S. 590, 597 (1962).

[57] *Freeman v. Chicago Park Dist.*, 189 F.3d 613, 618 (7th Cir. 1999).

[58] Erwähnt etwa in *Sotomura v. County of Hawaii*, 460 F.Supp. 473, 481 f. (D. Hawaii 1978); *Robinson v. Ariyoshi*, 441 F.Supp. 559, 583 f. (D. Hawaii 1977), schließlich aufgehoben durch 887 F.2d 215 (9th Cir. 1989).

[59] *Baicker-MacKee/Janssen/Corr*, A Student's Guide to the FRCP, S. 127; *Wright/Miller/Cooper*, in: Fed. Prac. & Proc., § 4403 bei Fn. 30–33.

[60] Zu Ausnahmen von der subjektiven Bindungswirkung noch unten S. 54 ff.

[61] Rest. (2d) of Judg., § 34. Näher *Görtz*, Die subjektiven Grenzen der Rechtskraft, S. 81 ff. Vgl. zum Parteibegriff im deutschen Recht etwa *Rosenberg/Schwab/Gottwald*, Zivilprozessrecht, § 40.

[62] Vgl. etwa *Gareeb v. Weinstein*, 390 A.2d 706, 710 (N.J.Super.A.D. 1978). Zu Ausnahmen sogleich S. 54 ff.

Zusammenhang die Aussage in Schrifttum[63] und Rechtsprechung[64], es genüge eine „Identität der Parteien“ *(identity of parties)* im Erst- und Zweitverfahren. Diese Aussage ist nicht hinreichend präzise. Neben der Parteiidentität bedarf es auch einer „Parteirollenidentität“: Der Kläger des Erstverfahrens muss auch Kläger des Zweitverfahrens sein. Erleiden also sowohl A als auch B in einem Verkehrsunfall Schäden und erstreitet Kläger A im Erstverfahren ein obsiegendes Urteil gegen B, so ist B mit der Geltendmachung seiner Ansprüche als Kläger in einem Zweitverfahren nicht durch *claim preclusion*[65] präkludiert – unabhängig von allen übrigen Voraussetzungen der Doktrin.[66] Diese Lesart lässt sich implizit auch Restatement (Second) of Judgments § 18(1) entnehmen, der nach Erlass eines stattgebenden Urteils zugunsten des Klägers *(valid and final judgment in favor of the plaintiff)* festlegt: „A plaintiff cannot thereafter maintain an action on the original claim (…).“ Demnach kann der frühere Beklagte in einem Zweitverfahren nicht durch *claim preclusion* von einer eigenständigen Klage – nunmehr als Kläger – abgehalten werden.[67]

---

[63] So etwa *Cavanagh*, 29 Rev. Litig. 859, 862 (2010); Note, 65 Harv. L. Rev. 818, 855 (1952); *Friedenthal/Kane/Miller*, Civil Procedure, S. 718 f.; *Lüke*, Die Beteiligung Dritter im Zivilprozeß, S. 160 f.; *Engelmann-Pilger*, Die Grenzen der Rechtskraft, S. 99 f.

[64] So etwa *Gilbert v. Ben-Asher*, 900 F.2d 1407, 1410 (9th Cir. 1990); *Warren v. McCall*, 709 F.2d 1183, 1184 f. (7th Cir. 1983); *Rose v. Household Finance Corp. II*, 728 S.E.2d 879, 882 (Ga.App. 2012); *Montae v. American Airlines, Inc.*, 757 F.Supp.2d 47, 54 (D.Mass. 2010).

[65] Indes unterliegt B in diesem Fall möglicherweise der Präklusion durch *issue preclusion*, der *common law compulsory counterclaim rule* (Rest. (2d) of Judg. § 22(2)(b)) ebenso wie *compulsory counterclaim*-Vorschriften wie Rule 13(a) FRCP. Diese bleiben an dieser Stelle aber vorerst außer Betracht.

[66] Beispiel nach *Freer*, Civil Procedure, S. 575. Richtig gesehen und ausgeführt von *Harrison v. Nancy Lee Mines, Inc.*, 714 P.2d 529, 530 (Id.App. 1985) („The plaintiff here, Harrison, was an unsuccessful defendant in the prior litigation. Conversely, the defendant here, Nancy Lee, was the prevailing plaintiff. Nancy Lee is not now attempting to maintain any action upon its original claim. Neither is Harrison presently seeking to rely defensively upon the earlier judgment. The rules of merger and bar could be invoked only if we characterized Harrison as the plaintiff, and Nancy Lee as the defendant, in *Harrison I.* But we think that stretching these labels would distort application of the rules. We hold that res judicata in the form of claim preclusion is inapposite.“); *Valley View Angus Ranch, Inc. v. Duke Energy Field Services, Inc.*, 497 F.3d 1096, 1101 (10th Cir. 2007); *Estate of Goston v. Ford Motor Co.*, 898 S.W.2d 471, 473 (Ark. 1995); so – wenngleich in anderem Zusammenhang – offenbar auch *HGN Corp. v. Chamberlain et. al.*, 642 F.Supp. 1443, 1449 (N.D.Ill. 1986).

[67] Wollte man das anders sehen, ergäbe sich im Ergebnis eine Widerklagelast durch *claim preclusion*. Dazu noch unten S. 87 f. (Keine allgemeine Widerklagelast durch *claim preclusion*).

b) Wirksames Endurteil in der Sache (valid final judgment on the merits)

Neben der Partei- und Parteirollenidentität ist für die Anwendbarkeit der *claim preclusion* erforderlich, dass ein *valid final judgment on the merits* ergangen ist.

aa) Wirksames Urteil

Ein Urteil kann nur dann *claim preclusion*-Wirkung entfalten, wenn es *valid* ist. Dies hängt im US-amerikanischen Zivilverfahrensrecht davon ab, ob das Gericht *subject matter jurisdiction* sowie *personal jurisdiction* für das Verfahren hatte und der Beklagte von dem gegen ihn anhängigen Verfahren hinreichend benachrichtigt wurde *(adequate notice)*.[68] Keine Erwähnung findet im Zusammenhang mit der Wirksamkeit eines Urteils – soweit ersichtlich – die *venue* als dritte Form der Zuständigkeit im US-amerikanischen Recht (28 USC § 1391).[69] Anhand der *venue* wird bestimmt, an welchem Ort innerhalb eines Gerichtssystems die Klage erhoben werden kann; *venue* korrespondiert also nach deutschem Verständnis mit der örtlichen Zuständigkeit des Gerichts.[70]

(1) Subject matter jurisdiction

Subject matter jurisdiction beschreibt die sachliche Zuständigkeit des Gerichts im zweigliedrigen Gerichtssystem der USA, dient also der Kompetenzabgrenzung zwischen Bundes- und einzelstaatlichen Gerichten.[71] Die allgemeine Zuständigkeit liegt bei den einzelstaatlichen Gerichten; Bundesgerichte sind nur insoweit zuständig, als die Zuständigkeit ausdrücklich eingeräumt

---

[68] Rest. (2d) of Judg., § 1. Vgl. etwa *Keene Corp. v. United States*, 591 F.Supp. 1340, 1346 (D.D.C. 1984), affirmed 818 F.2d 901 (D.C. Cir. 1987); *Rose v. Town of Harwich*, 778 F.2d 77, 79 ff. (1st Cir. 1985), cert. denied 476 U.S. 1159 (1986); *American Guaranty Co. v. United States*, 401 F.2d 1004, 1005 f. (Ct. Cl. 1968); *Etten v. Lovell Manufacturing Co.*, 225 F.2d 844, 846 (3rd Cir. 1955), cert. denied 350 U.S. 966 (1956). *Casad/Clermont*, Res Judicata, S. 49 knüpfen die *validity* eines Urteils an dessen Qualität, einem *request for relief from judgment* standzuhalten. Gründe für einen derartigen *request* sind unter anderen wiederum fehlende *jurisdiction* und *adequate notice*. Zur Durchbrechung der Rechtskraft noch unten S. 64 ff.

[69] Vgl. *Engelmann-Pilger*, Die Grenzen der Rechtskraft, S. 39 (Begriff der *jurisdiction* umfasst nicht *venue*). Zur Unterscheidung von *personal jurisdiction* und *venue* auch *Clermont*, 66 Cornell L. Rev. 411, 430 ff., 443 ff. (1981) und Rest. (2d) of Judg., § 4, Comment h.

[70] Vgl. *Schack*, US-amerikanisches Zivilprozessrecht, Rn. 81. Zur *venue* im Zusammenhang mit *compulsory counterclaims* nach Rule 13(a) FRCP noch unten S. 116 f. Instruktiv zur *venue* etwa *Freer*, Civil Procedure, S. 251 ff.

[71] *Görtz*, Die subjektiven Grenzen der Rechtskraft, S. 39.

wurde.[72] Im Rahmen der Bundesgerichtsbarkeit ist weiter zu unterscheiden zwischen ausschließlicher und konkurrierender Zuständigkeit. Ausschließliche Zuständigkeit besteht etwa für das Seerecht (28 USC § 1333), das Marken- und Patentrecht (28 USC § 1338) sowie im Grundsatz für das Insolvenzrecht (28 USC § 1334(a) bzw. (b)). Konkurrierende Zuständigkeit der Bundesgerichte besteht vor allem für *federal questions* (28 USC § 1331) und *diversity of citizenship* (28 USC § 1332). Aufgrund der *federal question jurisdiction* sind *auch* die Bundesgerichte für Verfahren zuständig, die auf Bundesgesetzen beruhen („arise under" *federal law*[73]), wobei das Bundesrecht einen wesentlichen Bestandteil der Klage ausmachen muss.[74] Dies soll die Ressourcen der Bundesgerichtsbarkeit schonen und zugleich die einheitliche Auslegung des Bundesrechts gewährleisten.[75] Von großer praktischer Bedeutung ist die konkurrierende *diversity jurisdiction* der Bundesgerichte. Diese sieht eine Zuständigkeit für Verfahren vor, an denen natürliche oder juristische Personen *(corporations)* beteiligt sind, die aus unterschiedlichen Einzelstaaten oder ausländischen Staaten stammen.[76] *Diversity jurisdiction* soll die Bevorzugung der im eigenen Staat Ansässigen durch einzelstaatliche Gerichte verhindern.[77] Sie wird von den Bundesgerichten aufgrund der durch sie verursachten erheblichen Arbeitsbelastung kritisch gesehen[78] und dementsprechend durch eine stetig steigende Streitwertuntergrenze von derzeit $ 75.000 eingeschränkt.[79]

---

[72] Dies ist durch Art. III § 2 der U.S. Constitution sowie 28 USC §§ 1330 ff. geschehen. S. auch Rest. (2d) of Judg., § 11, Comment a, sowie *Schack*, US-amerikanisches Zivilprozessrecht, Rn. 38 ff. und *Pushaw*, 95 Cal. L. Rev. 1515, 1520 ff. (2007). Zur Möglichkeit des *removal* von *state* zu *federal court* oder andersherum *Schack*, US-amerikanisches Zivilprozessrecht, Rn. 48 ff.

[73] Krit. zur Formulierung „arise under" *Schack*, US-amerikanisches Zivilprozessrecht, Rn. 41, der darauf hinweist, dass nicht jede Klage, die mit Bundesrecht in Zusammenhang steht, in diesem ihren Ursprung haben muss. Die Formulierung sei daher funktional auszulegen. Zur einschränkenden Auslegung des *U.S. Supreme Court* s. *Pushaw*, 95 Cal. L. Rev. 1515, 1553 sowie mit diesbezüglicher Kritik 1564 f. (2007).

[74] *Mishkin*, 53 Colum. L. Rev. 157, 165 (1953) („substantial claim ‚directly' founded upon national law").

[75] *Mishkin*, 53 Colum. L. Rev. 157, 162 (1953); *Schack*, US-amerikanisches Zivilprozessrecht, Rn. 41.

[76] S. zu den verschiedenen Konstellationen 28 USC § 1332(a).

[77] *Siegel*, Commentary on 1988 Revision of 28 USC § 1332 (abrufbar bei *Westlaw* im Anschluss an die Vorschrift).

[78] Ausführlich *Schack*, US-amerikanisches Zivilprozessrecht, Rn. 42.

[79] Von $ 10.000 im Jahr 1958 wurde die Grenze 1988 auf $ 50.000 und 1996 auf $ 75.000 angehoben, vgl. *Siegel*, Commentary on 1988 Revision of 28 USC § 1332 und *ders.*, Commentary on 1996 Amendment of 28 USC § 1332 (abrufbar bei *Westlaw* im Anschluss an die Vorschrift). Zur Berechnung des Streitwerts, insb. zur Frage, ob der Streitwert einer Widerklage zu berücksichtigen sei, *Creutz*, 68 Fordham L. Rev. 1719,

Subject matter jurisdiction muss grundsätzlich für alle geltend gemachten Ansprüche *(claims)* eines Verfahrens vor Bundesgerichten vorliegen. Liegt für einzelne Ansprüche keine *federal subject matter jurisdiction* vor, können Bundesgerichte für diese im Wege der *supplemental jurisdiction* die sachliche Zuständigkeit erlangen. Darunter versteht man eine Zuständigkeit kraft Sachzusammenhangs, mit der die Bundesgerichte auch über Ansprüche, die eigentlich der einzelstaatlichen Zuständigkeit unterliegen, entscheiden können.[80] Diese Zuständigkeit wurde in der Rechtsprechung unter der Bezeichnung *pendent* (für weitere Ansprüche des Klägers) bzw. *ancillary* (für Ansprüche des Beklagten) *jurisdiction* entwickelt.[81] Danach hat das Bundesgericht *supplemental jurisdiction* für einen Anspruch, wenn und weil dieser im Verhältnis zu den übrigen Ansprüchen aus einem „common nucleus of operative fact"[82] herrührt und daher „part of the same case or controversy" ist. Dies ist stets der Fall, wenn die Ansprüche nach der modernen Terminologie der FRCP aus derselben „transaction or occurrence" resultieren.[83] Das Konzept der *supplemental jurisdiction* wurde schließlich durch den Bundesgesetzgeber in 28 USC § 1367 normiert.[84]

Das angerufene Gericht entscheidet selbst, ob die erforderliche *jurisdiction* vorliegt *(jurisdiction to determine jurisdiction)*. Diese Entscheidung, die das Gericht von Amts wegen oder auf Anregung einer der Parteien treffen kann, erwächst in Rechtskraft und bindet die Parteien in der Regel;[85] eine Überprüfung durch Einlegung von Rechtsmitteln bleibt möglich.[86] Ein trotz fehlender

1726 ff. (2000) (im Ergebnis für eine getrennte Berücksichtigung beider Streitwerte und gegen deren Addition).

[80] *Freer*, Civil Procedure, S. 223. *Supplemental jurisdiction* setzt stets voraus, dass das Bundesgericht bereits *subject matter jurisdiction* für die Hauptklage hat und begründet diese daher nur für einzelne, zusätzliche Ansprüche, etwa solche, die der Beklagte in das Verfahren einführt.

[81] Grundlegend *Freeman v. Howe*, 65 U.S. 450 (1861); *United Mine Workers v. Gibbs*, 383 U.S. 715 (1966). Zur Terminologie *Freer*, Civil Procedure, S. 225, Fn. 191: Der Begriff der *supplemental jurisdiction* wurde erst durch 28 USC § 1367 geschaffen und umfasst sowohl *pendent* als auch *ancillary jurisdiction*.

[82] *United Mine Workers v. Gibbs*, 383 U.S. 715, 725 (1966). Ausführlich zu dieser Entscheidung etwa *Corey*, 1995 BYU L. Rev. 1263, 1265 ff. (1995).

[83] *Freer*, Civil Procedure, S. 225 f. Dies betrifft vor allem auch *compulsory counterclaims* nach Rule 13(a) FRCP. Dazu sowie zur zuständigkeitsrechtlichen Funktion der Norm noch unten S. 112 ff.

[84] Ausführlich dazu unten S. 114 f.

[85] Rest. (2d) of Judg., § 11, Comment c. Ausnahmen bestehen insb. bei rechtsmissbräuchlichem Vorgehen des Gerichts (Rest. (2d) of Judg., § 12(1)) und bei Verstößen gegen das Gebot der prozessualen Fairness (Rest. (2d) of Judg., §12(3)).

[86] Rest. (2d) of Judg., § 12, Comment c (Bindungswirkung durch *issue preclusion*). Für den Fall der Säumnis des Beklagten wird von dieser Wirkung – anders als bei der *personal jurisdiction*, dazu sogleich – keine Ausnahme gemacht. Vielmehr wird die Frage der *subject matter jurisdiction* hier als *implicitly adjudicated* angesehen, vgl. Comments f und d.

subject matter jurisdiction ergangenes Urteil ist dann ggf. als *valid* zu behandeln.[87]

(2) Personal jurisdiction

Weitere Voraussetzung eines *valid judgment* ist, dass das Gericht *personal jurisdiction* – häufig wird der Begriff *territorial jurisdiction* synonym verwendet – für das Verfahren hat.[88] Darunter versteht man die internationale und interlokale Zuständigkeit des Gerichts.[89] Bezugspunkt dieser Zuständigkeit ist entweder der Beklagte selbst *(in personam)* oder dessen Vermögen *(in rem, quasi in rem jurisdiction).*[90]

Historisch betrachtet, gründet die *personal jurisdiction* auf der körperlichen Verfügungsgewalt über den Beklagten oder das Vermögen im Forumstaat.[91] Diese als zu eng empfundenen Grenzen überwand der *U.S. Supreme Court*, als er im Hinblick auf das 14. Amendment der U.S. Constitution *(due process)* entschied, dass zur Zuständigkeitsbegründung bestimmte „minimum contacts" des Beklagten zum Forumstaat genügten.[92] Diese *minimum contacts* werden heute unterteilt in *general* und *specific contacts*. Erstere umfassen etwa die Staatsangehörigkeit[93] und das *domicile*[94] ebenso wie das – besonders

S. auch *Boskey/Braucher*, 40 Colum. L. Rev. 1008 (1940) und *Wright/Miller/Cooper*, in: Fed. Prac. & Proc., § 4428.

[87] *Görtz*, Die subjektiven Grenzen der Rechtskraft, S. 40.

[88] Zur Terminologie *Casad/Richman*, Jurisdiction in civil actions, S. 6 ff., 13 f.

[89] Missverständlich ist in diesem Zusammenhang die Bezeichnung „örtliche Zuständigkeit", vgl. *Böhm*, Amerikanisches Zivilprozessrecht, Rn. 238. Örtliche Zuständigkeit nach deutschem Verständnis wird im US-amerikanischen Recht bekanntlich als *venue* bezeichnet; so dann im Ergebnis auch ebenda, Rn. 238 aE.

[90] Zu dieser Unterscheidung Rest. (2d) of Judg., §§ 4 ff., 6, Comments a ff. Ausführlich auch *Engelmann-Pilger*, Die Grenzen der Rechtskraft, S. 128 ff. Die *quasi in rem jurisdiction* übernimmt die Funktion des § 23 ZPO, ist jedoch auf das im Forumstaat belegene Vermögen beschränkt, *Shaffer v. Heitner*, 433 U.S. 186, 199 (1977); *Schack*, US-amerikanisches Zivilprozessrecht, Rn. 65 f. m.w.N.

[91] Grundlegend *Pennoyer v. Neff*, 95 U.S. 714 (1817); *McDonald v. Mabee*, 243 U.S. 90 (1917) („The foundation of jurisdiction is physical power.").

[92] *International Shoe Co. v. Washington*, 326 U.S. 310, 316 (1945) („Such [contacts] that the maintenance of the suit does not offend ‚traditional notions of fair play and substantial justice'."). Für immaterielle Vermögenswerte sind derartige Kontakte nicht lediglich ausreichend, sondern *usually necessary*, *Shaffer v. Heitner*, 433 U.S. 186 (1977). Ausführlich zum Ganzen *Schack*, Jurisdictional minimum contacts, *passim*.

[93] *Blackmer v. United States*, 284 U.S. 421 (1933).

[94] Dieses beschreibt den Lebensmittelpunkt einer Person und nicht deren Wohnsitz nach deutschem Verständnis. Bestimmt wird er nach einzelstaatlichem Recht, s. *Schack*, US-amerikanisches Zivilprozessrecht, Rn. 43 mit Fn. 164.

umstrittene – *doing business*[95]. *Specific contacts* beziehen sich etwa auf bestimmte Vertrags- oder Deliktsstreitigkeiten.[96]

Abgesehen von den durch den *U.S. Supreme Court* vorgegebenen verfassungsrechtlichen Grenzen legen die Einzelstaaten durch sog. „long arm statutes“ ihre *jurisdiction* selbst fest.[97] Der Name ist bezeichnend, da die Gesetze besonders weite Zuständigkeitsgründe vorsehen, die mitunter nicht mehr als eine „Blankettformel“[98] darstellen. Im Übrigen ist auch eine Begründung der *personal jurisdiction* durch rügelose Einlassung des Beklagten möglich.[99] Im Zusammenhang mit den ausufernden Möglichkeiten der Zuständigkeitsbegründung stellt die Lehre des *forum non conveniens* ein gewisses Korrektiv dar.[100] Danach wird ein Gericht, das die *personal jurisdiction* für ein Verfahren innehat, diese gleichwohl nicht ausüben, wenn es der Ansicht ist, dass ein anderes Forum für die Austragung der Streitigkeit besser geeignet sei.[101] Über das Vorliegen der *personal jurisdiction* entscheidet – wie bei der Bestimmung der *subject matter jurisdiction* – wiederum das Gericht selbst mit Rechtskraftwirkung.[102] Von dieser Wirkung wird für den Fall der Säumnis

---

[95] *Schack*, US-amerikanisches Zivilprozessrecht, Rn. 71 m.w.N.: Große Rechtsunsicherheit aufgrund des Erfordernisses der „continous and systematic activities“ des Beklagten. Ausführlich *Müller*, Die Gerichtspflichtigkeit wegen „doing business“, S. 19 ff. und *Schack*, Jurisdictional minimum contacts, S. 37 ff.

[96] *Schack*, US-amerikanisches Zivilprozessrecht, Rn. 73 m.w.N.; *ders.*, Jurisdictional minimum contacts, S. 40 ff. Ausführlich *Casad/Richman*, Jurisdiction in civil actions, Bd. 2, Kap. 7–9.

[97] Ausführlich *Schmidt-Brand*, Long-arm statutes, S. 24 ff. und *Teitz*, Transnational litigation, S. 295 ff. mit tabellarischer Übersicht zu *long arm statutes* aller Einzelstaaten sowie *Casad/Richman*, Jurisdiction in civil actions, Bd. 2, S. 389 ff. Die *personal jurisdiction* eines Bundesgerichts bestimmt sich im Wesentlichen nach den Vorschriften des Einzelstaates, in dem dieses seinen Sitz hat, Rule 4(k)(1)(A) FRCP.

[98] *Schack*, US-amerikanisches Zivilprozessrecht, Rn. 63. Immerhin eine verfassungsrechtliche Einschränkung sieht etwa Ca. CCP § 410.10 (Kalifornien) vor: „A court of this state may exercise jurisdiction on any basis not inconsistent with the Constitution of this state or of the United States.“ Zu dieser Vorschrift *Gorfinkel/Lavine*, 21 Hastings L.J. 1163 (1970).

[99] Rest. (2d) of Judg., § 1(1), Comment a: Erforderlich ist die Verhandlung in der Sache *(on the merits)*. *Subject matter jurisdiction* kann demgegenüber nicht auf diese Weise begründet werden.

[100] *Schack*, US-amerikanisches Zivilprozessrecht, Rn. 83.

[101] Vgl. für die Bundesgerichtsbarkeit 28 USC § 1404 sowie dazu in diesem Zusammenhang *Morley*, 68 Nw. U. L. Rev. 24 (1973) und *Berger*, RabelsZ 41 (1977), 39. Ausführlich zur Lehre des *forum non conveniens* etwa *Felder*, Forum Non Conveniens; *Dorsel*, Forum non conveniens; *Robertson*, 29 Tex. Int’l L. J. 353 (1994). Zum deutschen Recht *Schack*, RabelsZ 58 (1994), 40.

[102] Will der Beklagte im Verfahren Einwände gegen die Zuständigkeit des Gerichts erheben, muss er dies durch *preliminary motion*, also vor seinem *responsive pleading*, tun, vgl. Rule 12(b) FRCP. Die darauf folgende Entscheidung des Gerichts über seine Zustän-

des Beklagten eine Ausnahme gemacht: Unter Hinweis auf seinen Anspruch auf rechtliches Gehör *(day in court)* darf der Beklagte dann in einem Zweitverfahren die Frage der *personal jurisdiction* erstmals aufwerfen.[103]

(3) Adequate notice

Dass der Beklagte von einer gegen ihn anhängigen Klage rechtzeitig und hinreichend in Kenntnis gesetzt wird, ist in einem rechtsstaatlichen Verfahren selbstverständlich. Es überrascht daher nicht, dass *adequate notice* – vorbehaltlich einer rügelosen Einlassung[104] – eine weitere Voraussetzung eines *valid judgment* ist. Üblicherweise wird dem Beklagten eine gerichtliche Ladung *(summons)* samt Klageschrift *(complaint)* zugestellt, die ihn über die Einzelheiten des Verfahrens in Kenntnis setzt, Rule 4(c)(1) FRCP.[105] Während nach traditioneller Sichtweise im Common Law noch die persönliche Übergabe durch eine Amtsperson erforderlich war, begnügt man sich heute damit, dass die tatsächliche Kenntnisnahme mit einer hinreichenden Gewissheit *(reasonable certainty)* erfolgt ist.[106] Dies gilt nur dann nicht, wenn der Kläger wusste, dass die gewählte Art der Zustellung nicht erfolgreich sein würde.[107] Gesetzliche Regelungen zur *notice-giving procedure* sind zunehmend liberaler ausgestaltet und legen mittlerweile weniger Wert auf die Einhaltung technischer Formalitäten. Bloße Unregelmäßigkeiten bei der Zustel-

---

digkeit kann angefochten werden, was indes praktisch nur dann geschieht, wenn das Gericht die *motion* des Beklagten ablehnt. Wird ihr stattgegeben, ist bereits die Klage mangels *personal jurisdiction* abzuweisen, s. Rest. (2d) of Judg., § 10, Comments d, e, dort auch zur unterschiedlichen Vorgehensweise der Anfechtung. Die Klageabweisung kann der Kläger dann mit Rechtsmitteln angreifen, s. ebenda; er kann auch anderswo Klage erheben, da die Klageabweisung wegen fehlender Zuständigkeit kein *judgment on the merits* darstellt und folglich nicht in Rechtskraft erwächst, s. noch S. 28 ff.

[103] *Baldwin v. Iowa State Traveling Men's Ass'n*, 283 U.S. 522, 525 (1931). Dazu auch Note, 65 Harv. L. Rev. 818, 852 f. (1952). Rest. (2d) of Judg., § 10, Comments e, d, begründet dieses Ergebnis damit, dass die Wirkung der gerichtlichen Entscheidung über seine Zuständigkeit durch *issue preclusion* bestimmt werde und bei Säumnis des Beklagten das Erfordernis des „actually litigated" nicht erfüllt sei. Zu den Voraussetzungen der *issue preclusion* noch unten S. 39 ff.

[104] Rest. (2d) of Judg., § 1(1). Verhandelt der Beklagte in der Sache, ohne zunächst die fehlende *notice* gerügt zu haben, wird dies als Verzicht *(waiver)* des Einwands angesehen, *Casad/Clermont*, Res Judicata, S. 266.

[105] S. auch Rest. (2d) of Judg., § 2, Comment b.

[106] Vgl. etwa *Milosavljevic v. Brooks*, 55 F.R.D. 543 (N.D.Ind. 1972); *Dobkin v. Chapman*, 21 N.Y.2d 490 (N.Y. 1968); *Kraushaar v. Zion*, 196 Misc. 437, 438 (N.Y.Sup. 1949) (Heilung von Zustellungsmängeln durch tatsächliche Kenntnisnahme). S. auch Rest. (2d) of Judg., § 2(1)(b) und Comments a und c.

[107] Rest. (2d) of Judg., § 2(2) und Comment f: Bspw. bei mangelnden Englischkenntnissen des Beklagten, s. etwa *Commonwealth v. Olivo*, 369 Mass. 62 (Mass. 1975).

lung schaden daher nicht, sofern tatsächliche Kenntnisnahme erfolgt ist.[108] Mitunter genügt gar die öffentliche Bekanntmachung der Klage in Tageszeitungen oder durch Anschlag bei Gericht.[109] In besonderen Ausnahmefällen schließlich kann auf *adequate notice* verzichtet werden, insbesondere wenn dies dem Zweck des Verfahrens zuwiderliefe.[110] An die Entscheidung über das Vorliegen von *adequate notice* durch das angerufene Gericht ist der Beklagte gebunden, es sei denn, er war im gesamten Verfahren säumig.[111]

bb) Endurteil

Ein Urteil entfaltet nur dann *claim preclusion*-Wirkung, wenn es *final* ist. Dies ist der Fall, wenn das Urteil eine abschließende Entscheidung über sämtliche offenen Fragen in Bezug auf den streitigen *claim* – oder eines davon abtrennbaren Teils[112] – darstellt, mit Ausnahme der Entscheidung über Kosten und Vollstreckung.[113] Dementsprechend sind von der *claim preclusion*-Wirkung die sog. *interlocutory orders* ausgenommen, also solche vorläufigen Anordnungen, die das Gericht während des Prozesses trifft. Der Grund ist einleuchtend: Diese Anordnungen kann das Gericht stets neu treffen bzw. ändern, sodass sich eine darauf bezogene Präklusionswirkung als äußerst prozessunökonomisch erwiese.[114]

Finality ist nicht zu verwechseln mit der formellen Rechtskraft nach deutschem Verständnis (§ 705 ZPO). Eine Differenzierung zwischen formeller und materieller Rechtskraft kennt das US-amerikanische Recht nicht.[115] Ein Urteil wird im US-amerikanischen Bundesrecht[116] und dem Recht der meisten

---

[108] Rest. (2d) of Judg., § 2(1)(c) und Comment e, § 3 und Comment b.

[109] Hier muss freilich ein *reasonably diligent search* nach dem Verbleib des Beklagten vorausgegangen sein, vgl. *Mullane v. Central Hanover Bank & Trust Co.*, 339 U.S. 306, 317 (1950); Rest. (2d) of Judg., § 2(3) und Comment g: Etwa in Insolvenzverfahren zur Feststellung der Verbindlichkeiten des Schuldners.

[110] Bspw. bei *temporary restraining orders* nach Rule 65(b) FRCP, vgl. *Carroll v. President & Commissioners of Princess Anne*, 393 U.S. 175 (1968). Näher Rest. (2d) of Judg., § 2(4) und Comment h sowie Note, 78 Harv. L. Rev. 994, 1059 ff. (1965).

[111] *Casad/Clermont*, Res Judicata, S. 267 f.

[112] Rest. (2d) of Judg., § 13 Comment e.

[113] *Casad/Clermont*, Res Judicata, S. 51 („last word on the claim"); *Catlin v. United States*, 324 U.S. 229, 233 (1949) („A ‚final decision' generally is one which ends the litigation on the merits and leaves nothing for the court to do but execute the judgment.").

[114] *Freer*, Civil Procedure, S. 578. Ähnlich *Casad/Clermont*, Res Judicata, S. 51 („The law does not want to preclude on the basis of the tentative, contingent, or provisional."). Vgl. *O'Brien v. O'Brien*, 362 Pa. 66, 73 (Pa. 1949).

[115] *Engelmann-Pilger*, Die Grenzen der Rechtskraft, S. 31 f.

[116] Grundlegend *Deposit Bank v. Frankfort*, 191 U.S. 499 (1903); *United States v. Five Unlabeled Boxes*, 572 F.3d 169, 175 (3rd Cir. 2009); *Amcast Indus. Corp. v. Detrex Corp.*, 45 F.3d 155, 158 (7th Cir. 1995). Ausführlich *Wright/Miller/Cooper*, in: Fed. Prac. & Proc., § 4433.

Einzelstaaten[117] auch dann als *final* und also rechtskräftig angesehen, wenn die Frist zur Einlegung von (ordentlichen wie außerordentlichen[118]) Rechtsmitteln noch läuft oder bereits Rechtsmittel eingelegt sind. Erst – und nur dann – wenn das Rechtsmittelgericht das *final judgment* des Prozessgerichts abändert oder aufhebt, verliert dieses seine Rechtskraftwirkung.[119] Daraus folgt aber nicht, dass ein Urteil, das zwischenzeitlich auf der Grundlage des später erfolgreich angegriffenen *final judgment* des Prozessgerichts ergangen ist, ebenfalls unmittelbar unwirksam wäre; es bedarf vielmehr einer *motion to set aside the judgment*, um auch dessen Wirkungen zu vermeiden.[120] Werden in zwei Verfahren widersprüchliche *final judgments* erlassen, weil die Einrede[121] der Rechtskraft des früheren Urteils im späteren Verfahren nicht erhoben wurde, hat allein das spätere *final judgment* Rechtskraftwirkung für weitere Verfahren *(last-in-time rule).*[122]

cc) Urteil in der Sache

Schließlich bedarf es zur Entfaltung der *claim preclusion*-Wirkung eines *judgment on the merits*. Ein solches liegt vor, wenn das Gericht in der Sache, mithin über das Bestehen des dem Verfahren zugrunde liegenden *claim* ent-

---

[117] S. etwa *Phelps v. Hamilton*, 122 F.3d 1309, 1318 (10th Cir. 1997) (Kansas); *Hapgood v. City of Warren*, 127 F.3d 490, 494 (6th Cir. 1997), cert. denied 523 U.S. 1046 (1998) (Ohio); *Starzenski v. City of Elkhart*, 87 F.3d 872, 877 (7th Cir. 1996), cert. denied 519 U.S. 1055 (1997) (Indiana); *Capital Assur. Co., Inc. v. Margolis*, 726 So.2d 376 (Fla.App. 1999) (Florida); *Bartlett v. Pullen*, 586 A.2d 1263 (Me. 1991) (Maine); *Scurlock Oil Co. v. Smithwick*, 724 S.W.2d 1 (Tex. 1986) (Texas). Anders aber etwa *Pitts v. City of Sacramento*, 138 Cal.App.4th 853, 857 (Cal.App. 2006) (Kalifornien), bedingt durch Ca. CCP § 1049; *McBurney v. Aldrich*, 816 S.W.2d 30, 34 (Tenn.App. 1991) (Tennessee); *Greene v. Transport Ins. Co.*, 169 Ga.App. 504, 505 (Ga.App. 1984) (Georgia).

[118] Rest. (2d) of Judg., § 13, Comment f; *Engelmann-Pilger*, Die Grenzen der Rechtskraft, S. 32. Zur Durchbrechung der Rechtskraft unten S. 64 ff.

[119] Vgl. *Hazard/Leubsdorf/Bassett*, Civil Procedure, S. 697.

[120] S. etwa Rule 60(b)(5) FRCP. Dazu auch *Reed v. Allen*, 286 U.S. 191 (1932); Rest. (2d) of Judg., § 16 Comment b zu Möglichkeiten, das Zweitverfahren ruhen zu lassen (durch *stay of own proceedings*) oder gar einzustellen (durch *defense of other action pending*), dafür auch *Wright/Miller/Cooper*, in: Fed. Prac. & Proc., § 4433 bei Fn. 20; *Casad/Clermont*, Res Judicata, S. 55.

[121] Die Rechtskraft wird nicht von Amts wegen berücksichtigt, s. bereits oben S. 10 f. Daraus folgt denn auch die gängige Rechtfertigung der *last-in-time rule*: Wer im Zweitverfahren die Möglichkeit hatte, die Rechtskraft des Ersturteils einzuwenden, dies aber nicht tut, kann sich nicht beschweren, wenn nun das Zweiturteil für weitere Verfahren zugrunde gelegt wird, s. *Casad/Clermont*, Res Judicata, S. 58; *Ginsburg*, 82 Harv. L. Rev. 798, 798 f. (1969).

[122] Rest. (2d) of Judg., § 15. Dies gilt auch, wenn eine Partei sich im Zweitverfahren erfolglos auf die Einrede der Rechtskraft des Ersturteils berufen hat, vgl. *Southard v. Southard*, 305 F.2d 730 (2nd Cir. 1962). Ausführlich *Ginsburg*, 82 Harv. L. Rev. 798 (1969) sowie *Casad/Clermont*, Res Judicata, S. 56 ff. („somewhat arbitrary").

schieden hat. Ein Urteil ist also dann nicht *on the merits*, wenn es auf bloß formellen (prozessualen) Gründen basiert.[123] Freilich gestaltet sich die Differenzierung in der Praxis mitunter schwierig: Die Grenzen dieser traditionellen Unterscheidung werden häufig durch Entscheidungen verwischt, denen Rechtskraftwirkung zugebilligt wird, obwohl eine Befassung des Gerichts mit den *merits of the case* nicht erfolgt ist (dazu sogleich). Aus diesem Grund verzichtet das Restatement (Second) of Judgments auf die Verwendung des Begriffs *on the merits*.[124] Stattdessen geht das Restatement zunächst von der generellen Anwendbarkeit von *claim preclusion* auf alle gültigen Endurteile aus, sieht dann aber in § 20 Ausnahmen von der *bar*-Wirkung eines Urteils[125] vor, die den Fällen, die traditionell als nicht *on the merits* eingestuft werden, weitgehend entsprechen.[126] Gleichwohl ist der Begriff „on the merits" in der Rechtsprechung weiterhin gebräuchlich[127] und findet zudem Erwähnung in Rule 41 FRCP.

Der Prototyp eines *judgment on the merits* ist das der Klage stattgebende Urteil. Dieses ist zwangsläufig *on the merits*, denn das Gericht gibt der Klage nur statt, wenn es sich zuvor mit dem *claim* des Klägers befasst hat. Prozessurteile im Sinne des deutschen Rechts, also klageabweisende Urteile wegen fehlender Zuständigkeit (*lack of jurisdiction* oder *improper venue*) oder nicht erfolgter oder fehlerhafter subjektiver Klagehäufung *(failure to join a party under Rule 19)* sind demgegenüber sowohl nach traditioneller Sicht als auch nach Rule 41(b) FRCP nicht *on the merits*.[128] Andererseits gelten Versäum-

---

[123] *Engelmann-Pilger*, Die Grenzen der Rechtskraft, S. 35. Ausführlich zum Ganzen *Wright/Miller/Cooper*, in: Fed. Prac. & Proc., §§ 4435 ff.

[124] S. Rest. (2d) of Judg., § 19 Comment a („possibly misleading connotations"). Krit. auch *Wright/Miller/Cooper*, in: Fed. Prac. & Proc., § 4435 („unfortunate phrase").

[125] Dazu oben S. 17 f.

[126] *Casad/Clermont*, Res Judicata, S. 86. Zu Ausnahmen von *claim preclusion* s. unten S. 35 ff.

[127] Vgl. etwa *Hughes v. United States*, 71 U.S. 232, 237 (1866); *Cromwell v. County of Sac*, 94 U.S. 351, 352 (1876); *United States v. Stauffer Chemical Co.*, 684 F.2d 1174, 1180 (6th Cir. 1982), affirmed 464 U.S. 165 (1984); *Bunker Ramo Corp. v. United Business Forms, Inc.*, 713 F.2d 1272, 1277 (7th Cir. 1983); *Watkins v. Resorts Intern. Hotel & Casino*, 591 A.2d 592, 604 (N.J. 1991). Krit. aber bereits *McCarter v. Mitcham*, 693 F.Supp. 349, 351 (W.D.Pa. 1988): Der Begriff *on the merits* sei ein „term of art" und hier nicht wörtlich zu verstehen; affirmed 883 F.2d 196 (3rd Cir. 1989).

[128] Dies sieht auch Rest. (2d) of Judg., § 20(1)(a) vor; dabei soll den Gerichten kein Ermessen zustehen, ihre Entscheidung *with prejudice*, also *on the merits*, zu treffen, *Wright/Miller/Cooper*, in: Fed. Prac. & Proc., § 4435. Zu beachten ist, dass die Entscheidung über die Zuständigkeit an sich sehr wohl in Rechtskraft erwächst, s. bereits oben S. 21 ff. und *dies.*, in: Fed. Prac. & Proc., § 4435 bei Fn. 21, die diese Differenzierung als Nachweis der „treacherous nature of references to adjudication on the merits" anführen. Rechtsvergleichend zur Rechtskraftwirkung von Prozessurteilen und Urteilen *not on the merits* *Engelmann-Pilger*, Die Grenzen der Rechtskraft, S. 42. Zur uneinheitlichen Recht-

nisurteile *(default judgments)* – ebenso wie im deutschen Recht[129] – als der *claim preclusion* fähige Sachurteile, da diese gegen den Beklagten nur dann ergehen, wenn die Klage bzw. der vorgetragene *claim* immerhin schlüssig ist.[130] Hier wird deutlich, dass ein Sachurteil auch dann ergehen kann, wenn eine Verhandlung in der Sache nicht erfolgt ist, aber hätte erfolgen können, wäre der Beklagte erschienen. Daher ist es überzeugender, für das Erfordernis des *judgment on the merits* die bloße *Möglichkeit* des Gerichts ausreichen zu lassen, sich mit den Sachfragen des Falles *(merits of the case)* zu befassen.[131]

Vor diesem Hintergrund wird die Rechtskraftwirkung klageabweisender Urteile verständlich, die sich nicht mit dem zugrunde liegenden *claim* befasst haben, also nach der herkömmlichen Unterscheidung keine Sachurteile sind. So sieht Rule 41(b) FRCP vor, dass eine Klageabweisung auf Antrag *(motion)* des Beklagten wegen *failure to prosecute* oder *failure to comply with these rules* (gemeint sind sämtliche der FRCP) vorbehaltlich anderweitiger Anordnung des Gerichts als *on the merits* eingestuft wird. Dies gilt auch für die Klageabweisung aufgrund *failure to state a claim*, vgl. Rules 8(a)(2), 12(b)(6) FRCP.[132] Hätte der Kläger in diesen Fällen seinen *claim* ordnungsgemäß geltend gemacht, hätte die *Möglichkeit* eines Urteils in der Sache bestanden, sodass das klageabweisende Urteil als *on the merits* betrachtet wird. Darüber hinaus sieht Rule 41(b) FRCP eine Vermutung vor, dass alle klageabweisenden Urteile, die nicht aufgrund fehlender Zuständigkeit oder mangelhafter subjektiver Klagehäufung ergangen sind, vorbehaltlich anderweitiger gerichtlicher Anordnung als *adjudication on the merits* gelten. Diese denkbar weite Regel hat der *U.S. Supreme Court* indes einschränkend ausge-

---

sprechung bei Klageabweisung infolge Verjährung *Görtz*, Die subjektiven Grenzen der Rechtskraft, S. 46 m.w.N.

[129] Vgl. etwa BGHZ 153, 239 = NJW 2003, 1044 (Umfang der Rechtskraft eines klageabweisenden Versäumnisurteils); *Rosenberg/Schwab/Gottwald*, Zivilprozessrecht, § 152 Rn. 1; *Musielak*, in: Musielak, ZPO, § 322, Rn. 54 ff.

[130] Vgl. *Freer*, Civil Procedure, S. 580; Rest. (2d) of Judg., § 18 Comment a. S. etwa *Albano v. Norwest Financial Hawaii, Inc.*, 244 F.3d 1061 (9th Cir. 2001), cert. denied 534 U.S. 1014 (2001).

[131] *Hazard/Leubsdorf/Bassett*, Civil Procedure, S. 634 f.; *Freer*, Civil Procedure, S. 579. Anders offenbar noch *Engelmann-Pilger*, Die Grenzen der Rechtskraft, S. 35: Verhandlung erforderlich.

[132] Als *defense* geregelt in Rule 12(b)(6) FRCP. In manchen Einzelstaaten handelt es sich hierbei – ebenso wie bei der *failure to prosecute*, s. *Friedenthal/Kane/Miller*, Civil Procedure, S. 689 – indes nicht um ein Urteil *on the merits*, s. *Görtz*, Die subjektiven Grenzen der Rechtskraft, S. 45, Fn. 158 m.w.N. unter Hinweis auf New York und Kalifornien; Note, 65 Harv. L. Rev. 818, 836 f. m.w.N. (1952); *Friedenthal/Kane/Miller*, Civil Procedure, S. 690 f. Krit. *Wright/Miller/Cooper*, in: Fed. Prac. & Proc., § 4435 bei Fn. 31: Rule 41(b) liefere nicht automatisch sinnvolle Ergebnisse, vielmehr sei „clear independent thought" erforderlich. Differenzierend *Cavanagh*, 29 Rev. Litig. 859, 868 (2010): *On the merits* nur, wenn klägerischer Vortrag unter keinen Umständen zum Erfolg führen kann.

legt: Rule 41(b) FRCP könne nicht Fragen der *claim preclusion* regeln, da diese Auslegung von dem den FRCP zugrunde liegenden *Rules Enabling Act* (*REA*, 28 USC § 2072) nicht gedeckt sei; dieser erlaube nicht, dass eine Federal Rule materielles Recht regle.[133] Vielmehr beziehe sich Rule 41(b) FRCP nur auf das Prozessgericht und lege fest, dass der Kläger bei diesem Gericht denselben *claim* nicht nochmals einklagen könne.[134]

Abgesehen von den vorstehend beschriebenen Klageabweisungen (auch als *involuntary dismissals* bezeichnet) kann der Kläger dem Gericht seinen *claim* durch *vonluntary dismissal* (synonym: *voluntary nonsuit*) auch freiwillig selbst entziehen.[135] Diese Klagerücknahme wirkt dann „without prejudice", also nicht *on the merits*. Ebenso wie im deutschen Recht (zu beachten ist freilich § 269 Abs. 6 ZPO) steht sie daher einer erneuten Klage nicht entgegen.[136]

c) Identischer Streitgegenstand (same claim)

Von zentraler Bedeutung für die Anwendung der *claim preclusion* ist die Frage, ob Erst- und Zweitverfahren auf demselben *claim*[137] beruhen. Nur in diesem Fall entfaltet das im Erstverfahren ergangene Urteil *claim preclusion*-Wirkung im Zweitverfahren. Obschon eine möglichst präzise Definition des Begriffs *claim* aufgrund seiner zentralen Rolle in vielerlei Hinsicht wün-

---

[133] 28 USC § 2072(b): „Such rules shall not abridge, enlarge or modify any substantive right. (…)" Angesichts der Auswirkungen der *claim preclusion* auf den materiellen Anspruch des Klägers (oben S. 17 f.) wird man von einer *modification* des materiellen Rechts ausgehen können. Zur zweifelhaften Rechtskraftwirkung von Rule 13(a) FRCP sowie zur Aufweichung der durch den *REA* gesetzten Grenzen noch unten S. 188 ff. und Kap. 3 Fn. 463.

[134] *Semtek International Inc. v. Lockheed Martin Corp.*, 531 U.S. 497, 503 ff. (2001). Für eine flexible Handhabung dieser Vermutung im Einzelfall auch *Wright/Miller/Cooper*, in: Fed. Prac. & Proc., § 4435 bei Fn. 23 mit weiteren Beispielen, in denen eine Entscheidung nicht *on the merits* ergangen ist, obwohl sie unter die Vermutung der Rule 41(b) FRCP fiel.

[135] Das gilt selbstredend auch für den Widerkläger eines *compulsory counterclaim* nach Rule 13(a) FRCP, *Borden v. Saxon Mortg. Services, Inc.*, 469 Fed.Appx. 752, 754 (11th Cir. 2012) (*voluntary dismissal* nach erfolgreichem Antrag auf Erlass eines *summary judgment*).

[136] Dies gilt vorbehaltlich anderweitiger Festlegung („with prejudice") durch den Kläger und nur dann, wenn dieser denselben *claim* nicht bereits in einem früheren Verfahren zurückgenommen hat, Rule 41(a)(1)(B) FRCP; Rest. (2d) of Judg., § 20(1)(b) sowie dazu *Lyle v. Bangor & Aroostook Railroad Co.*, 237 F.2d 683, 685 (1st Cir. 1956). S. auch *Vestal*, 2 Ind. Legal F. 25, 55 ff. (1968) („Two-Dismissal Rule": Bei zweimaligem *voluntary nonsuit* kann Kläger nicht ein drittes Mal klagen); *Moschzisker*, 38 Yale L.J. 299, 323 (1929).

[137] Mitunter wird heute noch der ältere Begriff der *cause of action* synonym verwendet.

schenswert erscheint,[138] hat sich eine solche bis heute nicht manifestiert. Dies mag auch daran liegen, dass die Bedeutung des *claim* je nach Zusammenhang unterschiedlich ausfallen kann.[139] Mittlerweile begnügt man sich mit dem Hinweis, eine allgemeingültige Definition des Begriffs sei schlichtweg unmöglich.[140] Trotz Unterschieden im Detail bestehen heute im Wesentlichen zwei Ansätze, die den *claim* – in Abkehr von der Vorgehensweise im Common Law – tendenziell weit fassen.[141]

aa) Common Law: Different legal theories

Nach historischem Verständnis bezog sich der *claim* auf die rechtlichen Begründungsansätze *(legal theories)* des Klägers für seinen behaupteten Anspruch. Danach hatte der Kläger so viele *claims* wie er rechtliche Begründungen für seinen Anspruch anführen konnte, selbst dann, wenn diesen Begründungen dieselben Tatsachen zugrunde lagen.[142] Diese denkbar enge Auslegung eines *claim* geht zurück auf die im Common Law vorherrschenden strengen *pleading rules*, wonach der Kläger nur eine rechtliche Begründung für seinen Anspruch in der Klage anführen durfte.[143] Wer dem Kläger aber nur eine rechtliche Begründung für seine Klage gestattete, konnte ihn nicht im Wege der *claim preclusion* dafür sanktionieren, nicht mehrere Begründungen angeführt zu haben.[144] Angesichts der heute überwiegenden liberalen *pleading rules* ist diese Ansicht überholt.[145]

---

[138] In diese Richtung auch *Wright/Miller/Cooper*, in: Fed. Prac. & Proc., § 4407 nach Fn. 2.

[139] *United States v. Memphis Cotton Oil Co.*, 288 U.S. 62, 67 f. (1933) („A ‚cause of action' may mean one thing for one purpose and something different for another. It may mean one thing when the question is whether it is good upon demurrer, and something different when there is a question of the amendment of a pleading or of the application of the principle of res judicata"); Rest. (2d) of Judg., § 24 (Int. Note); *Freer*, Civil Procedure, S. 583. *Wright/Miller/Cooper*, in: Fed. Prac. & Proc., § 4407 nach Fn. 54 erachten daher eine allgemeine Definition des Begriffs nicht als wünschenswert.

[140] *Moschzisker*, 38 Yale L.J. 299, 313 (1929); *Pittston Co. v. United States*, 199 F.3d 694, 704 (4th Cir. 1999); *Davis v. U.S. Steel Supply*, 688 F.2d 166, 171 (3rd Cir. 1982) („A clear definition of that requisite has proven elusive"), cert. denied 460 U.S. 1014 (1983).

[141] Ausführlich *Engelmann-Pilger*, Die Grenzen der Rechtskraft, S. 43 ff.

[142] Rest. (2d) of Judg., § 24, Comment a.

[143] *Freer*, Civil Procedure, S. 590. Eingehend *Wright/Miller/Cooper*, in: Fed. Prac. & Proc., § 4407 nach Fn. 27 und *Clark*, 34 Yale L.J. 879, 884 ff. (1925) (dort auch zur Unterscheidung zwischen Common Law und Equity). Allgemein zu den *forms of actions* im Common Law *Casad/Clermont*, Res Judicata, S. 62 f.

[144] *Freer*, Civil Procedure, S. 590.

[145] So auch *Cavanagh*, 29 Rev. Litig. 859, 865 f. (2010); *Freer*, Civil Procedure, S. 590; *Williamson v. Columbia Gas & Electric Corp.*, 186 F.2d 464, 469 f. (3rd Cir. 1950), cert. denied 341 U.S. 921 (1951); *Manego v. Orleans Board of Trade*, 598 F.Supp. 231, 234

bb) Primary rights theory

In einigen Einzelstaaten – darunter Kalifornien[146] und Georgia[147] – wird auf die *primary rights theory* zurückgegriffen. Danach hat der Kläger einen eigenen *claim* für jedes durch den Beklagten verletzte *primary right*. Erleidet also etwa der Kläger in einem Unfall sowohl Eigentums- als auch Gesundheitsschäden und macht er im Erstverfahren nur die Eigentumsschäden geltend, ist er in einem Zweitverfahren nicht an der Geltendmachung der Gesundheitsschäden gehindert; Eigentum und Gesundheit stellen unterschiedliche *primary rights* dar.[148] Im Mittelpunkt dieser Theorie stehen also nicht die dem Sachverhalt zugrunde liegenden Tatsachen, sondern das verletzte Rechtsgut.[149] Wenngleich sich die Definition des *claim* nach der *primary rights theory* folglich weiter darstellt als im Common Law, begegnet diese Theorie unter prozessökonomischen Gesichtspunkten rechtspolitischen Bedenken.[150] Von der ganz überwiegenden Zahl der Gerichte wird daher ein anderer Ansatz gewählt:

cc) Transactional test

Sowohl die Bundesgerichte als auch die meisten einzelstaatlichen Gerichte folgen dem *transactional test*.[151] Nach diesem Ansatz sind unter einem *claim*

(D.Mass. 1984), cert. denied 475 U.S. 1084 (1986). Im Ergebnis auch *Engelmann-Pilger*, Die Grenzen der Rechtskraft, S. 45.

[146] S. etwa *Friedman Professional Management v. Norcal Mutual Ins. Co.*, 15 Cal.Rptr.3d 359, 367 (Cal.App. 2004). Vgl. auch *Görtz*, Die subjektiven Grenzen der Rechtskraft, S. 35 f. m.w.N.: Zwischenzeitlich hat auch der *U.S. Supreme Court* diese Theorie verwendet.

[147] Dies gilt gemäß Ga. Code § 51–1–32 nur für Rechtsgutverletzungen, die aus Unfällen mit Kraftfahrzeugen resultieren. S. auch *Freer*, Civil Procedure, S. 586 f. mit einer Diskussion der Rechtslage in Virginia.

[148] *Freer*, Civil Procedure, S. 584 f.

[149] Näher zur Definition eines *primary right Heiser*, 35 San Diego L. Rev. 559, 566 f. (1998) (Rechtslage in Kalifornien).

[150] S. *Freer*, Civil Procedure, S. 585 f.: Weniger effizient und „potentially wasteful of judicial resources"; *Casad/Clermont*, Res Judicata, S. 66.

[151] *Freer*, Civil Procedure, S. 584. Vgl. etwa *Larson v. United States*, 89 Fed.Cl. 363, 397 (Fed. Cl. 2009); *In re George*, 318 B.R. 729, 735 (B.A.P. 9th Cir. 2004), affirmed 144 Fed.Appx. 636 (B.A.P. 9th Cir. 2005), cert. denied 546 U.S. 1094 (2006); *Isaac v. Schwartz*, 706 F.2d 15, 17 (1st Cir. 1983); *Expert Electric, Inc. v. Levine*, 554 F.2d 1227, 1234 (2nd Cir. 1977), cert. denied 434 U.S. 903 (1979); *Stephens v. LPP Mortgage, Ltd.*, 316 S.W.3d 742, 747 f. (Tex.App. 2010); *Signo v. Florida Farm Bureau Casualty Ins. Co.*, 454 So.2d 3, 5 (Fla.App. 1984); *Aldape v. Akins*, 668 P.2d 130, 134 f. (Id.App. 1983); *Beegan v. Schmidt*, 451 A.2d 642, 645 (Me. 1982); *Smith v. Russell Sage College*, 54 N.Y.2d 185, 192 (N.Y. 1981). Mitunter verwenden Gerichte auch mehrere Tests nebeneinander, so etwa *Powell v. Infinity Ins. Co.*, 922 A.2d 1073, 1082 (Conn. 2007) *(same transaction, same evidence)*; ähnlich *Freer*, Civil Procedure, S. 589 m.w.N.: Verschiedene

sämtliche Rechte des Klägers aus einer *transaction* oder einer zusammenhängenden Serie von *transactions* zu verstehen.[152] Entscheidend ist demnach nicht das verletzte Rechtsgut, sondern allein die Frage, was unter einer solchen *transaction* zu verstehen ist. Dabei sind die zugrunde liegenden Tatsachen zu berücksichtigen, mithin, inwiefern diese einen einheitlichen Lebenssachverhalt in Bezug auf Zeit, Ort oder Ursache darstellen, ob sie sich als *convenient trial unit* erweisen und ob ihre Handhabung als Einheit der Erwartung der Parteien oder deren geschäftlichen Gepflogenheiten entspricht.[153] In obigem Beispiel, in dem der Kläger bei einem Unfall sowohl Eigentums- als auch Gesundheitsschäden erleidet, führt dieser Ansatz also zu der Annahme eines einzelnen *claim*, da die den Schäden zugrunde liegenden Tatsachen einer *transaction*, nämlich dem Unfallgeschehen, entspringen. Versäumt der Kläger die Geltendmachung der Gesundheitsschäden im Erstverfahren, ist er mit deren Geltendmachung in einem Zweitverfahren durch *claim preclusion* präkludiert.[154] Der *transactional test* begreift sich als pragmatischer Ansatz[155] und lässt den Gerichten bei der Beurteilung des Einzelfalles einen größeren Spielraum; er wird daher im Vergleich zur *primary rights theory* unter prozessökonomischen Gesichtspunkten als effizienter gepriesen.[156] Die liberalen Prozessordnungen von heute sehen, diesem weiten Verständnis entsprechend, großzügige Klagehäufungsregeln vor und gestatten dem Kläger, sämtliche seiner Ansprüche – selbst diejenigen, die nicht einer *transaction* entspringen – in einem Verfahren geltend zu machen, Rule 18(a) FRCP.[157]

Tests an verschiedenen Gerichten im selben Einzelstaat (Virginia). Weitere Nachweise aus der Bundesgerichtsbarkeit bei *Wright/Miller/Cooper*, in: Fed. Prac. & Proc., § 4407, Fn. 44.

[152] Rest. (2d) of Judg., § 24(1): („(…) all rights of the plaintiff against the defendant with respect to all or any part of the transaction, or series of connected transactions, out of which the action arose.“).

[153] Rest. (2d) of Judg., § 24(2). Das in Rule 13(a) FRCP verwendete Begriffspaar „transaction or occurrence“ wird hier bewusst nicht verwendet, da der Begriff „occurrence“ weder für das Verständnis noch für die Anwendbarkeit der Doktrin hilfreich sei, Rest. (2d) of Judg., § 24, Reporter's Note. Ausführliche Darstellung anhand von Fällen bei *Engelmann-Pilger*, Die Grenzen der Rechtskraft, S. 47 ff., *Wright/Miller/Cooper*, in: Fed. Prac. & Proc., § 4408 und *Casad/Clermont*, Res Judicata, S. 69 ff.

[154] Vorausgesetzt, sämtliche übrige Voraussetzungen der Doktrin liegen vor, insb. der Erlass eines *valid, final judgment on the merits* im Erstverfahren. Anders *Cleary*, 57 Yale L.J. 339, 347, 349 f. (1948), der zwar grundsätzlich die vorherrschende pragmatische Sichtweise befürwortet, dem Kläger allerdings lediglich die Kosten des Zweitverfahrens auferlegen will, statt ihn mit seinem Anspruch zu präkludieren.

[155] Ausdrücklich Rest. (2d) of Judg., § 24, Comment b; *Casad/Clermont*, Res Judicata, S. 66: Funktionale und flexible Handhabung des Begriffs.

[156] *Freer*, Civil Procedure, S. 585. Zu rechtspolitischen Überlegungen in diesem Zusammenhang s. auch *Hazard/Leubsdorf/Bassett*, Civil Procedure, S. 620 f.

[157] Vgl. Rest. (2d) of Judg., § 24, Comment a; *Cavanagh*, 29 Rev. Litig. 859, 866 (2010).

Mitunter stellen Gerichte auch darauf ab, ob in Erst- und Zweitverfahren dieselben Beweismittel *(same evidence)* zur Anspruchsbegründung notwendig sind; bejahendenfalls liegt eine Identität der *claims* vor.[158] Letztlich führt der *same evidence test* zu denselben Ergebnissen wie der *transactional test*:[159] Im Unfallbeispiel bedarf der Kläger für die Begründung der Haftung des Beklagten derselben Beweismittel für die Eigentums- wie für die Gesundheitsschäden,[160] er ist folglich mit der Geltendmachung letzterer Schäden in einem Zweitverfahren präkludiert. Die Frage nach einem *single wrongful act* produziert ähnliche Ergebnisse, wenngleich dieser Test enger gefasst ist als der *transactional test*, der bekanntlich unter Umständen auch eine zusammenhängende Serie von *transactions* als einen einzelnen *claim* begreift.[161] In Literatur und Praxis hat sich der *transactional test* durchgesetzt.[162] Die Ablehnung der früheren Ansätze wird auch in Restatement (Second) of Judgments § 25(1) deutlich, der die Anwendung von *claim preclusion* auch für den Fall anordnet, dass der Kläger sich im Zweitverfahren auf Beweismittel oder Begründungen stützt, die er im Erstverfahren nicht eingeführt hat.

3. Ausnahmen von der Anwendbarkeit der claim preclusion

Dem weiten Verständnis der *claim preclusion* stehen einige Ausnahmen[163] von deren Anwendbarkeit gegenüber. Diese reichen von eng definierten Fällen bis zu allgemeinen Billigkeitserwägungen.

---

[158] S. etwa *Jack v. Foster Branch Homeowner's Ass., Inc.*, 452 A.2d 1306, 1311 (Md.App. 1982). So auch noch Rest. (1st) of Judg., § 61.

[159] Offenbar sieht *Engelmann-Pilger*, Die Grenzen der Rechtskraft, S. 46, den *same evidence test* dementsprechend als Unterfall („engste Version") des *transactional test* an. Ähnlich *Freer*, Civil Procedure, S. 590.

[160] Anders wäre dies nur, wenn sich der *same evidence test* auf die konkrete Rechtsgutverletzung statt auf die Haftungsbegründung bezöge. Der Test wird in der Rechtsprechung indes auf Letztere bezogen, vgl. *Freer*, Civil Procedure, S. 590 m.w.N.

[161] *Freer*, Civil Procedure, S. 590.

[162] Nicht zuletzt hat dieser auch in Rest. (2d) of Judg. § 24 Eingang gefunden. Vgl. aus der Literatur *Clark*, Code Pleading, S. 472 ff. („group of operative facts"); *Vestal*, 62 Nw. U. L. Rev. 357, 359 (1967); *Schopflocher*, 21 Or. L. Rev. 319, 323 (1942); *Blume*, 42 Mich. L. Rev. 257, 282 f. (1943) will dem Kläger die Konzentrationslast im Wege des *transactional approach* durch eine entsprechende gesetzliche Regelung auferlegen. *Wright/Miller/Cooper*, in: Fed. Prac. & Proc., § 4407 nach Fn. 43, plädieren denn auch für die Abschaffung der mannigfaltigen anderweitigen Formulierungen. Anders noch *McCaskill*, 34 Yale L.J. 614, 638 (1925) („single right in the plaintiff and a single delict to that right").

[163] Die folgenden Ausnahmen basieren im Wesentlichen auf Rest. (2d) of Judg., § 26. Auch in § 20 finden sich Ausnahmen, dort allerdings nur bezogen auf die *bar*-Wirkung eines Urteils. Näher zur Unterscheidung der beiden Vorschriften § 20, Comment a.

a) Disposition der Parteien

Bereits erwähnt wurde, dass die Rechtskraft nur auf Einrede im Zweitverfahren beachtet wird.[164] Vor diesem Hintergrund liegt es nicht fern, den Parteien bereits die Dispositionsbefugnis über die Anwendbarkeit der *claim preclusion* zuzubilligen:[165] Vereinbaren die Parteien oder willigt der Beklagte ein, dass der Kläger nur einen Teil seines *claim* im laufenden Verfahren geltend macht, ist er mit der späteren Geltendmachung dieses Teils nicht durch *claim preclusion* präkludiert.[166] Der Beklagte kann mithin sowohl ausdrücklich als auch stillschweigend auf seinen Schutz durch die Rechtskraft verzichten. Erhebt der Kläger mehrere Teilklagen gleichzeitig bei verschiedenen Gerichten, ohne dass der Beklagte dagegen Einwände erhebt und ergeht sodann ein Urteil in einem der Verfahren, kann sich der Beklagte im anderen Verfahren nicht unter Hinweis auf *claim preclusion* verteidigen; sein Verhalten wird vielmehr als Einverständnis in das *splitting of the claim* des Klägers gedeutet.[167]

b) Festlegung durch das Gericht

Mitunter kommt das Gericht während eines Verfahrens zu der Einsicht, dass der Kläger gute Gründe hat, einen Teil seines *claim* noch nicht geltend zu machen. In diesem Fall kann das Gericht sein Urteil „without prejudice" fällen und dem Kläger so eine spätere gerichtliche Geltendmachung des bisher nicht rechtshängig gewordenen Teils seines *claim* ermöglichen;[168] eine Rechtskrafterstreckung auf diesen Teil des *claim* findet dann – wie im Rahmen einer offenen Teilklage im deutschen Recht[169] – nicht statt. Ein solches Vorgehen „without prejudice" wird etwa vorgeschlagen, wenn der Kläger Schadensersatz wegen Vertragsbruchs *(action for breach of contract)* ver-

---

[164] Oben S. 10 f.

[165] *Wright/Miller/Cooper*, in: Fed. Prac. & Proc., § 4415 nach Fn. 9.

[166] Rest. (2d) of Judg., § 26(1)(a) und Comment a. Vgl. etwa *Foster v. Hallco Manufacturing Co., Inc.*, 947 F.2d 469, 476 ff. (Fed. Cir. 1991); *Keith v. Aldridge*, 900 F.2d 736, 740 (4th Cir. 1990); *Medina v. Wood River Pipeline Co.*, 809 F.2d 531, 534 (8th Cir. 1987); *Brown v. Lockwood*, 76 A.D.2d 721, 740 f. (N.Y.App.2 1980).

[167] Rest. (2d) of Judg., § 26, Comment a, Illustration 1. Vgl. auch *Wright/Miller/Cooper*, in: Fed. Prac. & Proc., § 4415 bei Fn. 10–12.

[168] Rest. (2d) of Judg., § 26(1)(b) und Comment b. Vgl. etwa *Coleman v. Coleman*, 522 A.2d 1115, 1120 f. (Pa. 1987). Das gilt indes nur so lange, wie das Urteil Bestand hat, s. ebenda. Vgl. auch Rest. (2d) of Judg., § 20(1)(b) sowie dazu oben S. 28 ff.

[169] H.M. (jedenfalls bei stattgebender Entscheidung), s. etwa *Gottwald*, in: MüKoZPO, § 322, Rn. 124 ff.; *Rosenberg/Schwab/Gottwald*, Zivilprozessrecht, § 154 Rn. 14 ff. Ausführlich dazu auch *Leipold*, in: FS Zeuner, 1994, S. 431, 435 ff. (im Ergebnis für Rechtskrafterstreckung bei Abweisung wie bei Stattgebung der offenen Teilklage – in letzterem Fall indes nur bezogen auf die Feststellung des Anspruchsgrundes, nicht des Betrags der Gesamtforderung).

langt und das Gericht zu dem Ergebnis gelangt, dieser Anspruch bestehe nicht. Dann wird durch ein *judgment without prejudice* erreicht, dass der Kläger in einem Zweitverfahren den Wert seiner eigenen Leistung im Wege einer *action for restitution* ersetzt verlangen kann und so eine ungerechtfertigte Begünstigung des Beklagten („unjust retention of benefits") durch die bereits erbrachte klägerische Leistung verhindert wird.[170]

c) Verfahrensrechtliche Beschränkungen im Erstverfahren

Besteht für den Kläger aufgrund verfahrensrechtlicher Beschränkungen im Erstverfahren nicht die Möglichkeit, seine Ansprüche vollständig geltend zu machen, entfaltet das entsprechende Urteil keine *claim preclusion*-Wirkung.[171] Derartige Beschränkungen ergeben sich etwa unter zuständigkeitsrechtlichen Gesichtspunkten, wenn der Kläger das Erstverfahren in einem *state small claims court* anstrengt, dessen sachliche Zuständigkeit auf einen bestimmten Streitwert begrenzt ist.[172] Meint der Kläger seinen Anspruch sowohl auf einzelstaatliches wie auf bundesstaatliches Recht stützen zu können, welches der ausschließlichen Gerichtsbarkeit der Bundesgerichte unterliegt, und verliert er vor einem einzelstaatlichen Gericht, hindert dessen Urteil den Kläger nicht an einer – nunmehr auf Bundesrecht gestützten – Geltendmachung vor einem Bundesgericht.[173]

Denkbar ist auch, dass sich Beschränkungen aus der historischen Unterscheidung von Law und Equity oder aus den im Common Law vorherrschenden strengen *pleading rules* ergeben. Angesichts des bereits erläuterten Zusammenhangs dieser Vorschriften und der Reichweite der Rechtskraft entfalten Urteile in Jurisdiktionen, in denen die historischen Regeln noch Anwendung finden, *claim preclusion*-Wirkung nur entsprechend dieser Regeln.[174] Selbst wenn sich die Annahme derartiger Beschränkungen durch das Gericht

---

[170] Rest. (2d) of Judg., § 26, Comment b und § 25 Comment h. Selbst dieses Beispiel soll aber auf besondere Umstände beschränkt bleiben, etwa, wenn es trotz sorgfältiger Vorbereitung beider Seiten „unfair" wäre, den Beteiligten „a sudden shift of position" zuzumuten, vgl. ebenda.

[171] Rest. (2d) of Judg., § 26(1)(c). S. etwa *Texas Employers' Insurance Association v. Jackson*, 862 F.2d 491, 501 f. (5th Cir. 1988), cert. denied 490 U.S. 1035 (1989); *Bailey v. United States*, 40 Fed.Cl. 449, 461 (Fed. Cl. 1998).

[172] Eine Ausnahme von der *claim preclusion*-Wirkung des Urteils ist hier nicht angezeigt, wenn der Kläger seine Ansprüche von vornherein vor einem sachlich zuständigen *state court* hätte einklagen können. So auch *Freer*, Civil Procedure, S. 633 m.w.N.

[173] Rest. (2d) of Judg., § 26, Comment c und Illustration 2. Diese Ausnahme von der *claim preclusion*-Wirkung beruht auf der Annahme der Gleichwertigkeit beider Gerichtsbarkeiten, näher *Görtz*, Die subjektiven Grenzen der Rechtskraft, S. 51 f. m.w.N.

[174] Rest. (2d) of Judg., § 26, Comment c. Insb. betrifft das die (früher geringere) Reichweite des *claim*, s. oben S. 32.

als falsch herausstellen sollte, ist der Kläger nicht von einer Geltendmachung seiner Ansprüche in einem Zweitverfahren ausgeschlossen.[175]

d) Allgemeine Billigkeitserwägungen

Dem Beklagten wird die Berufung auf *claim preclusion* auch aufgrund allgemeiner Billigkeitserwägungen im Einzelfall versagt. Dies gilt etwa, wenn der Beklagte selbst dafür verantwortlich ist, dass der Kläger nur einen Teil seines *claim* einklagt, etwa indem er diesem in betrügerischer Absicht Informationen vorenthält.[176] Dann erscheint es nicht unbillig, dem Kläger eine weitere Prozessführung über denselben *claim* zu erlauben. Auch in familienrechtlichen Angelegenheiten werden Ausnahmen von *claim preclusion* unter Hinweis auf das Erfordernis größerer Flexibilität befürwortet.[177] Teilweise wird dem Kläger auch dann eine erneute Klageerhebung gestattet, wenn das Erstverfahren die Streitigkeit nach Ansicht des Gerichts schlicht nicht zufriedenstellend gelöst hat.[178] Indes wird betont, derartige Ausnahmen seien selten und nur unter ganz außerordentlichen Umständen anzunehmen.[179] Die pauschale Berufung auf „public policy" und „justice"[180] sei vielmehr eine Übertreibung;

---

[175] Rest. (2d) of Judg., § 26, Comment d.

[176] Rest. (2d) of Judg., § 26(1)(f) und Comment j. Für eine vorsichtige Anwendung dieser Ausnahme *Wright/Miller/Cooper*, in: Fed. Prac. & Proc., § 4415 bei Fn. 19: Man solle seinem Prozessgegner nicht allzu leichtfertig vertrauen. Unter Umständen muss der Kläger im Rahmen des § 26(1)(f) die Entscheidung über die Zulässigkeit eines Zweitverfahrens bei dem Gericht einholen, welches das Urteil im Erstverfahren erlassen hat, s. §§ 78 ff. sowie § 26(2) und Comment k.

[177] Rest. (2d) of Judg., § 26(1)(f) und Comment i: Bspw. in Scheidungsverfahren oder bei Fragen des Sorgerechts.

[178] S. etwa *Adams v. Pearson*, 104 N.E.2d 267, 271 ff. (Ill. 1952) („From what has been said it follows that the application of the normal rules of res judicata results in a determination that the claim presently made by each of the parties is barred by the adjudication in the former case. The result of such a disposition of the case, however, would be unsatisfactory."); Rest. (2d) of Judg., § 26(1)(f) und Comment i.

[179] Rest. (2d) of Judg., § 26(1)(f) und Comment i („Such an exception to the rules of merger and bar is not lightly to be found but must be based on a clear and convincing showing of need."); ähnlich *Wright/Miller/Cooper*, in: Fed. Prac. & Proc., § 4415 nach Fn. 25. Gegen die Praxis allzu weiter Ausnahmen aufgrund Gerechtigkeitserwägungen im Einzelfall auch *Federated Department Stores, Inc. v. Moitie*, 452 U.S. 394, 401 (1981) („The doctrine of res judicata serves vital public interests beyond any individual judge's ad hoc determination of the equities in a particular case. (…) The Court of Appeals' reliance on ‚public policy' is similarly misplaced.").

[180] Vgl. etwa noch vor der wegweisenden Entscheidung des *U.S. Supreme Court* in *Moitie* (vorherige Fn. 179): *Smith v. Pittsburgh Gage & Supply Co.*, 464 F.2d 870, 874 (3rd Cir. 1968) („While the doctrine of res judicata is meant to foster judicial efficiency and protect defendants from the oppression of repeated litigation, it should not be applied inflexibly to deny justice.").

Ausnahmen würden nur dann gemacht, wenn ein spezifisches Interesse prozessökonomische Bedenken überwiegt.[181]

Vor diesem Hintergrund wird die Doktrin der *claim preclusion* ferner dann überwunden, wenn die Nichtzulassung eines Zweitverfahrens bestimmten gesetzlichen oder verfassungsrechtlichen Zielsetzungen widerspräche.[182] Dies mag der Fall sein, wenn das frühere Urteil auf einem zwischenzeitlich für verfassungswidrig erklärten Gesetz beruht; dann ist – insbesondere in sensiblen Bereichen des Rechts – das öffentliche Interesse an einer einheitlichen Entscheidungspraxis der Gerichte höher zu bewerten als der durch *claim preclusion* erreichte Rechtsfrieden im Einzelfall.[183]

II. Issue preclusion

Ein Urteil im US-amerikanischen Zivilprozess bindet die Parteien des Rechtsstreits nicht nur durch die soeben beschriebene Doktrin der *claim preclusion*, die dazu führen kann, dass der Kläger mit nicht geltend gemachten Ansprüchen aus einem einheitlichen *claim* im Zweitverfahren präkludiert ist. Eine Bindungswirkung tritt auch im Wege der *issue preclusion* ein.[184] Diese Doktrin führt zu einer Bindung der Parteien an getroffene Feststellungen, über die tatsächlich verhandelt und entschieden wurde, soweit diese für die Entscheidung erheblich waren. Eine Präklusion durch *issue preclusion* im Zweitverfahren hängt also nicht davon ab, ob dieses Verfahren auf demselben *claim* beruht wie das Erstverfahren, sondern in erster Linie von der Beschaffenheit der gerichtlichen Feststellungen. Aus der erfolgreichen Einrede

---

[181] *Friedenthal/Kane/Miller*, Civil Procedure, S. 693. S. etwa *Griswold v. County of Hillsborough*, 598 F.3d 1289, 1294 (11th Cir. 2010); *Baptiste v. Commissioner of Internal Revenue*, 29 F.3d 433, 436 f. (8th Cir. 1994); *Adams v. Pearson*, 104 N.E.2d 267, 273 (Ill. 1952) („We do not hold, as has been held, that exceptions to the application of the rule against splitting a cause of action should be regularly recognized ‚as the evident justice of the particular case requires'."). Anders ist die Situation in Einzelstaaten, die in ihrem Recht Ausnahmen aus Gründen des öffentlichen Interesses vorsehen, vgl. etwa für Kalifornien *Kopp v. Fair Political Practices Commission*, 905 P.2d 1248, 1256 (Cal. 1995). Näher *Wright/Miller/Cooper*, in: Fed. Prac. & Proc., § 4415 bei Fn. 67 m.w.N.

[182] Rest. (2d) of Judg., § 26(1)(d). Als *statutory scheme* kommen hier etwa insolvenzrechtliche Vorschriften in Betracht, vgl. *Freer*, Civil Procedure, S. 633 f. m.w.N.

[183] Rest. (2d) of Judg., § 26, Comment e, Illustration 6: Beispiel zur Rassendiskriminierung nach *Griffin v. State Board of Education*, 296 F.Supp. 1178 (E.D.Va. 1969), reopening 239 F.Supp. 560 (E.D.Va. 1965); ebenfalls zur Rassendiskriminierung *Christian v. Jemison*, 303 F.2d 52, 55 (5th Cir. 1962), cert. denied 371 U.S. 920 (1962); zur Diskriminierung bei Wahlen in Schulaufsichtsbehörde *Jackson v. DeSoto Parish School Board*, 585 F.2d 726, 729 (5th Cir. 1978). Grundsätzlich wird *claim preclusion* aber nicht durch eine bloße Rechtsänderung überwunden, s. *Wright/Miller/Cooper*, in: Fed. Prac. & Proc., § 4415 bei Fn. 38 m.w.N.

[184] Die Leitentscheidung des *U.S. Supreme Court* zur Unterscheidung von *claim* und *issue preclusion* ist *Cromwell v. County of Sac*, 94 U.S. 351, 352 f. (1876).

(Rule 8(c) FRCP) der *issue preclusion* durch den Beklagten im Zweitverfahren folgt daher nicht notwendig die Abweisung der Klage, sondern lediglich die Pflicht des Gerichts, die im Erstverfahren getroffene Feststellung zugrunde zu legen.[185] Angesichts der Voraussetzungen – insbesondere der Unabhängigkeit von einem weit verstandenen *claim* – wird *issue preclusion* als die engere der beiden Doktrinen verstanden,[186] die heute als einheitliche Rechtskraftlehre[187] aufgefasst werden und sich in ihrer Anwendung ergänzen.[188] Eine mit der *issue preclusion* vergleichbare Präklusionswirkung hinsichtlich einzelner gerichtlicher Feststellungen erreicht das deutsche Recht allenfalls im Wege der Zwischenfeststellungs(wider)klage nach § 256 Abs. 2 ZPO, die freilich einen entsprechenden Antrag einer der Parteien voraussetzt.[189] Versuche der Wissenschaft, die materielle Rechtskraft im deutschen Recht auf „Sinnzusammenhänge" und auf „Ausgleichszusammenhänge" auszudehnen,[190] werden unter Hinweis auf den Wortlaut von § 322 Abs. 1 ZPO sowie die gesetzgeberische Entscheidung überwiegend abgelehnt.[191] Immerhin aus-

---

185 *Freer*, Civil Procedure, S. 571.

186 So etwa *Friedenthal/Kane/Miller*, Civil Procedure, S. 653; *Freer*, Civil Procedure, S. 592 f. Zutreffend wird aber dort darauf hingewiesen, dass *issue preclusion* gerade aufgrund der Unabhängigkeit vom *claim* des Erstverfahrens auch potenziell weitreichendere Folgen haben kann, indem in völlig anders gelagerten Verfahren bestimmte Feststellungen zugrunde zu legen sind. Differenziert auch *Polasky*, 39 Iowa L. Rev. 217, 218 (1954); zu pauschal *Cavanagh*, 29 Rev. Litig. 859, 868 f. (2010).

187 *Friedenthal/Kane/Miller*, Civil Procedure, S. 651 („two arms of a single doctrine").

188 Rest. (2d) of Judg., § 27 (Int. Note). *Görtz*, Die subjektiven Grenzen der Rechtskraft, S. 55, leitet aus dieser Fundstelle eine „strenge Subsidiarität" der *issue preclusion* ab. Wie hier – für eine ergänzende statt alternative Anwendung – offenbar *Friedenthal/Kane/Miller*, Civil Procedure, S. 695 Fn. 10, unter Hinweis auf dieselbe Fundstelle: „The doctrines of collateral estoppel and res judicata are complimentary; the decision as to the claim for res-judicata purposes often is influenced by the breadth of the rule of issue preclusion.".

189 § 256 Abs. 2 ZPO wird nach deutschem Verständnis als Erweiterung der Rechtskraft verstanden und nicht als Teil derselben, s. BGHZ 183, 77, 80 f. = NJW 2010, 2210, 2211; *Foerste*, in: Musielak, ZPO, § 256, Rn. 39; *Becker-Eberhard*, in: MüKoZPO, § 256, Rn. 75. Aus rechtsvergleichender Perspektive *Millar*, 39 Mich. L. Rev. 1, 13 ff. (1940) und *Schopflocher*, 1940 Wis. L. Rev. 234, 258 f. (1940), beide noch zu § 280 ZPO a.F. = § 256 Abs. 2 ZPO n.F., G. v. 3.12.1976, BGBl. I S. 3281, sowie *Zeuner*, in: FS Zweigert, 1981, S. 603, 619 („prozeßökonomisch durchaus rationell") und *Spellenberg*, in: FS Henckel, 1995, S. 841, 858 f., dort auch zur Interventionswirkung des § 68 ZPO. Zu Letzterer s. auch *Engelmann-Pilger*, Die Grenzen der Rechtskraft, S. 94.

190 Diese Überlegungen gehen zurück auf *Zeuner*, Die objektiven Grenzen der Rechtskraft im Rahmen rechtlicher Sinnzusammenhänge, S. 42 ff., 72 ff. Zustimmend *Grunsky*, Grundlagen des Verfahrensrechts, S. 519 ff.; *Blomeyer*, Zivilprozeßrecht, S. 491 ff. S. auch *Otte*, Umfassende Streitentscheidung, S. 34 ff. m.w.N. Aus neuerer Zeit *Foerste*, ZZP 108 (1995), 167, 168, 175 ff. (teleologische Reduktion von § 322 Abs. 1 ZPO).

191 *Musielak*, in: Musielak, ZPO, § 322, Rn. 27; *ders.*, in: FS Nakamura, 1996, S. 423, 428; *Leipold*, in: Stein/Jonas, ZPO, § 322, Rn. 202 ff.; *Rosenberg/Schwab/Gottwald*, Zivil-

nahmsweise, nämlich zur Verhinderung „erheblicher Ungerechtigkeit", kommt die Doktrin der *issue preclusion* nach Principle 28.3 der vom *American Law Institute (ALI)* und *UNIDROIT* herausgegebenen *Principles of Transnational Civil Procedure* (PTCP) zur Anwendung. Die PTCP verstehen sich als Regelungen zur gerichtlichen Beilegung internationaler Handelsstreitigkeiten („adjudication of transnational commercial disputes"), können aber ausweislich ihres Anwendungsbereichs („Scope and Implementation") auch für die meisten anderen Zivilverfahren sowie für zukünftige Reformen des Zivilprozesses herangezogen werden.[192]

1. Grundlagen

a) Historischer Hintergrund

Die Doktrin der *issue preclusion* entstammt dem Germanischen Recht. Im Germanischen Zivilprozess stand nicht das Urteil des Gerichts im Mittelpunkt des Verfahrens, sondern das prozessuale Verhalten der Parteien und deren Erklärungen.[193] In einem Zweitverfahren waren diese Erklärungen und der im Erstverfahren ermittelte Streit- und Sachstand zugrunde zu legen.[194] Die Präklusionswirkung folgte hier also weniger aus der gerichtlichen Entscheidung, als vielmehr aus dem Verbot widersprüchlichen Verhaltens.[195] Der früher gebräuchliche Begriff des „estoppel by judgment"[196] ist daher insofern unge-

---

prozessrecht, § 154 Rn. 12 f.; *Reischl*, Die objektiven Grenzen der Rechtskraft, S. 182 ff.; BGH NJW 2003, 3058, 3059; NJW 2008, 2922. Dagegen will *Gottwald*, in: MüKoZPO, § 322, Rn. 55 f. in „Grenzbereichen" eine Bindungswirkung für die Fälle anerkennen, die „bei wertender Betrachtung Fällen unstreitiger Bindung gleichstehen", wenngleich dies nur schwer mit dem Wortlaut der Norm (wohl aber unter teleologischen Gesichtspunkten) und nur auf die Gefahr hin zu rechtfertigen sei, die Parteien „in überraschender Weise zu binden".

[192] American Law Institute/UNIDROIT, Principles of Transnational Civil Procedure, S. 16, 47 f. Vgl. dazu auch *Althammer*, Streitgegenstand, S. 643 f. Ausführlich zu den PTCP *Stürner*, RabelsZ 69 (2005), 201.

[193] *Friedenthal/Kane/Miller*, Civil Procedure, S. 650; eingehend auch *Millar*, 35 Ill. L. Rev. 41, 42 ff. (1940). Dementsprechend war eine Präklusion im Wege der *claim preclusion* dem Germanischen Recht fremd, *Seelmann*, Der Rechtszug im älteren deutschen Recht, S. 90, 198 f.

[194] *Seelmann*, Der Rechtszug im älteren deutschen Recht, S. 198 f.: „Grundsatz der Dauerwirkung des festgestellten Sachverhalts".

[195] *Engelmann-Pilger*, Die Grenzen der Rechtskraft, S. 90.

[196] Gebräuchlich waren auch die Bezeichnungen „estoppel by record" und „estoppel by verdict", *Polasky*, 39 Iowa L. Rev. 217 (1954) (*issue preclusion* als „victim of varying terminology"). Zur Herkunft des Begriffs „estoppel" aus dem Bereich der Equity *Hay*, in: FS Geimer, 2002, S. 325, 328, Fn. 13 sowie *Engelmann-Pilger*, Die Grenzen der Rechtskraft, S. 91, Fn. 101.

nau, als Grundlage des *estoppel* in erster Linie das Parteiverhalten und nicht das gerichtliche Urteil ist.[197]

In der Sache unterschieden werden müssen *direct estoppel* und *collateral estoppel*: *Direct estoppel* meint die Präklusion mit einer Feststellung aus dem Erstverfahren, wenn Erst- und Zweitverfahren auf demselben *claim* beruhen.[198] Geht es um die Präklusion mit einer Feststellung aus dem Erstverfahren, das auf einem anderen *claim* als das Zweitverfahren beruht, spricht man von *collateral estoppel*. Vor diesem Hintergrund wird deutlich, dass die durch *collateral estoppel* beschriebene Situation von weitaus größerer praktischer Bedeutung ist: Beruhen nämlich Erst- und Zweitverfahren auf demselben *claim*, kann dieser im Zweitverfahren grundsätzlich bereits auf Grundlage der Doktrin der *claim preclusion* nicht erneut geltend gemacht werden. *Direct estoppel* kommt also vor allem dann zum Tragen, wenn es sich bei dem Urteil im Erstverfahren nicht um ein *judgment on the merits* (im strengen Sinne der *claim preclusion*, dazu sogleich) handelt, *claim preclusion* mithin nicht eingreifen kann.[199] Dadurch erklärt sich, dass die Doktrin der *issue preclusion* mitunter, wenngleich unvollständig, mit *collateral estoppel* gleichgesetzt wird.[200] Im Folgenden meint *issue preclusion* wie üblich sowohl *direct* als auch *collateral estoppel*.[201]

b) Rechtsquellen

Auch die Doktrin der *issue preclusion* ist ganz wesentlich durch das richterrechtliche Common Law geprägt; insofern gilt nichts anderes als für *claim preclusion*.[202] Das Fallrecht zur *issue preclusion* wurde in der Folge durch das Restatement (Second) of Judgments §§ 27, 28 systematisiert. Erwähnung

---

[197] Note, 65 Harv. L. Rev. 818, 820 f. mit Fn. 6 (1952). Wörtlich bedeutet *estoppel* etwa Rechtsverwirkung, was die Bedeutung des Parteiverhaltens unterstreicht. Selbst Nicht-Parteien, die bei der Verhandlung anwesend waren, waren nach Germanischem Recht an die Entscheidung gebunden, da ihnen grundsätzlich die Möglichkeit gegeben worden war, ihr „besseres Recht" geltend zu machen. Dazu *Engelmann*, Der Civilprozeß, Bd. 2/1, S. 106 f.; *Planck*, Das Deutsche Gerichtsverfahren im Mittelalter, S. 321 f., 325.

[198] Ausführlich *Wright/Miller/Kane*, in: Fed. Prac. & Proc., § 4418.

[199] *Friedenthal/Kane/Miller*, Civil Procedure, S. 647. Zu derartigen Fällen oben S. 28 ff.

[200] So etwa bei *Hazard/Leubsdorf/Bassett*, Civil Procedure, S. 635 f. Der Begriff „collateral estoppel" wurde durch das Rest. (1st) of Judg., § 68 eingeführt, vgl. *Scott*, 56 Harv. L. Rev. 1, 3 mit Fn. 4 (1942), der als *Reporter* an der Entstehung des Rest. of Judg. beteiligt war.

[201] So auch *Wright/Miller/Cooper*, in: Fed. Prac. & Proc., § 4402 bei Fn. 11; Rest. (2d) of Judg., § 27, Comment b.

[202] S. oben S. 18.

findet die Doktrin auch im Kartellrecht, das ihre Anwendung aber ausdrücklich unberührt lässt.[203]

2. *Voraussetzungen*

Grundsätzlich setzt die Präklusion durch *issue preclusion* voraus, dass im Erst- und Zweitverfahren dieselben Parteien beteiligt sind und im Zweitverfahren dieselbe gerichtliche Feststellung *(same issue)* relevant wird wie im Erstverfahren, das vorher durch ein *valid final judgment on the merits* abgeschlossen wurde und in dessen Verlauf die für das Urteil entscheidungserhebliche *(essential)* Feststellung tatsächlich verhandelt und entschieden wurde *(actually litigated and determined)*.

a) Parteiidentität

Durch *issue preclusion* gebunden sind in einem Zweitverfahren grundsätzlich nur diejenigen, die als Prozessgegner[204] am Erstverfahren beteiligt waren. Dieses Erfordernis der Parteiidentität ergibt sich verfassungsrechtlich aus dem Anspruch auf rechtliches Gehör *(full and fair opportunity to litigate)*.[205] Anders als bei *claim preclusion* ist hier eine Parteirollenidentität nicht erforderlich: *Issue preclusion* ist also auch dann anwendbar, wenn sich die Parteien des Erstverfahrens im Zweitverfahren in umgekehrten Rollen begegnen.[206] Unter Umständen können sich auch am Verfahren nicht beteiligte Dritte zu ihren Gunsten auf *issue preclusion* berufen (sog. *nonmutual issue preclusion*).[207]

b) Wirksames „Endurteil"

Für die Anwendbarkeit der *issue preclusion* muss im Erstverfahren ein *valid final judgment* ergangen sein.[208] Diese Voraussetzung ist bekanntlich ebenso für die Anwendbarkeit der *claim preclusion* erforderlich, sodass zumindest für die Anforderungen an ein *valid judgment* auf die dortigen Ausführungen verwiesen werden kann.[209] Unterschiede im Detail ergeben sich bei der Frage,

---

[203] 15 USC § 16(a): Ausnahme von der Anwendung nur für Feststellungen der Kartellbehörde *(Federal Trade Commission, FTC)*.

[204] Rest. (2d) of Judg., § 38. Dazu bereits oben S. 19 f.

[205] *Freer*, Civil Procedure, S. 607; *Allen v. McCurry*, 449 U.S. 90, 95 (1980); *Blonder-Tongue Laboratories, Inc. v. University of Illinois Foundation*, 402 U.S. 313, 328 f. (1971).

[206] Rest. (2d) of Judg., § 27, Comment a.

[207] Dazu unten S. 61 ff.

[208] Rest. (2d) of Judg., § 27, Comment a.

[209] S. 21 ff.

wann ein *final judgment* vorliegt und inwiefern dieses *on the merits* ergangen sein muss:[210]

Im Sinne der *issue preclusion* (und anders als nach § 300 ZPO) soll ein *final judgment* bereits dann vorliegen, wenn die bisherige Verhandlung über die relevante Feststellung für eine Präklusionswirkung hinreichend tragfähig ist *(sufficiently firm to be accorded conclusive effect)* ist.[211] Dies hängt etwa davon ab, ob den Parteien ausreichend Gelegenheit geboten wurde, ihre Argumente vorzutragen, kurzum: *Finality* in diesem Sinne kann schon dann vorliegen, wenn das Gericht keine einleuchtenden Gründe erkennt, eine erneute Verhandlung der Feststellung zu erlauben.[212] Dieser pragmatische Ansatz führt dazu, dass auch lediglich vorläufige Anordnungen des Gerichts (etwa *interlocutory orders*[213] oder *preliminary injunctions*[214]) für die Zwecke der *issue preclusion* mitunter als *final* einzustufen sind.[215] Auch in geteilten Verfahren, in denen separat über Grund und ggf. Höhe des eingeklagten Anspruchs entschieden wird *(bifurcated trial)*, kann *issue preclusion* zu einer Bindung an die Feststellungen über das Bestehen des Anspruchs führen, bevor über die Höhe entschieden ist.[216] Dieses weite Verständnis eines *final judgment* wird damit gerechtfertigt, dass es nicht um den Ausschluss ganzer *claims* von weiterer Prozessführung gehe.[217] Zudem könne das Abwarten eines *final judgment* im strengen Sinne der *claim preclusion* im Erstverfahren dazu führen, dass eine Entscheidung über die Feststellung in einem parallelen Zweitverfahren so lange verschoben werden müsse, wie das Erstverfahren nicht vollständig beendet sei.[218]

Der im Rahmen der *claim preclusion* zentralen Voraussetzung eines *judgment on the merits* wird für die *issue preclusion* naturgemäß wenig Bedeu-

---

[210] Zweifelhaft daher *Freer*, Civil Procedure, S. 593 („The requirements discussed on this point for claim preclusion (…) apply with equal force to issue preclusion.“).

[211] Rest. (2d) of Judg., § 13.

[212] *Lummus Co. v. Commonwealth Oil Refining Co.*, 297 F.2d 80, 89 (2nd Cir. 1961) („‚Finality‘ in the context here relevant may mean little more than that the litigation of a particular issue has reached such a stage that a court sees no really good reason for permitting it to be litigated again.“), cert. denied 368 U.S. 986 (1962).

[213] Dazu etwa *Lummus v. Commonwealth* (vorherige Fn. 212).

[214] Dazu *Miller Brewing Co. v. Joseph Schlitz Brewing Co.*, 605 F.2d 990, 996 (7th Cir. 1979), cert. denied 440 U.S. 1102 (1980).

[215] Zutreffend *Friedenthal/Kane/Miller*, Civil Procedure, S. 696; *Görtz*, Die subjektiven Grenzen der Rechtskraft, S. 67. Anders offenbar *Freer*, Civil Procedure, S. 578 mit Fn. 24.

[216] S. Rest. (2d) of Judg., § 13, Comment g, Illustration 3 und eingehend *Shemaria*, 16 UCLA L. Rev. 203 (1968) (zur Rechtslage in Kalifornien).

[217] In diese Richtung *Friedenthal/Kane/Miller*, Civil Procedure, S. 695 f.

[218] Rest. (2d) of Judg., § 13, Comment g, offenbar in Bezug auf parallele Verfahren. Krit. zur Aufweichung der *finality* im Rahmen der *issue preclusion Görtz*, Die subjektiven Grenzen der Rechtskraft, S. 67.

tung beigemessen.[219] Während für die *claim preclusion* die Möglichkeit des Gerichts entscheidend ist, sich mit dem zugrunde liegenden *claim* auseinanderzusetzen, kommt es für die Anwendbarkeit der *issue preclusion* auf den *claim* gerade nicht an;[220] ein sich mit dem *claim* auseinandersetzendes *judgment on the merits* ist daher in dieser Form nicht erforderlich.

c) *Identität der verhandelten und entschiedenen Feststellung* (same issue litigated and determined)

Eine Feststellung des Gerichts im Erstverfahren ist in einem Zweitverfahren nur dann bindend, wenn es sich um dieselbe Feststellung *(same issue)* handelt (aa), die im Erstverfahren tatsächlich verhandelt und entschieden wurde *(actually litigated and determined)* (bb) und für das Urteil entscheidungserheblich *(essential)* war (d).

aa) *Identität der* issues

(1) *Begriff der* issue

Die Begriffsbestimmung des zentralen Elements der dem Common Law entstammenden Doktrin der *issue preclusion* entbehrt klarer Regeln.[221] Auch hier steht eine Interessenabwägung zwischen dem Anspruch auf rechtliches Gehör und der Vermeidung mehrfacher Prozessführung im Mittelpunkt.[222] Das Restatement (Second) of Judgments geht heute davon aus, dass jeder Feststellung des Gerichts, gleich ob tatsächlicher oder rechtlicher Art, Präklusionswirkung zukommen kann.[223] Die Praxis begnügt sich damit und sieht sich an dieser Stelle zumeist keinen Problemen ausgesetzt, zumal, wenn im

---

[219] *Görtz*, Die subjektiven Grenzen der Rechtskraft, S. 67 f. m.w.N.: Teilweise Modifizierung der Voraussetzung, die aber durch das Erfordernis der Entscheidungserheblichkeit der Feststellung obsolet werde.

[220] Ausdrücklich *Estevez v. Nabers*, 219 F.2d 321, 324 (5th Cir. 1955) („But even if regarded as a decision not on the merits, the first action precludes a new adjudication of the question actually decided, although it does not ‚bar the cause of action.'"); implizit auch *Parklane Hosiery Co., Inc. v. Shore*, 439 U.S. 322, 326 Fn. 5 (1979); *Commissioner of Internal Revenue v. Sunnen*, 333 U.S. 591, 597 f. (1948). Das Rest. (2d) of Judg. verzichtet freilich auch im Rahmen der *claim preclusion* auf das Merkmal des *judgment on the merits*, dazu bereits oben S. 28 f.

[221] Immerhin den Versuch einer Definition unternimmt *Overseas Motors, Inc. v. Import Motors Ltd.*, 375 F.Supp. 499, 518 Fn. 66a (E.D.Mi. 1974) („An issue is a single, certain and material point arising out of the allegations and contentions of the parties. (…) It may concern only the existence or non-existence of certain facts, or it may concern the legal significance of those facts. (…)"), cert. denied 423 U.S. 987 (1975).

[222] Ausdrücklich Rest. (2d) of Judg., § 27, Comment c. Zum Zusammenspiel von *claim* und *issue preclusion* s. die Nachweise in Kap. 1 Fn. 188.

[223] Rest. (2d) of Judg., § 27 („issues of fact or law"), § 28, Comment b („The distinction between issues of fact and issues of law is often an elusive one.").

Erstverfahren ausdrücklich festgehalten wird, über welche *issues* nicht entschieden wurde.[224] Gleichwohl kann die Reichweite einer einzelnen Feststellung problematisch sein: Verklagt A den B auf Schadensersatz aus einem Verkehrsunfall mit der Behauptung, B habe fahrlässig die zulässige Höchstgeschwindigkeit überschritten, und weist das Gericht die Klage ab, stellt sich in einem Zweitverfahren des B gegen A die Frage, inwiefern A sich mit der Fahrlässigkeit des B verteidigen kann.[225] Streng genommen kann A hier lediglich nicht einwenden, B sei zu schnell gefahren, denn eine fehlende Geschwindigkeitsüberschreitung wurde im Erstverfahren jedenfalls festgestellt. Die vorherrschende Lesart ist indes eine andere: Danach ist dem A die Verteidigung mit der Fahrlässigkeit des B an sich versagt, denn das Gericht habe das allgemeine Nichtvorliegen der Fahrlässigkeit festgestellt.[226]

Aufgrund der Konturlosigkeit des Begriffs der *issue* wurden in der Vergangenheit Versuche der Einschränkung unternommen, die sich aber weitgehend nicht haben durchsetzen können.[227] So hat der *U.S. Supreme Court* vertreten, dass der Streitpunkt im Erst- und Zweitverfahren in jeder Hinsicht identisch sein müsse; dies sei bei Rechtsfragen nicht der Fall, wenn die entscheidungserheblichen Tatsachen der beiden Verfahren unterscheidbar sind, unabhängig davon, inwiefern diese möglicherweise ähnlich oder gar identisch seien.[228] Reine, d.h. abstrakte Rechtsfragen *(pure questions of law)* sind aber nach verbreiteter Ansicht[229] von der *issue preclusion* auszunehmen: Eine Präklusionswirkung sei nur für rechtliche Feststellungen angezeigt, die sich auf eine bestimmte abgeschlossene Tatsachengrundlage im Erstverfahren

[224] *Wright/Miller/Cooper*, in: Fed. Prac. & Proc., § 4417 bei Fn. 3. S. etwa *I.A. Durbin, Inc. v. Jefferson National Bank*, 793 F.2d 1541, 1550 f. (11th Cir. 1986); *Blackwelder v. Millman*, 522 F.2d 766, 772 f. (4th Cir. 1975).

[225] Beispiel nach Rest. (2d) of Judg., § 27, Illustration 4. Freilich ist hier davon auszugehen, dass keine *compulsory counterclaim*-Vorschrift zur Anwendung kommt.

[226] *Casad/Clermont*, Res Judicata, S. 119; Rest. (2d) of Judg., § 27, Comment c, Illustration 4 („It is reasonable to require A to bring forward all evidence in support of the alleged negligence in the initial proceeding."); *Görtz*, Die subjektiven Grenzen der Rechtskraft, S. 64 f., der diese weite Auslegung in der Rechtsprechung auf die „zunehmende Klagebereitschaft" zurückführt.

[227] Ausführlich *Görtz*, Die subjektiven Grenzen der Rechtskraft, S. 58 ff.

[228] *Commissioner of Internal Revenue v. Sunnen*, 333 U.S. 591, 601 (1948) („If the relevant facts in the two cases are separable, even though they be similar or identical, collateral estoppel does not govern the legal issues which recur in the second case. Thus the second proceeding may involve an instrument or transaction identical with, but in a form separable from, the one dealt with in the first proceeding. In that situation, a court is free in the second proceeding to make an independent examination of the legal matters at issue.").

[229] So etwa *United States v. Stauffer Chemical Co.*, 464 U.S. 165, 169 f. (1984); *United States v. Moser*, 266 U.S. 236, 241 f. (1924). Eingehend *Görtz*, Die subjektiven Grenzen der Rechtskraft, S. 59 f. Krit. *Freer*, Civil Procedure, S. 601 („The scope and even the purpose of this exception are not terribly clear.").

stützen.[230] Demgegenüber wird die Unterscheidung von Tatsachen, aus denen das anwendbare Recht unmittelbar Rechte oder Pflichten herleitet *(ultimate facts)* und solchen Tatsachen, die lediglich auf das Vorhandensein der *ultimate facts* schließen lassen (*mediate data* oder *evidentiary facts*),[231] in dieser Form nicht mehr vorgenommen; sie wird zu Recht als praktisch kaum durchführbar abgelehnt.[232]

(2) Identität der issues

Die Frage nach der Identität der *issues* wird ebenso pragmatisch beantwortet wie die Frage nach der Identität der *claims* im Rahmen der *claim preclusion*.[233] Fehlt es an einer ersichtlichen vollständigen Identität der *issues*, kann etwa darauf abgestellt werden, inwiefern sich die Beweismittel oder die Argumentation in beiden Verfahren überschneiden; auch die Ähnlichkeit der zugrunde liegenden *claims* kann dabei berücksichtigt werden.[234] Ferner kann das Gericht im Zweitverfahren untersuchen, ob sich erstmals vorgetragene Beweismittel oder Argumente auf dieselbe rechtliche Begründung stützen und ob der Streitpunkt im Zweitverfahren nicht in angemessener Weise bereits in den *pre-trial*-Vorbereitungen zum Erstverfahren hätte vorgebracht werden können.[235] Unterschiede im Beweismaß[236] führen jedenfalls dann zu einer Ablehnung der Identität der *issues*, wenn die *issue* zunächst in einem Zivil- und sodann in einem Strafverfahren relevant wird.[237] Nach alledem

---

230 *Wright/Miller/Cooper*, in: Fed. Prac. & Proc., § 4425 bei Fn. 1. Für eine eingeschränkte Anwendung der *issue preclusion* auf Rechtsfragen auch *Scott*, 56 Harv. L. Rev. 1, 7 f. (1942).

231 *The Evergreens v. Nunan*, 141 F.2d 927, 928 f. (2nd Cir. 1944). Die Begründung der Unterscheidung, namentlich, dass die Parteien mitunter die Bedeutung einer Streitfrage für spätere Verfahren unterschätzten und die Präklusionswirkung daher nur für *ultimate facts* gerechtfertigt sei, findet indes noch Beachtung in Rest. (2d) of Judg., § 28(5)(b). Ausführlich dazu *Wright/Miller/Cooper*, in: Fed. Prac. & Proc., § 4424.

232 Rest. (2d) of Judg., § 27, Comments c und j. Krit. auch *Heckman*, 19 Case W. Res. L. Rev. 230, 236 f. (1968); *Rosenberg*, 44 St. John's L. Rev. 165, 183 (1969).

233 *Freer*, Civil Procedure, S. 601 („This is an area of more art than science.“).

234 Vgl. etwa *Steen v. John Hancock Mut. Life Ins. Co.*, 106 F.3d 904, 912 (9th Cir. 1997); *Greene v. United States*, 79 F.3d 1348, 1353 (2nd Cir. 1996), cert. denied 519 U.S. 1028 (1996); *McLaughlin v. Bradlee*, 803 F.2d 1197, 1203 (D.C. Cir. 1986); *Starker v. United States*, 602 F.2d 1341, 1344 f. (9th Cir. 1979).

235 Rest. (2d) of Judg., § 27, Comment c sowie Nachweise in vorheriger Fn. 234.

236 Unpräzise *Görtz*, Die subjektiven Grenzen der Rechtskraft, S. 69, der hier einerseits von „Beweislast“ und andererseits vom „Maß richterlicher Überzeugung“ spricht.

237 Das Beweismaß im Zivilverfahren *(preponderance of the evidence)* ist niedriger als im Strafverfahren *(beyond a reasonable doubt)*, sodass ein anderes Ergebnis bei der erneuten (strafrechtlichen) Verhandlung der *issue* nicht unwahrscheinlich ist; zu dieser Konstellation etwa *United States v. Bostian*, 59 F.3d 474, 480 (4th Cir. 1995). Dies gilt indes nicht für die umgekehrte Konstellation (Straf- vor Zivilverfahren), in der *issue preclusion* eine

wird das Gericht im Zweitverfahren stets eine einzelfallbezogene Abwägung vornehmen, ob das Interesse an einer Neuverhandlung der relevanten Feststellung die mit der Rechtskraft verfolgten Ziele der Prozessökonomie und des Rechtsfriedens überwiegt.[238]

bb) Verhandlung und Entscheidung (actually litigated and determined)

Über die Feststellung im Erstverfahren muss tatsächlich gestritten *(actually litigated)* und entschieden *(actually determined)* worden sein. Hierin liegt ein wesentlicher Unterschied zur *claim preclusion*, die den Kläger auch mit einem Anspruch präkludieren kann, den dieser im Erstverfahren nicht vorgetragen hat, aber hätte vortragen können.[239]

(1) Verhandlung

Unproblematisch ist die Situation, in der die Parteien den Streit über eine Feststellung bereits in den Schriftsätzen *(pleadings)* ausgetragen haben und sodann in der Hauptverhandlung Beweis erhoben wurde;[240] hier ist von einer *litigated issue* auszugehen. Demgegenüber fehlt es in Säumnissituationen[241] ebenso wie bei bloßen *admissions* im Rahmen der *pre-trial discovery* (vgl. Rule 36 FRCP)[242] an einer streitigen Auseinandersetzung, sodass die Anwendbarkeit der *issue preclusion* ausscheidet. Vergleichen sich die Parteien, kommt das daraufhin ergehende *consent judgment* ebenfalls nicht als Grund-

---

erneute Verhandlung einer zulasten des Angeklagten entschiedenen *issue* regelmäßig verhindert, vgl. etwa *S.E.C. v. Bilzerian*, 29 F.3d 689, 694 (D.C. Cir. 1994). Eingehend *Wright/Miller/Cooper*, in: Fed. Prac. & Proc., § 4423 nach Fn. 23; *Friedenthal/Kane/Miller*, Civil Procedure, S. 701 f.; Rest. (2d) of Judg., § 85 (Straf- vor Zivilverfahren) sowie § 28(4) und Comment f.

[238] In diese Richtung auch *Friedenthal/Kane/Miller*, Civil Procedure, S. 700 („The differences shown must be significant ones; the passage of time alone will not always be significant."); *Görtz*, Die subjektiven Grenzen der Rechtskraft, S. 68.

[239] Oben S. 16.

[240] Die Beweiserhebung ist indes keine Voraussetzung für die Annahme einer streitigen Auseinandersetzung, *Wright/Miller/Cooper*, in: Fed. Prac. & Proc., § 4419 nach Fn. 7 unter Hinweis auf das *summary judgment* (Rule 56 FRCP). S. dazu auch *Exhibitors Poster Exchange, Inc. v. National Screen Service Corp.*, 421 F.2d 1313, 1319 (5th Cir. 1970).

[241] Vgl. etwa *Cromwell v. County of Sac*, 94 U.S. 351, 356 f. (1876); *In re Bigelow*, 271 B.R. 178, 185 (B.A.P. 9th Cir. 2001); *United States v. Bailey*, 957 F.2d 439, 443 (7th Cir. 1992), cert. denied 505 U.S. 1229 (1992); *Baron v. Bryant*, 556 F.Supp. 531, 538 (D. Hawaii 1983). Anders aber zum kalifornischen Recht *In re Baldwin*, 249 F.3d 912, 918 (9th Cir. 2001) und *In re Calvert*, 105 F.3d 315, 318 (3rd Cir. 1997), die die als zugestanden geltenden Streitpunkte einer tatsächlichen streitigen Auseinandersetzung gleichstellen. Krit. dazu Note, 70 Colum. L. Rev. 522 (1970); *Rosenberg*, 44 St. John's L. Rev. 165, 173 ff. (1969); Note, 65 Harv. L. Rev. 818, 840 (1952).

[242] Dazu etwa *United States v. Young*, 804 F.2d 116, 118 (8th Cir. 1986).

lage für *issue preclusion* in Betracht,[243] es sei denn, die Parteien sehen dies ausdrücklich so vor.[244] Das leuchtet ein, denn käme *consent judgments issue preclusion*-Wirkung zu, würde dies angesichts potenziell weitreichender Folgen in späteren Verfahren womöglich zu einer erhöhten Streitbereitschaft in Bezug auf den Inhalt des Vergleichs führen.[245] Dies widerspricht den der Rechtskraft zugrunde liegenden Zielen der Verfahrensökonomie und der Herstellung von Rechtsfrieden.[246]

(2) Entscheidung

Nicht jede tatsächlich umstrittene Feststellung wird im Anschluss auch durch das Gericht entschieden. Das mag daran liegen, dass die Parteien alternative Begründungen für ihre Position liefern und das Gericht sich ausschließlich auf eine Begründung stützt, über die alternative also nicht entscheidet.[247] Denkbar ist auch die Einführung eines Streitpunktes samt Beweismitteln in den Prozess und die anschließende Rücknahme desselben vor der Entscheidung des Gerichts.[248] In der Regel wird sich aus den tatsächlichen und rechtlichen Ausführungen im Urteil ergeben, welche Feststellungen Gegenstand der gerichtlichen Entscheidung sind. Ist dem nicht so,[249] obliegt es derjenigen Partei, die sich auf *issue preclusion* beruft, im Zweitverfahren darzulegen und zu beweisen, dass das Gericht im Erstverfahren über die relevante Feststellung tatsächlich entschieden hat.[250] Dazu kann sie sich des Gerichtsprotokolls *(trial record)* ebenso wie sonstiger Beweismittel *(extrinsic evidence)* bedienen, die Bezug auf öffentlich wahrnehmbare Gegebenheiten des Erstverfahrens nehmen.[251]

---

[243] *Arizona v. California*, 530 U.S. 392, 414 (2000); *United States v. International Building Co.*, 345 U.S. 504 (1953); Rest. (2d) of Judg., § 27, Comment e. Ausführlich *Fleming*, 108 U. Pa. L. Rev. 173 (1959) sowie *Wright/Miller/Cooper*, in: Fed. Prac. & Proc., § 4443 bei Fn. 36.

[244] Dazu etwa *Green v. Ancora-Citronelle Corp.*, 577 F.2d 1380, 1383 (9th Cir. 1978).

[245] *Friedenthal/Kane/Miller*, Civil Procedure, S. 709.

[246] So auch *Görtz*, Die subjektiven Grenzen der Rechtskraft, S. 71.

[247] *Freer*, Civil Procedure, S. 596.

[248] *Wright/Miller/Cooper*, in: Fed. Prac. & Proc., § 4420 bei Fn. 9.

[249] Problematisch kann die Bestimmung des Inhalts der gerichtlichen Entscheidung etwa bei *general verdicts* einer Jury sein, *Freer*, Civil Procedure, S. 597 f.

[250] *Matter of King*, 103 F.3d 17, 19 (5th Cir. 1997), cert. denied 520 U.S. 1274 (1997); *Lundborg v. Phoenix Leasing, Inc.*, 91 F.3d 265, 271 f. (1st Cir. 1996); *Connors v. Tanoma Mining Co.*, 953 F.2d 682, 684 f. (D.C. Cir. 1992); *Wright/Miller/Cooper*, in: Fed. Prac. & Proc., § 4420 nach Fn. 17.

[251] *Wright/Miller/Cooper*, in: Fed. Prac. & Proc., § 4420 nach Fn. 27: Unzulässig wäre etwa die Vernehmung eines Jurors oder des Richters zur subjektiven Entscheidungsfindung. S. dazu *Fayerweather v. Ritch*, 195 U.S. 276, 307 (1904). Vgl. auch Rest. (2d) of Judg., § 27, Comment f.

d) Entscheidungserheblichkeit der Feststellung (issue essential to judgment)

Wurde über eine Feststellung im Erstverfahren zwar tatsächlich gestritten und entschieden, ist diese aber nicht entscheidungserheblich *(essential)* für das Urteil des Gerichts, kommt ihr keine *issue preclusion*-Wirkung zu.[252] Entscheidungserheblichkeit bedeutet, dass die Feststellung sich als „critical and necessary" für das Urteil erweist; eine bloß unterstützende Funktion („supportive of judgment") genügt nicht.[253] Das Erfordernis wird damit begründet, dass die Beteiligten nicht entscheidungserheblichen Feststellungen im Laufe des Verfahrens womöglich nicht genügend Aufmerksamkeit geschenkt haben und eine Präklusion daher unangemessen erschiene.[254] Zudem wird darauf verwiesen, dass einzelne nicht entscheidungserhebliche Feststellungen nicht Gegenstand von Rechtsmittelverfahren sein können, was zumindest wertungsmäßig gegen deren Berücksichtigung im Rahmen der *issue preclusion* spreche.[255]

Äußerst umstritten ist die Frage, inwiefern zwei Feststellungen des Gerichts, die jeweils für sich genommen die Entscheidung tragen würden *(alternative determinations), issue preclusion*-Wirkung zukommt. Während das Restatement (First) of Judgments noch von einer Präklusionswirkung beider Feststellungen ausging,[256] vertritt das Restatement (Second) heute die gegenteilige Ansicht, mithin eine Präklusionswirkung für keine der beiden Feststellungen. Wiederum bestehe die Gefahr, dass *alternative determinations* nicht genügend Aufmerksamkeit gewidmet werde. Außerdem werde die unterlegene Partei unter Umständen von der Einlegung von Rechtsmitteln abgehalten, bestehe doch für sie auch in der Rechtsmittelinstanz die Aussicht auf eine Niederlage, wenn das Gericht nur eine der Feststellungen aufrechterhält.[257]

---

[252] Rest. (2d) of Judg., § 27, Comment h; *Hazard/Leubsdorf/Bassett*, Civil Procedure, S. 641 („Findings that are unnecessary partake of obiter dicta."). Dazu auch *Schiro v. Fairley*, 510 U.S. 222, 232 f. (1994); *Block v. Bourbon County Commissioners*, 99 U.S. 686, 693 (1878).

[253] *Kloth v. Microsoft Corp.*, 355 F.3d 322, 326 ff. (4th Cir. 2004). Häufig wird „necessary" in diesem Zusammenhang mit „essential" oder „indispensable" synonym verwendet, was etwa „unabdingbar" bedeutet. Das Erfordernis kann man also durchaus so verstehen, dass das Urteil ohne die getroffene Feststellung anders ausfallen muss als mit ihr. Ähnlich ausgelegt wird die Entscheidungserheblichkeit im Rahmen des Art. 100 Abs. 1 GG, dort freilich nicht bezogen auf gerichtliche Feststellungen, sondern auf die Gültigkeit einer Norm, s. nur *Dederer*, in: Maunz/Dürig, Grundgesetz, Art. 100, Rn. 139 ff., 155 ff.

[254] Vgl. etwa *Northgate Motors, Inc. v. General Motors Corp.*, 111 F.Supp.2d 1071, 1078 (E.D.Wis. 2000); *The Evergreens v. Nunan*, 141 F.2d 927, 928 f. (2nd Cir. 1944).

[255] *Rios v. Davis*, 373 S.W.2d 386, 387 f. (Tex.App. 1963) sowie dazu *Freer*, Civil Procedure, S. 602 f. und *Friedenthal/Kane/Miller*, Civil Procedure, S. 712.

[256] Rest. (1st) of Judg., § 68, Comment n.

[257] Rest. (2d) of Judg., § 27, Comment i. Entsprechend kommt beiden Feststellungen aber Präklusionswirkung zu, wenn diese in der Rechtsmittelinstanz bestätigt wurden,

Wer allerdings jegliche Präklusionswirkung alternativer Feststellungen ablehnt, bestraft die siegreiche Partei letztlich für eine besonders gründliche Prozessführung, die sich in einem alternativ begründeten Urteil manifestiert.[258] Zahlreiche Gerichte versagen daher dem Ansatz des Restatement (Second) die Gefolgschaft,[259] was im Hinblick auf die durch die Rechtskraftlehre angestrebte Verfahrenskonzentration zu begrüßen ist.

3. Ausnahmen von der Anwendbarkeit der issue preclusion

a) Keine Möglichkeit der Überprüfung durch Rechtsmittel

Es ist bereits angeklungen, dass die Anwendbarkeit der *issue preclusion* in Zusammenhang mit der Möglichkeit der Überprüfung der Feststellungen im Rechtsmittelverfahren steht: Erstreitet eine Partei ein obsiegendes Urteil, unterliegt dabei aber mit einer bestimmten Feststellung, kann sie diese nicht zum Gegenstand eines Rechtsmittelverfahrens machen. Die Feststellung erwächst aber auch nicht in Rechtskraft, denn sie war für das stattgebende Urteil offenbar nicht erforderlich.[260] Vor diesem Hintergrund ist *issue preclusion* ferner dann nicht anwendbar, wenn die unterlegene Partei aus anderen Gründen keine Möglichkeit der Überprüfung durch Rechtsmittel hat, was insbesondere bei Erledigung *(mootness)* der Streitigkeit angenommen wird.[261]

---

s. Comment o. Ausführlich dazu *Wright/Miller/Cooper*, in: Fed. Prac. & Proc., § 4421 nach Fn. 30 m.w.N.

[258] Zutreffend *Freer*, Civil Procedure, S. 605 („The Restatement (Second) approach is odd. It seems to punish a litigant for doing too well."). Ähnlich *Görtz*, Die subjektiven Grenzen der Rechtskraft, S. 73.

[259] So etwa *Jean Alexander Cosmetics, Inc. v. L'Oreal USA, Inc.*, 458 F.3d 224, 249 ff. (3rd Cir. 2006), cert. denied 549 U.S. 1305 (2007); *Schellong v. INS*, 805 F.2d 655, 658 f. (7th Cir. 1986); *Winter v. Lavine*, 574 F.2d 46, 66 f. (2nd Cir. 1978); *General Dynamics Corp. v. American Tel. & Tel. Co.*, 650 F.Supp. 1274, 1285 (N.D.Ill. 1986); *Malloy v. Trombley*, 50 N.Y.2d 46, 50 ff. (N.Y. 1980). Gegen jegliche Präklusionswirkung aber etwa *Halpern v. Schwartz*, 426 F.2d 102, 106 f. (2nd Cir. 1970). Für eine Lösung über das Merkmal des „actually litigated and determined" *Freer*, Civil Procedure, S. 605; ähnlich *Hazard/Leubsdorf/Bassett*, Civil Procedure, S. 641.

[260] Rest. (2d) of Judg., § 28, Comment a, § 27, Comment h.

[261] Rest. (2d) of Judg., § 28(1). Diese Ausnahme gilt nicht, wenn von der Möglichkeit eines Rechtsmittels schlicht kein Gebrauch gemacht wird oder das Rechtsmittelgericht das Rechtsmittel nicht zulässt, s. Comment a. Der *U.S. Supreme Court* hat indes selbst bei Erledigung der Streitigkeit die Anwendbarkeit von *issue preclusion* angenommen, *United States v. Munsingwear, Inc.*, 340 U.S. 36, 39 f. (1950) sowie näher dazu Note, 65 Harv. L. Rev. 818, 847 f. (1952).

b) Rechtliche Feststellungen

Grundsätzlich kommt auch rechtlichen Feststellungen *issue preclusion*-Wirkung zu.[262] Dies gilt aber nicht, wenn Erst- und Zweitverfahren auf gänzlich unterschiedlichen *(substantially unrelated) claims* beruhen.[263] Hier wird die Doktrin des *stare decisis* als ausreichender Schutz vor mehrfacher Befassung mit derselben Rechtsfrage angesehen. Auch sei die bindende Klärung einer Rechtsfrage „für alle Zeiten" zwischen den Parteien unangemessen und verzögere notwendige rechtliche Entwicklungen, die das Gericht für alle Nichtbeteiligten an dem Verfahren berücksichtigen könne.[264] *Issue preclusion* ist auch dann nicht anwendbar, wenn eine neue Bestimmung der Rechtsfrage erforderlich ist, um einer zwischenzeitlichen Rechtsänderung Rechnung zu tragen oder eine unbillige Rechtsanwendung zu vermeiden.[265] Dies wird etwa unter Wettbewerbsgesichtspunkten angenommen, wenn die Anwendung von *issue preclusion* zu einer erheblichen Bevorteilung bzw. Benachteiligung einer der Parteien im Verhältnis zu einem Wettbewerber führt.[266]

c) Zuständigkeitsrechtliche Aspekte

Issue preclusion findet auch dann keine Anwendung, wenn die dem Erstverfahren zugrunde liegenden prozessualen Regeln in Bezug auf Qualität und Umfang der Entscheidungsfindung nicht mit denen im Zweitverfahren vergleichbar sind.[267] Dies ist in zuständigkeitsrechtlicher Hinsicht etwa der Fall, wenn das Erstverfahren vor einem *state small claims court* stattfindet, dessen sachliche Zuständigkeit auf einen niedrigen Streitwert begrenzt ist; da der Entscheidungsprozess vor einem solchen Gericht auf zügige und kostengünstige Streiterledigung gerichtet ist, erscheint die Präklusion mit einer Feststellung in einem womöglich weitaus komplexeren Zweitverfahren von größerer wirtschaftlicher Bedeutung vor einem *court of general jurisdiction* nicht gerechtfertigt.[268]

---

[262] Oben S. 45 ff. Dies gilt, wie dort gezeigt, nicht für abstrakte rechtliche Feststellungen.

[263] Rest. (2d) of Judg., § 28(2)(a). Allgemein krit. zur Abgrenzung von Rechts- und Tatsachenfragen und den daraus resultierenden Folgen *Effron*, 100 Geo. L. J. 759, 762, 774 (2012).

[264] Rest. (2d) of Judg., § 28, Comment b. Zur Doktrin des *stare decisis* oben S. 9.

[265] Rest. (2d) of Judg., § 28(2)(b).

[266] Rest. (2d) of Judg., § 28, Comment c, dort auch zu den widerstreitenden Zielen der Rechtsanwendung in diesem Zusammenhang.

[267] Rest. (2d) of Judg., § 28(3) Var. 1. Vgl. auch *Kremer v. Chemical Construction Corp.*, 456 U.S. 461, 480 f. (1982); *Montana v. United States*, 440 U.S. 147, 164 (1979).

[268] Rest. (2d) of Judg., § 28, Comment d. Dazu auch *Scott*, 56 Harv. L. Rev. 1, 18 ff. (1942). Diese Ausnahme ist mitunter in den einzelstaatlichen Rechtsordnungen ausdrücklich geregelt, s. etwa Tex. Civ. Prac. & Rem. Co. § 31.005 sowie zur Vorgänger-Vorschrift *Durham*, 17 Baylor L. Rev. 221, 227 f. (1965). Eine ähnliche Problematik ergibt sich,

Probleme ergeben sich auch, wenn das Erstverfahren vor einem einzelstaatlichen und das Zweitverfahren vor einem Bundesgericht stattfinden.[269] Grundsätzlich findet hier eine Anerkennung der Rechtskraftwirkungen des Ersturteils im Zweitverfahren statt.[270] Dies soll aber für *issue preclusion* dann nicht gelten, wenn das Zweitverfahren der *exclusive federal jurisdiction* eines Bundesgerichts unterliegt und somit die einheitliche Anwendung von Bundesrecht auf dem Spiel steht.[271] Inzwischen wird eine solche Ausnahme von der *issue preclusion* unter Hinweis auf die gebotene prozessökonomische Erledigung von Rechtsstreitigkeiten indes zunehmend abgelehnt: Demnach soll es trotz ausschließlicher bundesgerichtlicher Zuständigkeit im Zweitverfahren bei der *issue preclusion*-Wirkung der Feststellungen im Erstverfahren bleiben.[272]

d) Allgemeine Billigkeitserwägungen

Wie die Doktrin der *claim preclusion* unterliegt auch die Doktrin der *issue preclusion* weitreichenden Ausnahmen, die auf allgemeinen Erwägungen prozessualer Fairness basieren. In diesen Fällen überwiegt das Interesse an einer Neubestimmung gerichtlicher Feststellungen die daraus resultierende Belastung der Prozessbeteiligten.[273] So soll eine Neubestimmung einer bereits geklärten Feststellung möglich sein, wenn die Feststellung womöglich einen nachteiligen Effekt auf das öffentliche Interesse oder das Interesse von nicht am Prozess Beteiligten (insbesondere in *class actions*) hat.[274] War im Erstverfahren nicht hinreichend vorhersehbar, dass eine getroffene Feststellung in einem Zweitverfahren Bedeutung erlangen würde, kommt die Anwendung

---

wenn das Erstverfahren vor einer *administrative agency* stattfindet, dazu *Friedenthal/Kane/Miller*, Civil Procedure, S. 717 Fn. 23 m.w.N.; *Mogel*, 30 Baylor L. Rev. 463 (1978); *Wright/Miller/Cooper*, in: Fed. Prac. & Proc., § 4423 bei Fn. 15.

[269] Rest. (2d) of Judg., § 28(3) Var. 2.

[270] Oben S. 13 ff.

[271] Grundlegend *Lyons v. Westinghouse Electric Corp.*, 222 F.2d 184, 188 f. (2nd Cir. 1955) (zum *Federal Antitrust Act* und unter Berufung auf Rest. (1st) of Judg., § 71), cert. denied 350 U.S. 825 (1955).

[272] *Marrese v. American Academy of Orthopaedic Surgeons*, 470 U.S. 373, 385 f. (1985); *Saecker v. Thorie*, 234 F.3d 1010, 1014 (7th Cir. 2000); *Moosavi v. Fairfax County Bd. Of Ed.*, 666 F.2d 58, 59 (4th Cir. 1981); *Azalea Drive-In Theatre, Inc. v. Hanft*, 540 F.2d 713 (4th Cir. 1976), cert. denied 430 U.S. 941 (1977). S. auch *Falk*, 51 Cal. L. Rev. 955, 964 (1963), der die Entscheidung in *Lyons* als Ausnahme ansieht. Für eine differenzierte Anwendung der *issue preclusion* bzw. eine gesetzgeberische Reform: Note, 91 Harv. L. Rev. 1281, 1296, 1302 ff. (1978).

[273] Rest. (2d) of Judg., § 28, Comment g.

[274] Rest. (2d) of Judg., § 28(5)(a) und Comment h. Vgl. etwa *Porter & Dietsch, Inc. v. FTC*, 605 F.2d 294, 300 (7th Cir. 1979); *Moch v. East Baton Rouge Parish School Board*, 548 F.2d 594, 597 (5th Cir. 1977); *Griffin v. State Board of Education*, 296 F.Supp. 1178, 1182 (E.D.Va. 1969).

von *issue preclusion* ebenfalls nicht in Betracht.[275] Diese Ausnahme basiert auf der Annahme, dass eine Partei die Auseinandersetzung über eine Feststellung sorgfältiger betreibt, wenn sie die potenzielle Bedeutung für spätere Verfahren vorhersieht; die Bereitschaft zu aufwändiger Prozessführung steige eben mit dem Einsatz, der auf dem Spiel steht.[276] Schließlich soll eine Überwindung der *issue preclusion* in Betracht kommen, wenn die Partei, gegen die sich die Einrede der Rechtskraft im Zweitverfahren richtet, im Erstverfahren kein ausreichendes rechtliches Gehör gefunden hat.[277]

III. Ausnahmen von der subjektiven Bindungswirkung

Im Grundsatz sind nur die Prozessparteien durch die Rechtskraft einer Entscheidung gebunden. Es gibt aber auch Parteien, die der Bindung nicht unterliegen, sowie Dritte, auf die die Bindung erstreckt wird (1). Dritte können unter Umständen auch von der Rechtskraft profitieren, ohne selbst gebunden zu sein (2).

1. Bindung der Parteien und Dritter durch Rechtskraft

a) Der Bindungswirkung nicht unterliegende Parteien

aa) Prozessunfähige Parteien (parties under incapacity)

Prozessunfähige Parteien sind dann nicht an ein Urteil gebunden, wenn sie im Prozess nicht ordnungsgemäß vertreten und also ihre Interessen nicht hinreichend berücksichtigt wurden.[278] Prozessunfähig sind natürliche Personen etwa dann, wenn sie minderjährig (in der Regel vor Vollendung des achtzehn-

---

[275] Rest. (2d) of Judg., § 28(5)(b). S. etwa *Remington Rand Corp. v. Amsterdam-Rotterdam Bank*, 68 F.3d 1478, 1485 ff. (2nd Cir. 1995); *Hyman v. Regenstein*, 258 F.2d 502, 510 f. (5th Cir. 1958), cert. denied 359 U.S. 913 (1959). S. ferner Note, 65 Harv. L. Rev. 818, 842 f. (1952) und *Vestal*, 1965 Wash. U. L. Q. 158, 175 ff. (1965), beide zur Entscheidung in *The Evergreens v. Nunan*, 141 F.2d 927 (2nd Cir. 1944).

[276] *Wright/Miller/Cooper*, in: Fed. Prac. & Proc., § 4424 nach Fn. 2, die die praktische Bedeutung dieser Ausnahme allerdings für gering halten: Die Bedeutung einer Feststellung für spätere Verfahren zwischen denselben Parteien auf Grundlage desselben Sachverhalts sei „fast immer" hinreichend vorhersehbar, s. nach Fn. 6.

[277] Rest. (2d) of Judg., § 28(5)(c), Comment j: Diese Ausnahme soll nicht zur Anwendung kommen „without a compelling showing of unfairness". S. etwa *Rosales v. United States*, 89 Fed.Cl. 565, 583 f. (Fed. Cl. 2009); *Panniel v. Diaz*, 376 N.J.Super. 597, 620 f. (N.J.Super. 2004); *Danner v. Dillard Department Stores, Inc.*, 949 P.2d 680, 682 f. (Ok. 1997).

[278] Rest. (2d) of Judg., § 35. Teilweise wird ein unter diesen Umständen ergangenes Urteil sogar als unwirksam angesehen, *Görtz*, Die subjektiven Grenzen der Rechtskraft, S. 93 m.w.N.

ten Lebensjahres[279]) oder geistig krank sind.[280] Diesen Personen ist ein als *guardian ad litem* oder *next friend* bezeichneter Vertreter zur Seite zu stellen,[281] der den Prozess im Namen des Prozessunfähigen oder im eigenen Namen *(representative)* führt.[282] Personenmehrheiten, die nach dem anwendbaren Recht nicht als solche rechtsfähig sind oder die Voraussetzungen für ihre Errichtung nicht erfüllt haben, werden als prozess-[283], und darüber hinaus teilweise auch als parteiunfähig[284] angesehen.

bb) Parteien mit mehrfachen Funktionen (parties appearing in different legal capacities)

Nimmt eine Partei an einem Verfahren in einer bestimmten Funktion teil, ist sie aufgrund des in diesem Verfahren ergangenen Urteils in einem Folgeverfahren, an dem sie in unterschiedlicher Funktion teilnimmt, nicht gebunden.[285] Abgesehen von einer Verfahrensbeteiligung in eigener Sache *(individual capacity)* kommen als derartige Funktionen etwa die eines Treuhänders *(trustee)*, Insolvenzverwalters *(receiver)* oder gesetzlichen Vertreters *(guardian at litem)*[286] in Betracht.[287] Hier steht die Vermeidung von Interessenkonflikten im Vordergrund; eine Partei soll den Prozess als Repräsentant allein im Interesse des Repräsentierten führen, ohne durch womöglich berührte eigene Interessen beeinflusst zu werden.[288]

cc) Nominelle Parteien (nominal parties)

Unter einer *nominal party* versteht man eine Person, die keinen Einfluss auf das Verfahren nimmt und an diesem kein eigenes Interesse hat, mithin nur ihren Namen zur Verfügung stellt. Ein wahres Interesse an dem Ausgang des

---

[279] Vgl. *Krause/Meyer*, Family Law in a Nutshell, S. 163, 170 f. Eine Übersicht der (divergierenden, mitunter auch bei 21 Jahren liegenden) einzelstaatlichen Volljährigkeitsgrenzen findet sich unter http://minors.uslegal.com/age-of-majority (Letzter Zugriff: 6.5.2014).

[280] Rest. (2d) of Judg., § 35, Comment a.

[281] Vgl. etwa Ca. CCP § 373 (Kalifornien); N.Y. CPLR § 1201 (New York); *Hazard/Leubsdorf/Bassett*, Civil Procedure, S. 275.

[282] Vgl. Rule 17(c) FRCP. S. auch *Mexican Central Railway Co. v. Eckman*, 187 U.S. 429 (1903); *Vroon v. Templin*, 278 F.2d 345 (4th Cir. 1960).

[283] Rest. (2d) of Judg., § 35, Comment a.

[284] *Hazard/Leubsdorf/Bassett*, Civil Procedure, S. 275 f.: Parteiunfähigkeit nur noch selten anzunehmen; *Görtz*, Die subjektiven Grenzen der Rechtskraft, S. 93.

[285] Rest. (2d) of Judg., § 36(2).

[286] So etwa in *Sayre v. Crews*, 184 F.2d 723 (5th Cir. 1950).

[287] *Hazard/Leubsdorf/Bassett*, Civil Procedure, S. 615, dort auch zum Fall *Clark v. Amoco Production Co.*, in dem die Klage von Nachlassverwaltern abgewiesen wurde, die zuvor als Erben des Nachlasses geklagt hatten.

[288] Rest. (2d) of Judg., § 36, Comment a.

Verfahrens hat allein die hinter der *nominal party* stehende *real party in interest*, die eigene Rechte in fremdem Namen geltend macht.[289] Diese Konstruktion geht zurück auf das Common Law, welches die Forderungsabtretung nicht anerkannte: Der Zedent blieb Inhaber der Forderung, sodass ein Prozess über die Forderung stets im Namen des Zedenten als *nominal party* anzustrengen war, obwohl das Interesse an der Durchsetzung der Forderung beim Zessionar als der *real party in interest* lag.[290] Vor diesem Hintergrund erscheint es folgerichtig, allein die *real party in interest* an das Urteil zu binden. Für die *nominal party* ergibt sich eine Bindungswirkung ausnahmsweise dann, wenn sie den Gebrauch ihres Namens wissentlich ermöglicht und aufgrund der Umstände des Einzelfalls beim Prozessgegner das schützenswerte Vertrauen erweckt hat, sie selbst sei die *real party in interest.*[291]

dd) Streitgenossen (coparties)

Claim preclusion wirkt nicht zwischen Streitgenossen, die sich im Prozess nicht als Gegner *(adversaries)* gegenüberstehen.[292] Haben sich diese Parteien aber später tatsächlich in gegnerische Positionen begeben, findet die Doktrin der *claim preclusion* wiederum Anwendung. Dies gilt jedenfalls, wenn eine Inanspruchnahme des Mitklägers bzw. -beklagten im Wege des *crossclaim* nach Rule 13(g) FRCP erfolgt ist.[293] Zunehmend wird auch als ausreichend erachtet, wenn sich die Streitgenossen lediglich in eine „gegnerische Haltung" begeben haben, ohne dass sich diese Haltung in einer förmlichen Inanspruchnahme manifestiert hätte („adversaries in fact").[294] In letzterem Fall ist die Bindungswirkung durch *issue preclusion* bei Vorliegen der Voraussetzungen der Doktrin anerkannt.[295]

[289] Ausführlich *Görtz*, Die subjektiven Grenzen der Rechtskraft, S. 89 ff., dort auch zur Abgrenzung von der im deutschen Recht geläufigen Prozessstandschaft, die die Geltendmachung fremder Rechte in eigenem Namen ermöglicht.

[290] *Görtz*, Die subjektiven Grenzen der Rechtskraft, S. 90 Fn. 46 unter Hinweis auf Rest. (2d) of Judg., § 37, Reporter's Note.

[291] Rest. (2d) of Judg., § 37, Comment a.

[292] Rest. (2d) of Judg., § 38, Comment a. S. auch *Hazard/Leubsdorf/Bassett*, Civil Procedure, S. 617 sowie ausführlich *Wright/Miller/Cooper*, in: Fed. Prac. & Proc., § 4450.

[293] *Engelmann-Pilger*, Die Grenzen der Rechtskraft, S. 102 f.

[294] S. etwa *Axiom Worldwide, Inc. v. HTRD Group Hong Kong Ltd.*, 2013 WL 2406260 *7 f. (M.D.Fla. 2013) (kein Erfordernis von *adversarity* wegen Aufgabe der *doctrine of mutuality*); *Steen v. John Hancock Mut. Life Ins. Co.*, 106 F.3d 904, 911 (9th Cir. 1997); *Alumax Mill Products, Inc. v. Congress Financial Corp.*, 912 F.2d 996, 1012 (8th Cir. 1990); *Ordway v. White*, 217 N.Y.S.2d 334 (N.Y.App.4 1961); *Wright/Miller/Cooper*, in: Fed. Prac. & Proc., § 4450 bei Fn. 2; *Friedenthal/Kane/Miller*, Civil Procedure, S. 719 Fn. 6. Krit. Note, 1961 Duke L.J. 167, 169 f. (1961).

[295] Rest. (2d) of Judg., § 38, Comment a.

b) Der Bindungswirkung unterliegende Dritte

Unter bestimmten Umständen können nicht am Verfahren beteiligte Dritte durch ein Urteil gebunden sein. Das ist im Hinblick auf die rechtsstaatlich gebotene Gewährung rechtlichen Gehörs nicht selbstverständlich. Andererseits dient die Rechtskrafterstreckung dem Schutz des Prozessgegners vor einer Umgehung der Rechtskraftwirkung.[296] Aufgrund ihres Ausnahmecharakters ist die Rechtskrafterstreckung auf Dritte mit Vorsicht anzuwenden.[297]

aa) Begriff der privity

Die Rechtskrafterstreckung wird nur für solche Dritte angenommen, die zu den Prozessparteien in einem besonderen Näheverhältnis stehen. Dieses Näheverhältnis wird allgemein als *privity* bezeichnet.[298] Allein dieser Begriff trifft indes noch keine Aussage darüber, unter welchen Voraussetzungen die Rechtskraftwirkung auf den Dritten erstreckt wird;[299] alle Versuche der näheren Definition haben sich in der Vergangenheit als erfolglos erwiesen.[300] So begnügt man sich heute mit dem Hinweis auf die durch die Rechtsprechung entwickelten Fallgruppen, die sehr detailliert – und nicht ohne Überschneidungen[301] – Eingang gefunden haben in das Restatement (Second) of Judgments §§ 39–63. Im Folgenden wird exemplarisch auf einzelne Fallgruppen eingegangen.[302]

bb) Tatsächliche Prozessführung (person who controls participation)

Wer die tatsächliche Kontrolle über die Prozessführung innehat oder an dieser wesentlich mitwirkt, ist im Wege der *issue preclusion* an die Feststellungen gebunden wie eine Partei des Prozesses. Dies wird damit begründet, dass die kontrollierende Person *his day in court*, mithin Gelegenheit hatte, ihre

---

[296] *Lüke*, Die Beteiligung Dritter im Zivilprozeß, S. 164.

[297] *Hazard/Leubsdorf/Bassett*, Civil Procedure, S. 645.

[298] Zur historischen Entwicklung des Begriffs näher *Engelmann-Pilger*, Die Grenzen der Rechtskraft, S. 103.

[299] Häufig zitiert in diesem Zusammenhang wird *Bruszewski v. United States*, 181 F.2d 419, 423 (3rd Cir. 1950) („[Privity] is merely a word used to say that the relationship between the one who is a party on the record and another is close enough to include that other within the res judicata.").

[300] *Görtz*, Die subjektiven Grenzen der Rechtskraft, S. 99 f.

[301] *Görtz*, Die subjektiven Grenzen der Rechtskraft, S. 102. Der Begriff der *privity* wird in den Restatements nicht verwendet, ebenda, S. 101 mit Fn. 88.

[302] Für eine ausführliche Darstellung s. *Görtz*, Die subjektiven Grenzen der Rechtskraft, S. 98 ff.; *Hazard/Leubsdorf/Bassett*, Civil Procedure, S. 645 f., 653 ff.; *Engelmann-Pilger*, Die Grenzen der Rechtskraft, S. 103 ff.

Argumente vorzutragen.[303] Erforderlich ist, dass sich die Kontrolle auf die rechtliche Argumentation und Beweisführung ebenso erstreckt wie auf die Entscheidung über die Einlegung von Rechtsmitteln;[304] die bloße Finanzierung des Prozesses durch den Dritten genügt nicht.[305] Im Gegensatz zu früheren Stimmen[306] wird heute nicht mehr verlangt, dass die kontrollierende Person zusätzlich ein dingliches oder finanzielles Interesse am Ausgang des Verfahrens hat, ein solches Interesse mag aber weiterhin als Indiz für die Übernahme der Kontrolle dienen.[307]

cc) Repräsentierte Parteien (person represented by a party)

Wird eine Person aufgrund einer besonderen Rechtsbeziehung von einer Prozesspartei repräsentiert, ist erstere an das Urteil gebunden wie eine Partei. Dies gilt etwa für den Begünstigten eines *trust (beneficiary)*, wenn der Treuhänder *(trustee)* Partei des Verfahrens ist, ebenso im Verhältnis des Minderjährigen zum gesetzlichen Vertreter *(guardian at litem)*.[308] Diese Grundsätze gelten teilweise auch für Fälle, in denen eine Behörde Partei eines Verfahrens ist und sich die Frage stellt, ob das Urteil auch für bzw. gegen die betroffenen Privatpersonen wirkt.[309] Ferner kann sich eine Rechtskrafterstreckung im praktisch bedeutsamen Fall der *(federal) class action* nach Rule 23 FRCP ergeben: Hier ist der *representative* der *class* Partei des Verfahrens, während die übrigen Mitglieder der *class* nicht formell am Verfahren beteiligt sind. Für die Bindung sämtlicher Mitglieder der *class* ist erforderlich, dass diese entsprechend Rule 23(c)(2) FRCP von dem Verfahren in Kenntnis gesetzt, adäquat repräsentiert werden und von der unter Umständen bestehenden Möglichkeit des *opting out* keinen Gebrauch gemacht haben.[310] Zu all diesen

---

303 Rest. (2d) of Judg., § 39, Comment b: Eine Bindung erfolgt indes nicht im Wege der *claim preclusion*, da die *person in control* in dieser Funktion einen anderen *claim* geltend mache als in eigenem Namen. Vereinzelt wird hier gleichwohl eine Bindung durch *claim preclusion* angenommen, s. *Görtz*, Die subjektiven Grenzen der Rechtskraft, S. 177 m.w.N.

304 Rest. (2d) of Judg., § 39, Comment c.

305 Vgl. Rest. (1st) of Judg., § 84, Comment e.

306 So ausdrücklich noch Rest. (1st) of Judg., § 84; *Bigelow v. Old Dominion Copper Mining & Smelting Co.*, 225 U.S. 111, 126 (1912); *Montana v. United States*, 440 U.S. 147, 154 (1979).

307 Rest. (2d) of Judg., § 39, Comment a. Ausführlich *Wright/Miller/Cooper*, in: Fed. Prac. & Proc., § 4451 sowie *Görtz*, Die subjektiven Grenzen der Rechtskraft, S. 174 ff.

308 Rest. (2d) of Judg., § 41(1)(a) und (c).

309 Rest. (2d) of Judg., § 41(1)(d). So etwa in *Rynsburger v. Dairymen's Fertilizer Cooperative, Inc.*, 72 Cal.Rptr. 102, 107 (Cal.App. 1968). Inwiefern in diesen Fällen eine Bindung der Privatperson erfolgt, wird uneinheitlich bewertet, s. *Görtz*, Die subjektiven Grenzen der Rechtskraft, S. 142 ff.

310 Ausführlich *Görtz*, Die subjektiven Grenzen der Rechtskraft, S. 145 ff., insb. 158 ff.; *Wright/Miller/Cooper*, in: Fed. Prac. & Proc., § 4455; *Hazard/Leubsdorf/Bassett*, Civil Procedure, S. 657 ff.

Fällen gibt es wiederum weitreichende Ausnahmen, die in Restatement (Second) of Judgments § 42 geregelt sind. Sie basieren etwa darauf, dass die repräsentierte Person nicht die erforderliche Kenntnis von dem Verfahren erlangt hat (§ 42(1)(a)) oder die Partei den Prozess nicht mit angemessener Sorgfalt *(due diligence)* und Umsicht *(reasonable prudence)* geführt hat und die Gegenseite Kenntnis von Tatsachen hatte, die dieses Fehlverhalten offensichtlich werden ließen (§ 42(1)(e)).

dd) Virtual representation*?*

Nicht durchgesetzt hat sich in diesem Zusammenhang das Konzept der *virtual representation*. Dieses will die Rechtskrafterstreckung nicht wie üblich mit einem besonderen Näheverhältnis *(privity)* begründen, sondern allein damit, dass die Interessen der Prozesspartei mit denen der *virtually represented person* faktisch übereinstimmen.[311] Damit soll eine wiederholte Befassung der Gerichte mit identischen Fragestellungen durch unterschiedliche Kläger vermieden werden.[312] Das Konzept der *virtual representation* sieht sich rechtsstaatlichen Bedenken ausgesetzt, wenn und weil den betroffenen Personen ihr Anspruch auf rechtliches Gehör *(day in court)* verweigert wird, ohne dass – wie in den anerkannten Fällen der *representation* – die Wahrung ihrer Interessen sichergestellt wäre. Dementsprechend hat der *U.S. Supreme Court* der *virtual representation* für die Bundesgerichtsbarkeit im Jahr 2008 eine Absage erteilt.[313]

ee) Materiellrechtliche Verbundenheit (substantive legal relationships)

Schließlich findet eine Rechtskrafterstreckung auf einen unbeteiligten Dritten statt, wenn dieser mit einer der Prozessparteien in materiellrechtlicher Hinsicht besonders eng verbunden ist. Hier sind wiederum unterschiedliche Fallgruppen entstanden, die mitunter nur historisch zu erklären sind und heutzu-

---

[311] Vgl. etwa *Headwaters Inc. v. U.S. Forest Service*, 382 F.3d 1025, 1033 (9th Cir. 2004); *Tyus v. Schoemehl*, 93 F.3d 449, 454 ff. (8th Cir. 1996), cert. denied 520 U.S. 1166 (1997); *Klugh v. United States,* 818 F.2d 294, 300 (4th Cir. 1987); *Bouchat v. Champion Products, Inc.*, 327 F.Supp.2d 537, 543 (D.Md. 2003). Dagegen aber *Pérez-Guzmán v. Gracia*, 346 F.3d 229, 236 ff. (1st Cir. 2003). Krit. auch *Gonzalez v. Banco Cent. Corp.*, 27 F.3d 751, 760 ff. (1st Cir. 1994). Ausführlich *Bone*, 67 N.Y.U. L. Rev. 193, 203 ff. (1992); *Wright/Miller/Cooper*, in: Fed. Prac. & Proc., § 4457; *Görtz,* Die subjektiven Grenzen der Rechtskraft, S. 167 ff.

[312] *Hazard/Leubsdorf/Bassett*, Civil Procedure, S. 654.

[313] *Taylor v. Sturgell*, 553 U.S. 880, 904 ff. (2008); s. zuletzt *Smith v. Bayer Corp.*, 131 S.Ct. 2368, 2380 (2011). Krit. auch *Hazard/Leubsdorf/Bassett*, Civil Procedure, S. 655 (Voraussetzungen unklar, zeitintensiv, teuer und unvorhersehbar). In der einzelstaatlichen Gerichtsbarkeit findet das Konzept teilweise noch Anwendung, vgl. *State ex rel. Schachter v. Ohio Public Employees Retirement Board*, 905 N.E.2d 1210, 1218 (Oh. 2009); *City of Chicago v. St. John's United Church of Christ*, 935 N.E.2d 1158, 1168 (Ill.App. 2010).

tage teilweise willkürlich anmuten.[314] Zu nennen sind etwa die Fälle der Rechtsnachfolge in Vermögensrechte *(successive interests in property)* nach Urteilserlass: Erwirbt A von B ein Vermögensrecht, ist er an ein über dieses Recht ergangenes Urteil in einem Verfahren, an dem B beteiligt war, grundsätzlich gebunden.[315] Erfolgt der rechtsgeschäftliche Erwerb des Vermögensrechts während eines anhängigen Verfahrens über dieses Recht, gilt nichts anderes, es sei denn, das schwebende Verfahren wurde nicht öffentlich bekannt gemacht und der Erwerber hat keine anderweitige Kenntnis von dem Verfahren erlangt oder der Prozessgegner hatte Kenntnis von dem Erwerbsvorgang und der fehlenden Kenntnis des Erwerbers von dem Verfahren.[316] Ist die Rechtsnachfolge hingegen schon vor Prozessbeginn erfolgt, findet keine Rechtskrafterstreckung statt.[317] Weitere Fälle von *substantive legal relationships* in diesem Sinne betreffen familienrechtliche Beziehungen, in denen grundsätzlich nicht ohne Weiteres *privity* anzunehmen ist,[318] sowie Personenmehrheiten (*corporations*,[319] *partnerships*[320] und *unincorporated associations*[321]).

[314] So ausdrücklich *Hazard/Leubsdorf/Bassett*, Civil Procedure, S. 662 („to an important degree arbitrary"). Geregelt sind diese Fallgruppen in Rest. (2d) of Judg. §§ 43 ff. Ausführlich dazu *Görtz*, Die subjektiven Grenzen der Rechtskraft, S. 103 ff.; *Wright/Miller/Cooper*, in: Fed. Prac. & Proc., §§ 4459–4463.

[315] Rest. (2d) of Judg., § 43(1)(b), Comment a (Bindung durch *claim preclusion*).

[316] Rest. (2d) of Judg., § 44. In den meisten Einzelstaaten, etwa New York (N.Y. CPLR § 6501), gibt es sog. *lis pendens statutes*, die die öffentliche Bekanntmachung schwebender Verfahren vorsehen, s. Rest. (2d) of Judg., § 44, Comment c, sowie den Überblick bei *Miller*, 26 Am. J. Trial Advoc. 185, 211 ff. (2002) und *Görtz*, Die subjektiven Grenzen der Rechtskraft, S. 107. Eine Rechtskrafterstreckung auf den Rechtsnachfolger ergibt sich im deutschen Recht unter Umständen aus § 325 ZPO, dessen Abs. 2 indes den (auch) in Bezug auf die Rechtshängigkeit Gutgläubigen vor der Rechtskraftwirkung schützt, s. nur *Rosenberg/Schwab/Gottwald*, Zivilprozessrecht, § 156 Rn. 11.

[317] Vgl. etwa *International Nutrition Co. v. Horphag Research, Ltd.*, 220 F.3d 1325, 1331 (Fed. Cir. 2000). Ausführlich *Wright/Miller/Cooper*, in: Fed. Prac. & Proc., § 4462; *Engelmann-Pilger*, Die Grenzen der Rechtskraft, S. 114 f.

[318] Eine Ausnahme gilt dann, wenn ein deliktisch Geschädigter und seine Familienmitglieder in verschiedenen Prozessen Schadensersatz gegen den Schädiger geltend machen, s. *Görtz*, Die subjektiven Grenzen der Rechtskraft, S. 110 ff. und ausführlich *Hazard/Leubsdorf/Bassett*, Civil Procedure, S. 663; *Wright/Miller/Cooper*, in: Fed. Prac. & Proc., § 4459.

[319] Rest. (2d) of Judg., § 59.

[320] Rest. (2d) of Judg., § 60.

[321] Rest. (2d) of Judg., § 61. Ausführlich zu §§ 59–61 *Görtz*, Die subjektiven Grenzen der Rechtskraft, S. 126 ff.

2. *Berechtigung Dritter durch Rechtskraft*

Nachdem geklärt ist, wer im Einzelnen durch die Rechtskraft eines Urteils bzw. einzelner Feststellungen *gebunden* ist, stellt sich die damit zusammenhängende Frage, wer von der Rechtskraft profitieren, d.h. durch diese *berechtigt* sein kann. Ausgangspunkt dieser Überlegung ist das Prinzip der Gegenseitigkeit *(doctrine of mutuality)*, das allerdings im Rahmen der *issue preclusion* derart eingeschränkt wird, dass auch Dritte berechtigt sein können.

a) Doctrine of mutuality

Die *doctrine of mutuality* beruht auf einem einfachen Grundsatz: Die Rechtskraft soll nur denjenigen berechtigen, den sie auch bindet. Zu ihren Gunsten kann eine Partei (bzw. ein *privy*) im Zweitverfahren die Rechtskraft also nur einwenden, wenn sie durch die Entscheidung im Erstverfahren auch gebunden wäre.[322] Dieser Grundsatz gilt heute in den meisten Gerichtsbarkeiten nur noch für die Doktrin der *claim preclusion*, was auch daran liegt, dass einem Zweitverfahren gegen einen Dritten notwendig ein anderer *claim* zugrunde liegt.[323] Im Bereich der *issue preclusion* hingegen gab es schon im Common Law Ausnahmen von der *doctrine of mutuality.*[324] Diese betreffen allerdings nur die Fälle der *vicarious liability*, also der deliktischen Haftung für ein Fehlverhalten Dritter.[325] Verursacht B mit einem geliehenen Auto des C bei A einen Schaden und unterliegt A mit seiner Klage gegen B, weil das Gericht ausdrücklich feststellt, dass B nicht fahrlässig handelte, kann sich C in einem Zweitverfahren, das A gegen ihn auf Grundlage seiner *vicarious liability* anstrengt, mit der Feststellung aus dem Erstverfahren verteidigen, B habe nicht fahrlässig gehandelt.[326] C kann hier also – in Ausnahme zur *doctrine of mutuality* – die Präklusion des A mit einer Feststellung einwenden, obwohl er nicht Partei des Erstverfahrens war. Man spricht von *nonmutual issue preclu-*

---

[322] S. etwa *Bigelow v. Old Dominion Copper Mining & Smelting Co.*, 225 U.S. 111, 127 (1912); *Keokuk & W. R. Co. v. State of Missouri*, 152 U.S. 301, 317 (1894) („The operation of an estoppel must be mutual."). Ausführlich *Wright/Miller/Cooper*, in: Fed. Prac. & Proc., § 4463.

[323] *Friedenthal/Kane/Miller*, Civil Procedure, S. 723; differenzierend *Casad/Clermont*, Res Judicata, S. 184 sowie *Görtz*, Die subjektiven Grenzen der Rechtskraft, S. 203 ff. S. auch *Wright/Miller/Cooper*, in: Fed. Prac. & Proc., § 4464.1.

[324] *Freer*, Civil Procedure, S. 618: Keine verfassungsrechtliche Verankerung der Doktrin; *Cavanagh*, 29 Rev. Litig. 859, 870 (2010) (Wahrung der prozessualen Fairness durch *mutuality* sei „like trying to fit a round peg in a square hole."). S. auch *Wright/Miller/Cooper*, in: Fed. Prac. & Proc., § 4463 nach Fn. 8.

[325] Zur *vicarious liability* aus rechtsvergleichender materiellrechtlicher Perspektive *Engelmann-Pilger*, Deliktische Haftung für das Fehlverhalten Dritter im Common Law.

[326] Instruktiv *Freer*, Civil Procedure, S. 618 ff. und *Cavanagh*, 29 Rev. Litig. 859, 871 (2010). Ausführlich *Görtz*, Die subjektiven Grenzen der Rechtskraft, S. 205 ff.

sion. Dieses Konzept verlor in der Folge seinen Ausnahmecharakter und wurde zur allgemein anerkannten Regel:

b) Nonmutual issue preclusion

Zu unterscheiden sind *nonmutual defensive* und *nonmutual offensive issue preclusion. Nonmutual defensive issue preclusion* meint den Fall, dass sich der *Beklagte* des Zweitverfahrens auf *issue preclusion* beruft, ohne Partei des Erstverfahrens gewesen zu sein. Diese Variante nahm durch ein Urteil des *Supreme Court* von Kalifornien ihren Lauf, das der *doctrine of mutuality* ihre Berechtigung im Bereich der *issue preclusion* absprach: Es sei nicht einzusehen, dass eine Partei, der bereits rechtliches Gehör gewährt wurde, allein durch den Austausch des Gegners eine bereits entschiedene Feststellung erneut zur Entscheidung stellen könne.[327] Dieser Argumentation hat sich der *U.S. Supreme Court* später angeschlossen, nicht ohne die verfassungsrechtliche Bedeutung des Anspruchs auf rechtliches Gehör derjenigen Partei zu betonen, gegen die *issue preclusion* im Zweitverfahren ins Feld geführt wird.[328]

Nach Anerkennung der *nonmutual defensive issue preclusion* lag es nicht fern, die Frage zu stellen, ob sich auch der *Kläger* des Zweitverfahrens auf *issue preclusion* berufen kann, ohne Partei des Erstverfahrens gewesen zu sein *(nonmutual offensive issue preclusion)*.[329] Diese Frage hat der *U.S. Supreme Court* für die Bundesgerichtsbarkeit mit einigen Einschränkungen bejaht:[330] *Nonmutual offensive issue preclusion* stehe dem Kläger des Zweitverfahrens dann nicht zur Verfügung, wenn er sich ohne Weiteres am Erstver-

---

[327] *Bernhard v. Bank of America National Trust and Savings Association*, 122 P.2d 892, 895 (Cal. 1947) („No satisfactory rationalization has been advanced for the requirement of mutuality. Just why a party who was not bound by a previous action should be precluded from asserting it as res judicata against a party who was bound by it is difficult to comprehend. (…) [I]t would be unjust to permit one who has had his day in court to reopen identical issues by merely switching adversaries." *Res judicata* wird hier freilich als Oberbegriff der Rechtskraft verwendet). Ausführlich zu dieser Entscheidung *Görtz*, Die subjektiven Grenzen der Rechtskraft, S. 210 ff. Dazu auch Comment, 35 Yale L.J. 607, 610 (1926).

[328] *Blonder-Tongue Laboratories, Inc. v. University of Illinois Foundation*, 402 U.S. 313, 329 (1971) („(…) the requirement of determining whether the party against whom an estoppel is asserted had a full and fair opportunity to litigate is a most significant safeguard."). Krit. etwa *Greenebaum*, 45 Ind. L.J. 1 (1969) („disease") und *Moschzisker*, 38 Yale L.J. 299, 303 (1929). S. auch *Wright/Miller/Cooper*, in: Fed. Prac. & Proc., § 4464 bei Fn. 9.

[329] Die damit verbundenen Probleme im Zusammenhang mit der Entscheidung in *Bernhard* (Kap. 1 Fn. 327) erörtert bereits *Currie*, 9 Stan. L. Rev. 281, 289 ff., 304 ff. (1957).

[330] Vgl. zum Folgenden *Parklane Hosiery Co. v. Shore*, 439 U.S. 322, 330 ff. (1979). Dazu *Wright/Miller/Cooper*, in: Fed. Prac. & Proc., § 4464 bei Fn. 16 sowie Rest. (2d) of Judg., § 29(3), (4) und Comments e und f.

fahren hätte beteiligen können.[331] Der Kläger des Zweitverfahrens sei nämlich ansonsten in der Lage, die stattgebende Entscheidung zugunsten eines anderen Klägers im Erstverfahren offensiv zu seinen Gunsten zu nutzen, andererseits für den Fall des Unterliegens des Klägers im Erstverfahren an diese Entscheidung aber nicht gebunden.[332] Dies führe dazu, dass der Kläger alles zu gewinnen und nichts zu verlieren habe („everything to gain and nothing to lose"), wenn er sich am Erstverfahren nicht beteilige. Dieser prozessunökonomischen „wait-and-see"-Haltung solle durch die genannte Ausnahme vorgebeugt werden. Dass dieses Ziel in der Praxis unerreicht bleibt, wird an anderer Stelle zu erörtern sein.[333] Weitere Ausnahmen seien anzunehmen, wenn sich der offensive Gebrauch der *issue preclusion* als „unfair" für den Beklagten darstelle, etwa, weil das Erstverfahren einen wesentlich geringeren Streitwert beinhaltete und der Beklagte daher nicht gehalten war, sich besonders energisch zu verteidigen.[334] Sind mehrere Entscheidungen zu einer Streitigkeit ergangen, sei es ferner unangemessen, dem neuen Kläger im Zweitverfahren zu gestatten, sich auf eine stattgebende Entscheidung zu stützen und dabei andere Entscheidungen zugunsten des Beklagten außer Acht zu lassen. Schließlich sei – wie auch im Rahmen der *nonmutual defensive issue preclusion* – sicherzustellen, dass dem Beklagten im Erstverfahren angemessenes rechtliches Gehör gewährt wurde.

Nonmutual offensive issue preclusion ist heute in der Bundesgerichtsbarkeit und einigen Einzelstaaten anerkannt; viele andere Einzelstaaten lehnen die Anwendung hingegen ab.[335] Dort wo sie verfügbar ist, hat sich in der Praxis das sog. *plaintiff shopping* als Prozessstrategie entwickelt: Dabei wird

---

[331] Eine Beteiligung kann im Wege des *party joinder* (Rules 19, 20 FRCP) oder der *intervention* erfolgen (Rule 24 FRCP). Krit. insofern *Freer*, Civil Procedure, S. 628, der die unzureichende Konkretisierung durch den *U.S. Supreme Court* bemängelt. Es stelle sich etwa die Frage, ob man bei einem Erstverfahren in Baltimore und einem potenziellen weiteren Kläger mit Wohnsitz in Indianapolis unter Zumutbarkeitsgesichtspunkten noch von „easy joinder" reden könne. In diese Richtung auch *Görtz*, Die subjektiven Grenzen der Rechtskraft, S. 228 ff.

[332] Dies deshalb, weil der Beklagte des Erstverfahrens gegen den neuen Kläger im Zweitverfahren *issue preclusion* nicht einwenden kann; der neue Kläger war nicht Partei des Erstverfahrens, sodass ein solches Vorgehen gegen den *due process*-Grundsatz verstieße, s. *Freer*, Civil Procedure, S. 624, 626.

[333] Zur (mangelnden) verfahrenskonzentrierenden Wirkung der *nonmutual offensive issue preclusion* unten S. 77 ff.

[334] Hier verweist der *U.S. Supreme Court* auf die bereits erörterte Entscheidung in *Evergreens*, s. oben S. 45 ff.

[335] *Freer*, Civil Procedure, S. 628 f. m. ausf. N. Ähnlich *Lüke*, Die Beteiligung Dritter im Zivilprozeß, S. 167 f. („grundsätzliche Zurückhaltung"). Zur Ausnahme von der *nonmutual issue preclusion* im Zusammenhang mit Bundesbehörden s. *United States v. Mendoza*, 464 U.S. 154, 162 (1984) sowie dazu *Görtz*, Die subjektiven Grenzen der Rechtskraft, S. 231 ff.

unter den Prozessanwälten der potenziellen Kläger vereinbart, den aussichtsreichsten Fall zuerst vor Gericht zu bringen, um in der Folge den weiteren Klägern den Erfolg des Erstverfahrens durch *nonmutual offensive issue preclusion* zu sichern.[336]

D. Exkurs: Durchbrechung der Rechtskraft

Die Darstellung der Rechtskraft ist unvollständig, würden dem weiten Verständnis derselben nicht die ebenso weitreichenden Möglichkeiten gegenüber gestellt, deren Wirkung zu durchbrechen.[337] Die entsprechenden ordentlichen und außerordentlichen Rechtsbehelfe werden im Folgenden in der gebotenen Kürze dargestellt.

I. Appeal

Der *appeal* dient als ordentlicher Rechtsbehelf der Überprüfung eines Urteils durch die entsprechenden *Courts of Appeals* des Bundes und der Einzelstaaten. Der *U.S. Supreme Court* als höchster *appellate court* genießt praktisch unbegrenztes Ermessen bei der Entscheidung über die Annahme eines (bundesgerichtlichen) Urteils zur Überprüfung.[338] Zweck der Überprüfung im Wege des *appeal* ist die Vermeidung von Fehlurteilen sowie die Herstellung einer einheitlichen Rechtsprechung; letztere wird naturgemäß insbesondere durch den *U.S. Supreme Court* gewährleistet.[339] Mangels Differenzierung zwischen formeller und materieller Rechtskraft erlangt eine gerichtliche Entscheidung nach US-amerikanischem Verständnis bekanntlich unabhängig von der Einlegung von Rechtsmitteln Rechtskraftwirkung, sobald sie ergangen ist.[340] Daher wird der *appeal* an dieser Stelle als eine Möglichkeit der Durchbrechung der Rechtskraft behandelt.

---

[336] *Freer*, Civil Procedure, S. 628. Zur Verwendung dieser Strategie in den Verfahren im Zusammenhang mit der Verwendung von Asbest („asbestos litigation") s. ausführlich *Green*, 70 Iowa L. Rev. 141, 178 ff. (1984).

[337] In diese Richtung bereits *Nelle*, Anspruch, Titel und Vollstreckung, S. 125, 128. Im Amerikanischen ist in diesem Zusammenhang martialisch von „defeating res judicata" und „post-trial attacks" die Rede, s. nur *Casad/Clermont*, Res Judicata, S. 247 f.

[338] 28 USC § 1254(1) *(writ of certiorari)*. Dazu *Freer*, Civil Procedure, S. 834 f. („virtually unfettered discretion"). Nach 28 USC § 1254(2) kann der *U.S. Supreme Court* im Übrigen bestimmte klärungsbedürftige Rechtsfragen („questions of law (…) as to which instructions are desired") nach einer „certification" durch einen *Court of Appeals* entscheiden.

[339] *Freer*, Civil Procedure, S. 834 f.

[340] Oben S. 27 f. S. Rest. (2d) of Judg., § 13, Comment f: *Finality* sei in diesem Zusammenhang jedenfalls dann anzunehmen, wenn der *appeal* nicht aus einem *trial de novo*

1. Final judgment rule

Im Grundsatz ist der *appeal* vor Bundes- und den meisten einzelstaatlichen Gerichten nur statthaft gegen *final judgments*.[341] Das ergibt sich für das Bundesgerichtssystem aus 28 USC § 1291.[342] Bekanntlich stellt das *final judgment* (jedenfalls im Rahmen der *claim preclusion*) eine abschließende Entscheidung des Gerichts über den Rechtsstreit dar; es ist insbesondere von bloßen *interlocutory orders* zu unterscheiden.[343] In Anbetracht der Komplexität moderner Verfahren, die mitunter aus mehreren völlig unabhängigen *claims* und einer Vielzahl von Prozessparteien bestehen können, gilt für das Rechtsmittelrecht aber, dass das Gericht unter Umständen nicht die komplette Streitigkeit entschieden haben muss, um von einem *final judgment* ausgehen zu können: Rule 54(b) FRCP sieht die Möglichkeit vor, dass das Gericht in Bezug auf einzelne *claims* oder Parteien ein *final judgment* erlässt – welches dann Gegenstand eines *appeal* sein kann – vorausgesetzt, das Gericht stellt ausdrücklich fest, dass kein angemessener Grund für eine Verzögerung des *appeal* vorliegt („no just reason for delay“).[344]

Abgesehen von der soeben beschriebenen Flexibilisierung der *final judgment rule* bestehen Ausnahmen von derselben. So sieht 28 USC § 1292(a) ausdrücklich die Statthaftigkeit des *appeal* gegen bestimmte *interlocutory orders* vor, etwa im Hinblick auf die Gewährung oder Ablehnung von *injunctions* oder in Bezug auf die Ernennung eines Zwangsverwalters *(receiver)*.[345] 28 USC § 1292(b) hält außerdem unter bestimmten Voraussetzungen eine Ausnahme für den Fall bereit, dass eine *order* besonders kontroverse Rechtsfragen enthält. Auch Entscheidungen über die Genehmigung oder Ablehnung einer *class action* können nach Rule 23(f) FRCP durch *appeal* überprüft werden, wobei die Annahme des *appeal* im Ermessen des zuständigen *Court of*

(zu dieser Begrifflichkeit unten S. 67) bestehe. S. auch Reporter's Note zu Comment f m.w.N.

[341] Vgl. etwa *Cobbledick v. United States*, 309 U.S. 323, 324 ff. (1940). Zur – selten gewährten – Möglichkeit des *extraordinary writ review* durch *writ of mandamus* und *writ of prohibition* s. Rule 21 FRAP sowie *Hazard/Leubsdorf/Bassett*, Civil Procedure, S. 710 ff. und *Freer*, Civil Procedure, S. 860 ff.

[342] Ausführlich Note, 75 Harv. L. Rev. 351, 353 ff. (1961). Anders für New York aber N.Y. CPLR § 5701(a) (*appeal* auch gegen *interlocutory order*).

[343] Dazu bereits oben S. 27 f. sowie in diesem Zusammenhang *Hazard/Leubsdorf/Bassett*, Civil Procedure, S. 677 ff.

[344] Eingehend *Freer*, Civil Procedure, S. 847 ff. Ist Rule 54(b) FRCP nicht anwendbar oder fehlt es an der ausdrücklichen Feststellung des Gerichts, bleibt es bei der sog. *single litigative unit theory*, wonach eine Entscheidung des Gerichts erst dann als *final judgment* gilt, wenn sie die gesamte Streitigkeit umfasst.

[345] Teilweise werden in der Rechtsprechung weitere Anforderungen unter Zumutbarkeitsgesichtspunkten gestellt, *Freer*, Civil Procedure, S. 851 m.w.N., dort auch zur umstrittenen Frage, ob *temporary restraining orders* unter 28 USC § 1292(a) fallen.

Appeals liegt.[346] Schließlich entwickelte der *U.S. Supreme Court* die sog. *collateral order doctrine*, nach der eine *order* unter Umständen dem *appeal* unterliegt, obwohl die Voraussetzungen der *final judgment rule* nicht vorliegen. Nach der *collateral order doctrine* muss die durch die *order* endgültig und abschließend entschiedene Frage von rechtlicher Bedeutung („legally significant"), aber unabhängig von den *merits of the case*, sein. Zudem muss das Abwarten eines *final judgment* dazu führen, dass eine Überprüfung durch *appeal* praktisch unmöglich wird.[347]

2. Verfahren

Wenngleich sich das Verfahren des *appellate review* vor den Bundes- bzw. einzelstaatlichen Gerichten unterscheidet, lassen sich einige Gemeinsamkeiten auf Grundlage der *Federal Rules of Appellate Procedure* (FRAP) feststellen.[348] Eingeleitet wird das Verfahren nach Rule 3(a)(1) FRAP durch die *notice of appeal*, die unter Angabe des *appellant* sowie der zu überprüfenden Entscheidung (bzw. *order*) und des zuständigen *appellate court* beim Prozessgericht einzureichen ist, Rule 3(c)(1) FRAP. Dies muss grundsätzlich innerhalb einer Frist von 30 Tagen ab Erlass der zu überprüfenden Entscheidung geschehen, Rule 4(a)(1) FRAP, wobei die Frist in Fällen von „excusable neglect or good cause" um höchstens 30 weitere Tage verlängert werden kann, Rule 4(a)(5) FRAP.[349] Zwar kann der *appellate court* jede Vorschrift der FRAP außer Acht lassen („suspend any provision", Rule 2 FRAP), indes handelt es sich bei dem Fristerfordernis um ein *jurisdictional requirement*: Wird die *notice of appeal* nicht fristgerecht eingereicht, fehlt es dem *appellate court* an der erforderlichen Zuständigkeit.[350] Wird die Frist gewahrt, muss der *appellant* im Anschluss bestimmte Dokumente des erstinstanzlichen Verfahrens, unter anderen die Schriftsätze und Anträge der Parteien, beim *appellate court* vorlegen *(record on appeal)*, Rule 10 FRAP. Sodann hat der *appellant* die Begründung des *appeal (brief)* innerhalb von 40 Tagen einzureichen, worauf der *appellee* innerhalb von 30 Tagen erwidern muss,

---

[346] Rule 23(f) FRCP („A court of appeals may permit an appeal (…)."). S. etwa *Blair v. Equifax Check Services, Inc.*, 181 F.3d 832, 835 (7th Cir. 1999).

[347] *Cohen v. Beneficial Industrial Loan Corp.*, 337 U.S. 541, 546 f. (1949) sowie dazu *Hazard/Leubsdorf/Bassett*, Civil Procedure, S. 680 f.; *Freer*, Civil Procedure, S. 855 ff., dort auch zur restriktiven Anwendung der Doktrin in der Praxis.

[348] *Freer*, Civil Procedure, S. 836.

[349] Die Fristverlängerung wird restriktiv gehandhabt und auf „extraordinary cases" beschränkt, s. *Reinsurance Co. of America v. Administratia Asigurarilor de Stat*, 808 F.2d 1249, 1251 f. (7th Cir. 1987).

[350] *Bowles v. Russell*, 551 U.S. 205, 208 ff. (2007); *United States v. Robinson*, 361 U.S. 220, 229 (1960). Zur Entscheidung in *Bowles* s. auch *Dodson*, 102 Nw. U. L. Rev. Colloquy 42 (2007) sowie die weiteren Beiträge des Kolloquiums. Zur Abgrenzung von *jurisdictional* und sog. *claim processing rules Freer*, Civil Procedure, S. 838 m.w.N.

Rule 31(a) FRAP. Der *appellate court* ordnet ggf. *oral arguments* an (Rule 34(a) FRAP) und entscheidet schließlich über den *appeal*, indem er das erstinstanzliche Urteil bestätigt oder aufhebt und ggf. für weitere Verhandlungen zurückverweist.[351] Das erstinstanzliche Urteil bleibt bis zur abschließenden Entscheidung über den *appeal* wirksam („in effect"), d.h. es entfaltet ggf. Rechtskraftwirkung und kann grundsätzlich als Vollstreckungstitel dienen.[352]

3. Reichweite der Überprüfung

Eine vollständige Überprüfung der Entscheidung durch den *appellate court* findet nicht statt. Während reine Rechtsfragen *(pure questions of law)*, etwa die korrekte Anweisung der Jury, vollständig überprüfbar *(review de novo)* sind,[353] gilt dies für Tatsachenfragen nur eingeschränkt. Sofern das Gericht (nicht die Jury) für die Tatsachenfindung zuständig ist, sieht Rule 52(a)(6) FRCP vor, dass die festgestellten Tatsachen auch für den *appeal* zugrunde zu legen sind, es sei denn, die Feststellung ist „clearly erroneous".[354] Entscheidet eine Jury über die Tatsachen, ergibt sich die Bindung des *appellate court* aus dem 7. Amendment der U.S. Constitution: „No fact tried by a jury, shall be otherwise re-examined in any Court of the United States, than according to the rules of the common law." Faktisch führt dies stets zu einer Bindung des *appellate court*, da die Jury in der Regel *general verdicts* erlässt, in denen einzelne Tatsachenfeststellungen nicht ausdrücklich getroffen werden.[355] Indes lässt sich die Grenze zwischen Rechts- und Tatsachenfragen mitunter nur schwerlich ziehen. Sog. *mixed questions of fact and law* betreffen die Rechtsanwendung auf bestimmte feststehende bzw. zugestandene Tatsa-

---

[351] Eingehend zu den verschiedenen Möglichkeiten *Freer*, Civil Procedure, S. 841 f.

[352] *Hazard/Leubsdorf/Bassett*, Civil Procedure, S. 697, dort auch zu Möglichkeiten, die Zwangsvollstreckung aus dem Urteil einstweilen zu verhindern. In manchen Einzelstaaten wirkt der *appeal* automatisch als *stay of judgment*, s. ebenda.

[353] *Freer*, Civil Procedure, S. 864; *Hazard/Leubsdorf/Bassett*, Civil Procedure, S. 700. Bereits vor dem Prozessgericht muss unverzüglich auf den vermeintlichen Fehler hingewiesen worden sein, s. Rule 46 FRCP; Rule 103 FRE.

[354] Ausführlich dazu *Howard*, 40 Ala. L. Rev. 575 (1989). Zur Bedeutung von „clearly erroneous" s. auch *Anderson v. Bessemer City*, 470 U.S. 564, 573 f. (1985) (Geltung des *clearly erroneous*-Standards auch bei Tatsachenfindung ohne Zeugen); *United States v. United States Gypsum Co.*, 333 U.S. 364, 395 (1948).

[355] *Hazard/Leubsdorf/Bassett*, Civil Procedure, S. 701: Das führe dazu, dass insb. *damage awards* der Jury – mit Ausnahme von *punitive damages* – nicht durch *appeal* aufgehoben würden, wobei freilich bereits das Prozessgericht den Betrag herabsetzen könne. Zur Abgrenzung von *general* und *special verdicts* (Rule 49 FRCP) etwa *Böhm*, Amerikanisches Zivilprozessrecht, Rn. 634.

chen,[356] also etwa die Anwendbarkeit eines Gesetzes auf eine Person,[357] aber auch die Auslegung eines Vertrages.[358] Unter Hinweis auf die Gefahr rechtlicher Fehlbewertungen[359] wird im Bundesgerichtssystem diesbezüglich überwiegend die Möglichkeit eines *review de novo* durch den *appellate court* angenommen.[360] Ermessensentscheidungen des Prozessgerichts, etwa hinsichtlich nachträglicher Änderungen der Anträge (Rule 15(a)(2) FRCP), sind durch den *appellate court* nur ausnahmsweise, nämlich bei Anzeichen von Ermessensmissbrauch, überprüfbar.[361]

II. Motion for relief from judgment

1. Überblick

Von dem soeben behandelten Rechtsbehelf des *appeal* ist die *motion for relief from judgment* nach Rule 60(b) FRCP und entsprechenden einzelstaatlichen Vorschriften zu unterscheiden.[362] Diese *motion* stellt einen außerordentlichen Rechtsbehelf dar, der zumeist auf Aufhebung *(motion to set aside judgment)* der gerichtlichen Entscheidung gerichtet ist (vgl. § 590 Abs. 1 ZPO: Neuverhandlung der Hauptsache).[363] Die *motion* ist an das Prozessgericht zu richten, das selbst über den Antrag entscheidet; mangels Devolutivef-

---

[356] Vgl. die Definition des *U.S. Supreme Court* in *Pullman-Standard v. Swint*, 456 U.S. 273, 289 Fn. 19 (1982). Dazu *Hazard/Leubsdorf/Bassett*, Civil Procedure, S. 704 f.

[357] *Endeavor Marine, Inc. v. Crane Operators, Inc.*, 234 F.3d 287, 290 (5th Cir. 2000).

[358] *Klamath Water Users Protective Association v. Patterson*, 204 F.3d 1206, 1210 (9th Cir. 2000); *Tyler v. Cuomo*, 236 F.3d 1124, 1134 (9th Cir. 2000).

[359] So ausdrücklich *Universal Minerals, Inc. v. C.A. Hughes & Co.*, 669 F.2d 98, 102 (3rd Cir. 1981) unter Berufung auf *Smith v. Harris*, 644 F.2d 985, 990 (3rd Cir. 1981).

[360] Vgl. etwa *Bose Corp. v. Consumers Union of United States, Inc.*, 466 U.S. 485, 501 (1984); in diese Richtung auch *Strickland v. Washington*, 466 U.S. 668, 698 (1984); *Ellis v. Great-West Life Assurance Co.*, 43 F.3d 382, 385 f. (8th Cir. 1994); *Cooper Tire & Rubber Co. v. St. Paul Fire & Marine*, 48 F.3d 365, 369 (8th Cir. 1994); *A/S Dampskibsselskabet Torm v. Beaumont Oil Ltd.*, 927 F.2d 713, 716 (2nd Cir. 1991), cert. denied 502 U.S. 862 (1991); *United States ex rel. Johnson v. Johnson*, 531 F.2d 169, 174 Fn. 12 (3rd Cir. 1976); *Johnson v. Salisbury*, 448 F.2d 374, 377 (6th Cir. 1971), cert. denied 405 U.S. 928 (1972). Dagegen aber etwa *Mucha v. King*, 792 F.2d 602, 605 (7th Cir. 1986); *Stafos v. Jarvis*, 477 F.2d 369, 372 (10th Cir. 1973). Eingehend *Lee*, 64 S. Cal. L. Rev. 235, 239 ff. m.w.N. (1991).

[361] *Freer*, Civil Procedure, S. 868 f. Differenzierend – je nach Bedeutung der Ermessensentscheidung – *Hazard/Leubsdorf/Bassett*, Civil Procedure, S. 699 m.w.N. Ausführlich *Rosenberg*, 22 Syracuse L. Rev. 635 (1971).

[362] S. etwa Ark. RCP 60(c) (Arkansas); Ca. CCP § 473(b) (Kalifornien); Mass. RCP 60(b) (Massachusetts); N.Y. CPLR § 5015(a) (New York); Tn. RCP 60.02 (Tennessee). Zur historischen Entwicklung der bundesstaatlichen Regelung, die auf die kalifornische Regelung zurückgeht, s. *Mann*, 25 Temp. L.Q. 77, 81 (1951).

[363] *Freer*, Civil Procedure, S. 502.

fekts handelt es sich folglich nicht um eine Art von *appellate review.*[364] Abzugrenzen (indes nicht im Sinne von Exklusivität) ist die *motion for relief from judgment* nach Rule 60(b) FRCP von *postverdict motions*, die im Zusammenhang mit Verfahren unter Beteiligung einer Jury gestellt werden können:[365] Im Falle einer nicht ausreichenden Beweislage für eine Juryentscheidung kann auf Antrag ein *judgment as a matter of law* (JMOL; früher: *directed verdict*) ergehen, Rule 50(a) FRCP. Dieser Antrag kann nach der Entscheidung der Jury nochmals gestellt werden, sog. *renewed motion for judgment as a matter of law* (RJMOL; früher: *judgment notwithstanding the verdict*, JNOV[366]), Rule 50(b) FRCP, und führt unter Umständen dazu, dass das Gericht seine Entscheidung entgegen dem *verdict* der Jury – also *notwithstanding the verdict* – für die andere Partei fällt. Immerhin eine neue Verhandlung der Streitigkeit wird durch eine *motion for new trial* nach Rule 59 FRCP erreicht.

2. *Verfahren und Verhältnis zum* appeal

Die *motion* nach Rule 60(b) FRCP hat keinen Einfluss auf die *finality* der gerichtlichen Entscheidung, verlängert mithin auch nicht die Frist für die Einreichung eines *appeal*, Rule 60(c)(2) FRCP. Der Antrag ist innerhalb eines angemessenen Zeitraums („within a reasonable time"), ggf. nicht später als ein Jahr nach der Entscheidung, zu stellen, Rule 60(c)(1) FRCP (dagegen § 586 Abs. 1 ZPO: Notfrist eines Monats).[367] Wird fristgerecht ein *appeal* eingelegt, führt dies dazu, dass das Prozessgericht der *motion* nicht stattgeben (sie aber wohl ablehnen) kann, es sei denn, der *appellate court* genehmigt dieses Vorgehen oder verweist aus diesem Grund an das Prozessgericht zurück, Rule 62.1 FRCP. Es besteht freilich die Gefahr, die engeren (Frist-) Erfordernisse des *appeal* durch eine *motion* nach Rule 60(b) FRCP zu unterlaufen. Daher soll das Vorbringen von Aufhebungsgründen, die bereits durch

---

[364] So auch *Freer*, Civil Procedure, S. 505. Sowohl der *appeal* als auch die *motion* nach Rule 60(b) FRCP werden als „direct attack" bezeichnet, da beide Verfahren auf die Aufhebung bzw. Korrektur einer Entscheidung abzielen. Zur Abgrenzung von *collateral attacks* s. ausführlich Note, 66 Yale L.J. 526, 530 ff. (1957). Dazu auch *Casad/Clermont*, Res Judicata, S. 248 f.

[365] Ausführlich *Freer*, Civil Procedure, S. 485 ff.; *Hazard/Leubsdorf/Bassett*, Civil Procedure, S. 502 ff., 675 ff.

[366] JNOV steht für *judgment non obstante veredicto*, *Freer*, Civil Procedure, S. 486.

[367] Die Partei muss den Antrag unverzüglich („with reasonable promptness") nach Kenntnis der ihn begründenden Umstände einreichen, *Hazard/Leubsdorf/Bassett*, Civil Procedure, S. 714 sowie *Wright/Miller/Kane*, in: Fed. Prac. & Proc., § 2866. Das mag dazu führen, dass das Prozessgericht im Einzelfall eine Frist von weniger als einem Jahr als „reasonable time" im Sinne von Rule 60(c)(1) FRCP ansieht, s. *Freer*, Civil Procedure, S. 502. S. auch Rest. (2d) of Judg., § 74, Comment e.

appeal hätten geltend gemacht werden können, nicht mehr durch *motion* nach Rule 60(b) FRCP möglich sein.[368]

3. Tatbestandsvoraussetzungen

In tatbestandlicher Hinsicht sieht Rule 60(b)(1) FRCP die Möglichkeit des *relief from a final judgment* für den Fall von „mistake, inadvertence, surprise, or excusable neglect" vor. Insbesondere in Säumnissituationen wird häufig versucht, das Gericht von „excusable neglect" zu überzeugen, um die Rechtskraftwirkung des *default judgment* zu vermeiden; traditionell wird hier bei Vorliegen der Voraussetzungen großzügig *relief from judgment* gewährt,[369] wenngleich diese Praxis in Anbetracht der überlasteten Justiz mittlerweile kritisch gesehen und ein strengerer Maßstab angelegt wird.[370] Geht es dem Antragsteller um die Aufhebung der vorläufigen *(interlocutory)* Feststellung der Säumnis, muss er lediglich „good cause" darlegen, Rule 55(c) FRCP.[371] Neue Beweismittel taugen nach Rule 60(b)(2) FRCP nur dann als Aufhebungsgrund, wenn sie mit angemessener Sorgfalt nicht rechtzeitig für eine *motion for new trial* nach Rule 59 FRCP, also nicht innerhalb von 28 Tagen nach Erlass der Entscheidung, hätten aufgedeckt werden können.[372] Zudem muss der Antragsteller das Gericht davon überzeugen, dass die neuen Beweismittel voraussichtlich zu einem anderen Ausgang des Verfahrens geführt hätten (vgl. § 580 Nr. 7 lit. b ZPO).[373] Nach Rule 60(b)(3) FRCP kann das Gericht seine Entscheidung im Falle eines betrügerischen oder sonstigen Fehlverhaltens der gegnerischen Partei aufheben (vgl. §§ 580 Nr. 1, 4 ZPO).[374] Dabei wird die fehlende Mitwirkung des Antragsgegners im Rahmen der *pre-trial discovery* bereits als ausreichend erachtet, wobei der Antragsteller durch *clear and convincing evidence* nachweisen muss, dass er

---

368 *Freer*, Civil Procedure, S. 502.

369 *Hazard/Leubsdorf/Bassett*, Civil Procedure, S. 715; Rest. (2d) of Judg., § 67(1), Comment b („the test is in essence one of good faith"); *Nelle*, Anspruch, Titel und Vollstreckung, S. 128 Fn. 69 unter Hinweis auf *Schwab v. Bullock's Inc.*, 508 F.2d 353 (9th Cir. 1974) (großzügige Auslegung).

370 *Peterson*, 50 Ariz. L. Rev. 1107, 1143 ff. (2008); *Freer*, Civil Procedure, S. 367.

371 Hinsichtlich der Aufhebung eines *default judgment* verweist Rule 55(c) auf Rule 60(b) FRCP. Eingehend *Freer*, Civil Procedure, S. 364 ff.

372 Rule 60(b)(2) FRCP bezieht sich ausdrücklich auf die *discovery* der Beweismittel; die Beweismittel an sich müssen also bei Erlass der Entscheidung bereits existent gewesen sein, s. *Hazard/Leubsdorf/Bassett*, Civil Procedure, S. 718.

373 Vgl. etwa *Jones v. Aero/Chem Corp.*, 921 F.2d 875, 878 (9th Cir. 1990); *Coastal Transfer Co. v. Toyota Motor Sales, U.S.A.*, 833 F.2d 208, 211 f. (9th Cir. 1987). Vor diesem Hintergrund sind die Erfolgschancen der *motion* nach Rule 60(b)(2) FRCP in der Regel gering, *Hazard/Leubsdorf/Bassett*, Civil Procedure, S. 718.

374 Ausdrücklich umfasst sind sowohl *intrinsic* als auch *extrinsic fraud*; zu dieser Unterscheidung Kap. 1 Fn. 384.

durch dieses Verhalten an einer vollständigen und ordnungsgemäßen Vorbereitung bzw. Darlegung seines Anspruchs gehindert worden ist.[375] Wurde der durch die Entscheidung titulierte Anspruch erfüllt oder erlassen, beruht die Entscheidung auf einem früheren Urteil, das aufgehoben wurde (vgl. § 580 Nr. 6 ZPO), oder erscheint die zukünftige Anwendung der Entscheidung unbillig, kann das Gericht diese nach Rule 60(b)(5) FRCP aufheben.[376] Schließlich gestattet die äußerst weit geratene Generalklausel der Rule 60(b)(6) FRCP eine Aufhebung der Entscheidung bei Vorliegen von „any other reason that justifies relief", indes nur unter der Voraussetzung, dass keine der vorherigen fünf Tatbestandsvarianten erfüllt ist und der Antragsteller ganz außergewöhnliche Umstände darlegen kann.[377] Solche Umstände werden etwa angenommen, wenn ein grob fahrlässiges Fehlverhalten des Rechtsanwalts zu einem Versäumnisurteil gegen den Antragsteller führt.[378]

Die Entscheidung über den Antrag nach Rule 60(b) FRCP liegt – mit Ausnahme von nichtigen *(void)* Entscheidungen, Rule 60(b)(4) FRCP[379] – im Ermessen des Prozessgerichts („on motion and just terms"). Dabei muss der Antragsteller nach der gesetzlichen Regelung allein fristgerecht das Vorliegen einer der Tatbestandsvarianten vortragen. Darüber hinaus wird aber verlangt, dass der Antragsteller einen schlüssigen Anspruch oder eine solche

---

375 *Anderson v. Cryovac, Inc.*, 862 F.2d 910, 923 (1st Cir. 1988). S. auch *Schultz v. Butcher*, 24 F.3d 626, 630 f. (4th Cir. 1994); *Stridiron v. Stridiron*, 698 F.2d 204, 207 (3rd Cir. 1983). Anders als im Rahmen von Rule 60(b)(2) FRCP muss das Fehlverhalten aber nicht zu einem anderen Prozessausgang geführt haben, vgl. *Wilson v. Thompson*, 638 F.2d 801, 804 (5th Cir. 1981); *Seaboldt v. Pennsylvania Railroad Company*, 290 F.2d 296, 299 (3rd Cir. 1961).

376 Ausführlich *Nelle*, Anspruch, Titel und Vollstreckung, S. 142 ff.

377 *Lowe v. McGraw-Hill Companies, Inc.*, 361 F.3d 335, 342 (7th Cir. 2004) („The first five subsections seem to cover the waterfront. The only work left for (6) to do is to allow judgments to be set aside, without limitation of time, when the circumstances of its invocation are ‚extraordinary'."). Rule 60(b)(6) FRCP darf daher auch nicht zur Umgehung der einjährigen Frist in Rule 60(c)(1) FRCP für die Fälle (1)-(3) missbraucht werden, s. *Pioneer Investment Services Co. v. Brunswick Associates LP*, 507 U.S. 380, 393 (1993).

378 So etwa *Community Dental Services v. Tani*, 282 F.3d 1164, 1168 ff. (9th Cir. 2002); *Shepard Claims Service, Inc. v. William Darrah & Associates*, 796 F.2d 190, 195 (6th Cir. 1986); *Boughner v. Secretary of Health, Education and Welfare*, 572 F.2d 976, 978 (3rd Cir. 1978); *L.P. Steuart, Inc. v. Matthews*, 329 F.2d 234, 235 (D.C. Cir. 1964). Dagegen aber etwa *Dickerson v. Board of Education of Ford Heights, Ill.*, 32 F.3d 1114, 1118 (7th Cir. 1994); *United States v. 7108 West Grand Avenue, Chicago, Ill.*, 15 F.3d 632, 634 f. (7th Cir. 1994).

379 *Freer*, Civil Procedure, S. 502, 505; *Hazard/Leubsdorf/Bassett*, Civil Procedure, S. 714.

Einrede vorweisen kann für den Fall, dass die Entscheidung aufgehoben wird.[380]

III. Selbständige Equity-Aufhebungsklage

Rule 60(d)(1) FRCP lässt die Möglichkeit des Gerichts unberührt, ein selbständiges Aufhebungsverfahren zu gestatten („to entertain an independent action to relieve a party from a judgment"). Als eine solche *action* kommt die historische Equity-Aufhebungsklage in Betracht, der angesichts der weitreichenden Möglichkeiten, die Rechtskraftwirkungen einer Entscheidung durch eine *motion for relief from judgment* nach Rule 60(b) FRCP zu durchbrechen, allerdings nur noch geringe Bedeutung zukommt.[381] Die Equity-Aufhebungsklage unterliegt keiner Frist, wenngleich die sog. *doctrine of laches* dazu führen kann, dass bei unangemessener Verzögerung der Klageerhebung die Aufhebung versagt wird.[382] Hauptanwendungsfall der Klage ist ein betrügerisches Verhalten *(fraud)* der Gegenseite,[383] wobei damit in der Rechtsprechung – anders als im Rahmen von Rule 60(b)(3) FRCP – überwiegend

---

[380] Vgl. etwa *Assmann v. Fleming*, 159 F.2d 332, 336 (8th Cir. 1947); *Freer*, Civil Procedure, S. 502 („It makes no sense to set aside a judgment against a party if that party has either no claim to assert or no defense to a claim.").

[381] Ausführlich zur Equity-Aufhebungsklage *Wright/Miller/Kane*, in: Fed. Prac. & Proc., § 2868 sowie *Sharp*, 36 Drake L. Rev. 389 (1986). Der Equity-Aufhebungsklage steht in der Regel nicht die Rechtskraft einer ablehnenden Entscheidung über einen Antrag nach Rule 60(b) FRCP entgegen, s. *McLaughlin/Rowe*, in: Moore's Federal Practice, § 60.85 m.w.N.

[382] *Wright/Miller/Kane*, in: Fed. Prac. & Proc., § 2868 bei Fn. 21. Vgl. etwa *Simons v. United States*, 452 F.2d 1110 (2nd Cir. 1971); *Lockwood v. Bowles*, 46 F.R.D. 625, 629 (D.D.C. 1969) („However, while the one year period of limitations for alleging fraud does not apply, such an independent action may be barred by the doctrine of laches. That doctrine serves as a bar when the party seeking relief has not exercised due diligence in presenting his claim or defense, and the opposing party has been prejudiced by such delay."). Manche Gerichte halten die Equity-Aufhebungsklage nur für subsidiär anwendbar, s. *Nelle*, Anspruch, Titel und Vollstreckung, S. 147 m.w.N.

[383] *Wright/Miller/Kane*, in: Fed. Prac. & Proc., § 2868 bei Fn. 13. Die Voraussetzungen der Equity-Aufhebungsklage wurden bereits in der Entscheidung *National Surety Co. v. State Bank of Humboldt*, 120 F. 593, 599 (8th Cir. 1903) beschrieben: „The indispensable elements of such a cause of action are (1) a judgment which ought not, in equity and good conscience, to be enforced; (2) a good defense to the alleged cause of action on which the judgment is founded; (3) *fraud, accident, or mistake* which prevented the defendant in the judgment from obtaining the benefit of his defense; (4) the absence of fault or negligence on the part of the defendant; and (5) the absence of any adequate remedy at law." (Hervorhebung nur hier). Zur zurückhaltenden Anwendung der Equity-Aufhebungsklage *United States v. Beggerly*, 524 U.S. 38, 47 (1998) („An independent action should be available only to prevent a grave miscarriage of justice.").

extrinsic fraud gemeint ist.[384] Im deutschen Recht wäre in vergleichbaren Fällen eine auf § 826 BGB gestützte Klage auf Unterlassung der Zwangsvollstreckung und Herausgabe des Titels angezeigt.[385] Eine Besonderheit der Equity-Aufhebungsklage im Vergleich zur *motion* nach Rule 60(b) FRCP besteht darin, dass erstere nicht beim Prozessgericht erhoben werden muss.[386] Dieser Umstand bemächtigt also das mit der Aufhebungsklage befasste Gericht dazu, die Entscheidung eines anderen Gerichts aufzuheben.[387] Uneinigkeit herrscht im föderalistischen Gerichtssystem der USA indes bei der Frage, welche Gerichte zur Aufhebung der Entscheidungen welcher Gerichte befugt sind.[388]

---

[384] *Wood v. McEwen*, 644 F.2d 797, 801 (9th Cir. 1981); *Green v. Ancora-Citronelle Corp.*, 577 F.2d 1380, 1384 (9th Cir. 1978); *Kulchar v. Kulchar*, 462 P.2d 17, 19 (Cal. 1969). S. aber *Greater Boston Television Corp. v. F.C.C.*, 463 F.2d 268, 279 (D.C. Cir. 1971). Krit. *Wright/Miller/Kane*, in: Fed. Prac. & Proc., § 2868 bei Fn. 16 f. m.w.N.; *Sharp*, 36 Drake L. Rev. 389, 391, 407 ff. (1986). Der Begriff des *extrinsic fraud* bezeichnet ein Verhalten, das den *fair day in court* der gegnerischen Partei vereitelt, bspw. die Bestechung des Richters oder der Jury. *Intrinsic fraud* meint hingegen etwa Falschaussagen von Zeugen und Fälschungen von Beweisdokumenten, s. *Hazard/Leubsdorf/Bassett*, Civil Procedure, S. 716 f. sowie *Sharp*, 36 Drake L. Rev. 389, 397 ff. (1986). Grundlegend *United States v. Throckmorton*, 98 U.S. 61 (1878).

[385] *Nelle*, Anspruch, Titel und Vollstreckung, S. 148. Zu den Rechtsfolgen einer auf § 826 BGB gestützten Klage RGZ 61, 359, 364 f.; BGHZ 13, 71, 72 = NJW 1954, 880; BGHZ 26, 391, 394 = NJW 1958, 826.

[386] *Gensler*, in: FRCP, Advisory Committee Notes, Rule 60 (1946 amendment). S. auch *Carter v. Attorney General of the United States*, 782 F.2d 138, 142 Fn. 4 (10th Cir. 1986). Freilich ist die Aufhebung einer eigenen Entscheidung durch das Prozessgericht unproblematisch möglich, *McLaughlin/Rowe*, in: Moore's Federal Practice, § 60.84[1].

[387] *Nelle*, Anspruch, Titel und Vollstreckung, S. 147. *Wright/Miller/Kane*, in: Fed. Prac. & Proc., § 2868 bei Fn. 26 halten dies offenbar nur für eine theoretische Möglichkeit. Zu beachten ist, dass die Equity-Aufhebungsklage auch durch am Verfahren nicht beteiligte Dritte erhoben werden kann, s. *Morrel v. Nationwide Mutual Fire Insurance Co.*, 188 F.3d 218, 222 (4th Cir. 1999). Ausführlich dazu *Hazard/Leubsdorf/Bassett*, Civil Procedure, S. 721 f.

[388] Dazu *McLaughlin/Rowe*, in: Moore's Federal Practice, § 60.84[2]: Aufhebung jedenfalls unter Bundesgerichten, aber wohl nicht im Verhältnis von Bundes- zu einzelstaatlichen Gerichten möglich.

Kapitel 2

Verfahrenskonzentration durch Rechtskraft

Im Folgenden wird untersucht, inwiefern der Rechtskraft verfahrenskonzentrierende Wirkung zukommt. Zunächst wird dabei eine solche Wirkung aus Sicht des Klägers beleuchtet (A). Im Anschluss wird der Frage nachgegangen, inwiefern dem Beklagten – unter vorläufiger Ausblendung gesetzlicher Regelungen zur Widerklagelast – allein durch die Rechtskraft eine Handlungslast zur Verwirklichung der grundsätzlich wünschenswerten Verfahrenskonzentration auferlegt wird (B). Freilich kann hier von vornherein nur von einer Last, nicht hingegen von einer Pflicht[1] oder gar einem Zwang[2] zum Handeln die Rede sein: Den Beklagten treffen für den Fall, dass er untätig bleibt, keine anderen als prozessuale Nachteile, die im äußersten Fall indes den Prozessverlust bedeuten können.[3] In einem Exkurs wird schließlich untersucht, inwiefern das deutsche Recht eine Widerklagelast durch Rechtskraft- bzw. rechtskraftergänzende Präklusion kennt (C).

---

[1] So *Althammer*, Streitgegenstand, S. 450 („Verpflichtung"); *Pasche*, in: MüKoFamFG, § 238, Rn. 48 („Pflicht" zur Erhebung einer Widerklage im Rahmen von § 238 Abs. 2 FamFG); *Schack*, US-amerikanisches Zivilprozessrecht, Rn. 106 im Hinblick auf Rule 13(a) FRCP.

[2] So *Born*, NJW 2013, 2360, 2361 („Zwang zur Anschließung" im Hinblick auf die durch den BGH angenommene Abänderungswiderklagelast bei gegenläufigen Abänderungsbegehren nach § 323 ZPO bzw. § 238 FamFG; dazu näher unten S. 99 ff.); *Leipold*, in: Stein/Jonas, ZPO, § 323, Rn. 48 („Zwang" zur Abänderungswiderklage).

[3] *Hau*, ZZP 117 (2004), 31, 44, der sich gegen den hier üblicherweise verwendeten Begriff der Konzentrationslast wendet und stattdessen die parteiabhängige Formulierung der „Widerklagelast" wählt. Zur Konzentrationslast s. ferner *Leipold*, Wege zur Konzentration von Zivilprozessen, S. 7 f.; *ders.*, in: GS Arens, 1993, S. 227, 241 ff.; *Otte*, Umfassende Streitentscheidung, S. 441 f.; *Gottwald*, in: Dogmatische Grundfragen des Zivilprozesses, 2000, S. 85, 94 (im selben Satz ist indes von „Pflicht" die Rede); *ders.*, in: FS Kaissis, 2012, S. 303, 312 f. (einerseits „Pflicht zur Klagenkonzentration" aus Gebot von Treu und Glauben und andererseits „Last des Beklagten zur Erhebung einer Widerklage"). Allgemein zu Lasten und Pflichten der Prozessparteien im deutschen Recht *Rosenberg/Schwab/Gottwald*, Zivilprozessrecht, § 2 Rn. 11 ff.

A. Konzentrationslast des Klägers

I. Verfahrenskonzentration durch claim preclusion

Die Anwendung der Doktrin der *claim preclusion* setzt im Grundsatz voraus, dass im Erst- und Zweitverfahren Partei- und Parteirollenidentität vorliegt, im Erstverfahren ein *valid final judgment on the merits* ergangen ist und es sich in beiden Verfahren um denselben *claim* handelt.[4] Will der Kläger also in einem Zweitverfahren gegen denselben Beklagten eine Präklusion seiner Klage durch Rechtskraft vermeiden, muss er diese auf einen anderen *claim* stützen als im Erstverfahren.[5] Nach dem heute vorherrschenden *transactional test*[6] wird der Begriff des *claim* weit verstanden und besteht aus sämtlichen Rechten des Klägers, die aus einer bestimmten *transaction* resultieren und also auf einheitlichen Tatsachen beruhen. Vor diesem Hintergrund wird deutlich, dass *claim preclusion* dem Kläger eine Last zur objektiven Klagehäufung auferlegt:[7] Will der Kläger als Geschädigter eines Verkehrsunfalls seine Personen- und Sachschäden einklagen, muss er beide Schadensposten im Erstverfahren geltend machen. Klagt er nur die Sachschäden ein und behält sich die Geltendmachung der Personenschäden für ein späteres Verfahren gegen denselben Beklagten vor, wird er in diesem Zweitverfahren durch *claim preclusion* präkludiert sein, da Erst- und Zweitverfahren auf denselben Tatsachen, mithin demselben *claim*, basieren.[8] Entsprechend wird in vertragsrechtlichen Streitigkeiten zumeist vom Kläger verlangt, alle von ihm behaupteten Vertragsbrüche im Erstverfahren geltend zu machen.[9] Macht der Kläger

---

[4] Oben S. 19 ff.

[5] Bekanntlich muss der Beklagte die entgegenstehende Rechtskraft im Zweitverfahren einwenden, eine Beachtung von Amts wegen findet – anders als im deutschen Zivilprozess – nicht statt, Rule 8(c)(1) FRCP.

[6] Oben S. 33 f.

[7] So bereits *Hau*, ZZP 117 (2004), 31, 58; Rest. (2d) of Judg., § 24, Illustration 1, Comment h („The plaintiff is under some compulsion not to split a claim."); im Ergebnis auch *Scott*, 56 Harv. L. Rev. 1, 22 f. (1942); *Freer*, 50 U. Pitt. L. Rev. 809, 817, 822 (1989). Anders als nach deutschem Verständnis – s. nur *Becker-Eberhard*, in: MüKoZPO, § 260, Rn. 4 ff. – resultieren hier aus einer objektiven Klagehäufung freilich nicht mehrere Streitgegenstände: Die pragmatische Auslegung des *claim* umfasst gerade alle zugrunde liegenden Ansprüche, unabhängig von den dahingehenden klägerischen Anträgen.

[8] Treffend Rest. (2d) of Judg., § 24, Comment h: „A plaintiff must take this risk into account in framing his action." Ähnlich *Baicker-MacKee/Janssen/Corr*, A Student's Guide to the FRCP, S. 133.

[9] S. etwa *Bowers Inv. Co., LLC v. U.S.*, 695 F.3d 1380, 1384 (Fed. Cir. 2012); *Trustmark Ins. Co. v. ESLU, Inc.*, 299 F.3d 1265, 1270 (11th Cir. 2002); *Wright/Miller/Cooper*, in: Fed. Prac. & Proc., § 4408 bei Fn. 12 („Contract cases often can be resolved by a simple rule that the first suit must claim every breach that has then occurred."). Differenzierend nach der Teilbarkeit des Vertrags – nur bei unteilbaren Verträgen bestehe eine derartige Konzentrationslast des Klägers – noch *Clark*, Code Pleading, S. 480 f., dort allerdings

vertragliche Ansprüche gegen seinen Versicherer geltend, muss er alle mit einem bestimmten Schadensfall zusammenhängenden Ansprüche in einem Verfahren zusammenfassen.[10] In der Praxis wird der Kläger durch die liberal gehandhabte Möglichkeit einer einmaligen Klageänderung *(amended pleading)* innerhalb von 21 Tagen nach Klageerhebung entlastet, Rule 15(a)(1)(A) FRCP.[11]

Die so erreichte Verfahrenskonzentration ist ein zentrales Anliegen der US-amerikanischen Rechtskraftlehre[12] und erscheint nicht zuletzt zur Schonung der überlasteten Justiz angemessen.[13] Die dem Kläger auferlegte Last zur objektiven Klagehäufung ist unter prozessökonomischen Gesichtspunkten auch zumutbar, denn sie betrifft nur zusammenhängende Ansprüche *(transactionally related claims)*. Der Kläger wird im Übrigen nicht in seinem Prozessverhalten eingeschränkt; er kann vielmehr auch andere, nicht zusammenhängende Ansprüche in das Verfahren einführen, ohne dass hierzu eine prozessuale Last bestünde, Rule 18(a) FRCP.[14] Das überzeugt, denn eine dahingehende Last des Klägers führte zwar zu einer noch weitergehenden Verfahrenskonzentration, ließe allerdings nachteilige Auswirkungen auf die Prozessökonomie erwarten: Inkonnexe Ansprüche machen regelmäßig aufwändigere Ermittlungen in tatsächlicher wie rechtlicher Hinsicht erforderlich und erschweren so eine zügige Erledigung des Rechtsstreits.

---

auch zu Rechtsprechung, die zunehmend eine Konzentrationslast des Klägers annehme – außer der Vertrag sei „clearly divisible". Ähnlich *Solum*, in: Moore's Federal Practice, § 131.23[1].

[10] *Duane Reade, Inc. v. St. Paul Fire and Marine Ins. Co.*, 600 F.3d 190, 197 f. (2nd Cir. 2010); *Ellis v. Amex Life Ins. Co.*, 211 F.3d 935, 938 (5th Cir. 2000); *J.Z.G. Resources, Inc. v. Shelby Ins. Co.*, 84 F.3d 211, 215 (6th Cir. 1996); *Container Transport International, Inc. v. United States*, 468 F.2d 926, 928 f. (Ct. Cl. 1972). S. ferner *Wright/Miller/Cooper*, in: Fed. Prac. & Proc., § 4408, Fn. 12.

[11] Variante (a)(1)(B) ermöglicht eine Klageänderung wiederum 21 Tage nach der Klageerwiderung. Davon zu unterscheiden ist die Möglichkeit einer Klageergänzung *(supplemental pleading)*, die sich auf nach Klageerhebung entstandene Ansprüche bezieht und deren Zulassung im Ermessen des Gerichts steht, s. Rule 15(d) FRCP. Zur großzügigen Handhabung von *amended pleadings* auch *Nelle*, Anspruch, Titel und Vollstreckung, S. 126 f.

[12] *Wright/Miller/Cooper*, in: Fed. Prac. & Proc., § 4408 bei Fn. 7. Zurückhaltender *Friedenthal/Kane/Miller*, Civil Procedure, S. 368 („indirect effect of res judicata"). Zu den Zielen der Rechtskraft bereits oben S. 10 f.

[13] In diese Richtung bereits *Clark*, Code Pleading, S. 473 f. S. auch *Friedenthal/Kane/Miller*, Civil Procedure, S. 365 und *Freer*, Civil Procedure, S. 585.

[14] Rule 18(a) FRCP. S. Rest. (2d) of Judg., § 24, Comment h; *Friedenthal/Kane/Miller*, Civil Procedure, S. 365 f., dort auch zum Common Law, das aufgrund der strengen *pleading rules* eine derart liberale Klagehäufung nicht zuließ. Dazu bereits oben S. 32.

II. Verfahrenskonzentration durch issue preclusion

Problematischer ist die Frage, ob und inwiefern auch *issue preclusion* den Kläger zur Verfahrenskonzentration anhält. *Issue preclusion* bindet die Parteien bzw. *privies* eines Rechtsstreits an einzelne Feststellungen des Gerichts, über die tatsächlich gestritten und entschieden wurde, sofern diese entscheidungserheblich waren.[15] Anders als im Rahmen der *claim preclusion* ist der Bezugspunkt der Präklusion hier auf einzelne *issues* beschränkt. Daraus folgt zunächst, dass sich die verfahrenskonzentrierende Wirkung der *issue preclusion* in sachlicher Hinsicht auf einzelne entscheidungserhebliche Feststellungen – und nicht etwa auf vollständige *claims* – bezieht: Der Kläger wird durch *issue preclusion* angehalten, eine bestimmte Feststellung im Erstverfahren erschöpfend und mit allen ihm zur Verfügung stehenden Beweismitteln zu verhandeln, da er unter obigen Voraussetzungen in Folgeverfahren an diese Feststellung gebunden ist.[16] Dieses Ergebnis mag sich als prozessunökonomisch erweisen,[17] wenn sich der Kläger etwa in Anbetracht des Streitwerts des Erstverfahrens[18] nicht dazu veranlasst sieht, über eine bestimmte Feststellung derart engagiert zu prozessieren, wie es die Doktrin der *issue preclusion* im Hinblick auf ein etwaiges Zweitverfahren mit potenziell weitaus größerer (wirtschaftlicher) Bedeutung von ihm verlangt.[19] Vor diesem Hintergrund wird auch deutlich, dass die durch *issue preclusion* erreichte Konzentrationslast des Klägers hinter der durch *claim preclusion* erreichten Last zur objektiven Klagehäufung zurückbleibt. Sie führt nämlich nicht not-

---

[15] Oben S. 43 ff.

[16] Dabei wird – wie oben (S. 45 ff.) gezeigt – von einem tendenziell weiten Verständnis des Begriffs der *issue* ausgegangen. Zur Auslegung des Begriffs aus Beklagtensicht unten S. 97 f.

[17] In diese Richtung auch *Polasky*, 39 Iowa L. Rev. 217, 220 (1954) („[I]t is possible that the desirability of conclusiveness of determinations is not necessarily compatible with the desirability of minimizing litigation."). Unkritisch *Solum*, in: Moore's Federal Practice, § 132.01[3].

[18] *Cromwell v. County of Sac*, 94 U.S. 351, 356 (1977) („Various considerations, other than the actual merits, may govern a party in bringing forward grounds of recovery or defence (…), such as the smallness of the amount or the value of the property in controversy, the difficulty of obtaining the necessary evidence, the expense of the litigation, and his own situation at the time."). Ähnlich *Wright/Miller/Cooper*, in: Fed. Prac. & Proc., § 4416 bei Fn. 33 f. S. auch *Hoegen*, 55 Mich. L. Rev. 967, 968 (1957).

[19] Eher fernliegend erscheint die auf Ansprüche aus einzel- wie bundesstaatlichem Recht bezogene Überlegung, eine Partei solle im Erstverfahren nur ihre beste *theory of recovery* vorbringen („best shot"), um im Falle des Unterliegens durch *issue preclusion* von einem Zweitverfahren mit weniger guten Argumenten abgehalten zu werden, s. *Conway*, 60 U. Chi. L. Rev. 141, 158 f. (1993) unter Bezugnahme auf ein Minderheitsvotum in *Marrese v. American Academy of Orthopaedic Surgeons*, 726 F.2d 1150, 1182 (7th Cir. 1984). Im Zweifel wird die Partei gerade aus Sorge um Präklusion im Erstverfahren alle denkbaren Argumente vorbringen.

wendig zur Abweisung späterer Klagen des Klägers gegen denselben Beklagten, die auf Grundlage anderer nicht präkludierter Feststellungen Erfolg haben können.[20]

Aufgrund der weitgehenden Aufgabe der *doctrine of mutuality* im Bereich der *issue preclusion* kann sich aus dieser darüber hinaus auch eine Last zur Parteihäufung ergeben. Die sog. *nonmutual defensive issue preclusion* ermöglicht es dem Beklagten des Zweitverfahrens nämlich, sich im Hinblick auf eine Feststellung des Erstverfahrens auf *issue preclusion* zu berufen, ohne Partei des Erstverfahrens gewesen zu sein. Um dieses Szenario zu vermeiden, wird der Kläger bereits im Erstverfahren gegen alle potenziellen Beklagten vorgehen.[21] Die sog. *nonmutual offensive issue preclusion* hat indes einen gegenteiligen Effekt:[22] Sie berechtigt den Kläger des Zweitverfahrens, sich auf *issue preclusion* zu berufen, ohne Partei des Erstverfahrens gewesen zu sein. Das führt dazu, dass potenzielle Kläger darin bestärkt werden, mit ihren Klagen abzuwarten, bis ein anderer Kläger ein Verfahren gegen den (potenziell) gemeinsamen Beklagten gewonnen hat. In diesem Fall kann sich der potenzielle Kläger im Wege der *nonmutual offensive issue preclusion* auf die für ihn günstigen Feststellungen berufen, im Falle des Unterliegens des Erstklägers ist er aber nicht an die Feststellungen gebunden.[23] Zwar hat der *U.S. Supreme Court* in seiner einschlägigen Entscheidung[24] unter anderem festgelegt, dass ein Kläger sich nicht auf *nonmutual offensive issue preclusion* berufen könne, wenn er sich ohne Weiteres am Erstverfahren hätte beteiligen können. Aber selbst wenn das Gericht im Zweitverfahren zu diesem Ergebnis käme und dem Kläger die Rechtskraftwirkung zu seinen Gunsten versagte, bestünde dessen Risiko lediglich darin, seinen Anspruch vollständig verhandeln zu müssen.[25] Ein Abwarten kann sich für den Kläger auch unter strategischen Gesichtspunkten lohnen: Beteiligt sich der Kläger nicht am Erstverfahren, kann er aus diesem womöglich Erkenntnisse für die spätere eigene Prozessführung gewinnen.[26] Außerdem bleibt ihm so der Vorteil erhalten, ein

---

[20] *Freer*, 50 U. Pitt. L. Rev. 809, 819 (1989).

[21] *Parklane Hosiery Co. v. Shore*, 439 U.S. 322, 329 f. (1979). So auch *Freer*, Civil Procedure, S. 626, der die zugrunde liegende Konstellation in *ders.*, 50 U. Pitt. L. Rev. 809, 818 f. (1989) nicht zu Unrecht als „highly idealized scenario“ beschreibt, da sie voraussetze, dass der Kläger zunächst nur einen von mehreren potenziellen Beklagten verklage und es nach einer Niederlage im Erstverfahren gleichwohl noch für sinnvoll erachte, gegen weitere potenzielle Beklagte vorzugehen.

[22] *Parklane Hosiery Co. v. Shore*, 439 U.S. 322, 330 (1979).

[23] Das ergibt sich aus dem *due process*-Grundsatz, s. oben S. 62 ff.

[24] *Parklane Hosiery Co. v. Shore*, 439 U.S. 322, 330 ff. (1979). Ausführlich dazu oben S. 62 ff.

[25] *Freer*, 50 U. Pitt. L. Rev. 809, 821 (1989) („(…) the second plaintiff has nothing to lose (and possibly offensive preclusion to gain) by filing separately.“). Ausführlich *Ratliff*, 67 Tex. L. Rev. 63, 83 f. (1988).

[26] *Freer*, 50 U. Pitt. L. Rev. 809, 821 (1989).

etwaiges „schreckliches Verhalten“ des Beklagten der Jury präsentieren zu können, um seinen Anspruch auf einen hohen Betrag an (Straf-)Schadensersatz zu unterstreichen.[27]

III. Zusammenfassung der klägerischen Konzentrationslast

Die Rechtskraft verlangt dem Kläger ein verfahrenskonzentrierendes Prozessverhalten ab, das im Hinblick auf die Prozessökonomie zu begrüßen ist. Dies gilt insbesondere für *claim preclusion*, durch die der Kläger angehalten wird, alle einem *claim* zugehörigen Ansprüche in einem Verfahren geltend zu machen. Die Konzentrationswirkung der *issue preclusion* bleibt dahinter insofern zurück, als sie sich naturgemäß nur auf einzelne gerichtliche Feststellungen bezieht und den Kläger lediglich dazu veranlassen kann, diese besonders sorgfältig zu verhandeln. Die *nonmutual defensive issue preclusion* kann zudem zu einer Last zur Parteihäufung auf der Gegenseite führen.

B. Konzentrationslast des Beklagten

I. Verfahrenskonzentration durch claim preclusion

Im Rahmen der *claim preclusion* ist im Hinblick auf deren verfahrenskonzentrierende Wirkung für den Beklagten zwischen bloßen Verteidigungsmitteln *(defenses)* und der Widerklage *(counterclaim)* zu unterscheiden, die zu einer Titulierung eines positiven Anspruchs des Beklagten gegen den Kläger *(affirmative relief)* führen kann. Grundsätzlich trifft den Beklagten durch *claim preclusion* lediglich die Last, alle verfügbaren *defenses* gegen den *claim* des Klägers im Erstverfahren geltend zu machen.[28]

1. Abgrenzung von defenses *und* counterclaims

a) Defenses

Defenses werden gemeinhin unterteilt in bloße *denials* und *affirmative defenses.* Mit einem *denial* – auch als *negative defense* bezeichnet – beschränkt sich der Beklagte auf das Bestreiten einer oder mehrerer Behauptungen des Klägers.[29] Vor Einführung moderner Verfahrensordnungen hatte sich der Beklagte dazu mitunter besonderer Verfahren zu bedienen, die sich nach dem

---

[27] *Williams*, 98 F.R.D. 323, 328 f. mit Fn. 15 (1983) (*issue preclusion* „will eliminate plaintiff's opportunity to present the ‚horribles‘ of the defendant's conduct to the jury in each subsequent case.“).

[28] Rest. (2d) of Judg., § 18(2).

[29] *Hazard/Leubsdorf/Bassett*, Civil Procedure, S. 206.

durch den Kläger geltend gemachten Anspruch richteten.[30] Heute erlaubt Rule 8(b) FRCP dem Beklagten in seiner Klageerwiderung *(answer)* das substantiierte und gutgläubige vollständige oder teilweise Bestreiten einer klägerischen Behauptung. Ein *denial* kann auch durch *affirmative proof* begründet werden: Steht etwa die Eigentumsposition des Klägers an einer Sache in Frage, kann der Beklagte diese durch den Beweis von Dritteigentum an der Sache bestreiten.[31] Nicht bestrittener Vortrag gilt wie im deutschen Recht (§ 138 Abs. 3 ZPO) als zugestanden, Rule 8(b)(6) FRCP, allerdings mit Ausnahme der Höhe des geltend gemachten Schadens. Eine Erklärung mit Nichtwissen steht einem Bestreiten gleich und ist – wiederum ähnlich dem deutschen Recht (vgl. § 138 Abs. 4 ZPO) – nur über Tatsachen zulässig, die weder eigene Handlungen des Beklagten noch Vorgänge betreffen, von denen der Beklagte vermutlich Kenntnis hat oder durch öffentlich zugängliche Dokumente Kenntnis haben kann, Rule 8(b)(5) FRCP.[32]

Bedient sich der Beklagte demgegenüber einer *affirmative defense*, führt dies im Erfolgsfall zur Abweisung der Klage, ohne dass der klägerische Vortrag in Abrede gestellt worden wäre.[33] Obwohl der Anspruch des Klägers also bestehen mag, wird er mit diesem aufgrund einer erfolgreich erhobenen *affirmative defense* nicht durchdringen. Während im Common Law mitunter Unsicherheit herrschte, welche *defenses* als *affirmative* einzustufen waren,[34] regelt Rule 8(c)(1) FRCP für die Bundesgerichtsbarkeit mittlerweile in nicht abschließender Weise („including"),[35] welche Einwendungen des Beklagten

---

[30] Einem Anspruch aus verbotener Eigenmacht *(trespass)* konnte der Beklagte etwa durch ein „not guilty", Herausgabeklagen *(replevin)* durch ein „non cepit" und vertraglichen Ansprüchen *(debt on simple contracts)* durch ein „nil debet" entgegentreten, s. *Koffler/Reppy*, Common Law Pleading, S. 485 ff., 497 ff., 500 ff. Allgemein zum förmlichen *pleading* im Common Law *Clark*, Code Pleading, S. 12 ff.

[31] *Hazard/Leubsdorf/Bassett*, Civil Procedure, S. 208.

[32] Zur Einschränkung s. *Hazard/Leubsdorf/Bassett*, Civil Procedure, S. 207; *Clark*, Code Pleading, S. 595 ff.; *Parness*, in: Moore's Federal Practice, § 8.06; *Mesirow v. Duggan*, 240 F.2d 751, 756 (8th Cir. 1957); *Porto Transport, Inc. v. Consolidated Diesel Electric Corp.*, 20 F.R.D. 1, 2 (S.D.N.Y. 1956). S. auch Rule 11(b)(4) FRCP, die erfordert, dass „the denials of factual contentions are warranted on the evidence or, if specifically so identified, are reasonably based on belief or a lack of information.".

[33] *Hazard/Leubsdorf/Bassett*, Civil Procedure, S. 208 *(avoid rather than controvert plaintiff's facts)*. Zu den Ursprüngen von *affirmative defenses* im Common Law s. *Wright/Miller/Kane*, in: Fed. Prac. & Proc., § 1270 nach Fn. 1.

[34] Eingehend *Wright/Miller/Kane*, in: Fed. Prac. & Proc., § 1270 nach Fn. 8; *Hazard/Leubsdorf/Bassett*, Civil Procedure, S. 210 (im Zweifel solle der Beklagte von einer *affirmative defense* ausgehen); Comment, 39 Yale L.J. 117, 118 (1929) („The connotation of ‚affirmative defense' is not clear."). Eine „definitive rule" begrüßend *Clark*, Code Pleading, S. 612.

[35] So auch *Jones v. Bock*, 549 U.S. 199, 212 (2007); *Hazard/Leubsdorf/Bassett*, Civil Procedure, S. 212.

als *affirmative defenses* in Betracht kommen: Dazu zählen unter anderen die Rechtskraft *(res judicata)* einer gerichtlichen Entscheidung,[36] Erfüllung *(payment)* in vertraglichen Angelegenheiten[37] und die Verjährung *(statute of limitations)*.[38] Die genaue Unterscheidung zwischen *affirmative* und anderen *defenses* ist deshalb von Bedeutung, weil dem Beklagten für erstere die Beweislast obliegt, nicht hingegen für bloße *denials*.[39] Bedient sich der Beklagte irrtümlich einer *affirmative defense*, wenn ein *denial* genügt hätte, soll das aber – entgegen einiger früherer Entscheidungen[40] – nicht als freiwillige Übernahme der Beweislast gelten.[41]

b) Counterclaims

aa) Überblick

Mithilfe eines *counterclaim* kann der Beklagte einen eigenen Anspruch gegen den Kläger in den Prozess einführen. In diesem Fall beschränkt sich der Beklagte also nicht auf die bloße Verteidigung gegen den klägerischen Anspruch, sondern begibt sich gleichsam selbst in eine Angriffsposition, um im Erfolgsfall *affirmative relief* zu erlangen.[42] Die durch den Beklagten geltend gemachten *claims* werden üblicherweise als *counterclaims* bezeichnet,[43]

---

[36] *Arizona v. California*, 530 U.S. 392, 410 (2000); *Blonder-Tongue Laboratories, Inc. v. University of Illinois Foundation*, 402 U.S. 313, 350 (1971).

[37] *Desjardins v. Desjardins*, 308 F.2d 111, 116 (6th Cir. 1962); *Neil v. Clark*, 12 S.E.2d 921, 925 (S.C. 1941).

[38] *Weinberger v. Salfi*, 422 U.S. 749, 764 (1975); *United States v. Petty*, 530 F.3d 361, 364 Fn. 5 (5th Cir. 2008); *Metropolitan Housing Development Corp. v. Village of Arlington Heights*, 558 F.2d 1283, 1287 (7th Cir. 1977).

[39] *Gonzalez v. Hasty*, 651 F.3d 318, 322 (2nd Cir. 2011); *Fonseca v. Consolidated Rail Corp.*, 246 F.3d 585, 590 (6th Cir. 2001); *Clark*, Code Pleading, S. 610 und *Hazard/Leubsdorf/Bassett*, Civil Procedure, S. 209, 213 (Beweislast folge in der Regel aus Darlegungslast *(burden of pleading)*, die bei *affirmative defenses* den Beklagten treffe). Zur Übertragbarkeit des durch den *U.S. Supreme Court* in *Bell Atlantic Corp. v. Twombly*, 550 U.S. 544 (2007) und *Ashcroft v. Iqbal*, 556 U.S. 662 (2009) entwickelten Plausibilitätsstandard (dazu unten S. 127 ff.) auf das *pleading* von *affirmative defenses* etwa *Wright/Miller/Kane*, in: Fed. Prac. & Proc., § 1274 nach Fn. 7 und (ablehnend) *Parness*, in: Moore's Federal Practice, § 8.08[1].

[40] *Hazard/Leubsdorf/Bassett*, Civil Procedure, S. 213 f. m.w.N.

[41] *Wright/Miller/Kane*, in: Fed. Prac. & Proc., § 1278 bei Fn. 36: Der Beklagte solle schließlich dazu angehalten werden, sich im Zweifel *affirmatively* zu verteidigen. Gegen das starre Abstellen auf die äußere Form des *pleading* bereits Comment, 39 Yale L.J. 117, 122 (1929).

[42] Rest. (2d) of Judg., § 21, Comment a („A defendant who interposes a counterclaim is, in substance, a plaintiff as far as the counterclaim is concerned.").

[43] *Hazard/Leubsdorf/Bassett*, Civil Procedure, S. 214. S. etwa Rule 13(a) FRCP; Ill. CCP § 2–608(a) (Illinois); Ga. Code § 9–11–13(a) (Georgia); N.Y. CPLR § 3019(a) (New York); Pa. RCP 1031(a) (Pennsylvania); Me. RCP 13(a) (Maine).

wenngleich etwa in Kalifornien von *cross-complaints* die Rede ist.[44] Gegenstand eines *counterclaim* können neben Leistungsbegehren auch Gestaltungsrechte sein;[45] insofern ist der Begriff weiter als der der Widerklage im deutschen Recht.[46]

bb) Historische Ursprünge von counterclaims*:* Recoupment *und* set-off

Counterclaims in ihrer heutigen Form gehen zurück auf das dem Common Law entstammende *recoupment* sowie auf das Konzept des *set-off* aus dem Bereich der Equity.[47] Ursprünglich konnte der Beklagte durch *recoupment* (in etwa: Schadloshaltung, Minderung) lediglich die Erfüllung einer Schuld *(payment)* oder *former recovery* durch den Kläger vortragen, um dessen Anspruch ganz oder teilweise zu Fall zu bringen.[48] Später war es dem Beklagten dann gestattet, neue Tatsachen vorzutragen, die aus derselben *transaction* stammen oder mit dieser zusammenhängen und die eine eigenständige Klage des Beklagten gegen den Kläger gestützt hätten:[49] So konnte der Beklagte in vertragsrechtlichen Streitigkeiten etwa mangelnde *consideration* oder Sachmängel *(breach of warranty)* geltend machen.[50] Zwar war für die Anwendbarkeit des *recoupment* nicht erforderlich, dass die Ansprüche derselben Rechtsnatur entspringen.[51] Eine wesentliche Beschränkung in der Anwendung der Doktrin bestand jedoch darin, dass der Beklagte diese stets nur defensiv zur Verteidigung, nicht aber zur Titulierung eines eigenen Anspruchs, mithin zur Erlangung von *affirmative relief*, verwenden konnte.[52] Darüber hinaus

---

[44] Ca. CCP § 428.10(a). Nicht zu verwechseln sind *cross-complaints* mit *crossclaims* nach Rule 13(g) FRCP: Letztere bezeichnen Klagen, die Streitgenossen in einem Verfahren untereinander anhängig machen.

[45] In Betracht kommt etwa die Anfechtung *(rescission)* des Vertrags wegen Täuschung oder Irrtums, Rest. (2d) of Judg., § 22, Illustrations 6 und 9.

[46] *Hau*, ZZP 117 (2004), 31, 57.

[47] *Wright/Miller/Kane*, in: Fed. Prac. & Proc., § 1401; *Friedenthal/Kane/Miller*, Civil Procedure, S. 369; Note, 24 Iowa L. Rev. 310 (1939); *Loyd*, 64 U. Pa. L. Rev. 541, 565 (1916).

[48] *Waterman*, Set-Off, Recoupment and Counter Claim, S. 477 („former recovery, or some analogous fact").

[49] *Clark*, Code Pleading, S. 634; *Waterman*, Set-Off, Recoupment and Counter Claim, S. 478 f.; *Pennsylvania R. Co. v. Miller*, 124 F.2d 160, 162 (5th Cir. 1941).

[50] *Wheat v. Dotson*, 12 Ark. 699, 702 (Ark. 1852); *Withers v. Greene*, 50 U.S. 213, 224 f. (1850). S. *Clark*, Code Pleading, S. 634 m. w. Bsp. Zur *breach of warranty* s. heute die gesetzliche Regelung in UCC § 2–312.

[51] *Clark/Surbeck*, 37 Yale L.J. 300, 301 (1928) (*recoupment* durch deliktischen gegen vertraglichen Anspruch möglich).

[52] *Waterman*, Set-Off, Recoupment and Counter Claim, S. 483 f.; *Clark*, Code Pleading, S. 634; *Wright/Miller/Kane*, in: Fed. Prac. & Proc., § 1401 nach Fn. 1. S. etwa *United States v. Iron Mt. Mines*, 812 F. Supp. 1528, 1551 (E.D.Cal. 1993); *Kingman v. Draper*, 14

galt die Einbringung eines *claim* in das Verfahren durch *recoupment* als Verzicht *(waiver)* auf eine spätere Geltendmachung im Wege einer eigenständigen Klage.[53]

Diese Beschränkungen kannte die Figur des *set-off* (in etwa: (Prozess-) Aufrechnung) nicht. Die Einführung eines *claim* des Beklagten in das Verfahren durch *set-off* setzte weder voraus, dass der *claim* des Beklagten zu dem des Klägers in einem bestimmten Zusammenhang stand, noch, dass sich der Beklagte auf eine bloße Verteidigung beschränke; *set-off* erlaubte ihm *affirmative relief* (ebenso § 389 BGB).[54] Andererseits konnten im Rahmen des *set-off* nur *liquidated debts* – also bestimmte oder berechenbare Ansprüche[55] – oder Ansprüche aus Vertrag oder einer gerichtlichen Entscheidung in Ansatz gebracht werden.[56] Beschränkungen der hier beschriebenen Art finden sich auch in den frühen gesetzlichen Regelungen zu *counterclaims*, während jüngere Kodifikationen einen zunehmend liberalen Ansatz wählen.[57]

c) Abgrenzung

Vor diesem Hintergrund verwundert es nicht, dass die Abgrenzung von *defenses*, insbesondere *affirmative defenses*, und *counterclaims* Schwierigkeiten bereitet. Exemplarisch für die Abgrenzungsproblematik ist die Einordnung betrügerischen Verhaltens *(fraud)*: Im Bereich der Equity war *fraud* zwar eine *defense* gegenüber einem *legal claim*, konnte aber nur durch eigenständige Klage *(independent action in equity)* geltend gemacht werden.[58] Heute kann *fraud* als *affirmative defense* in einer vertraglichen Streitigkeit dienen, ande-

---

Ill.App. 577, 579 (Ill.App. 1884) („The most he can do is to recoup, discount or mitigate the plaintiff's damages, and thus reduce or wholly defeat a recovery by the plaintiff.").

[53] S. etwa *Burnett v. Smith*, 70 Mass. 50, 52 (Mass. 1855).

[54] *Wright/Miller/Kane*, in: Fed. Prac. & Proc., § 1401 nach Fn. 2; *Clark/Surbeck*, 37 Yale L.J. 300, 301 (1928). S. etwa *In re Concept Clubs, Inc.*, 154 B.R. 581, 585 ff. (D. Utah 1993).

[55] *Waterman*, Set-Off, Recoupment and Counter Claim, S. 337 f.; *Millar*, Civil Procedure in Historical Perspective, S. 123 f.; *McCord v. Williams & Love*, 2 Ala. 71, 72 f. (Ala. 1841) („The damages resulting from the breach of a contract, are unliquidated, when there is no criterion provided by the parties, or by the law for its ascertainment.").

[56] *Clark/Surbeck*, 37 Yale L.J. 300, 302 (1928); *Wright/Miller/Kane*, in: Fed. Prac. & Proc., § 1401 bei Fn. 5; *Waterman*, Set-Off, Recoupment and Counter Claim, S. 337 ff.; *Friedenthal/Kane/Miller*, Civil Procedure, S. 369. S. auch *Loyd*, 64 U. Pa. L. Rev. 541, 552 f. (1916). Anders offenbar *Hazard/Leubsdorf/Bassett*, Civil Procedure, S. 250: Anwendung nur bei *liquidated debts* aus Vertrag oder gerichtlicher Entscheidung.

[57] Dazu noch unten S. 107 ff.

[58] *Clark/Surbeck*, 37 Yale L.J. 300, 305 (1928) („Historically, therefore, it would seem to be a counterclaim; analytically it would seem to be a defense. It has proven impossible to compel a view that either one or the other must necessarily be the only correct view."). Ähnlich *Hazard/Leubsdorf/Bassett*, Civil Procedure, S. 215.

rerseits aber auch Grundlage für einen deliktischen *tort claim* sein.[59] Auch andere *defenses* – etwa die Figur des *recoupment* aus dem Common Law – werden heute als *counterclaim* behandelt.[60] Einigkeit herrscht immerhin, wenn es um die Abgrenzung von offensivem und defensivem Prozessverhalten geht: Verlangt der Beklagte die Zahlung eines Geldbetrags vom Kläger und nicht lediglich die Reduzierung des vom Kläger geforderten Betrags, ist das Verlangen des Beklagten regelmäßig als *counterclaim* einzustufen.[61]

Versuchen in der Rechtsprechung, die Differenzierung anhand von formalen Kriterien vorzunehmen,[62] wurde alsbald eine Absage erteilt.[63] In neuerer Zeit legt die Gerichtspraxis keinen großen Wert mehr auf die äußere Bezeichnung als *defense* oder *counterclaim*, sondern stellt auf den Inhalt des Vortrags ab.[64] Das hängt auch mit Rule 8(c)(2) FRCP zusammen, die den Bundesgerichten gestattet – „if justice requires", also ermessensabhängig – einen irrtümlich als *defense* deklarierten *counterclaim* als solchen zu behandeln, und umgekehrt. Eine Klärung der richtigen Bezeichnung erfolgt üblicherweise bereits in der *pre-trial*-Phase des Verfahrens während der *pre-trial conference* (Rule 16 FRCP).[65] In Anbetracht der zunehmenden Liberalisie-

---

[59] *Friedenthal/Kane/Miller*, Civil Procedure, S. 675.

[60] *Clark/Surbeck*, 37 Yale L.J. 300, 305 (1928); *Sherman/Squiers*, in: Moore's Federal Practice, § 13.11. S. etwa *Steinberg v. St. Paul Mercury Ins. Co.*, 108 F.R.D. 356, 359 (S.D.Ga. 1985); *Middletown Plaza Associates v. Dora Dale of Middletown, Inc.*, 621 F.Supp. 1163, 1164 f. (D.Conn. 1985); *Gwinnett Commercial Bank v. Flake*, 260 S.E.2d 523, 525 (Ga.App. 1979); *Goodman v. Benjamin Rutchik, Inc.*, 171 N.Y.S. 152, 155 (N.Y.App.2 1918).

[61] S. etwa *Middletown Plaza Associates v. Dora Dale of Middletown, Inc.*, 621 F.Supp. 1163, 1164 f. (D.Conn. 1985); *F.D.I.C. v. Modular Homes, Inc.*, 859 F.Supp. 117, 123 (D.N.J. 1994); *In re BWL, Inc.*, 123 B.R. 675, 684 f. (D.Me. 1991).

[62] *Clark/Surbeck*, 37 Yale L.J. 300, 304 m. ausf. N. (1928). S. etwa *Davis v. Naugatuck Valle Crucible Co.*, 130 A. 162, 162 f. (Conn. 1925) (*counterclaim* müsse *independent cause of action* enthalten); *Crouch v. Crouch*, 193 A.D. 221, 223 (N.Y.App.2 1920) (*counterclaim* müsse alle Elemente eines *complaint* enthalten); *Mathews v. Sniggs*, 182 P. 703, 706 (Ok. 1919) (*counterclaim* „must be sufficient in itself without recourse to other parts of the pleadings").

[63] *Clark/Surbeck*, 37 Yale L.J. 300, 304 f. (1928) (es komme auf den Inhalt, nicht auf die Bezeichnung an). S. etwa *Susquehanna S. S. Co. v. A. O. Andersen Co.*, 239 N.Y. 285, 290 f. (N.Y. 1925).

[64] *Reiter v. Cooper*, 507 U.S. 258, 262 f. (1993). Dazu auch *Wright/Miller/Kane*, in: Fed. Prac. & Proc., § 1275; *Parness*, in: Moore's Federal Practice, § 8.08[7]; *Clark*, Code Pleading, S. 641 („It would seem, therefore, that the distinction between defenses and counterclaims has been overemphasized in the cases.")

[65] *Hazard/Leubsdorf/Bassett*, Civil Procedure, S. 215 (Rule 16 FRCP als Mittel zur zügigen Erledigung des Rechtsstreits). Zur richterlichen Gestaltung des Verfahrens durch Rule 16 FRCP sowie allgemein zur Bedeutung von Ermessensspielräumen im US-amerikanischen Zivilprozess *Effron*, 65 Ala. L. Rev. 683, 696 ff. (2014).

rung der *pleading rules* begnügt man sich mit dieser pragmatischen Lösung.[66] Für die hier interessierende Präklusionsfrage lässt sich immerhin festhalten: Trägt der Beklagte sein Anliegen im Erstverfahren tatsächlich vor, entgeht er mit diesem einer Präklusion im Zweitverfahren; ob sein Anliegen im Erstverfahren als *defense* oder *counterclaim* behandelt wurde, ist dann ohne Belang. Bedeutung erlangt diese Frage nur für den Fall, dass der Beklagte sein Anliegen nicht in das Erstverfahren eingeführt hat.[67]

2. *Konzentrationslast in Bezug auf* defenses *(„Verteidigungslast")*

Eine Konzentrationslast in Bezug auf die dem Beklagten zur Verfügung stehenden *defenses* wird allgemein bejaht: Der Beklagte hat im Erstverfahren alle *defenses* gegen den klägerischen *claim* vorzubringen. In einem etwaigen Zweitverfahren über denselben *claim* ist er mit sämtlichen ihm zu diesem Zeitpunkt zur Verfügung stehenden[68] *defenses* präkludiert – unabhängig davon, ob sie tatsächlich vorgebracht wurden oder nicht.[69] Eine ausdrückliche Begründung dieser „Verteidigungslast" findet sich in der einschlägigen Literatur und Rechtsprechung praktisch nicht,[70] lässt sich aber vor dem Hintergrund der eingangs erwähnten Ziele der Rechtskraft leicht entwickeln: Es dient dem Rechtsfrieden zwischen den Parteien und insbesondere der Prozessökonomie, wenn die mit dem *claim* in Zusammenhang stehende Verteidigung des Beklagten im selben Verfahren vorgebracht werden muss. Dass ein solcher Zusammenhang besteht, wird man regelmäßig zumindest für den Fall annehmen können, dass der Beklagte den klägerischen *claim* schlichtweg bestreitet *(denial)* oder etwa Erfüllung *(payment)* oder Verjährung *(statute of limitations)* vorträgt.[71] Unzutreffend ist es indes, die Verteidigungslast des

---

[66] In diese Richtung *Wright/Miller/Kane*, in: Fed. Prac. & Proc., § 1275 bei Fn. 4.

[67] Eine nicht vorgetragene *defense* wird in der Regel bereits durch *claim preclusion*, ein *counterclaim* grundsätzlich nur durch Rule 13(a) FRCP und ähnliche einzelstaatliche Regelungen präkludiert sein. Dazu sogleich S. 85 ff. sowie 123 ff., 195 ff.

[68] S. etwa *United States v. Villanueva*, 453 F.Supp. 17, 18 (E.D.Wa. 1978).

[69] Rest. (2d) of Judg., § 18(2), Comment a, Illustration 4 (Regel gilt auch bei Säumnis des Beklagten); *Wright/Miller/Cooper*, in: Fed. Prac. & Proc., § 4414 bei Fn. 36 („simplest rule of all"); *Friedenthal/Kane/Miller*, Civil Procedure, S. 675; *Solum*, in: Moore's Federal Practice, § 131.20[1]; *Engelmann-Pilger*, Die Grenzen der Rechtskraft, S. 57. Vgl. etwa *Marine Midland Bank v. Slyman*, 995 F.2d 362, 366 (2nd Cir. 1993); *Johnson's Island, Inc. v. Board of Township Trustees of Danbury Township*, 431 N.E.2d 672, 675 (Oh. 1982). Dass Erst- und Zweitverfahren auf demselben *claim* beruhen, ist bekanntlich Grundvoraussetzung für die Anwendbarkeit der *claim preclusion*, dazu in diesem Zusammenhang *Wright/Miller/Cooper*, in: Fed. Prac. & Proc., § 4414 bei Fn. 38 m.w.N.

[70] S. immerhin *Wright/Miller/Cooper*, in: Fed. Prac. & Proc., § 4414 bei Fn. 46 („interests of repose as well as reliance").

[71] Andererseits wird man einen Zusammenhang zwischen *claim* und einigen *affirmative defenses* unter Berücksichtigung der soeben erläuterten schwierigen Abgrenzung von *counterclaims* nicht ohne Weiteres annehmen können.

Beklagten als das Spiegelbild der klägerischen Last zur objektiven Klagehäufung zu begreifen:[72] Bezugspunkt der hier relevanten Last des Beklagten sind nicht seine *claims* gegen den Kläger, sondern lediglich die *defenses*.

Ausnahmsweise soll es dem Beklagten gestattet sein, im Erstverfahren verfügbare *defenses* erst in einem Zweitverfahren vorzutragen, wenn dem Kläger seinerseits in den Verfahren ein „splitting of the claim" erlaubt ist;[73] Voraussetzung ist aber stets, dass der Vertrauensschutz des Klägers hinreichend berücksichtigt wird.[74] *Wright/Miller* schlagen schließlich vor, dem Beklagten im Wege eines ausdrücklichen Vorbehalts zu gestatten, bestimmte verfügbare *defenses* erst zu einem späteren Zeitpunkt geltend zu machen, ohne mit diesen präkludiert zu sein.[75] Eine solche Regelung würde zwar den Umfang des schutzwürdigen Vertrauens in den Bestand der Entscheidung im Erstverfahren offenbar werden lassen, widerspräche aber unter prozessökonomischen Gesichtspunkten dem Ziel der Verfahrenskonzentration. Auch aus praktischer Sicht ist der Nutzen einer solchen Regelung fraglich: Stehen dem Beklagten mehrere Verteidigungsmittel zur Verfügung, wird er im Zweifel sämtliche vortragen, um sich in eine strategisch möglichst günstige Ausgangslage für das weitere Verfahren und die mit einiger Sicherheit stattfindenden Vergleichsverhandlungen zu bringen.

---

[72] Ausdrücklich *Friedenthal/Kane/Miller*, Civil Procedure, S. 675.

[73] *Wright/Miller/Cooper*, in: Fed. Prac. & Proc., § 4414 bei Fn. 39 ff.: *Nesbit v. Independent District of Riverside*, 144 U.S. 610, 619 ff. (1892); *Friedenthal/Kane/Miller*, Civil Procedure, S. 674 f. mit Gegenbeispiel aus dem Mietrecht: Beklagter dürfe hier *defenses* nicht zurückhalten, obwohl dem Kläger *splitting* seines *claim* auf Herausgabe der Mietsache und Zahlung des ausstehenden Mietzinses erlaubt sei. S. zum „splitting of the claim" auch Rest. (2d) of Judg., § 26.

[74] *Wright/Miller/Cooper*, in: Fed. Prac. & Proc., § 4414 vor Fn. 43, dort zu einem Fall, in dem der Kläger im Erstverfahren auf Zahlung von ausstehendem Mietzins klagte und obsiegte. Dem Beklagten wurde gleichwohl in einem Zweitverfahren gestattet, das Zustandekommen des Vertrags zu bestreiten; dies berücksichtige nicht hinreichend das schutzwürdige Vertrauen des Vermieters in den Bestand der Entscheidung im Erstverfahren. Zu beachten ist freilich, dass – anders als in diesem Fall – der Beklagte häufig durch *issue preclusion* von der Einführung einer zunächst nicht vorgetragenen *defense* abgehalten werden wird.

[75] *Wright/Miller/Cooper*, in: Fed. Prac. & Proc., § 4414 nach Fn. 47. Im deutschen Recht wird im Hinblick auf §§ 282, 296 ZPO diskutiert, ob ein Zurückhalten von Verteidigungsmitteln bzw. ein „gestaffeltes" Vorbringen möglich sein soll, dazu (letzteres bejahend) *Prütting*, in: MüKoZPO, § 282, Rn. 10, 20 ff. m.w.N. und *Foerste*, in: Musielak, ZPO, § 282, Rn. 4 ff. Dabei geht es freilich nicht um die Frage einer verfahrensübergreifenden Präklusion durch Rechtskraft, sondern um eine etwaige innerprozessuale Zurückweisung des Vorbringens (vgl. § 296 ZPO).

3. Konzentrationslast in Bezug auf counterclaims *(„Widerklagelast")*

Fraglich ist, ob sich an die Verteidigungslast des Beklagten durch *claim preclusion* eine entsprechende Last zur Erhebung eines *counterclaim* („Widerklagelast"[76]) anschließt. Im Hinblick auf eine Präklusion mit dem fraglichen *counterclaim* im Zweitverfahren sind zwei mögliche Verhaltensweisen des Beklagten im Erstverfahren zu unterscheiden:

a) Keine Erhebung der Widerklage im Erstverfahren: Keine Widerklagelast

Steht dem Beklagten ein *counterclaim* gegen den Kläger des Erstverfahrens zu, führt der Beklagte den *counterclaim* aber nicht in das Erstverfahren ein, ist er mit diesem in einem Zweitverfahren grundsätzlich nicht durch *claim preclusion* präkludiert.[77] Das gilt unabhängig davon, ob der *counterclaim* mit dem klägerischen *claim* in Zusammenhang steht.[78] Den Beklagten trifft also durch *claim preclusion* keine Last zur Erhebung seines *counterclaim* im Erstverfahren; ihm steht vielmehr ein „Konzentrationsrecht"[79] zu. Alternativ kann er ein separates Verfahren gegen den Kläger anstrengen. Dieser Grundsatz ist auch in Restatement (Second) of Judgments § 22(1) normiert und wird mit

---

[76] Zum Begriff der Widerklagelast oben S. 74. Hier zeigt sich die von *Hau*, ZZP 117 (2004), 31, 44 kritisierte mangelnde Aussagekraft des Begriffs der Konzentrationslast: Einerseits kann sich der Begriff sowohl an den Kläger als auch an den Beklagten richten. Andererseits – und hier von besonderem Interesse – verdeutlicht der Begriff nicht hinreichend, wie weit die dem Beklagten auferlegte Last tatsächlich reicht, mithin, ob im konkreten Fall die Einführung von *defenses* oder gar *counterclaims* in das Verfahren verlangt wird.

[77] *Casad/Clermont*, Res Judicata, S. 108 („A defendant who does not formally assert a counterclaim is generally unaffected by claim preclusion with respect to that claim."); *Solum*, in: Moore's Federal Practice, § 131.21[3]; *Friedenthal/Kane/Miller*, Civil Procedure, S. 674; *Baicker-MacKee/Janssen/Corr*, A Student's Guide to the FRCP, S. 133. Aus der Rechtsprechung etwa *Mercoid Corp. v. Mid-Continent Inv. Co.*, 320 U.S. 661, 671 (1944) („Though Mercoid were barred in the present case from asserting any defense which might have been interposed in the earlier litigation, it would not follow that its counterclaim for damages would likewise be barred. That claim for damages is more than a defense; it is a separate statutory cause of action. The fact that it might have been asserted as a counterclaim in the prior suit (…) does not mean that the failure to do so renders the prior judgment res judicata as respects it."); *Henderson v. Snider Bros., Inc.*, 409 A.2d 1083, 1090 (D.C. Cir. 1979) („No other rule would be logical; barring a permissive counterclaim would, in effect, establish a compulsory counterclaim rule."); *Meyer v. Vance*, 406 P.2d 996, 999 (Ok. 1965).

[78] Wiederum bleiben hier Rule 13(a) FRCP und ähnliche Regelungen vorerst außer Betracht. *Conway*, 60 U. Chi. L. Rev. 141, 157 f. (1993) weist zutreffend darauf hin, dass *issue preclusion* auch hier zur Präklusion des Beklagten mit einzelnen Feststellungen führen kann, insb. bei eng zusammenhängenden Ansprüchen.

[79] Diesen Begriff verwendet bereits *Otte*, Umfassende Streitentscheidung, S. 441 f., dort in zuständigkeitsrechtlicher Hinsicht bezogen auf Art. 6 Nr. 1, 3 EuGVÜ.

dem schutzwürdigen Interesse des Beklagten begründet, seine Ansprüche nicht in dem vom Kläger gewählten Forum geltend machen zu müssen.[80] Zu Recht wird die Schutzbedürftigkeit des Beklagten im Hinblick auf eigene Ansprüche höher bewertet als in Bezug auf bloßes Verteidigungshandeln.

Dogmatisch lässt sich die fehlende Widerklagelast mit der für die Anwendbarkeit der *claim preclusion* erforderlichen Voraussetzung der Parteirollenidentität[81] begründen: Macht der Beklagte des Erstverfahrens seinen *counterclaim* erst als Kläger eines Zweitverfahrens gegen den Kläger des Erstverfahrens und jetzigen Beklagten geltend, fehlt es an der Parteirollenidentität, sodass eine Präklusion mit diesem *(counter-)claim* durch *claim preclusion* richtigerweise ausscheidet.[82] Da der Beklagte seinen *counterclaim* im Erstverfahren nicht eingeführt hat, klagt er in dem durch ihn angestrengten Zweitverfahren nicht mehrfach auf Grundlage desselben *claim.*[83] Will man dies anders sehen und eine Präklusion des Beklagten mit seinem *(counter-)claim* im Zweitverfahren annehmen, begründete das im Ergebnis eine Widerklagelast durch *claim preclusion.*[84] Dass eine solche Last aber nicht allgemein angenommen wird, haben die historischen Gesetzgeber durch die Differenzierung von *permissive* und *compulsory counterclaims* deutlich werden lassen.[85] Auch die durch die Gerichte geschaffene *common law compulsory counterclaim rule*, die unter noch zu erläuternden engen Voraussetzungen eine Widerklagelast vorsieht, wäre in diesem Fall überflüssig.

b) Freiwillige Erhebung der Widerklage im Erstverfahren: Last zur objektiven „Widerklagehäufung"

Anders als in der soeben beschriebenen Situation mag der Beklagte von seinem Konzentrationsrecht im Erstverfahren tatsächlich Gebrauch machen, mithin seinen *counterclaim* freiwillig in das Verfahren einführen. In diesem Fall wird der *counterclaim* wie eine eigenständige Klage behandelt; den Be-

---

[80] Rest. (2d) of Judg., § 22, Comment a.

[81] Oben S. 19 f.

[82] Dieses Ergebnis lässt sich auch mit der fehlenden Identität des *claim* im Erst- und Zweitverfahren begründen: Jeder Partei steht ein eigener *claim* aus der zugrunde liegenden *transaction* zu, sodass der durch den Beklagten im Zweitverfahren geltend gemachte *claim* nicht dem des Klägers des Erstverfahrens entspricht, so *Glannon*, Civil Procedure, S. 547 f., 554 ff. (Beispiele 6 und 9), 564, 569 (Beispiel 5); *Shure*, 14 Loy. U. Chi. L.J. 857, 864 (1983); *en passant* auch *Engelmann-Pilger*, Die Grenzen der Rechtskraft, S. 59, Fn. 86.

[83] Das zu verhindern ist Ziel der *claim preclusion*, vgl. *Freer*, Civil Procedure, S. 570 („If you have one claim, you get one suit to vindicate it.").

[84] Ähnlich, aber bezogen auf eine Klägermehrheit, *Glannon*, Civil Procedure, S. 554 („If res judicata barred a second suit in a situation like this, all plaintiffs with claims arising out of a single incident would be forced to sue together.").

[85] Ähnlich *Hoegen*, 55 Mich. L. Rev. 967, 971 f. (1957).

klagten trifft dann die Last, alle mit seinem *counterclaim* in Zusammenhang stehenden Ansprüche geltend zu machen.[86] Kommt er diesem Gebot nicht nach, folgt daraus eine Präklusion mit dem fraglichen Anspruch in einem Folgeverfahren.[87] Begründet wird diese Last zur objektiven Widerklagehäufung mit der Stellung des widerklagenden Beklagten, die im Hinblick auf den *counterclaim* der eines Klägers entspreche.[88] Dagegen lässt sich auf den ersten Blick nichts einwenden, insbesondere nicht, die Last treffe den Beklagten härter, nämlich zu einer Zeit und vor einem Gericht der Wahl des Klägers: Der Beklagte muss sich dieser Wahl mangels Widerklagelast durch *claim preclusion* schließlich nicht beugen.[89]

Eine Ausnahme von der Last zur objektiven Widerklagehäufung wird ausweislich Restatement (Second) of Judgments § 21(2) für den Fall gemacht, dass der Beklagte in dem Verfahren etwa aufgrund zuständigkeitsrechtlicher Beschränkungen des Gerichts keine vollständige Titulierung seines Anspruchs erreichen kann und die Möglichkeit einer Verweisung an ein zuständiges Gericht nicht besteht.[90] Eine solche Verweisungsmöglichkeit besteht indes in vielen einzelstaatlichen Gerichtssystemen, sodass die Ausnahme von untergeordneter praktischer Bedeutung erscheint.[91]

---

[86] *Wright/Miller/Cooper*, in: Fed. Prac. & Proc., § 4414 bei Fn. 26; *Friedenthal/Kane/Miller*, Civil Procedure, S. 676; *Casad/Clermont*, Res Judicata, S. 106 f.; *Scott*, 56 Harv. L. Rev. 1, 28 (1942).

[87] Vgl. etwa *Baker by Thomas v. General Motors Corp.*, 522 U.S. 222, 238 (1998); *Valley View Angus Ranch, Inc. v. Duke Energy Field Services, Inc.*, 497 F.3d 1096, 1100 mit Fn. 5 (10th Cir. 2007); *CCMS Publishing Co., Inc. v. Dooley-Maloof*, 645 F.2d 33, 38 (10th Cir. 1981); *Granite Bond & Mortgage Corp. v. Hutchins*, 233 N.Y.S. 404, 407 (N.Y.App.4 1929).

[88] Rest. (2d) of Judg., § 21, Comment a („A defendant who interposes a counterclaim is, in substance, a plaintiff as far as the counterclaim is concerned.").

[89] Das gilt allerdings nur vordergründig, denn die noch zu erörternden *compulsory counterclaim*-Regelungen erlegen dem Beklagten eine solche Widerklagelast sehr wohl auf. Vor diesem Hintergrund zeigt sich die nachteilige Stellung des Beklagten durch das Zusammenspiel von gesetzlich angeordneter Widerklagelast und Last zur objektiven Widerklagehäufung.

[90] Eingehend Rest. (2d) of Judg., § 21, Comment b und Illustrations 3 und 4. *Wright/Miller/Cooper*, in: Fed. Prac. & Proc., § 4414, Fn. 27 verorten die Relevanz der fraglichen Ausnahme vornehmlich in den einzelstaatlichen Gerichtssystemen.

[91] Vgl. etwa Co. RCP 508(c)(2) (Colorado); Ca. CCP § 116.390 (Kalifornien); N.Y. CPLR § 325(b) (New York); Wa. CRLJ 14A(b) (Washington). So im Ergebnis auch Rest. (2d) of Judg., § 21, Comment b („frequently provided"). Im deutschen Recht besteht nach §§ 506 Abs. 1 Var. 1, 2 ZPO die Möglichkeit der Verweisung an ein sachlich zuständiges Landgericht bei nachträglicher Unzuständigkeit des Amtsgerichts infolge einer erhobenen Widerklage oder eines Klageerweiterungsantrags nach §§ 264 Nr. 2, 3 ZPO.

4. Insbesondere: Tatsachen, die sowohl defense *als auch* counterclaim *begründen*

Die vorstehenden Ausführungen haben gezeigt, dass eine allgemeine Verteidigungslast durch *claim preclusion* zu bejahen, eine solche Widerklagelast hingegen zu verneinen ist. Darüber hinaus können aber angesichts der mitunter problematischen Abgrenzung von *defenses* und *counterclaims* Sachverhalte – etwa im Fall von *fraud*[92] – entstehen, die für den Beklagten sowohl Grundlage für eine bloße *defense* als auch für einen *counterclaim* sein können. Metaphorisch stellt sich die Frage, ob der Sachverhalt zunächst als „Schutzschild" und sodann als „Schwert" genutzt werden darf,[93] genauer: inwiefern eine Präklusion des Beklagten mit dem fraglichen Sachverhalt droht, wenn er diesen im Erstverfahren als *defense* eingeführt hat und ihn nun zur Grundlage einer eigenständigen Klage in einem Zweitverfahren machen will. Dies wird äußerst uneinheitlich beantwortet; nach der heute wohl überwiegenden Ansicht ist der Beklagte im Zweitverfahren nicht durch *claim preclusion* präkludiert,[94] sodass auch in dieser Konstellation nicht von einer Widerklagelast die Rede sein kann. Zur Begründung wird wiederum das schutzwürdige Interesse des Beklagten an der Geltendmachung eigener Ansprüche in einem selbst gewählten Forum angeführt, wenngleich dieses Interesse in praktischer Hinsicht durch eine drohende Präklusion im Wege der *issue preclusion* beeinträchtigt ist.[95] Führt der Beklagte den Sachverhalt im Erstverfahren weder als *defense* noch als *counterclaim* ein, wird er durch *claim preclusion* ebenfalls nicht von einem Zweitverfahren abgehalten.[96] Auch in diesem Fall überwiegt die Dispositionsfreiheit des Beklagten das Interesse an Verfahrenskonzentration.

---

[92] Oben S. 83 f.

[93] Dies verneint die berühmte Entscheidung in *O'Connor v. Varney*, 10 Gray 231 (Mass. 1857) („He cannot use the same defence, first as a shield, and then as a sword.").

[94] Rest. (2d) of Judg., § 22, Comment d, Illustration 5; *Friedenthal/Kane/Miller*, Civil Procedure, S. 678; ausführlich *Wright/Miller/Cooper*, in: Fed. Prac. & Proc., § 4414 nach Fn. 31 (Beklagter könne der Präklusion durch *claim preclusion* nur dann entgehen, wenn er sich auch tatsächlich auf reines Verteidigungshandeln beschränke); *Hoegen*, 55 Mich. L. Rev. 967, 972 ff. (1957). S. auch *Hazard/Leubsdorf/Bassett*, Civil Procedure, S. 632 und *Engelmann-Pilger*, Die Grenzen der Rechtskraft, S. 58 f., der die Ansicht des Rest. (1st) als Mindermeinung begreift. Aus der Rechtsprechung etwa *Valley View Angus Ranch, Inc. v. Duke Energy Field Services, Inc.*, 497 F.3d 1096, 1101 f. (10th Cir. 2007); *Schwabe v. Chantilly, Inc.*, 226 N.W.2d 452, 454 f. (Wis. 1975). Dagegen aber etwa *Mitchell v. Federal Intermediate Credit Bank*, 164 S.E. 136, 138 ff. (S.C. 1932) sowie dazu *Wright*, 39 Iowa L. Rev. 255, 297 (1954) (mitunter auch zitierter Nachdruck dieses Aufsatzes in 38 Minn. L. Rev. 423 (1954)).

[95] *Casad/Clermont*, Res Judicata, S. 108 f.; ähnlich *Wright/Miller/Cooper*, in: Fed. Prac. & Proc., § 4414 nach Fn. 35.

[96] *Friedenthal/Kane/Miller*, Civil Procedure, S. 678 („widespread agreement"). Wiederum mit Gegenbeispiel aber *Casad/Clermont*, Res Judicata, S. 108.

II. „Common law compulsory counterclaim rule"

Zwar folgt aus der Doktrin der *claim preclusion* im Grundsatz keine Widerklagelast. Von diesem Grundsatz wird aber im Common Law zum Schutz der durch den Kläger erstrittenen Entscheidung im Erstverfahren eine Ausnahme gemacht, falls der *counterclaim* des Beklagten diese Entscheidung im Erfolgsfall faktisch aufheben würde („nullify the initial judgment"). Diese in Restatement (Second) of Judgments § 22(2)(b) normierte Sonderregel wird gemeinhin als „common law compulsory counterclaim rule" bezeichnet[97] und gilt unabhängig und neben bestehenden gesetzlichen Regelungen zu *compulsory counterclaims* im Bundes- und einzelstaatlichen Recht. Zweck der Regelung ist der Schutz des durch das Ersturteil erreichten Rechtsfriedens und des darin begründeten Vertrauens auf den Bestand der Entscheidung;[98] dass sie auch zur prozessökonomischen Verhinderung mehrfacher Verfahren führt, liegt auf der Hand.

1. Tatbestand

Die praktische Bedeutung der *common law compulsory counterclaim rule* hängt maßgeblich von dem erforderlichen Zusammenhang des *counterclaim* zum klägerischen *claim* ab. Insofern genügt es nicht, unter Anlegung der üblichen Maßstäbe im Bereich der *claim preclusion* zu fordern, dass *claim* und *counterclaim* derselben *transaction* entspringen. Vielmehr muss der *counterclaim* im Erfolgsfall „nullify the initial judgment" bzw. „impair rights established in the initial action". Wenngleich das Restatement eine genaue Definition für unmöglich hält,[99] lässt sich immerhin festhalten, dass dieses Erfordernis tendenziell eng ausgelegt wird.[100] Bloße Aufrechenbarkeit der titulierten Forderungen genügt nicht: Verklagt A den B aufgrund eines Verkehrsunfalls auf Schadensersatz und erstreitet er ein Versäumnisurteil gegen B, führt eine in der Folge durch B eingereichte und erfolgreiche Klage gegen A auf Ersatz seiner – B's – Schäden nicht dazu, dass das Ersturteil aufgeho-

---

[97] Rest. (2d) of Judg., § 22, Reporter's Note zu Comment f; *Friedenthal/Kane/Miller*, Civil Procedure, S. 676.

[98] *Wright/Miller/Cooper*, in: Fed. Prac. & Proc., § 4414 nach Fn. 24. Faktisch dient sie auch zur Verhinderung einer bisweilen zu beobachtenden Ausweitung der Doktrin der *issue preclusion* auf Feststellungen, die nicht „actually litigated and determined" wurden, um die fraglichen Fälle angemessen zu lösen, *Clermont*, 79 Notre Dame L. Rev. 1745, 1758 (2004); Rest. (2d) of Judg., § 27, Comment e.

[99] Rest. (2d) of Judg., § 22, Reporter's Note zu Comment f („It is perhaps impossible to define the scope of this concept with precision (…)."); *Clermont*, 79 Notre Dame L. Rev. 1745, 1755 (2004) („unavoidable fuzziness").

[100] Im Ergebnis auch *Casad/Clermont*, Res Judicata, S. 111; *Clermont*, 79 Notre Dame L. Rev. 1745, 1753 (2004). Ausf. N. aus der Rechtsprechung bei *Wright/Miller/Cooper*, in: Fed. Prac. & Proc., § 4414 Fn. 17–25.

ben, also „nullified" im Sinne von Restatement (Second) of Judgments § 22(2)(b), würde.[101] Anders wäre das in diesem Fall aber, wenn B in einem Zweitverfahren auf Feststellung klagt, dass er nicht hafte:[102] Ein solches Vorgehen führte im Erfolgsfall dazu, dass der titulierte Anspruch des A praktisch aufgehoben würde, sodass eine Präklusion des B mit seiner Feststellungsklage sowohl aus prozessökonomischen als auch aus Vertrauensschutzgründen angezeigt ist. Eine Präklusion durch die *common law compulsory counterclaim rule* wird auch dann angenommen, wenn der Verkäufer den Käufer erfolgreich auf Zahlung des Kaufpreises verklagt und dieser nach Zahlung des Betrages in einem Zweitverfahren die Aufhebung *(rescission)* des Vertrages wegen Betrugs *(fraud)* sowie Rückzahlung des Kaufpreises Zug um Zug gegen Rückgabe der Kaufsache begehrt.[103] Demgegenüber wäre hier eine Präklusion des Beklagten durch die fragliche Regelung nicht anzunehmen, verlangte er im Zweitverfahren lediglich Schadensersatz wegen Betrugs.[104] Von einer Präklusion ist wiederum auszugehen, wenn der Darlehensgeber den Darlehensnehmer erfolgreich auf Rückzahlung eines fälligen, grundpfandrechtlich gesicherten Darlehens verklagt, sodann die Zwangsvollstreckung in das Vermögen des Darlehensnehmers betreibt und der Darlehensnehmer in einem Folgeverfahren fehlende Gutschriften im Hinblick auf das Darlehen behauptet.[105] Die *common law compulsory counterclaim rule* kommt ferner zum Einsatz zur Verhinderung von gegenläufigen Feststellungsbegehren in Bezug auf Grundeigentum *(action to quiet title to real estate)*.[106] Im Übrigen greift die Regelung ein, wenn der frühere Beklagte in einem Zweitverfahren Grundpfandrechte an einem Grundstück geltend macht, nachdem der Kläger im Erstverfahren die Feststellung seines Eigentums an diesem Grundstück erreicht hat.[107]

---

[101] *Casad/Clermont*, Res Judicata, S. 111 f. („It might be logically and practically incompatible, but it does not undo the prior judgment."). S. auch *U.S. for Use and Benefit of Treat Bros. Co. v. Fidelity and Deposit Co. of Maryland*, 986 F.2d 1110, 1114 f. (7th Cir. 1993). Selbstredend wird sich die Frage einer „Aufhebung" des Ersturteils nur im Falle eines Obsiegens des Klägers stellen, Rest. (2d) of Judg., § 22, Comment f.

[102] *Clermont*, 79 Notre Dame L. Rev. 1745, 1753 (2004); *Casad/Clermont*, Res Judicata, S. 111.

[103] Dazu Rest. (2d) of Judg., § 22, Illustration 9. Vgl. auch *R.G. Financial Corp. v. Vergara-Nuñez*, 446 F.3d 178, 185 (1st Cir. 2006).

[104] *Casad/Clermont*, Res Judicata, S. 112.

[105] *Del Turco v. Peoples Home Savings Association*, 478 A.2d 456, 463 f. (Pa.Super. 1984). Vgl. auch *Henry v. Farmer City State Bank*, 808 F.2d 1228, 1232 (7th Cir. 1986); *Henderson v. Snider Bros., Inc.*, 409 A.2d 1083, 1089 f. (D.C. Cir. 1979), reversed en banc, 439 A.2d 481, 485 (D.C. Cir. 1981).

[106] Rest. (2d) of Judg., § 22, Illustration 10. Vgl. etwa *Moore v. Harjo*, 144 F.2d 318, 322 f. (10th Cir. 1944); *Paulson v. Oregon Surety & Casualty Co.*, 70 Or. 175, 179 f. (Or. 1914).

[107] *Hazard/Leubsdorf/Bassett*, Civil Procedure, S. 632.

Neben einer Beendigung des Erstverfahrens durch Versäumnisurteil findet die Regelung auch Anwendung auf den Fall einer vergleichsweisen Beendigung desselben:[108] Einen durch das Fast-Food Unternehmen *McDonald's* gegen einen seiner Franchisenehmer angestrengten Rechtsstreit über Verletzungen des zwischen den Parteien bestehenden Franchisevertrags beendeten diese durch Vergleich. Sodann verklagte der Franchisenehmer *McDonald's* auf Schadensersatz wegen angeblicher Verstöße des Franchisevertrags gegen kartellrechtliche Bestimmungen. Das Gericht wies die Klage unter Hinweis auf die *common law compulsory counterclaim rule* ab und begründete die Entscheidung mit der Schutzwürdigkeit des Fast-Food Unternehmens, das das Franchiseobjekt nach der vergleichsweisen Beendigung des Erstverfahrens zu einem Betrag von $ 140.000 zurückgekauft hatte.[109]

2. *Rechtsfolgendogmatik*

Überwiegend wird darauf verwiesen, der frühere Beklagte werde in den oben beschriebenen Konstellationen durch „res judicata"[110] bzw. „claim preclusion"[111] in dem von ihm angestrengten Zweitverfahren präkludiert. Wenngleich das Restatement (Second) of Judgments § 22(2)(b) im Text der Norm lediglich von „preclusion" spricht, offenbart der Titel der relevanten Kommentierung („Special circumstances under which failure to interpose a counterclaim will operate as a bar") die Einordnung der Rechtsfolge als Frage der

[108] Hier liegt ein wesentlicher Unterschied zu der durch Rule 13(a) FRCP und ähnlichen Regelungen auferlegten Widerklagelast, die in Konstellationen ohne *pleading* des Beklagten richtigerweise für unanwendbar gehalten werden, dazu *Wright/Miller/Cooper*, in: Fed. Prac. & Proc., § 4414 nach Fn. 7 sowie unten S. 123 ff. Anschaulich erläutert in *Laverty v. Massad*, 661 F.Supp.2d 55, 63 f. (D.Mass. 2009). Zur praktischen Relevanz der Regelung *Clermont*, 79 Notre Dame L. Rev. 1745, 1756 ff. (2004) („Despite all its virtues, the common-law compulsory counterclaim rule, tucked away in an unfrequented cul-de-sac of the Second Restatement, does not seem to be sweeping the country.").

[109] *Martino v. McDonald's System, Inc.*, 598 F.2d 1079, 1085 (7th Cir. 1979), cert. denied 444 U.S. 966 (1979). Im Ergebnis mag die Schutzwürdigkeit des Fast-Food Unternehmens das Urteil rechtfertigen; allerdings bleibt unklar, inwiefern eine erfolgreiche Klage des Franchisenehmers den Vergleich im Erstverfahren tatsächlich „aufgehoben" hätte. S. ferner *Rudell v. Comprehensive Accounting Corp.*, 802 F.2d 926, 928 f. (7th Cir. 1986), cert. denied 480 U.S. 907 (1987); *USM Corp. v. SPS Technologies, Inc.*, 102 F.R.D. 167, 171 (N.D.Ill. 1984).

[110] So etwa *Cummins, Inc. v. TAS Distributing Co., Inc.*, 700 F.3d 1329, 1339 (Fed. Cir. 2012); *Council Rock School Dist. v. Bolick*, 462 Fed.Appx. 212, 214 (3rd Cir. 2012); *Henry v. Farmer City State Bank*, 808 F.2d 1228, 1232 (7th Cir. 1986); *Martino v. McDonald's System, Inc.*, 598 F.2d 1079, 1085 (7th Cir. 1979), cert. denied 444 U.S. 966 (1979).

[111] So etwa *Clermont*, 79 Notre Dame L. Rev. 1745, 1752 (2004) („claim preclusion simply must apply"); *Casad/Clermont*, Res Judicata, S. 112.

Rechtskraft.[112] Wer sich die Mühe der Begründung macht, verweist auf die Entstehung der Regelung als Teil eines breit angelegten Konzepts der Rechtskraft, das den Beklagten daran hindere, bloße *defenses* in einem späteren Verfahren vorzubringen; aus diesem Grund könne es dem Beklagten dann auch nicht gestattet sein, ein eigenes Verfahren anzustrengen, das praktisch nichts anderes als eine solche *defense* gegenüber dem Ersturteil darstelle.[113] Richtig ist, dass *claim preclusion* dem Beklagten eine präklusionsbewehrte Verteidigungslast auferlegt. Faktisch mag es auch zutreffen, dass der frühere Beklagte sich mit dem neuerlichen Verfahren lediglich gegen den durch den Kläger erstrittenen Titel „verteidigen" möchte. Allein dogmatisch überzeugt die Begründung nicht: Der entscheidende Unterschied besteht darin, dass sich der frühere Beklagte in einem von ihm initiierten Zweitverfahren eben nicht auf ein bloßes Verteidigungshandeln stützt, sondern vielmehr einen eigenen Anspruch geltend macht. Tritt der frühere Beklagte aber nunmehr als Kläger auf, fehlt es an der für die Anwendung der *claim preclusion* erforderlichen Parteirollenidentität, Beklagter und Kläger begegnen sich vielmehr in umgekehrten Parteirollen; das gilt hier ebenso wie für den Fall, dass ein derart enger Zusammenhang von *claim* und *counterclaim* nicht besteht.[114] Vor diesem Hintergrund überzeugt es nicht, die Rechtsfolge der *common law compulsory counterclaim rule* mithilfe der Rechtskraft (genauer: der *claim preclusion*) zu begründen. Stattdessen lässt sich die Rechtsfolge insofern als rechtskraftergänzende Präklusion begreifen, als sie über die subjektiven Grenzen der *claim preclusion* (in Form der Parteirollenidentität) hinausgeht. Im Ergebnis ändert sich freilich nichts: Die rechtskräftige Entscheidung im Erstverfahren bedeutet den – nach hier vertretener Ansicht: rechtskraftergänzend wirkenden – Ausschluss des Erstbeklagten von weiterer Prozessführung über seinen nicht geltend gemachten *counterclaim*. In diese Richtung deuten immerhin diejenigen Stimmen, die in diesem Zusammenhang von einer impliziten Erweiterung der *claim preclusion*[115] bzw. von einer Ausnahme derselben[116] sprechen. Gegen diese dogmatische Einordnung lässt sich aus praktischer Beklagtensicht auch nicht eine Verkürzung des Rechtsschutzes gegen die präkludierende Entscheidung vorbringen: Die maßgeblichen Rechtsbehel-

---

[112] Angesichts des durchgängig einheitlichen Sprachgebrauchs des Rest. (2d) of Judg. ist davon auszugehen, dass „bar" hier technisch als Teilkomponente der Doktrin der *claim preclusion* (und nicht etwa im Sinne allgemeinen Sprachgebrauchs) zu verstehen ist.

[113] *Clermont*, 79 Notre Dame L. Rev. 1745, 1756 (2004).

[114] Dazu oben S. 87 f. Im Ergebnis hält dies offenbar für möglich *Engelmann-Pilger*, Die Grenzen der Rechtskraft, S. 59 Fn. 86.

[115] *Clermont*, 79 Notre Dame L. Rev. 1745, 1746 (2004) („implicit extension of claim preclusion").

[116] S. etwa *Valley View Angus Ranch, Inc. v. Duke Energy Field Services, Inc.*, 497 F.3d 1096, 1102 (10th Cir. 2007); *Cook County v. MidCon Corp.*, 574 F.Supp. 902, 909 Fn. 1 (N.D.Ill.1983); *Lee v. City of Peoria*, 685 F.2d 196, 201 (7th Cir. 1982).

fe – insbesondere die *motion for relief from judgment* nach Rule 60(b) FRCP – knüpfen nicht an die Rechtskraft – und also deren Umfang – sondern an die davon zu trennende Endgültigkeit *(finality)* der Entscheidung an.[117] Auch das deutsche Recht kennt eine solche rechtskraftergänzend wirkende Präklusion: Anders als hier ist die in §§ 323 Abs. 2, 767 Abs. 2 ZPO angeordnete Präklusion indes nicht deshalb rechtskraftergänzend, weil sie die subjektiven, sondern die zeitlichen Grenzen der materiellen Rechtskraft überschreitet.[118]

3. Exkurs: „Kontradiktorisches Gegenteil" in der deutschen Streitgegenstandslehre

Der *common law compulsory counterclaim rule* wird eine Ähnlichkeit zur Figur des „kontradiktorischen Gegenteils" als Teil des Streitgegenstandes im deutschen Zivilverfahrensrecht attestiert.[119] Im Rahmen der objektiven Grenzen der Rechtskraft wird eine Identität des Streitgegenstandes – der sich im deutschen Recht bekanntlich nach weit überwiegender Ansicht zweigliedrig aus Klageantrag und Lebenssachverhalt zusammensetzt[120] – auch dann angenommen, wenn der im Erstverfahren Unterlegene nunmehr das kontradiktorische Gegenteil der Rechtsfolge fordert, die im Erstverfahren festgestellt wurde.[121] Ausgeschlossen ist einerseits die Geltendmachung des unmittelbaren

---

[117] Oben S. 65 f., 69 f.

[118] *Gottwald*, in: MüKoZPO, § 322, Rn. 164 ff., der hier den üblicherweise verwendeten Begriff der „rechtskraftfremden" Präklusion wählt (dort auch zu den „Bündelungsgeboten" der § 767 Abs. 3 ZPO und § 145 PatG); *Althammer*, Streitgegenstand, S. 588 ff. (zu § 323 ZPO/§ 238 FamFG). Zur Terminologie der „rechtskraftergänzenden" Präklusion im deutschen Recht *Otto*, Die Präklusion, S. 104 ff.; *ders.*, in: FS Henckel, 1995, S. 615, 627 (speziell zu § 767 ZPO); *Hau*, ZZP 117 (2004), 31, 49.

[119] *Nelle*, Anspruch, Titel und Vollstreckung, S. 123; *Engelmann-Pilger*, Die Grenzen der Rechtskraft, S. 59 f. mit Fn. 86, der sich noch nicht auf das Rest. (2d) of Judg. § 22(2)(b) berufen konnte.

[120] Statt vieler: *Rosenberg/Schwab/Gottwald*, Zivilprozessrecht, § 92 Rn. 8 ff., dort auch zu anderen Ansichten. Vgl. zuletzt zum deutschen Streitgegenstandsbegriff im Wettbewerbsrecht auch *Gottwald*, in: FS Kaissis, 2012, S. 303, 308 (Lebenssachverhalt als „neuralgischer Punkt des zweigliedrigen Streitgegenstandsbegriffs").

[121] BGH NJW 2003, 3058, 3059; *Musielak*, in: Musielak, ZPO, § 322, Rn. 21; *Rosenberg/Schwab/Gottwald*, Zivilprozessrecht, § 154 Rn. 1, 5. Vom kontradiktorischen Gegenteil mitunter schwer zu unterscheiden sind die Fälle der Präjudizialität, in denen eine rechtskräftig festgestellte Rechtsfolge Voraussetzung eines Anspruchs in einem Folgeverfahren ist. Diese Rechtsfolge ist im Folgeverfahren zugrunde zu legen, sie darf durch den Richter mithin nicht neu beurteilt werden, BGH NJW 2003, 3058, 3059; *Rosenberg/Schwab/Gottwald*, Zivilprozessrecht, § 151 Rn. 15, § 154 Rn. 8 ff.; *Gottwald*, in: MüKoZPO, § 322, Rn. 51 f. Als Abgrenzungskriterium soll die Identität des Lebenssachverhalts dienen, *Musielak*, in: Musielak, ZPO, § 322, Rn. 22 sowie *ders.*, in: FS Nakamura, 1996, S. 423, 430. Diesem folgend *Reischl*, Die objektiven Grenzen der Rechtskraft, S. 210. Dagegen *Althammer*, Streitgegenstand, S. 577 („nicht hilfreich"). Grundsätzlich

Gegenteils: Hat der Kläger im Erstverfahren die Feststellung seines Eigentums an einer Sache erreicht, kann der frühere Beklagte im Zweitverfahren nicht die Feststellung begehren, dass der frühere Kläger nicht Eigentümer der Sache sei;[122] die zweite Feststellungsklage ist mithin als unzulässig[123] abzuweisen. Darüber hinaus ist aber auch die Geltendmachung eines mit dem Ersturteil unvereinbaren Begehrens ausgeschlossen. Das gilt allgemein für gegenläufige Leistungsklagen und im Besonderen etwa für die Fälle, in denen der zur Herausgabe verurteilte Beklagte seinerseits auf Herausgabe klagt,[124] oder der zur Auflassung eines Grundstücks verurteilte Beklagte Rückauflassung begehrt.[125]

Eine Ähnlichkeit der *common law compulsory counterclaim rule* mit der Figur des kontradiktorischen Gegenteils lässt sich vor diesem Hintergrund nur teilweise bestätigen: Funktional dienen beide Ansätze der Herstellung bzw. Aufrechterhaltung des Rechtsfriedens zwischen den Parteien.[126] Vergleichbar erscheint auch die sachliche Reichweite der Ansätze, die sowohl das unmittelbare Gegenteil (vgl. „nullify the initial judgment") als auch ein mit der Erstentscheidung unvereinbares Begehren (vgl. „impair rights established in the initial action") ausschließen. In persönlicher Hinsicht allerdings unterliegt die *common law compulsory counterclaim rule* engeren Voraussetzungen, als sie eine Umkehrung der Parteirollen im Zweitverfahren erfordert, wohingegen die Figur des kontradiktorischen Gegenteils darauf abzielt, den im Erstverfahren Unterlegenen von einem späteren gegenteiligen Begehren abzuhalten,[127] wobei im Erstverfahren selbstredend beide Parteien unterliegen

---

entfaltet die inzidente Entscheidung über ein präjudizielles Rechtsverhältnis keine Rechtskraft, es sei denn eine Partei bediente sich insofern einer Zwischenfeststellungsklage (§ 256 Abs. 2 ZPO), *Rosenberg/Schwab/Gottwald*, Zivilprozessrecht, § 153 Rn. 14; *Musielak*, in: FS Nakamura, 1996, S. 423, 428.

[122] BGH NJW 1995, 967, 968; 1757. Zu Recht wird darauf hingewiesen, dass die Bestimmung des *exakten* kontradiktorischen Gegenteils nur im Verhältnis von positiver zu negativer Feststellungsklage möglich ist, *Gottwald*, in: MüKoZPO, § 322, Rn. 43; *Althammer*, Streitgegenstand, S. 574; *Reischl*, Die objektiven Grenzen der Rechtskraft, S. 209.

[123] Die Rechtskraft ist negative Prozessvoraussetzung, s. etwa BGH NJW 2008, 1227; *Rosenberg/Schwab/Gottwald*, Zivilprozessrecht, § 151 Rn. 10; *Gottwald*, in: MüKoZPO, § 322, Rn. 39.

[124] *Rosenberg/Schwab/Gottwald*, Zivilprozessrecht, § 154 Rn. 7. *Reischl*, Die objektiven Grenzen der Rechtskraft, S. 210, verortet diesen Fall „zwischen Identität und Präjudizialität"; differenzierend auch *Musielak*, in: Musielak, ZPO, § 322, Rn. 23.

[125] BGH NJW 1995, 967, 968.

[126] Dies ergibt sich für das kontradiktorische Gegenteil als Teil des Streitgegenstandes aus dem allgemeinen Zweck der Rechtskraft im deutschen Zivilverfahrensrecht. Dazu etwa *Leipold*, in: Stein/Jonas, ZPO, § 322, Rn. 27 ff.; *Musielak*, in: FS Nakamura, 1996, S. 423, 425 f.; *Rosenberg/Schwab/Gottwald*, Zivilprozessrecht, § 151 Rn. 1 f.

[127] *Rosenberg/Schwab/Gottwald*, Zivilprozessrecht, § 154 Rn. 1.

können.[128] Darüber hinaus ergeben sich dogmatische Unterschiede: Nach hier vertretener Ansicht lässt sich die *common law compulsory counterclaim rule* nur rechtskraftergänzend erklären. Demgegenüber geht die herrschende Meinung im deutschen Recht von einer Identität des Streitgegenstandes und also einer herkömmlichen Rechtskraftwirkung aus.[129] Vereinzelt wird aber auch hier eine Ausdehnung des „durch die materielle Rechtskraft ausgesprochene[n] Wiederholungsverbot[s] auf das kontradiktorische Gegenteil" für notwendig und sinnvoll erachtet.[130]

III. Verfahrenskonzentration durch issue preclusion

Im Rahmen der Erörterung der Konzentrationslast des Klägers wurde bereits darauf hingewiesen, dass sich die Konzentrationswirkung der *issue preclusion* im Wesentlichen in der Last einer äußerst sorgfältigen Verhandlung der fraglichen *issue* erschöpft und nicht notwendig zur Abweisung späterer Klagen führt.[131] Angesichts der Tatsache, dass die Doktrin der *issue preclusion* unabhängig von der Verteilung der Parteirollen wirkt,[132] trifft diese Last grundsätzlich auch den Beklagten. Dies gilt einerseits für den Fall, dass der Beklagte sich durch Einführung eines *counterclaim* in die Angriffsposition begibt und gleichsam selbst zum Kläger wird. Andererseits wird der Beklagte durch *issue preclusion* aber auch zu einem besonders sorgsamen Verteidigungshandeln angehalten.[133] Allerdings wird die *issue*, mit der sich der Beklagte verteidigt, enger ausgelegt als diejenige, die der Kläger zur Begründung seines Anspruchs vorträgt:[134] Trägt Kläger A etwa die Fahrlässigkeit des Beklagten B in Form von zu schnellen Fahrens eines PKW vor und unter-

---

[128] Vgl. *Grunsky*, Grundlagen des Verfahrensrechts, S. 501 („Auf die Parteirolle der Verfahrensbeteiligten kommt es für das Eingreifen der materiellen Rechtskraft nicht an."). S. etwa BGH NJW 1976, 1095: Nach abgewiesener Klage auf Grundbuchberichtigung verlangten die Erben der Klägerin in einem Zweitverfahren dieselbe Grundbuchberichtigung; richtigerweise war die zweite Klage als unzulässig abzuweisen, *Musielak*, in: FS Nakamura, 1996, S. 423, 432 f. Eine Präklusion in dieser Konstellation erscheint nach US-amerikanischem Verständnis sowohl unter Rückgriff auf *claim* als auch auf *issue preclusion* wahrscheinlich, nicht hingegen – mangels Parteirollenwechsel – nach der *common law compulsory counterclaim rule*.

[129] BGHZ 123, 137, 139 f. = NJW 1993, 2684, 2685; BGH NJW 2003, 3058, 3059; *Leipold*, in: Stein/Jonas, ZPO, § 322, Rn. 186; *Gottwald*, in: MüKoZPO, § 322, Rn. 39 ff.; *Grunsky*, Grundlagen des Verfahrensrechts, S. 501.

[130] *Musielak*, in: FS Nakamura, 1996, S. 423, 430; *ders.*, in: Musielak, ZPO, § 322, Rn. 21. Gegen eine Identität der Streitgegenstände auch *Zeuner*, in: FG 50 Jahre BGH, 2000, Bd. 3, S. 337, 352 f. und *Jauernig/Hess*, Zivilprozessrecht, § 63 Rn. 6 f.

[131] Oben S. 77 ff.

[132] Oben S. 43.

[133] Vgl. zur Gefahr der Präklusion bei allzu unsorgfältiger Verteidigung aus Beklagtensicht auch *Hoegen*, 55 Mich. L. Rev. 967, 968 (1957).

[134] *Freer*, Civil Procedure, S. 600 f.

liegt, ist er in einem späteren Verfahren mit dem Einwand der Fahrlässigkeit insgesamt ausgeschlossen.[135] Verteidigt sich hingegen der Beklagte B gegen eine Zahlungsklage des Klägers A unter Hinweis auf ein betrügerisches Verhalten *(statute of frauds defense)*, kann er sich in einem Zweitverfahren zwar nicht mehr mit dieser konkreten, wohl aber mit einer anderen *defense* gegen den Zahlungsanspruch wehren.[136] Diese in der geringeren Reichweite des Begriffs der *issue* manifestierte Privilegierung des sich verteidigenden Beklagten im Bereich der *issue preclusion* mag man für unangemessen erachten,[137] etwa im Interesse der Rechtsklarheit sowie einer einheitlichen Auslegung und Rechtsanwendung des Begriffs. Praktisch erscheint diese Privilegierung indes von untergeordneter Bedeutung, denn schließlich wird dem Beklagten durch *claim preclusion* eine Verteidigungslast auferlegt, die ihn ohnehin dazu anhält, sämtliche *defenses* im Zusammenhang mit dem klägerischen *claim* in das Erstverfahren einzuführen.[138]

IV. Zusammenfassung der Konzentrationslast des Beklagten

Dem Beklagten ist durch *claim preclusion* zwar eine allgemeine Verteidigungslast, nicht hingegen eine Widerklagelast in dem Sinne auferlegt, dass eine Nichteinführung eines *counterclaim* in das Erstverfahren zur Präklusion mit diesem in einem späteren Verfahren führen würde. Diese Unterscheidung wird mit dem schutzwürdigen Interesse des Beklagten begründet, seine Ansprüche nicht in dem vom Kläger gewählten Forum geltend machen zu müssen. Führt der Beklagte hingegen seinen *counterclaim* freiwillig in das Verfahren ein, wird er durch *claim preclusion* angehalten, sämtliche mit seinem *claim* in Zusammenhang stehenden Ansprüche geltend zu machen. Diese Last zur objektiven Widerklagehäufung korrespondiert mit der klägerischen Last zur objektiven Klagehäufung. Darüber hinaus sieht die *common law compulsory counterclaim rule* unter engen Voraussetzungen eine Widerklagelast des Beklagten vor, nämlich für den Fall, dass ein erfolgreiches Zweitverfahren auf Grundlage des *counterclaim* des Beklagten das durch den Kläger erstrittene Urteil praktisch aufhöbe („nullify“) oder zumindest beeinträchtigte („impair rights established in the initial action“). Entgegen der herrschenden Meinung lässt sich die durch diese Regelung angeordnete Präklusion dogmatisch nur rechtskraftergänzend begründen. Denselben Zweck wie die *common*

---

[135] Oben S. 45 f.

[136] Rest. (2d) of Judg., § 27, Comment c, Illustration 6; *Freer*, Civil Procedure, S. 600.

[137] So *Freer*, Civil Procedure, S. 601 („It is not clear why issue preclusion rules ought to be more solicitous of defendants than of claimants on this score.“).

[138] Oben S. 85 f. In dieser Pauschalität unzutreffend daher *Freer*, Civil Procedure, S. 601 („The drafters of the Restatement (Second) deem it appropriate to expect a claimant to assert every possible basis for recovery in Case 1, but tend to allow a defendant to pick and choose among potential defenses, retaining others for another day.“).

law compulsory counterclaim rule verfolgt in der deutschen Rechtskraftlehre die Figur des kontradiktorischen Gegenteils. Im Hinblick auf ihre sachliche Reichweite sind die Regelungen vergleichbar, in persönlicher Hinsicht betrifft die *common law compulsory counterclaim rule* allerdings nur den Beklagten, während sich die Figur des kontradiktorischen Gegenteils allgemein an den Unterlegenen des Erstverfahrens richtet.

C. Exkurs: Widerklagelast im deutschen Recht?

Eine gesetzlich angeordnete Widerklagelast nach Vorbild der Rule 13(a) FRCP findet sich in der ZPO nicht.[139] Dass sich entsprechende Überlegungen in der Literatur[140] nicht durchgesetzt haben, mag daran liegen, dass das deutsche Recht die Widerklage traditionell als Privileg begreift, die Anordnung einer entsprechenden Last diesem Verständnis also zuwiderliefe.[141] Hinzu kommt, dass die Präklusionsnormen der ZPO (hier also insbesondere §§ 282, 296 ZPO) zwar ein bereits eingeleitetes Verfahren beschleunigen, nicht aber die (durch § 33 ZPO begünstigte, widerklageweise) Einführung eines neuen Streitgegenstands verhindern sollen.[142] Folglich lässt das deutsche Recht zwar eine Verfahrenskonzentration durch Widerklage zu,[143] knüpft aber an den Nichtgebrauch dieses Konzentrationsrechts im Grundsatz keine Präklusion des Widerklägers mit seinem Anspruch in einem Folgeverfahren.[144]

Diese Erwägungen haben den BGH in der Vergangenheit nicht davon abgehalten, dem Beklagten in bestimmten Konstellationen eine präklusionsbewehrte[145] Widerklagelast im Erstverfahren aufzuerlegen. Unterschieden werden können sog. Saldierungsfälle (I) und gegenläufige Abänderungsbe-

---

[139] *Hau*, ZZP 117 (2004), 31, 47; *Althammer*, Streitgegenstand, S. 446 ff. (dort auch mit historischem Überblick zur Widerklagelast im römischen und gemeinen deutschen Zivilverfahrensrecht). Eine Ausnahme bildete der frühere § 616 ZPO a.F. in Eheverfahren, dazu *Hau*, ZZP 117 (2004), 31, 47; *Hoegen*, 55 Mich. L. Rev. 967, 971 (1957).

[140] *Blomeyer*, Zivilprozeßrecht, S. 275: Das Verbot mehrfacher Prozesse reiche aus Gründen der Prozesswirtschaftlichkeit über die Rechtskraftwirkung hinaus. Ein zweites (Wider-)Klagebegehren sei daher nicht schutzwürdig, wenn es bereits im Erstverfahren hätte geltend gemacht werden können. So im Ergebnis bereits *Bekker*, Consumption, S. 119 ff. sowie dazu instruktiv *Reischl*, Die objektiven Grenzen der Rechtskraft, S. 55 ff. Vgl. auch *Gottwald*, in: Dogmatische Grundfragen des Zivilprozesses, 2000, S. 85, 93 f.

[141] Vgl. *Hau*, ZZP 117 (2004), 31, 32 ff., 47. Zu den Privilegien der Widerklage auch *Riehm/Bucher*, ZZP 123 (2010), 347, 348 ff.

[142] Vgl. *Stosch*, Prozeßförderung durch das Mittel der Präklusion, S. 66.

[143] Vgl. *Leipold*, Wege zur Konzentration von Zivilprozessen, S. 8 f.

[144] Zur „Flucht in die Widerklage“ als Mittel der Präklusionsabwehr näher *Hau*, ZZP 117 (2004), 31, 33; *Stosch*, Prozeßförderung durch das Mittel der Präklusion, S. 167 ff.

[145] Rechtsvergleichend zur „suspendierenden“, bezogen auf die Rechtshängigkeit der Hauptklage nur vorübergehenden Widerklagelast *Hau*, ZZP 117 (2004), 31, 39 ff.

gehren von Unterhaltstiteln im Rahmen von § 323 ZPO bzw. nunmehr § 238 FamFG (II).[146]

I. Saldierungsfälle

Selbständige Gegenansprüche des Beklagten erwachsen insoweit in Rechtskraft, als der Beklagte mit diesen Ansprüchen gegen die Klageforderung aufrechnet, § 322 Abs. 2 ZPO. Ein solches Vorgehen ist dem Beklagten indes verwehrt, wenn ihm lediglich unselbständige – also nicht aufrechenbare – Rechnungsposten im Rahmen eines einheitlich zu bildenden Gesamtsaldos zustehen: Mit der rechtskräftigen Ermittlung eines saldierten Anspruchs zugunsten des Klägers ist dann zugleich entschieden, dass dem Beklagten kein solcher Saldo zusteht.[147] Auf Grundlage dieser Erwägungen nahm der BGH in seiner einschlägigen Leitentscheidung betreffend die Abrechnung eines Factoringvertrags die Präklusion des Beklagten mit der Geltendmachung der für ihn günstigen Rechnungsposten in einem durch diesen initiierten Zweitverfahren an: Rechtskräftig durch das Ersturteil ausgeschlossen seien auch Tatsachen, die bei einer natürlichen, vom Standpunkt der Parteien ausgehenden Betrachtung zu dem im Erstverfahren zur Entscheidung gestellten Lebenssachverhalt gehört hätten – unabhängig davon, ob sie tatsächlich vorgetragen worden sind.[148] Daraus folgt im Ergebnis eine Widerklagelast des Beklagten, will er nicht mit den für ihn günstigen Rechnungsposten in einem Zweitverfahren präkludiert sein; dogmatisch wird diese Last auf § 322 Abs. 1 ZPO gestützt und ist daher als Rechtskraftpräklusion einzuordnen.[149] Zurückzuführen ist sie letztlich auf die materiellrechtliche Ebene, auf der die Unselbständigkeit der Rechnungsposten und damit die bloße Saldierungsfähigkeit festgelegt wird.[150] Diese kann, wie im Fall des Factoringvertrags, vertraglich vereinbart sein,[151] im Übrigen aber auch unmittelbar aus dem Gesetz folgen: Auch die Zugewinnausgleichsforderung (§ 1378 Abs. 1 BGB) stellt sich als

[146] Ausführlich zum Folgenden *Hau*, ZZP 117 (2004), 31, 47 ff.

[147] *Hau*, ZZP 117 (2004), 31, 51 f. mit anschaulichem Beispiel.

[148] BGHZ 123, 137, 140 f. = NJW 1993, 2684, 2685 = LM § 322 ZPO Nr. 135 m. Anm. *Grunsky* (Zweifel am Vorliegen eines Saldierungsfalles). Dazu auch *Musielak*, in: FS Nakamura, 1996, S. 423, 436 f.; *Rosenberg/Schwab/Gottwald*, Zivilprozessrecht, § 155 Rn. 7 f.; *Gottwald*, in: MüKoZPO, § 322, Rn. 146; *Leipold*, in: Stein/Jonas, ZPO, § 322, Rn. 228. S. auch BGH WM 2000, 2107, 2108 (Bereicherungssaldo); OLG Koblenz, WM 1992, 244, 245 (Bereicherungsrechtlich geltend gemachte Gewinnausschüttungen als unselbständige Rechnungsposten der Schadenshöhe im Rahmen eines rechtskräftig zugesprochenen Schadensersatzanspruchs).

[149] Vgl. *Hau*, ZZP 117 (2004), 31, 52; *Althammer*, Streitgegenstand, S. 581 f.; *Gottwald*, in: Dogmatische Grundfragen des Zivilprozesses, 2000, S. 85, 98.

[150] *Hau*, ZZP 117 (2004), 31, 52.

[151] *Hau*, ZZP 117 (2004), 31, 53; *Vogel/Vogel*, BauR 1996, 430, 432.

einheitlicher Saldo des Zugewinns der Ehegatten dar.[152] Meint der beklagte Ehegatte daher, in Wirklichkeit stehe ihm die Ausgleichsforderung nach § 1378 Abs. 1 BGB zu, weil nicht er, sondern seine Ehegattin einen Überschuss erwirtschaftet habe, ist er nach obigen Grundsätzen gehalten, nicht lediglich den angeblich fehlenden eigenen Überschuss darzulegen, sondern widerklagend die vermeintlich bestehende eigene Ausgleichsforderung geltend zu machen.[153] Abgesehen von den gesetzlich vorgegebenen Fällen wird die „Saldierungslösung" richterrechtlich auch dazu genutzt, materiellrechtlich als unerwünscht empfundene Ergebnisse zu verhindern: Zur Vermeidung von Aufrechnungsverboten in unternehmerseits gestellten AGB wird daher etwa die Saldierung – und nicht die durch AGB ausgeschlossene Aufrechnung – des Werklohnanspruchs des Unternehmers mit dem schlechtleistungsbedingten Schadensersatzanspruch des Bestellers angenommen.[154] Übersehen wird dabei, dass aus dieser (auf materiellrechtlichen Erwägungen beruhenden) Konstruktion konsequenterweise eine präklusionsbewehrte Widerklagelast des beklagten Bestellers mit seinem Schadensersatzanspruch folgt.[155]

Die durch Rechtskraft präklusionsbewehrte Widerklagelast in Saldierungsfällen sieht sich nicht nur in Anbetracht einer fehlenden, mit § 322 Abs. 2 ZPO vergleichbaren Kappungsgrenze Kritik ausgesetzt.[156] Angesichts des bewusst engen Verständnisses der objektiven Rechtskraft in § 322 Abs. 1 ZPO, das die Parteien vor einer allzu weiten, überraschenden Rechtskraftwirkung schützen soll, wird die Begrenzung der Saldierungslösung auf gesetzlich vorgeschriebene sowie eindeutig parteiautonom vereinbarte Fälle befürwortet; im Übrigen soll es Aufgabe des Klägers sein, für eine umfassende Abrechnung des Saldos zu sorgen, indem er im Wege einer negativen Feststellungsklage womöglich bestehende Rechnungsposten des Beklagten aus-

---

[152] Vgl. *Hau*, ZZP 117 (2004), 31, 53.

[153] *Hau*, ZZP 117 (2004), 31, 53; *Althammer*, Streitgegenstand, S. 583 (dort auch zum Ausgleichsanspruch nach § 426 Abs. 1 BGB). Vgl. dazu auch OLG Düsseldorf, FamRZ 1998, 916 (Zugewinnausgleichsanspruch als einheitlicher Streitgegenstand) m. insoweit ablehnender Anm. *Ludwig*, FamRZ 1999, 384, 385 f.

[154] *Hau*, ZZP 117 (2004), 31, 56. Dazu OLG München, BauR 1996, 428, 429 f. m. ablehnender Anm. *Vogel/Vogel* (unrichtige Anwendung der ständigen BGH-Rechtsprechung, insb. BGHZ 123, 137); ablehnend auch *Leipold*, in: Stein/Jonas, ZPO, § 322, Rn. 229. S. ferner *Althammer*, Streitgegenstand, S. 584 ff. Ausdrücklich gegen die Umgehung eines Aufrechnungsverbots durch die Annahme eines Verrechnungsverhältnisses BGHZ 163, 274, 278 f. = NJW 2005, 2771, 2772; OLG Stuttgart, NJW 2011, 540, 541. W. ausf. N. zur uneinheitlichen Rechtsprechung in dieser Konstellation bei *Putzier*, BauR 2002, 1632, der sich im Ergebnis gegen eine Umgehung von Aufrechnungsverboten durch die Annahme einer Saldierungslösung wendet (1637 f.).

[155] Krit. auch *Hau*, ZZP 117 (2004), 31, 56 f.

[156] Ausführlich *Hau*, ZZP 117 (2004), 31, 54 ff.

schließt.[157] Diese Erwägungen sind im Hinblick auf den Beklagtenschutz zu begrüßen: In Anbetracht der dem Beklagten drohenden, endgültigen Präklusion erscheint es dem Kläger in der Tat nicht unzumutbar, selbst durch entsprechende Feststellungsanträge für die vollumfängliche Berücksichtigung sämtlicher Rechnungsposten im Rahmen der Saldierung zu sorgen. Dem schützenswerten Interesse des Beklagten an Rechtssicherheit entspricht es, die Saldierungskonstruktion auf vorhersehbare (gesetzliche oder vertraglich vereinbarte) Fälle zu beschränken.[158]

II. Abänderung von Unterhaltstiteln nach § 323 ZPO bzw. § 238 FamFG

Auch im Zusammenhang mit gegenläufigen Abänderungsbegehren von Unterhaltstiteln nach § 323 ZPO bzw. nunmehr § 238 FamFG kann sich für den Beklagten nach der Rechtsprechung des BGH eine Widerklagelast ergeben: Klagt die Unterhaltsberechtigte im Erstverfahren auf Erhöhung des titulierten Unterhalts und obsiegt der beklagte Unterhaltsschuldner, ohne in diesem Verfahren die Herabsetzung des Unterhalts zu verlangen, kann er auf die für eine Herabsetzung sprechenden Gründe keine eigenständige Abänderungsklage (bzw. nunmehr: keinen eigenständigen Abänderungsantrag, § 238 FamFG; vgl. § 113 Abs. 5 Nr. 2 FamFG) in einem Zweitverfahren stützen.[159] Zur Begründung der Unzulässigkeit der Zweitklage auf Herabsetzung des Unterhalts verweist der BGH auf § 323 Abs. 2 ZPO (nunmehr § 238 Abs. 2 FamFG), der eine unzweckmäßige Verdopplung von Prozessen über denselben Lebenssachverhalt verhindern und den Entscheidungseinklang sicherstellen soll.[160] Daraus folgt eine Last zur Abänderungswiderklage (bzw. zum Abänderungswiderantrag, § 238 FamFG), die dogmatisch – anders als in den Saldierungsfällen (Rechtskraftpräklusion) – auf einer Analogie der in § 323

[157] *Hau*, ZZP 117 (2004), 31, 54 ff.; *Althammer*, Streitgegenstand, S. 587 f., der die Abgrenzung auf Grundlage der (Un-)Selbständigkeit der Rechnungsposten bzw. Gegenrechte als unscharf erachtet und sich stattdessen in Fällen gegenseitiger Geldansprüche für eine an den Grenzen des geltend gemachten Interesses orientierten Tatsachenpräklusion ausspricht. Dabei sei dem wirtschaftlichen Risiko des Beklagten mit seiner Verteidigung (in Fällen richterrechtlich angeordneter Saldierung) durch eine analoge Anwendung der Kappungsgrenze in § 322 Abs. 2 ZPO Rechnung zu tragen.

[158] Nicht recht ersichtlich ist, inwiefern dem Beklagtenschutz durch die Annahme *Costedes* gedient sein soll, auch die vermeintlichen Gegenrechte des Beklagten seien im Verfahren befangen, sodass ein stattgebendes Urteil die Feststellung enthalte, dass Gegenrechte des Beklagten nicht bestehen, s. *Costede*, in: FS Deutsch, 1999, S. 907, 914 ff., 916.

[159] BGHZ 136, 374, 376 ff. = NJW 1998, 161, 162 = LM § 323 ZPO Nr. 74 m. Anm. *Leipold* (Verfahrenskonzentration begrüßend). Anders noch BGH NJW 1993, 1795 (Wahlmöglichkeit zwischen Abänderungswiderklage und selbständiger Abänderungsklage).

[160] BGHZ 136, 374, 377 = NJW 1998, 161, 162.

Abs. 2 ZPO angeordneten rechtskraftergänzenden Präklusion basiert.[161] Diese Auffassung hat der BGH in späteren Entscheidungen bestätigt;[162] sie ist auch in der Literatur auf Zustimmung gestoßen.[163] In einer aktuellen Entscheidung hat der BGH indes hervorgehoben, dass § 238 Abs. 2 FamFG – ebenso wie § 323 Abs. 2 ZPO – nicht auf durch Prozessvergleich titulierten Unterhalt anwendbar sei (vgl. auch § 239 Abs. 2 ZPO);[164] sofern es sich bei dem Ausgangstitel also um einen Vergleich, und nicht um ein Urteil handele, komme – so der BGH sinngemäß – eine Last zur Abänderungswiderklage nicht in Betracht. Ausdrücklich offen gelassen hat er dabei, ob an der Rechtsprechung zur Abänderungswiderklagelast festzuhalten sei.[165] Zutreffend wird jedenfalls gefordert, den Ausnahmecharakter dieser Rechtsprechung zu beachten und daraus keine Rückschlüsse auf eine umfassende präklusionsbewehrte Widerklagelast nach US-amerikanischem Vorbild zu ziehen.[166]

[161] Ausdrücklich ist der Fall nicht von § 323 Abs. 2 ZPO/§ 238 Abs. 2 FamFG erfasst, *Hau*, ZZP 117 (2004), 31, 49 f.; *Althammer*, Streitgegenstand, S. 589 f. („erweiternde Auslegung"); *Leipold*, LM § 323 ZPO, Nr. 74. Vgl. auch *Gottwald*, in: FS Kaissis, 2012, S. 303, 307. Die in § 323 Abs. 2 ZPO angeordnete Präklusion wirkt deshalb rechtskraftergänzend, weil sie die zeitlichen Grenzen der objektiven Rechtskraft überschreitet, dazu etwa *Gottwald*, in: MüKoZPO, § 322, Rn. 165 und *ders.*, in: MüKoZPO, § 323, Rn. 67 (§ 323 Abs. 2 ZPO als „rechtskraftfremde" Präklusion).

[162] BGH NJW 2000, 3789, 3790; NJW 2007, 1961, 1966 f.

[163] *Althammer*, Streitgegenstand, S. 590; *Graba*, Die Abänderung von Unterhaltstiteln, Rn. 274, 379; *Pasche*, in: MüKoFamFG, § 238, Rn. 48 („Pflicht" zur Erhebung einer Widerklage); *Meyer-Holz*, in: Keidel, FamFG, § 238, Rn. 60; *Brudermüller*, in: Johannsen/Henrich, Familienrecht, § 238 FamFG, Rn. 106; *Leipold*, in: Stein/Jonas, ZPO, § 323, Rn. 48, 52 ff., 64 („Zwang" zur Abänderungswiderklage); *Gottwald*, in: MüKoZPO, § 323, Rn. 10; *Klein*, FPR 2002, 600, 602 f.; *Thalmann*, in: FS Henrich, 2000, S. 621, 632.

[164] BGH NJW 2013, 2358. Dazu auch *Thalmann*, in: FS Henrich, 2000, S. 621, 632 sowie *Meyer-Holz*, in: Keidel, FamFG, § 238, Rn. 61 (Anwendbarkeit von § 238 Abs. 2 FamFG bei Abänderung eines Vergleichs durch Beschluss).

[165] BGH NJW 2013, 2358, 2359 f. m. Anm. *Born*, der Zweifel äußert, ob allein das Fehlen der Zeitschranke des § 238 Abs. 2 FamFG die skizzierten Unterschiede zwischen der Titulierung durch Urteil und Vergleich im Hinblick auf die Widerklagelast rechtfertigt, zumal es sich bei einem Vergleich im Zweifel nur um die Ausgestaltung des gesetzlichen Unterhalts handele.

[166] *Hau*, ZZP 117 (2004), 31, 50; *Althammer*, Streitgegenstand, S. 590.

Kapitel 3

Verfahrenskonzentration durch gesetzliche Widerklagelast

Die Untersuchungen des vorstehenden Kapitels zur verfahrenskonzentrierenden Wirkung der Rechtskraft haben gezeigt, dass der Beklagte sich in dieser Hinsicht grundsätzlich keiner Widerklagelast ausgesetzt sieht. Nunmehr wird untersucht, inwiefern dem Beklagten eine solche Widerklagelast gesetzlich[1] auferlegt ist. Dabei geht es namentlich um die bundesrechtliche Rule 13(a) FRCP sowie die nachgebildeten einzelstaatlichen Regelungen. Nach einer Einführung zum historischen Hintergrund sowie Ziel, Funktion und Wirkung der Regelung (im föderalistischen Gerichtssystem der USA) (A.I), wird im Rahmen des Tatbestandes der Norm insbesondere die Auslegung der Konnexität („transaction or occurrence") und der in Rule 13(a) FRCP verwendete Parteibegriff („opposing party") beleuchtet (A.II.1). Sodann werden die gesetzlichen wie richterrechtlich entwickelten Ausnahmen von Rule 13(a) FRCP dargestellt (A.II.2). Im Anschluss wird die dogmatische Grundlage der Rechtsfolge, namentlich der Präklusion mit dem fraglichen *counterclaim* in einem Folgeverfahren, untersucht (A.III). Schließlich wird auf die einzelstaatlichen Regelungen zu *compulsory counterclaims* in ihrer Abweichung von Rule 13(a) FRCP eingegangen (B).

A. Bundesrecht

I. Einführung

1. Historischer Hintergrund

a) Federal Rules of Civil Procedure*: Entstehung, Bedeutung und Abgrenzung*

Die Entwicklung der *Federal Rules of Civil Procedure* (FRCP) geht zurück auf die Unzufriedenheit mit den durch die Einzelstaaten übernommenen Verfahrensregeln aus England, die auf der traditionellen Trennung von Law und

[1] Für die Zwecke dieser Arbeit wird die aus Rule 13(a) FRCP und nachgebildeten einzelstaatlichen Regelungen resultierende Widerklagelast als „gesetzlich" bezeichnet, wenngleich die FRCP durch die Judikative geschaffen und durch den Kongress als formellen Bundesgesetzgeber lediglich genehmigt wurden (dazu sogleich).

Equity beruhten und als allzu formalistisch wahrgenommen wurden.[2] Die Reform dieses Common Law Pleading wurde nicht zuletzt durch den im Jahr 1848 in New York erlassenen „Field Code"[3] vorangetrieben, der eine Liberalisierung der strengen *pleading rules* sowie die Abschaffung des *writ*-Systems vorsah und den Begriff des „code pleading" prägte, das dem heute vorherrschendem *notice pleading* nahe kommt.[4] Probleme in der Rechtsanwendung einiger Gerichte[5] sowie die als zu starr und übermäßig detailliert empfundenen Verfahrensgesetze führten schließlich zu weiterem Reformbedarf, der im Jahr 1934 in der Ermächtigung des *U.S. Supreme Court* zur Formulierung einheitlicher Regeln für die *Federal District Courts* durch den Kongress kulminierte.[6] Diese Ermächtigung, der *Rules Enabling Act (REA)*, hat Eingang gefunden in 28 USC § 2072.[7] 28 USC § 2071(a) sieht unter anderem das Recht des *U.S. Supreme Court* und anderer durch den Kongress geschaffener Gerichte vor, ihre Verfahrensordnungen selbst festzulegen – vorbehaltlich anderer gesetzlicher Regelungen und den nach § 2072 geschaffenen Verfahrensordnungen. Nach § 2072(a) ist der *U.S. Supreme Court* vorbehaltlich der Genehmigung durch den Kongress nach § 2074(b) ermächtigt, Verfahrensordnungen für erstinstanzliche Gerichte sowie Rechtsmittelgerichte zu schaffen. Auf dieser rechtlichen Grundlage entwickelte ein *Advisory Committee* bestehend aus Richtern und Rechtsanwälten in der Folge die *Federal Rules of Civil Procedure*, die am 16. September 1938 in Kraft traten.[8] Für die Überarbeitung der FRCP ist die *Judicial Conference of the United States* zuständig,

---

[2] *Farnsworth/Sheppard*, An Introduction to the Legal System of the US, S. 110; *Clark*, 23 A.B.A. J. 976 (1937); *Reinhard*, Klageerhebung und Beklagtenschutz, S. 30. Zur Trennung von Law und Equity sowie zur anschließenden Verschmelzung auch *Junker*, ZZP 101 (1988), 241, 246 ff.

[3] Der Name geht zurück auf den Verfasser *David Dudley Field*, Rechtsanwalt aus Albany, NY, der als bedeutendster US-amerikanischer Rechtsreformer des 19. Jahrhunderts gilt, *Freer*, Civil Procedure, S. 309 mit Fn. 2; *Junker*, ZZP 101 (1988), 241, 249.

[4] Vgl. *Freer*, Civil Procedure, S. 309; *Junker*, ZZP 101 (1988), 241, 250 ff., 255 ff. (*notice pleading* als Begünstigung des Klägers). Zur überwiegenden Abkehr vom *fact*- bzw. *code pleading* bereits oben S. 1 f.

[5] *Freer*, Civil Procedure, S. 309.

[6] *Farnsworth/Sheppard*, An Introduction to the Legal System of the US, S. 110; *Clark*, 23 A.B.A. J. 976, 977 (1937) („even these rules proved too restrictive"). Dazu auch Jud. Conf. of the US (Com. R. of Prac. and Proc.), CI–4013–58 (1937).

[7] Ausführlich zum *REA* etwa *Clark/Moore*, 44 Yale L.J. 387 (1935) sowie *Burbank*, 130 U. Pa. L. Rev. 1015 (1982). Krit. Bestandsaufnahme bei *Freer*, 107 Nw. U. L. Rev. 447, 450 ff. (2013) („inherently antidemocratic"). Verfassungsrechtliche Grundlagen von 28 USC § 2072 sind Art. I § 8 (Ermächtigung des Kongresses zur Schaffung von Gerichten unterhalb des *U.S. Supreme Court*) und Art. III (Schaffung der Judikative auf Bundesebene) der U.S. Constitution, s. *Reinhard*, Klageerhebung und Beklagtenschutz, S. 25 f.

[8] *Reinhard*, Klageerhebung und Beklagtenschutz, S. 27. Zur Ernennung des *Advisory Committee* auch Jud. Conf. of the US (Com. R. of Prac. and Proc.), CI–4013–58 (1937) sowie zu dessen Arbeit aus Sicht eines Mitglieds *Clark*, 23 A.B.A. J. 976 (1937).

die aus erfahrenen Bundesrichtern besteht und wiederum von einem ständigen *Advisory Committee* sowie weiteren Ausschüssen bestehend aus Richtern, Rechtsanwälten und Rechtswissenschaftlern beraten wird.[9] Die *Judicial Conference* soll die Wirkungsweise der FRCP überwachen und dem *U.S. Supreme Court* ggf. Änderungen vorschlagen, um eine möglichst faire, zügige und prozessökonomische Streitbeilegung zu erreichen.[10]

Die FRCP sind von zentraler Bedeutung für die erstinstanzlichen Verfahren vor den 94 *Federal District Courts*, haben im Übrigen aber auch entscheidenden Einfluss auf die einzelstaatliche Gesetzgebung: Die Mehrzahl der Einzelstaaten hat die FRCP zur Grundlage ihrer eigenen Verfahrensgesetze gemacht und die Regelungen entweder wortlautgetreu oder sinngemäß übernommen.[11] Zu unterscheiden sind die FRCP von den *Local Rules*, die sich *District Courts* ausweislich Rule 83 FRCP selbst geben können, um Verfahrensfragen wie etwa die Anwaltszulassung, Inhalt und Form der *pleadings*, das *pre-trial*-Procedere sowie das Kostenrecht zu regeln.[12] *Local Rules* entfalten Gesetzeskraft und binden als solche Gericht und Parteien;[13] ein nicht vorsätzlicher Verstoß gegen eine bloße Formvorschrift darf allerdings nicht zu einem Rechtsverlust einer der Parteien führen, Rule 83(a)(2) FRCP.[14] Voraussetzung für den Erlass derartiger Regelungen ist, dass sie zuvor öffentlich bekannt gemacht wurden und in Einklang mit höherrangigem Bundes-

---

[9] 28 USC §§ 331, 2073(a), (b) („standing committee on rules of practice, procedure, and evidence"); *Farnsworth/Sheppard*, An Introduction to the Legal System of the US, S. 110; *Klein*, Federal and State Court Systems, S. 182. Ausführlich zur Arbeit und Zusammensetzung der *Judicial Conference* s. http://www.uscourts.gov/FederalCourts/JudicialConference.aspx (Letzter Zugriff: 6.5.2014).

[10] Vgl. 28 USC § 331. Harsche Kritik an der Arbeit des *Advisory Committee* und dem Einfluss von Lobbygruppen auf ebendieses übte zuletzt *Freer*, 107 Nw. U. L. Rev. 447, 460, 466 ff. (2013), der insb. bloß stilistische Änderungen der FRCP der „pedantischen" „Hyperaktivität" des Gremiums zuschreibt („No one cares what the Committee's stylistic preferences are.") und den Hinweis auf die entstehenden Kosten für „real-world people" mit der launischen Forderung verbindet: „Amendments to the Federal Rules should be like faculty meetings: rare and purposeful.".

[11] *Farnsworth/Sheppard*, An Introduction to the Legal System of the US, S. 110 („closely copied in over half of the states"); *Freer*, Civil Procedure, S. 310; *Junker*, ZZP 101 (1988), 241, 258 ff. (FRCP als „Katalysator"). Das gilt auch für die hier relevante Rule 13(a) FRCP; dazu noch unten S. 195 ff.

[12] *Squiers*, in: Moore's Federal Practice, § 83.02.

[13] *Professional Programs Group v. Department of Commerce*, 29 F.3d 1349, 1353 (9th Cir. 1994); *Somlyo v. J. Lu-Rob Enterprises, Inc.*, 932 F.2d 1043, 1046 (2nd Cir. 1991).

[14] Vorsätzliche Verstöße, die sich als entscheidungserheblich erweisen, können durch Geldstrafe oder Verlust einer in Streit befangenen materiellen Rechtsposition sanktioniert werden, s. *Squiers*, in: Moore's Federal Practice, § 83.31. Eine Sanktion kann aber grundsätzlich nur vorbehaltlich tatsächlicher Kenntnis der fraglichen Regelung auferlegt werden, Rule 83(b) FRCP.

recht – also auch den FRCP – stehen, Rule 83(a)(1) FRCP.[15] Von dieser Möglichkeit der Normschaffung machen die *District Courts* regen Gebrauch: Wenigstens 6000 *Local Rules* sind derzeit in äußerst unterschiedlicher Ausgestaltung in Kraft.[16]

b) Entwicklung gesetzlicher Regelungen zu compulsory counterclaims

Die Entwicklung der heutigen gesetzlichen Regelungen zu *counterclaims* geht zurück auf die Common Law-Doktrin des *recoupment* und auf die Doktrin des *set-off* aus dem Bereich der Equity. Diese Figuren unterlagen bekanntlich nicht unerheblichen Beschränkungen; *recoupment* konnte sich der Beklagte stets nur zu Verteidigungszwecken zunutze machen, *set-off* erlaubte zwar *affirmative relief*, allerdings nur bezogen auf bestimmte und berechenbare Ansprüche *(liquidated debts)*.[17] Zwar sahen sich frühe gesetzliche Regelungen zu *counterclaims* in der Tradition von *recoupment* und *set-off*, woraus sich einige Beschränkungen etwa im Hinblick auf die Klageart des *counterclaim* ergaben:[18] So konnte im Rahmen einer Unterlassungsklage nicht widerklagend Zahlung verlangt werden, da der *counterclaim* den klägerischen Anspruch aufheben bzw. verringern musste („directly defeat or diminish plaintiff's recovery").[19] Immerhin erlaubten die gesetzlichen Regelungen aber nunmehr *affirmative relief*, also die positive Titulierung eines Anspruchs des Beklagten für den Fall, dass dieser den klägerischen Anspruch überstieg.[20] Auch beschränkte sich die Anwendung von *counterclaims* nicht mehr auf *liquidated debts*.[21] Typischerweise musste der *counterclaim* aber in einem bestimmten Zusammenhang zum klägerischen *claim* stehen. So sah der New Yorker „Field Code" von 1848 seit dem Jahr 1852 in § 150 folgende Regelung vor:

„The counterclaim (...) must be one existing in favor of a defendant and against a plaintiff, between whom a several judgment might be had in the action, and arising out of one of the following causes of action:

1. A cause of action arising out of the contract or transaction set forth in the complaint as the foundation of the plaintiff's claim, or connected with the subject of the action;

---

[15] Eingehend *Squiers*, in: Moore's Federal Practice, § 83.03 ff.

[16] *Squiers*, in: Moore's Federal Practice, § 83.02 (Tendenz steigend).

[17] Ausführlich oben S. 82 f.

[18] *Wright/Miller/Kane*, in: Fed. Prac. & Proc., § 1401 nach Fn. 5; Note, 24 Iowa L. Rev. 310, 316 f. (1939) (zur Rechtslage in Iowa).

[19] *Cook-Reynolds Co. v. Wilson*, 214 P. 1104 (Mt. 1923). S. dazu und zu anderen Beschränkungen auch *Hazard/Leubsdorf/Bassett*, Civil Procedure, S. 252 („whatever that meant"); *Loyd*, 64 U. Pa. L. Rev. 541, 565 f. (1916).

[20] S. etwa *Stoddard v. Treadwell*, 26 Cal. 294, 309 (Cal. 1864) zur Rechtslage in Kalifornien. Eingehend *Loyd*, 64 U. Pa. L. Rev. 541, 565 (1916).

[21] *Clark*, Code Pleading, S. 637.

2. In an action arising on contract, any other cause of action arising also on contract, and existing at the commencement of the action."[22]

Nach dieser und ähnlichen Regelungen war die Konnexität des *counterclaim* folglich notwendige Voraussetzung zur Einführung desselben in das Verfahren. Eine Reformwelle im Anschluss an den Erlass der ersten gesetzlichen Regelungen führte allerdings zu einer weitgehenden Liberalisierung der Verfahrensordnungen und in der Folge zur Abschaffung derartiger Beschränkungen für die Einführung von *counterclaims.*[23] Moderne Verfahrensvorschriften, zu denen auch die hier interessierende Rule 13 FRCP zählt, erlauben heute die Einführung von *counterclaims* unabhängig von deren Verhältnis zum klägerischen *claim* (sog. *permissive counterclaims*, Rule 13(b) FRCP[24]). Gleichzeitig sieht die Mehrzahl dieser Verfahrensordnungen *compulsory counterclaims* vor,[25] für deren Qualifikation die Konnexität der Ansprüche nach wie vor von zentraler Bedeutung ist. Entsprechend bestimmt die bundesrechtliche Regelung zu *compulsory counterclaims* in der aktuellen Fassung der Rule 13(a)(1) FRCP:

„A pleading must state as a counterclaim any claim that – at the time of its service – the pleader has against an opposing party if the claim:

(A) arises out of the transaction or occurrence that is the subject matter of the opposing party's claim; and

(B) does not require adding another party over whom the court cannot acquire jurisdiction."

[22] Nachdruck in *Blume/Reed*, Pleading and Joinder, S. 608, 623. Dazu *Millar*, Civil Procedure in Historical Perspective, S. 125 ff. („followed, at least in substance, by a majority of the American codes."). Weitere Nachweise ähnlicher Regelungen bei *Clark*, Code Pleading, S. 642 ff. S. auch Jud. Conf. of the US (Com. R. of Prac. and Proc.), CI–4715–91 (1945).

[23] *Clark*, Code Pleading, S. 644 f.; *Wright/Miller/Kane*, in: Fed. Prac. & Proc., § 1426. Klarstellend etwa der *Tentative Draft II* der Rule 13 FRCP von Dezember 1935: „A counterclaim need not diminish or defeat the plaintiff's recovery." S. Jud. Conf. of the US (Com. R. of Prac. and Proc.), CI–5214–79 (1935). Diese Klarstellung findet sich heute in Rule 13(c) FRCP.

[24] Rule 13(b) FRCP lautet: „A pleading may state as a counterclaim against an opposing party any claim that is not compulsory." Deutlicher wird die Abkehr vom Konnexitätserfordernis für *permissive counterclaims* in der Fassung der Regelung bis zum Jahr 2007: „A pleading may state as a counterclaim any claim against an opposing party not arising out of the transaction or occurrence that is the subject matter of the opposing party's claim." Diese Definition des *permissive counterclaim* war missverständlich, denn ein *counterclaim* kann sehr wohl derselben *transaction or occurrence* wie der klägerische *claim* entstammen und trotzdem, etwa aufgrund einer Ausnahme nach Rule 13(a)(2) FRCP, nicht als *compulsory* einzustufen sein, s. *Gensler*, in: FRCP, Advisory Committee Notes, Rule 13 (2007 amendment).

[25] Ausführlich unten S. 195 ff.

Rule 13(a) FRCP ist in den FRCP seit deren In-Kraft-Treten im Jahr 1938 enthalten und basiert ausweislich der Gesetzesmaterialien[26] auf der früheren Equity Rule 30 von 1912, die wiederum dem englischen Verfahrensrecht entstammt und ebenjenes Konnexitätsmerkmal beinhaltet:

„The answer must state in short and simple form any counterclaim arising out of the transaction which is the subject-matter of the suit, and may, without cross bill, set up any set-off or counterclaim against the plaintiff which might be the subject of an independent suit in equity against him (…).“[27]

Abweichend von Equity Rule 30 findet Rule 13(a) FRCP Anwendung auf die Geltendmachung von Ansprüchen sowohl aus Law als auch aus Equity;[28] diese müssen derselben „transaction or occurrence“ (nicht: „transaction“, Equity Rule 30) entstammen wie der klägerische *claim*. Anders als noch zu Zeiten der Trennung von Law und Equity[29] wirkt sich Rule 13(a) FRCP nicht auf den sich aus dem 7. Amendment der U.S. Constitution ergebenden Anspruch des Beklagten auf ein Verfahren unter Jurybeteiligung *(right to jury trial)* aus.[30]

Die Regelung wurde seit ihrem In-Kraft-Treten mehrfach inhaltlich wie stilistisch geändert; auf diese Änderungen wird an den relevanten Stellen eingegangen.

2. Regelungsziel, Funktion und Wirkung

a) Überblick

Die mit dem Erlass von Rule 13(a) FRCP verfolgten Ziele finden in den Gesetzesmaterialien – soweit ersichtlich – keine ausdrückliche Erwähnung. Allerdings ist anzunehmen, dass die Ziele mit denen der Equity Rule 30 über-

---

[26] *Gensler*, in: FRCP, Advisory Committee Notes, Rule 13 (1937). Auch einige einzelstaatliche Verfahrensordnungen, etwa die kalifornische, kannten schon früh *compulsory counterclaims*, s. *Clark*, Code Pleading, S. 646 mit Fn. 54; *Millar*, Civil Procedure in Historical Perspective, S. 137.

[27] Nachdruck in *Hopkins*, The New Federal Equity Rules, S. 204, 209 (dort zur Unterscheidung des zwingenden vom nicht zwingenden Teil der Regelung). Eingehend *Millar*, Civil Procedure in Historical Perspective, S. 133 ff. Vgl. auch *Effron*, 65 Ala. L. Rev. 683, 699 (2014) („The ‚transaction or occurrence‘ language predates the FRCP.“).

[28] *Wright/Miller/Kane*, in: Fed. Prac. & Proc., § 1401 nach Fn. 11. Der *Preliminary Draft IV* der Rule 13 FRCP von April 1937 bezog sich ebenfalls noch auf „answer“, Jud. Conf. of the US (Com. R. of Prac. and Proc.), CI–4023–77 (1937).

[29] Vor Erlass der FRCP im Jahr 1938 galt die Einführung eines *legal counterclaim* in ein Equity-Verfahren insoweit als Verzicht auf das *right to jury trial*, s. etwa *American Mills Co. v. American Surety Co. of New York*, 260 U.S. 360, 364 ff. (1922).

[30] Vgl. etwa *Beacon Theatres, Inc. v. Westover*, 359 U.S. 500, 504, 508 (1959) sowie ausführlich *Wright/Miller/Kane*, in: Fed. Prac. & Proc., § 1405 und *Friedenthal/Kane/Miller*, Civil Procedure, S. 375.

einstimmen, in deren Tradition Rule 13(a) FRCP steht.[31] Equity Rule 30 diente im Wesentlichen der Vermeidung unnötiger Verfahren zwischen den Parteien und also der Prozessökonomie.[32] Die Prozessökonomie ist ein zentrales Anliegen auch von Rule 13(a) FRCP: Die Regelung soll die Beilegung von zusammenhängenden Streitigkeiten zwischen den Parteien in einem Verfahren fördern und so mehrfache Verfahren vermeiden,[33] die womöglich in widersprüchlichen Entscheidungen resultieren.[34] Die darin sich manifestierende effiziente Nutzung der Ressourcen der Justiz ist ein grundlegendes Regelungsziel der FRCP, das prominent in Rule 1 FRCP zum Ausdruck gebracht wird: „[These rules] should be construed and administered to secure the just, speedy, and inexpensive determination of every action and proceeding."[35] Dem Ziel der prozessökonomischen Streitbeilegung ist der Aspekt der Verfahrenskonzentration immanent. Insofern soll Rule 13(a) FRCP einen Ausgleich schaffen zwischen möglichst umfassender Streitbeilegung und einer unnötigen Verkomplizierung des Verfahrens durch weitgehend inkonnexe *counterclaims*.[36] Droht eine Verkomplizierung, kann das Gericht ausweislich Rule 13(i) FRCP separate *trials* für *claim* und *counterclaim* unter den Voraussetzungen von Rule 42(b) FRCP („For convenience, to avoid prejudice,

---

[31] *Wright/Miller/Kane*, in: Fed. Prac. & Proc., § 1403 („much of the philosophy of the earlier provision has been preserved."). Aus dieser Tradition leitet *Effron*, 65 Ala. L. Rev. 683, 699 (2014) ein der Regelung inhärentes Spannungsverhältnis zwischen Striktheit und Flexibilität ab („[T]he rulemakers have sought to set a uniform standard for a rule, but have used language from an equitable rule associated with case-by-case adjudication and judicial discretion. The text of the transaction or occurrence standard, then, captures the clash between strict rules and judicial flexibility (…).").

[32] *Hopkins*, The New Federal Equity Rules, S. 209.

[33] *Southern Construction Co. v. Pickard*, 371 U.S. 57, 60 (1962); *Montecatini Edison, S.P.A. v. Ziegler*, 486 F.2d 1279, 1282 (D.C. Cir. 1973); *Great Lakes Rubber Corp. v. Herbert Cooper Co.*, 286 F.2d 631, 633 f. (3rd Cir. 1961) („abolish the same evil, viz., piecemeal litigation in the federal courts"); *Blair v. Cleveland Twist Drill Co.*, 197 F.2d 842, 845 (7th Cir. 1952); *Cyclops Corp. v. Fischbach & Moore, Inc.*, 71 F.R.D. 616, 619 (W.D.Pa. 1976). S. auch *Kane*, 76 Tex. L. Rev. 1723, 1728 (1998) („trial convenience"); *Hoegen*, 55 Mich. L. Rev. 967, 970 (1957); *Wright/Miller/Kane*, in: Fed. Prac. & Proc., § 1409 bei Fn. 3; *Wright*, 9 Ala. L. Rev. 179, 197 (1957) („Any device which will reduce the volume of litigation and end the necessity for litigating the same issues over and over in different lawsuits is highly desirable.").

[34] *Vestal*, 62 Nw. U. L. Rev. 357, 384 (1967) („Such a policy [of Rule 13(a) FRCP] avoids not only vexatious litigation, but also, the possibility of conflicting judgments.").

[35] Vgl. auch *Stewart-Warner Corp. v. Westinghouse Electric Corp.*, 325 F.2d 822, 827 (2nd Cir. 1963); *Effron*, 100 Geo. L. J. 759, 767 ff. (2012); Note, 46 Minn. L. Rev. 913, 917, 922 f. (1962).

[36] Vgl. *Friedenthal/Kane/Miller*, Civil Procedure, S. 370; *Wright/Miller/Kane*, in: Fed. Prac. & Proc., § 1409 nach Fn. 10. Ähnlich *Wright*, 9 Ala. L. Rev. 179, 197 (1957); *Kane*, 76 Tex. L. Rev. 1723, 1735 (1998) (bezogen auf *claim preclusion*).

or to expedite and economize") anordnen[37] (vgl. § 145 Abs. 2 ZPO) und nach Rule 54(b) FRCP („only if the court expressly determines that there is no just reason for delay") selbst dann noch über den *counterclaim* entscheiden, wenn es die Klage abgewiesen hat („dismissed or otherwise resolved").[38] Nicht zuletzt führt ein unter den Voraussetzungen der Rule 13(a) FRCP durchgeführtes Verfahren auch zu Rechtsfrieden und Rechtssicherheit zwischen den Parteien im Hinblick auf sämtliche *compulsory counterclaims* der fraglichen *transaction or occurrence.*[39] All diese Erwägungen verdeutlichen, dass Rule 13(a) FRCP dieselben Ziele verfolgt wie *claim preclusion.*[40] Die Regelung dient allerdings nicht dazu, dem Beklagten „complete relief" zu verschaffen;[41] dies kann Rule 13(a) FRCP mitunter gar nicht leisten, wenn dem Beklagten (auch) inkonnexe Ansprüche gegen den Kläger zustehen, deren Geltendmachung nur als *permissive counterclaim* nach Rule 13(b) FRCP möglich ist.[42] Zu beachten ist schließlich, dass die faktische Möglichkeit des Klägers, im Wege von Rule 13(a) FRCP auch über das Forum für den konnexen Anspruch des Beklagten zu entscheiden, zu einem unerwünschten *race to the courthouse* führen kann.[43]

Dass Verfahrenskonzentration stets auch einen Ausgleich der berührten (Partei-)Interessen erforderlich macht, wird in der Diskussion um die Wirkungsweise von Rule 13(a) FRCP allzu häufig übersehen.[44] Dieser Interes-

---

[37] Krit. *Millar*, Civil Procedure in Historical Perspective, S. 137 (aus Praktikabilitätsgründen sei Möglichkeit der Behandlung des *counterclaim* als völlig eigenständige Klage erforderlich).

[38] Näher *Wright/Miller/Kane*, in: Fed. Prac. & Proc., § 1437; *Sherman/Squiers*, in: Moore's Federal Practice, § 13.95 f. Vgl. auch *Barefoot Architect, Inc. v. Bunge*, 632 F.3d 822, 836 (3rd Cir. 2011).

[39] Vgl. *Effron*, 65 Ala. L. Rev. 683, 693 (2014); *Conway*, 60 U. Chi. L. Rev. 141, 161 f. (1993). Daraus folgt aber kein „Recht" des Klägers, sämtliche konnexe Ansprüche in einem Verfahren entschieden zu wissen, *Peterson*, 50 Ariz. L. Rev. 1107, 1121, 1136 (2008). Dazu – im Zusammenhang mit der Säumnis des Beklagten – noch unten S. 126 f.

[40] *Freer*, Civil Procedure, S. 681; *Conway*, 60 U. Chi. L. Rev. 141, 142 f. (1993).

[41] Verfehlt daher *Plant v. Blazer Financial Services, Inc. of Georgia*, 598 F.2d 1357, 1364 (5th Cir. 1979) („We add to these arguments the observation that one of the purposes of the compulsory counterclaim rule is to provide complete relief to the defendant who has been brought involuntarily into the federal court.").

[42] So auch *Conway*, 60 U. Chi. L. Rev. 141, 156 (1993).

[43] *Vestal*, 47 Iowa L. Rev. 11, 16 f. (1961) („race to litigate"). Zur Umgehung der Widerklagelast durch Parallelverfahren noch unten S. 230 ff.

[44] Bezeichnend einseitig etwa *Clark*, 23 A.B.A. J. 976, 977 (1937) („On the matter of joinder, too, it is desirable that all matters in dispute between litigants be brought to issue and settled as quickly and directly as possible. In general this can be best done in a single action. Such course saves time and expense for the litigants and for the courts; it represents the difference between a single and permanent surgical operation as compared to chronic physicking. (…) The only objection which can be made is the possible confusion of court or jury."); *Barefoot Architect, Inc. v. Bunge*, 632 F.3d 822, 836 Fn. 9 (3rd Cir. 2011);

senausgleich, insbesondere der Schutz des Beklagten, kann im Folgenden bereits bei der Auslegung des Tatbestandes Berücksichtigung finden.[45]

b) Zuständigkeitsrechtliche Aspekte

aa) Zuständigkeitsbegründende Funktion im Rahmen der ancillary jurisdiction

An früherer Stelle wurde bereits darauf hingewiesen, dass die *subject matter jurisdiction* des angerufenen Gerichts für sämtliche *claims*, also auch für die durch den Beklagten eingeführten *counterclaims*, vorliegen muss.[46] Das stellte der *Preliminary Draft* zu Rule 13(a) FRCP noch ausdrücklich klar.[47] Insbesondere für *counterclaims* lässt sich die sachliche Zuständigkeit aber auch durch *ancillary jurisdiction* begründen, wenn die *counterclaims* des Beklagten und die klägerischen *claims* einem „common nucleus of operative facts" entstammen.[48] Dies wurde in der Vergangenheit regelmäßig für *compulsory*, nicht jedoch für *permissive counterclaims* angenommen,[49] was zur paradox

---

Transamerica Occidental Life Insurance Co. v. Aviation Office of America, Inc., 292 F.3d 384, 390 (3rd Cir. 2002) („In short, the objective of Rule 13(a) is to promote judicial economy, so the term ‚transaction or occurrence' is construed generously to further this purpose"). *Conway*, 60 U. Chi. L. Rev. 141, 163 (1993) konzediert denn auch: „In practice, courts seldom find the defendant's interest in control [of the proceedings] a persuasive reason for finding a counterclaim permissive rather than compulsory.".

[45] Ausführlich zu Überlegungen zum Beklagtenschutz *de lege lata* und *ferenda* unten S. 214 ff.

[46] Oben S. 21 f. Zur Anwendbarkeit von Rule 13(a) FRCP in Verfahren auf Grundlage der *diversity jurisdiction* Note, 46 Minn. L. Rev. 913, 929 ff. (1962) (Anwendung sei geboten, *Erie*-Doktrin (oben Kap. 1 Fn. 35) erfordere nicht die Anwendung einzelstaatlichen Rechts).

[47] Jud. Conf. of the US (Com. R. of Prac. and Proc.), CI–1908–54 („provided the court has jurisdiction to entertain the claim"). Hinweise auf *jurisdiction* wurden im Normtext in späteren Fassungen aber gestrichen, s. Jud. Conf. of the US (Com. R. of Prac. and Proc.), CI–5311–37, CI–5214–79 und CI–819–63 (*Preliminary Draft II*, Oktober 1936).

[48] *United Mine Workers v. Gibbs*, 383 U.S. 715, 725 (1966). Dazu bereits oben S. 21 ff. Fehlt dem Gericht bereits die *subject matter jurisdiction* für den klägerischen *claim*, kann die Zuständigkeit für den *counterclaim* freilich nicht durch *supplemental jurisdiction* begründet werden, sondern bedarf einer eigenständigen Grundlage. Ist diese gegeben, kann der Kläger seinen Anspruch nunmehr als *compulsory counterclaim* im Rahmen der dann für diesen bestehenden *supplemental jurisdiction* geltend machen, *Wright/Miller/Kane*, in: Fed. Prac. & Proc., § 1414 nach Rn. 33.

[49] *McFarland*, 64 Mercer L. Rev. 437 (2013) („orderly system"); *Conway*, 60 U. Chi. L. Rev. 141, 143 (1993); *Sherman/Squiers*, in: Moore's Federal Practice, § 13.110[2]; *Siegel*, Commentary on 1988 Revision of 28 USC § 1367 (abrufbar bei *Westlaw* im Anschluss an die Vorschrift). S. etwa *Baker v. Gold Seal Liquors, Inc.*, 417 U.S. 467, 469 Fn. 1 (1974); *Revere Copper & Brass Inc. v. Aetna Cas. & Sur. Co.*, 426 F.2d 709, 714 f. (5th Cir. 1970); *Great Lakes Rubber Corp. v. Herbert Cooper Co.*, 286 F.2d 631, 633 (3rd Cir.

anmutenden Folge hatte, dass sich der Beklagte selbst um die Einordnung seines Anspruchs als *compulsory counterclaim* bemühte, um diesen vor einem Bundesgericht verhandeln zu können.[50] Verklagte etwa der New Yorker A den Kalifornier B auf Zahlung von $ 100.000 auf Grundlage der sich hieraus ergebenden *diversity jurisdiction* vor einem Bundesgericht und hatte B gegen A einen als *compulsory counterclaim* einzustufenden Anspruch aus einzelstaatlichem Recht in Höhe von $ 50.000 (keine *diversity* oder sonstige *subject matter jurisdiction*), konnte B diesen Anspruch – unabhängig von Streitwertgrenzen[51] – als *compulsory counterclaim* im Wege der *ancillary jurisdiction* vor das Bundesgericht bringen. Vor diesem Hintergrund kam Rule 13(a) FRCP faktisch auch eine zuständigkeitsbegründende Funktion zu;[52] das zeigt sich nicht zuletzt in der zweifelhaften Behauptung, *compulsory counterclaims* bedürften keiner eigenen Grundlage für *subject matter jurisdiction*.[53] Mitunter wurde aber zutreffend darauf hingewiesen, dass es sich eigentlich nicht um eine Zuständigkeitsregelung handele, sondern lediglich Ähnlichkeit im Hinblick auf die Konnexitätsanforderungen bestehe.[54] Dass Rule 13(a) FRCP keinen Einfluss auf die *subject matter jurisdiction* haben kann, ergibt sich bereits aus Rule 82 FRCP, wonach die FRCP die Zuständigkeit der *Federal District Courts* weder erweitern noch beschränken.

1961); offen gelassen von *Moore v. New York Cotton Exchange*, 270 U.S. 593, 609 (1926). S. aber *Ambromovage v. United Mine Workers of America*, 726 F.2d 972, 976 (3rd Cir. 1984) (Begründung von *ancillary jurisdiction* hänge nicht von Charakterisierung des *counterclaim* als *permissive* oder *compulsory* ab, sondern allein von in *Gibbs* (Kap. 3 Fn. 48) festgelegtem Standard). Krit. auch *Green*, 48 Nw. U. L. Rev. 271, 286 ff. (1953).

[50] *James/Hazard/Leubsdorf*, Civil Procedure, S. 572; *Hau*, ZZP 117 (2004), 31, 46.

[51] Auch heute gilt noch, dass das Vorliegen von *supplemental jurisdiction* für den *counterclaim* etwaige Streitwertuntergrenzen überwindet, s. *Wright/Miller/Kane*, in: Fed. Prac. & Proc., § 1415, nach Fn. 3 ausführlich zu der umstrittenen Frage, ob ein die Streitwertuntergrenze überschreitender *counterclaim* auch als Zuständigkeitsgrundlage für einen diese Grenze nicht überschreitenden klägerischen *claim* dienen kann bzw. die Streitwerte ggf. addiert werden können. Für eine getrennte Berücksichtigung beider Streitwerte, aber wegen der daraus resultierenden Ausweitung der *diversity jurisdiction* gegen deren Addition *Creutz*, 68 Fordham L. Rev. 1719, 1740 ff. (2000). Für eine Addition der Streitwerte hingegen *Sager*, 39 Temp. L.Q. 340, 351 (1966).

[52] Vgl. *Conway*, 60 U. Chi. L. Rev. 141, 156 f. (1993).

[53] Vgl. *Gensler*, in: FRCP, Practice Commentary, Rule 13. Dass eine solche Grundlage für *subject matter jurisdiction* regelmäßig durch *ancillary jurisdiction* begründet werden konnte, ändert nichts am Erfordernis der Grundlage an sich.

[54] S. etwa *Great Lakes Rubber Corp. v. Herbert Cooper Co.*, 286 F.2d 631, 633 (3rd Cir. 1961). Vgl. *Gensler*, in: FRCP, Practice Commentary, Rule 13; differenziert auch *Green*, 48 Nw. U. L. Rev. 271, 282 (1953).

bb) Überwindung der zuständigkeitsbegründenden Funktion durch 28 USC § 1367

Im Jahr 1990 erließ der Kongress als Teil des *Judicial Improvements Act*[55] schließlich 28 USC § 1367 und schaffte damit eine gesetzliche Grundlage für *supplemental jurisdiction*, die die beiden früheren Konzepte der *ancillary* und *pendent jurisdiction* umfasst.[56] Nach § 1367(a) hat ein *Federal District Court supplemental jurisdiction* für alle *claims*, die im Verhältnis zu den *claims*, für die das Gericht die originäre Zuständigkeit innehat, einen Teil „of the same case or controversy" bilden.[57] Zwar nimmt der Wortlaut nicht ausdrücklich Bezug auf „transaction" bzw. „common nucleus of operative facts", allerdings lassen die Gesetzesmaterialien den Schluss zu, dass sich die Norm auf die in der Rechtsprechung entwickelten Grundsätze bezieht und entsprechend auszulegen ist.[58] Der Anwendungsbereich der *supplemental jurisdiction* wird in § 1367(b) eingeschränkt, um die Voraussetzungen der *diversity jurisdiction* (insbesondere die Streitwertgrenze) nicht zu unterlaufen;[59] § 1367(c) gewährt dem *District Court* unter Umständen freies Ermessen hinsichtlich der Anwendung der *supplemental jurisdiction*.[60] Die Gewährung von Ermessen bei

---

[55] *Judicial Improvements Act of 1990* vom 1. Dezember 1990, PL 101–650 (104 Stat. 5089). Ausführlich dazu *Oakley*, 24 U.C. Davis L. Rev. 735, 757, 763 ff. (1991) (dort zu 28 USC § 1367).

[56] Dies wurde notwendig, als der *U.S. Supreme Court* in *Finley v. United States*, 490 U.S. 545, 556 (1989), entschied, dass das jahrzehntelange Schweigen des Kongresses nicht als Billigung der *supplemental jurisdiction* gewertet werden könne und dieser das Konzept vielmehr ausdrücklich gestatten müsse. Zu dieser Entscheidung *Corey*, 1995 BYU L. Rev. 1263, 1268 ff. (1995). Zum Ganzen auch *McFarland*, 64 Mercer L. Rev. 437, 439 f. (2013).

[57] Der Wortlaut („Except as provided in subsections (b) and (c)") legt eine Vermutung zugunsten des Bestehens der Zuständigkeit nahe, *Corey*, 1995 BYU L. Rev. 1263, 1276 (1995).

[58] Vgl. Jud. Conf. of the US (Fed. Ct. Study Com.), S. 47 („[W]e recommend that Congress expressly authorize federal courts to hear any claim arising out of the same ‚transaction or occurrence' as a claim within federal jurisdiction (…).", abrufbar unter http://www.fjc.gov/public/pdf.nsf/lookup/repfcsc.pdf/$file/repfcsc.pdf, letzter Zugriff: 6.5.2014). Wie hier *Wright/Miller/Kane*, in: Fed. Prac. & Proc., § 1414 nach Fn. 3; *Sherman/Squiers*, in: Moore's Federal Practice, § 13.110[1][a]; *Kane*, 76 Tex. L. Rev. 1723, 1732 (1998). S. zur Auslegung auch *Conway*, 60 U. Chi. L. Rev. 141, 149 (1993) sowie *Blue Dane Simmental Corp. v. American Simmental Association*, 952 F.Supp. 1399, 1407 f. (D.Ne. 1997) und *James v. Sun Glass Hut of California, Inc.*, 799 F.Supp. 1083, 1084 m.w.N. (D.Co. 1992).

[59] Krit. zu dieser Regelung *Oakley*, 24 U.C. Davis L. Rev. 735, 765 f. (1991). S. auch *Siegel*, Commentary on 1988 Revision of 28 USC § 1367 (abrufbar bei *Westlaw* im Anschluss an die Vorschrift).

[60] Nach 28 USC § 1367(c) kann die Ausübung von *supplemental jurisdiction* etwa abgelehnt werden, wenn der fragliche Anspruch neue oder komplexe Fragen des einzelstaatlichen Rechts aufwirft, (c)(1), oder unter außergewöhnlichen Umständen andere überzeu-

der Ausübung der sachlichen Zuständigkeit steht in Einklang mit dem Ziel der Regelung, namentlich der effizienten und prozessökonomischen Streitbeilegung von zusammenhängenden *claims*.[61]

Der Erlass von 28 USC § 1367 führt dazu, dass sich für einen *counterclaim* des Beklagten *supplemental jurisdiction* begründen lässt, ohne dass dieser darauf angewiesen wäre, seinen *counterclaim* als *compulsory* einstufen zu lassen.[62] Freilich fallen *supplemental jurisdiction* und Einstufung als *compulsory counterclaim* im Hinblick auf das Konnexitätserfordernis häufig zusammen.[63] Gleichwohl ist aber die Entkoppelung von Zuständigkeitsbegründung und Qualifikation des *counterclaim* zu begrüßen, denn eine Verneinung der Qualifikation als *compulsory counterclaim* bedeutet aufgrund der vorgesehenen Ausnahmen in Rule 13(a)(2) FRCP[64] nicht stets, dass dieser *counterclaim* nicht derselben *transaction* oder *occurrence* wie der klägerische *claim* entspringt,[65] führte aber demgegenüber vor Erlass der gesetzlichen Regelung unweigerlich zur Ablehnung von *supplemental jurisdiction*.[66] Vor

---

gende Gründe für die Ablehnung der Zuständigkeit sprechen, (c)(4). *Oakley*, 24 U.C. Davis L. Rev. 735, 766 (1991), sieht in 28 USC § 1367(c) „strict standards" für die Ablehnung der Ausübung von *supplemental jurisdiction*, was im Hinblick auf den Auffangtatbestand in (c)(4) zweifelhaft ist. Ausführlich zur Auslegung von § 1367(c) *Corey*, 1995 BYU L. Rev. 1263, 1282 ff., 1285 ff. (1995).

[61] Ähnlich *Wright/Miller/Kane*, in: Fed. Prac. & Proc., § 1414 bei Fn. 11 und 32 f., dort zur prozessökonomisch motivierten Ablehnung der *supplemental jurisdiction* bei frühzeitiger Klagerücknahme. Vgl. zum Regelungsziel Jud. Conf. of the US (Fed. Ct. Study Com.), S. 47 (Nachweis in Kap. 3 Fn. 58).

[62] So auch *Conway*, 60 U. Chi. L. Rev. 141, 143 (1993). Verfehlt daher *Whyte v. PP&G, Inc.*, 2014 WL 1340194 *4 (D.Md. 2014) („In cases such as this one, where neither diversity nor federal question jurisdiction exists over defendant's counterclaims, the counterclaims' status as ‚compulsory' or ‚permissive' determines whether the court has jurisdiction over them.").

[63] *Freer*, Civil Procedure, S. 683 („[T]he compulsory counterclaim always meets this test [of § 1367(a)]."); *Hay*, US-amerikanisches Recht, Rn. 165.

[64] Ausführlich zu diesen Ausnahmen unten S. 173 ff.

[65] Verkannt von *Yeazell*, Civil Procedure, S. 803; *Creutz*, 68 Fordham L. Rev. 1719, 1735 (2000); *Blue Dane Simmental Corp. v. American Simmental Association*, 952 F.Supp. 1399, 1407 f. (D.Ne. 1997). A.A. offenbar *McFarland*, 64 Mercer L. Rev. 437, 457 f. (2013), der die Annahme von *supplemental jurisdiction* für *permissive counterclaims* in der Rechtsprechung ablehnt („misconception") und diese auf eine fehlerhafte Auslegung von 28 USC § 1367(a) zurückführt.

[66] Richtigerweise für die Annahme von *supplemental jurisdiction* für *after-acquired counterclaim* nach Rule 13(e) FRCP, der derselben *transaction* wie klägerischer *claim* entsprang, aber nicht *compulsory* war: *Harbor Insurance Co. v. Continental Bank Corp.*, 922 F.2d 357, 360 ff. (7th Cir. 1990) (unter Bezugnahme auf 28 USC § 1367, der vorliegend aber nicht anwendbar war).

diesem Hintergrund muss die – schon damals zweifelhafte – zuständigkeitsbegründende Funktion der Rule 13(a) FRCP als überwunden gelten.[67]

cc) Personal jurisdiction *und* venue

Die internationale und interlokale Zuständigkeit (*personal* bzw. *territorial jurisdiction*[68]) des Gerichts für *compulsory counterclaims* nach Rule 13(a) FRCP stellt regelmäßig kein Problem dar: Die Klageerhebung gilt als stillschweigender Verzicht des Klägers auf etwaige Einwände gegen die *personal jurisdiction* des Gerichts im Hinblick auf die durch den Beklagten eingeführten *compulsory counterclaims.*[69] Ebensowenig kann der Kläger die *venue* (28 USC § 1391) des Gerichts für *compulsory counterclaims* bemängeln. Die entsprechende Norm wird in der Rechtsprechung nämlich dahingehend ausgelegt, dass sie sich nur auf die das Verfahren initiierende Klage beziehe („A civil action may be brought (…)"), eine gesonderte Bestimmung der *venue* für *compulsory counterclaims* also nicht erforderlich sei.[70] Diese Lesart führt zu einer mit der in Rule 13(a) FRCP angeordneten Widerklagelast einhergehenden zuständigkeitsrechtlichen Privilegierung des Beklagten, der einen als *compulsory* einzustufenden *counterclaim* in das Verfahren einführen kann, obwohl das angerufene Gericht für eine selbständige Klage auf Grundlage dieses *claim* keine *venue* besäße.[71]

Eine andere Frage ist, ob der Beklagte seinerseits durch Einführung eines *compulsory counterclaim* nach Rule 13(a) FRCP auf Einwände gegen den klägerischen *claim* in Bezug auf *personal jurisdiction* und *venue* verzichtet. Dies wird in der Rechtsprechung unterschiedlich beurteilt.[72] Überzeugender

---

[67] Im Ergebnis auch *Conway*, 60 U. Chi. L. Rev. 141, 156 f. (1993). In diese Richtung auch *Global NAPs, Inc. v. Verizon New England, Inc.*, 603 F.3d 71, 87 (1st Cir. 2010); *Jones v. Ford Motor Credit Co.*, 358 F.3d 205, 210 ff. (2nd Cir. 2004), ablehnend *McFarland*, 64 Mercer L. Rev. 437, 445 ff. (2013); *Channell v. Citicorp Nat. Sercives, Inc.*, 89 F.3d 379, 385 f. (7th Cir. 1996); *Wesley v. General Motors Acceptance Corp.*, 1991 WL 169204 (N.D.Ill. 1991).

[68] Oben S. 24 f.

[69] S. etwa *Adam v. Saenger*, 303 U.S. 59, 67 (1938); *Competitive Technologies v. Fujitsu Ltd.*, 286 F.Supp.2d 1118, 1141 f. (N.D.Cal. 2003); *Grupke v. Linda Lori Sportswear, Inc.*, 174 F.R.D. 15, 18 (E.D.N.Y. 1997); Jud. Conf. of the US (Com. R. of Prac. and Proc.), CI–4208–76 *(Holtzoff)*; *Wright/Miller/Kane*, in: Fed. Prac. & Proc., § 1416 bei Fn. 1; *Gensler*, in: FRCP, Practice Commentary, Rule 13; *Freer*, Civil Procedure, S. 677.

[70] S. etwa *General Elec. Co. v. Marvel Rare Metals Co.*, 287 U.S. 430, 434 f. (1932); *Lesnik v. Public Industrials Corporation*, 144 F.2d 968, 977 (2nd Cir. 1944); *U.S. for Use and Benefit of Kashulines v. Thermo Contracting Corp.*, 437 F.Supp. 195, 197 (D.N.J. 1976). Zur Auslegung der Norm auch Note, 73 Harv. L. Rev. 1164, 1170 ff. (1960).

[71] *Wright/Miller/Kane*, in: Fed. Prac. & Proc., § 1416 nach Fn. 2.

[72] Für einen Verzicht etwa *Thompson v. U.S.*, 312 F.2d 516, 519 f. (10th Cir. 1962), cert. denied 373 U.S. 912 (1963); *Switzer Bros., Inc. v. Chicago Cardboard Co.*, 252 F.2d 407, 410 f. (7th Cir. 1958); *Dow Chemical Co. v. Metlon Corp.*, 281 F.2d 292, 297 (5th

erscheint es, in der Einführung eines *compulsory counterclaim* keinen solchen Verzicht zu sehen: Wer dem Beklagten eine Widerklagelast auferlegt, wird in einem mit dieser Last korrespondierenden prozessualen Verhalten nicht ohne Weiteres eine freiwillige Unterwerfung unter die Zuständigkeit des Gerichts erblicken können.[73] Das muss jedenfalls dann gelten, wenn der Beklagte in seiner Klageerwiderung auch die fehlende Zuständigkeit rügt (vgl. Rule 12(h)(1)(B)(ii) FRCP).

c) Verjährungshemmung des Widerklageanspruchs durch Klageerhebung

Ebenso wie im deutschen Recht (§ 204 Abs. 1 Nr. 1 BGB) hemmt im US-amerikanischen Recht die Klageerhebung die Verjährung des mit der Klage geltend gemachten Anspruchs; erforderlich ist – abweichend von Rule 3 FRCP, der für die Einleitung eines Verfahrens allein das Einreichen der Klageschrift fordert – auch die Zustellung der Klage innerhalb von 120 Tagen nach Einreichen der Klageschrift, Rule 4(m) FRCP.[74] Darüber hinaus soll nach bestrittener Ansicht in der Rechtsprechung die Klageerhebung auch zur Verjährungshemmung des als *compulsory counterclaim* zu erhebenden, aber noch nicht erhobenen, Anspruchs führen:[75] Ein konnexer, zum Zeitpunkt der

---

Cir. 1960) *(obiter dictum)*; *North Branch Products, Inc. v. Fisher*, 284 F.2d 611, 615 (D.C. Cir. 1960) (unter Hinweis auf Rule 12(b) FRCP, die Einwände gegen die Zuständigkeit erlaube, bevor ein *counterclaim* überhaupt eingeführt werden müsse – krit. zu diesem Argument *Hasse v. American Photograph Corp.*, 299 F.2d 666, 668 (10th Cir. 1962) und *Wright/Miller/Kane*, in: Fed. Prac. & Proc., § 1416 bei Fn. 10). Gegen einen Verzicht etwa *Diamond Crystal Brands, Inc. v. Food Movers Intern., Inc.*, 593 F.3d 1249, 1256 Fn. 5 (11th Cir. 2010), cert. denied 131 S. Ct. 158 (2010) (kein Verzicht durch *counterclaim* nach erfolgloser *motion to dismiss* nach Rule 12(b)(2) FRCP); *U.S. v. Ligas*, 549 F.3d 497, 501 f. (7th Cir. 2008); *Dragor Shipping Corp. v. Union Tank Car Co.*, 378 F.2d 241, 244 (9th Cir. 1967); *Medicenters of America, Inc. v. T & V Realty & Equipment Corp.*, 371 F.Supp. 1180, 1181 f. (E.D.Va. 1974); *Baltimore & O.R. Co. v. Thompson*, 80 F.Supp. 570, 574 (E.D.Mo. 1948).

[73] *Wright/Miller/Kane*, in: Fed. Prac. & Proc., § 1416 nach Fn. 13; *Gensler*, in: FRCP, Practice Commentary, Rule 13.

[74] Ausführlich zum Erfordernis der Zustellung in der früheren Rechtsprechung sowie nach der aktuellen Fassung von Rule 4 FRCP (nach Fn. 14), zum *equitable tolling* und anderen Schutzmechanismen zugunsten des Klägers (nach Fn. 36) sowie zu Fragen des anwendbaren Verjährungsrechts (nach Fn. 4, 46) *Wright/Miller/Kane*, in: Fed. Prac. & Proc., § 1056 („Under the revision of Rule 4, read in conjunction with Rule 3, the filing of the complaint commences a federal question case for statute of limitations purposes, but only provisionally.“, nach Fn. 30). Zum anwendbaren Verjährungsrecht instruktiv auch *Freer*, Civil Procedure, S. 528 ff.

[75] *Kirkpatrick v. Lenoir County Bd. Of Educ.*, 216 F.3d 380, 387 f. (4th Cir. 2000); *Burlington Industries v. Milliken & Co.*, 690 F.2d 380, 389 (4th Cir. 1982); *Hartford v. Gibbons & Reed Co.*, 617 F.2d 567, 570 (10th Cir. 1980); *Mattel, Inc. v. MGA Entertainment, Inc.*, 782 F.Supp.2d 911, 1044 (C.D.Cal. 2011); *Mayo Clinic Jacksonville v. Alzheimer's Institute of America, Inc.*, 683 F.Supp.2d 1292, 1298 Fn. 8 (M.D.Fla. 2009); *UST Capital*

Klageerhebung noch nicht verjährter Anspruch kann also unter Umständen noch widerklagend geltend gemacht werden, wenn eine eigenständige Klage keinen Erfolg mehr verspräche. Diese Praxis findet in Rule 13(a) FRCP, die sich nicht zu Verjährungsfragen äußert, keine Grundlage. Sie steht aber in der Tradition des dem Common Law entstammenden *recoupment*, das die Verteidigung des Beklagten mit einem konnexen Anspruch ermöglicht, obwohl dieser wegen Verjährung klageweise nicht mehr geltend gemacht werden kann (ähnlich, wenngleich einschränkend, § 215 BGB).[76] Dem Konnexitätserfordernis im Rahmen des *recoupment* entsprechend bleibt die heutige Rechtsprechungspraxis auf *compulsory*, also konnexe *counterclaims* beschränkt.[77] Die Verjährungshemmung (auch) des Widerklageanspruchs durch Klageerhebung soll dem Kläger die Möglichkeit der missbräuchlichen Klageerhebung nehmen: Bei einem Gleichlauf der Verjährungsfristen könnte der Kläger seine Klageerhebung bis kurz vor Ablauf der Frist hinauszögern, sodass dem Beklagten die verjährungshemmende Erhebung seiner Widerklage nicht mehr möglich wäre.[78] Diese Begründung erscheint wenig überzeugend, steht es dem Beklagten doch frei, jederzeit durch eine eigenständige Klageerhebung selbst für die Verjährungshemmung seines Anspruchs zu sorgen. Auch die Parallele zum *recoupment* geht fehl, denn diese Figur erlaubt dem Beklagten bekanntlich stets nur die Verteidigung gegen den klägerischen Anspruch, ist also dogmatisch von dem auf Titulierung eines Anspruchs gerichteten *counterclaim* zu unterscheiden.[79]

Indes ist dieser Rechtsprechung zugutezuhalten, dass sie deeskalierend auf die Parteien wirkt und so zu einer prozessökonomischen Schonung der gerichtlichen Ressourcen führt. Eine Partei wird nämlich nicht dazu angehalten, ihren Anspruch zur Verjährungshemmung „rein vorsorglich“ einzuklagen; sie kann die Geltendmachung vielmehr unterlassen, wenn sie daran kein Interesse hat, solange die gegnerische Partei nicht ihrerseits Klage erhebt. Wird tatsächlich Klage erhoben, bleibt dem Beklagten dann wegen der Verjäh-

---

Corp. v. Charter Nat. Life Ins. Co., 684 F.Supp. 757, 759 (D.Mass. 1986). Dagegen aber etwa *Wells v. Rockefeller*, 728 F.2d 209, 214 ff. (3rd Cir. 1984); *Chauffeurs, Teamsters, Warehousemen and Helpers, Local Union No. 135 v. Jefferson Trucking Co., Inc.*, 628 F.2d 1023, 1027 ff. (7th Cir. 1980); *Luckenbach S.S. Co. v. U.S.*, 312 F.2d 545, 550 f. (2nd Cir. 1963); *Keckley v. Payton*, 157 F.Supp. 820, 822 ff. (N.D.W.V. 1958); *Murray v. Mansheim*, 779 N.W.2d 379, 384 ff. (S.D. 2010) mit ausf. N. zum Streitstand in Fn. 6–9 sowie dazu (ablehnend) *Hansman*, 56 S.D. L. Rev. 155, 172 ff. (2011).

[76] Vgl. *Hazard/Leubsdorf/Bassett*, Civil Procedure, S. 259. S. auch *Spartan Grain & Mill Co. v. Ayers*, 581 F.2d 419, 430 (5th Cir. 1978). Zum *recoupment* bereits oben S. 82 f.

[77] S. etwa *Spartan Grain & Mill Co. v. Ayers*, 581 F.2d 419, 430 (5th Cir. 1978); *Bonilla v. Trebol Motors Corp.*, 913 F.Supp. 655, 660 (D.P.R. 1995).

[78] *Wright/Miller/Kane*, in: Fed. Prac. & Proc., § 1419 nach Fn. 3; *Canned Foods, Inc. v. U.S.*, 140 F.Supp. 771, 772 (Ct. Cl. 1956).

[79] Zutreffend *Hartford Acc. & Indem. Co. v. Pro-Football, Inc.*, 127 F.3d 1111, 1118 f. (D.C. Cir. 1997).

rungshemmung auch des Widerklageanspruchs eine eigene Rechtsverfolgung möglich. Die Rechtsprechung erweist sich damit als Beitrag zur „prozessualen Waffengleichheit" und lässt sich immerhin unter diesem Gesichtspunkt rechtfertigen. Sie findet ihre Parallele in § 524 Abs. 2 S. 1 ZPO, der die Anschlussberufung unter anderem auch dann noch erlaubt, wenn die Berufungsfrist verstrichen ist. Diese Regelung basiert auf den soeben dargestellten Begründungsmustern;[80] sie wird treffend als „prozessuale clausula rebus sic stantibus"[81] beschrieben.

3. Compulsory counterclaims *im föderalistischen Gerichtssystem der USA*

Bereits im ersten Kapitel ist die Frage aufgeworfen worden, wie die Rechtskraft einer gerichtlichen Entscheidung im föderalistischen Gerichtssystem der USA wirkt. Im Ergebnis ist für die Bestimmung der Wirkung und Reichweite derselben stets das Recht des Erstforums maßgeblich.[82] Auch für die Wirkungsweise gesetzlicher Regelungen zu *compulsory counterclaims* stellt sich die Frage, inwiefern deren Präklusionsanordnung im Rahmen eines späteren Verfahrens in einem anderen Gerichtssystem zu berücksichtigen ist.

a) Dogmatische Begründungsansätze

Inwiefern Rule 13(a) FRCP über das Bundesgerichtssystem hinaus eine Präklusionswirkung auch für spätere Verfahren vor einzelstaatlichen Gerichten nach Entscheidungserlass im Erstverfahren anordnen will, lässt sich den Gesetzesmaterialien nicht entnehmen.[83] Die Reichweite der Präklusionswirkung ist daher umstritten. Argumentiert wird anhand der dogmatischen Einordnung der Regelung: Einerseits wird darauf verwiesen, man könne Rule 13(a) FRCP als rein prozessuale Regelung („purely procedural") auffassen, sodass eine Wirkung über das Bundesgerichtssystem hinaus unter Hinweis auf das Terri-

---

[80] BGHZ 88, 360, 362 = NJW 1984, 437, 438; *Baur*, in: FS Fragistas, 1966, S. 359, 365 f. („eigenartige Mischung von prozessualer Billigkeit und Prozeßökonomie"); *Klamaris*, Das Rechtsmittel der Anschlußberufung, S. 63 ff.; *Gilles*, ZZP 92 (1979), 152, 165 f.; *Ball*, in: Musielak, ZPO, § 524, Rn. 2.

[81] *Baur*, in: FS Fragistas, 1966, S. 359, 367.

[82] Oben S. 13 ff.

[83] *Wright/Miller/Kane*, in: Fed. Prac. & Proc., § 1417 nach Fn. 26 äußern kompetenzrechtliche Bedenken im Hinblick auf den *REA* (oben S. 104 f.). Aus demselben Grund krit. auch *Burbank*, 71 Cornell L. Rev. 733, 772 f. (1986). Gegen *Burbank* aber *Redish/Murashko*, 93 Minn. L. Rev. 26, 77 ff., 89 ff. (2008) (Präklusionswirkung der Rule 13(a) FRCP als nach dem *REA* zulässiger „intermediary effect"). Dagegen ferner Note, 73 Harv. L. Rev. 1410, 1411 f. (1960). S. auch *Freer*, 107 Nw. U. L. Rev. 447, 451, 453 ff. (2013) (keine „hermetische" Trennung mehr zwischen materiellem und Verfahrensrecht); *Woolley*, 72 U. Cin. L. Rev. 527, 605 ff. (2003).

torialitätsprinzip zu verneinen sei.[84] Andererseits könne Rule 13(a) FRCP aber auch so verstanden werden, dass diese die *cause of action* des Verfahrens und also die Reichweite der Rechtskraft bestimme. Daraus folge im Hinblick auf die im Rahmen der gerichtssystemübergreifenden Rechtskraftwirkung anerkannten *full faith and credit clause* und *supremacy clause* eine Präklusion des Beklagten mit seinem *counterclaim* in sämtlichen Gerichtssystemen.[85] Letzteres Ergebnis wird auch unter Hinweis auf die „materielle Wirkung" der Rechtskraftpräklusion erreicht.[86] Zum selben Ergebnis kommt schließlich, wer die Präklusionswirkung als Verzicht *(waiver)* versteht: Dieser kann dem Beklagten als *personal defense* unabhängig vom Gerichtssystem entgegengehalten werden.[87]

Wie noch zu zeigen sein wird, lässt sich die in Rule 13(a) FRCP angeordnete Präklusion nicht mit dem herkömmlichen Verständnis der Rechtskraft begründen. Demzufolge müsste eine über das Bundesgerichtssystem hinausgehende Wirkung streng dogmatisch gesehen abgelehnt werden. Andererseits überzeugt es auch nicht, die Rechtsfolge der Regelung völlig losgelöst von der Rechtskraftwirkung der präkludierenden Entscheidung zu betrachten: Nach hier vertretener Ansicht handelt es sich vielmehr um eine rechtskraftergänzende Präklusion.[88] Diesen Wirkungszusammenhang unterstellt, erscheint die Annahme einer Präklusionswirkung über das Bundesgerichtssystem hinaus aus dogmatischer Sicht immerhin nicht ausgeschlossen.[89]

---

[84] Vgl. etwa *Lash*, 21 Ohio St. L.J. 251, 254 (1960); *Chapman v. Aetna Finance Co.*, 615 F.2d 361, 363 (5th Cir. 1980) („essentially procedural", wenngleich eine Präklusionswirkung im Ergebnis als „matter of comity" angenommen wurde).

[85] Zu den verschiedenen Begründungsansätzen *Wright/Miller/Kane*, in: Fed. Prac. & Proc., § 1417 nach Fn. 30; *Wright/Kane*, Law of Federal Courts, S. 569 f.; *Friedenthal/Kane/Miller*, Civil Procedure, S. 374. S. auch *Kennedy*, 11 Hous. L. Rev. 255, 268 (1974) und Note, 73 Harv. L. Rev. 1410, 1412 f. (1960). Zur *full faith and credit clause* und zur *supremacy clause* bereits oben S. 14.

[86] So etwa *Wright/Kane*, Law of Federal Courts, S. 570 („The effect of a judgment as res judicata is ‚substantive' and other jurisdictions must regard it as being as broad and conclusive as it would be in the jurisdiction in which it was rendered."); *Hayes*, 10 Sw. L.J. 402, 408 f. (1956) („The rule of procedure has given rise to substantive law" als „illogical, but good result"); *Schoeman v. New York Life Ins. Co.*, 726 P.2d 1, 6 (Wa. 1986); *McDonald's Corp. v. Levine*, 108 Ill.App.3d 732, 747 (Ill.App. 1982). S. auch Note, 46 Minn. L. Rev. 913, 926 f. (1962). Krit. *Wright*, 39 Iowa L. Rev. 255, 268 f. (1954) („Can a neater example be imagined of the impossibility of sensible distinctions between ‚substance' and ‚procedure'?"; im Ergebnis für *waiver*- bzw. *estoppel*-Wirkung); *Wright/Miller/Kane*, in: Fed. Prac. & Proc., § 1417 nach Fn. 34.

[87] *Wright/Miller/Kane*, in: Fed. Prac. & Proc., § 1417 bei Fn. 35; *Wright/Kane*, Law of Federal Courts, S. 570.

[88] Ausführlich unten S. 192 ff.

[89] Das sieht im Ergebnis offenbar ähnlich *Vestal*, 2 Ind. Legal F. 25, 50 f. (1968), der einerseits *full faith and credit*-Überlegungen anstellt und andererseits die Rechtsfolge von

b) Teleologische Erwägungen

Eine andere als gerichtssystemübergreifende Präklusionswirkung von Rule 13(a) FRCP lässt sich im Hinblick auf das Regelungsziel der Vorschrift indes kaum überzeugend vertreten. Zentrales Anliegen dieser und ähnlicher einzelstaatlicher Regelungen ist die prozessökonomische Verfahrenskonzentration und die damit einhergehende effiziente Ressourcennutzung der Justiz. Diese Ziele lassen sich mit einer territorial beschränkten Präklusionswirkung kaum erreichen, stünden dem mit seinem *compulsory counterclaim* präkludierten Beklagten doch im Zweifelsfall eine Vielzahl weiterer Fora zur Verfügung, um seinen Anspruch geltend zu machen. Die Zulassung eines solchen Vorgehens ginge sowohl zulasten der Prozessökonomie als auch der effizienten Ressourcennutzung der Justiz und belastete schließlich auch die durch die Regelung im Interesse des Klägers intendierte Rechtssicherheit zwischen den Parteien.[90] Im Hinblick auf die Rechtssicherheit stellt sich die hier befürwortete gerichtssystemübergreifende Präklusionswirkung von Rule 13(a) FRCP letztlich als Kehrseite der an den Kläger adressierten gerichtssystemübergreifenden Rechtskraftwirkung dar. Dagegen mag man die Schutzbedürftigkeit des Beklagten anführen, der sich aufgrund der angeordneten Widerklagelast der klägerischen Wahl von Zeit, Ort und Gegenstand des Verfahrens ausgesetzt sieht. Allerdings käme eine Privilegierung des Beklagten auf dieser Ebene einer weitgehenden Aufgabe der mit Rule 13(a) FRCP verfolgten, grundsätzlich wünschenswerten Ziele gleich; ein angemessener Beklagtenschutz muss daher vielmehr auf tatbestandlicher Ebene gewährleistet werden.[91]

Demnach gilt Folgendes: Der Beklagte sollte seinen als *compulsory* einzustufenden *counterclaim* nach Entscheidungserlass in einem bundesstaatlichen Verfahren, für das Rule 13(a) FRCP maßgeblich ist, weder vor einem anderen bundesstaatlichen noch vor einem einzelstaatlichen Gericht geltend machen können. Umgekehrt, also nach einem Verfahren vor einem einzelstaatlichen Gericht mit entsprechender gesetzlicher *compulsory counterclaim*-Regelung, sollte der Beklagte seinen *counterclaim* nicht mehr vor einem anderen einzelstaatlichen Gericht oder einem Bundesgericht geltend machen können. In Einklang mit den für die Rechtskraft geltenden Grundsätzen sollte allein das Recht des Erstforums maßgeblich sein, sodass die Frage nach einer entsprechenden Regelung in einem einzelstaatlichen Zweitforum außer Betracht

---

Rule 13(a) FRCP als „preclusion by rule", also wohl rechtskraftergänzend, verstanden wissen will. Zu diesem Verständnis noch unten S. 192 ff.

[90] In diese Richtung auch *Chapman v. Aetna Finance Co.*, 615 F.2d 361, 364 (5th Cir. 1980); Note, 73 Harv. L. Rev. 1410 (1960) (auf Parteiinteressen abstellend).

[91] Dazu unten S. 215 ff., 219 ff.

bleiben muss.[92] Daraus folgt auch: Sieht das Recht des Erstforums keine *compulsory counterclaim*-Regelung vor, darf die Nichteinführung eines *compulsory counterclaim* in das Verfahren dem Beklagten in einem Zweitforum mit entsprechender Regelung nicht zum Nachteil gereichen.

c) Gerichtliche Praxis

Die vorstehenden Erwägungen spiegeln sich in der überwiegenden gerichtlichen Praxis wider. Dass ein bundesstaatliches Gericht die Präklusion des Beklagten mit seinem in einem vorherigen bundesstaatlichen Verfahren nicht eingeführten *compulsory counterclaim* nach Rule 13(a) FRCP annimmt, liegt auf der Hand, denn diese Konstellation betrifft die Präklusionswirkung innerhalb eines – des bundesstaatlichen – Gerichtssystems.[93] Aber auch einzelstaatliche Gerichte gehen – mit unterschiedlicher dogmatischer Begründung – von einer Präklusionswirkung aus, wenn ein *compulsory counterclaim* zuvor in ein Verfahren vor einem Bundesgericht nicht eingeführt worden war.[94] Umgekehrt nehmen Bundesgerichte die Präklusion mit einem *compulsory counterclaim* an, den der Beklagte nicht in ein früheres einzelstaatliches Verfahren eingeführt hatte – vorausgesetzt, das anwendbare einzelstaatliche Recht kennt eine *compulsory counterclaim*-Regelung.[95]

---

[92] So im Ergebnis auch *Freer*, Civil Procedure, S. 679 f.; *Vestal*, 2 Ind. Legal F. 25, 50, 54 (1968). Anders offenbar *Friedenthal/Kane/Miller*, Civil Procedure, S. 374. S. auch *Lash*, 21 Ohio St. L.J. 251 (1960).

[93] Vgl. *en passant Wright/Miller/Kane*, in: Fed. Prac. & Proc., § 1417 nach Fn. 30.

[94] So etwa *Chew v. Lord*, 181 P.3d 25, 29 (Wa.App. 2008) („The fact that the original action took place in one jurisdiction and the subsequent action is in another jurisdiction does not render inapplicable compulsory counterclaim concerns."); *Loschiavo v. Miranda*, 1997 WL 446217 *4 (Conn.Super. 1997) *(full faith and credit)*; *Nottingham v. Weld*, 377 S.E.2d 621, 623 (Va. 1989) *(full faith and credit)*; *Schoeman v. New York Life Ins. Co.*, 726 P.2d 1, 5 f. (Wa. 1986) (Präklusion als „materielle" Wirkung); *McDonald's Corp. v. Levine*, 108 Ill.App.3d 732, 746 (Ill.App. 1982) (Präklusion als „materielle" Wirkung); *Adams v. KVWO, Inc.*, 570 P.2d 458, 461 (Wy. 1977) *(res judicata)*; *London v. City of Philadelphia*, 194 A.2d 901, 902 (Pa. 1963) *(res judicata)*; *Horne v. Woolever*, 163 N.E.2d 378, 381 ff. (Oh. 1959), cert. denied 362 U.S. 951 (1960) *(res judicata)*; *Jocie Motor Lines v. Johnson*, 57 S.E.2d 388, 392 (N.C. 1950) *(full faith and credit)*. Anders aber *Phoenix Ins. Co. v. Haney*, 108 So.2d 227, 231 (Miss. 1959), cert. denied 360 U.S. 917 (1959), indes kritisiert und allgemein abgelehnt, s. *Shure*, 14 Loy. U. Chi. L.J. 857, 873 ff. (1983); *Robertson*, 52 Miss. L.J. 37, 49 ff. (1982) („erroneous"); *Vestal*, 2 Ind. Legal F. 25, 53 f. (1968) („clearly wrong"); Note, 73 Harv. L. Rev. 1410 (1960); *Fantecchi v. Gross*, 158 F.Supp. 684, 687 (E.D.Pa. 1957). S. auch *Woolley*, 72 U. Cin. L. Rev. 527, 604 f. (2003); *Shure*, 14 Loy. U. Chi. L.J. 857, 867 ff. (1983); *Degnan*, 85 Yale L.J. 741, 761 (1976) („nearly uniform course of state court decisions"). Krit. *Lash*, 21 Ohio St. L.J. 251, 253 (1960).

[95] So etwa *Valley View Angus Ranch, Inc. v. Duke Energy Field Services, Inc.*, 497 F.3d 1096, 1100 (10th Cir. 2007); *Noel v. Hall*, 341 F.3d 1148, 1167 ff. (9th Cir. 2003); *Mont-*

II. Tatbestand der Rule 13(a) FRCP

1. Tatbestandsvoraussetzungen

a) Klageerwiderung („pleading")

aa) Erforderlichkeit

(1) Grundlagen

Rule 13(a) FRCP erlegt dem Beklagten[96] eine Widerklagelast nur für den Fall auf, dass dieser sich eines *pleading* bedient („A pleading must state as a counterclaim (…)").[97] Ausweislich Rule 7(a)(2) FRCP versteht man darunter neben der Klageschrift auch die Klageerwiderung *(answer to a complaint)*. Grundsätzlich muss die Zustellung der Klageerwiderung innerhalb von 21 Tagen nach Zustellung der Ladung (*summons)*[98] und der Klageschrift *(com-*

---

gomery Ward Development Corp. v. Juster, 932 F.3d 1378, 1380 (11th Cir. 1991); *Carnation Co. v. T.U. Parks Const. Co.*, 816 F.2d 1099, 1103 (6th Cir. 1987); *Chapman v. Aetna Finance Co.*, 615 F.2d 361, 364 (5th Cir. 1980) („matter of comity"); *Soni v. Boston Medical Corp.*, 683 F.Supp.2d 74, 92 f. (D.Mass. 2009). Grundlegend *Magnolia Petroleum Co. v. Hunt*, 320 U.S. 430, 437 ff. (1943). S. ferner Note, 46 Minn. L. Rev. 913, 930, Fn. 84 (1962) m.w.N.

[96] Rule 13(a) FRCP ist parteirollenneutral formuliert, erlegt also mitunter auch dem Kläger die Last auf, in einem *answer* nach Rule 7(a)(3) FRCP einen *counterclaim* gegen den *counterclaim* des Beklagten geltend zu machen („Wider-Widerklagelast"), vgl. *Wright/Miller/Kane*, in: Fed. Prac. & Proc., §§ 1184, 1188, 1407 bei Fn. 3 (allerdings noch unter Bezugnahme auf den früheren Wortlaut von Rule 7(a) FRCP: „there shall be a reply, if the answer contains a counterclaim denominated as such"); *Vestal*, 2 Ind. Legal F. 25, 29, 40 (1968). Zu frühen Entscheidungen, die sich hier für eine Klageänderung aussprechen s. rechtsvergleichend *Millar*, 48 Nw. U. L. Rev. 671 (1954) sowie *Wright/Miller/Kane*, in: Fed. Prac. & Proc., § 1188 nach Fn. 3 (Befürwortung einer Klageänderung für *permissive counterclaims* des Klägers). Zweifelhaft ist allerdings, inwiefern der Kläger angesichts der ihm durch *claim preclusion* auferlegten konnexitätsabhängigen Last zur objektiven Klagehäufung (oben S. 75 f.) zunächst einen bestehenden und fälligen Anspruch zurückhalten wird, um ihn erst im Anschluss an einen durch den Beklagten eingeführten *counterclaim* im Hinblick auf Rule 13(a) FRCP als *counterclaim* geltend zu machen. Den folgenden Ausführungen liegt daher die praktisch relevanter erscheinende Konstellation zugrunde, dass (faktisch allein) der Beklagte durch Rule 13(a) FRCP zur Einführung seines *counterclaim* angehalten wird. Soweit ersichtlich, wird allein diese Konstellation in der Literatur diskutiert, vgl. etwa *Freer*, Civil Procedure, S. 679 („usual context"); *Friedenthal/Kane/Miller*, Civil Procedure, S. 368 f. („(…) asserted by a pleader – typically the defendant (…)"); *Hoff*, 25 Ala. L. Rev. 667, 677 f. (1973) (bzgl. Wider-Widerklagelast in Alabama: „Such a situation will seldom arise (…).").

[97] Die Vorgängervorschrift der Equity Rule 30 verwies hier noch explizit auf einen „answer". Zu den sich daraus ergebenden Problemen *Wright/Miller/Kane*, in: Fed. Prac. & Proc., § 1401 bei Fn. 11.

[98] Vgl. Rule 4 FRCP.

plaint) erfolgen.[99] Allerdings kann der Beklagte auf die Klageschrift auch (zunächst) mit einer *motion* – also einem bloßen Antrag an das Gericht[100] – reagieren. Lehnt das Gericht den Antrag ab, muss die Klageerwiderung innerhalb von 14 Tagen nach der Benachrichtigung über die Ablehnungsentscheidung zugestellt werden.[101] Hat der Beklagte aber bereits mit einer *motion to dismiss* nach Rule 12(b) FRCP Erfolg,[102] ist eine Klageerwiderung nicht mehr erforderlich.[103] Daraus folgt, dass der Beklagte mangels *pleading* in diesem Fall nicht mit einem *compulsory counterclaim* präkludiert ist, den er andernfalls – nämlich für den Fall des Scheiterns des Antrags – im Wege der Klageerwiderung hätte geltend machen müssen, um der Präklusion zu entgehen.[104] Ein *pleading* des Beklagten wird auch dann nicht erforderlich,

---

[99] Rule 12(a)(1)(A)(i) FRCP. Bei fristgemäßem Verzicht *(waiver)* auf die Zustellung der Ladung nach Rule 4(d) FRCP beträgt die Frist 60 Tage ab Absendung des Verzichtsantrags (zu dessen Inhalt Rule 4(d)(1) FRCP) durch den Kläger bzw. 90 Tage bei Sendung außerhalb der USA, Rules 12(a)(1)(A)(ii), 4(d)(3) FRCP. Zur Fristberechnung Rule 6(a) FRCP. Das Gericht kann die Frist verlängern – „for good cause", Rule 6(b) FRCP. Die Zustellung erfolgt grundsätzlich auf Betreiben der Parteien, Rule 4(c)(1) FRCP, s. aber Rule 4.1 FRCP. Zu Zustellungserfordernis und -methoden Rule 5 FRCP sowie dazu ausführlich *Wright/Miller/Kane*, in: Fed. Prac. & Proc., §§ 1141 ff., 1407 bei Fn. 16 und *Schack*, US-amerikanisches Zivilprozessrecht, Rn. 92 ff.

[100] Vgl. Rule 7(b) FRCP.

[101] Vgl. Rule 12(a)(4)(A) FRCP.

[102] Mit einer *motion to dismiss* nach Rule 12(b) FRCP können etwa Zuständigkeitsmängel gerügt werden *(lack of subject matter jurisdiction, lack of personal jurisdiction, improper venue)*. Ausführlich dazu *Böhm*, Amerikanisches Zivilprozessrecht, Rn. 350 ff. Eine solche *motion to dismiss* stellt freilich kein *responsive pleading* dar; das ergibt sich schon aus dem Wortlaut von Rule 12(b) FRCP. Dazu auch *Freer*, Civil Procedure, S. 331 ff. sowie *Sherman/Squiers*, in: Moore's Federal Practice, § 13.15 m.w.N. („uniformly held" in Bezug auf bundesgerichtliche Rechtsprechung). Anders in Bezug auf *motions*, die zu einem Sachurteil führen können (hier: *motion for summary judgment*, s. unten Kap. 3 Fn. 105) aber noch *In re Watauga Steam Laundry*, 7 F.R.D. 657, 660 (E.D.Tn. 1947); *Triangle Conduit & Cable Co. v. National Electric Products Corp.*, 38 F.Supp. 533, 535 (D.De. 1941), reversed on other grounds 125 F.2d 1008 (3rd Cir. 1942), cert. denied 316 U.S. 676 (1942). Dagegen wiederum zuletzt *AEY, Inc. v. United States*, 114 Fed.Cl. 619, 632 (Fed. Cl. 2014). Die Annahme, dass eine *motion for summary judgment* ein *responsive pleading* darstelle, diente dazu, eine auf die *motion* folgende Klageänderung *(amended pleading)* der Gegenseite zu verhindern, die nach der früheren Fassung von Rule 15(a) FRCP nur bis zur Zustellung eines *responsive pleading* möglich war, vgl. *Wright/Miller/Kane*, in: Fed. Prac. & Proc., § 1348 bei Fn. 5 sowie zur diesbezüglichen Änderung von Rule 15(a) FRCP *Gensler*, in: FRCP, Advisory Committee Notes, Rule 15 (2009 amendment).

[103] Richtig gesehen etwa von *Lawhorn v. Atlantic Refining Co.*, 299 F.2d 353, 357 (5th Cir. 1962).

[104] Prägnant *Mutual Fire, Marine and Inland Ins. Co. v. Adler*, 726 F.Supp. 478, 483 (S.D.N.Y. 1989) („To hold otherwise would inappropriately punish a litigant for interposing a successful motion to dismiss before answering by stripping it of the right to bring

wenn das Verfahren vor Ablauf der Klageerwiderungsfrist durch *summary judgment*[105] beendet wird[106] oder die Parteien das Verfahren bis zu diesem Zeitpunkt einvernehmlich durch Vergleich *(consent judgment)* beenden.[107] Gleiches gilt, wenn das Gericht eine Anhörung zu einem Antrag auf einstweilige Verfügung *(motion for preliminary injunction)* im „beschleunigten Verfahren" nach Rule 65(a)(2) FRCP mit dem eigentlichen *trial* konsolidiert.[108] Aus prozessökonomischer Sicht erscheint die Auferlegung einer Widerklagelast hier nicht erforderlich, wenn und weil sich das Gericht mit dem Verfahren in der Sache nach einer positiv beschiedenen *motion to dismiss* nach Rule 12(b) FRCP nicht mehr auseinandersetzen muss.[109] Zwar geht die fortbestehende Widerklagemöglichkeit zulasten des Rechtsfriedens zwischen den Parteien; diesen kann der Kläger aber eben nur unter den Voraussetzungen der Rule 13(a) FRCP – die in diesen Fällen mangels *pleading* nicht vorliegen – für sich beanspruchen. Leidet das Verfahren tatsächlich an einem derart gravierenden (etwa: Zuständigkeits-)Mangel, dass dieser einer *motion* nach Rule 12(b) FRCP zum Erfolg verhelfen würde, ist dem Beklagten ein präklusionsbewehrter Beitrag zur Verfahrenskonzentration durch Einführung seines *compulsory counterclaim* kaum zumutbar.

---

claims that, in hindsight, could or should have been brought had the motion to dismiss failed."). S. ferner *Tyler v. DH Capital Management, Inc.*, 2013 WL 5716131 *2 (6th Cir. 2013); *Bluegrass Hosiery, Inc. v. Speizman Industries, Inc.*, 214 F.3d 770, 772 (6th Cir. 2000); *Mellon Bank, N.A. v. Ternisky*, 999 F.2d 791, 795 (4th Cir. 1993); *Horn & Hardart Co. v. National Rail Passenger Corp.*, 843 F.2d 546, 549 (D.C. Cir. 1988); *U.S. v. Snider*, 779 F.2d 1151, 1157 (6th Cir. 1985); *Lawhorn v. Atlantic Refining Co.*, 299 F.2d 353, 356 f. (5th Cir. 1962); *Bank of America, N.A. v. Kissi*, 2013 WL 4804824 *10 (D.Md. 2013); *United Pacific Energy Operations and Consulting, Inc. v. Gas and Oil Technologies, Inc.*, 2011 WL 4591062 *4 (E.D.Cal. 2011). Ohne Rücksicht auf den Wortlaut a.A. *Vestal*, 2 Ind. Legal F. 25, 47 (1968) (Anwendbarkeit der *compulsory counterclaim*-Vorschrift soll stattdessen – wenig überzeugend – vom Erfolg der Klage abhängen).

[105] Erforderlich ist eine entsprechende *motion for summary judgment*, Rule 56(a) FRCP. Ein *summary judgment* kann ergehen, wenn die Tatsachenlage im Wesentlichen klar ist („no genuine dispute as to any material fact"), das Gericht also allein über Rechtsfragen zu entscheiden hat („judgment as a matter of law"), für deren Beantwortung ein *trial* nicht erforderlich ist. Zur Abgrenzung von einer *motion to dismiss for failure to state a claim* nach Rule 12(b)(6) FRCP *Freer*, Civil Procedure, S. 472 f., dort auch mit Bedenken zum *summary judgment* im Hinblick auf das *right to jury trial*.

[106] S. etwa *Horn & Hardart Co. v. National Rail Passenger Corp.*, 843 F.2d 546, 549 (D.C. Cir. 1988).

[107] S. etwa *Bluegrass Hosiery, Inc. v. Speizman Industries, Inc.*, 215 F.3d 770, 772 (6th Cir. 2000); *Martino v. McDonald's System, Inc.*, 598 F.2d 1079, 1082 (7th Cir. 1979), cert. denied 444 U.S. 966 (1979). S. auch *Wright/Miller/Kane*, in: Fed. Prac. & Proc., § 1417 bei Fn. 14.

[108] Vgl. *U.S. v. Snider*, 779 F.2d 1151, 1157 (6th Cir. 1985).

[109] Ähnliche Erwägungen in *McDonald's System, Inc.*, 598 F.2d 1079, 1082 (7th Cir. 1979), cert. denied 444 U.S. 966 (1979).

(2) Insbesondere: Die Rechtsprechung zur Präklusion nach Rule 13(a) FRCP bei Säumnis des Beklagten

Unter Zugrundelegung der soeben gefundenen Prämisse „Keine Präklusion ohne *pleading*“ erscheint die Rechtslage im Hinblick auf eine etwaige Säumnis des Beklagten im Verfahren eindeutig: Ergeht ein *default judgment* nach Rule 55 FRCP vor dem *responsive pleading* des Beklagten, bleibt es diesem unbenommen, seinen *compulsory counterclaim* in einem späteren Verfahren geltend zu machen. Eine Präklusion nach Rule 13(a) FRCP ist hingegen anzunehmen, wenn das *default judgment* nach dem *pleading* des Beklagten ergeht.[110]

Die bundesstaatliche Rechtsprechung differenziert indes nicht und entscheidet anders: Nach Erlass eines *default judgment* sei der Beklagte mit seinem *compulsory counterclaim* nach Rule 13(a) FRCP präkludiert.[111] Dies wird entweder gar nicht[112] oder unter Hinzuziehung anders gelagerter Präzedenzfälle[113] begründet; mitunter wird darauf verwiesen, das klägerische Interesse an Rechtsfrieden und der Schutz des *default judgment* gebiete dieses Ergebnis.[114]

Diese Rechtsprechung ist aus mehreren Gründen verfehlt. Das klägerische Interesse an Rechtsfrieden und das damit verbundene Vertrauen, nicht durch den Beklagten mit (weiteren) *compulsory counterclaims* konfrontiert zu werden, kann Rule 13(a) FRCP nur innerhalb ihres Anwendungsbereichs schützen.[115] Dieser ist aber – jedenfalls in den Fällen, in denen das *default judg-*

[110] So auch *Wright/Miller/Kane*, in: Fed. Prac. & Proc., § 2681 a.E., anders aber bei § 1417 Fn. 13. Unkrit. *Sherman/Squiers*, in: Moore's Federal Practice, § 13.14[3].

[111] S. etwa *Greyhound Exhibitgroup, Inc. v. E.L.U.L. Realty Corp.*, 973 F.2d 155, 160 (2nd Cir. 1992), cert. denied 506 U.S. 1080 (1993); *Carteret Savings & Loan Association, F.A. v. Jackson*, 812 F.2d 36, 38 f. (1st Cir. 1987); *Brown v. McCormick*, 608 F.2d 410, 416 (10th Cir. 1979); *Cleckner v. Republic Van & Storage Co., Inc.*, 556 F.2d 766, 769 Fn. 3 (5th Cir. 1977); *Tri-C Const. Co., Inc. v. Bluegrass Steel Erectors, LLC*, 2007 WL 3232568 *4 Fn. 5 (E.D.Ky. 2007); *Law Offices of Jerris Leonard, P.C. v. Mideast Systems, Ltd.*, 111 F.R.D. 359, 361 (D.D.C. 1986); *James E. McFadden, Inc. v. Bechtel Power Corp.*, 1986 WL 4195 *5 (E.D.Pa. 1986). Zu ähnlichen Entscheidungen einzelstaatlicher Gerichte *Peterson*, 50 Ariz. L. Rev. 1107, 1132 f. mit Fn. 129 (2008).

[112] So etwa *Greyhound Exhibitgroup, Inc. v. E.L.U.L. Realty Corp.*, 973 F.2d 155, 160 (2nd Cir. 1992).

[113] So etwa *Law Offices of Jerris Leonard, P.C. v. Mideast Systems, Ltd.*, 111 F.R.D. 359, 361 (D.D.C. 1986), unter Bezugnahme auf *Brown* (Kap. 3 Fn. 111), wo das *default judgment* allerdings als Sanktion nach Rule 37 FRCP diente, näher dazu *Peterson*, 50 Ariz. L. Rev. 1107, 1129 f. (2008).

[114] *Carteret Savings & Loan Association, F.A. v. Jackson*, 812 F.2d 36, 38 (1st Cir. 1987).

[115] Ähnlich *Peterson*, 50 Ariz. L. Rev. 1107, 1136 (2008) („There is no indication that the plaintiff somehow has acquired additional rights to a final resolution of every claim that arises out of the matter.“).

ment vor einem *pleading* ergeht – nicht eröffnet. Das ergibt sich aus dem eindeutigen Wortlaut der Norm, der ein *pleading* erfordert. Es geht nicht an, das Wortlautargument sinngemäß als kleinkariert („wooden") abzutun, um sich dann teleologischen Erwägungen hinzugeben.[116] Denn auch nach dem Sinn und Zweck von Rule 13(a) FRCP ist eine Präklusion nicht angezeigt: Ein *default judgment* kann unter äußerst geringem Aufwand des angerufenen Gerichts ergehen; es belastet die Ressourcen der Justiz (noch) weniger als eine *motion to dismiss* nach Rule 12(b) FRCP oder ein *consent judgment*.[117] Für letztere Fälle, in denen eine *motion to dismiss* des Beklagten Erfolg hat bzw. die Parteien das Verfahren vergleichsweise beenden, nimmt die Rechtsprechung bekanntlich zu Recht keine Präklusion des Beklagten mit seinem *compulsory counterclaim* an. Dass *default judgments* eine andere Bewertung erfordern, ist nicht einzusehen. Dagegen lässt sich auch nicht vorbringen, dass die Annahme einer Präklusion in diesem Zusammenhang die denkbar geringste (Folge-)Belastung der Gerichte – nämlich mangels weiterer Befassung mit dem *compulsory counterclaim*: überhaupt keine – nach sich zöge: Eine präklusionsbewehrte Widerklagelast erscheint dem Beklagten in diesem wie in den vorgehend besprochenen Fällen nicht zumutbar, insbesondere, wenn dieser unverschuldet säumig bleibt; er verlöre sowohl die Möglichkeit der Verteidigung gegenüber dem klägerischen *claim* als auch der Geltendmachung des eigenen *counterclaim*.[118] Auch aus prozesstaktischen Gründen des Beklagtenschutzes sollte – wie noch zu erläutern sein wird – eine Präklusion im Rahmen von *default judgments* nicht angenommen werden.[119]

bb) Formale und inhaltliche Anforderungen: Von Conley *zu „Twiqbal"*

Macht der Beklagte in seiner Klageerwiderung einen *compulsory counterclaim* geltend, so gelten hinsichtlich Form und Inhalt die allgemeinen Bestimmungen für *pleadings*. In formaler Hinsicht wurde bereits im Rahmen der Abgrenzung von *defenses* und *counterclaims* darauf hingewiesen, dass die Gerichte einer Falschbezeichnung eines *counterclaim* als *defense* (oder *crossclaim*, Rule 13(g) FRCP) wenig Gewicht beimessen, sondern diesen schlicht als richtig bezeichnet behandeln.[120] Mitunter gewinnt die korrekte Bezeich-

---

[116] So aber *Carteret Savings & Loan Association, F.A. v. Jackson*, 812 F.2d 36, 38 (1st Cir. 1987) („As against these considerations, defendants offer a mere wooden interpretation of the rule.").

[117] *Peterson*, 50 Ariz. L. Rev. 1107, 1135, 1140 (2008).

[118] *Peterson*, 50 Ariz. L. Rev. 1107, 1109, 1128, 1142 (2008). Theoretisch besteht die Möglichkeit, das *default judgment* nach Rule 55(c) FRCP, die auf Rule 60(b) FRCP (dazu oben S. 68 ff.) verweist, aufzuheben. Davon wird aber angesichts der erheblichen Überlastung der Justiz immer zurückhaltender Gebrauch gemacht, näher ebenda, 1143 ff.

[119] Zur Vermeidung der Widerklagelast durch „Flucht in die Säumnis" unten S. 228 ff.

[120] S. Rule 8(c)(2) FRCP sowie oben S. 83 f. Zur Falschbezeichnung als *defense* etwa *Reiter v. Cooper*, 507 U.S. 258, 262 f. (1993); *Fluxo-Cane Overseas Ltd. v. E.D. & F. Man*

nung aber an Bedeutung, wenn etwa Rule 7(a)(3) FRCP eine Erwiderung auf einen *counterclaim* („answer to a counterclaim") nur zulässt, wenn dieser als solcher bezeichnet ist („counterclaim designated as a counterclaim"); im Zweifel sollte der Beklagte daher sein Vorbringen als *counterclaim* bezeichnen.[121]

Auch für den Inhalt der Klageerwiderung, mit der der *compulsory counterclaim* geltend gemacht wird, gilt nichts anderes als für den Inhalt der Klageschrift selbst: Der Beklagte muss seinen Anspruch nach Rule 8(a)(2) FRCP in der Erwiderung in kurzer und einfacher Art und Weise vortragen („short and plain statement of the claim"),[122] wobei er verschiedene Anspruchsziele (etwa auf Leistung und Feststellung) zusammen geltend machen kann (Rule 8(a)(3) FRCP).[123] Ausweislich Rule 13(c) FRCP darf mit der Widerklage ein über den Streitwert der Klage hinausgehender Anspruch ebenso wie ein gänzlich anderes Anspruchsziel verfolgt werden.[124] Indes ist seit jeher unklar, was unter einem „short and plain statement of the claim" zu verstehen ist. In seiner Entscheidung in *Conley* wies der *U.S. Supreme Court* noch darauf hin, dass der Beklagte[125] lediglich von Anspruch und zugrunde liegenden Tatsachen in Kenntnis gesetzt werden müsse. Eine Klageabweisung infolge *motion to dismiss for failure to state a claim* nach Rule 12(b)(6) FRCP dürfe nur dann erfolgen, wenn „unzweifelhaft" sei, dass der Kläger (mithilfe der anschließenden *pre-trial discovery*) „überhaupt keine Tatsachen" für den von ihm behaupteten Anspruch wird beweisen können.[126] Dieser Standard hatte

---

Sugar Inc., 2009 WL 3156537 *3 (D.Md. 2009); *Sasso v. Hackett*, 2004 WL 1647031 *1 (Terr.V.I. 2004). Zur Falschbezeichnung als *crossclaim* etwa *Kwong v. Occidental Life Ins. Co. of Cal.*, 273 F.2d 691, 692 f. Fn. 2 (5th Cir. 1959). S. ferner *Wright/Miller/Kane*, in: Fed. Prac. & Proc., § 1407 nach Fn. 8.

[121] *Wright/Miller/Kane*, in: Fed. Prac. & Proc., § 1407 nach Fn. 11.

[122] S. etwa *Phillips & Benjamin Co. v. Ratner*, 206 F.2d 372, 376 (2nd Cir. 1953).

[123] Zahlungsansprüche können der Höhe nach in das Ermessen des Gerichts gestellt werden; will der Beklagte allerdings *diversity jurisdiction* für seinen *counterclaim* begründen, muss er einen Streitwert von mindestens $ 75.000 beziffern, näher *Freer*, Civil Procedure, S. 315 f. („damages in an amount to be shown at trial") und oben S. 21 f., 112 f. mit Kap. 3 Fn. 51 (ggf. Addition beider Streitwerte). Angesichts der üblicherweise verfügbaren *supplemental jurisdiction* für *compulsory counterclaims* dürfte diese Konstellation aber praktisch von geringer Bedeutung sein.

[124] Krit. zur Praxis einiger Gerichte, konnexe Feststellungswiderklagen als „redundant" abzuweisen *Wright/Miller/Kane*, in: Fed. Prac. & Proc., § 1406 nach Fn. 5 (Redundanz vor *trial* nur schwer zu bestimmen) sowie *Sherman/Squiers*, in: Moore's Federal Practice, § 13.41 (Wortlaut von Rule 13 FRCP lasse dies nicht zu).

[125] In *Conley* ging es um den *claim* des Klägers. Angesichts der parteirollenneutralen Formulierung von Rule 8(a)(2) FRCP gelten die Ausführungen aber ebenso für einen *counterclaim* des Beklagten.

[126] *Conley v. Gibson*, 355 U.S. 41, 46 f. (1957) („In appraising the sufficiency of the complaint we follow, of course, the accepted rule that a complaint should not be dismissed for failure to state a claim unless it appears *beyond doubt* that the plaintiff can prove *no set*

sich in der bundesstaatlichen Rechtsprechung durchgesetzt:[127] Der behauptete *claim* (bzw. *counterclaim*) durfte nur dann infolge *motion to dismiss* abgewiesen werden, wenn er „mit Sicherheit“ auf überhaupt keiner Tatsachenbasis bewiesen werden konnte;[128] bei unterstelltem Gelingen des Tatsachenbeweises musste sich der Anspruch mithin als begründet erweisen.[129]

In Zweifel gezogen wurde dieser Standard indes durch zwei jüngere Entscheidungen des *U.S. Supreme Court* in *Twombly*[130] und *Iqbal*[131], die unter der Bezeichnung „Twiqbal“ für einige Unsicherheit im Hinblick auf Rule 8(a)(2) FRCP gesorgt haben und im Ergebnis eine Plausibilitätsprüfung verlangen.[132] In *Twombly* entschied der *U.S. Supreme Court*, der *claim* (bzw. *counterclaim*) müsse „auf den ersten Blick plausibel“ („plausible on its face“) dargelegt werden; dies erfordere mehr als die bloße Möglichkeit, nicht aber die Wahrscheinlichkeit des Bestehens des Anspruchs.[133] Die Entscheidung war erkennbar von der Absicht getragen, dem Kläger durch erhöhte Anforderungen an sein *pleading* den Weg in die *pre-trial discovery* zu versperren, die häufig in erster Linie dazu dient, einen nicht unzweifelhaften Anspruch mit zuvor unbekanntem bzw. unzugänglichem Beweismaterial zu untermauern und den Beklagten aufgrund des enormen Kostendrucks zur einvernehmlichen Streitbeilegung zu bewegen.[134] In seiner Entscheidung in *Iqbal* betref-

---

of facts in support of his claim which would entitle him to relief. (…) [A]ll the Rules require is a ‚short and plain statement of the claim‘ that will give the defendant fair notice of what the plaintiff's claim is and the grounds upon which it rests.“, Hervorhebung nur hier). Diese Auslegung deutet auf das den FRCP zugrunde liegende Konzept des *notice pleading* hin, *Freer*, Civil Procedure, S. 323.

[127] S. etwa *St. Paul Fire and Marine Ins. Co. v. Casualty Reciprocal Exchange*, 118 F.R.D. 480, 482 (W.D.Ark. 1987); *Citizens Trust Co. v. New England Dredge & Dock Co.*, 260 F.Supp. 800, 801 (D.Conn. 1966); *Lodge 743, Intern. Association of Machinists, AFL-CIO v. United Aircraft Corp.*, 220 F.Supp. 19, 23 (D.Conn. 1963), affirmed 337 F.2d 5 (2nd Cir. 1964), cert. denied 380 U.S. 908 (1965).

[128] Vgl. *U.S. for Use of Briggs v. Grubb*, 358 F.2d 508, 515 (9th Cir. 1966) („[A] motion to dismiss can be granted *only if it is certain* that the cross-complaint [kalifornische Bezeichnung für *counterclaim*] fails to make apparent a right to recover on *any set of facts* which might be proven under it.“, Hervorhebung nur hier).

[129] *Freer*, Civil Procedure, S. 317 („If the plaintiff proved everything she has alleged here, would she win?“).

[130] *Bell Atlantic Corp. v. Twombly*, 550 U.S. 544 (2007).

[131] *Ashcroft v. Iqbal*, 556 U.S. 662 (2009).

[132] Vgl. *Schack*, US-amerikanisches Zivilprozessrecht, Rn. 99 („in Richtung einer Schlüssigkeitskontrolle“).

[133] *Bell Atlantic Corp. v. Twombly*, 550 U.S. 544, 546 ff., 570 (2007). Dabei verwirft das Gericht den in seiner früheren Entscheidung in *Conley* gefundenen Standard ausdrücklich („earned its retirement“), ebenda, 563.

[134] *Bell Atlantic Corp. v. Twombly*, 550 U.S. 544, 559 f. (2007). In diese Richtung denn auch *Ashcroft v. Iqbal*, 556 U.S. 662, 678 f. (2009). Dazu auch *Freer*, Civil Procedure, S. 325 f.

fend die verfassungswidrige Inhaftierung eines pakistanischen Verdächtigen durch US-amerikanische Beamte im Anschluss an die Terroranschläge vom 11. September 2001 bestätigte der *U.S. Supreme Court* seine Entscheidung in *Twombly*:[135] Deren Grundsätze seien auf alle Zivilverfahren vor *District Courts* anzuwenden; die Frage der Plausibilität des geltend gemachten Anspruchs müsse das angerufene Gericht zudem unter Ausblendung rechtlicher Schlussfolgerungen („legal conclusions") in der Klageschrift anhand der vorgetragenen Tatsachen im jeweiligen Kontext beantworten – und zwar unter Rückgriff auf seine Erfahrung („judicial experience") und „common sense".

In der Literatur haben die „Twiqbal"-Entscheidungen eine äußerst kontroverse und in dieser Form beispiellose[136] Debatte hervorgerufen, die sich überwiegend ablehnend mit dem neuen *pleading*-Standard auseinandersetzt.[137] Empirisch lässt sich im Anschluss an „Twiqbal" ein allgemeiner Anstieg der Klagen, die in Folge einer *motion to dismiss for failure to state a claim* abgewiesen wurden, aber offenbar nicht belegen.[138] Für die einzelstaatlichen Gerichte sind die Entscheidungen mangels Geltung der FRCP unverbindlich; gleichwohl beziehen einige dieser Gerichte – angesichts der Orien-

---

[135] *Ashcroft v. Iqbal*, 556 U.S. 662, 678 f., 684 (2009). Beklagte in dem Verfahren waren unter anderen *John Ashcroft*, früherer *Attorney General* der Vereinigten Staaten sowie *Robert Mueller*, bis 2013 Direktor des *Federal Bureau of Investigation (FBI)*. Mangels Plausibilität wurde die Klage abgewiesen, ebenda, 681 ff.

[136] *Redish*, 64 Fla. L. Rev. 845, 849 (2012) („unprecedented").

[137] Ausführlich *Miller*, 60 Duke L.J. 1, 2 ff., 53 ff., 103 ff. (2010) („contrary to many of the values underlying the Federal Rules"); *Bone*, 85 Notre Dame L. Rev. 849, 851, 867 ff. (2010) (*Iqbal* stelle strengere Anforderungen als *Twombly*); *Thomas*, 14 Lewis & Clark L. Rev. 15, 18 ff. (2010) (*motion to dismiss* sei „neue summary judgment motion" nach Rule 56(a) FRCP, m.w.N. aus der Literatur in Fn. 2). S. auch die weiteren Beiträge zum „Symposium: Pondering *Iqbal*" in 14 Lewis & Clark L. Rev. (2010); *Klein*, 88 Neb. L. Rev. 261, 274 ff. (2009) (u.U. verfassungswidrig im Hinblick auf *right to jury trial*); *Spencer*, 49 B.C. L. Rev. 431, 460 ff. (2008) („undue burden on plaintiffs"). Zustimmend aber *Schwartz/Appel*, 33 Harv. J. L. & Pub. Pol'y 1107, 1127 ff., 1139 ff. (2010) („vernünftige" Kriterien für eine Auslegung entwickelnd) und *Epstein*, 25 Wash. U. J. L. & Pol'y 61, 98 f. (2007) (u.U. für ein „mini-summary judgment under the guise of a motion to dismiss"). Zuletzt hat sich auch der Kongress (den „Twiqbal"-Standard ablehnend in *Notice Pleading Restoration Act of 2009*, S. 1504, 111th Cong. (2009), sowie *Open Access to Courts Act of 2009*, H.R. 4115, 111th Cong. (2009)) mit den Entscheidungen befasst – krit. dazu *Bone*, 85 Notre Dame L. Rev. 849, 850 f. (2010).

[138] *Cecil/Cort/Williams u. a.*, Motions, S. 21 (wohl aber würden mehr Anträge gestellt), abrufbar unter http://www.fjc.gov/public/pdf.nsf/lookup/motioniqbal.pdf/$file/motioniqbal.pdf (Letzter Zugriff: 6.5.2014). Ähnlich – mit Ausnahme von *civil rights cases* – *Hannon*, 83 Notre Dame L. Rev. 1811, 1835 ff. (2008). Anders aber wohl *Hatamyar*, 59 Am. U. L. Rev. 553, 584 ff., 624 f. (2010) (*District Courts* gäben entsprechenden *motions* häufiger statt).

tierung der Mehrzahl der einzelstaatlichen Verfahrensordnungen an den FRCP – mittlerweile Stellung zu „Twiqbal".[139]

b) Bestand und Fälligkeit des counterclaim *bei Zustellung des* pleading

aa) Grundsatz

Ausweislich Rule 13(a)(1) FRCP ist ein *counterclaim* in einem *pleading* nur für den Fall geltend zu machen, dass dem Beklagten dieser zum Zeitpunkt der Zustellung des *pleading* zusteht („at the time of its service (…) the pleader has"). Die Fassung der Regelung bis zum Jahr 1946 hatte als relevanten Zeitpunkt noch den des Einreichens *(filing)* der Klageerwiderung bei Gericht vorgesehen.[140] Die Änderung wurde vorgenommen, um einen Gleichlauf mit dem in Rule 13(e) FRCP relevanten Zeitpunkt der Zustellung zu erreichen (dazu sogleich).[141]

Der mit dem *counterclaim* geltend gemachte Anspruch muss also zum Zeitpunkt der Zustellung der Klageerwiderung schon und noch[142] bestehen; die bloße Wahrscheinlichkeit der Entstehung genügt nicht.[143] Auch ein Anspruch, der bedingt *(contingent)* ist durch den Ausgang eines (anderen) Verfahrens, fällt nicht in den Anwendungsbereich der Norm:[144] Hängt etwa ein

---

[139] Befürwortend etwa *Doe v. Bd. Of Regents of University of Nebraska*, 788 N.W.2d 264, 278 (Ne. 2010) (Nebraska); *Iannacchino v. Ford Motor Co.*, 888 N.E.2d 879, 899 f. (Mass. 2008) (Massachusetts). Ablehnend hingegen *Hawkeye Foodservice Distribution, Inc. v. Iowa Educators Corp.*, 812 N.W.2d 600, 607 ff. (Ia. 2012) (Iowa); *Central Mortg. Co. v. Morgan Stanley Mortg. Capital Holdings LLC*, 27 A.3d 531, 537 (De. 2011) (nicht entschieden, aber tendenziell ablehnend) (Delaware); *Webb v. Nashville Area Habitat for Humanity, Inc.*, 346 S.W.3d 422, 430 f. (Tn. 2011) (Tennessee); *McCurry v. Chevy Chase Bank, FSB*, 233 P.3d 861, 863 ff. (Wa. 2010) (Washington); *Colby v. Umbrella*, 955 A.2d 1082, 1086 Fn. 1 (Vt. 2008) (Vermont).

[140] Das Gesetz geht in Rule 5(d)(1) FRCP offenbar davon aus, dass die Zustellung an den Kläger dem Einreichen der Klageerwiderung bei Gericht vorausgeht: „Any paper after the complaint that is required to be served – together with a certificate of service – must be filed within a reasonable time after service.".

[141] *Gensler*, in: FRCP, Advisory Committee Notes, Rule 13 (1946 amendment): „Subdivision (a). The use of the word ‚filing' was inadvertent. The word ‚serving' conforms with subdivision (e) and with usage generally throughout the rules." Dazu auch die entsprechenden Beratungen des *Advisory Committee*, Jud. Conf. of the US (Com. R. of Prac. and Proc.), CI–303–81 (1943).

[142] Vgl. *K-Con Building Systems, Inc. v. United States*, 2014 WL 1348155 *14 (Fed. Cl. 2014) (Erfüllung).

[143] *Steinberg v. St. Paul Mercury Ins. Co.*, 108 F.R.D. 355, 358 (S.D.Ga. 1985). S. auch *Kane v. Magna Mixer Co.*, 71 F.3d 555, 562 (6th Cir. 1995); *Harbor Insurance Co. v. Continental Bank Corp.*, 922 F.2d 357, 360 (7th Cir. 1990); *Dillard v. Security Pacific Brokers, Inc.*, 835 F.2d 607, 609 (5th Cir. 1988).

[144] *Burlington Northern R. Co. v. Strong*, 907 F.2d 707, 712 (7th Cir. 1990); *Young v. City of New Orleans*, 751 F.2d 794, 801 (5th Cir. 1985) (dazu – auch mit gegenteiligen

Schadensersatzanspruch wegen böswilliger Rechtsverfolgung (*malicious prosecution*, vgl. Restatement (Second) of Torts § 674) vom Ausgang des vermeintlich böswillig eingeleiteten Patentverletzungsverfahrens ab, stellt der vermeintliche Schadensersatzanspruch keinen *compulsory counterclaim* im Patentverletzungsverfahren dar;[145] der Anspruch kann mithin im Anschluss in einem selbstständigen Verfahren geltend gemacht werden. Abgesehen vom Bestand des *counterclaim* muss dieser zum Zeitpunkt der Zustellung der Klageerwiderung auch fällig *(mature)* sein.[146]

Diese Voraussetzungen der Rule 13(a) FRCP lassen sich wie folgt rechtfertigen: Man wird dem Beklagten eine Widerklagelast nicht zumuten können, wenn und weil diese bei Nichtbestehen des durch *counterclaim* geltend gemachten Anspruchs die Abweisung der Widerklage und damit die Präklusion des Beklagten nach sich zöge. Für den Fall der Geltendmachung eines noch nicht fälligen Anspruchs stünde zwar *claim preclusion* einer erneuten Geltendmachung nach Eintritt der Fälligkeit regelmäßig nicht entgegen,[147] sodass von einer endgültigen Präklusion des Beklagten und Widerklägers nicht auszugehen wäre – ebenso wie im deutschen Recht bei (Wider-)Klageabweisung als „derzeit unbegründet".[148] Allerdings erscheint es prozessun-

---

Nachweisen – *Sherman/Squiers*, in: Moore's Federal Practice, § 13.12[3]). Dies gilt hingegen nicht für *crossclaims* nach Rule 13(g) FRCP („The crossclaim may include a claim that the coparty is or may be liable (...)."), dazu *Providential Development Co. v. U.S. Steel Co.*, 236 F.2d 277, 281 (10th Cir. 1956) und *Greenbaum*, 74 Minn. L. Rev. 507, 513 Fn. 25 (1990).

145 *Eon Laboratories, Inc. v. Smithkline Beecham Corp.*, 298 F.Supp.2d 175, 183 f. (D.Mass. 2003). Mit weiteren Beispielen zu Ansprüchen aus *malicious prosecution* im Rahmen von Rule 13(a) FRCP *Wright/Miller/Kane*, in: Fed. Prac. & Proc., § 1411 Fn. 7 und *Kennedy*, 11 Hous. L. Rev. 255, 284 Fn. 145 f. (1974). S. auch *Sherman/Squiers*, in: Moore's Federal Practice, § 13.12[4] *(abuse of process counterclaims)*. Ob ein Anspruch als *compulsory counterclaim* in Betracht kommt, wenn er vom Ausgang des Hauptverfahrens abhängt, wird unterschiedlich beurteilt: Dafür etwa *El Paso Natural Gas Co. v. U.S.*, 2014 WL 1328164 *19 (D.C. Cir. 2014); *Interphoto Corp. v. Minolta Corp.*, 47 F.R.D. 341, 344 (S.D.N.Y. 1969); *Wright/Miller/Kane*, in: Fed. Prac. & Proc., § 1411 nach Fn. 9. Dagegen *Universal Underwriters Ins. Co. v. Security Industries, Inc.*, 391 F.Supp. 326, 329 (W.D.Wa. 1974) und *Slaff v. Slaff*, 151 F.Supp. 124, 125 (S.D.N.Y. 1957).

146 S. etwa *Stone v. Department of Aviation*, 453 F.3d 1271, 1276 f. (10th Cir. 2006); *In re Ark-La-Tex Timber Co., Inc.*, 482 F.3d 319, 332 (5th Cir. 2007); *Burlington Northern R. Co. v. Strong*, 907 F.2d 707, 712 (7th Cir. 1990); *Pfeiffer Co. v. U.S.*, 518 F.2d 124, 129 f. (8th Cir. 1975); *Allan Block Corp. v. County Materials Corp.*, 239 F.R.D. 523, 529 (W.D.Wis. 2006); *Fabricant v. Sears Roebuck*, 202 F.R.D. 306, 309 (S.D.Fla. 2001).

147 Insoweit gilt nach Rest. (2d) of Judg., § 20(2) regelmäßig eine Ausnahme von der *bar*-Wirkung des Urteils bei Klageabweisung infolge Nichtfälligkeit des Anspruchs („prematurity of the action"), s. auch ebenda, Comments k, l und Illustration 5. Denkbar erscheint mangels – soweit ersichtlich – entsprechender ausdrücklicher Ausnahmen indes eine Präklusion durch *issue preclusion*.

148 Vgl. etwa *Musielak*, in: Musielak, ZPO, § 322, Rn. 51.

ökonomisch, den Beklagten im Wege der Widerklagelast anzuhalten, das Gericht (und den Kläger) mit einem wissentlich noch nicht fälligen Anspruch zu befassen. Zweifelhaft ist im Übrigen die Behauptung, der Beklagte käme allein aus prozesstaktischen Gründen – Angriff sei schließlich die beste Verteidigung – auch ohne entsprechende Last von selbst auf die Idee, noch nicht fällige Ansprüche als *counterclaims* geltend zu machen.[149]

*bb) Ergänzungen und Änderungen durch nachträgliches (*supplemental *bzw.* amended*)* pleading *nach Rules 13(e) und 15 FRCP*

Freilich ist es prozessunökonomisch, den Beklagten mit einem *counterclaim*, der im Laufe des Verfahrens entsteht bzw. fällig wird, auf ein späteres, eigenständiges Verfahren zu verweisen. Deshalb sieht Rule 13(e) FRCP vor, dass der Beklagte mit Zustimmung des Gerichts („The court may permit (...)") *counterclaims*, die nach Zustellung der Klageerwiderung entstanden bzw. fällig geworden sind, im Wege eines ergänzenden *(supplemental) pleading* geltend machen kann.[150] Diese Möglichkeit bestand schon vor Erlass der FRCP, wenngleich Equity Rule 30 eine entsprechende Regelung nicht vorsah.[151] Von einer Widerklagelast kann hier mangels Vorliegen der Voraussetzungen von Rule 13(a) FRCP indes keine Rede mehr sein; vielmehr sind die nach Rule 13(e) FRCP geltend gemachten *counterclaims* als *permissive* und also nicht präklusionsbedroht einzustufen.[152] Die Einräumung gerichtlichen – nicht fristgebundenen[153] – Ermessens bei der Zulassung eines solchen *supplemental pleading* dient dazu, dem Gericht eine zügige, prozessökonomische Verfahrensführung zu ermöglichen, die durch eine besonders späte Einführung eines *counterclaim* bzw. durch die Einführung eines inkonnexen *counterclaim* womöglich in Gefahr geriete.[154] Daher sind Gerichte eher geneigt,

---

[149] So ohne nähere Ausführungen *Kennedy*, 11 Hous. L. Rev. 255, 283 f. (1974).

[150] Zum Verhältnis von Rule 13(e) zu Rule 15(d) FRCP (allgemeine Regelung zu *supplemental pleadings*) *Wright/Miller/Kane*, in: Fed. Prac. & Proc., § 1428 nach Fn. 5. Zweifelhaft *Gensler*, in: FRCP, Practice Commentary, Rule 13, wonach der Beklagte offenbar im Rahmen von Rule 13(e) auf Rule 15(d) FRCP zurückgreifen müssen soll; unklar bleibt dabei, welcher Anwendungsbereich Rule 13(e) FRCP dann noch zukommen soll.

[151] *Wright/Miller/Kane*, in: Fed. Prac. & Proc., § 1428 nach Fn. 4. S. etwa *Howard v. Leete*, 257 F. 918, 925 (6th Cir. 1919).

[152] *American Home Assur. Co. v. Pope*, 487 F.3d 590, 604 Fn. 6 (8th Cir. 2007); *Stone v. Department of Aviation*, 453 F.3d 1271, 1280 f. (10th Cir. 2006); *Harbor Insurance Co. v. Continental Bank Corp.*, 922 F.2d 357, 360 f. (7th Cir. 1990); *Johnson v. Con-Vey/Keystone, Inc.*, 856 F.Supp. 1443, 1450 (D.Or. 1994).

[153] *Wright/Miller/Kane*, in: Fed. Prac. & Proc., § 1428 nach Fn. 17.

[154] S. etwa *Harbor Insurance Co. v. Continental Bank Corp.*, 922 F.2d 357, 360 f. (7th Cir. 1990); *All West Pet Supply Co. v. Hill's Pet Products Div., Colgate-Palmolive Co.*, 152 F.R.D. 202, 204 f. (D.Ks. 1993); *National Union Fire Ins. Co. of Pittsburgh, Pa. v. Continental Illinois Corp.*, 113 F.R.D. 527, 530 (N.D.Ill. 1986); *Aviation Materials, Inc. v.*

ein *supplemental pleading* nach Rule 13(e) FRCP zuzulassen, wenn die übrigen Voraussetzungen von Rule 13(a) FRCP vorliegen, der *counterclaim* also insbesondere derselben *transaction or occurrence* wie der klägerische *claim* entspringt.[155] Demgegenüber wird ein Gericht ein *supplemental pleading* nicht zulassen, das allein den böswilligen Zweck verfolgt, den Kläger in seiner Prozessführung zu behindern.[156] Stellt sich nach Zulassung eines *supplemental pleading* heraus, dass dieses entgegen den Erwartungen zu einer Verzögerung oder Verkomplizierung des Verfahrens führen wird, kann das Gericht getrennte *trials* nach Rule 13(i) FRCP anordnen.[157]

Eine andere Frage ist, ob und inwiefern der Beklagte einen die Voraussetzungen von Rule 13(a) FRCP erfüllenden *compulsory counterclaim*, der ihm bereits zum Zeitpunkt der Zustellung der Klageerwiderung zustand, nachträglich in das Verfahren einführen darf. Bis zum Jahr 2009 war dem Beklagten eine Änderung *(amendment)* seines *pleading* unter der damaligen Rule 13(f) FRCP gestattet, soweit die Nichteinführung des *compulsory counterclaim* auf „oversight, inadvertence, or excusable neglect" beruhte oder „if justice so require[d]". Insbesondere die letzte Variante verdeutlicht die denkbar große Reichweite der Entschuldigungsgründe, von denen in der Praxis recht liberal Gebrauch gemacht wurde.[158] Allerdings führte Rule 13(f) FRCP im Hinblick auf Rule 15 FRCP, die allgemein die Änderung und Ergänzung von *pleadings* regelt, mitunter zu Verwirrung: So stellte sich etwa die Frage, inwiefern die in Rule 15(c) FRCP angeordnete Rückwirkung von Änderungen auf den Zeitpunkt des ursprünglichen *pleading* auch für *counterclaims* nach

---

Pinney, 65 F.R.D. 357, 358 (N.D.Ok. 1975). Demgegenüber kann § 296 ZPO eine „Flucht in die Widerklage" nicht verhindern, s. nur *Rosenberg/Schwab/Gottwald*, Zivilprozessrecht, § 96 Rn. 10.

[155] Vgl. etwa *Harbor Insurance Co. v. Continental Bank Corp.*, 922 F.2d 357, 361 (7th Cir. 1990); *Skaro v. Eastern Sav. Bank*, 866 F.Supp. 229, 233 f. (W.D.Pa. 1994). S. auch *Kennedy*, 11 Hous. L. Rev. 255, 285 (1974) und *Wright/Miller/Kane*, in: Fed. Prac. & Proc., § 1428 nach Fn. 15 („compelling reason for permitting defendant to assert the claim"). In diesem Fall dürfte der durch *supplemental pleading* eingeführte *counterclaim* auch unter die *supplemental jurisdiction* des Gerichts fallen – unabhängig davon, dass kein *compulsory counterclaim* im Sinne von Rule 13(a) FRCP vorliegt; so auch *Wright/Miller/Kane*, in: Fed. Prac. & Proc., § 1429 nach Fn. 2. Zur Überwindung der zuständigkeitsbegründenden Funktion von Rule 13(a) FRCP oben S. 114 ff.

[156] *Texas Co. v. Borne Scrymser Co.*, 68 F.2d 104, 107 (4th Cir. 1933).

[157] Vgl. etwa *Michigan Tool Co. v. Drummond*, 33 F.Supp. 540, 542 (D.D.C. 1938).

[158] Vgl. etwa *Kissell Co. v. Farley*, 417 F.2d 1180, 1183 (7th Cir. 1969); bemerkenswert *Safeway Trails v. Allentown & Reading Transit Co.*, 185 F.2d 918, 920 (4th Cir. 1950) (Unkenntnis der FRCP als Entschuldigungsgrund). S. auch *Wright/Miller/Kane*, in: Fed. Prac. & Proc., § 1430 Fn. 2–6 m. ausf. N. aus der Rechtsprechung.

Rule 13(f) FRCP galt.[159] Diese Frage war von besonderer Bedeutung für den Fall, dass der widerklagend geltend gemachte Anspruch zwischen ursprünglichem *pleading* und Antrag nach Rule 13(f) FRCP verjährt war, also in einem eigenständigen Verfahren nicht mehr erfolgreich geltend gemacht werden konnte.[160] Vor diesem Hintergrund wurde Rule 13(f) FRCP im Jahr 2009 ersatzlos gestrichen.[161] Allein maßgeblich für die vorliegende Konstellation ist seitdem Rule 15 FRCP. Danach darf der Beklagte seine Klageerwiderung einmalig „as a matter of course" innerhalb von 21 Tagen nach deren Zustellung ändern, Rule 15(a)(1)(A) FRCP.[162] Andernfalls ist das schriftliche Einverständnis der Gegenseite bzw. die Zustimmung des Gerichts erforderlich, die selbige großzügig erteilen soll, „when justice so requires", Rule 15(a)(2) FRCP. Für letzteren Fall ist davon auszugehen, dass die unter Rule 13(f) FRCP relevanten Kriterien weiterhin von Bedeutung bei der Entscheidung über die Zulassung des *counterclaim* im Wege des *amendment* sind.[163] Angesichts der dem Beklagten drohenden Präklusion und wegen des üblicherweise geringeren zusätzlichen Prozessaufwands aufgrund der Konnexität der Ansprüche gewähren Gerichte für *compulsory counterclaims* regelmäßig eher die Zustimmung für ein *amended pleading* als für *permissive counterclaims*.[164]

c) Subjektive Grenzen: Counterclaim *gegen „opposing party"*

Die Widerklagelast der Rule 13(a) FRCP trifft den Beklagten nur für *counterclaims*, die ihm gegen eine „opposing party" zustehen. Weder die Regelung selbst noch die bundesstaatliche Rechtsprechung sehen eine eindeutige Definition dieses Begriffs vor.[165] Im Grundsatz sind *opposing parties* jeden-

---

[159] *Wright/Miller/Kane*, in: Fed. Prac. & Proc., § 1430 nach Fn. 7. Die unterschiedlichen Voraussetzungen der Regelungen bemerkend auch *Kennedy*, 11 Hous. L. Rev. 255, 286 f. (1974).

[160] Gegen eine Anwendung von Rule 15(c) FRCP etwa *Stoner v. Terranella*, 372 F.2d 89, 91 (6th Cir. 1967). Für eine einheitliche Anwendung von Rules 13(f) und 15 FRCP dagegen *Wright/Miller/Kane*, in: Fed. Prac. & Proc., § 1430 nach Fn. 11.

[161] *Gensler*, in: FRCP, Advisory Committee Notes, Rule 13 (2009 amendment) („largely redundant and potentially misleading").

[162] Vgl. dazu etwa *Die Services Intern., LLC v. Deutsch Systems Inc.*, 2014 WL 65231 *1 (E.D.Mich. 2014).

[163] *Wright/Miller/Kane*, in: Fed. Prac. & Proc., § 1430 bei Fn. 14; *Sherman/Squiers*, in: Moore's Federal Practice, § 13.43 („no real change in amendment standards").

[164] *Wright/Miller/Kane*, in: Fed. Prac. & Proc., § 1430 nach Fn. 17. S. etwa *Spartan Grain & Mill Co. v. Ayers*, 517 F.2d 214, 220 (5th Cir. 1975) (*leave to amend* für *compulsory counterclaim* gewährt); *Architectural Coatings Associates Ltd. Partnership v. Applied Coatings Intern., Inc.*, 103 F.R.D. 442, 447 (E.D.Pa. 1984) (*leave to amend* für *permissive counterclaim* abgelehnt).

[165] Vgl. *Wright/Miller/Kane*, in: Fed. Prac. & Proc., § 1404 nach Fn. 1 („(…) but the point has caused relatively few difficulties").

falls solche, die sich (formal) als Prozessgegner gegenüberstehen, also etwa Kläger und Beklagter.[166] Eine Sonderrolle nehmen die Vereinigten Staaten als Prozesspartei ein, die nicht ohne Weiteres einer Widerklage nach Rule 13 FRCP ausgesetzt sind.[167] Die folgenden Ausführungen zeigen, dass die gegnerische Position auch erst im Laufe des Verfahrens – ggf. unter Einbeziehung bisher unbeteiligter Dritter – eingenommen werden kann. Darüber hin aus stellt sich die Frage, ob und inwiefern den Beklagten eine Last zur parteierweiternden Widerklage gegenüber bisher unbeteiligten Dritten trifft bzw. treffen sollte.

aa) Streitgenossen (coparties)*: „Shifting status"*

Als *coparties* werden Streitgenossen, also Mitkläger bzw. -beklagte bezeichnet, die sich nicht als Prozessgegner gegenüberstehen.[168] Den Beklagten trifft gegenüber einem Mitbeklagten grundsätzlich keine Klagelast nach Rule 13(a) FRCP. Das kann sich ändern, wenn sich *coparties* untereinander im Wege eines *crossclaim* in Anspruch nehmen. Nach Rule 13(g) FRCP besteht die Möglichkeit – nicht aber eine dahingehende Last[169] – einen *crossclaim* gegen eine *coparty* geltend zu machen, soweit der *crossclaim* derselben *transaction or occurrence* wie der klägerische *claim* oder ein *counterclaim* entspringt

[166] *Friedenthal/Kane/Miller*, Civil Procedure, S. 375 („adversarial relationship"). S. etwa *Earle M. Jorgenson Co. v. T.I. United States, Ltd.*, 133 F.R.D. 472, 475 (E.D.Pa. 1991).

[167] Vgl. Rule 13(d) FRCP. Die Vereinigten Staaten genießen vorbehaltlich gesetzlicher Regelung Immunität gegenüber zivilrechtlichen Klagen, können auf diese allerdings verzichten. Ein Verzicht soll nicht schon in der Klageerhebung zu erblicken sein. Ausführlich *Sherman/Squiers*, in: Moore's Federal Practice, § 13.50 (dort auch mit Beispielen zu gesetzlichen Vorschriften zum Immunitätsverzicht) sowie *Wright/Miller/Kane*, in: Fed. Prac. & Proc., § 1427. Dazu auch *Kennedy*, 11 Hous. L. Rev. 255, 288 ff. (1974). S. aber *Board of Regents of University of Wisconsin System v. Phoenix*, 653 F.3d 448, 468 ff. (7th Cir. 2011) (Immunitätsverzicht des Staates Wisconsin durch Klageerhebung, für den Rule 13(d) FRCP nicht gilt).

[168] Ausführlich *Sherman/Squiers*, in: Moore's Federal Practice, § 13.71[1]. Zur Rechtskraftwirkung unter Streitgenossen oben S. 56.

[169] Das lässt sich zwar mit der fehlenden gegnerischen Haltung der *coparties* begründen, erscheint aber im Hinblick auf eine möglichst umfassende Streitbeilegung und unter Berücksichtigung des nach Rule 13(g) FRCP bestehenden Konnexitätserfordernisses nicht unzweifelhaft. In New Jersey besteht eine Last zur Einführung von *crossclaims*, sofern diese der *entire controversy doctrine* unterfallen, N.J. Ct. R. 4:7–5(a), 4:30A. Diesen Unterschied zwischen Rule 13(a) und (g) FRCP bemerkend *Wright/Miller/Kane*, in: Fed. Prac. & Proc., § 1431 bei Fn. 22. Dazu auch *Freer*, 50 U. Pitt. L. Rev. 809, 822 Fn. 76 (1989); *Friedenthal*, 23 Stan. L. Rev. 1, 35 (1970) (zu früherer Rechtslage und Reformbedarf in Kalifornien).

oder sich auf streitbefangenes Eigentum bezieht;[170] häufig dient er der Schadloshaltung bei einem Streitgenossen für den Fall der Inanspruchnahme durch den ursprünglichen Kläger.[171] Sobald ein *crossclaim* geltend gemacht wird, begeben sich die Streitgenossen in gegnerische Positionen, ändern mithin ihre zuvor gütliche bzw. indifferente Haltung,[172] sodass sich für den Beklagten des *crossclaim* eine Widerklagelast nach Rule 13(a) FRCP gegenüber dem Kläger des *crossclaim* ergibt.[173] Weil dieser „shifting status" den überraschten Beklagten womöglich in die Präklusion treibt, erscheint eine gesetzgeberische Klarstellung im Interesse des Beklagtenschutzes sinnvoll.[174]

bb) Third-party practice (impleader)

Ein der deutschen Streitverkündung (§§ 72 ff. ZPO) vergleichbares Institut stellt die in Rule 14 FRCP geregelte sog. *third-party practice* (auch: *impleader*) dar. Diese wiederum prozessökonomisch motiverte[175] Regelung sieht die Möglichkeit („may") vor, dass eine „defending party" – regelmäßig der Beklagte, womöglich aber auch der widerbeklagte Kläger, Rule 14(a), (b) FRCP – als *third-party plaintiff* einen ihm gegenüber angeblich regresspflichtigen Dritten („a nonparty who is or may be liable to it for all or part of the claim against it"[176]) als *third-party defendant* in ein anhängiges Verfahren zwischen

---

[170] Zur Relevanz von Rule 18(a) FRCP – der allgemein und unabhängig von Konnexitätsanforderungen die Möglichkeit einer Klagehäufung vorsieht – in diesem Zusammenhang *Greenbaum*, 74 Minn. L. Rev. 507, 531 ff., 554 f. (1990).

[171] Vgl. Rule 13(g) FRCP: „The crossclaim may include a claim that the coparty is or may be liable to the crossclaimant for all or part of a claim asserted in the action against the crossclaimant." S. etwa *In re Oil Spill by Amoco*, 699 F.2d 909, 915 ff. (7th Cir. 1983) und *Sherman/Squiers*, in: Moore's Federal Practice, § 13.60.

[172] Krit. Analyse dieses „shifting status" bei *Greenbaum*, 74 Minn. L. Rev. 507, 519 ff. (1990).

[173] S. etwa *Rainbow Management Group, Ltd. v. Atlantis Submarines Hawaii, L.P.*, 158 F.R.D. 656, 659 f. (D. Hawaii 1994); *Earle M. Jorgenson Co. v. T.I. United States, Ltd.*, 133 F.R.D. 472, 475 (E.D.Pa. 1991). Beschränkend auf Fälle, in denen *crossclaim* „substantive claim" enthält, aber *Paramount Aviation Corp. v. Agusta*, 178 F.3d 132, 146 Fn. 11 (3rd Cir. 1999), cert. denied 528 U.S. 878 (1999); *Kirkcaldy v. Richmond County Bd. Of Educ.*, 212 F.R.D. 289, 297 f. (M.D.N.C. 2002).

[174] *Greenbaum*, 74 Minn. L. Rev. 507, 551 f. (1990), mit entsprechenden Vorschlägen.

[175] S. nur *Freer*, in: Moore's Federal Practice, § 14.03[1]; *Wright/Miller/Kane*, in: Fed. Prac. & Proc., § 1456 vor Fn. 1. Aus diesem Grund steht die Zulassung des *impleader* auch im Ermessen des Gerichts, selbst wenn die Klage innerhalb von 14 Tagen nach Zustellung der Klageerwiderung eingereicht wird, Rule 14(a)(1) FRCP, *Freer*, in: Moore's Federal Practice, § 14.20[1]. Zweifelhaft – für Ermessen des Gerichts erst nach Ablauf der Frist – ohne nähere diesbezügliche Ausführungen aber *Lüke*, Die Beteiligung Dritter im Zivilprozeß, S. 66. Wie hier hingegen *Koch*, ZVglRWiss 1986, 11, 32.

[176] Ausführlich zum Inhalt des Regressanspruchs *Freer*, in: Moore's Federal Practice, § 14.04[2], [3].

Kläger *(plaintiff)* und Beklagtem (im Folgenden als *third-party plaintiff*) einbezieht.[177] Anders als im Rahmen der Streitverkündung nach deutschem Recht kann der *third-party plaintiff* in diesem Verfahren bereits einen vollstreckungsfähigen Titel gegen den *third-party defendant* erwirken.[178] Für den Fall, dass die Einreichung dieser Klage nicht innerhalb von 14 Tagen nach Zustellung der Klageerwiderung erfolgt, bedarf es der Zustimmung des Gerichts, Rule 14(a)(1) FRCP. Der *third-party defendant* kann seinerseits ihm gegenüber angeblich regresspflichtige Dritte – sog. „fourth-party defendants" – in das Verfahren einbeziehen, Rule 14(a)(5) FRCP.[179] Abzugrenzen ist Rule 14 von Rule 13(h) FRCP, die unter den Voraussetzungen der Rules 19 und 20 FRCP ebenfalls die Einbeziehung zusätzlicher Parteien in das Verfahren ermöglicht, um eine vollständige Entscheidung über einen *counterclaim* oder *crossclaim* zu erreichen: Im Unterschied zu Rule 14 FRCP setzt eine solche Einbeziehung nach Rule 13(h) FRCP eine bereits anhängige bzw. eine mit der intendierten Einbeziehung anhängig gemachte Widerklage voraus, die sich sowohl gegen mindestens eine bereits einbezogene Partei als auch gegen die neue einzubeziehende Partei richtet.[180]

Sobald der *third-party defendant* verklagt und also in das Verfahren einbezogen ist, wird der *third-party plaintiff* zur „opposing party" im Sinne von Rule 13(a) FRCP, sodass für den *third-party defendant* fortan eine entsprechende Widerklagelast gegenüber dem *third-party plaintiff* besteht, Rule 14(a)(2)(B) FRCP.[181] Verklagt etwa A den B als Halter eines PKW auf Schadensersatz aus einem Verkehrsunfall, den der Fahrer C verursacht hat und verklagt daraufhin B den C zu Regresszwecken durch *impleader* nach Rule 14(a) FRCP, trifft den C die Last, Ansprüche, die er wegen eigener Schäden gegen B, etwa aufgrund mangelhafter Bremsleistung des PKW, hat,

---

[177] Zu Zuständigkeitsfragen, insb. der *subject matter jurisdiction*, in diesem Zusammenhang ausführlich *Freer*, Civil Procedure, S. 722 ff.

[178] *Götze*, Vouching In und Third-Party Practice, S. 82 ff., 168 ff. (ausführlich zur *third-party practice* sowie deren Anerkennung in Deutschland); *Lüke*, Die Beteiligung Dritter im Zivilprozeß, S. 65, 76 (dort rechtsvergleichend zur Streitverkündung); *Koch*, ZVglRWiss 1986, 11, 27 ff., 32.

[179] Dazu *Wright/Miller/Kane*, in: Fed. Prac. & Proc., § 1461.

[180] *F.D.I.C. v. Bathgate*, 27 F.3d 850, 873 f. (3rd Cir. 1994); *AllTech Communications, LLC v. Brothers*, 601 F.Supp.2d 1255, 1260 f. (N.D.Ok. 2008); *Microsoft Corp. v. Ion Technologies Corp.*, 484 F.Supp.2d 955, 965 (D.Minn. 2007); *General Casualty Co. of America v. Fedoff*, 11 F.R.D. 177, 179 (S.D.N.Y. 1951). Zur Abgrenzung auch *Sherman/Squiers*, in: Moore's Federal Practice, § 13.112 und *Kennedy*, 11 Hous. L. Rev. 255, 274, 277 ff. (1974). S. zudem *Wright/Miller/Kane*, in: Fed. Prac. & Proc., § 1435. Zur (isolierten) Drittwiderklage im deutschen Recht *Riehm/Bucher*, ZZP 123 (2010), 347 sowie instruktiv *Koch*, JA 2013, 95, 98 ff.

[181] Vgl. etwa *Kane v. Magna Mixer Co.*, 71 F.3d 555, 562 (6th Cir. 1995); *Weber v. Weber*, 44 F.R.D. 227, 230 (E.D.Pa. 1968).

nach Rule 13(a) FRCP als *compulsory counterclaim* geltend zu machen.[182] Besteht auf Beklagtenseite eine Streitgenossenschaft und verklagt nur einer der Streitgenossen als *third-party plaintiff* einen Dritten, sind nur dieser Streitgenosse und der *third-party defendant opposing parties*, sodass sich für letzteren auch nur insofern eine Widerklagelast ergibt.[183]

Schwieriger sind die Beziehungen zwischen Kläger und *third-party defendant* einzuordnen. Neben Einwänden des Beklagten und *third-party plaintiff* (Rule 14(a)(2)(C) FRCP) kann der *third-party defendant* auch Ansprüche gegen den Kläger aus der der ursprünglichen Klage zugrunde liegenden *transaction or occurrence* geltend machen, Rule 14(a)(2)(D) FRCP.[184] Umgekehrt kann der Kläger solche Ansprüche – entweder durch Klageänderung oder durch ein neues *pleading*[185] – auch gegen den *third-party defendant* geltend machen, Rule 14(a)(3) FRCP. In obigem Beispiel kann also A – nachdem B den C durch *impleader* in das Verfahren einbezogen hat – den C ebenfalls auf Schadensersatz aus dem Verkehrsunfall in Anspruch nehmen. Bis zu diesem Zeitpunkt stehen sich Kläger und *third-party defendant* nicht als *opposing parties* gegenüber, sodass die zwischen diesen Parteien geltend gemachten Klagen in dogmatischer Hinsicht nicht als *counterclaims* zu qualifizieren sind;[186] auch als *crossclaims* sind sie nicht zu bezeichnen, denn Kläger und *third-party defendant* sind selbstredend keine Streitgenossen *(coparties)*.[187] Vielmehr handelt es sich um eine durch Rule 14 FRCP geschaffene Klageart *sui generis*.[188] Sobald aber der Kläger durch Klageerhebung gegen-

---

[182] Beispiel nach *Freer*, Civil Procedure, S. 719. Zur *vicarious liability* (hier des B) oben S. 61.

[183] S. aber *Thomas v. Barton Lodge II, Ltd.*, 174 F.3d 636, 652 (5th Cir. 1999) (*third-party defendant* könne gegen andere Beklagte als den *third-party plaintiff crossclaim* geltend machen, obwohl eine Streitgenossenschaft in dieser Hinsicht nicht vorliege). Zu den verschiedenen Wegen in der Rechtsprechung, immerhin die Möglichkeit einer Anspruchsgeltendmachung gegen den anderen Beklagten als den *third-party plaintiff* zu gewähren, *Greenbaum*, 74 Minn. L. Rev. 507, 526 ff., 548 f. (1990), sowie bei 553 f. zu einer möglichen klarstellenden Gesetzesänderung.

[184] Die Einschränkung auf konnexe Ansprüche soll eine übermäßige Verzögerung des Rechtsstreits verhindern, *Wright/Miller/Kane*, in: Fed. Prac. & Proc., § 1459 nach Fn. 6. S. etwa *Stahl v. Ohio River Co.*, 424 F.2d 52, 54 ff. (3rd Cir. 1970) (Anspruch muss im Hinblick auf Rule 13 FRCP fällig („mature“) sein); *Heintz & Co. v. Provident Tradesmens Bank & Trust Co.*, 30 F.R.D. 171, 172 (E.D.Pa. 1962). Zur Rechtslage vor Einführung dieser Regelung in Rule 14 FRCP *dies.*, in: Fed. Prac. & Proc., § 1458 Fn. 2.

[185] *Gensler*, in: FRCP, Advisory Committee Notes, Rule 14 (1946 amendment). Dazu auch *Wright/Miller/Kane*, in: Fed. Prac. & Proc., § 1459 nach Fn. 9.

[186] So aber *Revere Copper & Brass Inc. v. Aetna Cas. & Sur. Co.*, 426 F.2d 709, 716 (5th Cir. 1970).

[187] *Freer*, in: Moore's Federal Practice, § 14.06[1]. So aber etwa *Brown v. First Nat. Bank of Wewoka, Okl.*, 14 F.R.D. 339, 340 (E.D.Ok. 1953).

[188] Vgl. *Wright/Miller/Kane*, in: Fed. Prac. & Proc., § 1458 nach Fn. 9; *Freer*, in: Moore's Federal Practice, § 14.06[1], der sich zu Recht gegen die Feststellung wendet, die

über dem *third-party defendant* diesem gegenüber zur *opposing party* wird, trifft den *third-party defendant* die Widerklagelast der Rule 13(a) FRCP, Rule 14(a)(3) FRCP; nach Klage des A gegen C trifft diesen also die Last, Ansprüche, die etwa auf *negligence* des A in Bezug auf den Verkehrsunfall beruhen, im Wege eines *compulsory counterclaim* geltend zu machen. Umgekehrt trifft den Kläger diese Last, wenn er vom *third-party defendant* nach Rule 14(a)(2)(D) FRCP verklagt wird.[189]

cc) Last zur parteierweiternden Widerklage?

(1) Grundsatz

Abschließend stellt sich die Frage, inwiefern sich für den Beklagten aufgrund der Auslegung des Begriffs der „opposing party" eine Last zur parteierweiternden Widerklage ergeben kann gegen Rechtssubjekte, die bisher nicht am Verfahren beteiligt waren. Im Grundsatz besteht eine solche Last nicht: Den Beklagten trifft eine Widerklagelast im Rahmen von Rule 13(a) FRCP nur gegen bereits in das Verfahren einbezogene gegnerische Parteien.[190] Das lässt sich auch am Wortlaut der Norm festmachen, der eine Widerklagelast anordnet für einen *counterclaim*, den „the pleader has against an opposing party"; diese Formulierung legt zumindest nahe, dass als *opposing party* nur in Betracht kommt, wer zuvor bereits als Partei am Verfahren teilnimmt. Verklagt etwa die Regierung einen Arbeitgeber auf Grundlage des *Fair Labor Standards Act*[191] wegen nicht gezahlter Löhne an dessen Arbeitnehmer, trifft den Arbeitgeber keine Widerklagelast gegenüber zwei Arbeitnehmern, gegen die er ausstehende Forderungen zu haben vorgibt; letztere sind nicht Parteien des Rechtsstreits.[192]

Ansprüche seien doch immerhin „in the nature of counterclaims" (wenngleich die zitierte Entscheidung diese Feststellung so explizit nicht getroffen hat). Vgl. auch *Pitcavage v. Mastercraft Boat Co.*, 632 F.Supp. 842, 849 f. (M.D.Pa. 1985); *U.S. v. Raefsky*, 19 F.R.D. 355, 356 (E.D.Pa. 1956).

[189] Vgl. *Finkle v. Gulf & Western Mfg. Co.*, 744 F.2d 1015, 1018 (3rd Cir. 1984); *Gilbane Bldg. Co. v. Nemours Foundation*, 606 F.Supp. 995, 998 (D.De. 1985).

[190] Vgl. *Ponderosa Development Corp. v. Bjordahl*, 787 F.2d 533, 536 (10th Cir. 1986); *Birmingham Fire Ins. Co. of Pennsylvania v. Winegardner and Hammons, Inc.*, 714 F.2d 548, 551 f. (5th Cir. 1983); *Youell v. Grimes*, 203 F.R.D. 503, 507 f. (D.Ks. 2001); *Bank of Vermont v. Lyndonville Sav. Bank & Trust Co.*, 906 F.Supp. 221, 228 (D.Vt. 1995). So auch *Vestal*, 2 Ind. Legal F. 25, 36 (1968) („obviously").

[191] *Fair Labor Standards Act of 1938*, 29 USC §§ 201 ff.

[192] Vgl. *Mitchell v. Richey*, 164 F.Supp. 419, 420 (W.D.S.C. 1958). S. auch *U.S. ex rel. Rodriquez v. Weekly Publications*, 74 F.Supp. 763, 768 ff. (S.D.N.Y. 1947) sowie dazu *Wright/Miller/Kane*, in: Fed. Prac. & Proc., § 1404 bei Fn. 19.

(2) Verfahrensbeteiligung in verschiedenen Funktionen (capacities)

Probleme ergeben sich, wenn eine Partei in mehreren Funktionen *(capacities)* – etwa in einer repräsentativen Funktion als Regierungsvertreter und für sich selbst persönlich[193] – an einem Verfahren beteiligt sein kann. Dann stellt sich die Frage, inwiefern dem Beklagten eine Widerklagelast nach Rule 13(a) FRCP auferlegt ist, wenn ihm ein *compulsory counterclaim* gegen den Kläger in einer anderen Funktion zusteht als der, in der dieser das Verfahren angestrengt hat. Umgekehrt ist fraglich, inwiefern den Beklagten eine Widerklagelast für einen *compulsory counterclaim* trifft, den dieser in einer anderen Funktion gegen den Kläger innehat.[194] Im Grundsatz gilt: Eine Widerklagelast besteht für den Beklagten gegen den Kläger nur in der Funktion, in der dieser das Verfahren angestrengt hat. Auch hier besteht also keine Last zur parteierweiternden Widerklage.[195] Wer etwa von einem *trustee* in dessen treuhänderischer Funktion verklagt wird, den trifft keine Last, einen *compulsory counterclaim* gegen den *trustee* in dessen persönlicher Eigenschaft geltend zu machen.[196] Umgekehrt besteht die Widerklagelast für den Beklagten auch nur in der Funktion, in der er verklagt wurde: Wird ein Steuerbeamter als Privatperson auf Schadensersatz wegen angeblicher rechtswidriger Verhaftung im Zusammenhang mit nicht gezahlten Steuern verklagt, droht keine Präklusion mit einem für den Steuerberechtigten (hier die Stadt) nicht geltend gemachten *counterclaim*, der auf Zahlung der ausstehenden Steuern gerichtet ist.[197] Wer nicht als *trustee* verklagt wird, den trifft auch keine Last, in seiner bestehenden, aber nicht prozessrelevanten repräsentativen Funktion als *trustee counterclaims* in das Verfahren einzuführen.[198]

Dogmatisch ergeben sich diese Grundsätze daraus, dass die Parteien in einer anderen Funktion als der, in der sie klagen bzw. verklagt sind, eben nicht Parteien des Rechtsstreits sind – und, wie eben gezeigt, grundsätzlich

---

[193] Vgl. *Friedenthal/Kane/Miller*, Civil Procedure, S. 376 mit Beispiel.

[194] *Wright/Miller/Kane*, in: Fed. Prac. & Proc., § 1404 vor Fn. 3.

[195] Befürwortend *Vestal*, 2 Ind. Legal F. 25, 33 f. (1968) („there is a legal difference between an individual *qua* individual and an individual as a personal representative.").

[196] Vgl. *Pioche Mines Consol., Inc. v. Fidelity-Philadelphia Trust Co.*, 206 F.2d 336 (9th Cir. 1953); *U.S. v. Timber Access Industries Co.*, 54 F.R.D. 36, 39 f. (D.Or. 1971); *Chambers v. Cameron*, 29 F.Supp. 742, 744 (N.D.Ill. 1939). S. auch *DEF v. ABC*, 366 Fed.Appx. 250, 253 (2nd Cir. 2010); *In re Adbox, Inc.*, 488 F.3d 836, 840 f. (9th Cir. 2007); *In re Sunrise Securities Litigation*, 818 F.Supp. 830, 835 f. (E.D.Pa. 1993); *Twardzik v. Sepauley*, 45 F.R.D. 529 (E.D.Pa. 1968).

[197] Vgl. *Durham v. Bunn*, 85 F.Supp. 530, 531 (E.D.Pa. 1949). S. auch *Dunham v. Crosby*, 435 F.2d 1177, 1181 (1st Cir. 1970).

[198] Vgl. *Banco Nacional de Cuba v. Chase Manhattan Bank*, 658 F.2d 875, 885 f. (2nd Cir. 1981).

nur letzteren gegenüber eine Widerklagelast besteht.[199] Weil diese Betrachtungsweise aber nicht nur eine Widerklagelast, sondern wegen der insoweit deckungsgleichen Voraussetzung der „opposing party" vielmehr bereits die bloße Möglichkeit der Einführung von *(permissive) counterclaims* nach Rule 13(b) FRCP verhindert,[200] werden in der Rechtsprechung im Hinblick auf eine möglichst umfassende Streitbeilegung[201] Ausnahmen gemacht. Dabei wird auf die zugrunde liegende Interessenlage verwiesen: Wer als Personengesellschafter von einem Urteil zugunsten der Personengesellschaft *(partnership)* unmittelbar anteilig profitiere („immediate pro rata gain to the individual partners"), müsse einen *counterclaim* des Beklagten gegen sich persönlich hinnehmen, selbst wenn er als einzelner Gesellschafter nicht Partei des Rechtsstreits sei.[202] Eine ähnliche Argumentation findet sich unter Hinweis auf die „real opponents in litigation" auch in Bezug auf nicht börsennotierte Kapitalgesellschaften mit wenigen Gesellschaftern (sog. *close* bzw. *closely held corporations*).[203] Wer hingegen als Vertreter *(representative)* oder Treuhänder (*fiduciary*, etwa als *trustee*) klage, habe kein entsprechendes Eigeninteresse am Ausgang des Verfahrens und sei daher einem *counterclaim* gegen sich persönlich nicht auszusetzen.[204] Abgesehen von der Interessenlage werden Ausnahmen zugunsten von *counterclaims* gegen den Kläger in anderer Funktion auch allein aufgrund prozessökonomischer Überlegungen ge-

---

[199] In diese Richtung offenbar auch *Sherman/Squiers*, in: Moore's Federal Practice, § 13.90[2][d]. Vgl. auch *Pioche Mines Consol., Inc. v. Fidelity-Philadelphia Trust Co.*, 206 F.2d 336 (9th Cir. 1953). Zur Rechtskrafterstreckung auf nicht am Verfahren beteiligte Dritte oben S. 54 ff.

[200] Für *permissive counterclaims* nach Rule 13(b) FRCP gelten angesichts des Wortlautbezugs auf Rule 13(a) dieselben subjektiven Grenzen.

[201] *Friedenthal/Kane/Miller*, Civil Procedure, S. 376; dies offenbar begrüßend *Wright*, 36 Minn. L. Rev. 580, 593 (1952).

[202] *Scott v. U.S.*, 354 F.2d 292, 296 ff., 300 f. (Ct. Cl. 1965) („To say that an individual partner-plaintiff can veto the maintenance of an individual counterclaim against him, even though convenience and fairness would be served by allowing it, goes counter to this basic premise and affords partners a technical, artificial device for proliferating litigation and possibly escaping valid demands against them"). S. auch *Blanchard v. Katz*, 117 F.R.D. 527, 529 f. (S.D.N.Y. 1987). Anders – dogmatisch überzeugend – *Zion v. Sentry Safety Control Corp.*, 258 F.2d 31, 33 (3rd Cir. 1958) (keine Widerklagelast eines persönlich verklagten Personengesellschafters in Bezug auf *counterclaims* der Gesellschaft).

[203] S. etwa *Berger v. Reynolds Metals Co.*, 39 F.R.D. 313, 314 f. (E.D.Pa. 1966); *Burg v. Horn*, 37 F.R.D. 562, 563 f. (E.D.N.Y. 1965). Häufig sind Familienunternehmen als *close corporations* organisiert, s. *Black*, Black's Law Dictionary; dies verdeutlicht die auch hier bestehende besondere Interessenverflechtung. Anders für Aktionärsklagen gegen andere als *close corporations* etwa *Cravatts v. Klozo Fastener Corp.*, 15 F.R.D. 12, 13 (S.D.N.Y. 1953); *Higgins v. Shenango Pottery Co.*, 99 F.Supp. 522, 524 (W.D.Pa. 1951).

[204] *Scott v. U.S.*, 354 F.2d 292, 301 (Ct. Cl. 1965).

macht, um eine vollständige Streitbeilegung zu erreichen.[205] Lässt sich der Kläger in der Sache rügelos gegen einen gegen ihn in prozessfremder Funktion geltend gemachten *counterclaim* ein, wird dies als Verzicht auf den *different capacity*-Einwand gewertet.[206] Umgekehrt wird es dem Beklagten wegen einer besonders engen Beziehung der in ihm vereinten *capacities* mitunter gestattet, *counterclaims* auch in der Funktion geltend zu machen, in der er nicht verklagt wurde.[207] Dies soll auch für den Fall gelten, dass der Beklagte einen *counterclaim* als Mitglied einer nicht rechtsfähigen Vereinigung *(unincorporated association)* in deren Namen geltend macht.[208]

Im Hinblick auf die Interessenlage des Klägers sind diese Ausnahmen nachvollziehbar und diesem auch zumutbar. Auch aus Beklagtensicht erscheint die *Möglichkeit* der prozessökonomischen vollständigen Streitbeilegung durch Einführung etwaig bestehender *counterclaims* zunächst reizvoll. Weniger reizvoll ist die Situation aber bei Konnexität von *claim* und *counterclaim*:[209] Dann kann sich für den Beklagten bei entsprechender Auslegung des Begriffs der „opposing party" nämlich eine mit erheblicher Rechtsunsicherheit verbundene Last zur parteierweiternden Widerklage gegen den Kläger in dessen anderer, nicht prozessrelevanter Funktion ergeben. Zudem kann der Beklagte einer Widerklagelast in einer Funktion ausgesetzt sein, in der er nicht verklagt wurde.

(3) Privity, *insbesondere:* Representation *im Rahmen von* class actions

Im Rahmen der Ausführungen zur Rechtskraft wurde bereits auf den Begriff der *privity* eingegangen, unter dem den Prozessparteien besonders nahestehende Dritte zusammengefasst werden, die der Bindungswirkung des Urteils

---

205 S. etwa *First Union Nat. Bank ex. rel. Southeast Timber Leasing Statutory Trust v. Pictet Overseas Trust Corp., Ltd.*, 351 F.3d 810, 815 (8th Cir. 2003); *Banco Nacional de Cuba v. Chase Manhattan Bank*, 658 F.2d 875, 886 f. (2nd Cir. 1981); *Blanchard v. Katz*, 117 F.R.D. 527, 529 f. (S.D.N.Y. 1987) („principles of equity and judicial economy").

206 So etwa *First Union Nat. Bank ex. rel. Southeast Timber Leasing Statutory Trust v. Pictet Overseas Trust Corp., Ltd.*, 351 F.3d 810, 815 (8th Cir. 2003); *Pioche Mines Consol., Inc. v. Fidelity-Philadelphia Trust Co.*, 206 F.2d 336, 337 (9th Cir. 1953) (unter Hinweis auf Rule 12(h) FRCP); *Rhodes, Inc. v. Morrow*, 937 F.Supp. 1202, 1208 (M.D.N.C. 1996) (Einwand als *failure to state a claim*); *Ivey v. Daus*, 181 F.Supp. 793, 797 (S.D.N.Y.1960) (unter Hinweis auf Rule 9(a) FRCP).

207 Vgl. *Moore-McCormack Lines v. McMahon*, 235 F. 142, 144 (2nd Cir. 1956). Dazu auch *Wright/Miller/Kane*, in: Fed. Prac. & Proc., § 1404 bei Fn. 17 („precedential value (...) limited by the close relationship between the two capacities").

208 *Bible Way Church of Our Lord Jesus Christ World Wide, Inc. v. Showell*, 260 F.R.D. 1, 3 (D.D.C. 2009).

209 Diese Differenzierung andeutend *Kennedy*, 11 Hous. L. Rev. 255, 273 f. (1974) („two different contexts").

unterliegen.[210] Im hier interessierenden Kontext stellt sich die Frage, ob und inwiefern diesen *privies* gegenüber eine Widerklagelast des Beklagten nach Rule 13(a) FRCP bestehen kann, obwohl sie formal nicht Partei des Prozesses sind. Eine solche Widerklagelast wird in der Rechtsprechung mitunter zumindest im Ergebnis hingenommen: Sofern ein Rechtssubjekt nämlich „funktional identisch" zur tatsächlichen Prozesspartei sei[211] oder faktisch die Prozessführung kontrolliere,[212] komme sie ebenfalls als *opposing party* im Sinne von Rule 13 FRCP in Betracht. Mitunter soll bereits ausreichen, wenn Prozesspartei und Nicht-Partei „dieselben Interessen repräsentieren".[213] Daraus folgt für den Beklagten unter den Voraussetzungen von Rule 13(a) FRCP eine Last zur Erhebung einer Widerklage gegen einen *privy* als Nicht-Partei, mithin eine Last zur parteierweiternden Widerklage. Klagt etwa ein Versicherer als Zessionar *(subrogee)* eine Schadensersatzforderung seines Versicherten ein, trifft den Beklagten eine Last zur Geltendmachung seiner Schadensersatzansprüche gegenüber dem Versicherten (als „real party in interest"[214]).[215]

Das besondere Näheverhältnis der *privity* besteht auch im Fall der *representation* bei *class actions* nach Rule 23 FRCP. Partei eines Rechtsstreits auf Seiten einer *class* – die ganz überwiegend auf Klägerseite besteht – ist ausschließlich dasjenige Mitglied der *class*, welches als *representative* für ebendiese fungiert.[216] Alle anderen Mitglieder der *class* sind hingegen formal nicht Parteien des Rechtsstreits, können aber – wie andere *privies* auch –

---

[210] Oben S. 57.

[211] *Banco Nacional de Cuba v. First Nat. City Bank of New York*, 478 F.2d 191, 193 Fn. 1 (2nd Cir. 1973) („one and the same for the purposes of this litigation"). S. auch *Transamerica Occidental Life Insurance Co. v. Aviation Office of America, Inc.*, 292 F.3d 384, 390 f. (3rd Cir. 2002) („functionally equivalent").

[212] *Transamerica Occidental Life Insurance Co. v. Aviation Office of America, Inc.*, 292 F.3d 384, 391 (3rd Cir. 2002); *Avemco Ins. Co. v. Cessna Aircraft Co.*, 11 F.3d 998, 1001 (10th Cir. 1993) (s. aber das beachtenswerte abweichende Votum von *Holloway*, J.).

[213] *In re Peaktop Techs. (USA), Inc. Shareholder Derivative Litigation v. Peaktop Intern. Holdings Ltd.*, 2007 WL 700826 *2 f. (S.D.N.Y. 2007) (hundertprozentige Tochtergesellschaft).

[214] So in diesem Zusammenhang *Wright/Miller/Kane*, in: Fed. Prac. & Proc., § 1404 bei Fn. 8.

[215] *General Casualty Co. of America v. Fedoff*, 11 F.R.D. 177, 179 (S.D.N.Y. 1951). Zur sog. „Zedentenwiderklage" als Unterfall der isolierten Drittwiderklage im deutschen Recht s. *Riehm/Bucher*, ZZP 123 (2010), 347, 354 ff., 358 ff.

[216] *Freer*, Civil Procedure, S. 768; wohl auch *Hazard/Leubsdorf/Bassett*, Civil Procedure, S. 309 f. sowie implizit *Hansberry v. Lee*, 311 U.S. 32, 41 (1940). S. aber zur äußerst uneinheitlichen Behandlung der anderen Mitglieder der *class* in der Rechtsprechung *Steinman*, 69 Geo. L. J. 1171 (1981). Rule 23(a) FRCP sieht diesbezüglich vor: „One or more members of a class may sue or be sued as representative parties on behalf of all members only if (…).".

durchaus an den Rechtskraftwirkungen des Urteils teilhaben.[217] Folgt man obigen Grundsätzen, kommt auch hier eine parteierweiternde Widerklagelast gegenüber den übrigen Mitgliedern der *class* als bloßen *privies* in Betracht.[218]

(4) Zusammenfassung

Im Grundsatz besteht keine Last zur parteierweiternden Widerklage. Unter Hinweis auf eine besondere Interessenlage und unter prozessökonomischen Gesichtspunkten erlaubt die Rechtsprechung aufgrund entsprechender Auslegung des Begriffs der „opposing party" indes die Widerklagemöglichkeit gegenüber Nicht-Parteien, also etwa gegenüber Parteien in deren nicht prozessrelevanter Funktion *(capacity)* oder gegenüber einer Partei besonders nahestehenden Dritten *(privies)*. Daraus folgt wegen der Deckungsgleichheit des Tatbestandsmerkmals der „opposing party" im Rahmen von Rule 13(a) und (b) FRCP eine Last zur parteierweiternden Widerklage, die die Rechtsprechung teilweise ausdrücklich betont, mitunter aber auch nur faktisch hinnimmt. Im Rahmen der Überlegungen zum Beklagtenschutz wird noch darauf einzugehen sein, dass dem Beklagten die so entstehende Rechtsunsicherheit nicht zuzumuten ist, eine Last zur parteierweiternden Widerklage mithin auch ausnahmsweise nicht angenommen werden sollte.[219]

d) Konnexität von claim *und* counterclaim *(„transaction or occurrence")*

aa) Überblick

Die Widerklagelast nach Rule 13(a) FRCP besteht nur, wenn der *counterclaim* „arises out of the transaction or occurrence that is the subject matter of the opposing party's claim".[220] Andernfalls besteht für den Beklagten nach

---

[217] Zur Rechtskrafterstreckung auf repräsentierte Nicht-Parteien oben S. 58 f.

[218] Dazu etwa *National Super Spuds, Inc. v. New York Mercantile Exchange*, 75 F.R.D. 40, 42 ff. (S.D.N.Y. 1977). S. auch Nachweise in Kap. 4 Fn. 51.

[219] Dazu unten S. 216 ff.

[220] Das kritisiert *Millar*, Civil Procedure in Historical Perspective, S. 138, der einen *counterclaim* unter Hinweis auf die so entstehende Parallele zur Verteidigungslast des Beklagten nur dann als *compulsory* einstufen will, wenn dieser als Verteidigung gegen den klägerischen *claim* eingesetzt wird („If a compulsory rule is ever justifiable, it is only when the counterclaim operates by way of defense to the principal claim. Just as a defendant may not with impunity withhold a defense, so we may without violence deny him the right to withhold a counterclaim if this in whole or part is of defensive nature."). Zu Recht wird der prozessökonomische Nutzen dieses Ansatzes bezweifelt: Ein zur Verteidigung eingesetzter *counterclaim* ist nicht notwendig konnex zum klägerischen claim, eine Widerklagelast (auch) für inkonnexe Ansprüche verspricht aber keinen prozessökonomischen Mehrwert, *Wright*, 39 Iowa L. Rev. 255, 291 f. (1954) („Rarely has an argument marched so inexorably from false premise to unsound conclusion."); krit. auch Jud. Conf. of the US (Com. R. of Prac. and Proc.), CI–4707–27 (1953).

Rule 13(b) FRCP die Möglichkeit, nicht aber eine dahingehende Last, seinen *counterclaim* in das Verfahren einzuführen. Die Bestimmung der Konnexität der Ansprüche anhand der *transaction or occurrence* stellt sich dabei als zentrales Merkmal der Norm dar und vermag deren Rechtsanwendung in besonderem Maße zu beeinflussen. Es überrascht daher nicht, dass eine kaum überschaubare Fülle an Rechtsprechung zur Auslegung der erforderlichen Konnexität ergangen ist und ergeht, die freilich Raum für Überlegungen zu einem angemessenen Beklagtenschutz bietet.[221]

Die Bedeutung des Begriffspaares der „transaction or occurrence" reicht im US-amerikanischen Zivilverfahrensrecht indes weit über Rule 13(a) FRCP hinaus. Im ersten Kapitel wurde bereits auf den *transactional approach* bei der Auslegung des Streitgegenstandes im Rahmen der *claim preclusion* hingewiesen.[222] Auch die Auslegung der für die *supplemental jurisdiction* eines Gerichts relevanten Vorschrift des 28 USC § 1367 orientiert sich an der zugrunde liegenden *transaction*.[223] Darüber hinaus nehmen die FRCP in einer Vielzahl von Vorschriften Bezug darauf:[224] Von „transaction or occurrence" ist – abgesehen von Rule 13 – die Rede in Rules 10(b) *(form of pleadings)* und 14(2)(D), (3) *(third-party practice)*. In Rules 14(c) und 20(a) *(permissive joinder of parties)* geht es um „transaction, occurrence, or series of transactions or occurrences", in Rule 15(c)(B) *(amended and supplemental pleadings)* um „conduct, transaction, or occurrence" und in Rule 15(d) schließlich um „transaction, occurrence, or event". Allein auf „transaction" stellen hingegen ab Rules 23.1(b) *(derivative actions)* und 24(a) *(intervention)*.

Auch in den vom *American Law Institute (ALI)* und *UNIDROIT* herausgegebenen *Principles of Transnational Civil Procedure* (PTCP) hat das Begriffspaar der „transaction or occurrence" Eingang gefunden: Dort dient es als Grundlage für die Widerklagemöglichkeit des Beklagten, ohne dass daran eine entsprechende Last geknüpft wäre.[225]

---

[221] Dazu unten S. 215.

[222] Oben S. 33 f.

[223] Dies gilt, obwohl der Wortlaut der Norm nicht explizit auf „transaction" Bezug nimmt, s. oben S. 114 f.

[224] Vgl. auch die Übersicht bei *Effron*, 100 Geo. L. J. 759, 819 ff. (2012).

[225] Principle 12.1 spricht zwar lediglich von „any claim substantially connected to the subject matter of the proceeding"; dies wird allerdings in Comment P–12A mit „same transaction or occurrence" umschrieben. Die von den *Reportern* der PTCP entworfenen, diese modellartig interpretierenden, aber von den Herausgebern formal nicht verabschiedeten *Rules of Transnational Civil Procedure* (RTCP) sehen hingegen in Rule 13.3 eine konnexitätsunabhängige Widerklagemöglichkeit vor. Comment R–13E weist auch hier auf die fehlende Widerklagelast hin. S. American Law Institute/UNIDROIT, Principles of Transnational Civil Procedure, S. 31 f., 112 ff. Zum Verhältnis von PTCP und RTCP *Stürner*, RabelsZ 69 (2005), 201, 209, 214 ff.

Die Analyse der Reichweite der Konnexität in all diesen Zusammenhängen würde den Rahmen dieser Arbeit übersteigen.[226] Für die Auslegung des entsprechenden Tatbestandsmerkmals von Rule 13(a) FRCP gilt Folgendes:

bb) Auslegungsansätze in der Rechtsprechung

(1) Überblick

Das Gesetz definiert *transaction or occurrence* nicht. Auch die Gesetzesmaterialien lassen keinen Schluss auf eine konkrete Bedeutung dieses Tatbestandsmerkmals zu; deutlich wird indes, dass *transaction or occurrence* möglichst weit verstanden werden soll.[227] Dabei wird „transaction" zumeist auf vertragliche, „occurrence" dagegen auf deliktische Sachverhalte bezogen, wenngleich darauf hingewiesen wird, dass „transaction" nach der gesetzgeberischen Intention sämtliche Sachverhalte unabhängig von der Rechtsnatur der Ansprüche erfasse.[228] Der Rechtsanwender ist mithin seit jeher auf die Rechtsprechung angewiesen, den unbestimmten Rechtsbegriff mit Leben zu füllen. Angesichts der Vielzahl der möglichen Fallgestaltungen und der widerstreitenden Interessen – insbesondere Prozessökonomie und Beklagtenschutz – kann es nicht verwundern, dass sich eine einheitliche und allumfassende Definition in der Rechtsprechung nicht herausgebildet hat.[229] Stattdessen wird eine flexible Herangehensweise bevorzugt, die dem Gericht größtmöglichen Spielraum bei der Beurteilung der Konnexität lässt, um jedem Einzelfall

---

[226] S. immerhin *Kane*, 76 Tex. L. Rev. 1723 (1998) (Analyse der *transaction*-Standards in Rules 13, 15(c), 20 FRCP sowie im Rahmen der *claim preclusion* und der *supplemental jurisdiction*) sowie *McFarland*, 12 Fla. Coastal L. Rev. 247 (2011) (Rules 8(a)(2), 10(b), 13(g), 14(a), 15(c), 20(a), 54(b) FRCP).

[227] Jud. Conf. of the US (Com. R. of Prac. and Proc.), CI–2409–01 (1935). Vgl. auch *Effron*, 65 Ala. L. Rev. 683, 687 (2014) („notoriously inscrutable") sowie allgemein *ders.*, 100 Geo. L. J. 759, 771 f. (2012).

[228] S. nur *Wright*, 39 Iowa L. Rev. 255, 281 ff. (1954). Der *Preliminary Draft II* von Oktober 1936 stellte noch allein auf „transaction" ab, im *Preliminary Draft IV* von April 1937 war dann aber von „transaction or occurrence" die Rede, s. Jud. Conf. of the US (Com. R. of Prac. and Proc.), CI–819–63 (1936) und CI–4023–77 (1937). Eine ausdrückliche Erklärung dieser Änderung findet sich nicht, s. dazu auch den Schriftwechsel von *Wright* und *Clark* (CI–2409–01) im Vorfeld der Veröffentlichung von *Wrights* Aufsatz in 39 Iowa L. Rev. 255 (1953), in dem dieser die Änderung schließlich auf stilistische Gründe zurückführt; eine Erweiterung des Konnexitätverständnisses sei nicht beabsichtigt gewesen (ebenda, 281 ff.). Zum *transaction*-Standard früher Kodifizierungen *Clark*, Code Pleading, S. 653 ff.; *Clark/Surbeck*, 37 Yale L.J. 300, 312 ff. (1928).

[229] Dies ausdrücklich und nicht zu Unrecht begrüßend *Wright*, 39 Iowa L. Rev. 255, 270 (1954) (sinngemäß: jeder Definitionsversuch berge hier die Gefahr der Entwicklung einer nichtssagenden Leerformel). S. auch *Kane*, 76 Tex. L. Rev. 1723, 1724 (1998). Demgegenüber bemängelt *McFarland*, 40 Creighton L. Rev. 699, 701 (2007) die Resignation mancher Gerichte bei der Suche nach einer angemessenen Definition und den lapidaren Verweis auf eine einzelfallabhängige Entscheidungsfindung.

gerecht zu werden.[230] Die dadurch dem Beklagten entstehende Rechtsunsicherheit wird unter Hinweis auf den prozessökonomischen Grundgedanken der Regelung in Kauf genommen.[231] Eine allzu weite Auslegung der Konnexität birgt – abgesehen von einer großen Belastung des Beklagten – freilich die Gefahr, dass die Verhandlung nur lose miteinander in Zusammenhang stehender Ansprüche die angestrebte effiziente Streitbeilegung beeinträchtigt.[232]

In der Rechtsprechung haben sich vier Auslegungsansätze entwickelt, die zur Bestimmung der Konnexität danach fragen, ob die zugrunde liegenden Tatsachen- und Rechtsfragen überwiegend identisch sind (2), *claim preclusion* im vorliegenden Fall – Rule 13(a) FRCP hinweggedacht – eine Präklusion des *counterclaim* anordnete (3), die erforderlichen Beweismittel für *claim* und *counterclaim* im Wesentlichen identisch sind (4) sowie ob zwischen *claim* und *counterclaim* ein „logischer Zusammenhang" besteht (5). Uneinigkeit besteht im Hinblick auf das Verhältnis der verschiedenen Ansätze untereinander: Während einige Gerichte offenbar eine Gesamtschau sämtlicher Ansätze anstellen,[233] genügt nach wohl überwiegender Meinung für die Annahme der Konnexität, dass einer der Ansätze erfüllt ist.[234] Mitunter wird pragmatisch darauf hingewiesen, die Bestimmung der Konnexität bereite in den meisten Fällen keine Probleme.[235] Konnexität zwischen Klage und Wi-

---

[230] *Moore v. New York Cotton Exchange*, 270 U.S. 593, 610 (1926) („‚Transaction' is a word of flexible meaning"). S. auch *Sherman/Squiers*, in: Moore's Federal Practice, § 13.10[1][b] („Some flexibility in the application of Rule 13(a) is desirable; a rigid text is problematic.").

[231] In diese Richtung *Sherman/Squiers*, in: Moore's Federal Practice, § 13.10[3].

[232] So auch *Conway*, 60 U. Chi. L. Rev. 141, 158 (1993). Eine solche Auslegung widerspräche auch der in Rule 1 FRCP festgeschriebenen Auslegungsmaxime, dazu noch unten S. 206 f.

[233] So etwa *Federman v. Empire Fire and Marine Ins. Co.*, 597 F.2d 798, 812 (2nd Cir. 1979) („Although these factors or tests may be indicative in one sense or another of the compulsory character of a counterclaim, no one of them is conclusive, and should not be relied on exclusively."); *Adamson v. Dataco Derex, Inc.*, 178 F.R.D. 562, 564 (D.Ks. 1998). Krit. zur parallelen Anwendung der Ansätze *McFarland*, 40 Creighton L. Rev. 699, 721 f. (2007), der im Übrigen sachfremde Erwägungen der Gerichte moniert, etwa im Rahmen von Ansprüchen auf Grundlage des dem Verbraucherschutz bei Kreditgeschäften dienenden *Truth in Lending Act* („TILA"). Zur Widerklagelast in TILA-Verfahren noch unten S. 183 f.

[234] *Songcharoen v. Plastic & Hand Surgery Associates, P.L.L.C.*, 2014 WL 1304636 *11 (5th Cir. 2014); *Park Club, Inc. v. Resolution Trust Corp.*, 967 F.2d 1053, 1058 (5th Cir. 1992); *Painter v. Harvey*, 863 F.2d 329, 331 (4th Cir. 1988); *Plant v. Blazer Financial Services, Inc. of Georgia*, 598 F.2d 1357, 1361 (5th Cir. 1979); *Pecore v. Jennie-O Turkey Store, Inc.*, 2014 WL 49962 *2 f. (D.Minn. 2014); *O'Connor v. Columbia Gas Transmission Corp.*, 643 F.Supp.2d 799, 807 (W.D.Va. 2009). So auch *Friedenthal/Kane/Miller*, Civil Procedure, S. 371; *Wright*, 39 Iowa L. Rev. 255, 271 (1954).

[235] So *Freer*, Civil Procedure, S. 681.

derklage wird üblicherweise angenommen, wenn diese auf demselben Vertrag, Arbeitsverhältnis, Patent oder derselben Marke beruhen.[236] Im Folgenden sollen die diesen Fallgruppen zugrunde liegenden Auslegungsansätze einer kritischen Analyse unterzogen werden.

(2) Überwiegende Identität der zugrunde liegenden Tatsachen- und Rechtsfragen

Zur Auslegung der *transaction or occurrence* im Rahmen der Rule 13(a) FRCP wird einerseits darauf abgestellt, ob die dem klägerischen *claim* und dem *counterclaim* des Beklagten zugrunde liegenden Tatsachen- und Rechtsfragen überwiegend identisch sind (allgemein formuliert als: „Are the issues of fact and law raised by the claim and counterclaim largely the same?"). Eine solche überwiegende Identität wurde angenommen in einem Fall, in dem ein Versicherer seinen Versicherungsnehmer auf Feststellung verklagte, für einen einem Angestellten des Versicherungsnehmers entstandenen Unfallschaden nicht zu haften, und ein mitbeklagter anderer Versicherer durch *counterclaim* festgestellt wissen wollte, dass nicht er, sondern der klägerische Versicherer hafte; die Klärung der Umstände des Unfalls lägen hier sowohl der Entscheidungsfindung in Bezug auf den *claim* als auch auf den *counterclaim* zugrunde, sodass von einer Identität der Tatsachen- und Rechtsfragen auszugehen sei.[237] Eine einheitliche *transaction* im Sinne von Rule 13(a) FRCP wurde unter Rückgriff auf diesen Auslegungsansatz auch für den Fall angenommen, dass der Kläger seinen früheren Arbeitgeber auf Ausstellung eines Patents verklagte und der Arbeitgeber diesem durch *counterclaim* die Ausübung jeglicher Rechte in diesem Zusammenhang untersagen wollte.[238] Demgegenüber wurde eine überwiegende Identität der zugrunde liegenden Tatsachen- und Rechtsfragen abgelehnt in einem Fall, in dem der Kläger auf Zahlung angeblich vertraglich geschuldeter Boni klagte und der Beklagte durch *counterclaim* eine angeblich geschuldete Kaufpreiszahlung für Waren verlangte, die von einem Tochterunternehmen des Beklagten an eines der Unternehmen des Klägers geliefert worden waren; zwar betreffe der *counterclaim* teilweise dieselben Tatsachen wie der klägerische *claim*, allerdings sei

---

[236] Ausführlich zu den einzelnen Fallgruppen mit Beispielen aus der Rechtsprechung *Wright/Miller/Kane*, in: Fed. Prac. & Proc., § 1410.1.

[237] *Connecticut Indem. Co. v. Lee*, 168 F.2d 420, 423 (1st Cir. 1948) (bezogen auf *federal jurisdiction*). S. aber *Green Bay Packaging, Inc. v. Hoganson & Associates, Inc.*, 362 F.Supp. 78, 82 (N.D.Ill. 1973) (gegenläufiges Feststellungsbegehren des Beklagten sei redundant und werde daher gestrichen; vgl. Rule 12(f) FRCP *(motion to strike)*).

[238] *Nachtman v. Crucible Steel Co. of America*, 165 F.2d 997, 999 (3rd Cir. 1948). S. auch *Whigham v. Beneficial Finance Co. of Fayetteville, Inc.*, 599 F.2d 1322, 1323 f. (4th Cir. 1979); *Gilbane Bldg. Co. v. Nemours Foundation*, 606 F.Supp. 995, 999 f. (D.De. 1985).

der *counterclaim* vom *claim* unabhängig und „stehe und falle" nicht mit diesem.[239]

Gegen diesen Ansatz werden Bedenken vorgebracht. Zwar erscheint die bloße Abweichung von bestehenden Präzedenzfällen durch eine strenge Anwendung dieses Ansatzes nicht als unüberwindbares Problem.[240] Allerdings dürfte es dem Beklagten angesichts der geringen inhaltlichen Anforderungen an die Klageschrift wegen des vorherrschenden *notice pleading*[241] schwer fallen, bereits vor der Einreichung seiner Klageerwiderung hinreichende Kenntnis von den fraglichen Tatsachen- und Rechtsfragen zu erlangen; diese dürften häufig erst im Rahmen der *pre-trial discovery* und *-conference* (Rule 16 FRCP) offenbar werden.[242] Dem Beklagten eine Entscheidung auf unvollständiger Faktengrundlage abzuverlangen, hieße, ihn für den Fall der Nichteinführung des vermeintlichen *compulsory counterclaim* einem erhöhten Präklusionsrisiko auszusetzen. Dagegen lässt sich aus praktischer Sicht indes vorbringen, dass dem Beklagten immerhin die Möglichkeit des ergänzenden Vortrags nach Rule 15(a) FRCP offen steht, von der er innerhalb von 21 Tagen nach Zustellung seiner Klageerwiderung ohne Weiteres, im Übrigen mit (großzügig zu erteilender) Zustimmung des Gerichts Gebrauch machen kann.[243] Schwerer wiegt daher der Einwand, dass sich eine „überwiegende" Identität der Tatsachen- und Rechtsfragen nur schwer bestimmen lässt, mithin unklar bleibt, inwieweit die berührten Fragen tatsächlich identisch sein müssen.[244] Diese Frage lässt sich nicht mechanisch im Sinne einer prozentualen (Teil-)Identität, sondern allenfalls aufgrund einer wertenden Gesamtschau der Umstände beantworten. Dass eine solche Bewertung im Einzelfall zu einer Ablehnung der Identität der berührten Fragen führen kann, obwohl ein einheitlicher Lebenssachverhalt gegeben ist, liegt auf der Hand, und taugt nicht als grundsätzliches Argument gegen den vorliegenden Ausle-

---

[239] *Meinrath v. Singer Co.*, 87 F.R.D. 422, 432 f. (S.D.N.Y. 1980) („Certainly, [the counterclaim] stands or falls on its own merits, regardless of the outcome of the main claim."). S. auch *Industrial Equipment & Marine Services, Inc. v. M/V Mr. Gus*, 333 F.Supp. 578, 581 (S.D.Tex. 1971).

[240] Krit. im Hinblick auf diese Abweichung aber *Wright/Miller/Kane*, in: Fed. Prac. & Proc., § 1410 nach Fn. 13; *Wright*, 39 Iowa L. Rev. 255, 271 (1954). Zur Bindungswirkung des *stare decisis* oben S. 9 sowie *Hay*, US-amerikanisches Recht, Rn. 20.

[241] Oben S. 1 ff.

[242] *Wright/Miller/Kane*, in: Fed. Prac. & Proc., § 1410 nach Fn. 12 („doubtful utility"); *Wright*, 39 Iowa L. Rev. 255, 271 (1954) („plainly unsound").

[243] Oben S. 133 ff. Freilich stellt die nach Rule 15(a)(2) FRCP erforderliche Zustimmung des Gerichts ein den Beklagten belastenden Unsicherheitsfaktor dar.

[244] *Wright/Miller/Kane*, in: Fed. Prac. & Proc., § 1410 nach Fn. 15 („Unfortunately, how much overlap there must be cannot be determined by applying a convenient measuring rod."); *Friedenthal/Kane/Miller*, Civil Procedure, S. 372 (Forderung nach vollständiger Identität beschränke den Anwendungsbereich der Regelung in unangemessener Weise, werde aber wohl auch nicht verlangt).

gungsansatz.[245] Beachtenswert erscheint indes der Einwand, die Bestimmung der Konnexität, mithin die Auslegung des *transaction*-Standards, basiere seit jeher auf einer tatsächlichen, nicht auf einer rechtlichen Analyse, sodass die Frage nach der Identität der Rechtsfragen im Rahmen von Rule 13(a) FRCP fehlgehe.[246] In der Tat betonte in diesem Zusammenhang bereits *Clark*, *Reporter* des *Advisory Committee* im Rahmen der Entwicklung der FRCP, die Bedeutung der rein tatsachenbasierten Auslegung aus Sicht eines juristischen Laien[247] – wohl auch im Hinblick auf die Rolle der aus ebensolchen Laien bestehenden Jury im US-amerikanischen Zivilprozess. Auch die Beurteilung des *claim* anhand des *transactional test* im Rahmen der *claim preclusion* hängt nach überwiegender Ansicht in der Rechtsprechung schließlich von den zugrunde liegenden Tatsachen ab.[248] Im deutschen Recht wird für die Konnexitätsbestimmung im Rahmen des § 33 Abs. 1 ZPO demgegenüber ein rechtlicher Zusammenhang gefordert, ein bloß tatsächlicher Zusammenhang genügt nicht:[249] Die Konnexität soll in Anlehnung an § 273 BGB zu bestimmen sein und immer dann vorliegen, wenn die fraglichen Ansprüche einem (weit auszulegenden) einheitlichen innerlich zusammengehörigen Lebensverhältnis entspringen.[250]

---

[245] So aber offenbar *McFarland*, 40 Creighton L. Rev. 699, 710 (2007) („Certainly facts encompassed within the same transaction or occurrence may produce different and discrete fact issues for trial."). Ein solcher Fall sei etwa gegeben, wenn C seinen früheren Arbeitgeber D wegen angeblich diskriminierender Kündigung verklage und dieser durch *counterclaim* Sachschäden geltend mache, die C unmittelbar nach der Kündigung verursacht habe. Abgesehen von grundlegenden Bedenken gegen diese Argumentation wird es hier im Prozess für beide Klagen im Grunde auch um die Wirksamkeit der Kündigung gehen, sodass eine „überwiegende" Identität der Tatsachen- und Rechtsfragen zumindest nicht fernliegt.

[246] *McFarland*, 40 Creighton L. Rev. 699, 710 f. (2007). Vgl. auch *ders.*, 64 Mercer L. Rev. 437, 443 f. (2013) sowie *Effron*, 100 Geo. L. J. 759, 778 ff. (2012).

[247] *Clark*, Code Pleading, S. 130 („most practically convenient results"). Diesem folgend *McFarland*, 40 Creighton L. Rev. 699, 705 ff. (2007).

[248] Oben S. 33 f.

[249] RGZ 11, 423; BGHZ 53, 92, 94 = NJW 1970, 425; BGHZ 149, 120, 127 = NJW 2002, 2182, 2184; *Roth*, in: Stein/Jonas, ZPO, § 33, Rn. 26; *Heinrich*, in: Musielak, ZPO, § 33, Rn. 2; *Patzina*, in: MüKoZPO, § 33, Rn. 20.

[250] BGHZ 53, 92, 94 = NJW 1970, 425 (Anspruch und Gegenanspruch „wirtschaftlich als ein Ganzes"); *Patzina*, in: MüKoZPO, § 33, Rn. 20 f. (natürlicher wirtschaftlicher Zusammenhang); *Rosenberg/Schwab/Gottwald*, Zivilprozessrecht, § 96 Rn. 18 (natürlicher wirtschaftlicher Zusammenhang). Für „Berücksichtigung wirtschaftlicher Zweckmomente" *Roth*, in: Stein/Jonas, ZPO, § 33, Rn. 26. S. auch *Heinrich*, in: Musielak, ZPO, § 33, Rn. 2 (rein wirtschaftlicher Zusammenhang genüge nicht).

(3) Präklusion durch res judicata (claim preclusion)

Zur Auslegung der *transaction or occurrence* wird außerdem danach gefragt, ob *res judicata* (hier verstanden als *claim preclusion*) für den Fall der Nichteinführung des vermeintlichen *compulsory counterclaim* zur Präklusion des Beklagten mit seinem Anspruch in einem Folgeverfahren führte – unterstellt, eine gesetzliche Regelung zu *compulsory counterclaims* existierte im fraglichen Forum nicht („Would res judicata bar a subsequent suit on defendant's claim absent the compulsory counterclaim rule?").[251]

Dieser Auslegungsansatz stößt richtigerweise allgemein auf Ablehnung. Einerseits wird dagegen vorgebracht, der Ansatz verlagere die Ungewissheit der Auslegung nur von einem Bereich des Verfahrensrechts in einen anderen, nämlich die Rechtskraftlehre; er sei daher nicht zielführend.[252] Entscheidend ist aber folgende Überlegung: Führt der Beklagte seinen *counterclaim* nicht in das Erstverfahren ein, wird er in einem von ihm initiierten Zweitverfahren mangels Parteirollenidentität nie durch *claim preclusion* mit seinem Anspruch präkludiert sein.[253] Das bedeutet unter konsequenter Zugrundelegung des vorliegenden Auslegungsansatzes, dass ein *counterclaim* nie als *compulsory* einzustufen wäre.[254] Anders kann dies nur sein, wenn man den Auslegungsansatz als Verweis auf die *common law compulsory counterclaim rule* deuten wollte, die nach hier vertretener Ansicht indes nur rechtskraftergänzend wirkt und einen derart engen Zusammenhang von *claim* und *counter-*

[251] Dieser Ansatz entstammt dem abweichenden Votum von *Frank*, J., in *Libbey-Owens-Ford Glass Co. v. Sylvania Indus. Corp.*, 154 F.2d 814, 818 (2nd Cir. 1946), cert. denied 328 U.S. 859 (1946) („Everyone agrees (…) that the following is the acid test in distinguishing the two: If a defendant fails to set up a ‚compulsory' counterclaim, he cannot in a later suit assert it against the plaintiff, since it is barred by res judicata; but if it is ‚permissive', then it is not thus barred."). S. auch *Colonial Penn Life Ins. Co. v. Hallmark Ins. Adm'rs, Inc.*, 31 F.3d 445, 447 f. (7th Cir. 1994); *Painter v. Harvey*, 863 F.2d 329, 332 (4th Cir. 1988).

[252] *Wright*, 39 Iowa L. Rev. 255, 271 (1954) („not apt"); *Wright/Miller/Kane*, in: Fed. Prac. & Proc., § 1410 bei Fn. 17 („inadequate"); *Friedenthal/Kane/Miller*, Civil Procedure, S. 371; *McFarland*, 40 Creighton L. Rev. 699, 711 (2007) („The statement advances the discussion not a whit.").

[253] Zutreffend *Freer*, Civil Procedure, S. 680. *Claim preclusion* erlegt dem Beklagten gerade keine Widerklagelast auf, s. oben S. 87 f.

[254] So auch *Wright*, 39 Iowa L. Rev. 255, 271 (1954); *Wright/Miller/Kane*, in: Fed. Prac. & Proc., § 1410 nach Fn. 17; *Friedenthal/Kane/Miller*, Civil Procedure, S. 371; *McFarland*, 40 Creighton L. Rev. 699, 711 (2007) (weitgehende Aufgabe dieses Ansatzes in der Rechtsprechung). Im Ergebnis ablehnend auch *Hay*, in: FS Geimer, 2002, S. 325, 336 Fn. 41 („circular question") und ebenso *Nasalok Coating Corp. v. Nylok Corp.*, 522 F.3d 1320, 1325 f. Fn. 4 (Fed. Cir. 2008). A.A. offenbar *Yeazell*, Civil Procedure, S. 802, der *claim* und *counterclaim* – wenig überzeugend – für einen identischen *claim* hält („*If* both claims arise out of the same transaction or occurrence, they *will* involve the same claim and *therefore* will be subsequently barred.", Hervorhebung im Original).

claim fordert („nullify the initial judgment"),[255] dass eine Einstufung als *compulsory counterclaim* zwar möglich, aber wohl recht selten wäre. Diese Interpretation des Auslegungsansatzes erscheint daher im Hinblick auf das Ziel von Rule 13(a) FRCP zweifelhaft. Dafür, dass die Rechtsprechung sich mit dem vorliegenden Auslegungsansatz überhaupt auf die *common law compulsory counterclaim rule* bezieht, bestehen im Übrigen keine Anhaltspunkte. Die Auslegung der Konnexität im Rahmen der Rule 13(a) FRCP unter Rückgriff auf *claim preclusion* ist daher abzulehnen.

(4) Wesentliche Übereinstimmung der erforderlichen Beweismittel

Ob klägerischer *claim* und *counterclaim* des Beklagten derselben *transaction or occurrence* entspringen, wird auch an den für die Anspruchsbegründung erforderlichen Beweismitteln festgemacht: Sind diese für beide *claims* im Wesentlichen identisch, entspringen die *claims* derselben *transaction or occurrence* („Will substantially the same evidence support or refute plaintiff's claim as well as defendant's counterclaim?").[256] Auf dieser Grundlage wurde etwa Konnexität angenommen zwischen einem *civil rights claim* gegen einen Polizeibeamten wegen übermäßiger Gewaltanwendung im Rahmen einer Festnahme und dem *counterclaim* des Beamten wegen anschließendem beleidigenden Verhalten *(slander and libel)* des Klägers; sämtliche Zeugenaussagen bezögen sich hier auf die fragliche Festnahme, sodass von einer weitgehenden Identität der Beweismittel auszugehen sei.[257] Entsprechend wurde Konnexität auch zwischen einer Investorenklage gegen einen Börsenmakler wegen angeblichen Betrugs und dem *counterclaim* des Börsenmaklers wegen Verleumdung *(defamation)* durch die Kläger angenommen.[258] Demgegenüber wurde auf Grundlage dieses Auslegungsansatzes in einem auf Zwangsvollstreckung aus einer Schiffshypothek gerichteten Verfahren entschieden, dass ein *counterclaim* auf Schadensersatz wegen Mangelhaftigkeit des Schiffs nicht derselben *transaction or occurrence* im Sinne von Rule 13(a) FRCP wie

---

[255] Oben S. 91 ff.

[256] *F.D.I.C. v. Hulsey*, 22 F.3d 1472, 1487 (10th Cir. 1994); *Painter v. Harvey*, 863 F.2d 329, 332 (4th Cir. 1988); *Columbia Plaza Corp. v. Security Nat. Bank*, 525 F.2d 620, 626 (D.C. Cir. 1975); *Non-Ferrous Metals, Inc. v. Saramar Aluminum Co.*, 25 F.R.D. 102, 105 (N.D.Oh. 1960). Weitere Nachweise („spectacularly bad results") bei *McFarland*, 40 Creighton L. Rev. 699 (2007). Befürwortend *Shure*, 14 Loy. U. Chi. L.J. 857, 876 ff. (1983).

[257] *Painter v. Harvey*, 863 F.2d 329, 331 f. (4th Cir. 1988). S. auch *Williams v. Robinson*, 1 F.R.D. 211, 213 (D.D.C. 1940).

[258] *Cannizzaro v. Bache, Halsey Stuart Shields, Inc.*, 81 F.R.D. 719, 722 (S.D.N.Y. 1979).

der klägerische *claim* entspringe.[259] In einem Verfahren wegen Patentverletzungen durch Verkauf bestimmter Waren wurde ein *counterclaim* als inkonnex angesehen, mit dem der Beklagte eine Verletzung derjenigen Vereinbarung geltend machte, die ihm den Verkauf der Waren unter dem klägerischen Patent gestattete.[260]

Dieser Auslegungsansatz sieht sich ähnlicher Kritik ausgesetzt, wie sie gegenüber dem Ansatz vorgebracht wird, der auf eine überwiegende Identität von Tatsachen- und Rechtsfragen abstellt. Was unter einer „wesentlichen" („substantially") Übereinstimmung der Beweismittel zu verstehen ist, bleibt auch hier unklar; verlässliche Grundsätze, auf die der Beklagte angesichts der ihm drohenden Präklusion vertrauen könnte, lassen sich kaum aufstellen. Wenig hilfreich erscheint es, den unbestimmten Begriff der „Wesentlichkeit" lediglich anders unbestimmt zu umschreiben: Dass die erforderlichen Beweismittel im Wesentlichen identisch sein sollen, wenn sie einen „Großteil des *trial*" („major part of the trial") ausmachen[261] oder „im Wesentlichen die durch die Parteien aufgeworfenen Fragen beantworten" („substantially dispose of the issues raised by the opposing parties"),[262] bringt keinen Erkenntnisgewinn. Darüber hinaus wird mehr noch als im Zusammenhang des auf Identität der Tatsachen- und Rechtsfragen abstellenden Ansatzes vorgebracht, die Frage nach im Wesentlichen übereinstimmenden Beweismitteln sei zu eng gefasst; nicht selten entsprüngen nämlich *counterclaim* und klägerischer *claim* zwar derselben Tatsachengrundlage, bedürften aber völlig unterschiedlicher Beweisführung zu ihrer Begründung.[263] So seien für eine Klage auf Aufhebung einer Versicherungspolice wegen Betrugs und eines *counterclaim* auf Geltendmachung eines Versicherungsschadens gänzlich andere Beweis-

---

[259] *Industrial Equipment & Marine Services, Inc. v. M/V Mr. Gus*, 333 F.Supp. 578, 580 f. (S.D.Tex. 1971) (dort auch zur seerechtlichen Zuständigkeit des Gerichts in Bezug auf den *counterclaim*).

[260] *Kuster Laboratories v. Lee*, 10 F.R.D. 350, 351 f. (N.D.Cal. 1950). Das ist nicht unzweifelhaft, dürfte es doch für beide Klagen im Wesentlichen um Wirksamkeit und Inhalt der fraglichen Vereinbarung gehen, für die der Gebrauch zumindest überwiegend ähnlicher Beweismittel zu vermuten wäre. S. dagegen *Amercian Samec Corp. v. Florian*, 9 F.R.D. 718, 719 (D.Conn. 1949).

[261] So *Sherman/Squiers*, in: Moore's Federal Practice, § 13.10[2][b], die sodann feststellen, was selbstverständlich und also wenig hilfreich ist: „(…) As the number of issues distinct to each claim that require different evidence increases, the less likely is it that the same evidence test can be satisfied.".

[262] So etwa *Wigglesworth v. Teamsters Local Union No. 592*, 68 F.R.D. 609, 612 (E.D.Va. 1975). Die in diesem Zusammenhang häufig zitierte Entscheidung in *Bose Corp. v. Consumers Union of U.S., Inc.*, 384 F.Supp. 600 (D.Mass. 1974) enthält dieses Zitat hingegen nicht.

[263] Vgl. *Friedenthal/Kane/Miller*, Civil Procedure, S. 372; *McFarland*, 40 Creighton L. Rev. 699, 712 (2007) („one-way test"); *Sherman/Squiers*, in: Moore's Federal Practice, 13.10[2][a].

mittel erforderlich, obwohl doch kein Grund ersichtlich sei, warum dem Beklagten hier ein eigenes Verfahren gestattet werden sollte, mithin ein *compulsory counterclaim* nicht anzunehmen sei.[264] Diese Bedenken spiegeln sich in der Rechtsprechung, die in solchen Fällen eine einheitliche *transaction or occurrence* im Sinne von Rule 13(a) FRCP bejaht, obwohl eine wesentliche Übereinstimmung der erforderlichen Beweismittel nicht vorliegt, der Auslegungsansatz also die Annahme eines *compulsory counterclaim* nicht nahelegt.[265] Auch eine umgekehrte Überlegung zeigt die Unzulänglichkeit dieses Ansatzes: Ist für die Begründung zweier völlig unabhängiger Ansprüche (etwa auf Schadensersatz aus einem Verkehrsunfall und auf Darlehensrückzahlung) zufällig ausschließlich dasselbe Beweismittel erforderlich (etwa ein Zeuge), will es nicht recht einleuchten, allein deshalb von der Konnexität der Ansprüche im Sinne von Rule 13(a) FRCP auszugehen. Aus praktischer Sicht hat sich dieser Auslegungsansatz mithin weitgehend überlebt.[266] Zwar setzen sich *Wright/Miller* noch für eine „vorsichtige Anwendung" ein[267] – gemeint ist wohl die Bejahung der Konnexität in obigen Fällen trotz unterschiedlicher Beweismittel; allerdings erscheint der Nutzen dieses Auslegungsansatzes angesichts der widersprüchlichen Handhabung gering. Hinzu kommt, dass die Frage der Konnexität im Hinblick auf die historisch rein tatsächliche Analyse nicht ohne Not auf die Beweisebene verschoben werden sollte, wenn dieses Vorgehen die Auslegung der *transaction or occurrence* nicht erleichtert, sondern sich hier vielmehr dieselben Probleme wie auf Tatsachenebene stellen.

(5) Logischer Zusammenhang

Schließlich wird zur Bestimmung der Konnexität danach gefragt, ob zwischen klägerischem *claim* und *counterclaim* des Beklagten „irgendein logischer Zusammenhang" besteht („Is there any logical relationship between the claim and the counterclaim?"). Dieser Auslegungsansatz wird als herrschend

---

[264] *Wright*, 39 Iowa L. Rev. 255, 272 (1954) und *Wright/Miller/Kane*, in: Fed. Prac. & Proc., § 1410 nach Fn. 19, unter Hinweis auf *Mercury Insurance Co. v. Verea Ruegg*, 12. F.R.Serv. 13a.11, case 2 (S.D.N.Y. 1949) (Bejahung eines *compulsory counterclaim*).

[265] Implizit *Nachtman v. Crucible Steel Co. of America*, 165 F.2d 997, 999 (3rd Cir. 1948); *Eastern Transp. Co. v. U.S.*, 159 F.2d 349, 351 (2nd Cir. 1947); *Baltimore & O.R. Co. v. Thompson*, 80 F.Supp. 570, 574 (E.D.Mo. 1948). Ausdrücklich hingegen *Schoeman v. New York Life Ins. Co.*, 726 P.2d 1, 6 (Wa. 1986).

[266] Krit. auch *McFarland*, 40 Creighton L. Rev. 699, 712 (2007) („The better course is to abandon it altogether."); *Effron*, 100 Geo. L. J. 759, 783 (2012) („used almost entirely to echo conclusions that courts have already made").

[267] *Wright/Miller/Kane*, in: Fed. Prac. & Proc., § 1410 vor Fn. 19; *Wright*, 39 Iowa L. Rev. 255, 271 f. (1954).

in der Rechtsprechung beschrieben.[268] Er geht zurück auf die Entscheidung des *U.S. Supreme Court* in *Moore v. New York Cotton Exchange*, in der das Gericht zur Vorgängervorschrift Equity Rule 30 feststellte:

„Transaction is a word of flexible meaning. It may comprehend a series of many occurrences, depending not so much upon the immediateness of their connection as upon their logical relationship. (…) Essential facts alleged by appellant enter into and constitute in part the cause of action set forth in the counterclaim. That they are not precisely identical, or that the counterclaim embraces additional allegations (…) does not matter. To hold otherwise would be to rob this branch of the rule of all serviceable meaning, since the facts relied upon by the plaintiff rarely, if ever, are, in all particulars, the same as those constituting the defendant's counterclaim."[269]

Freilich ist die Forderung nach einem logischen Zusammenhang ebenso auslegungsbedürftig wie der Begriff der „transaction or occurrence" selbst. Die Entscheidung in *Moore* verdeutlicht indes, dass diese Auslegung tatsachenbasiert erfolgen soll.[270] So wird ein logischer Zusammenhang und also die Konnexität der Ansprüche häufig dann angenommen, wenn eine Identität der *operative facts* vorliegt oder aber die Gesamtsumme der Tatsachen („aggregate core of facts"), auf denen der klägerische *claim* beruht, zusätzliche Ansprüche auf Beklagtenseite hervorruft.[271] Unter Rückgriff auf die *operative*

---

[268] *Wright/Miller/Kane*, in: Fed. Prac. & Proc., § 1410 nach Fn. 11 m. ausf. N. aus der Rechtsprechung; *Gensler*, in: FRCP, Practice Commentary, Rule 13; *Conway*, 60 U. Chi. L. Rev. 141, 151 (1993). Zuletzt etwa *M.R. v. Ridley School Dist.*, 744 F.3d 112, 121 f. (3rd Cir. 2014); *In re EMC Corp.*, 677 F.3d 1351, 1357 f. (Fed. Cir. 2012) (Vergleich der Konnexitätsauslegung in Rules 20(a) und 13(a) FRCP); *Barefoot Architect, Inc. v. Bunge*, 632 F.3d 822, 836 Fn. 9 (3rd Cir. 2011); *Automated Products Intern., LLC v. Norco Industries, Inc.*, 2014 WL 29095 *2 (N.D.Ind. 2014). S. auch *Rosenthal v. Fowler*, 12 F.R.D. 388, 391 (S.D.N.Y. 1952) (the „one compelling test of compulsoriness").

[269] *Moore v. New York Cotton Exchange*, 270 U.S. 593, 610 (1926).

[270] Dass die Rechtsprechung zur Auslegung des „logischen Zusammenhangs" ausdrücklich auf die Beweisebene abstellte, ist nicht ersichtlich. S. aber *Sherman/Squiers*, in: Moore's Federal Practice, § 13.10[2][a]. Krit. zu dieser Sichtweise auch *McFarland*, 40 Creighton L. Rev. 699, 719 (2007).

[271] *Revere Copper & Brass Inc. v. Aetna Cas. & Sur. Co.*, 426 F.2d 709, 715 (5th Cir. 1970) („[A counterclaim is compulsory] if it arises out of the same aggregate of operative facts as the original claim in two senses: (1) that the same aggregate of operative facts serves as the basis of both claims; or (2) that the aggregate core of facts upon which the original claim rests activates additional legal rights in a party defendant that would otherwise remain dormant."). So etwa auch *Mattel, Inc. v. MGA Entertainment, Inc.*, 705 F.3d 1108, 1110 (9th Cir. 2013); *In re Pegasus Gold Corp.*, 394 F.3d 1189, 1195 f. (9th Cir. 2005); *Iglesias v. Mutual Life Ins. Co. of New York*, 156 F.3d 237, 242 f. (1st Cir. 1998); *McDaniel v. Anheuser-Busch, Inc.*, 987 F.2d 298, 304 (5th Cir. 1993); *Montgomery Ward Development Corp. v. Juster*, 932 F.2d 1378, 1381 f. (11th Cir. 1991); *Birmingham Fire Ins. Co. of Pennsylvania v. Winegardner and Hammons, Inc.*, 714 F.2d 548, 551 (5th Cir. 1983); *Plant v. Blazer Financial Services, Inc. of Georgia*, 598 F.2d 1357, 1361 (5th Cir. 1979); *Republic Health Corp. v. Lifemark Hospitals of Florida, Inc.*, 755 F.2d 1453, 1455

facts des Falles wurde etwa Konnexität angenommen zwischen einer vertraglichen Zahlungsklage und einem *counterclaim* gerichtet auf Vertragsänderung *(reformation)*; für beide Klagen sei eine Auslegung der Vertragsbestimmungen erforderlich, beide beruhten daher auf denselben *operative facts*.[272] Selbiges gilt im Verhältnis einer vertraglichen Zahlungsklage zu einem *counterclaim* wegen Vertragsbruchs *(breach of contract)*.[273] Ebenfalls einer *transaction or occurrence* auf Grundlage dieser Analyse entspringt die Klage eines früheren Mandanten gegen seinen Rechtsanwalt wegen fehlerhafter Rechtsberatung *(legal malpractice)* und der auf Zahlung ausstehenden Anwaltshonorars gerichtete *counterclaim* des Rechtsanwalts.[274] Hingegen wurde Konnexität abgelehnt zwischen einer auf Feststellung der Unwirksamkeit eines Erwerbsvorgangs gerichteten Klage vor einem Insolvenzgericht und einem *counterclaim* wegen vermeintlichen kartellrechtlichen Verstößen des Klägers.[275]

Der im Rahmen dieses Auslegungsansatzes geforderte „logische Zusammenhang" wird mitunter auch dahingehend verstanden, dass *claim* und *counterclaim* „Teile derselben zugrunde liegenden Auseinandersetzung" („offshoots of the same basic controversy") sein müssen.[276] Diese Auslegung erinnert an die vom EuGH in der Rechtssache *Gubisch*[277] zur Rechtshängigkeitssperre des Art. 27 Brüssel I-VO[278] entwickelte „Kernpunkttheorie", wo-

(11th Cir. 1985); *Dooling v. Bank of the West*, 2013 WL 3791011 *1 (E.D.Tex. 2013); *Santana v. Gallo Bldg. Services, Inc.*, 2012 WL 6051096 *1 (M.D.Fla. 2012); *Education Management, Inc. v. Scottsdale Ins. Co.*, 2007 WL 391564 *3 (E.D.La. 2007).

[272] *Montgomery Ward Development Corp. v. Juster*, 932 F.2d 1378, 1381 f. (11th Cir. 1991).

[273] *Old Hickory Barge & Fleeting, Inc. v. Barge M-553*, 107 F.R.D. 689, 691 (M.D.La. 1985).

[274] *D'Jamoos v. Griffith*, 368 F.Supp.2d 200, 204 (E.D.N.Y. 2005).

[275] *Republic Health Corp. v. Lifemark Hospitals of Florida, Inc.*, 755 F.2d 1453, 1455 (11th Cir. 1985). S. auch *SiCap Industries, LLC v. Carpenter*, 501 F.Supp.2d 335, 340 f. (N.D.N.Y. 2007) (Konnexität ablehnend).

[276] *Great Lakes Rubber Corp. v. Herbert Cooper Co.*, 286 F.2d 631, 634 (3rd Cir. 1961) („Where multiple claims involve many of the same factual issues, or the same factual and legal issues, or where they are offshoots of the same basic controversy between the parties, fairness and considerations of convenience and of economy require that the counterclaimant be permitted to maintain his cause of action."). S. auch *Pochiro v. Prudential Ins. Co. of America*, 827 F.2d 1246, 1252 (9th Cir. 1987) (Konnexität bejahend); *Xerox Corp. v. SCM Corp.*, 576 F.2d 1057, 1059 f. (3rd Cir. 1978) (Konnexität ablehnend).

[277] EuGH v. 8.12.1987 – Rs. C-144/86 *(Gubisch/Palumbo)*, NJW 1989, 665. Ausführlich zu dieser und weiteren Entscheidungen betreffend die „Kernpunkttheorie" des EuGH *Althammer*, Streitgegenstand, S. 115 ff., 126 ff.; *Sander/Breßler*, ZZP 122 (2009), 157, 163 ff.

[278] Verordnung (EG) Nr. 44/2001 v. 22. Dezember 2000 über die gerichtliche Zuständigkeit und die Anerkennung und Vollstreckung von Entscheidungen in Zivil- und Handelssachen (Brüssel I-VO; auch: EuGV(V)O), ABl. EG 2001 Nr. L 12, S. 1.

nach zur Bestimmung der Identität der mit den Klagen geltend gemachten Ansprüche auf den „Kernpunkt“ der Rechtsstreitigkeiten abzustellen sei.[279] Ziel dieser Regelung ist ausweislich des Erwägungsgrundes Nr. 15 der Brüssel I-VO freilich nicht in erster Linie die prozessökonomisch motivierte Verfahrenskonzentration als vielmehr die Herstellung von Entscheidungseinklang innerhalb der Mitgliedstaaten;[280] Rechtsfolge ist eine von der in Rule 13(a) FRCP angeordneten präkludierenden zu unterscheidende bloß „suspendierende“ Widerklagelast.[281]

Wenngleich die Frage nach dem „logischen Zusammenhang“ zur Bestimmung der Konnexität im Rahmen von Rule 13(a) FRCP große Akzeptanz in der Rechtsprechung genießt, kommt auch dieser Auslegungsansatz nicht ohne Kritik davon. In erster Linie wird vorgebracht, der Ansatz begünstige eine womöglich allzu weite Auslegung der Konnexität, die konkrete Anwendung sei zudem ungewiss.[282] Geradezu reflexartig wird dem jedoch entgegnet, diese Einwände begründeten eben die Flexibilität des Ansatzes und führten zu einer prozessökonomischen Streitbeilegung;[283] notfalls könne das Gericht

---

[279] S. nur *Linke/Hau*, Internationales Zivilverfahrensrecht, Rn. 250 f. Die Neigung des EuGH in Richtung des anglo-amerikanischen Verständnisses der Streitgegenstandsidentität bemerkend auch *Stürner*, RabelsZ 69 (2005), 201, 249 f. Zur Auslegung von Art. 27 Brüssel I-VO zuletzt *Heiderhoff*, in: FS Kaissis, 2012, S. 383.

[280] Dazu auch *Heiderhoff*, in: FS Kaissis, 2012, S. 383, 385 f. (Vermeidung widersprüchlicher Entscheidungen als unzureichendes Kriterium für die Auslegung des Streitgegenstands).

[281] Eingehend *Hau*, ZZP 117 (2004), 31, 41 f. sowie *Linke/Hau*, Internationales Zivilverfahrensrecht, Rn. 251. Für eine Übernahme der „Kernpunkttheorie“ in die deutsche Streitgegenstandslehre sprechen sich etwa aus *Gottwald*, in: Dogmatische Grundfragen des Zivilprozesses, 2000, S. 85, 93 f. und *Leipold*, Wege zur Konzentration von Zivilprozessen, S. 23; den Einfluss pragmatisch hinnehmend *Stürner*, in: FS Lüke, 1997, S. 829, 836. Dagegen noch *Leipold*, in: GS Arens, 1993, S. 227, 241 ff. sowie *Zeuner*, in: FS Lüke, 1997, S. 1003, 1017 f. Zur Rezeption durch den BGH *Althammer*, Streitgegenstand, S. 162 ff.

[282] Vgl. *Bose Corp. v. Consumers Union of U.S., Inc.*, 384 F.Supp. 600, 602 f. (D.Mass. 1974) („too vague“) sowie *Wright/Miller/Kane*, in: Fed. Prac. & Proc., § 1410 bei Fn. 26; *Friedenthal/Kane/Miller*, Civil Procedure, S. 372; *Sherman/Squiers*, in: Moore's Federal Practice, § 13.10[3]. Allgemein für differenziertere Auslegungsstandards auch *Effron*, 100 Geo. L. J. 759, 814 ff. (2012) („more-nuanced standards that are tailored to each joinder device“).

[283] *Friedenthal/Kane/Miller*, Civil Procedure, S. 372 („The hallmark of this approach is flexibility.“); *Wright/Miller/Kane*, in: Fed. Prac. & Proc., § 1410 nach Fn. 26 („The looseness of the (...) test has not been a detriment (...).“); *McFarland*, 40 Creighton L. Rev. 699, 713 (2007) („really no criticism at all“); *Wright*, 39 Iowa L. Rev. 255, 275 (1954). In diese Richtung auch *Critical-Vac Filtration Corp. v. Minuteman Intern., Inc.*, 233 F.3d 697, 699 (2nd Cir. 2000); *Mosdos Chofetz Chaim, Inc. v. Village Of Wesley Hills*, 701 F.Supp.2d 568, 588 (S.D.N.Y. 2010). Allgemein zum Spannungsverhältnis zwischen strikten Regelungen und gerichtlicher Flexibilität *Effron*, 65 Ala. L. Rev. 683, 688 ff. (2014).

schließlich getrennte *trials* nach Rule 13(i) FRCP anordnen.[284] Das löst freilich das Dilemma des mit seinem *counterclaim* präklusionsbedrohten Beklagten nicht, dem an einer verlässlichen Bestimmbarkeit der Konnexität gelegen sein muss. Die unbestrittene – und nicht *per se* unerwünschte – Flexibilität des „logischen Zusammenhangs" lässt sich indes durch den Rückgriff auf die Identität der *operative facts* immerhin eingrenzen;[285] teilweise wird sogar gefordert, stattdessen die Frage nach den *offshoots of the same basic controversy* zu stellen, da dies zu einer engeren Auslegung der Konnexität führe.[286] Richtig ist, dass die Identität von *operative facts* ursprünglich als Grundlage für die Prüfung der *ancillary jurisdiction* des Gerichts diente,[287] die Eröffnung einer Zuständigkeit für die Erhebung einer Widerklage aber den Beklagten privilegiert und nicht dessen Schutz erfordert wie eine präklusionsbewehrte Widerklagelast. Aus dieser unterschiedlichen Interessenlage mag man eine unterschiedlich weite Auslegung der Konnexität ableiten.[288] Wenig überzeugend erscheint es demgegenüber, die Konnexität im Rahmen von Rule 13(a) FRCP danach zu beurteilen, ob sie im Erstverfahren bei der Frage relevant wird, welche Ansprüche in das Verfahren eingeführt werden *können* (dann weitere Auslegung) oder im Zweitverfahren bei der Frage, ob der (dann) Kläger mit seinem nicht erhobenen *counterclaim* aus dem Erstverfahren präkludiert ist (dann engere Auslegung).[289] Abgesehen davon, dass es sich schlicht um dieselbe Frage handelt – es geht hier gerade nicht um die Konnexität im Rahmen unterschiedlicher Rechtsfiguren – wird es auf die Frage

[284] *Wright*, 39 Iowa L. Rev. 255, 275 (1954).

[285] Wenig inspirierend erscheint demgegenüber die Legaldefinition des für die Konnexitätssperre des Art. 28 Brüssel I-VO erforderlichen „Zusammenhangs" der Klagen, der sich letztlich als bloßer Hinweis auf das Regelungsziel erweist, nämlich stets vorliegen soll, „wenn zwischen [den Klagen] eine so enge Beziehung gegeben ist, dass eine gemeinsame Verhandlung und Entscheidung geboten erscheint, um zu vermeiden, dass in getrennten Verfahren widersprechende Entscheidungen ergehen könnten", Art. 28 Abs. 3 Brüssel I-VO. Näher *Althammer*, Streitgegenstand, S. 709 f.

[286] *Conway*, 60 U. Chi. L. Rev. 141, 151 ff. (1993), der offenbar davon ausgeht, dass bereits die Identität nur eines *operative fact* zur Bejahung der Konnexität genüge (ebenda, 164). Diese Lesart erscheint angesichts der Entscheidung in *Revere Copper* (oben Kap. 3 Fn. 271) eher zweifelhaft, wenngleich die Zielsetzung einer enge(re)n Auslegung der Konnexität im Hinblick auf den Beklagtenschutz freilich zu begrüßen ist.

[287] S. *Conway*, 60 U. Chi. L. Rev. 141, 153 f. (1993) („broad logical relationship test") sowie zur *ancillary* bzw. *supplemental jurisdiction* oben S. 21 ff., 112 ff.

[288] Grundlegend *Kane*, 76 Tex. L. Rev. 1723, 1735 ff., 1743 ff. (1998) (bezogen auf *joinder* und *res judicata* aus Klägersicht), die im Übrigen konstatiert: „In sum, great sensitivity to policy differences (in some instances mere policy nuances) is needed when attempting to make generalizations about when applicable transaction standards are met." (1746). Ähnlich *Kennedy*, 11 Hous. L. Rev. 255, 261 f. (1974).

[289] So *Wright/Miller/Kane*, in: Fed. Prac. & Proc., § 1410 nach Fn. 27 unter fragwürdigem Hinweis auf *Kane* (vorherige Fn. 288).

der Einordnung als *compulsory counterclaim* regelmäßig erst im Zweitverfahren ankommen, wenn der (dann) Kläger den *counterclaim* nicht bereits in das Erstverfahren eingeführt hat.[290] Wer wissen will, welche Ansprüche er im Wege des *counterclaim* in das Erstverfahren einführen *kann*, muss dafür nicht auf die Konnexität Rücksicht nehmen; diese ist für *permissive counterclaims* nach Rule 13(b) FRCP ohne Belang.[291]

(6) Abschließende Stellungnahme: Plädoyer für die Maßgeblichkeit der entscheidungserheblichen Tatsachen

Die vorstehenden Ausführungen haben die Bemühungen der Rechtsprechung gezeigt, das die Konnexität im Rahmen von Rule 13(a) FRCP bestimmende Begriffspaar der „transaction or occurrence" mit Inhalt zu füllen. Wenngleich dem Gericht angesichts des Ziels der Regelung, namentlich der prozessökonomischen Verfahrenskonzentration zusammenhängender Ansprüche, ein gewisser Spielraum bei der Beurteilung der Konnexität im Einzelfall zuzubilligen ist – eine präzise Definition des Begriffs mithin schon nicht wünschenswert, geschweige denn möglich, erscheint[292] –, muss dem präklusionsbedrohten Beklagten andererseits eine verlässliche Grundlage für seine Entscheidung über die Einführung eines vermeintlichen *compulsory counterclaim* an die Hand gegeben werden. Diese Grundlage ist weder in der (in dieser Konstellation praktisch unanwendbaren) Doktrin der *claim preclusion* noch auf Beweisebene zu suchen. Vielmehr sollte die Auslegung der „transaction or occurrence" im Einklang mit den historischen Grundlagen dieses Begriffs in den FRCP tatsachenbasiert erfolgen.[293] Insofern wird üblicherweise entweder auf die „überwiegende Identität" der Tatsachen oder auf die Identität der *operative facts* abgestellt. Letztere wiederum interpretieren die Forderung nach einem „logischen Zusammenhang" zwischen *claim* und *counterclaim* und werden wegen ihrer ungewissen Reichweite kritisiert.

Statt die Frage nach den für die Bestimmung der Konnexität relevanten Tatsachen an immer neuen Begriffsschöpfungen auszurichten, lassen sich

---

[290] So auch *Sherman/Squiers*, in: Moore's Federal Practice, § 13.10[3]. Vgl. auch *Effron*, 65 Ala. L. Rev. 683, 701 (2014). Die im Erstverfahren relevante Frage der *supplemental jurisdiction* des Gerichts sollte nach hier vertretener Ansicht unabhängig von der Qualifikation des *counterclaim* als *compulsory* oder *permissive* beantwortet werden, dazu oben S. 114 ff.

[291] Aus praktischer Sicht mag ein völlig inkonnexer *counterclaim* das Gericht wegen des befürchteten Prozessaufwands indes zur Anordnung getrennter *trials* nach Rule 13(i) FRCP verleiten.

[292] Oben S. 147 ff. und Kap. 3 Fn. 283.

[293] Besonders nachdrücklich *McFarland*, 40 Creighton L. Rev. 699, 729 ff. (2007) (mit zahlreichen Formulierungsvorschlägen, die „transaction or occurrence" nicht lediglich auslegen, sondern ersetzen und eher weit verstanden werden sollen); *Conway*, 60 U. Chi. L. Rev. 141, 164 f. (1993).

indes bereits bestehende Begriffe wiederverwerten. Hier böte sich die Ausrichtung an den für das Verfahren entscheidungserheblichen *(essential to judgment)* Tatsachen an; Konnexität im Sinne von Rule 13(a) FRCP wäre also anzunehmen, wenn die entscheidungserheblichen Tatsachen[294] für *claim* und *counterclaim* identisch sind. Keine Lösung ist es indes, in Anlehnung an den Auslegungsansatz, der mit *claim preclusion* argumentiert, für die Bestimmung der Konnexität danach zu fragen, ob *issue preclusion* für den Fall der Nichteinführung des vermeintlichen *counterclaim* zu einer Präklusion des Beklagten mit ebendiesem in einem Zweitverfahren führte.[295] Abgesehen davon, dass *issue preclusion* stets nur die Präklusion mit einzelnen Feststellungen, also allenfalls faktisch die Präklusion eines vollständigen Anspruchs, herbeiführen kann, ließe dieser „modifizierte" Auslegungsansatz außer Acht, dass die Parteien das Verfahren im Anschluss an die *pleadings* jederzeit gütlich beenden können, über die fraglichen Feststellungen also nicht mehr gestritten und entschieden wird *(actually litigated and determined)*. Das hätte zur Folge, dass *issue preclusion* nicht zum Einsatz kommt, obwohl Einigkeit bestehen dürfte, dass der Beklagte mit einem *compulsory counterclaim*, den er vor der gütlichen Streitbeilegung nicht in einem *pleading* eingeführt hat, in einem Folgeverfahren präkludiert wäre.[296] Demnach muss die Anlehnung an die *issue preclusion* auf die Begrifflichkeit der Entscheidungserheblichkeit der Tatsachen beschränkt bleiben.

Der Rückgriff auf diese aus dem Bereich der *issue preclusion* bekannten Tatsachen brächte diverse Vorteile mit sich: Müsste in einem Zweitverfahren über die Präklusion des (dann) Klägers mit einem nicht in ein Erstverfahren eingeführten *counterclaim* entschieden werden, ließe sich die Konnexität anhand der für die Erstentscheidung erheblichen Tatsachen mithilfe der Entscheidungsgründe mutmaßlich zuverlässig bestimmen, zumal, wenn das Gericht ausdrücklich festgehalten hat, worüber es nicht entschieden hat.[297] Sobald eine wie auch immer geartete Präklusion in Frage steht, dürfte sich das Gericht ohnehin mit diesen Tatsachen befassen, um die Anwendbarkeit der

---

[294] Freilich ist die strikte Trennung von Tatsachen- und Rechtsfragen nur schwer möglich. Hier wie im Rahmen der *issue preclusion* sollen aber reine Rechtsfragen außer Betracht bleiben, dazu oben S. 45 ff.

[295] So im Ergebnis wohl auch *Vestal*, 2 Ind. Legal F. 25, 31 (1968) („may not be broad enough in scope"). Zweifelhaft daher *Conway*, 60 U. Chi. L. Rev. 141, 151 f. (1993) unter Hinweis auf *Pochiro v. Prudential Ins. Co. of America*, 827 F.2d 1246, 1251 (9th Cir. 1987), der so allerdings nur die von ihm geforderte „legal relevance" einer Tatsache feststellen will.

[296] Das Beispiel lässt sich im Hinblick auf das Merkmal des *actually litigated* beliebig abändern: Auch im Falle eines Versäumnisurteils im Anschluss an die *pleadings* käme *issue preclusion* nicht zur Anwendung, dazu oben S. 48 f.

[297] Allgemein einen präziseren Standard im Rahmen von Rule 13(a) FRCP begrüßend *Effron*, 65 Ala. L. Rev. 683, 722 (2014).

issue preclusion zu prüfen. Stellt sich aus Beklagtensicht nach Zustellung der Klageschrift im Erstverfahren die Frage, ob ein *counterclaim* als *compulsory* einzuführen ist, stünde zu erwarten, dass, wenn schon im Übrigen nicht viel, so doch immerhin die für den Klageanspruch grundlegenden, sich im Laufe des Verfahrens voraussichtlich als entscheidungserheblich erweisenden Tatsachen der Klageschrift zu entnehmen sind. Zudem erscheint die Maßgeblichkeit der entscheidungserheblichen Tatsachen im Vergleich zu den für die Bestimmung der Konnexität als mitunter zu weitreichend kritisierten *operative facts* tendenziell als engerer Ansatz. Will man nämlich *operative facts* in etwa als die für die Erfüllung des Tatbestands einer Norm relevanten Tatsachen verstehen,[298] so wird deutlich, dass diese häufig, aber nicht zwangsläufig auch entscheidungserheblich sein werden. Verklagt A den B auf Zahlung aus Vertrag und verlangt B widerklagend Schadensersatz wegen Vertragsbruchs, dürften sich die Vertragsbestimmungen sowohl als *operative facts* als auch als entscheidungserheblich erweisen, sodass nach beiden Ansätzen Konnexität zwischen den Klagen anzunehmen wäre. Dies gälte unabhängig von den verfolgten Rechtsschutzzielen, also auch dann, wenn B nicht Leistung, sondern Feststellung begehrte. Verklagt A den B hingegen auf Schadensersatz aus einem angeblich von B wegen überhöhter Geschwindigkeit verursachten Verkehrsunfalls, sind *operative facts* sowohl der dem A entstandene Schaden als auch die vermeintliche Geschwindigkeitsüberschreitung des B. Der Schaden muss sich indes nicht als entscheidungserheblich erweisen, wenn das Gericht die Klage bereits mangels Geschwindigkeitsüberschreitung des B abweist. Ist die Frage der Geschwindigkeitsüberschreitung der Unfallbeteiligten entscheidungserheblich, trifft den B folglich die Last, seinen Schadensersatzanspruch, den er mit einer Geschwindigkeitsüberschreitung des A begründet, im Wege des *counterclaim* in das Verfahren einzuführen.[299] In der Regel wird das Gericht indes das gesamte Verkehrsverhalten der Beteiligten in der fraglichen Unfallsituation als entscheidungserheblich ansehen,[300] sodass die Widerklagelast auch für einen *counterclaim* gälte, den der Beklagte auf jedes andere verkehrswidrige Verhalten des Klägers, etwa die Missachtung einer Vorfahrtsregelung, stützt. Begründet das Gericht seine Entscheidung alternativ, indem es deutlich macht, die Klage könne sowohl mangels Schadens als auch mangels Geschwindigkeitsüberschreitung keinen Erfolg haben, sollten – entgegen der Ansicht des Restatement (Second) und

[298] Vgl. *Black*, Black's Law Dictionary: „A fact that affects an existing legal relation, esp. a legal claim.“; *Wex Legal Dictionary* (abrufbar unter http://www.law.cornell.edu/wex, letzter Zugriff: 6.5.2014): „A fact that is directly relevant to deciding some question of law.“.

[299] Eine andere Frage ist, ob für Ansprüche aus Delikt wegen besonderer Schutzbedürftigkeit des deliktisch Geschädigten nicht von vornherein eine Ausnahme von Rule 13(a) FRCP gelten sollte. Dazu noch unten S. 222 ff.

[300] Zum weiten Verständnis des Begriffs der „issue“ oben S. 45 ff.

mit zahlreichen Gerichten[301] – für die Zwecke von Rule 13(a) FRCP beide Tatsachenfragen als entscheidungserheblich angesehen werden, um den Anwendungsbereich der Regelung nicht übermäßig einzuschränken.

Dass sich die Maßgeblichkeit der entscheidungserheblichen Tatsachen als tendenziell engerer Ansatz erweist, trägt der Schutzbedürftigkeit des Beklagten Rechnung.[302] Darüber hinaus ist zu beachten, dass die Ablehnung der Konnexität unter Rückgriff auf den hier vorgeschlagenen Ansatz dem Beklagten nicht die Widerklagemöglichkeit an sich nimmt, sondern ihn lediglich von der dahingehenden Last nach Rule 13(a) FRCP befreit, die Verfahrenskonzentration insoweit also in sein Ermessen stellt.

e) Keine notwendige Einbeziehung Dritter außerhalb der gerichtlichen Zuständigkeit

aa) Dogmatische Einordnung

Ein *counterclaim* ist ausweislich Rule 13(a)(1)(B) FRCP nur dann als *compulsory* einzustufen, wenn er nicht die Einbeziehung eines bisher nicht am Prozess beteiligten Dritten erfordert, für den das Gericht keine Zuständigkeit erlangen kann („does not require adding another party over whom the court cannot acquire jurisdiction“). Diese Einschränkung wird ganz überwiegend als Ausnahme der in Rule 13(a) FRCP angeordneten Widerklagelast verstanden.[303] Indes legt die systematische Stellung der Regelung in Rule 13(a)(1) („In General“) statt in Rule 13(a)(2) FRCP („Exceptions“) nahe, die Einschränkung als negatives Tatbestandsmerkmal zu verstehen. Die Einordnung als Tatbestandsmerkmal lässt sich auch auf den Wortlaut des *Preliminary Draft I* von April 1936 zurückführen, der eine Widerklagelast für einen konnexen *counterclaim* anordnete, „provided the court (...) can, if the presence of third parties is essential for its adjudication, acquire jurisdiction of such parties.“[304] Rule 13(a) FRCP umschreibt diese Einschränkung seit der ursprünglichen Fassung von 1938 negativ („does not require for its adjudication the presence of third parties of whom the court cannot acquire jurisdiction“) und grenzt sie seit 1946 deutlich von den nunmehr in Rule 13(a)(2) FRCP

---

[301] Oben S. 50 f.

[302] Dazu sowie zu weiteren Überlegungen betreffend den Beklagtenschutz noch unten S. 205 ff.

[303] S. nur die ausdrückliche Einordnung bei *Wright/Miller/Kane*, in: Fed. Prac. & Proc., § 1411 bei Fn. 10 und *Sherman/Squiers*, in: Moore's Federal Practice, § 13.16[2]; *Friedenthal/Kane/Miller*, Civil Procedure, S. 373; *Gensler*, in: FRCP, Practice Commentary, Rule 13. Exemplarisch für diese Ansicht *Owens v. Blue Tee Corp.*, 177 F.R.D. 673, 681 f. (M.D.Ala. 1998). Anders offenbar *Northwest Airlines, Inc. v. International Ass'n of Machinists and Aerospace Workers*, 712 F.Supp. 732, 734 (D.Minn. 1989); *Avondale Shipyards, Inc. v. Propulsion Systems, Inc.*, 53 F.R.D. 341, 343 (E.D.La. 1971).

[304] Jud. Conf. of the US (Com. R. of Prac. and Proc.), CI–1908–54 (1936).

erfassten Ausnahmen ab (1946: „except that such a claim need not be so stated"; 1963: „But the pleader need not state the claim if (...)"; 2007: Rule 13(a)(2) FRCP, „Exceptions. The pleader need not state the claim if (...)").[305]

Diese Einordnung als Tatbestandsmerkmal hat zur Folge, dass der Beklagte des Zweitverfahrens (und Kläger des Erstverfahrens) das Vorliegen des negativen Tatbestandsmerkmals im Rahmen der von ihm im Zweitverfahren zu erhebenden *affirmative defense* (herrschend: Rule 8(c)(1) FRCP – *res judicata*) gegenüber der vom Kläger dieses Verfahrens (und Beklagten des Erstverfahrens) erhobenen Klage, die womöglich als *compulsory counterclaim* in das Erstverfahren hätte eingeführt werden müssen, darlegen und beweisen muss.[306] Versteht man das negative Tatbestandsmerkmal hingegen entgegen der Systematik der Norm als Ausnahme vom Tatbestand, träfe den Beklagten des Zweitverfahrens keine Darlegungs- und Beweistlast in Bezug auf deren Nichtvorliegen; die Geltendmachung der Ausnahme wäre dann vielmehr Aufgabe des Klägers des Zweitverfahrens, um den Erfolg der *affirmative defense* des Beklagten zu vereiteln. Wird der *counterclaim* hingegen in das Erstverfahren eingeführt, kann der Kläger und Widerbeklagte die Abweisung der Widerklage in diesem Zusammenhang bereits durch *motion* nach Rule 12(b)(7) FRCP – im Übrigen aber auch durch *pleading* oder noch während des *trial*, Rule 12(h)(2) FRCP – erreichen, indem er vorträgt (und beweist), dass ein notwendig einzubeziehender Dritter etwa wegen fehlender Zuständigkeit des Gerichts nicht einbezogen werden kann (dazu sogleich) und die Widerklage daher nach Rule 19(b) FRCP abzuweisen sei.[307]

bb) Tatbestand

Dass ein *counterclaim* nur dann als *compulsory* qualifiziert werden kann, wenn er nicht die Einbeziehung eines außerhalb der gerichtlichen Zuständigkeit liegenden Dritten notwendig macht, liegt aus Gründen der prozessualen Fairness nahe: Dem Beklagten ist eine Last zur Erhebung seiner Widerklage in einem Forum, in dem er notwendig einzubeziehende Dritte nicht einbeziehen kann, nicht zuzumuten, weil allein die fehlende notwendige Einbeziehung unter den Voraussetzungen von Rule 19(b) FRCP zur Abweisung der

---

[305] S. *Gensler*, in: FRCP, Advisory Committee Notes, Rule 13 (1946, 1963, 2007 amendments).

[306] Zur Beweislast in Bezug auf *affirmative defenses Friedenthal/Kane/Miller*, Civil Procedure, S. 293 f., 308 (dort auch zum Auseinanderfallen von Darlegungs- und Beweislast); *Böhm*, Amerikanisches Zivilprozessrecht, Rn. 573. S. auch *Burden v. Selectquote Insurances Services*, 2011 WL 1298902 *3 (N.D.Cal. 2011).

[307] Zur Beweislast des Klägers sowie zur restriktiven Haltung der Gerichte bei der Stattgebung der *motion Wright/Miller/Kane*, in: Fed. Prac. & Proc., § 1359 nach Fn. 8.7.

Widerklage führen kann.[308] Umgekehrt gilt: Handelt es sich um einen notwendig einzubeziehenden Dritten innerhalb der gerichtlichen Zuständigkeit, steht einer Widerklagelast nach Rule 13(a) FRCP nichts im Wege.[309] Im Folgenden ist also zu klären, in welchen Fällen die Einbeziehung Dritter nach Rule 19 FRCP im Hinblick auf Rule 13(a)(1)(B) FRCP (nicht) notwendig („does not require adding another party") (dazu 1) und wie der Hinweis auf die fehlende gerichtliche Zuständigkeit („over whom the court cannot acquire jurisdiction") zu verstehen ist (dazu 2).

(1) Notwendige Parteihäufung nach Rule 19 FRCP

Die notwendige Parteihäufung ist in Rule 19 FRCP geregelt, die Rule 13(h) FRCP neben Rule 20 FRCP, die die fakultative Parteihäufung betrifft, für *counterclaims* und *crossclaims* ausdrücklich für anwendbar erklärt. Rule 19 FRCP dient, wie Rule 13 FRCP auch, der Vermeidung unnötiger mehrfacher Verfahren und soll zudem einen angemessenen Interessenausgleich zwischen allen am Prozessstoff Beteiligten sicherstellen;[310] insbesondere soll die Wahrung des verfassungsrechtlich verankerten *due process*-Grundsatzes für Dritte gewährleistet werden,[311] die zwar grundsätzlich nicht rechtlich, wohl aber faktisch durch eine gerichtliche Entscheidung betroffen sein können. Die Regelung beeinträchtigt zugleich den Kläger in seiner Kontrolle des Verfahrens, indem sie ihm die Entscheidung über die Beteiligung bestimmter Parteien entzieht.[312]

(a) Notwendigkeit der Parteihäufung

Nach Rule 19(a) FRCP ist ein Dritter notwendig in das Verfahren einzubeziehen, wenn dem Klagebegehren des (Wider-)Klägers nur so vollständig abgeholfen werden kann (Rule 19(a)(1)(A) FRCP) oder der einzubeziehende Dritte ein derartiges Interesse am Verfahrensausgang hat, dass ohne seine Beteiligung entweder er selbst in der Geltendmachung dieses Interesses beeinträchtigt oder verhindert ist (Rule 19(a)(1)(B)(i) FRCP) oder einer Pro-

---

308 Vgl. *Wright/Miller/Kane*, in: Fed. Prac. & Proc., § 1411 bei Fn. 11 („self-defeating"), § 1434 bei Fn. 13; *Sherman/Squiers*, in: Moore's Federal Practice, § 13.16[2] („basic considerations of fairness").

309 So etwa in *Black v. London Assur. Co. of London, England*, 122 F.Supp. 330, 332 (W.D.S.C. 1954).

310 S. nur *Wright/Miller/Kane*, in: Fed. Prac. & Proc., § 1602 nach Fn. 5. Krit. Analyse und Reformvorschläge bei *Freer*, 50 U. Pitt. L. Rev. 809, 841 ff. (1989).

311 S. etwa *Provident Tradesmens Bank & Trust Co. v. Patterson*, 390 U.S. 102, 123 (1968); *Western Union Telegraph Company v. Pennsylvania*, 368 U.S. 71, 75 (1961). Dazu auch *Freer*, 60 N.Y.U. L. Rev. 1061, 1082 f. (1985); *Reed*, 55 Mich. L. Rev. 327, 336 (1957). Zur Rechtskrafterstreckung auf Dritte oben S. 54 ff.

312 *Reed*, 55 Mich. L. Rev. 327 (1957); *Freer*, 60 N.Y.U. L. Rev. 1061, 1075 (1985).

zesspartei ein erhebliches Risiko mehrfacher oder widersprüchlicher Verpflichtung droht (Rule 19(a)(1)(B)(ii) FRCP). Ist die Einbeziehung des Dritten nicht bereits auf Betreiben der Parteien erfolgt, hat das Gericht die Einbeziehung nach Rule 19(a)(2) FRCP anzuordnen[313] – und zwar bei Weigerung des Dritten, als Kläger am Verfahren teilzunehmen, entweder als Beklagter oder ggf. („in a proper case") als „unfreiwilliger Kläger".[314] Ist die Einbeziehung dieser als „required" oder „necessary parties" bezeichneten Dritten nicht möglich („not feasible" – zu den Gründen sogleich), entscheidet das Gericht anhand der in Rule 19(b) FRCP aufgestellten Billigkeitskriterien („in equity and good conscience"), ob das Verfahren ohne Beteiligung des Dritten weitergeführt oder aber die Klage abgewiesen wird;[315] in letzterem Fall werden die Dritten als „indispensable parties" (in etwa: unentbehrliche Parteien) bezeichnet.[316] Isoliert betrachtet genügt für die Einordnung als *compulsory counterclaim* anhand von Rule 13(a)(1)(B) FRCP freilich die Feststellung, dass es sich um eine notwendig einzubeziehende Partei außerhalb der gerichtlichen Zuständigkeit handelt, ohne dass es auf eine etwaige Abweisung der – ggf. noch gar nicht erhobenen – Widerklage nach Rule 19(b) FRCP ankäme. Diese Frage stellt sich erst nach Erhebung der Widerklage im Rahmen einer entsprechenden *motion to dismiss* des Klägers nach Rule 12(b)(7) FRCP.

Beispielhaft wird für Rule 19(a)(1)(A) FRCP, die die Einbeziehung eines Dritten für notwendig erklärt, um dem Klagebegehren vollständig entsprechen zu können, häufig auf einen Fall verwiesen, in dem ein Angestellter den Versicherer seines Arbeitgebers, der nur Schäden oberhalb einer bestimmten Schadensgrenze ersetzt, auf Schadensersatz verklagte und der Arbeitgeber als notwendiger Dritter angesehen wurde, da eine Entscheidung unterhalb der Schadensgrenze für den Kläger wertlos wäre und ein neues Verfahren gegen

---

[313] Zweifelhaft *Friedenthal/Kane/Miller*, Civil Procedure, S. 365, die dem Gericht hier entgegen dem Wortlaut der Norm („must") offenbar Ermessen einräumen wollen („may").

[314] Eingehend *Wright/Miller/Kane*, in: Fed. Prac. & Proc., §§ 1605 f.

[315] Ausführlich *Wright/Miller/Kane*, in: Fed. Prac. & Proc., §§ 1607 f. und *Friedenthal/Kane/Miller*, Civil Procedure, S. 362 ff.

[316] Grundlegend *Shields v. Barrow*, 58 U.S. 130, 139 (1855) (*Necessary parties* als solche „having an interest in the controversy, and who ought to be made parties, in order that the court may act on that rule which requires it to decide on, and finally determine the entire controversy, and do complete justice, by adjusting all the rights involved in it." *Indispensable parties* als solche „who not only have an interest in the controversy, but an interest of such a nature that a final decree cannot be made without either affecting that interest, or leaving the controversy in such a condition that its final termination may be wholly inconsistent with equity and good conscience."). Diese Differenzierung ist weiterhin üblich, obwohl sie für Rule 19 FRCP, in der nur noch von „required parties" die Rede ist, keine Bedeutung mehr hat, *Hazard/Leubsdorf/Bassett*, Civil Procedure, S. 283. Zur Entscheidung in *Shields* sowie zur darauf aufbauenden Geschichte von Rule 19 FRCP *Wright/Miller/Kane*, in: Fed. Prac. & Proc., § 1601; *Freer*, 60 N.Y.U. L. Rev. 1061, 1075 f. (1985).

den Arbeitgeber erforderlich machte, der als Dritter an die Entscheidung gegen den Versicherer nicht gebunden wäre.[317] Dagegen lässt sich indes mit *Freer* vorbringen, dass ein derart weites Verständnis kaum vom Wortlaut der Norm gedeckt ist, der sich eben nur auf das Klagebegehren zwischen den bestehenden Parteien („among existing parties") bezieht, und im Übrigen andere Instrumente der Parteihäufung wie *impleader* (Rule 14 FRCP) und *intervention* (Rule 24 FRCP) überflüssig machte.[318] Die bloße Aussicht auf weitere Verfahren zwischen Prozessparteien und einzubeziehendem Dritten genügt denn nach überwiegender Ansicht auch nicht für die Anwendung von Rule 19(a)(1)(A) FRCP.[319] Dem daraus resultierenden engen Verständnis dieser Variante entspricht es, dass die Rechtsprechung diese zumeist in Kombination mit den beiden Varianten in Rule 19(a)(1)(B) FRCP anwendet.[320] Rule 19(a)(1)(B)(i) FRCP, die für den Fall der Nichtbeteiligung des Dritten die Gefahr der Beeinträchtigung oder Verhinderung der Geltendmachung von dessen Interessen betrifft, wurde in einem Fall angewendet, in dem der Kläger eine Bank auf Ausgabe von Aktien auf seinen und den Namen des einzubeziehenden Dritten verklagte, die zuvor im alleinigen Namen des Dritten ausgegeben worden waren.[321] Ebenso wurden Arbeitnehmer in einem Fall als notwendige Dritte angesehen, in dem andere Arbeitnehmer den Arbeitgeber auf Beförderung in höhere Positionen als die der einzubeziehenden Dritten verklagten.[322] Entscheidend ist, dass sich der Ausgang des Verfahrens „direkt und unmittelbar"[323] auf die Interessen des einzubeziehenden Dritten auswirkt und sich diese nicht in bloß finanziell motivierten Praktikabilitätserwägungen

---

[317] Vgl. *Prestenback v. Employer's Ins. Companies*, 47 F.R.D. 163, 166 f. (E.D.La. 1969). Dazu *Friedenthal/Kane/Miller*, Civil Procedure, S. 359 und *Wright/Miller/Kane*, in: Fed. Prac. & Proc., § 1604 bei Fn. 27.

[318] *Freer*, Civil Procedure, S. 698 f. und *ders.*, 60 N.Y.U. L. Rev. 1061, 1080 ff. (1985), der Rule 19(a)(1)(A) FRCP einen eigenständigen Anwendungsbereich abspricht. Weitere Nachweise zu diesem weiten Verständnis bei *ders.*, in: Moore's Federal Practice, § 19.03[2][b][i]. Zum *impleader* oben S. 137 ff.

[319] S. etwa *MasterCard Int'l, Inc. v. Visa Int'l Service Ass'n, Inc.*, 471 F.3d 377, 385 (2nd Cir. 2006); *Angst v. Royal Maccabees Life Ins. Co.*, 77 F.3d 701, 705 (3rd Cir. 1996); *LLC Corp. v. Pension Ben. Guar. Corp.*, 703 F.2d 301, 305 (8th Cir. 1983).

[320] *Freer*, in: Moore's Federal Practice, § 19.03[2][c]. S. aber *Associated Dry Goods Corp. v. Towers Financial Corp.*, 920 F.2d 1121, 1124 (2nd Cir. 1990).

[321] *Haas v. Jefferson Nat. Bank of Miami Beach*, 442 F.2d 394, 398 ff. (5th Cir. 1971) (dort auch zu Rule 19(a)(1)(B)(ii) FRCP). Zur Bedeutung des Zeitpunkts der Geltendmachung der Nichteinbeziehung eines Dritten *Provident Tradesmens Bank & Trust Co. v. Patterson*, 390 U.S. 102, 113 ff. (1968) sowie dazu *Friedenthal/Kane/Miller*, Civil Procedure, S. 360.

[322] *Martin v. Wilks*, 490 U.S. 755, 767 f. (1989). Mit zahlreichen weiteren Beispielen aus der Rechtsprechung *Wright/Miller/Kane*, in: Fed. Prac. & Proc., § 1604 Fn. 30 f.

[323] *Janney Montgomery Scott, Inc. v. Shepard Niles, Inc.*, 11 F.3d 399, 407 (3rd Cir. 1993).

erschöpfen.[324] Die Betonung der faktischen Beeinträchtigung der Interessen („as a practical matter impair or impede (...)") macht wiederum deutlich, dass der Dritte grundsätzlich nicht durch die Rechtskraft der gerichtlichen Entscheidung gebunden ist.[325] Die Einbeziehung eines Dritten nach Rule 19(a)(1)(B)(ii) FRCP zur Vermeidung eines erheblichen Risikos mehrfacher oder widersprüchlicher Verpflichtung einer Prozesspartei – regelmäßig des (Wider-)Beklagten[326] – wurde schließlich für notwendig erachtet in einem Fall, in dem sich ein Lebensversicherer Ansprüchen sowohl des angeblich anspruchsberechtigten Klägers als auch eines angeblich anspruchsberechtigten Dritten ausgesetzt sah.[327] Demgegenüber werden deliktische Gesamtschuldner *(joint tortfeasors)* nicht als notwendig einzubeziehende Dritte nach Rule 19 FRCP angesehen: Das Risiko eines unterlegenen Gesamtschuldners, auch mit einer späteren Regressklage gegen einen anderen Gesamtschuldner zu unterliegen, wird nach allgemeiner Ansicht nicht von Rule 19 FRCP erfasst.[328] Davon abgesehen ist die Einbeziehung der nicht verklagten Gesamtschuldner in das Erstverfahren durch *impleader* nach Rule 14 FRCP denkbar. Zu beachten ist, dass Rule 19(a)(1)(B)(ii) FRCP den (Wider-)Beklagten vor mehrfacher oder widersprüchlicher Inanspruchnahme („obligations"), nicht vor mehrfachen oder widersprüchlichen Gerichtsentscheidungen, schützen soll,[329] wenngleich das eine mit dem anderen häufig einhergehen dürfte.

(b) Zuständigkeitsvoraussetzungen

Ein nach Rule 19(a)(1)(A) bzw. (B) FRCP als notwendig einzubeziehender Dritter ist nur dann am Verfahren zu beteiligen, wenn die Einbeziehung möglich („feasible") ist. Das hängt ausweislich Rule 19(a)(1) bzw. (3) FRCP davon ab, ob das Gericht für den Dritten *personal jurisdiction* („A person who is subject to service of process (...)"), *subject-matter jurisdiction* und *venue* besitzt.[330] Für die *personal jurisdiction* des Gerichts bestehen bekanntlich besonders weitreichende Zuständigkeitsgründe, zumal sich der Dritte

---

[324] Eingehend *Freer*, in: Moore's Federal Practice, § 19.03[3][b].

[325] Näher *Freer*, in: Moore's Federal Practice, § 19.03[3][d], [f][ii], [e] (dort zur Auswirkung der Doktrin des *stare decisis* auf die Interessen des Dritten).

[326] *Freer*, Civil Procedure, S. 701.

[327] *Angst v. Royal Maccabees Life Ins. Co.*, 77 F.3d 701, 705 f. (3rd Cir. 1996). Zu Rule 19(a)(1)(B)(ii) FRCP auch *Hazard/Leubsdorf/Bassett*, Civil Procedure, S. 288 f. sowie ausführlich *Freer*, 60 N.Y.U. L. Rev. 1061, 1089 ff. (1985).

[328] Zuletzt *Temple v. Synthes Corp., Ltd.*, 498 U.S. 5, 7 (1990); *Janney Montgomery Scott, Inc. v. Shepard Niles, Inc.*, 11 F.3d 399, 411 (3rd Cir. 1993); *Herpich v. Wallace*, 430 F.2d 792, 817 (5th Cir. 1970).

[329] Ausführlich *Freer*, in: Moore's Federal Practice, § 19.03[4][d]. Verkannt von *Hazard/Leubsdorf/Bassett*, Civil Procedure, S. 288.

[330] Zu diesen Begrifflichkeiten oben S. 21 ff.

insoweit rügelos einlassen, mithin auf Einwände verzichten kann.[331] Eine fehlende *venue* des Gerichts ist ohnehin nur dann beachtlich, wenn der Dritte sich hierauf beruft, Rule 19(a)(3) FRCP. Problematisch ist in diesem Zusammenhang vor allem die *subject-matter jurisdiction* des Gerichts – und zwar in Form der *diversity of citizenship jurisdiction*, die insbesondere Prozessparteien aus unterschiedlichen Einzel- oder ausländischen Staaten voraussetzt. Würde in einem Verfahren zwischen Kläger A aus Kalifornien und Beklagtem B aus New York der C aus Kalifornien als notwendiger Dritter nach Rule 19(a) FRCP ausgemacht, würde die Einbeziehung des C als Beklagtem dem Gericht für den Anspruch des A gegen C die *diversity jurisdiction* entziehen.[332] Zwar sieht 28 USC § 1367(a) ausdrücklich *supplemental jurisdiction* auch für Ansprüche im Zusammenhang mit der Einbeziehung Dritter vor („claims that involve the joinder or intervention of additional parties"). Dies gilt ausweislich 28 USC § 1367(b) aber nicht für Ansprüche des Klägers („plaintiffs") gegen den Dritten nach Rule 19 FRCP als Beklagten und Ansprüche des Dritten als Kläger. In obigem Beispiel bestünde also auch keine *supplemental jurisdiction* für den Anspruch des C gegen A.[333] 28 USC § 1367(b) verhindert hier also, dass die Anforderungen der *diversity jurisdiction* dadurch unterlaufen werden, dass zunächst ein Beklagter aus einem klägerfremden Einzelstaat verklagt wird, um sodann einen Dritten aus demselben Kläger-Einzelstaat über Rule 19 FRCP und 28 USC § 1367(a) in das Verfahren einzubeziehen.[334]

(2) Schlussfolgerungen für Rule 13(a)(1)(B) FRCP

Die Wendung „does not require adding another party" in Rule 13(a)(1)(B) FRCP nimmt Bezug auf die notwendige Parteihäufung, mithin die unter (a) dargestellten, in Rule 19(a) FRCP geregelten Konstellationen.

Klärungsbedürftig ist indes, wie der Hinweis in Rule 13(a)(1)(B) FRCP auf die fehlende Zuständigkeit des Gerichts („over whom the court cannot acquire jurisdiction") zu verstehen ist. Es liegt nahe, diesen Halbsatz als

[331] Die Zustellung des *pleading* kann gar außerhalb der fraglichen Gerichtsbarkeit erfolgen, sofern dies nicht weiter als 100 Meilen entfernt von dem Ort geschieht, an dem die gerichtliche Vorladung *(summons)* ausgestellt wurde, Rule 4(k)(1)(B) FRCP (sog. „bulge rule"). Dazu *Wright/Miller/Kane*, in: Fed. Prac. & Proc., § 1436 nach Fn. 23.

[332] Instruktiv zum Folgenden *Freer*, Civil Procedure, S. 706 ff., dort auch zur widersprüchlichen Anwendung der *supplemental jurisdiction* im Rahmen der Rules 19 und 24 FRCP *(intervention)* vor Erlass von 28 USC § 1367 (Schrifttumsnachweise in Fn. 128). Dazu auch *ders.*, 60 N.Y.U. L. Rev. 1061, 1085 ff. (1985).

[333] S. aber *Rowe/Burbank/Mengler*, 40 Emory L. J. 943, 957 ff. (1991) (§ 1367(b) verhindere nicht die Einbeziehung des Dritten an sich). Krit. dazu *Freer*, in: Moore's Federal Practice, § 19.04[1][a] und *ders.*, Civil Procedure, S. 709 Fn. 131.

[334] *Hazard/Leubsdorf/Bassett*, Civil Procedure, S. 291. Dazu auch *United Capitol Ins. Co. v. Kapiloff*, 155 F.3d 488, 493 (4th Cir. 1998).

Verweis auf sämtliche der soeben unter (b) erörterten zuständigkeitsrechtlichen Anforderungen an eine notwendige Parteihäufung nach Rule 19(a) FRCP zu interpretieren. Wird die sachliche Zuständigkeit des Gerichts für die Hauptklage indes durch *diversity jurisdiction* begründet, bezieht die herrschende Ansicht den Hinweis allein auf die davon zu trennende *personal jurisdiction*: *Compulsory counterclaims* seien in Anbetracht der Konnexität innerhalb der sachlichen *supplemental jurisdiction* des Gerichts für die Hauptklage zu verorten und die nachträgliche Einbeziehung eines Dritten könne an der *diversity jurisdiction* und der *venue* des Gerichts für die Hauptklage nichts ändern.[335] Demnach ändert ein für einen *counterclaim* notwendig einzubeziehender Dritter auch nichts an der für den *counterclaim* bestehenden *supplemental jurisdiction*, obwohl er demselben Einzelstaat entstammt wie der Beklagte und Widerkläger,[336] der *counterclaim* für sich genommen also keine *diversity jurisdiction* hervorruft und als eigenständige Klage auf dieser Grundlage nicht erhoben werden könnte.[337] Dass der Dritte folglich als (Mit-)Beklagter in den *counterclaim* gegen den Kläger einbezogen wird, ergibt sich auch aus dem Wortlaut von Rule 13(h) FRCP („addition of a person as a party to a counterclaim"), die bekanntlich stets einen bereits anhängigen bzw. einen mit der intendierten Einbeziehung anhängig gemachten *counterclaim* voraussetzt.[338] Andererseits hat in diesem Zusammenhang der *Court of Appeals (5th Circuit)* über das Vorliegen von sachlicher Zuständigkeit allein im Hinblick auf die Ansprüche gegen den einbezogenen Dritten entschieden: In einem Fall, in dem der *compulsory counterclaim* gegen den Kläger selbst *diversity jurisdiction* hervorrief, der *counterclaim* gegen den einzubeziehenden Dritten hingegen nicht, wurde für letzteren *supplemental jurisdiction* des Gerichts angenommen. Die oben erwähnte Einschränkung des 28 USC § 1367(b) gelte hier nicht: Zum einen beziehe sich die Norm ausweislich des Wortlauts nur auf Ansprüche des Klägers („plaintiff"), nicht hingegen auf die des Beklagten bzw. Widerklägers; zum anderen habe sich der Beklagte zur Einbeziehung des Dritten auf Rule 13(h) FRCP gestützt, die in 28 USC

---

[335] *Wright/Miller/Kane*, in: Fed. Prac. & Proc., § 1411 nach Fn. 11 unter Hinweis auf *United Artists Corp. v. Masterpiece Productions*, 221 F.2d 213, 217 (2nd Cir. 1955). S. auch *Sherman/Squiers*, in: Moore's Federal Practice, § 13.16[2]. Keine Probleme bestehen demnach, wenn die sachliche Zuständigkeit des Gerichts für die Hauptklage auf einer anderen als *diversity jurisdiction* beruht.

[336] *H. L. Peterson Co. v. Applewhite*, 383 F.2d 430, 433 f. (5th Cir. 1967); *Union Paving Co. v. Downer Corp.*, 276 F.2d 468, 471 (9th Cir. 1960); *United Artists Corp. v. Masterpiece Productions*, 221 F.2d 213, 217 (2nd Cir. 1955); *Markus v. Dillinger*, 191 F.Supp. 732, 734 f. (E.D.Pa. 1961). S. auch *Asset Allocation and Management Co. v. Western Employers Ins. Co.*, 892 F.2d 566, 574 (7th Cir. 1989). Eingehend *Wright/Miller/Kane*, in: Fed. Prac. & Proc., § 1414 mit Fn. 23.

[337] *Wright/Miller/Kane*, in: Fed. Prac. & Proc., § 1436 nach Fn. 24.

[338] Oben S. 137 f. Dazu etwa *Anspach v. Meyer*, 2014 WL 345676 *7 (D.Az. 2014).

§ 1367(b) nicht erwähnt sei.[339] Diese Auslegung kann man als formalistisch kritisieren, weil der Beklagte im Hinblick auf seinen *counterclaim* selbst als Kläger auftritt und Rule 13(h) FRCP lediglich als unmittelbarer Verweis auf Rule 19 FRCP fungiert; sie lässt sich immerhin mit der größeren Schutzbedürftigkeit des Beklagten rechtfertigen, der sich der klägerischen Wahl des Forums ausgesetzt sieht und dem daher eine großzügige sachliche Zuständigkeitsbasis für seine *counterclaims* zu gestatten nicht unangemessen erscheint.[340] Im Ergebnis besteht nach alledem Einigkeit, dass die sachliche *supplemental jurisdiction* des Gerichts auch für die Ansprüche gegen den notwendig einzubeziehenden Dritten besteht, dessen Einbeziehung insoweit also *feasible* im Sinne von Rule 19(a) FRCP ist.

Unabhängig davon, ob man für den *counterclaim* gegen den Dritten selbst *supplemental jurisdiction* fordert oder diesen bereits von der *supplemental jurisdiction* des Gerichts für den *counterclaim* gegen den Kläger umfasst sehen möchte, spricht daher nichts dagegen, den zuständigkeitsrechtlichen Hinweis in Rule 13(a)(1)(B) FRCP nicht zuletzt wegen seines allgemein gehaltenen Wortlauts („jurisdiction", nicht etwa: „personal jurisdiction"[341]) gleichwohl als Verweis auf sämtliche zuständigkeitsrechtlichen Anforderungen in Rule 19(a) FRCP zu beziehen,[342] zumal die herrschende Ansicht den Hinweis mit Ausnahme von Fällen der sachlichen Zuständigkeitsbegründung durch *diversity jurisdiction* (in denen, wie gezeigt, die Einbeziehung des Dritten auf Grundlage der *supplemental jurisdiction* insoweit ohnehin *feasible* sein soll) offenbar genauso versteht. Zur besseren Verständlichkeit und im Sinne einer einheitlichen Terminologie ließe sich Rule 13(a)(1)(B) FRCP dann wie folgt formulieren: „[A pleading must state as a counterclaim any claim that] does not require adding another party *whose joinder is not feasible pursuant to Rule 19(a)*."

f) Zusammenfassung

1. Rule 13(a) FRCP ist zwar parteirollenneutral formuliert, richtet sich aber faktisch in erster Linie an den Beklagten. Diesen trifft eine Widerklage-

---

[339] *State Nat. Ins. Co. Inc. v. Yates*, 391 F.3d 577, 579 ff. (5th Cir. 2004). Ganz h.M.: *Wright/Miller/Kane*, in: Fed. Prac. & Proc., § 1436 nach Fn. 13; *Sherman/Squiers*, in: Moore's Federal Practice, § 13.110[3]; *Freer*, Civil Procedure, S. 709 f.; *Glannon*, Civil Procedure, S. 336, 342 (Bsp. 11). Aus der Rechtsprechung etwa *Grimes v. Mazda North American Operations*, 355 F.3d 566, 572 (6th Cir. 2004).

[340] Für eine großzügige Auslegung der *supplemental jurisdiction* zugunsten des Beklagten etwa *Owen Equipment & Erection Co v. Kroger*, 437 U.S. 365, 376 (1978).

[341] Das gilt umso mehr, als in der in Rule 13(a)(2)(B) FRCP geregelten Ausnahme ausdrücklich von „personal jurisdiction" die Rede ist.

[342] A.A. *Wright/Miller/Kane*, in: Fed. Prac. & Proc., § 1411 nach Fn. 17. Wie hier offenbar *Freer*, Civil Procedure, S. 681 f., der die *personal jurisdiction* nur als „Beispiel" für die Anwendung von Rule 13(a)(1)(B) FRCP anführt.

last nach dem eindeutigen Wortlaut der Norm nur dann, wenn er sich eines *pleading* bedient. Etwas anderes sollte nach hier vertretener Ansicht auch nicht bei Säumnis des Beklagten gelten, sofern diese bereits vor den *pleadings* eintritt.[343] Hinsichtlich Form und Inhalt des *pleading* gelten dieselben Grundsätze wie für die Klageschrift, insbesondere sind die erhöhten Anforderungen nach der Rechtsprechung des *U.S. Supreme Court* in „Twiqbal" zu berücksichtigen.

2. Die Widerklagelast nach Rule 13(a) FRCP besteht nur insofern, als der fragliche Anspruch des Beklagten zum Zeitpunkt der Zustellung des *pleading* besteht und fällig ist („at the time of its service (...) the pleader has"). Die Zustimmung des Gerichts vorausgesetzt, kann der Beklagte einen nach diesem Zeitpunkt entstandenen bzw. fällig gewordenen Anspruch im Wege eines *supplemental pleading* nach Rule 13(e) FRCP in das Verfahren einführen. Selbst ein die Voraussetzungen von Rule 13(a) FRCP erfüllender Anspruch kann nach Rule 15 FRCP (früher: Rule 13(f) FRCP a.F.) nachträglich eingeführt werden; die ggf. erforderliche Zustimmung des Gerichts soll großzügig erteilt werden.

3. Die subjektiven Grenzen der Rule 13(a) FRCP werden durch den Begriff der „opposing party" umschrieben. Danach besteht die Widerklagelast gegenüber solchen Parteien, die von vornherein oder – wie bei Streitgenossen *(coparties)* und im Rahmen der *third-party practice* nach Rule 14 FRCP denkbar – erst im Laufe des Verfahrens eine gegenüber dem Beklagten gegnerische Position einnehmen. Eine Last zur parteierweiternden Widerklage besteht im Grundsatz nicht, wird aber mitunter bei Verfahrensbeteiligung in unterschiedlichen Funktionen *(capacities)* sowie bei besonderen Näheverhältnissen zu Nicht-Parteien *(privity)* zumindest im Ergebnis hingenommen. Das überzeugt weder dogmatisch noch – wie zu zeigen sein wird – im Hinblick auf einen angemessenen Beklagtenschutz.[344]

4. Von zentraler Bedeutung für die Widerklagelast ist die Bestimmung der erforderlichen Konnexität zwischen *claim* und *counterclaim*. Diese müssen ausweislich Rule 13(a)(1) FRCP derselben *transaction or occurrence* entstammen. Dieses Begriffspaar wird in der Rechtsprechung anhand von vier Ansätzen ausgelegt, die danach fragen, ob (1) eine überwiegende Identität der zugrunde liegenden Tatsachen- und Rechtsfragen gegeben ist, (2) in der fraglichen Situation eine Präklusion durch *res judicata (claim preclusion)* droht, (3) eine wesentliche Übereinstimmung der erforderlichen Beweismittel gegeben ist, oder – nach herrschender Ansicht – (4) ein logischer Zusammenhang zwischen *claim* und *counterclaim* bzw. eine Identität der *operative facts* vorliegt. Gegenüber sämtlichen dieser Auslegungsansätze werden beachtliche

---

[343] Das überzeugt auch im Hinblick auf einen angemessenen Beklagtenschutz, dazu noch S. 228 f.

[344] Unten S. 216 ff.

Bedenken vorgebracht. Nach hier vertretener Ansicht sollte daher die Identität der aus der Doktrin der *issue preclusion* bekannten entscheidungserheblichen Tatsachen maßgeblich sein. Steht eine Präklusion des Beklagten in einem Zweitverfahren im Raum, ermöglicht der hier bevorzugte Ansatz eine zuverlässige Bestimmung der Konnexität, erzeugt Synergieeffekte für das erkennende Gericht und verhindert durch ein tendenziell engeres Verständnis der Konnexität eine übermäßige und also prozessunökonomische Verfahrenskonzentration. Dem Beklagten bleibt es unbenommen, aus freien Stücken Widerklage zu erheben, Rule 13(b) FRCP.

5. Die Widerklagelast besteht nach Rule 13(a)(1)(B) FRCP nur dann, wenn nicht die Einbeziehung eines Dritten außerhalb der gerichtlichen Zuständigkeit notwendig ist. Dabei handelt es sich nach hier vertretener Ansicht aufgrund der systematischen Stellung dogmatisch um ein negatives Tatbestandsmerkmal, nicht um eine Ausnahme des Tatbestandes. Wann ein Fall der notwendigen Parteihäufung vorliegt, regelt Rule 19 FRCP, die *de lege ferenda* – auch im Hinblick auf die dort geregelten Zuständigkeitsanforderungen – in Rule 13(a)(1)(B) FRCP in Bezug genommen werden sollte.

2. *Ausnahmen*

Die in Rule 13(a)(1) FRCP angeordnete Widerklagelast kommt in einigen Ausnahmefällen nicht zur Anwendung. Drei dieser Fälle sind gesetzlich geregelt (zwei davon in Rule 13(a)(2) FRCP, dazu a), im Übrigen haben sich in der Rechtsprechung in unterschiedlichsten Konstellationen weitere Ausnahmen herausgebildet (dazu b).

a) Gesetzlich geregelte Ausnahmefälle

aa) Anderweitige Rechtshängigkeit des counterclaim *bei Einleitung des Verfahrens*

Nach Rule 13(a)(2)(A) FRCP besteht die Widerklagelast nicht für den Fall, dass bei Einleitung des Verfahrens („when the action was commenced") der *claim* bereits anderweitig vor einem einzel-[345] oder bundesstaatlichen Gericht[346] als (Wider-)Klage rechtshängig war („the claim was subject of another pending action").[347] Unter der Einleitung des Verfahrens versteht das

[345] S. etwa *St. Paul Fire and Marine Ins. Co. v. Seafare Corp.*, 831 F.2d 57, 58 (4th Cir. 1987); *U.S. v. Sarman*, 699 F.2d 469, 470 (9th Cir. 1983); *Brach v. Amoco Oil Co.*, 677 F.2d 1213, 1226 (7th Cir. 1982).

[346] S. etwa *Cochrane v. Iowa Beef Processors, Inc.*, 596 F.2d 254, 262 (8th Cir. 1979), cert. denied 442 U.S. 921 (1979); *Dolfi Music, Inc. v. Forest Inn, Inc.*, 59 F.R.D. 5, 6 (E.D.Wis. 1973).

[347] S. auch *U.S. v. Dico, Inc.*, 136 F.3d 572, 577 (8th Cir. 1998) (Ausnahme anwendbar bei Anhängigkeit in Verwaltungsverfahren *(administrative tribunal)*).

Gesetz ausweislich Rule 3 FRCP die Einreichung der Klageschrift bei Gericht, nicht etwa deren Zustellung an den Beklagten;[348] bereits mit Einreichen der Klageschrift tritt Rechtshängigkeit ein (anders freilich §§ 261 Abs. 1, 253 Abs. 1 ZPO).[349] Der Begriff „another pending action" beschreibt gewöhnlich die anderweitige Rechtshängigkeit der Streitsache.[350] Da die Rechtshängigkeit also durch Einreichung der Klageschrift eintritt, gilt demnach: Die Widerklagelast besteht nicht, wenn der die Geltendmachung des *(counter-)claim* enthaltende Schriftsatz zum Zeitpunkt des Einreichens der Klageschrift bereits in einem anderen Verfahren eingereicht war.

Diese Ausnahme dient dem Schutz des Beklagten, dessen Wahl des Erstforums sich für seinen *claim* durchsetzen soll.[351] Die ursprüngliche Fassung der Regelung hatte als relevanten Zeitpunkt für die Anwendbarkeit der Ausnahme noch nicht die Einleitung des Verfahrens vorgesehen – sie galt schlicht, sobald der *counterclaim* anderweitig rechtshängig war („A pleading shall state as a counterclaim any claim, not the subject of a pending action, (...)"). Das führte zu der unerwünschten Möglichkeit des Beklagten, die Widerklagelast dadurch zu umgehen, dass er nach der Einleitung des Verfahrens, aber vor seiner Klageerwiderung *(pleading)*, ein eigenes Verfahren anstrengte und sich anschließend im Rahmen seiner Klageerwiderung auf die anderweitige Rechtshängigkeit des *counterclaim* berief.[352] Eine an anderer Stelle zu erör-

---

[348] Für Maßgeblichkeit der Zustellung *(„hip-pocket" method)* noch der *Preliminary Draft* von Mai 1936, ausführlich dazu *Wright/Miller/Kane*, in: Fed. Prac. & Proc., § 1051. Ebenso halten einige Einzelstaaten die Zustellung für maßgeblich, *Schulte*, Die anderweitige (ausländische) Rechtshängigkeit, S. 98 f. sowie 1 Am.Jur.2d, Abatement, Survival, and Revival § 13.

[349] Dies gilt für die Bundesgerichtsbarkeit ebenso wie für die meisten Einzelstaaten, *Schulte*, Die anderweitige (ausländische) Rechtshängigkeit, S. 98 f. S. auch 1 Am.Jur.2d, Abatement, Survival, and Revival § 12 und 1 C.J.S., Abatement and Revival § 31 („An action or suit becomes pending at the time it is techincally commenced, under the rules governing the commencement of actions or suits."). Auch nach Principle 10.2 PTCP gilt: Rechtshängigkeit durch Anhängigkeit, s. American Law Institute/UNIDROIT, Principles of Transnational Civil Procedure, S. 29 f.

[350] *Schulte*, Die anderweitige (ausländische) Rechtshängigkeit, S. 97 (dort auch zu ähnlichen anderen gebräuchlichen Begriffen); *Krause-Ablass/Bastuck*, in: FS Stiefel, 1987, S. 445, 455; *Habscheid*, in: FS Zweigert, 1981, S. 109, 116 f. (dort auch zur Abgrenzung vom Begriff der „lis pendens"); *Schack*, US-amerikanisches Zivilprozessrecht, Rn. 102 („pendency"); *en passant Sander/Breßler*, ZZP 122 (2009), 157, 176 („pending litigation").

[351] Vgl. *Union Paving Co v. Downer Corp.*, 276 F.2d 468, 470 (9th Cir. 1960) („The purpose of this exception is seemingly to prevent one party from compelling another to try his cause of action in a court not of the latter's choosing when the same cause of action is already the subject of pending litigation in another forum, one which was probably chosen by the owner of the cause of action concerned.").

[352] *Gensler*, in: FRCP, Advisory Committee Notes, Rule 13 (1946 amendment). Diese Problematik erkennend *Prudential Ins. Co. of America v. Saxe*, 134 F.2d 16, 33 f. (D.C.

ternde und davon zu unterscheidende Frage ist, ob der Beklagte die Widerklagelast nach wie vor durch Erhebung einer eigenständigen Klage während des laufenden Verfahrens umgehen kann, in dem sein Anspruch an sich als *compulsory counterclaim* einzuführen wäre.[353]

Beachtenswert ist, dass diese (ebenso wie die in Rule 13(a)(2)(B) FRCP geregelte) Ausnahme dem Beklagten die Last, nicht hingegen die Möglichkeit der Widerklage nimmt. Nach allgemeiner Meinung steht es dem Beklagten frei, seinen *counterclaim* in das Verfahren einzuführen, obwohl er diesen bereits zum Gegenstand eines anderen laufenden Verfahrens gemacht hat.[354] Das wird mit dem ermessensabhängigen Wortlaut der Norm („The pleader need not state the claim if (…)") und dem Zweck der Ausnahme, namentlich der Privilegierung des Beklagten, begründet, der ihm diese Wahlfreiheit gestatte.[355] Der Beklagte mag sich von der Erhebung der Widerklage etwa die Verhandlung seines (keine eigenständige bundesgerichtliche Zuständigkeit hervorrufenden) *claim* vor einem Bundesgericht versprechen, dessen Zuständigkeit sich dann im Wege der *supplemental jurisdiction* begründen ließe.[356] Nimmt der Beklagte seine frühere Klage nicht zurück (Rule 41(a) FRCP), so setzt sich die frühere Entscheidung gegenüber der späteren durch,[357] was (auf Einrede, Rule 8(c) FRCP) konsequenterweise zur Abweisung der Widerklage im Zweitverfahren wegen entgehenstehender Rechtskraft (jedenfalls *claim preclusion*) führen muss. Dass sich derartige Parallelverfahren über denselben Prozessstoff als prozessunökonomisch erweisen und den erklärten Zielen von Rule 13(a) FRCP widersprechen, liegt auf der Hand. Im deutschen Zivilpro-

---

Cir. 1943). S. dazu auch den *Second Preliminary Draft of Amendments* von Mai 1945, Jud. Conf. of the US (Com. R. of Prac. and Proc.), CI–2409–01 sowie instruktiv *Sherman/Squiers*, in: Moore's Federal Practice, § 13.16[1].

[353] Dies ist – anders als womöglich nach der früheren Fassung der Regelung – kein Fall von Rule 13(a)(2)(A) FRCP, da die Widerklage zum Zeitpunkt der Verfahrenseinleitung nicht anderweitig rechtshängig war. Zur Umgehung der Widerklagelast durch Parallelverfahren unten S. 230 ff.

[354] *Brach v. Amoco Oil Co.*, 677 F.2d 1213, 1226 (7th Cir. 1982); *H. L. Peterson Co. v. Applewhite*, 383 F.2d 430, 433 Fn. 3 (5th Cir. 1967); *Union Paving Co. v. Downer Corp.*, 276 F.2d 468, 470 (9th Cir. 1960).

[355] *Sherman/Squiers*, in: Moore's Federal Practice, § 13.16[1]; *Wright/Miller/Kane*, in: Fed. Prac. & Proc., §§ 1411 nach Fn. 22, 1413; *Kennedy*, 11 Hous. L. Rev. 255, 281 (1974); *Vestal*, 2 Ind. Legal F. 25, 38 (1968) („entirely proper").

[356] Dass der *counterclaim* in die Ausnahmeregelung fällt und also nicht als *compulsory* einzustufen ist, schadet nach hier vertretener Ansicht wegen der Aufgabe der zuständigkeitsbegründenden Funktion von Rule 13(a) FRCP nicht. *Supplemental jurisdiction* im Ergebnis bejahend *Wright/Miller/Kane*, in: Fed. Prac. & Proc., § 1411 bei Fn. 23; *Sherman/Squiers*, in: Moore's Federal Practice, § 13.16. So auch *Brach v. Amoco Oil Co.*, 677 F.2d 1213, 1226 (7th Cir. 1982); *H. L. Peterson Co. v. Applewhite*, 383 F.2d 430, 433 Fn. 3 (5th Cir. 1967).

[357] Vgl. *Sherman/Squiers*, in: Moore's Federal Practice, § 13.16[1].

zess werden sie durch die in § 261 Abs. 3 Nr. 1 ZPO angeordnete Rechtshängigkeitsperre zu vermeiden versucht.[358] Eine solche Sperre, die von Amts wegen die Abweisung der (Wider-)Klage als unzulässig nach sich zöge, kennt das US-amerikanische Recht nicht; mitunter wird die anderweitige Rechtshängigkeit (innerhalb einer Gerichtsbarkeit) aber auf Einrede berücksichtigt.[359] Zudem stellt die Lehre des *forum non conveniens* ein gewisses Korrektiv dar.[360] Für den hier interessierenden Zusammenhang bleibt aus praktischer Sicht die Erkenntnis, dass eine im Erstforum bestehende Widerklagelast nach Rule 13(a) FRCP den Beklagten des Erstverfahrens in der Regel von einem Zweitverfahren über denselben Prozessstoff in umgekehrten Parteirollen von vornherein abhalten wird, sodass sich dem Erstkläger die Frage nach einer dortigen (zusätzlichen, wegen Rule 13(a)(2)(A) FRCP dann freiwilligen) Widerklageerhebung nicht stellt.[361] Sofern der Erstbeklagte sich an das Postulat der Rule 13(a) FRCP hält und nicht etwa unter Missachtung der Regelung ein paralleles Zweitverfahren anstrengt,[362] erscheint der praktische Nutzen von Rule 13(a)(2)(A) FRCP begrenzt.[363]

bb) Verfahren (in rem) *ohne* personal jurisdiction *über Beklagten*

Die Widerklagelast besteht nach Rule 13(a)(2)(B) FRCP auch dann nicht, wenn die ursprüngliche Klage keine *personal jurisdiction* des Gerichts über den Beklagten – genauer: keine *jurisdiction* für ein *personal judgment* – begründet und dieser tatsächlich keinen *counterclaim* nach Rule 13 FRCP einführt. Ausdrücklich nennt das Gesetz eine Klage „by attachment", die der Sicherung eines Anspruchs durch Pfändung von Schuldnervermögen dient.[364]

---

[358] Freilich können auch hier Parallelverfahren entstehen, wenn ein Gericht die von Amts wegen zu berücksichtigende anderweitige Rechtshängigkeit der Streitsache übersieht. Eingehend *Becker-Eberhard*, in: MüKoZPO, § 261, Rn. 43 ff.

[359] Ausführlich zu den verschiedenen Konstellationen *Schulte*, Die anderweitige (ausländische) Rechtshängigkeit, S. 107 ff., 123 ff.; *Krause-Ablass/Bastuck*, in: FS Stiefel, 1987, S. 445, 455 ff. S. auch *Habscheid*, in: FS Zweigert, 1981, S. 109, 118 f. und 1 C.J.S., Abatement and Revival §§ 57 ff. Zur *parallel proceedings rule* im Hinblick auf ausländische Parallelverfahren *Hau*, Positive Kompetenzkonflikte im IZPR, S. 64 f., 222 ff. Undifferenziert *Böhm*, Amerikanisches Zivilprozessrecht, Rn. 11 Fn. 16 („Klageabweisung" aufgrund Einwands anderweitiger Rechtshängigkeit bei Parallelverfahren vor „einem anderen amerikanischen Gericht").

[360] *Krause-Ablass/Bastuck*, in: FS Stiefel, 1987, S. 445, 459; *Habscheid*, in: FS Zweigert, 1981, S. 109, 122; *Schack*, US-amerikanisches Zivilprozessrecht, Rn. 83.

[361] So auch *Mueller*, Twenty-First Century Procedure, S. 717 (Erstbeklagter „is not likely to file a second suit.").

[362] Dazu noch unten S. 230 ff.

[363] Zutreffend *Mueller*, Twenty-First Century Procedure, S. 717 („probably less important than [it] appear[s]").

[364] Vgl. 6 Am.Jur.2d, Attachment and Garnishment § 1; *Böhm*, Amerikanisches Zivilprozessrecht, Rn. 242. S. auch Rule 64 FRCP.

Ein solches Verfahren stellt einen Unterfall der *quasi in rem jurisdiction* dar, deren Bezugspunkt – wie der der *in rem jurisdiction* – das Vermögen des Beklagten ist; Verfahren *(quasi) in rem* führen daher nicht zu einer unmittelbaren vollstreckbaren Verpflichtung des Beklagten.[365]

Diese Ausnahme von der Widerklagelast wurde im Jahr 1963 unter Fairnessgesichtspunkten eingeführt, um den Beklagten von der Widerklagelast in einem Forum zu befreien, das keine *personal jurisdiction* für ihn bereithält.[366] Anwendung findet die vorliegende Regelung sowohl in Fällen, die aufgrund eines einzelstaatlichen Gesetzes für derartige Verfahren vor einem Bundesgericht initiiert werden, als auch in Fällen, die von einem einzelstaatlichen Gericht an ein Bundesgericht verwiesen werden (*removal*, 28 USC § 1441(a)).[367] Beschränkt sich der Beklagte auf eine bloße Verteidigung in Bezug auf die streibefangene *res*, soll dies in diesem Zusammenhang nicht als freiwillige Unterwerfung unter die *personal jurisdiction* des Gerichts gelten.[368] Erhebt der Beklagte aber freiwillig Widerklage, begibt er sich ausweislich der Ausnahmeregelung selbst deren Privilegierung; ihn trifft dann im Übrigen die Widerklagelast unter den allgemeinen Voraussetzungen von Rule 13(a) FRCP. Angesichts der geringen praktischen Relevanz von *(quasi) in rem actions* wird dieser Ausnahmeregelung nur eine ebensolche zugesprochen.[369]

cc) Insolvenzverfahren nach Chapter 11 des Bankruptcy Code

Ausweislich Rule 7013 der *Federal Rules of Bankruptcy Procedure* (FRBP) gilt in streitigen insolvenzrechtlichen Gerichtsverfahren („adversary proceed-

---

[365] Oben S. 16 f., 24 sowie instruktiv *Freer*, Civil Procedure, S. 42 ff. In diesem Zusammenhang *Sherman/Squiers*, in: Moore's Federal Practice, § 13.16[3][a].

[366] *Gensler*, in: FRCP, Advisory Committee Notes, Rule 13 (1963 amendment). Die Gesetzesänderung ging einher mit einer Änderung der Zustellungsmodalitäten in Rule 4(e) FRCP in Bezug auf *quasi in rem actions* (nunmehr Rule 4(n)), s. ebenda; *Wright/Miller/Kane*, in: Fed. Prac. & Proc., § 1411 nach Fn. 25; *Vestal*, 2 Ind. Legal F. 25, 39 f. (1968).

[367] *Wright/Miller/Kane*, in: Fed. Prac. & Proc., § 1411 bei Fn. 24.; *Gensler*, in: FRCP, Advisory Committee Notes, Rule 13 (1963 amendment).

[368] Der Wortlaut betont insofern die ursprüngliche Zuständigkeitsbegründung durch das Gericht, sodass es hier nicht darauf ankommt, ob das Gericht grundsätzlich eine „limited appearance" für möglich hält, *Wright/Miller/Kane*, in: Fed. Prac. & Proc., §§ 1411 bei Fn. 26, 1123. Dazu auch *Cargill, Inc. v. Sabine Trading & Shipping Co., Inc.*, 756 F.2d 224, 229 (2nd Cir. 1985).

[369] *Freer*, Civil Procedure, S. 682 Fn. 64; *Mueller*, Twenty-First Century Procedure, S. 718. *Wright/Miller/Kane*, in: Fed. Prac. & Proc., § 1411 bei Fn. 27 bezweifeln die Notwendigkeit dieser Ausnahme im Anschluss an den in *Shaffer v. Heitner*, 433 U.S. 186 (1977) festgelegten einheitlichen verfassungsrechtlichen Standard für die Begründung von *in rem* und *in personam jurisdiction*. Zu diesem Standard *Friedenthal/Kane/Miller*, Civil Procedure, S. 157 ff., 165 f., der „may make this exception less useful or meaningful" (S. 373 Fn. 45).

ings"[370]) grundsätzlich Rule 13 FRCP.[371] Nach dieser Vorschrift trifft den Beklagten aber keine Widerklagelast in Verfahren durch den Insolvenzverwalter *(trustee)* oder *debtor in possession*[372] für solche *counterclaims*, die ihm gegen den *debtor*, dessen Vermögen oder die Insolvenzmasse *(estate)* zustehen, es sei denn, der *counterclaim* ist erst nach Eröffnung des Insolvenzverfahrens entstanden („arose after the entry of an order for relief"[373]). Ein Insolvenzverwalter oder *debtor in possession*, der seinerseits „through oversight, inadvertence, or excusable neglect, or when justice so requires" (vgl. Rule 13(f) FRCP a.F.) einen *counterclaim* nicht in das Verfahren einführt, kann seine Klageerwiderung mit Zustimmung des Gerichts ergänzen oder ein separates Verfahren anstrengen („or commence a new adversary proceeding or separate action"). Für den Gläubiger gilt in obigen Verfahrenskonstellationen folglich eine Ausnahme von der Widerklagelast für alle vor der Eröffnung des Insolvenzverfahrens entstandenen Ansprüche, während der Insolvenzverwalter bzw. -schuldner der Widerklagelast – in Einklang mit den allgemeinen Grundsätzen[374] – nur dann entgehen kann, wenn er die versehentliche Nichterhebung der Widerklage oder anderweitige Gerechtigkeitserwägungen darlegt, die das Gericht zur (in ordentlichen Verfahren üblicherweise liberal gehandhabten) nachträglichen Zulassung der Widerklage bewegen sollen.[375]

b) Sonstige Ausnahmefälle in der Rechtsprechung

Abgesehen von den gesetzlich normierten Ausnahmen hat die Rechtsprechung in bestimmten Fällen zusätzliche Ausnahmen von der in Rule 13(a) FRCP angeordneten Widerklagelast entwickelt. Die Aussagekraft der im Folgenden beschriebenen Ausnahmefälle ist ungewiss: Teilweise beruhen diese nicht auf Entscheidungen des *U.S. Supreme Court*, sondern der *Court of Appeals*, deren formale Bindungswirkung *(stare decisis)* von vornherein auf

---

[370] Legaldefiniert in Rule 7001 FRBP.

[371] Die Einrichtung eines Insolvenzgerichts *(bankruptcy court)* in jedem *District Court* regelt 28 USC § 151.

[372] *Chapter 11 („Reorganization")* des *Bankruptcy Code* (28 USC §§ 1101 ff.) erlaubt einem insolventen Unternehmen als *debtor in possession* unter bestimmten Voraussetzungen die Restrukturierung seiner Schulden durch kontrollierte Fortführung des Geschäftsbetriebs.

[373] Zum *order for relief* s. 11 USC § 301(b) sowie ausführlich 9A Am.Jur.2d, Bankruptcy § 919.

[374] Oben S. 133 ff.

[375] Vor Erlass der FRBP die Anwendbarkeit von Rule 13(a) FRCP verneinend *U.S. for Use and Benefit of Allen Const. Corp. v. Verrier*, 179 F.Supp. 336, 342 f. (D.Me. 1959). Für ein Wahlrecht des Beklagten zwischen Klage vor Insolvenzgericht und Widerklage vor *District Court* gegen insolventen Kläger *Major Appliance Co. v. Gibson Refrigerator Sales Corp.*, 254 F.2d 497, 501 (5th Cir. 1958).

den jeweiligen *Circuit* begrenzt bleibt. Darüber hinaus handelt es sich mitunter um Einzelentscheidungen, deren Aussagen ohne Weiteres zu verallgemeinern sich verbietet. Überwiegend wird die Widerklagelast richterrechtlich aufgrund materiellrechtlicher Erwägungen überwunden (aa), im Übrigen aber auch in bestimmten prozessualen Konstellationen (bb) und infolge Parteivereinbarung (cc).

aa) Ausnahmen aufgrund materiellrechtlicher Erwägungen

(1) Patent- und Kartellstreitigkeiten

Besonders umstritten ist die Rechtslage in Patentstreitigkeiten. Hier hatte der *U.S. Supreme Court* in einem Patentverletzungsverfahren die Präklusion des Beklagten mit einem in einem früheren Verfahren wegen desselben Patents nicht erhobenen *counterclaim* auf Schadensersatz wegen Wettbewerbsverstößen nach dem *Clayton Act*[376] verneint; der *counterclaim* sei „a separate statutory cause of action" und daher als *permissive* im Sinne von Rule 13(b) FRCP einzustufen.[377] Mutmaßlich war der *U.S. Supreme Court* von dem Ziel getrieben, monopolistische Wettbewerbsverstöße im Interesse der Öffentlichkeit zu unterbinden und daher *counterclaims* nach dem *Clayton Act* unabhängig von deren Konnexität von der Widerklagelast auszunehmen.[378] Die Entscheidung ist in der Literatur auf Ablehnung gestoßen: Zum einen sei der *counterclaim* konnex im Sinne von Rule 13(a) FRCP gewesen, zum anderen hätte eine Präklusion des Widerklägers schon deswegen nicht in Betracht kommen dürfen, weil dieser nicht Partei des Erstverfahrens gewesen sei.[379] Vereinzelt wird der Verdacht geäußert, der *U.S. Supreme Court* habe die Reichweite der erst wenige Jahre zuvor in Kraft getretenenen FRCP missgedeutet und Rule 13(a) FRCP schlicht falsch angewendet.[380] Auch die Rechtsprechung hat die Entscheidung kritisch aufgenommen: Mitunter wurde sie außer Acht gelassen,[381] überwiegend fühlt man sich trotz ablehnender Hal-

---

[376] 15 USC § 15. Widerklagend Wettbewerbsverstöße in Patentverletzungsverfahren geltend zu machen, ist „common practice", *Donahey*, 39 IDEA 225, 227 ff. (1999).

[377] *Mercoid Corp. v. Mid-Continent Inv. Co.*, 320 U.S. 661, 670 f. (1944). Ablehnend *Vestal*, 2 Ind. Legal F. 25, 32 (1968) („completely unreasonable position").

[378] Vgl. *Wright/Miller/Kane*, in: Fed. Prac. & Proc., § 1412 nach Fn. 7; Note, 44 Colum. L. Rev. 447 (1944). Krit. *Wood*, 13 Geo. Wash. L. Rev. 61, 81 f. (1944).

[379] *Wright/Miller/Kane*, in: Fed. Prac. & Proc., § 1412 nach Fn. 6; *Sherman/Squiers*, in: Moore's Federal Practice, § 13.12[2]; *Wright*, 39 Iowa L. Rev. 255, 274 f. (1954). S. auch *Donahey*, 39 IDEA 225, 241 ff. (1999).

[380] *Donahey*, 39 IDEA 225, 239 ff. (1999), der diese Vermutung indes selbst als „unsatisfactory" bezeichnet.

[381] *Libbey-Owens-Ford Glass Co. v. Sylvania Indus. Corp.*, 154 F.2d 814, 819 (2nd Cir. 1946); *Dolfi Music, Inc. v. Forest Inn, Inc.*, 59 F.R.D. 5, 6 f. (E.D.Wis. 1973). Offen gelassen von *Martino v. McDonald's System, Inc.*, 598 F.2d 1079, 1082 Fn. 3 (7th Cir. 1979).

tung aber gebunden[382] – indes nicht ohne die Entscheidung ausdrücklich ausschließlich auf Patentverletzungsverfahren und wettbewerbsrechtliche *counterclaims* zu beschränken.[383]

(2) Parallelverfahren auf Grundlage des Miller Act

Für den Fall, dass Konnexität zwischen *counterclaim* und zwei parallel anhängigen Klagen auf Grundlage des *Miller Act*[384] besteht, trifft den Beklagten keine Widerklagelast in dem Verfahren, in dem die Klageerwiderung früher eingereicht wird; vielmehr hat der Beklagte die Wahl, seinen *counterclaim* auch in das andere Verfahren einzuführen.[385] Der *Miller Act* betrifft die Realisierung von Bauprojekten (Konstruktion, Umbau, Reparaturen) der Bundesregierung[386] und sieht vor, dass Klagen im Zusammenhang mit diesen Projekten nur dort erhoben werden dürfen, wo der entsprechende Vertrag zu erfüllen ist.[387] Das führte im vorliegenden Fall dazu, dass der Kläger aufgrund verschiedener Verträge parallel sowohl in Georgia als auch in Tennessee auf Zahlung klagte. Der Beklagte verlangte zunächst in dem Verfahren in Georgia widerklagend Zahlung für Material, welches im Rahmen beider Bauprojekte verwendet worden war, sodass der *counterclaim* zu beiden Klagen

[382] Ausdrücklich *Tank Insulation Int'l, Inc. v. Insultherm, Inc.*, 104 F.3d 83, 86 ff. (5th Cir. 1997); *Douglas v. Wisconsin Alumni Research Foundation*, 81 F.Supp. 167, 170 (N.D.Ill. 1948). Zustimmend *Wright*, 39 Iowa L. Rev. 255, 274 (1954). Anders offenbar *Borden Co. v. Sylk*, 42 F.R.D. 429, 432 Fn. 8 (E.D.Pa. 1967) (Anwendbarkeit von Rule 13(a) FRCP sei nicht ausdrücklich thematisiert worden).

[383] S. etwa *Critical-Vac Filtration Corp. v. Minuteman Intern., Inc.*, 233 F.3d 697, 702 Fn. 6 (2nd Cir. 2000), cert. denied 532 U.S. 1019 (2001); *Hydranautics v. FilmTec Corp.*, 70 F.3d 533, 535 ff. (9th Cir. 1995) (Patentverletzungsverfahren selbst als Wettbewerbsverstoß); *Burlington Industries v. Milliken & Co.*, 690 F.2d 380, 389 (4th Cir. 1982); *United States v. Eastport Steamship Corp.*, 255 F.2d 795, 805 (2nd Cir. 1958); *Eon Laboratories, Inc. v. Smithkline Beecham Corp.*, 298 F.Supp.2d 175, 181 (D.Mass. 2003); *Longwood Mfg. Corp. v. Wheelabrator Clean Water Systems, Inc.*, 954 F.Supp. 17, 18 (D.Me. 1997); *USM Corp. v. SPS Technologies, Inc.*, 102 F.R.D. 167, 169 f. (N.D.Ill. 1984). Zustimmend *Donahey*, 39 IDEA 225, 246 ff. (1999) („most plausible reading of *Mercoid*"). Auf Grundlage von *Mercoid* dagegen für die allgemeine Unanwendbarkeit von Rule 13(a) FRCP auf wettbewerbsrechtliche Ansprüche *Reagan v. Commonwealth Theatres of Puerto Rico, Inc.*, 300 F.Supp. 676, 677 Fn. 1 (D.P.R. 1969) sowie auf Ansprüche aus dem *False Claims Act Canned Foods, Inc. v. U. S.*, 146 F.Supp. 470, 472 (Ct. Cl. 1956). Zu Recht krit. *Donahey*, 39 IDEA 225, 244 (1999) („aberration", „cannot be taken seriously"); *Kennedy*, 11 Hous. L. Rev. 255, 269 (1974). S. auch *Schinzing v. Mid-States Stainless, Inc.*, 415 F.3d 807, 813 f. (8th Cir. 2005) (Patentverletzungswiderklage als *compulsory counterclaim* in Verfahren auf Feststellung der Nicht-Verletzung des Patents).

[384] 40 USC §§ 3131 ff. (§§ 270a ff. a.F.).

[385] *Southern Construction Co. v. Pickard*, 371 U.S. 57, 60 f. (1962).

[386] 40 USC § 3131(b).

[387] 40 USC § 3133(b)(3)(B).

gleichermaßen konnex war, nahm die Widerklage aber vor Beginn des *trial* insoweit zurück. Der *U.S. Supreme Court* betonte, dass die „Zerteilung" der klägerischen Ansprüche durch Bundesgesetz geboten war und die spätere Erhebung der Zahlungswiderklage im Parallelverfahren nicht zu jener unerwünschten Verfahrensverdopplung führte, die durch Rule 13(a) FRCP verhindert werden soll.[388] Obwohl das Gericht die Ausnahme von der Widerklagelast auf Parallelverfahren beschränkte, die sich als Folge eines materiellrechtlichen Bundesgesetzes ergeben,[389] wird mitunter die grundsätzliche Ausweitung der Ausnahme auf alle Parallelverfahren gefordert, denen sich der Beklagte mit einem zu beiden Klagen konnexen *counterclaim* ausgesetzt sieht.[390] In der Tat erwiese sich eine solche Ausnahme nicht als prozessunökonomisch, da die Parallelverfahren ohnehin anhängig sind und dem Beklagten nicht etwa die Einführung seines *counterclaim* in beide Verfahren gestattet wird, er sich mithin für eines der beiden Verfahren entscheiden muss.[391] Allein der praktische Nutzen einer solchermaßen erweiterten Ausnahme erscheint fraglich, dürfte doch der Kläger vorbehaltlich einer gesetzlichen Gestattung des bzw. „Verpflichtung" zum *claim splitting* wohl schon aus Praktikabilitätsgründen, im Übrigen aber jedenfalls im Hinblick auf die weitreichenden Rechtskraftwirkungen des früher entschiedenen Verfahrens auf ein potenzielles Parallelverfahren letzteres regelmäßig zu vermeiden suchen.

(3) Qui tam-*Verfahren auf Grundlage des* False Claims Act

Der *False Claims Act*[392] („FCA") gestattet neben dem *Attorney General* auch Privatpersonen die Verfolgung der Geltendmachung von wissentlich nicht

---

[388] *Southern Construction Co. v. Pickard*, 371 U.S. 57, 61 (1962) („Under these circumstances, we hold that Rule 13(a) did not compel this counterclaim to be made in whichever of the two suits the first responsive pleading was filed. Its assertion in the later suit, to which Southern, not without reason, considered it more appurtenant (…), by no means involved the circuity of action that Rule 13(a) was aimed at preventing.").

[389] Comment, 16 Vand. L. Rev. 427, 429 f. (1963).

[390] *Wright/Miller/Kane*, in: Fed. Prac. & Proc., § 1412 nach Fn. 20 („no reason why this holding should not be a general rule"). Comment, 16 Vand. L. Rev. 427, 429 f. (1963) sieht in der Entscheidung immerhin eine „guideline to future litigation". Von einer allgemeinen Ausnahme geht – *obiter* – offenbar aus *Dragor Shipping Corp. v. Union Tank Car Co.*, 378 F.2d 241, 244 Fn. 3 (9th Cir. 1967) („An exception to Rule 13(a) is made where a defendant is confronted with a choice as to which of two pending suits should be resorted to for the assertion of a compulsory counterclaim common to both.").

[391] *Wright/Miller/Kane*, in: Fed. Prac. & Proc., § 1412 nach Fn. 21.

[392] 31 USC §§ 3729 ff. Eingehend zum Hintergrund des FCA *Strader*, 62 U. Cin. L. Rev. 713, 714 ff. (1993). Zur praktischen Bedeutung des FCA insb. im Gesundheitssektor sowie mit praktischer Anleitung zum Umgang mit einem FCA-Verfahren aus Unternehmenssicht *O'Reilly/Hanlon/Hall u. a.*, Punishing Corporate Crime, S. 222 ff., 226 ff.

bestehenden oder betrügerischen Ansprüchen gegenüber der Bundesregierung. Im Erfolgsfall wird die Privatperson („relator"[393], mitunter: „whistle-blower"[394]) mit 15–25% an den fälligen Strafzahlungen bzw. der Vergleichssumme beteiligt.[395] Der *relator* muss ein solches *qui tam*-Verfahren im Namen der Regierung anstrengen,[396] wobei nach wohl überwiegender Ansicht in der Rechtsprechung allein letztere als „real plaintiff in the action" fungiert.[397] Während einige Entscheidungen eine Widerklagelast gegenüber dem *relator* verneinen, weil schon die Möglichkeit, sich einer Widerklage ausgesetzt zu sehen, eine abschreckende Wirkung auf potenzielle Privatkläger habe und also das öffentliche Interesse an einer Aufdeckung betrügerischen Verhaltens nach dem FCA beeinträchtige,[398] wird eine solche Widerklagelast nach Rule 13(a) FRCP im Hinblick auf den verfassungsrechtlichen *due process*-Grundsatz von anderen bejaht.[399] Im Sinne der von Rule 13(a) FRCP angestrebten prozessökonomischen Verfahrenskonzentration werden letztere Ent-

---

[393] S. etwa *Woods v. Empire Health Choice, Inc.*, 574 F.3d 92, 97 (2nd Cir. 2009).

[394] S. etwa *Graham County Soil and Water Conservation Dist. v. U.S. ex rel. Wilson*, 559 U.S. 280, 301 (2010); *O'Reilly/Hanlon/Hall u. a.*, Punishing Corporate Crime, S. 223, 226 („whistle-blower" häufig Arbeitnehmer des verdächtigen Unternehmens). Ausführlich zu diesem Begriff *Strader*, 62 U. Cin. L. Rev. 713, 716 ff. (1993).

[395] 31 USC § 3730(d). Zur Höhe der Strafzahlungen und des Schadensersatzess 31 USC § 3729.

[396] 31 USC § 3730(b)(1). Grundlegend zu *qui tam*-Verfahren *Strader*, 62 U. Cin. L. Rev. 713, 725 ff. (1993) und *Park*, 43 Stan. L. Rev. 1061, 1063 ff. (1991) (dort auch zu verfassungsrechtlichen Bedenken gegen derartige Verfahren, die im Ergebnis von den Gerichten stets verworfen wurden).

[397] Für *qui tam*-Verfahren im Rahmen des FCA wohl herrschend: *U.S. ex rel. Killingsworth v. Northrop Corp.*, 25 F.3d 715, 720 (9th Cir. 1994) („It is clear (...) that in a qui tam action, the government is the real party in interest."); *U.S. ex rel. Kreindler v. United Technologies*, 985 F.2d 1148, 1154 (2nd Cir. 1993), cert. denied 508 U.S. 973 (1993); *U.S. ex rel. Milam v. Univ. of Tex. M.D. Anderson Cancer Center*, 961 F.2d 46, 48 (4th Cir. 1992). Vgl. auch die ausführliche Diskussion in *U.S. ex rel. Hall v. Tribal Development Corp.*, 49 F.3d 1208, 1212 f. (7th Cir. 1995). Allerdings sieht 31 USC § 3730(c) die Möglichkeit der Privatperson vor, das Verfahren unter bestimmten Voraussetzungen als Partei weiterzuführen. *Park*, 43 Stan. L. Rev. 1061 (1991), konzediert denn auch, dass die Gesetzesmaterialien keinen eindeutigen Schluss auf die Parteistellung zulassen (1068 ff.) und will daher im Einzelfall anhand tatsächlicher Prozessführung (*litigation theory*, unter Hinweis auf 31 USC § 3730(c)) oder wegen der öffentlichen Interessen für die Parteistellung der Regierung *(cause of action theory)* entscheiden (1070 ff., 1080 ff.), wobei im Zusammenhang mit *claim preclusion* die Regierung als Partei anzusehen sei (1086 f.).

[398] *U.S. ex rel. Rodriguez v. Weekly Publications*, 74 F.Supp. 763, 769 f. (S.D.N.Y. 1947); *U.S. ex rel. Newsham v. Lockheed Missiles and Space, Co., Inc.*, 779 F.Supp. 1252, 1254 (N.D.Cal. 1991). S. auch *Mortgages, Inc. v. U.S. Dist. Court for Dist. of Nev. (Las Vegas)*, 934 F.2d 209, 211 ff. (9th Cir. 1991).

[399] *U.S. ex rel. Madden v. General Dynamics Corp.*, 4 F.3d 827, 830 f. (9th Cir. 1993); *Burch ex rel. U.S. v. Piqua Engineering, Inc.*, 145 F.R.D. 452, 457 f. (S.D.Oh. 1992). Zu diesen *due process*-Bedenken auch *Strader*, 62 U. Cin. L. Rev. 713, 749 ff. (1993).

scheidungen vereinzelt begrüßt.[400] Aus dogmatischer Sicht überzeugt die Annahme einer Widerklagelast nach hier vertretener Ansicht freilich nur, wenn man den *relator* (auch) als Partei des Rechtsstreits betrachtet.[401]

(4) Verfahren auf Grundlage des Truth in Lending Act

Der *Truth in Lending Act*[402] („TILA“) dient dem Verbraucherschutz im Rahmen von Kreditgeschäften durch das Erfordernis bestimmter Pflichtangaben zu Kreditkonditionen und den damit verbundenen Kosten für den Verbraucher.[403] Klagt der Verbraucher wegen Verletzung des TILA gegen seine Bank als Kreditgeber auf Schadensersatz,[404] ist dieser die Aufrechnung mit einer angeblich noch ausstehenden Forderung gegen den Verbraucher versagt; andernfalls würde der Zweck des TILA, nämlich die Geltendmachung auch geringer Schäden gegen Kreditgeber wegen Verstößen gegen den TILA, vereitelt.[405] Wenngleich die erforderliche Konnexität im Sinne von Rule 13(a) FRCP in diesen Fällen keine Probleme bereiten dürfte, spricht sich die Mehrzahl der *Courts of Appeals* auf Grundlage dieser teleologischen Erwägungen für eine Ausnahme von der Widerklagelast für Zahlungswiderklagen der Bank in TILA-Verfahren aus;[406] der *Court of Appeals (5th Circuit)* hingegen

---

[400] *Sherman/Squiers*, in: Moore's Federal Practice, § 13.12[1]. Dagegen für eine Ausnahme von der Widerklagelast aus Gründen des öffentlichen Interesses *Strader*, 62 U. Cin. L. Rev. 713, 757, 762 (1993).

[401] Andernfalls ergäbe sich eine Last zur parteierweiternden Widerklage, die nicht zuletzt aus Gründen der dem Beklagten entstehenden Rechtsunsicherheit abzulehnen ist (dazu noch unten S. 216 ff.). Dass die Privatperson nicht *opposing party* im Sinne von Rule 13(a) FRCP sei, hatte diese in *U.S. ex rel. Rodriguez v. Weekly Publications*, 74 F.Supp. 763, 764 f., 768 f. (S.D.N.Y. 1947) erfolglos vorgetragen. Für eine jedenfalls alternative Parteistellung von Privatperson und Regierung offenbar *Park*, 43 Stan. L. Rev. 1061, 1092 (1991).

[402] 15 USC §§ 1601 ff. Ausführlich zu Inhalt und Zielen *Landen*, 28 Case W. Res. L. Rev. 434, 439 ff. (1978).

[403] 15 USC §§ 1601(a), 1604.

[404] 15 USC § 1640.

[405] *Dias v. Bank of Hawaii*, 732 F.2d 1401, 1403 (9th Cir. 1984); *Riggs v. Government Emp. Financial Corp.*, 623 F.2d 68, 74 (9th Cir. 1980). Zu den widerstreitenden Interessen des TILA und Rule 13(a) FRCP auch *Landen*, 28 Case W. Res. L. Rev. 434, 436 (1978); *Effron*, 100 Geo. L. J. 759, 782 f. (2012).

[406] *Maddox v. Kentucky Finance Co., Inc.*, 736 F.2d 380, 382 f. (6th Cir. 1984); *Valencia v. Anderson Bros. Ford*, 617 F.2d 1278, 1291 f. (7th Cir. 1980), reversed on other grounds 452 U.S. 205 (1981); *Whigham v. Beneficial Finance Co. of Fayetteville, Inc.*, 599 F.2d 1322, 1323 f. (4th Cir. 1979) (im Übrigen bestehe keine Konnexität); *Peterson v. United Accounts, Inc.*, 638 F.2d 1134, 1136 (8th Cir. 1981); *Brady v. C.F. Schwartz Motor Co., Inc.*, 723 F.Supp. 1045, 1050 f. (D.De. 1989). Zurückhaltend im Hinblick auf *Valencia* mittlerweile *Asset Allocation and Management Co. v. Western Employers Ins. Co.*, 892 F.2d 566, 573 f. (7th Cir. 1989). Im Ergebnis zustimmend *Landen*, 28 Case W. Res. L. Rev. 434, 455 (1978).

nimmt eine Widerklagelast auch in diesen Fällen an.[407] Vorbehaltlich höchstrichterlicher Klärung durch den *U.S. Supreme Court* kann hier nicht von einer gesicherten Ausnahme von der Widerklagelast zugunsten des Verbraucherschutzes ausgegangen werden.

bb) Verfahrensrechtliche Ausnahmen

(1) Isolierte Feststellungsklagen

In einer jüngeren Entscheidung im Rahmen einer Patentstreitigkeit hat sich der *Court of Appeals (7th Circuit)* für Verfahren, die isoliert[408] auf Feststellung gerichtet sind, gegen eine Widerklagelast des Beklagten mit einer Leistungswiderklage ausgesprochen:[409] Eine Präklusion des Beklagten müsse aus praktischer Sicht ausgeschlossen sein, da sich Feststellungsklagen andernfalls als Mittel zur Vereitelung der Forumswahl des Beklagten für seine Ansprüche erwiesen („thwarting devices"). *Obiter* weist das Gericht zudem darauf hin, dass Rule 13(a) FRCP eine „prozessuale Implementierung" der Rechtskraft *(res judicata)* darstelle, für deren präkludierende Wirkung anerkanntermaßen[410] eine Ausnahme in Fällen gelte, in denen der Kläger nach erfolgreich

---

[407] *Plant v. Blazer Financial Services, Inc. of Georgia*, 698 F.2d 1357, 1361 ff. (5th Cir. 1979) mit ausführlicher Diskussion auch von erstinstanzlichen Entscheidungen sowie dazu *Yeazell*, Civil Procedure, S. 798 ff.; krit., aber im Ergebnis zustimmend *Owens*, 31 Mercer L. Rev. 1071, 1077 ff. (1980). S. auch *Lacy v. General Finance Corp.*, 651 F.2d 1026, 1029 (5th Cir. 1981) sowie die krit. Analyse in *R.G. Financial Corp. v. Vergara-Nuñez*, 446 F.3d 178, 184 f. (1st Cir. 2006). Zu einigen konfligierenden Entscheidungen auch *Landen*, 28 Case W. Res. L. Rev. 434, 443 ff. (1978).

[408] Für eine Widerklagelast in Verfahren gerichtet auf Feststellung und Unterlassung *(injunction)* dagegen der *U.S. Supreme Court* in *Beacon Theatres, Inc. v. Westover*, 359 U.S. 500, 508, 519 (1959). Dazu auch *Wright/Miller/Kane*, in: Fed. Prac. & Proc., § 2768 bei Fn. 11. S. auch *Duane Reade, Inc. v. St. Paul Fire and Marine Ins. Co.*, 600 F.3d 190, 195 ff. (2nd Cir. 2010) (Annahme einer (Wider-)Widerklagelast, wenn Verfahren andere als Feststellungsbegehren in Form von *counterclaims* enthält).

[409] *Allan Block Corp. v. County Materials Corp.*, 512 F.3d 912, 915 ff. (7th Cir. 2008). S. auch *Wright/Miller/Cooper*, in: Fed. Prac. & Proc., § 4446 Fn. 21.5 (Ausnahme von der Ausnahme für Feststellung der Unwirksamkeit eines Patents andeutend). Mit dieser Entscheidung – *obiter* – sympathisierend *C.H. Robinson Worldwide, Inc. v. Lobrano*, 695 F.3d 758, 765 Fn. 6 (8th Cir. 2012). Dagegen für eine Widerklagelast mit einem Schadensersatzanspruch wegen Patentverletzung in einem Verfahren gerichtet auf Feststellung der Nicht-Verletzung dieses Patents *Polymer Industrial Products Co. v. Bridgestone/Firestone, Inc.*, 347 F.3d 935, 937 ff. (Fed. Cir. 2003) (dort insb. auch zur Ablehnung des 28 USC § 2202 als gesetzliche Ausnahme von Rule 13(a) FRCP). Vor der Anwendbarkeit von Rule 13 FRCP auf Feststellungsklagen von Versicherern warnt noch *Deegan*, 26 Ins. Counsel J. 61 (1959) („dangerous pitfall").

[410] S. Nachweise in Kap. 1 Fn. 44 (Anwendung von *issue preclusion*, nicht aber von *claim preclusion*).

eingeklagter Feststellung weitere Feststellungen oder Leistung begehre;[411] Rule 13(a) FRCP solle hier daher wegen der allgemeinen Unanwendbarkeit von *res judicata* nicht zu einer Widerklagelast führen.[412]

Gegen die dogmatische Begründung dieser Ausnahme von der Widerklagelast spricht nach hier vertretener, noch zu erläuternder Ansicht, dass sich die in Rule 13(a) FRCP angeordnete Präklusion gerade nicht ohne Weiteres mit den üblichen Grundsätzen der Rechtskraft erklären lässt.[413] Die Entscheidung ließe sich aber im Ergebnis unter dem Gesichtspunkt der „prozessualen Waffengleichheit" aufrechterhalten: Hindert ein Feststellungsurteil den Kläger nicht an der separaten Geltendmachung entsprechender Leistungsansprüche, muss das auch für den Beklagten gelten.[414] Auch unter Hinweis auf die Prozessökonomie – isolierte Feststellungsbegehren werden als weniger einschneidende Maßnahmen der Streitbeilegung angesehen[415] – wird die Ausnahme von der Widerklagelast in diesem Zusammenhang gerechtfertigt.[416] Im Hinblick auf den Beklagtenschutz überzeugt die Ausnahme deshalb, weil sie dem Kläger die prozesstaktische – und womöglich missbräuchlich eingesetzte – Möglichkeit nimmt, den Leistung begehrenden Beklagten durch eine bloße Feststellungsklage vor ein ihm, dem Kläger, genehmes Gericht zu drängen.[417] Auf europäischer international-verfahrensrechtlicher Ebene hingegen wird diese Möglichkeit im Zusammenhang mit der weiten Auslegung der (suspendierenden, nicht präkludierenden) Rechtshängigkeitssperre des Art. 27 Brüssel I-VO durch den EuGH grundsätzlich akzeptiert (Stichwort: „italienischer

---

[411] Auf dieser Grundlage gegen eine Widerklagelast bereits *Harborside Refrigerated Services, Inc. v. Vogel*, 959 F.2d 368, 372 ff. (2nd Cir. 1992). Krit. zu diesem Rechtskraftargument in *Allan Block Mueller*, Twenty-First Century Procedure, S. 719.

[412] *Allan Block Corp. v. County Materials Corp.*, 512 F.3d 912, 915 ff. (7th Cir. 2008) („To invoke Rule 13(a) as a bar to basing a suit on a claim that might be thought a compulsory counterclaim in a declaratory judgment action would bring about what refusing to apply res judicata to defendants in such actions is designed to prevent: forcing the defendant's claims to be litigated as counterclaims in such an action.").

[413] Dazu unten S. 192 ff.

[414] Davon geht offenbar aus Rest. (2d) of Judg., § 33, Comment c („Accordingly, regardless of outcome, the plaintiff or defendant may pursue further declaratory or coercive relief in a subsequent action.").

[415] S. nur Rest. (2d) of Judg., § 33, Comment c.

[416] *Harborside Refrigerated Services, Inc. v. Vogel*, 959 F.2d 368, 373 (2nd Cir. 1992) („A requirement that parties to an action for declaratory relief bring all possible claims and counterclaims at that juncture or else be barred by res judicata, would undermine efficient adjudication and optimal use of judicial resources. Actions for declaratory relief would rapidly develop into full-scale legal contests, and the option of a preliminary suit limited to a declaration of the rights of the parties would evaporate.").

[417] Freilich besteht diese Möglichkeit grundsätzlich auch unter Zuhilfenahme einer Leistungsklage. *De lege ferenda* bietet sich eine verallgemeinerte Übernahme dieser Ausnahme in Rule 13(a) FRCP an, dazu noch unten S. 218 f.

Torpedo"[418]) und mit der Gleichwertigkeit der mitgliedstaatlichen Rechtssysteme begründet.[419]

(2) Konsolidierung von trial *und Anhörung zu Antrag auf einstweilige Verfügung*

Rule 65(a)(2) FRCP ermöglicht es dem Gericht, das eigentliche *trial* mit einer Anhörung zu einem Antrag auf einstweilige Verfügung *(motion for preliminary injunction)* im „beschleunigten Verfahren" zu konsolidieren. Bedient sich das Gericht dieser Möglichkeit in einem Verfahren auf Feststellung und Unterlassung, trifft den Beklagten nach Ansicht des *Court of Appeals (6th Circuit)* keine Last zur Erhebung einer Schadensersatzwiderklage; eine Widerklagelast hätte hier die Verzögerung und Verkomplizierung des Verfahrens bedeutet und dem Gericht die zügige Verhandlung im einstweiligen Rechtsschutz nach Rule 65 FRCP erschwert.[420] Darüber hinaus stand die Anwendung von Rule 13(a) FRCP hier – wie das Gericht richtig feststellt – bereits deshalb außer Frage, weil der Beklagte kein *pleading* eingereicht hatte und dazu auch nicht verpflichtet war.[421]

Die teleologischen Erwägungen des Gerichts zur Begründung dieser Ausnahme von Rule 13(a) FRCP haben in der Rechtsprechung – soweit ersichtlich – keine Resonanz erfahren.[422] Sie dürften daher auf die vorliegende Konstellation des „beschleunigten Verfahrens" nach Rule 65 FRCP beschränkt bleiben.[423]

---

[418] Zu dieser Terminologie mit Herkunftsnachweisen *Sander/Breßler*, ZZP 122 (2009), 157, 159.

[419] EuGH v. 9.12.2003 – Rs. C-116/02 *(Gasser/MISAT)*, EuZW 2004, 188, 191 f. Dazu sowie zu Lösungsansätzen *de lege lata* und *ferenda Sander/Breßler*, ZZP 122 (2009), 157. Krit. auch *Stürner*, RabelsZ 69 (2005), 201, 218 f. („disastrous disadvantages"). S. zum Ganzen *Linke/Hau*, Internationales Zivilverfahrensrecht, Rn. 251, 255.

[420] *U.S. v. Snider*, 779 F.2d 1151, 1156 ff. (6th Cir. 1985). Mit ähnlichen Erwägungen sowie aus Gründen des Beklagtenschutzes für eine Ausnahme von der Widerklagelast in summarischen Räumungsverfahren nach einzelstaatlichem Recht (hier: *Forcible Entry and Detainer Act*, Ohio Rev. Code Ann. §§ 1923.01 ff.) *O'Leary*, 30 U. Tol. L. Rev. 49, 65 ff., 72 ff. (1998).

[421] *U.S. v. Snider*, 779 F.2d 1151, 1157 (6th Cir. 1985). Zum Erfordernis eines *pleading* für die Anwendbarkeit von Rule 13(a) FRCP bereits oben S. 123 ff.

[422] Aus der Literatur zustimmend *Peterson*, 50 Ariz. L. Rev. 1107, 1141 (2008) und *Wright/Miller/Kane*, in: Fed. Prac. & Proc., § 1412 nach Fn. 27.

[423] Vgl. *Wright/Miller/Kane*, in: Fed. Prac. & Proc., § 1412 nach Fn. 27.

cc) Ausnahmen kraft Parteivereinbarung

(1) Schiedsklauseln

Eine mittelbar auf eine Vereinbarung der Parteien zurückzuführende Ausnahme von Rule 13(a) FRCP wird für Fälle angenommen, in denen die grundsätzlich der Widerklagelast unterliegenden Ansprüche zugleich Gegenstand einer Schiedsvereinbarung sind. So entschied der *Court of Appeals (9th Circuit)* in einem Verfahren zur Durchsetzung eines Schiedsspruchs im Rahmen von Tarifverhandlungen, dass sich eine auf einem *Collective Bargaining Agreement* beruhende Schiedsklausel gegenüber Rule 13(a) FRCP durchsetze; die Annahme einer Widerklagelast im vorliegenden Fall widerspräche der durch den *U.S. Supreme Court* bekräftigten Bedeutung von Schiedsverfahren zur Durchsetzung von Tarifverhandlungsvereinbarungen[424] sowie dem Sinn und Zweck von Schiedsklauseln an sich: Es müsse verhindert werden, dass diese dadurch umgangen werden, dass Klage wegen eines Anspruchs außerhalb der Schiedsvereinbarung erhoben wird, um so die widerklageweise Geltendmachung von konnexen Ansprüchen, die der Schiedsvereinbarung unterliegen, zu erreichen.[425] In diesem Sinne hat sich im Anschluss auch der *Court of Appeals (3rd Circuit)* in einer gewerblichen Mietrechtsstreitigkeit geäußert: Obwohl den Beklagten für den der Schiedsvereinbarung unterliegenden *counterclaim* keine Widerklagelast treffe, verhindere die Befassung eines Schiedsgerichts mit dem *counterclaim* immer noch eine prozessunökonomische Mehrfachbelastung der Justiz.[426] Diese Einschätzung hat im Ergebnis auch bei erstinstanzlichen Gerichten Anklang gefunden.[427]

---

[424] Vgl. *Drake Bakeries, Inc. v. Local 50, Am. Bakery and Confectionery Workers Intern., AFL-CIO*, 370 U.S. 254, 263 ff. (1962); *United Steelworkers of America v. Warrior & Gulf Nav. Co.*, 363 U.S. 574, 578 f. (1960).

[425] *Local Union No. 11, Intern. Broth. Of Elec. Workers, AFL-CIO v. G.P. Thompson Elec., Inc.*, 363 F.2d 181, 183 ff. (9th Cir. 1966). Gegen eine Widerklagelast für Ansprüche, die ausschließlichem Zuständigkeitsregime eines Abkommens (hier: NATO-Truppenstatut *(NATO Status of Forces Agreement, SOFA)* vom 19. Juni 1951, BGBl. 1961 II S. 1190) unterliegen *U.S. v. Shafter*, 49 F.R.D. 164, 168 f. (S.D.N.Y. 1969), affirmed 424 F.2d 281 (2nd Cir. 1970), cert. denied 400 U.S. 827 (1970).

[426] *Bristol Farmers Market and Auction Co. v. Arlen Realty & Development Corp.*, 589 F.2d 1214, 1220 f. (3rd Cir. 1978).

[427] Vgl. *Sokkia Credit Corp. v. Bush*, 147 F.Supp.2d 1101, 1105 f. (D.Ks. 2001); *Barr v. Illinois Co. Inc.*, 1985 WL 2597 *2 (N.D.Ill. 1985); *Calloway v. Marvel Entertainment Group*, 564 F.Supp. 107, 108 (S.D.N.Y. 1983); *Fur Dressers Union Local 2F v. DeGeorge*, 462 F.Supp. 890, 893 f. (M.D.Pa. 1978); *California Trucking Ass'n v. Corcoran*, 74 F.R.D. 534, 545 f. (N.D.Cal. 1977). S. dagegen *Meritage Homes Corp. v. Hancock*, 522 F.Supp.2d 1203, 1213 f. (D.Az. 2007).

(2) Gerichtsstandsklauseln

Auf der Grundlage der zum Vorrang von Schiedsklauseln ergangenen Rechtsprechung entschied der *Court of Appeals (7th Circuit)* in der Folge, dass eine solche Ausnahme von der Widerklagelast nach Rule 13(a) FRCP auch dann gelten soll, wenn eine zwischen den Parteien vereinbarte Gerichtsstandsklausel *(forum selection clause)* die Geltendmachung des Anspruchs in einem anderen Forum vorschreibt.[428] Dabei bezog sich das Gericht auf ein dahingehendes *obiter dictum* des *Court of Appeals (2nd Circuit)*[429] sowie auf die soeben erörterte Entscheidung des *Court of Appeals (9th Circuit)* in *Local Union No. 11* und wies darauf hin, dass die in Rule 13(a) FRCP angeordnete Präklusion als *affirmative defense* grundsätzlich der Parteidisposition unterliege und eine Schiedsklausel zudem nichts anderes als eine bestimmte Art von Gerichtsstandsklausel sei, hier also nichts anderes wie dort gelten könne. Letzteres ist im Hinblick auf die Doppelbelastung der Justiz – anders als im Fall von Schiedsverfahren – nicht unzweifelhaft, dürfte aber auch hier mit dem Vorrang der Parteiautonomie vor rein prozessökonomischen Erwägungen zu rechtfertigen sein.[430] In der erstinstanzlichen Rechtsprechung ist diese Ausnahme von der Widerklagelast auf breite Akzeptanz gestoßen.[431]

III. Rechtsfolgendogmatik

Die Nichteinführung eines der Widerklagelast der Rule 13(a) FRCP unterliegenden *compulsory counterclaim* in das Verfahren führt nach einhelliger Ansicht dazu, dass der Beklagte nach Entscheidungserlass im Erstverfahren[432] mit der Geltendmachung des *counterclaim* in einem Zweitverfahren präkludiert ist.[433] Daran ändert auch die im Jahr 2007 vollzogene, rein kosmeti-

---

[428] *Publicis Communication v. True North Communications Inc.*, 132 F.3d 363, 365 f. (7th Cir. 1997). Zu den grundsätzlichen Zulässigkeitsanforderungen an Gerichtsstandsvereinbarungen im US-amerikanischen Recht *Peiffer*, Schutz gegen Klagen im *forum derogatum*, S. 49 ff.

[429] *Karl Koch Erecting Co., Inc. v. New York Convention Center Development Corp.*, 838 F.2d 656, 659 (2nd Cir. 1988).

[430] Im Ergebnis auch Note, 13 No. 3 Fed. Litigator, 65 (1998) („The forum selection clause in effect trumps the preclusion rule.").

[431] Vgl. *Bancroft Life & Cas. ICC, Ltd. v. Davnic Ventures, L.P.*, 2012 WL 1222112 *3 (S.D.Tex. 2013); *Associated Financial Corp. v. Kleckner*, 2010 WL 3024746 *5 (S.D.N.Y. 2010); *United Consumers Club, Inc. v. Prime Time Marketing Management, Inc.*, 2008 WL 150623 *4 (N.D.Ind. 2008); *E & J Gallo Winery v. Morand Bros. Beverages Co.*, 247 F.Supp.2d 979, 983 (N.D.Ill. 2003); *Sokkia Credit Corp. v. Bush*, 147 F.Supp.2d 1101, 1105 f. (D.Ks. 2001); *Innovative Tech Systems, Inc. v. Micro Computer Co., Inc.*, 1998 WL 398245 *1 (E.D.Pa. 1998).

[432] Zur Wirkung von Rule 13(a) FRCP vor Entscheidungserlass noch unten S. 230 ff.

[433] Statt vieler: *Baker v. Gold Seal Liquors, Inc.*, 417 U.S. 467, 469 Fn. 1 (1974). S. auch Rest. (2d) of Judg., § 22(2)(a) und Comment e; *Wright/Miller/Kane*, in: Fed. Prac.

sche[434] Änderung des Wortlauts der Norm von „shall" zu „must" nichts. Die Rechtsfolge der Präklusion war im *Preliminary Draft I* von April 1936 noch ausdrücklich vorgesehen, findet aber in der dann erlassenen Fassung von Rule 13(a) FRCP keine Erwähnung mehr.[435] Auch hier gilt: Der Beklagte ist nicht „verpflichtet", Widerklage zu erheben; ihn trifft allenfalls eine Last zur Widerklageerhebung, will er prozessuale Nachteile vermeiden.[436]

Wenngleich im Ergebnis also Einigkeit besteht, ist die dogmatische Grundlage der Präklusion seit jeher umstritten. Einerseits wird für eine Rechtskraftwirkung *(res judicata)* plädiert (1), andererseits versucht, die Präklusion als *waiver* bzw. *estoppel* zu erklären (2). Richtigerweise stellt Rule 13(a) FRCP einen Fall der rechtskraftergänzenden Präklusion dar (3).

1. Präklusion als Rechtskraftwirkung

Die wohl herrschende Ansicht in der Rechtsprechung geht davon aus, dass die als Rechtsfolge anerkannte Präklusion im Rahmen von Rule 13(a) FRCP eine Rechtskraftwirkung darstellt. Zumeist ist die Rede davon, dass der Beklagte mit seinem *counterclaim* in einem Zweitverfahren durch *res judicata* präkludiert sei.[437] Darunter wird in diesem Zusammenhang die Doktrin der

---

& Proc., § 1417 nach Fn. 1 („well-established by the cases"); *Redish/Murashko*, 93 Minn. L. Rev. 26, 77 (2008) („If one were to ask what the difference between the ‚must' of Rule 13(a) and the ‚may' of Rule 13(b) is, the inevitable response would be that use of the word ‚must', unlike use of the word ‚may', necessarily implies an ‚or else' for failure to take the directed action."); *Conway*, 60 U. Chi. L. Rev. 141 (1993) („virtually all courts").

[434] *Gensler*, in: FRCP, Advisory Committee Notes, Rule 13 (2007 amendment) („These changes are intended to be stylistic only."). Die *Preliminary Drafts I* von April und *II* von Oktober 1936 hatten noch von „must" gesprochen, bis im *Preliminary Draft III* von Dezember 1936 die Änderung zu „shall" vollzogen wurde, Jud. Conf. of the US (Com. R. of Prac. and Proc.), CI–1908–54, 819–63, 2009–03 (1936).

[435] Jud. Conf. of the US (Com. R. of Prac. and Proc.), CI–1908–54 („If the action proceeds to judgment without such a claim being set up, the claim shall be barred."). Der Hinweis auf die Präklusionswirkung findet sich stattdessen in der *Advisory Committee Note* (1937). *Wright/Miller/Kane*, in: Fed. Prac. & Proc., § 1417 nach Fn. 3, gehen davon aus, dass Urteilswirkungen letztlich als nicht von den FRCP erfasst angesehen wurden. Ähnlich *Burbank*, 70 Cornell L. Rev. 625, 635 Fn. 53 (1985).

[436] Dazu bereits oben S. 74. Treffend *Channell v. Citicorp Nat. Services, Inc.*, 89 F.3d 379, 385 (7th Cir. 1996) („No one has to make a ‚compulsory' counterclaim, but it is lost if not presented."); *Robertson*, 52 Miss. L.J. 37, 48 (1982) („The term [compulsory] is misleading; a defendant is not required to file a compulsory counterclaim. He is not fined, imprisoned, or held in contempt if he fails to assert the claim.", bezogen auf Miss. RCP 13(a)); *Gensler*, in: FRCP, Practice Commentary, Rule 13 („This does not mean that parties must assert compulsory counterclaims; they are free to forego them altogether.").

[437] Vgl. etwa *Dragor Shipping Corp. v. Union Tank Car Co.*, 378 F.2d 241, 244 (9th Cir. 1967) („precluded by res judicata"); *Local Union No. 11, Intern. Broth. Of Elec. Workers, AFL-CIO v. G.P. Thompson Elec., Inc.*, 363 F.2d 181, 184 (9th Cir. 1966) („precluded by res judicata"); *Great Lakes Rubber Corp. v. Herbert Cooper Co.*, 286 F.2d 631,

claim preclusion verstanden,[438] die bekanntlich keine tatsächliche Verhandlung des *claim* für dessen Präklusion voraussetzt. Mitunter begründen Gerichte die Präklusion auch unter Rückgriff auf die beiden Teilkomponenten der *claim preclusion*, *merger* und *bar*.[439] Vereinzelt wird Rule 13(a) FRCP auch als „prozessuale Implementierung" der Doktrin der *res judicata* interpretiert.[440] Dem Verständnis der Präklusion als Rechtskraftwirkung haben sich einige Stimmen in der Literatur angeschlossen.[441] Wenngleich eine ausdrückliche Begründung dieser Ansicht von deren Vertretern – soweit ersichtlich – nicht vorgebracht wird, lassen die Beratungen des *Advisory Committee* darauf schließen, dass die Verfasser der Regelung den *counterclaim* im Zweitverfahren als „barred" – nicht als „waived" – ansahen;[442] unklar bleibt indes, ob dies technisch im Sinne von *merger* und *bar* (und also *claim preclusion*) oder aber im Sinne allgemeinen Sprachgebrauchs zu verstehen ist.

---

634 (3rd Cir. 1961); *Union Paving Co. v. Downer Corp.*, 276 F.2d 468, 470 (9th Cir. 1960) („barred by res judicata"). Zurückhaltender *Hartford Acc. & Indem. Co. v. Sullivan*, 846 F.2d 377, 382 (7th Cir. 1988) („principles of or akin to res judicata") sowie *Cleckner v. Republic Van & Storage Co., Inc.*, 556 F.2d 766, 769 (5th Cir. 1977) („Although the bar resulting from failure to bring a compulsory counterclaim is not identical to the bar of res judicata, our court has held that the ‚principles of res judicata' govern.").

[438] *Sherman/Squiers*, in: Moore's Federal Practice, § 13.14[2]; *Wright/Miller/Kane*, in: Fed. Prac. & Proc., § 1417 Fn. 7 a.E.

[439] Vgl. etwa *Publicis Communication v. True North Communications Inc.*, 132 F.3d 363, 365 (7th Cir. 1997) („The aspect of preclusion known as ‚merger and bar' (…) prevents the plaintiff in the first suit from later making any claim that arose out of the same transaction but was omitted from the initial suit. (…) Rule 13(a) establishes that a defendant's omission has the same consequences as a plaintiff's.").

[440] *Allan Block Corp. v. County Materials Corp.*, 512 F.3d 912, 916 f. (7th Cir. 2008). Ähnlich *Casad/Clermont*, Res Judicata, S. 110 („Claim preclusion is simply the sanction that enforces the compulsoriness of the compulsory counterclaim provision.") und *Glannon*, Civil Procedure, S. 569 („rule-based res judicata").

[441] *Effron*, 65 Ala. L. Rev. 683, 701 (2014) *(en passant)*; Note, 65 Harv. L. Rev. 818, 832 (1952) („forfeit by merger or bar"); *Scott*, 56 Harv. L. Rev. 1, 26 f. (1942) („doctrine of merger and bar"); *Solum*, in: Moore's Federal Practice, § 131.21[c]. Aus dem deutschen Schrifttum: *Hay*, US-amerikanisches Recht, Rn. 163 („res judicata-Effekt"). S. auch *Donahey*, 39 IDEA 225, 231 (1999) (Rule 13(a) FRCP „largely determine[s] the nature of res judicata in federal courts today."); *Hoegen*, 55 Mich. L. Rev. 967, 970 (1957) („settled beyond issue that the res judicata effect of the former judgment bars a later action on the counterclaim").

[442] Jud. Conf. of the US (Com. R. of Prac. and Proc.), CI–110–18 (1935) („Further than that, it was not necessary to put an express provision in; but if any is in I should think that it should be ‚barred', and not ‚waived'.", *Olney*; „I think it should be ‚barred'. Of course, I do not suppose you really need it now that the court has spoken, but it seems to me that, as the court has spoken, it is well to tell lawyers about it, so that they do not have to go back and look up these cases.", *Clark*). S. auch *Gensler*, in: FRCP, Advisory Committee Notes, Rule 13 (1937) („If the action proceeds to judgment without the interposition of a counterclaim as required by subdivision (a) of this rule, the counterclaim is barred.").

2. *Präklusion als* waiver- *bzw.* estoppel-*Wirkung*

Demgegenüber plädieren andere Gerichte dafür, die Rechtsfolge der Rule 13(a) FRCP als *waiver* (in etwa: Verzicht) bzw. *estoppel* (in etwa: Verwirkung) zu begreifen.[443] In der Literatur wurde dieser Ansatz zuerst von *Wright* vertreten, dem sich in der Folge andere anschlossen.[444] Zur Begründung wird in erster Linie auf die größere Flexibilität verwiesen, mit der sich die „harschen" Ergebnisse der Rechtskraftpräklusion verhindern ließen.[445] Unter Rückgriff auf *waiver* bzw. *estoppel*-Prinzipien soll der Beklagte der Präklusion entgehen können, wenn er unwissentlich auf die Einführung seines *counterclaim* in das Verfahren verzichtet hat. Exemplarisch wird auf Fälle verwiesen, in denen der Versicherer des Beklagten – wie in solchen Fällen üblich[446] – faktisch die Prozessführung übernimmt und es versäumt, den Beklagten von der bestehenden Widerklagelast in Kenntnis zu setzen;[447] mangels „realistischer Möglichkeit, seinen *claim* geltend zu machen" soll dem

---

443 *M.R. v. Ridley School Dist.*, 744 F.3d 112, 121 (3rd Cir. 2014) („effectively operates as a waiver"); *Polymer Industrial Products Co. v. Bridgestone/Firestone, Inc.*, 347 F.3d 935, 938 (Fed. Cir. 2003) („waived"); *Kane v. Magna Mixer Co.*, 71 F.3d 555, 562 f. (6th Cir. 1995) („waiver analysis"); *Carnation Co. v. T.U. Parks Const. Co.*, 816 F.2d 1099, 1103 (6th Cir. 1987) („waiver or estoppel theory"); *Dindo v. Whitney*, 451 F.2d 1, 3 (1st Cir. 1971) („principles of equitable estoppel"); *Dow Chemical Co. v. Metlon Corp.*, 281 F.2d 292, 297 (4th Cir. 1960) („waived"). Für eine kumulative Anwendung von *res judicata, waiver* und *estoppel* offenbar – *obiter* – *Tyler v. DH Capital Management, Inc.*, 2013 WL 5716131 *3 (6th Cir. 2013).

444 *Wright*, 39 Iowa L. Rev. 255, 260 ff. (1954). Diesem folgend *Wright/Miller/Kane*, in: Fed. Prac. & Proc., § 1417 nach Fn. 10; Note, 46 Minn. L. Rev. 913, 920 f. (1962); *Freer*, Civil Procedure, S. 680 f.; *Friedenthal/Kane/Miller*, Civil Procedure, S. 373 f., 676. Tendenziell auch *Kennedy*, 11 Hous. L. Rev. 255, 257 ff., 296 (1974) sowie offenbar *Kane*, 76 Tex. L. Rev. 1723, 1735 Fn. 54 (1998) und *Friedenthal*, 23 Stan. L. Rev. 1, 37 (1970).

445 So etwa *Carnation Co. v. T.U. Parks Const. Co.*, 816 F.2d 1099, 1103 (6th Cir. 1987) („more discretion not to hold the claim is barred where to do so is manifestly unjust"); *Martino v. McDonald's System, Inc.*, 598 F.2d 1079, 1082 (7th Cir. 1979) („Rule 13(a) is in some ways a harsh rule."); *Wright/Miller/Kane*, in: Fed. Prac. & Proc., § 1417 nach Fn. 16 („extremely harsh results in some cases"); Note, 46 Minn. L. Rev. 913, 920 f. (1962); *Kennedy*, 11 Hous. L. Rev. 255, 296 (1974).

446 *Freer*, Civil Procedure, S. 681 mit Fn. 59.

447 Vgl. *Reynolds v. Hartford Acc. & Indem. Co.*, 278 F.Supp. 331, 333 (S.D.N.Y. 1967) (unter Hinweis auf gegensätzliche Interessen von Versicherer und Versichertem). Dagegen für eine Widerklagelast, wenn Beklagter mehrfach mit Anwälten des Versicherers spricht, aber Intention der Geltendmachung eines *counterclaim* nicht zum Ausdruck bringt *Dindo v. Whitney*, 52 F.R.D. 194, 199 f. (D.N.H. 1971), vacated by 451 F.2d 1, 3 (1st Cir. 1971) (allerdings die Argumentation des *District Court* bestätigend). Instruktiv dazu *Hazard/Leubsdorf/Bassett*, Civil Procedure, S. 633 f. sowie *Kennedy*, 11 Hous. L. Rev. 255, 258 (1974).

Beklagten hier ein Zweitverfahren ermöglicht werden.[448] Dasselbe Ergebnis soll mithilfe von *waiver* bzw. *estoppel* in Fällen erreicht werden, die vergleichsweise oder durch Versäumnisurteil enden.[449]

3. Stellungnahme: Rechtskraftergänzende Präklusion

Die vorstehenden Ausführungen zeigen, dass die dogmatische Begründung der Präklusion nicht eine bloß terminologische[450] „Geschmacksfrage"[451] darstellt, sondern die beiden Ansichten zu unterschiedlichen Ergebnissen führen können. Vor diesem Hintergrund bedarf es einer Stellungnahme zu den dogmatischen Begründungsmodellen.

Gegen die Begründung der Präklusion mithilfe der Doktrin der *claim preclusion* spricht, dass der Beklagte in einem von ihm initiierten Zweitverfahren mangels Parteirollenidentität nie durch *claim preclusion* von der Geltendmachung eines im Erstverfahren nicht eingeführten *counterclaim* präkludiert sein wird.[452] An anderer Stelle wurde bereits darauf hingewiesen, dass

---

[448] *Wright/Miller/Kane*, in: Fed. Prac. & Proc., § 1417 bei Fn. 11 („realistic opportunity to assert a claim"). S. auch *LaFollette v. Herron*, 211 F.Supp. 919, 920 (E.D.Tn. 1962) („It would be shocking to deny plaintiff here his claim if he had had no opportunity to present or litigate it."). Dagegen lässt sich aus praktischer Sicht kaum vorbringen, der Beklagte habe die Verteidigung durch den Versicherer „freiwillig akzeptiert", *Wright*, 39 Iowa L. Rev. 255, 262 Fn. 46 (1954). Ablehnend *Vestal*, 2 Ind. Legal F. 25, 40 f. (1968). *Freer*, Civil Procedure, S. 681, will dem Beklagten ein Zweitverfahren vorbehaltlich vorwerfbarer Unkenntnis der Widerklagelast gestatten („no fault or lack of diligence of her own"). Das deutsche Recht kennt eine verschuldensabhängige rechtskraftergänzende Präklusion in § 145 PatG sowie – nach Ansicht der Literatur und gegen den BGH – in § 767 Abs. 3 ZPO, näher *Gottwald*, in: MüKoZPO, § 322, Rn. 166 f. Für die Übertragung des „Bündelungsgebots" des § 145 PatG auf wettbewerbsrechtliche Unterlassungsklagen *ders.*, in: FS Kaissis, 2012, S. 303, 312 f.

[449] *Wright*, 39 Iowa L. Rev. 255, 261 ff. (1954) (unter Hinweis auf *Keller v. Keklikian*, 244 S.W.2d 1001 (Mo. 1951) als „the chief horrible example [presented] by those who are critical of the compulsory counterclaim device"); *Wright/Miller/Kane*, in: Fed. Prac. & Proc., § 1417 nach Fn. 11.

[450] In diese Richtung *Kane*, 76 Tex. L. Rev. 1723, 1744 Fn. 95 (1998) („Whatever the nomenclature, (…)").

[451] *Hoegen*, 55 Mich. L. Rev. 967, 972 (1957) („matter of taste"). Ähnlich *Solum*, in: Moore's Federal Practice, § 131.21[c][ii] („usually of little consequence to the outcome"). S. auch *Lawhorn v. Atlantic Refining Co.*, 299 F.2d 353, 356 („We find no necessity in this case of bringing into play these specific legal concepts [of *res judicata*, *waiver* or *estoppel*] because the Rules themselves, under a fair construction, bring about the same result.").

[452] Ausdrücklich *Freer*, Civil Procedure, S. 680. Im Ergebnis auch *Shure*, 14 Loy. U. Chi. L.J. 857, 864 (1983) („different cause of action"). Theoretisch kann das Zweitverfahren freilich auch durch den Kläger des Erstverfahrens angestrengt werden, sodass Parteirollenidentät bestünde. Allerdings trifft den Kläger im Erstverfahren eine Last zur objektiven Klagehäufung durch *claim preclusion*, sodass diese Situation praktisch kaum vorkommen

claim preclusion dem Beklagten grundsätzlich gerade keine Widerklagelast auferlegt; auch die Präklusion im Rahmen der *common law compulsory counterclaim rule* lässt sich nach hier vertretener Ansicht nicht mithilfe von *claim preclusion* begründen.[453] Rule 13(a) FRCP als Erweiterung der Rechtskraft zu verstehen,[454] überzeugt deshalb nicht, weil das für den Entwurf der FRCP verantwortliche *Advisory Committee* – unter Berücksichtigung der durch den *REA* gesetzten Grenzen[455] – Fragen der Rechtskraft ausdrücklich als von den FRCP nicht erfasst ansah.[456]

Aus der Ablehnung des sich auf *claim preclusion* stützenden Begründungsansatzes folgt indes nicht automatisch, wie allgemein angenommen, dass sich die Rechtsfolge von Rule 13(a) FRCP stattdessen überzeugend mit *waiver* bzw. *estoppel*-Grundsätzen begründen ließe. Hiergegen spricht zunächst, dass sich das *Advisory Committee* ausdrücklich gegen die Terminologie des „waiver" ausgesprochen hat. Darüber hinaus erscheint es zweifelhaft, den Kläger mit der Unkenntnis des Beklagten von der Widerklagelast zu belasten. Ist der Beklagte anwaltlich vertreten, dürfte sich die Unkenntnis des Rechtsanwalts von Rule 13(a) FRCP als Haftungsfall darstellen; dies gilt umso mehr, wenn und weil mitunter bereits in der gerichtlichen Ladung *(summons)* ausdrücklich auf die Widerklagelast hingewiesen wird.[457] Das Risiko einer mangelhaften Rechtsberatung des Beklagten sollte nicht der Kläger tragen müssen. Trifft den faktisch den Prozess führenden Versicherer des Beklagten ein Fehlverhalten,[458] erscheint es nicht unbillig, den Beklagten

dürfte. Rule 13(a) FRCP dient in erster Linie der Abwehr späterer selbständiger Klagen aus dem *counterclaim*, *Nelle*, Anspruch, Titel und Vollstreckung, S. 124.

[453] Oben S. 87 f., 93 ff., 152 f.

[454] Vgl. *Wright*, 39 Iowa L. Rev. 255, 260 (1954); *Wright/Miller/Kane*, in: Fed. Prac. & Proc., § 1417 nach Fn. 6. So wohl auch *Donahey*, 39 IDEA 225, 231 (1999) (Rule 13(a) FRCP „largely determine[s] the nature of res judicata in federal courts today.").

[455] 28 USC § 2072(b). Ausweislich der Gesetzesmaterialien sollte der *REA* keinen Einfluss auf „substantive legal and remedial rights" haben, wozu auch Fragen der Rechtskraft zählen, ausführlich dazu *Burbank*, 130 U. Pa. L. Rev. 1015, 1121 ff. (1982) sowie *ders.*, 70 Cornell L. Rev. 625, 635 Fn. 53 (1985). Zur Aufweichung dieser Grenzen durch den *U.S. Supreme Court* unten Kap. 3 Fn. 463.

[456] Deutlich etwa die *Advisory Committee Note* zu Rule 14 FRCP: „It is not the purpose of the rules to state the effect of a judgment.", *Gensler*, in: FRCP, Advisory Committee Notes, Rule 14 (1946 amendment).

[457] Originalbeispiel bei *Glannon*, Civil Procedure, S. 638, der allerdings zu Recht darauf verweist, dass die einschlägige Rule 4 FRCP diesen Hinweis nicht zwingend erfordert (S. 647). Das Standardformular AO 440 eines *summons* auf der Website der Bundesgerichtsbarkeit sieht einen solchen Hinweis auf Rule 13(a) FRCP nicht vor; abrufbar unter http://www.uscourts.gov/uscourts/FormsAndFees/Forms/AO440.pdf (Letzter Zugriff: 6.5.2014).

[458] Einen Haftungsfall des durch den Versicherer engagierten Anwalts andeutend, wenn dieser den Beklagten nicht in Kenntnis setzt von der Widerklagelast *Wright*, 36 Minn. L. Rev. 580, 590 (1952).

auf Regressansprüche gegen seinen Versicherer zu verweisen, statt den Kläger einem Zweitverfahren auszusetzen. Auch um dem Beklagten nach vergleichsweise oder durch Versäumnisurteil beendeten Verfahren ein Zweitverfahren auf Grundlage seines *counterclaim* zu ermöglichen, bedarf es der Rechtsfolgenbegründung durch *waiver* bzw. *estoppel* nicht: Sofern in diesen Fällen ein *pleading* nicht erforderlich wurde, findet Rule 13(a) FRCP nach hier vertretener Ansicht schon tatbestandlich keine Anwendung.[459] Die von den Vertretern des *waiver-* bzw. *estoppel*-Ansatzes gepriesene Flexibilität sowie die Vermeidung allzu harsch erscheinender Ergebnisse lässt sich im Rahmen des Erstverfahrens immerhin durch die (großzügig gehandhabte) Möglichkeit der nachträglichen Einführung des *counterclaim* nach Rule 15 (13(f) a.F.) FRCP erreichen.[460]

Hält man die Doktrin der *claim preclusion* für unanwendbar und zugleich das Ausweichen auf *waiver* bzw. *estoppel*-Prinzipien nicht für erforderlich, bietet es sich an, die Rechtsfolge der Rule 13(a) FRCP als rechtskraftergänzende Präklusion zu begreifen.[461] In diese Richtung dürften auch die vereinzelten Stimmen zu interpretieren sein, die die Präklusion schlicht der Regel selbst, nicht aber *claim preclusion* oder *waiver-* bzw. *estoppel*-Prinzipien entnehmen wollen.[462] Das Verständnis als rechtskraftergänzende Präklusion verdeutlicht auf der einen Seite, dass die in Rule 13(a) FRCP angeordnete Präklusion über die subjektiven Grenzen der *claim preclusion* insofern hinausgeht, als es in der für die Anwendung der Rule 13(a) FRCP typischen Situation, in der der frühere Beklagte nunmehr als Kläger ein Zweitverfahren über seinen zuvor nicht geltend gemachten *counterclaim* anstrengt, an der erforderlichen Parteirollenidentät mangelt; Beklagter und Kläger begegnen sich vielmehr in umgekehrten Parteirollen. Andererseits wird das allgemein anerkannte Zusammenspiel der Grundsätze der Rechtskraft und Rule 13(a) FRCP zur Erreichung einer prozessökonomischen Verfahrenskonzentration nicht übersehen. Durch den hier vorgeschlagenen Ansatz wird zudem den durch den Gesetzgeber gezogenen inhaltlichen Grenzen der FRCP Rechnung

---

[459] Oben S. 123 ff.

[460] Dazu oben S. 133 ff.

[461] So bereits für die *common law compulsory counterclaim rule* oben S. 93 f.

[462] *Vestal*, 2 Ind. Legal F. 25, 44 ff. (1968) („It is the rule or statute which forecloses or precludes further litigation."); *Freer*, 60 N.Y.U. L. Rev. 1061, 1070 mit Fn. 46 (1985) (mittlerweile indes, einerseits *Wright* folgend, für *estoppel*-Wirkung, *ders.*, Civil Procedure, S. 680 f., und andererseits den „substantive impact" von Rule 13(a) FRCP konstatierend, *ders.*, 107 Nw. U. L. Rev. 447, 451 (2013)). Ausdrücklich gegen dogmatische Erklärungsversuche gar *Casad/Clermont*, Res Judicata, S. 110 („without trying to invoke additional explanations"; *claim preclusion* soll – wenig überzeugend – gleichwohl die Sanktion zur Durchsetzung der Widerklagelast sein). A.A. *Burbank*, 71 Cornell L. Rev. 733, 772, 795 (1986) („Rule 13(a) does not in so many words and could not validly provide a rule of preclusion."). Nachweise gegen die Ansicht *Burbanks* in Kap. 3 Fn. 83.

getragen.[463] Schließlich führt das Verständnis der Rechtsfolge von Rule 13(a) FRCP als rechtskraftergänzende Präklusion zu einer dogmatisch einheitlichen Bewertung ein- und derselben prozessualen Situation: Führt der Beklagte einen konnexen *counterclaim* nicht in das Erstverfahren ein, ist er nicht durch *claim preclusion* an dessen Geltendmachung als Kläger eines Zweitverfahrens gehindert – und zwar nach hier vertretener Ansicht unabhängig davon, ob im Einzelfall die (rechtskraftergänzende) *common law compulsory counterclaim rule*, eine (rechtskraftergänzende) gesetzliche *compulsory counterclaim*-Vorschrift oder keine dieser Regelungen Anwendung findet.[464] In der Praxis ergibt sich aus Klägersicht indes kein Unterschied: Dieser muss die angebliche Präklusion des Beklagten mit seinem *counterclaim* im Zweitverfahren als *affirmative defense* geltend machen. *De lege ferenda* wäre der entsprechende Katalog der Rule 8(c)(1) FRCP um den Tatbestand der *„preclusion pursuant to Rule 13(a)"* zu ergänzen.

B. Recht der Einzelstaaten

I. Einführung

Das föderalistische Rechtssystem der USA bringt es mit sich, dass neben dem Bundesgerichtssystem jeder Einzelstaat sein eigenes Gerichtssystem unterhält.[465] Jedes Gerichtssystem wiederum hat sein eigenes Verfahrensrecht:[466] Ihre durch das 10. Amendment der U.S. Constitution garantierte Gesetzgebungsbefugnis haben einige Einzelstaaten ausgeübt und entsprechende *Codes*

---

[463] Inzwischen erkennt der *U.S. Supreme Court* indes an, dass verfahrensrechtliche Vorschriften wie die FRCP durchaus Einfluss nehmen auf das materielle Recht; das soll im Hinblick auf 28 USC § 2072(b) immer dann legitim sein, wenn dieser Einfluss „nebensächlich" ist, s. *Burlington Northern R. Co. v. Wood*, 480 U.S. 1, 6 (1987) („Rules which incidentally affect litigants' substantive rights do not violate [28 USC § 2072(b)] if reasonably necessary to maintain the integrity of that system of rules."); *Sibbach v. Wilson & Co.*, 312 U.S. 1, 14 (1941) („The test must be whether a rule really regulates procedure (…)."); *Shady Grove Orthopedic Associates, P.A. v. Allstate Ins. Co.*, 559 U.S. 393, 407 ff. (2010) (Bestimmung des „incidental effect" ohne Rückgriff auf einzelstaatliches Recht). Letztere Entscheidung im Hinblick auf die *Erie*-Doktrin begrüßend *Clermont*, 86 Notre Dame L. Rev. 987, 1013 ff. (2011). Vor diesem Hintergrund für die Legitimtität der Präklusionswirkung der Rule 13(a) FRCP als „intermediary effect" *Redish/Murashko*, 93 Minn. L. Rev. 26, 87 ff. (2008) („The Act is therefore appropriately construed to permit creation of rules whose only impact on substantive rights is merely secondary to the primary procedural purpose."). Allgemein zum Einfluss des materiellen auf das Verfahrensrecht – und umgekehrt *Main*, 87 Wash. U. L. Rev. 801, 818 ff., 822 ff. (2010).

[464] Zur fehlenden Widerklagelast durch *claim preclusion* oben S. 87 f., zur rechtskraftergänzend wirkenden *common law compulsory counterclaim rule* oben S. 93 f.

[465] Zum Aufbau der Gerichtssysteme oben S. 13.

[466] Treffend *Junker*, ZZP 101 (1988), 241, 243 („patchwork aus 50 Flicken").

erlassen;[467] andere haben die Entwicklung zivilverfahrensrechtlicher *Rules* – wie auf Bundesebene – der Judikative überlassen.[468] Jeder Einzelstaat wendet grundsätzlich sein eigenes Verfahrensrecht an, muss dieses aber im Einzelfall zugunsten Bundesrechts außer Acht lassen.[469] Für die hier interessierende Frage der Widerklagelast ergibt sich daraus eine Fülle an Vorschriften. Wenngleich einige Einzelstaaten bis heute keine ausdrückliche Regelung zur Widerklagelast getroffen haben, orientiert sich die überwiegende Zahl der Einzelstaaten an der bundesrechtlichen Regelung. Mitunter finden sich aber weitreichende Ausnahmeregelungen, die in Rule 13(a) FRCP nicht vorgesehen sind. Die folgenden Ausführungen beschränken sich darauf, die wesentlichen Unterschiede zu Rule 13(a) FRCP in den einzelstaatlichen Verfahrensrechten aufzuzeigen.

II. Regelungen im Einzelnen

1. Keine Regelung zu präklusionsbewehrter Widerklagelast

Einige wenige Einzelstaaten haben keine Regelung zu *compulsory counterclaims* getroffen. Diese sind Connecticut, Illinois, Maryland, New Hampshire, New York, Oregon, Pennsylvania, Virginia und Wisconsin.[470] In diesen

---

[467] Vgl. *Schack*, US-amerikanisches Zivilprozessrecht, Rn. 31; *Hay*, US-amerikanisches Recht, Rn. 104 f. Zur einzelstaatlichen Gesetzgebungskompetenz *Farnsworth/Sheppard*, An Introduction to the Legal System of the US, S. 71 f.; *Halberstam*, RabelsZ 66 (2002), 216, 230.

[468] S. *Junker*, ZZP 101 (1988), 241, 250, 266 ff., 289 f. Ausführliche Studie der einzelstaatlichen Verfahrensordnungen, auch anhand der Rechtsetzungsbefugnis, bei *Oakley/Coon*, 61 Wash. L. Rev. 1367 (1986).

[469] *Halberstam*, RabelsZ 66 (2002), 216, 231 f.; *Freer*, Civil Procedure, S. 564 („reverse *Erie*"). Für universelle Anwendbarkeit einzelstaatlichen Verfahrensrechts dagegen offenbar *Hay*, US-amerikanisches Recht, Rn. 104. Umgekehrt verpflichtet die *Erie*-Doktrin (oben Kap. 1 Fn. 35) Bundesgerichte mitunter, einzelstaatliches Verfahrensrecht anzuwenden, *Schack*, US-amerikanisches Zivilprozessrecht, Rn. 33 ff.; *Freer*, Civil Procedure, S. 524 ff.; *Halberstam*, RabelsZ 66 (2002), 216, 235 f. (jeweils auch zur schwierigen Abgrenzung von materiellem und Verfahrensrecht). Ausführlich zum Ganzen *Thannhäuser*, Die „Erie-Doctrine", *passim*.

[470] Connecticut: Vgl. Conn. Practice Book § 10–10, s. etwa *In re Fitzgerald*, 237 B.R. 252, 263 Fn. 16 (D.Conn. 1999); Illinois: Vgl. 735 ILCS 5/2–608(a), s. etwa *Peregrine Financial Group, Inc. v. Martinez*, 305 Ill.App.3d 571, 580 (Ill.App. 1999) und *Fisher/Helin*, 20 CBA Rec. 32 (2006) sowie *Shure*, 14 Loy. U. Chi. L.J. 857, 866 f. (1983); Maryland: Vgl. Md. RCP 2–331(a), 3–331(a), s. etwa *Rowland v. Harrison*, 577 A.2d 51, 56 (Md. 1990); New Hampshire: Vgl. *Osman v. Gagnon*, 876 A.2d 193, 195 (N.H. 2005), s. aber Rule 10(a) des Entwurfs der N.H. RCP vom 18. Januar 2007, abrufbar unter http://www.nhbar.org/uploads/pdf/RulesCivilProcedureDraft011807.pdf (Letzter Zugriff: 6.5.2014); New York: Vgl. N.Y. CPLR § 3019(a), s. etwa *Urbanski v. Urbanski*, 433 N.Y.S.2d 718 (N.Y. 1980). Zur Rechtslage bei Nichteinführung eines *counterclaim* in New York auch *Finkelstein*, 3 Syracuse L. Rev. 307 (1952); Oregon: Vgl. Or. RCP 22A(1);

Einzelstaaten sind *counterclaims* stets *permissive*, sodass dem Beklagten keine Präklusion mit einem im Erstverfahren nicht eingeführten (konnexen) *counterclaim* droht. Einen Sonderfall in dieser Kategorie bildet das Verfahrensrecht von Nebraska, das zwar keine präklusionsbewehrte Widerklagelast vorschreibt, dem Beklagten aber in allen weiteren Verfahren auf Grundlage seines im Erstverfahren nicht eingeführten *counterclaim* versagt, Kostenerstattung von der gegnerischen Partei zu verlangen.[471] Das ist von Bedeutung, weil Nebraska zwar im Grundsatz der sog. *American Rule* folgt, nach der die siegreiche von der unterlegenen Partei ohnehin nicht Kostenerstattung verlangen kann,[472] aber immerhin Kostenerstattung erlaubt, wenn dies gesetzlich vorgesehen oder richterrechtlich anerkannt ist;[473] letzteres gilt etwa für missbräuchliche bzw. arglistige Prozessführung.[474]

Allerdings ist zu beachten, dass sich eine präklusionsbewehrte Widerklagelast aus den im jeweiligen Einzelstaat anwendbaren Rechtskraftregeln er-

---

Pennsylvania: Vgl. Pa. RCP 1031(a), s. etwa *Mistick Inc. v. City of Pittsburgh*, 646 A.2d 642, 644 (Pa. Commw. Ct. 1994). Für Einführung einer *compulsory counterclaim*-Vorschrift in Pennsylvania nach Vorbild von Rule 13(a) FRCP *Sager*, 39 Temp. L.Q. 340, 347 ff. (1966); Virginia: Vgl. Va. R. Sup. Ct. 3:9(a) („A defendant may, at that defendant's option, plead as a counterclaim (…)"); Wisconsin: Wis. St. § 802.07(1), s. etwa *Wickenhauer v. Lehtinen*, 734 N.W.2d 855, 864 f. (Wis. 2007) (*Counterclaims* in Wisconsin grundsätzlich *permissive*, aber Anwendbarkeit der *common law compulsory counterclaim rule*). Vor diesem Hintergrund für eine Klarstellung durch Gesetzgeber *oder Supreme Court Bach*, 79 Wis. Law. 12 (2006).

[471] Ne. Ct. R. Pldg. § 6–1113(a), (b) („cannot recover costs against [the opposing party] in any subsequent action thereon."). Das gilt unabhängig davon, ob der Beklagte seinen Anspruch später als *claim*, *cross-* oder *counterclaim* geltend macht, 5 NEPRAC § 13:8. Zur Kostentragung als Alternative zur Präklusion im Rahmen der Rechtskraft auch *Cleary*, 57 Yale L.J. 339, 347 f. (1948).

[472] Vgl. etwa *Alyeska Pipeline Service Co. v. Wilderness Society*, 421 U.S. 240, 269 ff. (1975). S. für die Erstattung der Gerichtskosten in Bundesgerichtsverfahren Rule 54(d)(1) FRCP (Grundsatz: Kostentragung durch unterlegene Partei). Ausführlich zu Kostentragung und -erstattung im US-amerikanischen Zivilprozess etwa *Hommelsheim*, Cost Allocation in Civil Litigation; *Neufang*, Kostenverteilung im US-amerikanischen Zivilprozess; *Breyer*, Kostenorientierte Steuerung des Zivilprozesses; *Maxeiner*, Failures of American Civil Justice, S. 32 ff.; *Schack*, US-amerikanisches Zivilprozessrecht, Rn. 18 ff.

[473] S. etwa *Destiny 98 TD v. Miodowski*, 693 N.W.2d 278, 283 f. (Ne. 2005) („provided for by statute or recognized and accepted uniform course of procedure"). Ausführlich zur Kostenerstattung in Abweichung von der *American Rule Neufang*, Kostenverteilung im US-amerikanischen Zivilprozess, S. 48 ff.; *Hommelsheim*, Cost Allocation in Civil Litigation, S. 35 ff., 99 ff.

[474] Ne. St. § 25–824(2) („frivolous or made in bad faith"). S. etwa *Thomas & Thomas Court Reporters, L.L.C. v. Switzer*, 810 N.W.2d 677, 685 f. (Ne. 2012). Zur *Bad faith in litigation*-Doktrin auch *Neufang*, Kostenverteilung im US-amerikanischen Zivilprozess, S. 49 f.; *Breyer*, Kostenorientierte Steuerung des Zivilprozesses, S. 135 ff.; *Schack*, US-amerikanisches Zivilprozessrecht, Rn. 23.

geben kann.[475] Überzeugend wird aber etwa in Maryland darauf hingewiesen, dass die Anwendung von *res judicata* nicht entgegen der vorgesehenen Regelung zur Begründung einer Widerklagelast führen dürfe.[476] Richtigerweise ergibt sich aus der Doktrin der *claim preclusion* im Grundsatz ohnehin keine Widerklagelast, sondern allenfalls eine Last zur objektiven Widerklagehäufung; ausnahmsweise kommt – nach hier vertretener Ansicht allerdings nur rechtskraftergänzend – eine Widerklagelast in Gestalt der *common law compulsory counterclaim rule* in Betracht.[477] Vor diesem Hintergrund erlegt Michigan dem Beklagten in seinen *Court Rules* keine Widerklagelast, sondern lediglich ebenjene Last zur objektiven Widerklagehäufung auf.[478]

2. Regelungen zur Widerklagelast

a) Orientierung an Rule 13(a) FRCP

Die Mehrheit der Einzelstaaten hat die bundesrechtliche Regelung der Rule 13(a) FRCP im Wesentlichen übernommen.[479] Dazu zählen unter anderen Arizona, Delaware, Florida, Idaho, Kansas, Montana, New Mexico, North Dakota, Ohio, South Carolina, Utah, Washington und West Virginia.[480] Ganz überwiegend haben diese Einzelstaaten Rule 13(a) FRCP mit einigen

---

[475] So für Pennsylvania *Sager*, 39 Temp. L.Q. 340, 347 (1966) („compulsory counterclaim rule by fact"); für New York offenbar *Finkelstein*, 3 Syracuse L. Rev. 307 (1952) (Widerklageerhebung „may be a practical necessity under the doctrine of res judicata"). In Mississippi weist die *compulsory counterclaim*-Regelung ausdrücklich auf eine unabhängig davon drohende Präklusion durch *res judicata* und *collateral estoppel* hin, Miss. RCP 13(a). Ebenso für Alabama Ala. RCP 13(a). Krit. zu diesem Hinweis in letzterer Vorschrift *Hoff*, 25 Ala. L. Rev. 667, 674 ff. (1973) („at best the sentence is unnecessary").

[476] *Rowland v. Harrison*, 577 A.2d 51, 56 (Md. 1990) („We may not, therefore, apply our definition of res judicata so broadly as to change the thrust of Maryland Rule 2–331 to one that is compulsory."). Zur engen Auslegung der Doktrin der *res judicata* in Jurisdiktionen ohne *compulsory counterclaim*-Regelung auch *Kane*, 76 Tex. L. Rev. 1723, 1744 f. (1998).

[477] Ausführlich oben S. 87 ff., 93 f. Die in Rest. (2d) of Judg., § 22(2), dahingehend getroffene Aussage beansprucht freilich nicht nur im Bundesgerichtssystem Gültigkeit (implizit auch *Kane*, 76 Tex. L. Rev. 1723, 1744 f. (1998)). A.A. für Illinois *Fisher/Helin*, 20 CBA Rec. 32, 34 (2006) (Widerklagelast durch *claim preclusion*).

[478] Mi. Ct. R. 2.203(A): „In a pleading that states a claim against an opposing party, the pleader must join every claim (…)." Vgl. für Nebraska 5 NEPRAC § 13:8.

[479] Das hielt vor Erlass der FRCP noch für äußerst unwahrscheinlich *Walsh*, 13 A.B.A. J. 87, 88 (1927).

[480] Arizona: Az. RCP 13(a); Delaware: De. Sup. Ct. R. 13(a) (ohne Ausnahme für *attachment*-Verfahren hingegen De. Ch. Ct. R. 13(a)); Florida: Fl. RCP 1.170(a); Idaho: Id. RCP 13(a); Kansas: Ks. St. § 60–213(a); Montana: Mt. RCP 13(a); New Mexico: N.M. RCP 1–013(A); North Dakota: N.D. RCP 13(a); Ohio: Oh. RCP 13(A); South Carolina: S.C. RCP 13(a); Utah: Ut. RCP 13(a); Washington: Wa. Sup. Ct. Civ. R. 13(a); West Virginia: W.V. RCP 13(a).

sprachlichen Variationen übernommen.[481] Inhaltlich sind mitunter geringfügige Abweichungen (aa), teilweise aber auch ausdrückliche Ausnahmeregelungen festzustellen (bb).

aa) Geringfügige Abweichungen

Trotz der grundsätzlichen Übernahme von Rule 13(a) FRCP sind vereinzelt inhaltliche Abweichungen zu konstatieren, die sich mitunter durch die Orientierung der Einzelstaaten an früheren Fassungen der bundesrechtlichen Regelung erklären lassen: So sehen etwa Arkansas, Colorado und Texas als relevanten Zeitpunkt für Bestand und Fälligkeit des *counterclaim* den des *filing* vor; Rule 13(a) FRCP stellt seit 1946 auf den Zeitpunkt des *service* ab.[482] Auch Minnesota und Rhode Island haben sich an Rule 13(a) FRCP orientiert, allerdings die in Rule 13(2)(B) FRCP enthaltene Ausnahme für Verfahren *(in rem)* ohne *personal jurisdiction* für den Beklagten nicht übernommen.[483] Indiana regelt in seiner – im Übrigen an Rule 13(a) FRCP angelehnten – Vorschrift ausdrücklich Fragen der Verjährung sowie der Auswirkungen bestimmter materiellrechtlicher Konstellationen auf die Widerklagemöglichkeit.[484] Keine inhaltliche Abweichung stellt die in Georgia geltende Ausnahme von der Widerklagelast für den Fall dar, dass der *counterclaim* außerhalb der gerichtlichen Zuständigkeit liegt; dass in diesem Fall keine Widerklagelast besteht, hatte der *Preliminary Draft* zu Rule 13(a) FRCP noch ausdrück-

---

[481] Vgl. exemplarisch die Regelung Nevadas (Nev. RCP 13(a), Hervorhebung nur hier, entsprechender Wortlaut von Rule 13(a) FRCP in eckigen Klammern): „A pleading *shall* [must] state as a counterclaim any claim *which at the time of serving the pleading* [that – at the time of its service –] the pleader has against *any* [an] opposing party, if *it* [the claim] arises out of the transaction or occurrence that is the subject matter of the opposing party's claim and does not require *for its adjudication the presence of third parties of whom* [adding another party over whom] the court cannot acquire jurisdiction. *But* the pleader need not state the claim if (1) *at the time* [when] the action was commenced the claim was the subject of another pending action, or (2) the opposing party *brought suit upon the* [sued on its] claim by attachment or other process *by which the court did not acquire jurisdiction to render a personal judgment on that claim* [that did not establish personal jurisdiction over the pleader on that claim], and the pleader *is not stating* [does not assert] any counterclaim under this Rule *13*.".

[482] Arkansas: Ark. RCP 13(a) (die Abweichung vom Bundesrecht erkennt die *Reporter's Note*, ohne eine Erklärung zu liefern); Colorado: Co. RCP 13(a); Texas: Tex. RCP 13(a). Zu Rule 13(a) FRCP oben S. 131.

[483] Minnesota: Minn. RCP 13.01; Rhode Island: R.I. Sup. Ct. R. Civ. P. 13(a).

[484] Vgl. Ind. R. Trial P. 13(J)(1) (u.a. keine Verjährung wenn *counterclaim* vor Verjährung rechtzeitig hätte eingeführt werden können); 13(L)(3) (Widerklagemöglichkeit nur gegen Partei in deren prozessrelevanter Funktion). Zu Fragen der Verjährung bzw. zur Widerklagelast bei Verfahrensbeteiligung in unterschiedlichen Funktionen im Rahmen des Bundesrechts bereits oben S. 117 ff. und S. 141 ff.

lich klargestellt.[485] Auch in der weit überwiegenden Verwendung des Wortes „shall" ist keine inhaltliche Abweichung zu Rule 13(a) FRCP („must") zu erblicken: Die bundesrechtliche Regelung sah bis zum Jahr 2007 selbst das Wort „shall" vor; die vollzogene Änderung von „shall" zu „must" ist ausweislich der Gesetzesmaterialien rein kosmetischer Natur.[486]

bb) Ausdrückliche Ausnahmeregelungen

Abgesehen von den soeben skizzierten Abweichungen haben einige Einzelstaaten ihrer Version der *compulsory counterclaim*-Vorschrift ausdrückliche Ausnahmeregelungen hinzugefügt, die in Rule 13(a) FRCP kein Vorbild finden.

(1) Deliktische Ansprüche

Tennessee und Minnesota haben deliktische Ansprüche von der Widerklagelast ausgenommen. Tennessee erreicht dies durch eine ausdrückliche Ausnahmeregelung („A pleading shall state as a counterclaim any claim, other than a tort claim, (...)").[487] Minnesota hingegen setzt bei der Konnexität an und sieht eine Widerklagelast nur für solche *counterclaims* vor, die derselben „transaction" (nicht: „transaction or occurrence", vgl. Rule 13(a) FRCP) wie der klägerische *claim* entstammen.[488] In diesem vermeintlich engeren Konnexitätsbegriff soll die Ausnahme für deliktische Ansprüche zum Ausdruck kommen,[489] was unter Hinweis auf den historischen Gesetzgeber und die Gesetzesmaterialien zu den FRCP zu Recht bezweifelt wird.[490] Zur Begründung der Ausnahme für deliktische Ansprüche wird auf die Schutzbedürftigkeit des Beklagten verwiesen, der in seiner Wahl des Gerichtsstands *(venue)* für seinen deliktischen Anspruch nicht eingeschränkt werden soll.[491]

---

[485] Ga. Code § 9–11–13(a). Zum entsprechenden Passus im *Preliminary Draft* der Rule 13(a) FRCP oben S. 112 mit Kap. 3 Fn. 47.

[486] Oben S. 188 f. Nur in Kansas, Montana und North Dakota ist von „must" die Rede, vgl. die Nachweise in Kap. 3 Fn. 480.

[487] Tn. RCP 13.01.

[488] Minn. RCP 13.01.

[489] Vgl. etwa *House v. Hanson*, 72 N.W.2d 874, 877 ff. (Minn. 1955) (unter Hinweis auf das *Advisory Committee* und frühere Fassungen, die noch von „transaction or occurrence" sprachen); *Leiendecker v. Asian Women United of Minnesota*, 731 N.W.2d 836, 839 f. (Minn.App. 2007); *Conney v. Erickson*, 251 F.Supp. 986, 991 f. (W.D.Wis. 1965).

[490] *Wright*, 39 Iowa L. Rev. 255, 278 ff., 284 (1954) („transaction" umfasse auch deliktische Vorgänge und sei im Ergebnis genauso weit zu verstehen wie „transaction or occurrence"). Dazu bereits oben S. 147 f.

[491] Vgl. Tn. RCP 13.01, *Advisory Commission Comment*; *House v. Hanson*, 72 N.W.2d 874, 878 (Minn. 1955). Zur Bewertung dieser und weiterer einzelstaatlicher Ausnahmen noch unten S. 219 ff.

(2) Ansprüche im Zusammenhang mit (Kraftfahrzeug-)Unfällen

Maine und Rhode Island befreien den Beklagten von der Widerklagelast in Fällen, in denen der Kläger Schadensersatz im Zusammenhang mit Kraftfahrzeugunfällen geltend macht. Sofern der Schaden des Klägers aus der Eigentümerstellung, Unterhaltung, Kontrolle (Maine, Rhode Island), dem Betrieb oder der Nutzung (Rhode Island) des Kraftfahrzeugs durch den Beklagten herrührt, steht dem Beklagten ein Zweitverfahren auf Grundlage eines im Übrigen als *compulsory* einzustufenden *counterclaim* frei.[492] Einen ähnlichen Weg wählt Massachusetts, indes, ohne die Ausnahme auf Kraftfahrzeugfälle zu beschränken: Hier unterliegen Ansprüche des Beklagten aus einer „Kollision" nicht der Widerklagelast.[493] Beachtenswert ist die Begründung dieser Ausnahmeregelungen, die sich nicht etwa auf die deliktische Rechtsnatur der fraglichen Ansprüche stützt, sondern auf die in diesen Fällen übliche Prozessführung durch den Versicherer des Beklagten abstellt, der für den Beklagten die bekannten Probleme bergen soll.[494] Freilich gibt der Wortlaut eine solche Beschränkung der Ausnahme auf prozessführende Versicherer nicht her.

(3) Prozessführung durch Versicherer

Dass sich eine Ausnahme von der Widerklagelast für Fälle, in denen ein Versicherer die Prozessführung des Beklagten kontrolliert, auch präziser erreichen lässt, zeigt das Recht Alabamas und Mississippis. In Mississippi trifft den Beklagten keine Widerklagelast, wenn der klägerische *claim* durch einen Versicherer „verteidigt" wird.[495] In Alabama gilt dies für den Fall, dass der klägerische Schaden von einer Haftpflichtversicherungspolice gedeckt ist, aufgrund derer der Versicherer das Recht oder die Pflicht der Verteidigung

---

[492] Maine: Me. RCP 13(a)(1) („unless the relief demanded in the opposing party's claim is for damage arising out of the ownership, maintenance or control of a motor vehicle by the pleader"); Rhode Island: R.I. Sup. Ct. R. Civ. P. 13(a) („except that (...) if the opposing party's claim is for damage arising out of the ownership, maintenance, operation, use, or control of a motor vehicle by the pleader.").

[493] Mass. RCP 13(a)(3) („But the pleader need not state the claim (...) if part or all of the pleader's claim is based upon property damage arising out of a collision, personal injury, including actions for consequential damages, or death."). Anders als Maine und Rhode Island orientiert Massachusetts die Ausnahme an den Ansprüchen des Beklagten, was im Ergebnis wohl keinen Unterschied machen dürfte.

[494] Vgl. Me. RCP 13, *Explanation of Amendments September 1, 1960; August 1, 1962; November 1, 1966*; Mass. RCP 13, *Reporter's Notes* (1973). Zur *waiver*- bzw. *estoppel*-Rechtsfolgendogmatik im Rahmen von Rule 13(a) FRCP als Reaktion auf prozessführende Versicherer bereits oben S. 191 f.

[495] Miss. RCP 13(a)(3) („But the pleader need not state the claim if (...) the opposing party's claim is one which an insurer is defending."). Dazu *Robertson*, 52 Miss. L.J. 37, 59 f. (1982).

hat – und zwar unabhängig davon, ob dieser von dem Recht Gebrauch macht bzw. der Pflicht tatsächlich nachkommt.[496]

(4) Familienrechtliche Angelegenheiten

North Carolina sieht eine gesetzliche Ausnahme von der Widerklagelast in familienrechtlichen Angelegenheiten vor. Die entsprechende Vorschrift regelt, dass ein Scheidungsverfahren – abweichend („notwithstanding") von der *compulsory counterclaim*-Vorschrift North Carolinas – auch dann als selbständiges Verfahren anderweitig anhängig gemacht werden kann, wenn ein derartiges Verfahren oder bestimmte Unterhalts- oder Sorgerechtsverfahren bereits anhängig sind, und umgekehrt.[497] Aus rechtsvergleichender Sicht dürften von dieser Vorschrift indes gegenläufige unterhaltsrechtliche Abänderungsbegehren nicht erfasst sein, für die der BGH bekanntlich eine rechtskraftergänzende, präklusionsbewehrte Widerklagelast annimmt.[498] Auslöser dieser Regelung war die Entscheidung des *Supreme Court* von North Carolina in *Gardner*, in der das Gericht in einem *obiter dictum* die für den Bestand der Ehe entstehende Gefahr betonte, wenn ein Ehepartner sich durch die Widerklagelast veranlasst sähe, im Wege des *counterclaim* ein Scheidungsverfahren oder andere, die eheliche Beziehung schädigende Maßnahmen einzuleiten, obwohl er von derartigen Maßnahmen (noch) nicht vollends überzeugt sei.[499] Louisiana, das sich auch im Übrigen nicht an Rule 13(a) FRCP orientiert (dazu sogleich), befreit den Beklagten in Scheidungs- und Vaterschaftsanfechtungsverfahren von der Widerklagelast.[500]

(5) Gerichte mit eingeschränkter Zuständigkeit

Tennessee weist in seiner *compulsory counterclaim*-Vorschrift ausdrücklich darauf hin, dass die Regelung nicht für Verfahren vor Gerichten mit eingeschränkter sachlicher Zuständigkeit bzw. streitwertbegrenzter Zuständigkeit

---

[496] Ala. RCP 13(a)(3) („But the pleader need not state the claim if (…) the opposing party's claim is for damage covered by a liability insurance policy under which the insurer has the right or the obligation to conduct the defense."). Dazu krit. *Hoff*, 25 Ala. L. Rev. 667, 673 f. (1973).

[497] N.C. St. § 50–19(a), (b) (Verfahren gerichtet auf *alimony, postseparation support, custody and support of minor children, custody and support of a person incapable of self-support upon reaching majority, divorce pursuant to G.S. 50–5.1 or 50–6*). In N.C. St. § 1A–1, R. 13 findet die Regelung indes keine Erwähnung.

[498] Ausführlich oben S. 102 f.

[499] *Gardner v. Gardner*, 240 S.E.2d 399, 405 f. (N.C. 1978) („For strong reasons of public policy" keine Präklusion durch Rule 13(a) – wohl aber ggf. durch „well established doctrines, e. g., res judicata" – bei Einleitung eines Scheidungsverfahrens nach Abschluss des früheren Verfahrens). Krit. zu dieser Entscheidung *Sugar*, 57 N.C. L. Rev. 439, 447 (1979) („the court did not go far enough in effectuating the rules' aims.").

[500] La. CCP Art. 1061(B) unter Verweis auf La. CC Art. 102, 103 und 186.

gilt.[501] Eine solche Klarstellung wird freilich nur dann erforderlich, wenn das die *compulsory counterclaim*-Vorschrift enthaltende Regelwerk nicht von vornherein – wie etwa in Delaware („Superior Court Rules of Civil Procedure") – nur für erstinstanzliche Gerichte allgemeiner Zuständigkeit gilt. Andere Einzelstaaten wie etwa Indiana und North Carolina sehen eine entsprechende Ausnahme für *small claims actions* außerhalb ihrer *compulsory counterclaim*-Vorschrift vor.[502] Auch das nicht an Rule 13(a) FRCP orientierte Recht Kaliforniens kennt eine solche Ausnahme.[503]

(6) Gerichtliche Vergleichsgenehmigung und Entscheidung aufgrund Vergleichs

Strebt der Kläger in Missouri mit seinem Verfahren eine gesetzlich vorgeschriebene gerichtliche Genehmigung eines Vergleichs an, trifft den Beklagten keine Widerklagelast.[504] Gesetzlich vorgeschrieben ist eine gerichtliche Genehmigung etwa bei Vergleichen unter Beteiligung Minderjähriger.[505] Ergeht in Texas auf Grundlage eines Vergleichs eine Entscheidung über einen *claim* aus der streitgegenständlichen *transaction or occurrence*, bevor das Gericht zur Sache entscheidet („prior to the disposition on the merits"), präkludiert diese Entscheidung die Beteiligten nicht mit der Geltendmachung weiterer konnexer *claims*, es sei denn, sie haben der Präklusionswirkung schriftlich zugestimmt.[506]

b) Sonstige Regelungen

Auch im Übrigen haben Einzelstaaten Regelungen zu einer präklusionsbewehrten Widerklagelast getroffen. Eine enge Orientierung an Rule 13(a) FRCP ist hier nicht festzustellen; die Rechtsprechung zu Rule 13(a) FRCP wird mitunter gleichwohl zur Auslegung der einzelstaatlichen Vorschriften

---

[501] Tn. RCP 13.01 („limited either as to subject matter or as to monetary amount").

[502] Indiana: Ind. SCR 5(A), s. etwa *Buckmaster v. Platter*, 426 N.E.2d 148, 150 (Ind.App. 1981); North Carolina: N.C. St. § 7A–219, s. etwa *Chandler v. Cleveland Sav. and Loan Ass'n*, 211 S.E.2d 484, 488 (N.C.App. 1975).

[503] Ca. CCP § 426.60(b), im Übrigen mit Ausnahme für reine Feststellungsbegehren in § 426.60(c).

[504] Mo. Sup. Ct. R. 55.32(a)(3).

[505] Mo. St. § 507.184. Dazu etwa *Kress v. Lederle Laboratories, a Div. of American Cyanamid Co.*, 901 S.W.2d 206, 209 (Mo.App. 1995).

[506] Tex. RCP 13(a). S. etwa *Haliburton v. Riley*, 589 S.W.2d 821, 822 (Tex.App. 1979).

herangezogen.[507] Zu diesen Einzelstaaten zählen Kalifornien, Iowa, Louisiana und New Jersey.[508]

---

[507] Vgl. etwa Iowa RCP 1.241, *Official Comment* („Inasmuch as Iowa Rule 29 [now Rule 1.241] is based on a federal rule of the same nature, the interpretation by federal courts of the federal rule is highly persuasive.“).

[508] Kalifornien: Ca. CCP § 426.30 („cross-complaint“, „related cause of action“; legaldefiniert in § 426.10; Ausnahmen in § 426.40); Iowa: Iowa RCP 1.241(zur historischen Entwicklung der *counterclaim*-Regelungen in Iowa Note, 24 Iowa L. Rev. 310 (1939)); Louisiana: La. CCP Art. 1061(B) („reconventional demand“, „cause of action“); New Jersey: N.J. Ct. R. 4:7–1, 4:30A (Präklusion durch *entire controversy doctrine*, s. etwa *New Jersey Highway Authority v. Renner*, 114 A.2d 555, 558 f. (N.J. 1955)).

Kapitel 4

Verfahrenskonzentration und Interessenausgleich

„Indeed critics of [a compulsory counterclaim] rule are accustomed to present it in terms of the deserving widow, a horde of hungry orphans clutching at her tattered shawl, who is euchred out of her just claim against the scheming banker because of her inexperienced lawyer's failure to plead a compulsory counterclaim. The image lacks some elements of realism."

– *Charles Alan Wright*, 39 Iowa L. Rev. 255, 264 (1953)

Das im US-amerikanischen Zivilprozess so präsente Streben nach Prozessökonomie und Verfahrenskonzentration[1] verursacht Interessenkonflikte zwischen Kläger, Beklagtem und der die Justiz finanzierenden Öffentlichkeit.[2] Im Folgenden soll im Hinblick auf die Widerklagelast der Rule 13(a) FRCP ein Versuch des Interessenausgleichs unternommen werden, der insbesondere die Rolle des gemeinhin allzu stiefmütterlich behandelten Beklagten berücksichtigt. Ausgehend von der rechtspolitischen Zielvorgabe der Verfahrenskonzentration (A) wird die Notwendigkeit des Beklagtenschutzes im Rahmen von Rule 13(a) FRCP dargelegt (B), wobei die Sicht der Prozesspraxis[*] berücksichtigt wird. Schließlich werden Möglichkeiten des Beklagtenschutzes *de lege lata* – auf Grundlage der im 3. Kapitel gefundenen Ergebnisse – und *de lege ferenda* sowie praktische Wege zur Vermeidung der Widerklagelast vorgestellt (C).

---

[1] Jüngst etwa *Effron*, 65 Ala. L. Rev. 683 (2014) („Today's trial judge has a dual role. In her traditional robes, she hears motions and conducts trials; she charges the jury and writes opinions. But in her more modern garb she is an administrator and a manager. She shepherds the cases on her docket, managing the scope of the lawsuit with decisions grouping parties and claims (…).").

[2] Ca. CCP § 1775(f): Geschätzte Kosten pro Arbeitstag eines Richters von rund $ 4.000, was nach heutigen Maßstäben $ 6.000 entspricht, *Yeazell*, Civil Procedure, S. 315. Nachweise für ähnliche Berechnungen bei *Breyer*, Kostenorientierte Steuerung des Zivilprozesses, S. 212 Fn. 759.

[*] Soweit nicht anders gekennzeichnet, beruhen die Erkenntnisse aus der Prozesspraxis im Folgenden auf Gesprächen, die der Verfasser im Rahmen eines Forschungsaufenthalts in San Francisco, CA, USA, im Januar und Februar 2013 mit Prozessanwälten und praktisch erfahrenen Rechtswissenschaftlern geführt hat.

A. Rechtspolitischer Ausgangspunkt: Verfahrenskonzentration zulasten des Beklagten

In Anbetracht der leidvollen Erfahrungen mit dem als allzu formalistisch empfundenen Common Law Pleading lag der in den 1930-er Jahren vorangetriebenen Entwicklung der FRCP die ökonomische Konzentration des Zivilprozesses als wesentlicher Leitgedanke zugrunde. Die vom *U.S. Supreme Court* entworfenen und durch den Kongress genehmigten FRCP geben in Rule 1 die Zielrichtung vor: „[These rules] should be construed and administered to secure the just, speedy, and inexpensive determination of every action and proceeding."[3] Zu diesem Zweck sehen die FRCP sowie die ihnen nachgebildeten einzelstaatlichen Regelwerke eine Vielzahl von Instrumenten der Verfahrenskonzentration vor, zu denen neben der hinlänglich bekannten Widerklagelast der Rule 13(a) FRCP auch die Möglichkeit der Klagehäufung (Rule 18), der Einbeziehung Dritter in das Verfahren (Rule 14) und der Parteihäufung, die sich unter Umständen ebenfalls als Last darstellen kann (Rule 19), zählen.[4] Für den hier interessierenden Fall der Widerklagelast geht die in Rule 13(a) FRCP angeordnete Verfahrenskonzentration regelmäßig – wortwörtlich – zulasten des Beklagten, dem die Dispositionsbefugnis über die Modalitäten der Geltendmachung seiner konnexen Gegenansprüche in Anbetracht drohender Präklusion faktisch abgesprochen wird (dazu unter B). Diese Verfahrenskonzentration zulasten des Beklagten wird unter Hinweis auf das öffentliche Interesse an einer effizienten Streitbeilegung hingenommen,[5] mitunter gar begrüßt: Dem Einzelnen die Entscheidung über die Geltendmachung eines Anspruchs abzusprechen, sei gerade der Zweck der *compulsory counterclaim*-Regelungen; das öffentliche Interesse bestehe an der effizienten Nutzung der Ressourcen der Justiz, nicht an der Cleverness der Anwälte – eine zusätzliche Ausweitung der Last sei im Übrigen jedenfalls nicht schäd-

---

[3] Vgl. auch *Levin/Colliers*, 37 Rutgers L. Rev. 219, 240 (1985) („The federal judiciary has taken this obligation seriously, particularly as it affects the cost of litigation.").

[4] Zu Rule 14 FRCP oben S. 137 ff., zu Rule 19 FRCP oben S. 164 ff.

[5] Vgl. *Wright*, 39 Iowa L. Rev. 255, 287 ff., 299 (1954); *Sherman/Squiers*, in: Moore's Federal Practice, § 13.10[3] bei Fn. 44; *Conway*, 60 U. Chi. L. Rev. 141, 163 f. (1993). Ohne Rücksicht auf Beklagteninteressen auch *Transamerica Occidental Life Insurance Co. v. Aviation Office of America, Inc.*, 292 F.3d 384, 390 (3rd Cir. 2002). Deutlich *Martino v. McDonald's System, Inc.*, 598 F.2d 1079, 1082 (7th Cir. 1979) („Rule 13(a) is in some ways a harsh rule. It forces parties to raise certain claims at the time and place chosen by their opponents, or to lose them. The rule, however, is the result of a balancing between competing interests. The convenience of the party with a compulsory counterclaim is sacrificed in the interest of judicial economy."). Krit. *Scott*, 56 Harv. L. Rev. 1, 26 (1942). Allgemein zu den berührten Interessen *Greenbaum*, 74 Minn. L. Rev. 507, 535 ff. (1990).

lich.[6] Gegen die Beilegung sämtlicher zwischen den Parteien bestehender Streitigkeiten in einem Verfahren wird nicht etwa die damit einhergehende Belastung des Beklagten, sondern allenfalls die Verwirrung des Gerichts bzw. der Jury ins Feld geführt.[7] Überlegungen zu Beklagteninteressen werden in der Diskussion um eine ausgeglichene Verfahrenskonzentration gar für irrelevant („extraneous“) und unsachgemäß („inappropriate“) erklärt.[8] Wer derartige Überlegungen gleichwohl anstellt, erntet schlechterdings reine Polemik.[9] Vor diesem Hintergrund ist festzustellen, dass das verbreitete Verständnis der Widerklagelast bestenfalls klägerische Interessen und solche der Öffentlichkeit berücksichtigt, die Interessen des Beklagten in der Diskussion um Verfahrenskonzentration aber weitgehend außen vor bleiben.

B. Notwendigkeit des Beklagtenschutzes

I. Überblick: Ausgleich struktureller Nachteile und Missbrauchspotenzial

Der Forderung nach einem angemessenen Beklagtenschutz im Rahmen der Widerklagelast liegen zwei Aspekte zugrunde, von denen sich einer als strukturelle Benachteiligung, der andere als praktische Gefahr für den Beklagten darstellt.

Die strukturelle Benachteiligung des Beklagten ist in seiner Parteirolle im Zivilprozess begründet. Selbstverständlich unterliegt der Beklagte grundsätzlich der klägerischen Wahl des Forums sowie des Gegenstandes und des

---

[6] *Wright*, 39 Iowa L. Rev. 255, 288 f. (1954) („I see no harm in thus extending the scope of compulsion“ – unter Bezugnahme auf eine frühere Regelung in Arkansas, die eine konnexitätsunabhängige Widerklagelast vorsah).

[7] *Clark*, 23 A.B.A. J. 976, 977 (1937) („On the matter of joinder, too, it is desirable that all matters in dispute between litigants be brought to issue and settled as quickly and directly as possible. In general this can be best done in a single action. Such course saves time and expense for the litigants and for the courts; it represents the difference between a single and permanent surgical operation as compared to chronic physicking. (…) The only objection which can be made is the possible confusion of court or jury.“). Ähnlich, wenngleich offenbar immerhin allgemein Parteiinteressen berücksichtigend, *Wright*, 36 Minn. L. Rev. 580, 581 (1952).

[8] *McFarland*, 40 Creighton L. Rev. 699, 722 (2007). *Schack*, US-amerikanisches Zivilprozessrecht, bemerkt denn auch die „Klägerlastigkeit des US-amerikanischen Zivilprozessrechts“ (Vorwort). Dagegen immerhin *Millar*, Civil Procedure in Historical Perspective, S. 137, unter Betonung der Dispositionsfreiheit des Beklagten („The soundness of the idea of compulsion in this regard is by no means self-evident.“).

[9] So verfährt *Wright* mit *Millar*, s. *Wright*, 39 Iowa L. Rev. 255, 288 Fn. 141 (1954) („See also *Millar*, [Civil Procedure in Historical Perspective] at 137–8, where the ‚liberty of assertion‘ is described in such ponderous terms as to make one think it must be protected by the Bill of Rights, or at least mentioned in Magna Charta.“).

Zeitpunkts des Prozesses.[10] Diese weitgehend fremdbestimmte Ausgangsposition des Beklagten ist jedenfalls dann hinzunehmen, wenn der Beklagte in ebendieser Rolle verharrt, kurzum: sich auf eine bloße Verteidigung gegen die klägerischen Ansprüche beschränkt. Selbst wenn der Beklagte sich freiwillig aus dieser Rolle begibt und durch Erhebung einer Widerklage selbst zum (Wider-)Kläger wird, mag man den Beklagten und Widerkläger unter Hinweis auf die Freiwilligkeit seines Tuns (vgl. Rule 13(b) FRCP) noch nicht für besonders schutzwürdig halten.[11] Spätestens aber, wenn der Beklagte Widerklage nur erhebt, um einer ihm dahingehend auferlegten Last nachzukommen und einer drohenden Präklusion zu entgehen, ist die uneingeschränkte Maßgeblichkeit der klägerischen Forumswahl nicht mehr ohne Weiteres einzusehen.[12] Das gilt umso mehr, als mit der Forumswahl regelmäßig über das anwendbare Recht entschieden wird und dieses wiederum entscheidenden Einfluss auf Bestand und Realisierbarkeit des Anspruchs haben kann.[13] Dem Beklagten für alle seine einer Widerklagelast unterliegenden Ansprüche von vornherein die Möglichkeit des mitunter kritisierten,[14] aus rechtsberatender Sicht aber gebotenen[15] *forum shopping*[16] zu nehmen, über-

---

[10] Indes stehen dem Beklagten mit der Lehre des *forum non conveniens* und diversen Verweisungsmechanismen wie *transfer* (28 USC § 1404(a)) und *removal* (28 USC § 1441) Möglichkeiten zur Verfügung, die klägerische Forumswahl anzugreifen. Dabei ist der Beklagte im Einzelfall auf eine entsprechende Ermessensausübung des Gerichts angewiesen. Ein solches Ermessen wird regelmäßig äußerst zurückhaltend ausgeübt, vgl. *Gulf Oil Corp. v. Gilbert*, 330 U.S. 501, 508 (1947) („(…) unless the balance is strongly in favor of the defendant, the plaintiff's choice of forum should rarely be disturbed."). Dazu aus Beklagtensicht *Borchers*, 70 La. L. Rev. 529, 533 f. (2010); Note, 103 Harv. L. Rev. 1677, 1679 f. (1990); *Bassett*, 84 N.C. L. Rev. 333, 344 (2006) sowie im Zusammenhang mit der Umgehung der Widerklagelast durch Parallelverfahren unten S. 232 ff.

[11] Konsequent ist es vielmehr, dem Beklagten in diesem Fall eine Last zur objektiven Widerklagehäufung aufzuerlegen, die mit der entsprechenden Last des Klägers korrespondiert, dazu oben S. 88 f.

[12] Im Ergebnis auch *Millar*, Civil Procedure in Historical Perspective, S. 138 („inequality of advantage"). Differenziert zur fehlenden *initiative* des Beklagten in dieser Situation auch *Currie*, 9 Stan. L. Rev. 281, 316 (1957).

[13] Vgl. *Halberstam*, RabelsZ 66 (2002), 216, 242 f.; *Greenbaum*, 74 Minn. L. Rev. 507, 538 f. (1990); *Juenger*, 63 Tulane L. Rev. 553, 559, 571 f. (1989); Note, 103 Harv. L. Rev. 1677, 1678 (1990); *Bassett*, 84 N.C. L. Rev. 333, 348 f., 385 ff. (2006) („classic forum shopping paradigm"); *Vestal*, 47 Iowa L. Rev. 11, 13 f. (1961) (zu den Vorzügen der eigenen Forumswahl aus Beklagtensicht). S. dazu im Zusammenhang mit *punitive damages* auch *Borchers*, 70 La. L. Rev. 529, 541 ff. (2010).

[14] S. etwa Note, 103 Harv. L. Rev. 1677, 1680 ff. (1990).

[15] Bemerkenswert *Borchers*, 70 La. L. Rev. 529, 536 mit Fn. 51 (2010) („I have twice been an expert witness in cases in which lawyers have been sued for malpractice based upon an allegedly poor choice of forum."); so auch *Bassett*, 84 N.C. L. Rev. 333, 370 ff. (2006) (Anwaltliche Standesregeln ermöglichen und befürworten *forum shopping*) und Note, 103 Harv. L. Rev. 1677, 1690 (1990). Die grundsätzliche Legitimation des *forum*

zeugt daher nicht. Dagegen lässt sich auch nicht vorbringen, die den Beklagten treffende Widerklagelast stelle letztlich nichts anderes als die Kehrseite der den Kläger im Wege der Rechtskraft treffenden Konzentrationslast dar.[17] Diese Gegenüberstellung hinkt bereits deshalb, weil die Last den Beklagten, anders als den Kläger, eben nicht in einem Forum, zu einer Zeit seiner Wahl trifft; sie setzt im Übrigen aber auch voraus, dass die Reichweite der Konzentrationslast durch Rechtskraft und der Widerklagelast identisch oder jedenfalls weitgehend vergleichbar wäre. Das ist keineswegs in allen Jurisdiktionen gewährleistet, wie die unterschiedliche Auslegung des *claim* im Rahmen der *claim preclusion* zeigt: Mitunter wird hier auf die *primary rights theory* abgestellt, sodass der Kläger Eigentums- und Personenschäden (also unterschiedliche *primary rights*) aus einem einheitlichen Lebenssachverhalt in separaten Verfahren einklagen kann.[18] Ein solches Vorgehen wäre dem Beklagten im Hinblick auf die transaktionsgebundene Auslegung der Konnexität im Rahmen der Widerklagelast mit einiger Sicherheit verwehrt. Dem Beklagten in Sachen Verfahrenskonzentration aber gar mehr abzuverlangen als dem Kläger, will erst recht nicht einleuchten.[19] Letztlich lässt sich die uneingeschränkte Maßgeblichkeit des klägerischen Forums im Rahmen der Widerklagelast heute auch nicht mehr mit dem Argument rechtfertigen, dem Beklagten stünde für seinen *compulsory counterclaim* nunmehr auf Grundlage der *supplemental jurisdiction* immerhin ein *federal forum* offen, das ihm

---

shopping betonen etwa *Bassett*, 84 N.C. L. Rev. 333 (2006) („Forum shopping is not a form of ‚cheating‘ (…).“, bei 345 ff. zu den unterschiedlichen Formen des *forum shopping* in den USA) und Note, 103 Harv. L. Rev. 1677, 1695 f. (1990) sowie für das IZVR *Sander/Breßler*, ZZP 122 (2009), 157, 162 („legitime Folge der pluralen Jurisdiktionenvielfalt“) und *Linke/Hau*, Internationales Zivilverfahrensrecht, Rn. 132 f.

[16] Zu diesem Phänomen aus US-amerikanischer Perspektive zuletzt etwa *Effron*, 65 Ala. L. Rev. 683, 691 f. mit Fn. 19 (2014) (dort auch zur Unterscheidung von „horizontalem“ und „vertikalem“ *forum shopping*); *Petsche*, 45 Int'l Law. 1005 (2011); *Whytock*, 96 Cornell L. Rev. 481 (2011); *Bassett*, 84 N.C. L. Rev. 333 (2006); *Halberstam*, RabelsZ 66 (2002), 216, 242 f. Die Entscheidung des *U.S. Supreme Court* in *Erie* diente ausdrücklich der Einschränkung des *forum shopping*, s. *Schack*, US-amerikanisches Zivilprozessrecht, Rn. 34; differenziert *Bassett*, 84 N.C. L. Rev. 333, 355 ff. (2006). Zum *forum shopping* aus international-verfahrensrechtlicher Perspektive *Linke/Hau*, Internationales Zivilverfahrensrecht, Rn. 132 f.

[17] In diese Richtung wohl *Wright/Miller/Cooper*, in: Fed. Prac. & Proc., § 4414 vor Fn. 1 („Claim-preclusion rules addressed to plaintiffs are mirrored by preclusion rules addressed to defendants“, wobei unmittelbar im Anschluss von Rule 13(a) FRCP die Rede ist, die „for many of these cases (…) supersede[s] other principles of preclusion.“). Zurückhaltender *Hau*, ZZP 117 (2004), 31, 58 („Pendant“).

[18] Oben S. 33. Diesen Einwand im Ergebnis referierend Note, 65 Harv. L. Rev. 818, 832 (1952).

[19] Ähnlich *Scott*, 56 Harv. L. Rev. 1, 26 (1942). *Conway*, 60 U. Chi. L. Rev. 141, 164 (1993) plädiert für eine Auslegung der Widerklagelast, die der Reichweite der an den Kläger adressierten Konzentrationslast durch Rechtskraft gleichkommt.

andernfalls verschlossen geblieben wäre; richtigerweise muss die zuständigkeitsbegründende Funktion von Rule 13(a) FRCP als überwunden gelten.[20]

Die Notwendigkeit des Beklagtenschutzes hat darüber hinaus praktische Gründe: Rule 13(a) FRCP und entsprechende Regelungen bergen ein nicht geringes Missbrauchspotenzial für den Kläger. Aufgrund der soeben erörterten, grundsätzlich unbeschränkten Maßgeblichkeit der klägerischen Forumswahl kann dieser mit einer für ihn – etwa aufgrund eines geringen Streitwerts – unbedeutenden oder wenig aussichtsreichen Klage die Widerklagelast des Beklagten zu einer beliebigen Zeit auslösen, die letzteren wiederum zur Erhebung einer für ihn womöglich weitaus bedeutenderen Widerklage in einem ihm unangenehmen Forum veranlassen wird.[21] Es fällt schwer, hier die Grenzen zwischen legitimem klägerischen *forum shopping* und einem Missbrauch der Widerklagelast zu ziehen; je offensichtlicher die Diskrepanz der wirtschaftlichen Bedeutung von Klage und Widerklage, desto eher dürfte indes von missbräuchlichen Absichten des Klägers auszugehen sein. Unabhängig von der konkreten Grenzziehung erscheint es bereits im Hinblick auf das bloße Missbrauchspotenzial sowie die oben skizzierten strukturellen, parteirollenimmanenten Nachteile des Beklagten nach alledem angemessen, dem Beklagten in gewissem, größeren Umfang als *de lege lata*, die Dispositionsbefugnis über seinen konnexen Anspruch zu gewähren – ohne das Rule 13(a) FRCP zugrunde liegende, prinzipiell begrüßenswerte Ziel der ökonomischen Verfahrenskonzentration aus den Augen zu verlieren (dazu unter C).[22]

II. Sicht der Praxis

Die Literatur dürfte derartige Überlegungen überwiegend für entbehrlich halten. Sie verweist vielmehr auf die Prozesspraxis, die sich mit der Widerklagelast arrangiert habe. Dies zeige sich bereits daran, dass kaum Fälle bekannt seien, in denen der Beklagte tatsächlich mit seinem *counterclaim* in einem Folgeverfahren präkludiert gewesen sei.[23] Abgesehen davon, dass aus

---

[20] Zutreffend *Conway*, 60 U. Chi. L. Rev. 141, 163 f. (1993). Dazu bereits oben S. 114 ff.

[21] S. etwa Note, 46 Minn. L. Rev. 913, 922 (1962); *Althammer*, Streitgegenstand, S. 451; *Engelmann-Pilger*, Die Grenzen der Rechtskraft, S. 57 f. Fn. 76. Entsprechende Bedenken wurden in vereinzelten Stellungnahmen bereits während des Gesetzgebungsverfahrens vorgebracht, vgl. Jud. Conf. of the US (Com. R. of Prac. and Proc.), CI–5311–37 (1936).

[22] Wegen des im Rahmen der Rechtshängigkeitssperre des Art. 27 Brüssel I-VO bestehenden Missbrauchspotenzials wird dort gar eine völlige Versagung der Berufung auf Art. 27 Brüssel I-VO in Missbrauchsfällen vorgeschlagen, s. (im Ergebnis ablehnend) *Sander/Breßler*, ZZP 122 (2009), 157, 166 f.

[23] *Wright*, 39 Iowa L. Rev. 255, 264 f. (1954); *Wright/Miller/Kane*, in: Fed. Prac. & Proc., § 1417 nach Fn. 21; *Wright/Kane*, Law of Federal Courts, S. 568; *Hazard/Leubsdorf/Bassett*, Civil Procedure, S. 253; *Freer*, Civil Procedure, S. 681.

der tatsächlichen Hinnahme einer Regelung in der Praxis nicht folgt, dass sie im Hinblick auf einen angemessenen Interessenausgleich nicht verbesserungswürdig wäre, ergibt sich unter prozesstaktischen und -ökonomischen (1) sowie unter Kostengesichtspunkten (2) ein durchaus differenziertes Bild.

1. Prozesstaktik und -ökonomie

Die in Rule 13(a) FRCP und ähnlichen Vorschriften vorgesehene Widerklagelast wird in der Praxis im Allgemeinen begrüßt. Angesichts der Überlastung und Unterfinanzierung der US-amerikanischen Justiz sowie der großen gesellschaftlichen Akzeptanz von Gerichtsverfahren zur Durchsetzung seiner Rechte, die mitunter einer regelrechten Klagefreude weicht („litigious society"), stelle Rule 13(a) FRCP ein willkommenes Werkzeug der Verfahrenskonzentration dar. In Anbetracht dessen wird die Notwendigkeit einer prozessökonomischen Streitbeilegung von den Prozessbeteiligten, Richtern wie Anwälten, betont. Grundsätzlich seien daher die Parteien bemüht, möglichst alle Streitpunkte in einem Verfahren abzuhandeln; häufig würde dies auch durch nachträgliche Änderungen und Ergänzungen der Schriftsätze erreicht (vgl. Rule 15 FRCP).[24] Der Beklagte werde dementsprechend die Erhebung einer Widerklage grundsätzlich der Anstrengung eines separaten Verfahrens vorziehen.[25] Ein solches Vorgehen biete sich zudem schon zur Stärkung der Verhandlungsposition an, um sich also aus einer rein defensiven Beklagten- (auch) in eine Angriffsposition zu begeben; insbesondere für regelmäßig stattfindende Vergleichsverhandlungen sei das ein strategischer Vorteil. Nicht in jedem Fall sei die Erhebung der Widerklage aber prozess-

---

[24] Dies dürfte auch mit der recht kurz bemessenen Klageerwiderungsfrist von 21 Tagen zusammenhängen (Rule 12(a)(1)(A)(i) FRCP, dazu sowie zur längeren Frist bei Verzicht auf Zustellung der Ladung oben S. 123 f. und Kap. 3 Fn. 99), die den Beklagten – insb. bei komplexen zu ermittelnden Sachverhalten – einem gewissen Zeitdruck aussetzt, zumal der *U.S. Supreme Court* zunehmend strenge Anforderungen an die Anspruchsdarlegung im Klage(erwiderungs)schriftsatz stellt („Twiqbal", dazu oben S. 127 ff.).

[25] So auch *Landes*, 14 Int'l Rev. L. & Econ. 235, 244 (1994), der auf Grundlage einer ökonomischen Analyse zu dem Ergebnis kommt, Rule 13(a) FRCP normiere nur das, was eine Partei in der entsprechenden Lage ohnehin tue, und daher die Sinnhaftigkeit der Regelung bezweifelt. Häufig wird darauf verwiesen, bereits die drohende Präklusion durch die Rechtskraft verlange dem Beklagten dieses Vorgehen ab; das ist in Bezug auf *claim preclusion* nach hier vertretener Ansicht unzutreffend (oben S. 87 f.), hinsichtlich der Präklusion einzelner Feststellungen durch *issue preclusion* aber nicht von der Hand zu weisen, s. zu dieser Argumentation etwa *Greenbaum*, 74 Minn. L. Rev. 507, 556 (1990) (*claim* und *issue preclusion*); *Kennedy*, 11 Hous. L. Rev. 255, 257 (1974) (*claim* und *issue preclusion*); *Scott*, 56 Harv. L. Rev. 1, 27 (1942) *(issue preclusion)*; *Hazard/Leubsdorf/Bassett*, Civil Procedure, S. 631 f. *(issue preclusion)*; *Wright*, 39 Iowa L. Rev. 255, 297 (1954).

taktisch die richtige Wahl:[26] Womöglich lasse sich die Klage bereits durch *motion to dismiss for failure to state a claim* nach Rule 12(b)(6) FRCP abwehren. Auch ein *summary judgment* nach Rule 56(a) FRCP biete eine willkommene Option, die Streitigkeit schnell aus der Welt zu schaffen.[27] In diesen Fällen bestehe regelmäßig kein Interesse daran, das Verfahren durch Erhebung einer Widerklage unnötig zu verlängern. Prozesstaktisch könne es zudem – unter Inkaufnahme des strategischen Nachteils – geboten sein, einen *counterclaim* zurückzuhalten, um laufende Vergleichsverhandlungen nicht zu gefährden. Schließlich biete sich die Erhebung einer Widerklage auch dann nicht an, wenn ein anderweitig offenstehendes Forum wesentliche Vorteile, insbesondere im Hinblick auf das anwendbare Recht, verspreche.[28] Nicht verkannt werden dürfe aber, dass in Zweifelsfällen aus anwaltlicher Sicht schon deshalb zur Befolgung einer (vermeintlich) bestehenden Widerklagelast geraten werde, um sich nicht der bei Missachtung einer *compulsory counterclaim*-Vorschrift – und der damit einhergehenden Präklusion des Mandanten mit seinem Anspruch – drohenden Anwaltshaftung auszusetzen.[29]

2. *Prozesskosten*

Keine Rolle bei Überlegungen, Widerklage zu erheben oder – ggf. unter Inkaufnahme des Präklusionsrisikos – anders zu verfahren, spielen nach einhelliger Meinung in der Praxis die mit der Erhebung der Widerklage verbundenen Prozesskosten. Das hängt damit zusammen, dass das Kostenrisiko – anders als in Deutschland[30] – regelmäßig nicht an den Streitwert gekoppelt ist. Die von jeder Partei nach der *American Rule* grundsätzlich unabhängig vom Prozessergebnis zu tragenden Anwaltskosten werden üblicherweise auf Stundenbasis, mitunter auch auf Erfolgsbasis *(contingent fee)*, abgerechnet,[31] sodass die Entscheidung über die Erhebung einer Widerklage nicht unmittelbar ins Gewicht fällt. Für Verfahren vor den Bundesgerichten sind die Gerichtsgebühren ebenfalls streitwertunabhängig; sie werden traditionell niedrig

---

[26] Ähnlich, im Zusammenhang mit einer Klagelast unter Streitgenossen, *Greenbaum*, 74 Minn. L. Rev. 507, 542 (1990) (Klagelast verhindere womöglich Kooperationsbereitschaft); *Friedenthal*, 23 Stan. L. Rev. 1, 35 (1970).

[27] In großen, komplizierten Verfahren („complex litigation“) vor Bundesgerichten seien Richter zunehmend um Streitbeilegung in beschleunigten Verfahren („‚fast tracks‘ or ‚bellwether cases‘“) bemüht, um die Parteien im Übrigen zu Vergleichen zu bewegen, *Cavanagh*, 29 Rev. Litig. 859 (2010). Zum *summary judgment* oben Kap. 3 Fn. 105.

[28] Zur Umgehung der Widerklagelast durch Parallelverfahren noch unten S. 230 ff.

[29] Im Ergebnis auch *Vestal*, 2 Ind. Legal F. 25, 31 (1968); *Sager*, 39 Temp. L.Q. 340, 348 (1966); *Wright*, 39 Iowa L. Rev. 255, 265 (1954).

[30] S. *Hau*, ZZP 117 (2004), 31, 58, der eine Widerklagelast nach US-amerikanischem Vorbild für den deutschen Zivilprozess aus diesem Grund ablehnt.

[31] Ausführlich *Breyer*, Kostenorientierte Steuerung des Zivilprozesses, S. 22 ff., 31 ff., 41 ff.; *Schack*, US-amerikanisches Zivilprozessrecht, Rn. 20 f.

angesetzt, um den Zugang zu den Gerichten zu gewährleisten.[32] Für die Klageerhebung vor einem *Federal District Court* – nicht hingegen für die Widerklageerhebung, für die keine zusätzlichen Gebühren erhoben werden – werden derzeit $ 350 als *filing fee* fällig.[33] Hinzu kommen Gebühren für Kopien von Protokollen und anderen Dokumenten,[34] Zeugen, *docket fees* für Anwälte[35] sowie gerichtlich bestellte Sachverständige und Dolmetscher;[36] wer einen *United States marshal* mit einer Zustellung beauftragt, hat ebenfalls Gebühren zu entrichten und ggf. Kosten des *marshal* zu erstatten.[37] Die Einzelstaaten haben die Gebühren für ihre Gerichtssysteme unterschiedlich geregelt. In New York City beträgt die *filing fee* für einen *commercial claim* $ 25, ein *counterclaim* gegen einen *commercial claim* schlägt streitwertunabhängig mit $ 5 zu Buche.[38] Auch Texas sieht streitwertunabhängige Gebühren vor, unterscheidet aber nach der Anzahl der Kläger: Bei höchstens zehn Klägern beträgt die *filing fee* $ 50, die Obergrenze von $ 200 ist bei mehr als 1.000 Klägern erreicht.[39] Ein *counterclaim* kostet in jedem Fall $ 15.[40] Teurer ist die Rechtsverfolgung in Kalifornien: In *unlimited civil cases* mit einem Streitwert von mehr als $ 25.000 beträgt die *filing fee* für Klage und Klageerwiderung – mit der der in Kalifornien als *cross-complaint* bezeichnete *counterclaim* geltend zu machen wäre – jeweils $ 435.[41] Liegt der Streitwert

---

[32] *Schack*, US-amerikanisches Zivilprozessrecht, Rn. 19.

[33] 28 USC § 1914(a) („*instituting* any civil action, suit or proceeding in such court“, Hervorhebung nur hier).

[34] Diese werden seitenweise berechnet und können daher äußerst kostenintensiv ausfallen, *Breyer*, Kostenorientierte Steuerung des Zivilprozesses, S. 77; *Schack*, US-amerikanisches Zivilprozessrecht, Rn. 19. Zu Kosten für den elektronischen öffentlichen Abruf von Gerichtsdokumenten s. zuletzt den *Electronic Public Access Fee Schedule*, 2013 US Order 0014 (C.O. 0014).

[35] 28 USC § 1923 ($ 20 für ein *trial*, je nach Verfahren nicht mehr als $ 100).

[36] Vgl. 28 USC § 1920. Der *District Court Miscellaneous Fee Schedule* ist abrufbar unter http://www.uscourts.gov/FormsAndFees/Fees/DistrictCourtMiscellaneousFeeSchedule.aspx (Letzter Zugriff: 6.5.2014).

[37] 28 USC § 1921(a), (b) (Festlegung der Gebühren durch *Attorney General*). Ausweislich Rule 54(d)(1) FRCP trägt all diese Kosten grundsätzlich die unterlegene Partei („(…) costs – other than attorney's fees – should be allowed to the prevailing party“).

[38] N.Y.C. CCA §§ 1801–A (Legaldefinition eines *commercial claim*, insb. in Abgrenzung zu einem *small claim*, s. § 1801 – bis $ 5000 exkl. Zinsen und Kosten), 1803–A(a), (d). S. auch http://www.nycourts.gov/courts/nyc/civil/fees.shtml (Letzter Zugriff: 6.5.2014).

[39] Tex. Gov. Code § 51.317(b)(1), (b-1).

[40] Tex. Gov. Code § 51.317(b)(2). S. auch http://www.txcourts.gov/oca/pdf/DistrictClerkCivilFilingFees2010.pdf (Letzter Zugriff: 6.5.2014).

[41] Ca. Gov. Code §§ 70611 f. Zur aktuellen Gebührenhöhe vgl. die Nachweise in http://www.courts.ca.gov/documents/StatewideCivilFeeSchedule062713.pdf (Letzter Zugriff: 6.5.2014).

zwischen $ 10.000 und $ 25.000, beträgt die Gebühr $ 370.[42] Wird der Fall streitwertunabhängig als *complex* eingestuft, hat die Klägerseite sowie jeder Beklagte eine zusätzliche Gebühr von $ 1.000 zu entrichten, die auf Beklagtenseite allerdings auf insgesamt $ 18.000 pro Fall begrenzt ist.[43] Wenngleich etwa in Kalifornien also eine gewisse Streitwertabhängigkeit der Gebühren festzustellen ist, reicht diese freilich nicht an das differenzierte Gebührensystem Deutschlands heran.[44] Zwar ist das (Gerichts-)Kostenrisiko damit auch in den USA im Einzelfall an den Streitwert gekoppelt; allerdings besteht die Abhängigkeit der Gebühren vom Streitwert nicht in einer kleinstufigen Staffelung, sondern nur in Bezug auf eine bestimmte (eher niedrige) Streitwertgrenze, nach deren Überschreiten die Gebühren nicht weiter ansteigen. Vor diesem Hintergrund und in Anbetracht der – bezogen auf die anfallenden Anwaltskosten – moderaten *filing fees* dürften diese selbst in Jurisdiktionen mit der soeben erläuterten begrenzten Streitwertabhängigkeit keinen entscheidenden Einfluss auf die Entscheidung über die Erhebung einer Widerklage haben.

C. Möglichkeiten des Beklagtenschutzes

Die vorstehenden Ausführungen haben die Notwendigkeit eines angemessenen Beklagtenschutzes im Rahmen der Widerklagelast gezeigt. Wenngleich ein solcher Schutz in der Praxis – soweit ersichtlich – nicht ausdrücklich gefordert wird, wird auch hier auf das Missbrauchspotenzial der Rule 13(a) FRCP und entsprechender Vorschriften hingewiesen. Wenn sich der Praktiker zudem im Zweifel der Widerklagelast beugt, obwohl prozesstaktische Erwägungen womöglich gegen die Erhebung einer Widerklage sprechen, sieht sich der Beklagte ebenjener misslichen Situation aus Strukturnachteil und Missbrauchspotenzial ausgesetzt, die seiner Schutzbedürftigkeit zugrunde liegt. Es stellt sich daher die Frage, wie sich ein angemessener Beklagtenschutz realisieren lässt, ohne das in Rule 13(a) FRCP angeordnete Postulat der Verfahrenskonzentration über die Maßen einzuschränken. Unterscheiden lassen sich Maßnahmen, die auf Grundlage der im 3. Kapitel gefundenen Ergebnisse bereits *de lege lata* einen gewissen Beklagtenschutz bieten können (I), und solche, die – bezogen auf die bundesrechtliche Regelung – eine Gesetzesän-

---

[42] Ca. Gov. Code §§ 70613(a), 70614(a).

[43] Ca. Gov. Code § 70616(a), (b). Die Einstufung eines Falls als *complex* erfolgt anhand der Rules 3.400 ff. Ca. R. of Ct.

[44] Vgl. §§ 3 Abs. 1, 34 Abs. 1 GKG und Anlage 2; §§ 2 Abs. 1, 13 Abs. 1 RVG und Anlage 2. Unzutreffend, da pauschal eine Unabhängigkeit der US-amerikanischen Gerichtsgebühren vom Streitwert konstatierend, *Neufang*, Kostenverteilung im US-amerikanischen Zivilprozess, S. 34.

derung erforderlich machten (II). Im Übrigen sollen praktische Wege zur Vermeidung der Widerklagelast erörtert und bewertet werden (III).

I. Beklagtenschutz de lege lata *auf Grundlage der im 3. Kapitel gefundenen Ergebnisse*

1. Restriktive Tatbestandsauslegung

Ein angemessener Schutz des Beklagten lässt sich zuvorderst durch eine restriktive Auslegung des Tatbestands der Rule 13(a) FRCP erreichen, und zwar ohne dass die verfahrenskonzentrierende Wirkung der Regelung ganz oder für einzelne Bereiche aufgegeben werden müsste. Ansetzen lässt sich in objektiver Hinsicht bei der Reichweite der Konnexität (a), in subjektiver Hinsicht beim Begriff der „opposing party“ (b).

a) Konnexität

Zentrales Merkmal von Rule 13(a) FRCP ist das Konnexitätserfordernis von *claim* und *counterclaim*, das mit „transaction or occurrence“ umschrieben ist.[45] Mangels gesetzlicher Definition der Konnexität wurden in Rechtsprechung und Literatur verschiedene Auslegungsansätze entwickelt, die unter Betonung der sich daraus ergebenden prozessökonomischen Verfahrenskonzentration auf eine weite Auslegung der Konnexität abzielen. Der wohl herrschende Ansatz fragt nach einem „logischen Zusammenhang“ von *claim* und *counterclaim* bzw. nach der Identität der *operative facts*. Um der Situation des Beklagten Rechnung zu tragen, ließe sich zur Bestimmung der Konnexität stattdessen auf die Identität der streitentscheidenden Tatsachen *(issues essential to judgment)* abstellen. Dieser Ansatz erweist sich tendenziell als enger, mithin beklagtenfreundlicher, als die herrschende Meinung. Er erlaubt zudem eine zuverlässige Bestimmung der Konnexität im Zweitverfahren und bietet gewisse Synergieeffekte für das Gericht, das sich, sobald die Frage der Präklusion in einem Zweitverfahren gestellt wird, ohnehin mit diesen Tatsachen als Bestandteil der Doktrin der *issue preclusion* auseinandersetzen wird.[46] Dabei mag sich der hier vorgeschlagene, auf die zentralen, die Entscheidung tragenden Tatsachen abstellende Ansatz gar als der prozessökonomischen Streitbeilegung zuträglich erweisen, indem er einer ausufernden Verfahrenskonzentration durch ein allzu weites Verständnis der Konnexität vorbeugt.

---

[45] Ausführlich oben S. 145 ff.

[46] Oben S. 160 ff.

b) Parteibegriff

Die subjektiven Grenzen der Widerklagelast bestimmt der Begriff der „opposing party“: Darunter ist jede Partei zu verstehen, sobald sie dem Widerkläger gegenüber eine gegnerische Position einnimmt. Im Grundsatz besteht die Widerklagelast nur gegenüber bereits in das Verfahren einbezogenen gegnerischen Parteien; eine Last zur parteierweiternden Widerklage existiert folglich nicht. Davon werden in der Rechtsprechung unter Hinweis auf besondere Interessenlagen oder schlicht aus rein prozessökonomisch motivierten Gründen Ausnahmen gemacht: In Fällen, in denen Parteien mehrere Funktionen *(different capacities)* in sich vereinen oder ein besonderes Näheverhältnis zu einer Nicht-Partei aufweisen (*privity* – insbesondere im Rahmen der *representation* bei *class actions*), führt dies im Ergebnis zu einer Last zur parteierweiternden Widerklage. Dass diese Rechtsprechung aus dogmatischer Sicht zweifelhaft ist, wurde bereits gezeigt.[47] Nunmehr soll die Frage aufgeworfen werden, inwiefern sie dem Beklagten unter Wertungsgesichtspunkten zuzumuten ist.

Die Annahme einer parteierweiternden Widerklagelast auf Grundlage bloßer prozessökonomischer Erwägungen verdeutlicht, dass sich klare Regeln für ein präklusionsvermeidendes Prozessverhalten des Beklagten im Hinblick auf mögliche *compulsory counterclaims* kaum aufstellen lassen. Auch die (vorwiegend gesellschaftsrechtlichen) Fälle, in denen eine Widerklagelast gegenüber Nicht-Parteien mit besonderem Interesse am Verfahrensausgang angenommen wird, bergen angesichts der Differenzierung nach Art und Größe der Gesellschaft eine erhebliche Rechtsunsicherheit für den Beklagten. Nicht zuletzt das der *privity* immanente „besondere Näheverhältnis“ taugt kaum als hinreichendes Abgrenzungskriterium für die in Rule 13(a) FRCP angedrohte Präklusion: Die dem Beklagten auch hier entstehende Rechtsunsicherheit tritt im Rahmen der *representation* bei *class actions* besonders deutlich hervor, da sich die Identität sämtlicher repräsentierter *class members*, die – anders als der *representative* – nicht formal Partei des Prozesses sind, nicht aus der Klageschrift ergeben muss und dem Beklagten daher mitunter verborgen bleibt.[48] Verborgen dürfte dem Beklagten (jedenfalls zum maßgeblichen Zeitpunkt des Einreichens der Klageerwiderung) auch bleiben, wer auf der Gegenseite faktisch die Prozessführung kontrolliert und als *privy* damit ebenfalls als *opposing party* in Betracht kommen soll.

---

[47] Oben S. 140 ff.

[48] *Freer*, Civil Procedure, S. 777, 780 (Auflistung sämtlicher Mitglieder der *class* sei mitunter schlicht unmöglich); *Friedenthal/Kane/Miller*, Civil Procedure, S. 763. Davon zu unterscheiden ist wiederum die Frage, ob *(permissive) counterclaims* gegen andere Mitglieder der *class* zugelassen werden sollen, s. dazu die Analyse bei *Steinman*, 69 Geo. L. J. 1171, 1181 ff., 1211 (1981).

Im Interesse des hier angestrebten Beklagtenschutzes – und solange nicht der Gesetzgeber durch eine Definition der *opposing party* und klar umrissener Ausnahmen von derselben oder die obergerichtliche Rechtsprechung einheitliche Regeln in diesem Zusammenhang schafft – sollte es daher bei dem Grundsatz bleiben, dass eine Widerklagelast nur gegenüber gegnerischen Parteien besteht, die bereits in das Verfahren einbezogen sind.[49] Andernfalls entstünde eine erhebliche Präklusionsgefahr des Beklagten gegenüber Nicht-Parteien, die sich im äußersten Fall nur durch eine wie auch immer geartete Nähe zu oder gemeinsame Interessen mit der Prozesspartei auszeichnen.[50] Eine Widerklagelast gegenüber solchen Nicht-Parteien ist erst recht nicht einzusehen, wenn – wie etwa in den Fällen der *class actions* – der Beklagte von deren Existenz im relevanten Verfahren keine Kenntnis hat.[51]

Freilich mag der Beklagte selbst ein Interesse an der Einführung eines ihm gegen eine Nicht-Partei zustehenden *counterclaim* in das Verfahren haben. *De lege ferenda*[52] ließe sich daher über die Zulassung von *permissive counterclaims* in diesen Fällen nachdenken, um dem Beklagten immerhin die

---

[49] Im Ergebnis auch *Mosdos Chofetz Chaim, Inc. v. Village Of Wesley Hills*, 701 F.Supp.2d 568, 591 (S.D.N.Y. 2010); *Sony Financial Services, LLC v. Multi Video Group, Ltd.*, 2003 WL 22928602 *5 (S.D.N.Y. 2003) („Unless defendants have clear notice as to what entities constitute an ‚opposing party' under Rule 13, there is a danger that these defendants will later be unwittingly barred from asserting otherwise valid claims").

[50] Treffend *GIA-GMI, LLC v. Michener*, 2007 WL 1655614 *4 (N.D.Cal. 2007) („To accept the expansive definition of this term [‚opposing party'] (...) would erode the Rule's clarity to the point that litigants would simply have to guess in each individual case whether a court would determine that a potential defendant to a counterclaim is an ‚opposing party'."). S. auch *Mosdos Chofetz Chaim, Inc. v. Village Of Wesley Hills*, 701 F.Supp.2d 568, 591 (S.D.N.Y. 2010). Die Präklusionsgefahr erkennt auch *Greenbaum*, 74 Minn. L. Rev. 507, 518, 550 ff. (1990).

[51] Vgl. im Ergebnis *Johns v. Rozet*, 141 F.R.D. 211, 218 (D.D.C. 1992); *Frederick County Fruit Growers Association v. Dole*, 709 F.Supp. 242, 246 (D.D.C. 1989); *Aamco Automatic Transmissions, Inc. v. Tayloe*, 67 F.R.D. 440, 450 (E.D.Pa. 1975); *Donson Stores, Inc. v. American Bakeries Co.*, 58 F.R.D. 485, 488 f. (S.D.N.Y. 1973). Dagegen aber für Zulassung von *permissive counterclaims* – also nicht bezogen auf die ungleich stärker belasteten Interessen des Beklagten im Rahmen von *compulsory counterclaims* – aus prozessökonomischen Gründen *In re Financial Partners Class Action Litigation*, 597 F.Supp. 686, 688 f. (N.D.Ill. 1984). S. auch *National Super Spuds, Inc. v. New York Mercantile Exchange*, 75 F.R.D. 40, 42 ff. (S.D.N.Y. 1977); *Partain v. First Nat. Bank of Montgomery*, 59 F.R.D. 56, 59 f. (M.D.Ala. 1973). Krit. zu *Donson* und *Super Spuds Steinman*, 69 Geo. L. J. 1171, 1175 ff. (1981), die im Ergebnis (1220 f.) für eine differenzierende Sichtweise anhand der *core characteristics* einer Partei plädiert, zugleich aber konzediert, dies sei ein komplexes und mitunter spekulatives Unterfangen, das in einer uneinheitlichen Rechtsprechungspraxis resultieren könne.

[52] Eine Gesetzesänderung würde notwendig, denn im Hinblick auf das Tatbestandsmerkmal „opposing party" besteht Deckungsgleichheit zwischen *permissive* und *compulsory counterclaims* nach Rule 13(a) FRCP.

Möglichkeit einer umfassenden Streitbeilegung zu gewähren und eine Verfahrenskonzentration nicht *per se* zu verhindern. Zumindest für *class actions* werden dagegen aber Bedenken vorgebracht: Insbesondere in Massenverfahren drohten eine Vielzahl von *counterclaims* gegen Mitglieder der *class*, die zur Ablehnung der erforderlichen Zulassung der *class* nach Rule 23(c)(1) FRCP durch das Gericht führten und damit das grundlegende Ziel einer *class action*, namentlich eine prozessökonomische Vermeidung mehrfacher Verfahren, verhinderten.[53]

2. *Ausnahmen von der Widerklagelast*

Abgesehen von einer restriktiven Tatbestandsauslegung sieht Rule 13(a) FRCP selbst bestimmte Schutzmechanismen zugunsten des Beklagten vor, die als Ausnahmen von der Widerklagelast in Rule 13(a)(2) FRCP geregelt sind. Rule 13(a)(2)(A) FRCP befreit den Beklagten von der Widerklagelast, wenn sein *counterclaim* bei Einleitung des Verfahrens bereits anderweitig rechtshängig war.[54] Der Schutz der Dispositionsbefugnis des Beklagten für seinen *claim* drückt sich hier in der fortgesetzten Maßgeblichkeit von dessen Forumswahl aus; das durch diesen initiierte Erstverfahren soll sich richtigerweise durchsetzen. In der Regel wird ein Zweitverfahren über denselben Prozessstoff, in dem sich der Beklagte der Ausnahme bedienen könnte, indes bereits durch die an den potenziellen Zweitkläger gerichtete Widerklagelast im Erstforum verhindert werden. Aus praktischer Sicht erscheint der durch diese Ausnahme erreichte Beklagtenschutz daher gering. Selbiges gilt für Rule 13(a)(1)(B) FRCP, die für (seltene) Verfahren *in rem* ohne *personal jurisdiction* für den Beklagten eine Ausnahme von der Widerklagelast vorsieht.

In der Rechtsprechung haben sich in bestimmten Konstellationen praxisrelevantere Ausnahmen von der Widerklagelast herausgebildet.[55] Bemerkenswert ist, dass diese keineswegs stets mit der Schutzbedürftigkeit des Beklagten begründet werden; insbesondere in den auf materiellrechtlichen Erwägungen basierenden Ausnahmefällen steht mitunter der Schutz des Klägers im Vordergrund. So wird etwa in TILA-Verfahren (Verbraucher klagt gegen Bank) von einer Widerklagelast abgesehen, um dem Verbraucher nicht den Anreiz zu nehmen, Verstöße gegen den TILA geltend zu machen. Ähnlich wird von den Befürwortern einer Ausnahme in *qui tam*-Verfahren auf Grund-

---

[53] Vgl. *Steinman*, 69 Geo. L. J. 1171, 1173 ff. (1981) („significant victory for the defendants"), die im Übrigen *counterclaims* gegen Mitglieder der *class* nicht zulassen will, um die allgemeine Bereitschaft zur Teilnahme an *class actions* nicht zu gefährden (ebenda, 1217 ff.).

[54] Oben S. 173 ff.

[55] Oben S. 178 ff. Zu praktischen Wegen der Vermeidung der Widerklagelast durch Parteivereinbarung unten S. 225 ff.

lage des FCA argumentiert. In Patent- und Kartellstreitigkeiten führt im Zusammenhang mit dem *Clayton Act* hingegen das Interesse der Öffentlichkeit an der Ahndung von Wettbewerbsverstößen zur Ablehnung einer Widerklagelast. Der daraus resultierende reflexartige Schutz des Beklagten dürfte aufgrund der besonderen materiellrechtlichen Konstellationen indes auf ebendiese Fälle beschränkt bleiben. Zu begrüßen ist die Ausnahme von der Widerklagelast für Fälle isolierter Feststellungsklagen. Dies deshalb, weil Feststellungsklagen in noch größerem Umfang als Leistungsklagen ein erhebliches Missbrauchspotenzial für den Kläger bieten, dem Beklagten ein missliebiges Forum für seinen *counterclaim* aufzuzwängen.[56] Das zeigen nicht zuletzt die leidvollen Erfahrungen auf international-verfahrensrechtlicher Ebene („italienischer Torpedo").[57] Vor diesem Hintergrund sollte die in einer Patentstreitigkeit entworfene Ausnahme von der Widerklagelast zugunsten des Beklagten verallgemeinert und auf alle Fälle isolierter Feststellungsklagen angewendet werden.[58] Zu diesem Zweck und aus Gründen der Rechtssicherheit ließe sich Rule 13(a) FRCP um eine entsprechende Ausnahme ergänzen; Rule 13(a)(2)(C) FRCP könnte lauten: „[The pleader need not state the claim if] *the only relief sought in the action is a declaratory judgment.*"

II. Beklagtenschutz de lege ferenda

Neben dieser Ausnahme von der Widerklagelast für isolierte Feststellungsklagen geht es im Folgenden um weitere Überlegungen zum Beklagtenschutz, die bezogen auf Rule 13(a) FRCP eine Gesetzesänderung erforderlich machten. Anregungen lassen sich insbesondere den einzelstaatlichen *compulsory counterclaim*-Vorschriften entnehmen.

1. Versagung der Kostenerstattung in Zweitverfahren statt präklusionsbewehrter Widerklagelast

Größtmöglicher Beklagtenschutz ließe sich durch den gänzlichen Verzicht auf eine präklusionsbewehrte Widerklagelast unter Verweigerung der Mög-

---

[56] Vgl. auch Note, 62 Harv. L. Rev. 787, 829 f. (1949) („By this rule, plaintiff may be able to force the defendant to litigate his claims earlier than would be possible if counterclaims were compulsory only in coercive actions, since plaintiff may seek declaratory relief although he has no accrued coercive remedy." – dies sodann indes unter Rückgriff auf das Ziel der Verfahrenskonzentration von Rule 13(a) FRCP rechtfertigend).

[57] Ausdrücklich *Sander/Breßler*, ZZP 122 (2009), 157, 173 (Aufzwingen des Gerichtsstands als „Teilsieg" des Torpedoklägers). Dazu bereits oben S. 184 ff.

[58] Vorsichtige Sympathie für eine solche Ausnahme äußert Note, 73 Harv. L. Rev. 1410, 1414 (1960) („may be desirable"). Hingegen behauptet *Millar*, Civil Procedure in Historical Perspective, S. 137, gar die weitgehende Akzeptanz dieser Ausnahme, ohne einen entsprechenden Nachweis zu führen.

lichkeit der Kostenerstattung im Zweitverfahren erreichen.[59] Wer allerdings das Postulat der Verfahrenskonzentration ernst nimmt, muss sich diesem Weg verweigern: Die Doppelbelastung der Justiz und übrigen Prozessbeteiligten durch ein Zweitverfahren über einen konnexen Anspruch des Beklagten soll durch *compulsory counterclaims* gerade verhindert werden. Zweifelhaft erscheint auch, ob die Gefahr, in einem Zweitverfahren auf seinen Prozesskosten sitzen zu bleiben, den Beklagten zur gewünschten Verfahrenskonzentration durch Einführung seines Anspruchs in das Erstverfahren anhalten wird: Die grundsätzlich erstattungsfähigen (Gerichts-)Kosten sind tendenziell gering und seine Anwaltskosten muss der Beklagte im Grundsatz unabhängig vom Ausgang des Verfahrens selbst tragen; indes wären ihm die vielfältigen Ausnahmen von der *American Rule*, die eine Kostenerstattung erlauben, versperrt.[60] Weil die Doppelbelastung der Justiz und übrigen Prozessbeteiligten auf diesem Weg aber nicht effektiv verhindert werden kann, ist die bloße Verweigerung der Kostenerstattung im Zweitverfahren anstelle der Präklusionsandrohung der Rule 13(a) FRCP im Sinne eines angemessenen Interessenausgleichs abzulehnen.

2. *Streitwertabhängige Ausnahmen*

Unter Aufrechterhaltung einer präklusionsbewehrten Widerklagelast ließe sich die Belastung des Beklagten durch streitwertabhängige Ausnahmen mindern. Diese könnten die Gestalt einer absoluten Streitwertgrenze annehmen, ab der die Widerklagelast entfiele: Übersteigt der Streitwert des *counterclaim* einen bestimmten Betrag, stünde es dem Beklagten sodann frei, seinen Anspruch (nicht) widerklagend in das Verfahren einzuführen. Auch eine relative Streitwertgrenze käme in Betracht, die die Widerklagelast an ein bestimmtes Streitwertverhältnis von Klage und Widerklage koppelt: Eine Widerklagelast könnte so etwa entfallen, wenn der Streitwert der Widerklage den Streitwert der Klage übersteigt (Streitwertverhältnis > 1:1) oder ein anderes Verhältnis annimmt.[61]

Rechtfertigen ließen sich derartige Überlegungen unter der Annahme, dass die Schutzwürdigkeit der Dispositionsbefugnis des Beklagten mit der Höhe des Streitwerts seines Anspruchs steigt, sodass der Dispositionsbefugnis ab einem bestimmten Betrag oder Verhältnis der Vorrang vor der Last zur Verfahrenskonzentration einzuräumen wäre. Insbesondere dem der Rule 13(a) FRCP immanenten Missbrauchspotenzial für den Kläger – Erhebung einer wirtschaftlich unbedeutenden und/oder aussichtslosen Klage vor einem für den Beklagten ungünstigen Gericht – ließe sich mit einer relativen Streitwert-

---

[59] So in Nebraska, dazu oben S. 196 f.

[60] S. dazu Nachweise in Kap. 3 Fn. 473 f.

[61] Eine relative Kappungsgrenze sieht auch § 322 Abs. 2 ZPO vor, dort freilich bezogen auf die Rechtskraftwirkung der Entscheidung über die Aufrechnung.

grenze wirksam begegnen. Auf der anderen Seite steht zu vermuten, dass der von den Parteien betriebene Prozessführungsaufwand mit steigendem Streitwert zunimmt, und sich dieser Aufwand in der Arbeitsbelastung der Justiz widerspiegelt, etwa was den Einsatz von Beweismitteln, insbesondere die Vernehmung von Zeugen, angeht. Diesen Zusammenhang unterstellt, muss das (jedenfalls öffentliche) Interesse an einer zuverlässigen Vermeidung einer Doppelbelastung der Justiz – und also am Fortbestehen der Widerklagelast – in Fällen mit hohen Streitwerten als besonders groß gelten. Gegen streitwertabhängige Ausnahmen von der Widerklagelast spricht zudem die derartigen Grenzen eigene Willkür: Warum die Grenze von Last zu Möglichkeit bei $ 10.000 und nicht bei $ 50.000 oder gar $ 100.000 zu ziehen sein soll, lässt sich nicht recht begründen; ebenso verhält es sich mit relativen Streitwertgrenzen. Die sich letztlich als rechtspolitische Entscheidung erweisende konkrete Grenzziehung wird dadurch erschwert, dass sie naturgemäß auf eine Vielzahl von Fällen anwendbar sein muss. Wer aber die Grenze der Widerklagelast etwa bei einem Streitwert der Widerklage von $ 100.000 ziehen wollte, würde damit womöglich im Unternehmensverkehr eine spürbare Entlastung des beklagten Unternehmens herbeiführen, dem beklagten Verbraucher im Zweifel aber kaum zu größerer Dispositionsbefugnis über seinen konnexen Anspruch mit niedrigem Streitwert verhelfen. Freilich ließe sich über unterschiedliche Streitwertgrenzen in Abhängigkeit der beteiligten Prozessparteien nachdenken; für den Verbraucher-Beklagten könnte so eine niedrigere Schwelle für die Befreiung von der Widerklagelast als für den Unternehmer-Beklagten angesetzt werden. Abgesehen von der Frage der Praktikabilität derartiger Unterscheidungen, ist eine in diesem Sinne differenzierte Rechtslage im Rahmen der FRCP – soweit ersichtlich – ohne Vorbild.[62]

3. *Prozessführung durch Versicherer*

Wenig überzeugend erscheint auch eine Ausnahme von der Widerklagelast für Fälle, in denen ein Versicherer die Prozessführung des Beklagten kontrolliert.[63] Bereits im Rahmen der Rechtsfolgendogmatik der Rule 13(a) FRCP wurde ausgeführt, dass ein etwaiges Fehlverhalten des Versicherers gegenüber seinem Versicherten, dem Beklagten, zwischen diesen Parteien zu klären sein sollte und nicht im Verhältnis zum Kläger, dieser also von einem Zweit-

---

[62] Freilich sieht etwa Rule 4 FRCP Unterschiede bei der Zustellung der Ladung *(summons)* an Privatpersonen (Rule 4(e)) und Gesellschaften („corporation, partnership, or association", Rule 4(h)) vor; diese sind aber den tatsächlichen Gegebenheiten geschuldet und basieren nicht auf Überlegungen zur unterschiedlichen wirtschaftlichen Situation der Prozessparteien. Selbiges gilt für die Unterscheidung im Rahmen der Prozessfähigkeit *(capacity to sue)*, vgl. Rule 17(b) FRCP.

[63] So in Alabama und Mississippi, oben S. 201 f.

verfahren verschont bleiben sollte.[64] Abgesehen davon wird die hier favorisierte, sogleich zu erläuternde Ausnahme *de lege ferenda* die typischen Fälle der Prozessführung durch einen Versicherer mitumfassen.

4. Ausnahme für Ansprüche im Zusammenhang mit (Kraftfahrzeug-)Unfällen

Ein weitergehender Beklagtenschutz ließe sich durch Bereichausnahmen für bestimmte Ansprüche erreichen, etwa für solche im Zusammenhang mit (Kraftfahrzeug-)Unfällen.[65] Im Grundsatz überzeugt dieser Ansatz, weil er den deliktisch Geschädigten als Beklagten prozessual privilegiert. Kaum einzusehen ist indes, warum sich eine derartige Ausnahmeregelung allein auf Kraftfahrzeugunfälle beschränken soll. Im äußersten Fall hieße das, den Autounfallgeschädigten zu schützen, den Radunfallgeschädigten hingegen einer Widerklagelast auszusetzen. Auch die Begrenzung auf Unfallszenarien ist vor diesem Hintergrund kaum einleuchtend.[66] Daher bietet es sich an, den Beklagten stattdessen wie folgt zu schützen:

5. Vorschlag einer Ausnahme für deliktische Ansprüche unter Versagung der Kostenerstattung im Zweitverfahren

Der deliktisch Geschädigte ist auf materieller Ebene besonders schutzwürdig.[67] Das gilt allemal bei vorsätzlichen Schädigungen, im Übrigen aber auch deshalb, weil sich der so Geschädigte seinen Schuldner – anders als in Vertragsangelegenheiten – nicht aussuchen kann. Die materielle Schutzwürdigkeit des Geschädigten spiegelt sich regelmäßig im Verfahrensrecht wider, insbesondere in der Eröffnung zusätzlicher Zuständigkeiten,[68] die dem potenziellen Kläger das bereits erwähnte *forum shopping* ermöglichen. Durch die hier vorgeschlagene Ausnahme von der Widerklagelast für deliktische Ansprüche[69] wird dem in Anbetracht der deliktischen Schädigung besonders schutzwürdigen Beklagten immerhin für entsprechende Ansprüche diese Möglichkeit des *forum shopping* erhalten. Das ist im Bereich der unerlaubten

---

[64] Oben S. 192 ff.

[65] So in Maine, Rhode Island und Massachusetts, oben S. 201.

[66] Die Begründung dieser Regelung in den Einzelstaaten, namentlich die in diesen Fällen übliche Prozessführung durch einen Versicherer, lässt sie nicht sinnvoller erscheinen. Dazu bereits oben S. 192 ff., 201.

[67] Einführend zum vielfältigen US-amerikanischen Recht der unerlaubten Handlungen etwa *Hay*, US-amerikanisches Recht, Rn. 352 ff.

[68] So sieht etwa 28 USC § 1346(b)(1) die ausschließliche Zuständigkeit der *District Courts* für Klagen wegen unerlaubter Handlungen der USA bzw. ihrer Angestellter nach dem *Federal Tort Claims Act* („FTCA", 28 USC §§ 2671 ff.) vor. Besondere Erwähnung finden *tort claims* etwa auch in der *venue*-Vorschrift Missouris, s. Mo. St. § 508.010. Für Deutschland s. § 32 ZPO, Art. 5 Nr. 3 Brüssel I-VO.

[69] So in Tennessee und Minnesota, oben S. 200.

Handlungen von besonderer Bedeutung, steht hier doch häufig der (zusätzliche) Anspruch auf *punitive damages* im Raum – jenem Strafschadensersatz, der ein besonders verwerfliches Verhalten des Schädigers zivilrechtlich sanktionieren soll –, deren Verfügbarkeit im einzelstaatlichen Recht mitunter stark variiert.[70] Auch die in ihrer Bedeutung nicht zu unterschätzende Auswahl der Richter und insbesondere die Zusammensetzung der Jury werden durch die Forumswahl beeinflusst.[71] Eine Ausnahme von der Widerklagelast für deliktische Ansprüche vermag zudem den Bedenken derjenigen zu begegnen, die den präklusionsbedrohten Beklagten vor einer Prozessführung durch seinen Versicherer schützen und daher entweder entsprechende Ausnahmen vorsehen oder die dogmatische Grundlage der Präklusion als *waiver-* bzw. *estoppel*-Wirkung verstanden wissen wollen: Üblicherweise dürften die dem Beklagten in diesen Fällen zustehenden Ansprüche deliktischer Natur sein und daher nach hier vertretener Auffassung nicht unter die Widerklagelast der Rule 13(a) FRCP fallen.

Indes wurde gegen Lösungen wie die hier vorgeschlagene schon früh vorgebracht, sie enthöben *compulsory counterclaims* weitgehend ihres Zweckes; derartige Ausnahmen seien zu weitreichend in Anbetracht der Tatsache, dass der überwiegenden Zahl der Gerichtsverfahren deliktische Ansprüche zugrunde lägen.[72] Diese Behauptung ist bereits an sich zweifelhaft[73] und verkennt im Übrigen, dass Verfahrenskonzentration durch eine Ausnahme für deliktische Ansprüche keineswegs verhindert würde, sondern lediglich in das Ermessen des Beklagten gestellt wird, Rule 13(b) FRCP. Das erscheint angesichts der materiellrechtlichen wie prozessualen Schutzbedürftigkeit des Be-

---

[70] Grundlegend zu *forum shopping* und *punitive damages Borchers*, 70 La. L. Rev. 529 (2010), insb. bei 542 ff. zu den erheblichen Unterschieden in der einzelstaatlichen Gesetzgebung. Einführend zu *punitive damages* sowie zu Beschränkungen der Verfügbarkeit von *punitive damages* in der Rechtsprechung des *U.S. Supreme Court* und der einzelstaatlichen Gesetzgebung *Hay*, US-amerikanisches Recht, Rn. 421 ff.; *Sebok*, in: Koziol/Wilcox, Punitive Damages, 2009, S. 155, 187 ff. (s. auch den detaillierten Anhang des Werkes zur Rechtslage in sämtlichen Einzelstaaten, S. 309 ff.); *Yeazell*, Civil Procedure, S. 294 ff.

[71] *Greenbaum*, 74 Minn. L. Rev. 507, 538 (1990); *Borchers*, 70 La. L. Rev. 529, 532 ff. (2010); *Bassett*, 84 N.C. L. Rev. 333, 350 f. (2006); Note, 103 Harv. L. Rev. 1677, 1678 f. (1990).

[72] So bezogen auf Ansprüche im Zusammenhang mit Kraftfahrzeugunfällen, indes ohne Zahlennachweise, *Wright*, 39 Iowa L. Rev. 255, 293 (1954) („Since accident cases make up the bulk of litigation today, there would be precious little purpose in a compulsory counterclaim rule which did not have such cases within its orbit."); *ders.*, 36 Minn. L. Rev. 580, 588 ff. (1952). Dass Gerichtsverfahren größtenteils auf deliktischen Ansprüchen basieren, meint auch *Hay*, US-amerikanisches Recht, Rn. 352 – ebenso ohne Nachweise.

[73] Vgl. *Yeazell*, Civil Procedure, S. 283, der unter Berufung auf verschiedene (auch einzelstaatliche) Quellen von einer „dominance of contract cases" spricht und deren Anteil am Gesamtaufkommen der Zivilverfahren auf 54%, den Anteil deliktischer Fälle hingegen lediglich auf 4,4% beziffert.

klagten angemessen. Im Übrigen besteht die nicht unwahrscheinliche Möglichkeit, dass der Kläger in derartigen Fällen selbst aus Delikt klagt und ein entsprechend günstiges Forum wählt, mit dem sich der Beklagte einverstanden zeigen kann, aber – und das ist entscheidend – nicht „muss".[74] Den Kritikern des hiesigen Vorschlags ist jedoch zuzugeben, dass deliktischen Ansprüchen meist ein isoliertes Schadensereignis zugrunde liegt, sich der Sachverhalt also regelmäßig recht komfortabel in einem Verfahren unter Berücksichtigung sämtlicher konnexer Ansprüche der Parteien abhandeln lässt. Um dem Beklagten insofern einen – neben ohnehin anzustellenden Praktikabilitätserwägungen – zusätzlichen Anreiz zur (freiwilligen) Einführung seines *counterclaim* in das Verfahren zu bieten, ließe sich die soeben als allgemeine Lösung noch abgelehnte Verweigerung der Kostenerstattung in einem Zweitverfahren über den nicht eingeführten Anspruch heranziehen. So bestünde für den Beklagten immerhin die Gefahr, sich den eine Kostenerstattung erlaubenden gesetzlichen wie richterrechtlichen Ausnahmen von der *American Rule* nicht bedienen zu können, sowie, trotz etwaigen Obsiegens, die übrigen (Gerichts-)Kosten tragen zu müssen.[75] Nicht verkannt wird, dass Rechtsverfolgungskosten (faktisch oder intendiert) auch durch *punitive damages* ersetzt werden.[76] So weit kommt es aber nur und erst dann, wenn *punitive damages* in der betreffenden Jurisdiktion überhaupt verfügbar sind, aufgrund des konkreten (besonders verwerflichen) Verhaltens des Klägers im Einzelfall in Rede stehen, der Beklagte mit seinem Anspruch im Zweitverfahren obsiegt und den ihm zugesprochenen Betrag an *punitive damages* schließlich nicht größtenteils aufgrund sog. *split recovery*-Gesetze mit bestimmten Einrichtungen der öffentlichen Hand teilen muss.[77] Insofern besteht für den Beklagten

---

[74] Der Beklagte „muss" gar nichts, ihn trifft bekanntlich allenfalls eine dahingehende Last.

[75] Vgl. Rule 54(d)(1) FRCP: „Unless a federal statute, these rules, or a court order provides otherwise, costs – other than attorney's fees – should be allowed to the prevailing party.".

[76] S. nur *Breyer*, Kostenorientierte Steuerung des Zivilprozesses, S. 116 f. (*punitive damages* als „funktionale Ausnahme zur *American Rule*").

[77] Auf letzteren Aspekt verweist auch *Breyer*, Kostenorientierte Steuerung des Zivilprozesses, S. 116. In Indiana erhält ein *violent crime victims compensation fund* 75% der erstrittenen *punitive damages*-Summe (Ind. St. § 34–51–3–6(c)(2), § 5–2–6.1–40), in Oregon gehen 60% der Summe an einen *Criminal Injuries Compensation Account* und 10% an einen *State Court Facilities and Security Account* – letzteres ausschließlich zum Zwecke von „[c]apital improvements for courthouses and other state court facilities" (Or. St. § 31.735(1)(b), (c), § 1.178(2)(d)). In Missouri sind immerhin noch 50% der Summe an einen *tort victims' compensation fund* zu zahlen – allerdings nach Abzug der Anwaltskosten und sonstigen Ausgaben (Mo. St. § 537.675(3)). *Split recovery*-Gesetze dienen unter anderem der Einschränkung der Bereicherung *(windfall)* des Klägers und sollen eine allzu leichtfertige Klageerhebung *(frivolous litigation)* verhindern, s. *Sebok*, in: Koziol/Wilcox, Punitive Damages, 2009, S. 155, 176. Kritik der Lobby der Klägeranwälte und großen

nach der hier vorgeschlagenen Regelung *ex ante* weiterhin die Gefahr, keine Kostenerstattung in einem potenziellen Zweitverfahren zu erreichen. Der monetäre Anreiz zur freiwilligen Verfahrenskonzentration dürfte daher durch die hypothetische Erstattungsfähigkeit der Kosten durch *punitive damages* im Zweitverfahren nicht unterlaufen werden, zumal, wenn auch im Erstforum *punitive damages* verfügbar sind, in dem der Beklagte auch im Übrigen Kostenerstattung nach den allgemeinen Grundsätzen verlangen kann.

Im Ergebnis wird mit der hier vorgeschlagenen Ausnahme von der Widerklagelast für deliktische Ansprüche unter Versagung der Kostenerstattung der Dispositionsbefugnis des Beklagten Rechnung getragen und die „prozessuale Waffengleichheit" zwischen Kläger und Beklagtem für den deliktischen Bereich weitgehend wiederhergestellt. Es wird ein angemessener Ausgleich der berührten Interessen, unter Berücksichtigung auch der Interessen der an ökonomischer Streitbeilegung interessierten Öffentlichkeit, erreicht. Nach alledem könnte eine entsprechend neu einzufügende Ausnahme in Rule 13(a)(2)(D) FRCP lauten: „[The pleader need not state the claim if] *the claim arises out of tort. If the pleader does not state the claim, the pleader cannot recover costs against the opposing party in any subsequent action on that claim.*"

III. Praktische Wege zur Vermeidung der Widerklagelast – „Prävention statt Präklusion"

Gesetzesänderungen stehen und fallen mit dem politischen Willen zu ihrer Umsetzung. Dieser Wille ist im Hinblick auf die soeben unterbreiteten Änderungsvorschläge ungewiss; das gilt umso mehr angesichts des hohen Stellenwerts, den eine möglichst umfassende Verfahrenskonzentration im US-amerikanischen Zivilverfahrensrecht einnimmt. Dieser Umstand soll zum Anlass genommen werden, im Anschluss an die erörterten Möglichkeiten des Beklagtenschutzes *de lege lata* abschließend aufzuzeigen, inwiefern praktische Wege zur Vermeidung der Widerklagelast bestehen und im Hinblick auf den hier angestrebten Interessenausgleich überzeugen können. Im Folgenden gilt also statt „use it or lose it" nunmehr: „Prävention statt Präklusion".

1. Vermeidung der Widerklagelast durch Parteivereinbarung

Ein kautelarjuristisches Mittel zur (relativen) Vermeidung der Widerklagelast in Vertragsstreitigkeiten ist die Vereinbarung einer Schieds- oder Gerichtsstandsklausel. Nach wohl als gefestigt zu bezeichnender Rechtsprechung gilt nämlich eine Ausnahme von der Widerklagelast in Fällen, in denen der frag-

---

Wirtschaftsunternehmen an derartigen Gesetzen verwundert angesichts dieser Zielsetzung nicht, vgl. *Berry*, 27 Seton Hall L. Rev. 167, 200 f. (1996) (zur Verhinderung eines derartigen Gesetzes durch Lobbygruppen in New Jersey).

liche Anspruch des Beklagten einer solchen Klausel unterliegt und deshalb in einem anderen Forum geltend zu machen ist.[78] Daraus folgt zugleich die bloß relative Wirkung dieser Vermeidungsstrategie: Sie hilft dem Beklagten einerseits dann, die klägerische Forumswahl für seine konnexe Widerklage zu umgehen, wenn der Kläger *in casu* abredewidrig in einem Forum klagt, das nicht vertraglich vereinbart ist. Dazu könnte sich der Kläger veranlasst sehen, wenn und weil er die (Einbeziehung der) Klausel für unwirksam hält und sich daher an diese nicht gebunden fühlt.[79] Andererseits kann sich der Beklagte der Widerklagelast unter Hinweis auf eine Schieds- oder Gerichtsstandsklausel widersetzen, wenn der Kläger wegen eines Anspruchs klagt, der der Klausel nicht unterfällt und der Beklagte einen zu diesem Anspruch konnexen Gegenanspruch hat, der der Klausel unterfällt;[80] in diesem Fall trifft den Beklagten die Widerklagelast nicht im klägerischen Forum. Verhält sich der Kläger hingegen klauselkonform, trifft den Beklagten in diesem klauselkonformen (staatlichen[81]) Forum die Widerklagelast nach allgemeinen Grundsätzen.

Die Vereinbarung einer Schieds- oder Gerichtsstandsklausel ist mithin kein Mittel zur absoluten Vermeidung der Widerklagelast, sondern verhindert diese nur in Fora, die in einer entsprechenden Klausel nicht vorgesehen sind.[82] Durch eine derartige Klausel schafft sich der Beklagte im Wege des

---

[78] Oben S. 187 f.

[79] Vgl. *Peiffer*, Schutz gegen Klagen im *forum derogatum*, S. 15 f. Eingehend zur Einbeziehung und Inhaltskontrolle von AGB-Gerichtsstandsklauseln *Eichel*, AGB-Gerichtsstandsklauseln, S. 167 ff., 189 ff.

[80] So zur Verhinderung der Umgehung von Schiedsvereinbarungen *Local Union No. 11, Intern. Broth. Of Elec. Workers, AFL-CIO v. G.P. Thompson Elec., Inc.*, 363 F.2d 181, 185 (9th Cir. 1966).

[81] Zwar finden die FRCP ausweislich Rule 81(a)(6)(B) FRCP grundsätzlich auch auf Schiedsverfahren auf Grundlage des *Federal Arbitration Act* (43 Stat. 883; 9 USC §§ 1 ff.) Anwendung, sofern dieser keine abweichenden Regelungen trifft. Allerdings gilt dies nur insoweit, als der *Federal Arbitration Act* überhaupt auf das staatliche Gerichtsverfahren Bezug nimmt („to the extent applicable"), s. *Wright/Miller/Kane*, in: Fed. Prac. & Proc., § 1015 nach Fn. 3 („It is only the judicial proceedings under the Arbitration Act (…) that are subject to the rules.") Eine solche Bezugnahme ist im Hinblick auf Rule 13(a) FRCP nicht zu erkennen; vielmehr gelten insoweit die parteiautonom vereinbarten Schiedsregeln, etwa die von der *American Arbitration Association (AAA)* herausgegebenen *Commercial Arbitration Rules*, *dies.*, in: Fed. Prac. & Proc., § 1015 nach Fn. 4. Diese sehen in R–5(b) zwar eine Widerklagemöglichkeit, nicht aber eine dahingehende Last vor (abrufbar in der Fassung von Oktober 2013 unter http://www.adr.org/aaa/ShowProperty?nodeId=/UCM/ADRSTG_004103&revision=latestreleased, letzter Zugriff: 6.5.2014).

[82] Nicht unüblich sind sog. asymmetrische Gerichtsstandsklauseln, die einer Partei (etwa dem Verkäufer) mehrere Fora eröffnen, während die andere Partei ausschließlich auf ein Forum beschränkt ist, näher *Eichel*, AGB-Gerichtsstandsklauseln, S. 41, 214 f. m.N. (Zulässigkeit derartiger Klauseln im US-Bundesrecht).

parteiautonomen *forum planning*[83] also eine Möglichkeit, das (auch) für seine Widerklage vereinbarte Forum unter Vermeidung einer anderweitig bestehenden Widerklagelast durchzusetzen. Für den Fall, dass der Kläger ein abredewidriges Forum für seine Klage gewählt hat oder sein Anspruch der Abrede nicht unterfällt, geht die Durchsetzung eines klauselkonformen Forums für die Widerklage zulasten der Verfahrenskonzentration, sofern der Beklagte nicht auch ein klauselkonformes Forum für die Klage selbst durchsetzen möchte und aus diesem Grund Ab- bzw. Verweisung der abredewidrigen Klage beantragt.[84] Hat der Beklagte mit diesem Vorgehen Erfolg, wäre dem Kläger in dem vom Beklagten angestrengten, abredegemäßen Verfahren wiederum die Geltendmachung seiner, der klägerischen, Ansprüche im Wege der Widerklage möglich. Ein solches Vorgehen erwiese sich aus prozessökonomischer Sicht als sinnvoll.[85]

Darüber hinaus ist fraglich, inwiefern Rule 13(a) FRCP außerhalb von Schieds- und Gerichtsstandsvereinbarungen (absolut) derogierbar ist. Eine Derogation der Vorschrift böte sich wiederum in vertraglichen Angelegenheiten an, zumal deliktische Ansprüche nach hier vertretener Lösung ohnehin nicht unter Rule 13(a) FRCP fallen.[86] Wenngleich die Frage der Derogierbar-

---

[83] Zu diesem Begriff m.N. *Sander/Breßler*, ZZP 122 (2009), 157, 181, die in ähnlichem Zusammenhang einen Schutz vor der suspendierenden Wirkung des Art. 27 Brüssel I-VO durch die Vereinbarung von Schiedsklauseln erwägen (ebenda, 174 f.).

[84] Wie eine Gerichtsstandsklausel prozessual durchzusetzen sei, wurde bislang höchst unterschiedlich bewertet und hing von den Umständen des Falles ab. In Betracht kommen für eine Verweisung grundsätzlich 28 USC §§ 1404(a), 1406(a) (*transfer* – letztere Norm ermöglicht auch die Abweisung) sowie für eine Abweisung der Klage die Lehre des *forum non conveniens*, entsprechende *motions to dismiss* nach Rule 12(b) FRCP bzw. schlicht eine *motion to dismiss* „based on the forum-selection clause", s. ausführlich *Lederman*, 66 N.Y.U. L. Rev. 422, 432 ff., 466 (1991); *Vairo*, in: Moore's Federal Practice, § 111.04[3][b][i]; *Peiffer*, Schutz gegen Klagen im *forum derogatum*, S. 195 ff. Indes hat der *U.S. Supreme Court* (unter anderem) über die Frage der prozessualen Durchsetzung einer Gerichtsstandsvereinbarung in einer beachtenswerten Entscheidung von Dezember 2013 entschieden (*Atlantic Marine Construction Co., Inc. v. US District Court for the Western District of Texas*, 134 S.Ct. 568) – und zwar zugunsten einer *motion to transfer* nach 28 USC § 1404(a) bei Prorogation von Bundesgerichten sowie zugunsten einer Klageabweisung auf Grundlage der Lehre des *forum non conveniens* bei Prorogation einzelstaatlicher oder ausländischer Gerichte. Ausführlich zu dieser Entscheidung *Eichel/Niehoff*, RIW 2014, 329.

[85] So auch – *obiter* – *Publicis Communication v. True North Communications Inc.*, 132 F.3d 363, 366 (7th Cir. 1997) und Note, 13 No. 3 Fed. Litigator (1998). Zweifelhaft erscheint indes die in *Publicis* geäußerte Einschätzung, die klägerischen Ansprüche seien als *compulsory counterclaims* in dem vom Beklagten angestrengten, abredegemäßen Verfahren einzustufen (ebenda, 366): Weil die klägerischen Ansprüche zum Zeitpunkt der Einleitung dieses Verfahrens bereits rechtshängig waren, dürfte Rule 13(a)(2)(A) FRCP hier eine Widerklagelast des Erstklägers im Zweitforum verhindern.

[86] Oben S. 222 ff.

keit der FRCP im Allgemeinen und der Rule 13(a) FRCP im Besonderen – soweit ersichtlich – nicht diskutiert wird, dürfte doch Einigkeit herrschen, dass die durch die Vorschrift angeordnete (nach herrschender Ansicht: Rechtskraft-)Präklusion als *affirmative defense* nach Rule 8(c) FRCP grundsätzlich der Parteidisposition unterliegt.[87] Dann erscheint es nur konsequent, den Parteien die (mittelbare) Ausschaltung von Rule 13(a) FRCP zu ermöglichen, indem sie einen Verzicht (*waiver*) auf die Präklusionseinrede in etwaigen Folgeverfahren vereinbaren.[88] Derartige Überlegungen setzen freilich voraus, dass man der Parteiautonomie im Einzelfall den Vorrang vor prozessökonomischer Verfahrenskonzentration gewähren will, was schon deswegen nicht fernliegt, weil die durch Rule 13(a) FRCP erreichte Verfahrenskonzentration auch im Übrigen letztlich von der parteiautonomen Entscheidung der Erhebung der Präklusionseinrede im Zweitverfahren abhängt.

2. Vermeidung der Widerklagelast durch „Flucht in die Säumnis"

Rule 13(a) FRCP ist nach hier vertretener Ansicht entgegen der Rechtsprechung bereits tatbestandlich unanwendbar, wenn der Beklagte sich nie eines *pleading* bedient hat.[89] Diese Sichtweise unterstellt, eröffnet sich dem Beklagten eine prozesstaktische Option, die Widerklagelast zu vermeiden: Indem er nämlich in dem vom Kläger angestrengten Erstverfahren absichtlich säumig bleibt, nimmt er zwar – die Schlüssigkeit der Klage vorausgesetzt[90] – ein Versäumnisurteil nach Rule 55 FRCP in Kauf, entgeht aber gleichzeitig, mangels *pleading*, der Widerklagelast nach Rule 13(a) FRCP.[91] Ein solches Vorgehen bietet sich vor allem bei missbräuchlich erhobenen Klagen an, die dem Beklagten in erster Linie ein ihm missliebiges Forum für seine Wider-

[87] So im Zusammenhang mit Gerichtsstandsklauseln etwa *Publicis Communication v. True North Communications Inc.*, 132 F.3d 363, 366 (7th Cir. 1997) („Preclusion is an affirmative defense, and like other legal affairs is subject to contractual adjustment by the parties. Just as one litigant may promise not to plead the statute of limitations, so it may promise not to plead the defense of claim preclusion. If A promises B not to assert preclusion against some claim if adjudication is postponed, then B safely may omit that claim from pending litigation, even if it meets the standards of Rule 13(a).").

[88] Eine solche Vereinbarung war offenbar im Gespräch in *Lawyers Title Ins. Corp. v. Doubletree Partners, L.P.*, 739 F.3d 848, 871 (5th Cir. 2014) (Ablehnung des „non-waiver agreement" durch Kläger).

[89] Dazu oben S. 126 f.

[90] S. nur *Gensler*, in: FRCP, Practice Commentary, Rule 55 mit Fn. 45–47.

[91] A.A. – *contra legem* – *Vestal*, 2 Ind. Legal F. 25, 47 (1968) („A defendant (…) should not be able to change his own rights by failing to plead."). Freilich kann der Beklagte sich auch zunächst mit einer bloßen *motion* (etwa *to dismiss*, Rule 12(b) FRCP) zur Wehr setzen. Bleibt diese erfolglos und wird ein *pleading* erforderlich, steht der Weg in die präklusionsvermeidende Säumnis offen, s. etwa *Jackson v. Innovative Securities Services, LLC*, 283 F.R.D. 13, 15 f. (D.D.C. 2012) (Säumnis des Beklagten nach erfolgloser *motion to dismiss*).

klage aufzwängen sollen und einen geringen Streitwert und/oder wenig Aussicht auf Erfolg haben.[92] Im Rahmen dieser „Flucht in die Säumnis“[93] wird der Beklagte regelmäßig eine Abwägungsentscheidung zu treffen haben, ob die Möglichkeit der selbständigen Forumswahl für die Widerklage unter Vermeidung von Rule 13(a) FRCP eine (mehr oder weniger wahrscheinliche) Niederlage im Erstverfahren aufwiegt;[94] naturgemäß dürften die mit der Säumnis verbundenen Prozesskosten dabei weniger ins Gewicht fallen als in Deutschland.[95] Dennoch will der Weg in die Säumnis gut überlegt sein, denn das Versäumnisurteil kann zwar „for good cause“ (Rule 55(c) FRCP) sowie unter den Voraussetzungen von Rule 60(b) FRCP – also etwa bei Säumnis wegen „mistake, inadvertence, surprise, or excusable neglect“, Rule 60(b)(1) FRCP – aufgehoben werden; indes dürfte dem absichtlich säumigen Beklagten eine solche Argumentation kaum glaubhaft gelingen.[96] Allenfalls ließe sich bereits bei einer womöglich missbräuchlichen Klageerhebung ansetzen, dem Kläger insofern also ein zur Aufhebung berechtigendes Fehlverhalten („misconduct by an opposing party“, Rule 60(b)(3) FRCP) vorwerfen. Abgesehen von Beweisschwierigkeiten erscheint es indes fragwürdig, dem Beklagten allein wegen vermeintlich missbräuchlicher Absichten des Klägers ein „Recht auf Säumnis“ unter Aushebelung der klägerischen Forumswahl zuzugestehen. Soweit ersichtlich, wird Rule 60(b)(3) FRCP auch nicht in diesem Sinne verstanden.[97] Aus demselben Grund dürfte eine Aufhebung der fraglichen Entscheidung unter Berufung auf die Generalklausel („any other reason that justifies relief“, Rule 60(b)(6) FRCP) ausscheiden.

Sofern der Beklagte eine säumnisbedingte Niederlage im Erstverfahren demzufolge als hinnehmbar betrachtet, erweist sich die „Flucht in die Säumnis“ nach hier vertretener Ansicht als probates prozesstaktisches Mittel zur Vermeidung der in Rule 13(a) FRCP angeordneten Widerklagelast. Zwar geht

---

[92] *Peterson*, 50 Ariz. L. Rev. 1107, 1109 (2008), der hier von „strategic defaulters“ spricht.

[93] Dieser Begriff wird im deutschen Recht im Zusammenhang mit einer drohenden Präklusion nach § 296 ZPO verwendet, die durch den Weg in die Säumnis abgewendet werden soll. Dazu statt vieler: *Prütting*, in: MüKoZPO, § 340, Rn. 23 ff. („erhebliche Risiken und Nachteile“). Die Widerklage als eigenständiger Angriff fällt freilich nicht in den Anwendungsbereich von § 296 ZPO.

[94] So auch *Peterson*, 50 Ariz. L. Rev. 1107, 1109, 1128 (2008).

[95] Allgemein zur Höhe der Prozesskosten sowie zu Kostentragung und -erstattung oben S. 212 ff., 196 f. Für Deutschland s. § 344 ZPO sowie dazu *Rosenberg/Schwab/Gottwald*, Zivilprozessrecht, § 105 Rn. 67 f.

[96] Dies gilt umso mehr, als von Rule 55(c) FRCP eher zurückhaltend Gebrauch gemacht wird, oben Kap. 3 Fn. 118.

[97] S. etwa *Roger Edwards, LLC v. Fiddes & Son Ltd.*, 427 F.3d 129, 134 f. (1st Cir. 2005) (*fraud* „in the course of litigation“ als Aufhebungsgrund nach Rule 60(b)(3) FRCP). Ausführlich zur Auslegung von Rules 55(c), 60(b) FRCP *Gensler*, in: FRCP, Practice Commentary, Rule 55.

diese Lösung angesichts der Notwendigkeit eines Zweitverfahrens zulasten der Prozessökonomie. Indes dürfte sich die tatsächliche Doppelbelastung der Justiz in Grenzen halten, wird doch das Erstgericht das Versäumnisurteil gegen den Beklagten mutmaßlich ohne größeren Aufwand erlassen können.[98]

3. Vermeidung der Widerklagelast durch Parallelverfahren?

a) „Reactive litigation" und Rule 13(a) FRCP: Anwendbarkeit der Norm vor Entscheidungserlass?

Führt der Beklagte entgegen Rule 13(a) FRCP seinen konnexen *counterclaim* nicht in das Erstverfahren ein, sondern strengt stattdessen – versehentlich oder mit Absicht – ein Zweitverfahren auf Grundlage seines Anspruchs an, ist von „reactive litigation"[99] die Rede. Sofern sich beide angerufenen Gerichte für zuständig erklären, entsteht ein positiver Kompetenzkonflikt.[100] Wie mit dieser Konstellation im Zusammenhang der Widerklagelast umzugehen sei, wird von Rule 13(a) FRCP nicht ausdrücklich geregelt. Daraus wird mitunter geschlossen, Rule 13(a) FRCP finde *vor* Erlass einer Entscheidung im Erstverfahren – die nach einhelliger Ansicht die Präklusion des Beklagten mit seinem nicht eingeführten *counterclaim* bedeutet – keinerlei Anwendung.[101] Unternehmen die parallel angerufenen Gerichte demnach nichts zur Konsolidierung der Verfahren und entscheidet das Zweitgericht vor dem Erstgericht, hat der Beklagte die für das Erstverfahren angeordnete Widerklagelast nach dieser Ansicht effektiv umgangen.[102] Dieses Ergebnis ist freilich nicht im Sinne des Erfinders: Durch das Außerachtlassen von Rule 13(a) FRCP vor Entscheidungserlass entsteht ebenjene unnötige und prozessunökonomische Verfahrensverdopplung, die Rule 13(a) FRCP gerade verhindern soll.[103] Den

---

[98] Zum geringen Aufwand des Gerichts bei Erlass eines Versäumnisurteils bereits oben S. 126 f.

[99] Dieser Begriff wurde geprägt von *Vestal*, 47 Iowa L. Rev. 11 (1961).

[100] *Hau*, Positive Kompetenzkonflikte im IZPR, S. 2 f., 35 ff. (dort auch zu den Motiven der Parteien, in umgekehrten Rollen Parallelverfahren einzuleiten).

[101] Vgl. *Adam v. Jacobs*, 950 F.2d 89, 93 (2nd Cir. 1991) („Nothing in Rule 13 prevents the filing of a duplicative action instead of a compulsory counterclaim."); *Vestal*, 2 Ind. Legal F. 25, 41 f. (1968).

[102] *Vestal*, 47 Iowa L. Rev. 11, 17 (1961) („If the plaintiff in the second suit, based upon a claim which should have been asserted as a compulsory counterclaim in the first suit, is able to get a judgment prior to the judgment in the first action, the compulsory counterclaim provision has no application."). Im Übrigen wird hier die Doktrin der *issue preclusion* zur Präklusion mit einzelnen Feststellungen führen, *Clements*, 74 Cornell L. Rev. 167, 170 f. (1988); *Hayes*, 10 Sw. L.J. 402, 412 f. (1956). Ähnlich *Wright/Miller/Kane*, in: Fed. Prac. & Proc., § 1418 bei Fn. 14 („defense of claim or issue preclusion" in dem noch anhängigen Verfahren).

[103] *Clements*, 74 Cornell L. Rev. 167, 169 (1988); *Vestal*, 47 Iowa L. Rev. 11, 15 f. (1961).

Beklagten, der in dem von ihm initiierten Zweitverfahren die frühere Entscheidung erlangt, mit der Vermeidung der Widerklagelast zu „belohnen", führt im Übrigen zu einem nicht minder unerwünschten *race to judgment.*[104] Dieses Wettrennen wird noch dadurch verstärkt, dass den Kläger des Erstverfahrens wegen der insoweit geltenden Ausnahme in Rule 13(a)(2)(A) FRCP keine Last trifft, seinen zum Zeitpunkt der Einleitung des Zweitverfahrens bereits rechtshängigen Anspruch in dieses Verfahren einzuführen, eine in diesem Verfahren ergehende Entscheidung ihn also insoweit auch nicht präkludiert.[105]

So unerwünscht die Ergebnisse eines Außerachtlassens von Rule 13(a) FRCP vor Entscheidungserlass sind, so wenig fundiert ist ihre Begründung. Zwar gibt der Wortlaut der Norm insoweit keinen Aufschluss; das gilt aber gleichermaßen für die Rechtsfolge der Präklusion nach Entscheidungserlass, die allgemein anerkannt ist. Richtig ist, dass sich die Gesetzesmaterialien allein mit letzterer Präklusion auseinandersetzen.[106] Daraus aber im Umkehrschluss die Unanwendbarkeit von Rule 13(a) FRCP vor Entscheidungserlass zu folgern, überzeugt angesichts der klaren Zielsetzung der Regelung nicht.[107] Im Übrigen belegt die Änderung der früheren Fassung von Rule 13(a)(2)(A) FRCP – wonach der Beklagte die Widerklagelast dadurch vermeiden konnte, dass er nach Einleitung des Erstverfahrens, aber vor seinem *pleading*, ein Zweitverfahren anstrengte und sich sodann im Erstverfahren auf die anderweitige Rechtshängigkeit seines Anspruchs berief[108] –, dass der Gesetzgeber Umgehungsversuche mittels Parallelverfahren missbilligt.

Im Hinblick auf den hier angestrebten Interessenausgleich kann die „straflose" Umgehung der Widerklagelast durch Anstrengung eines Parallelverfahrens angesichts der erheblichen Belastung der öffentlichen und klägerischen Interessen nicht hingenommen werden. Im Folgenden wird daher zunächst ein Überblick zu den Instrumenten des US-amerikanischen Zivilverfahrensrechts gegeben, mit denen derartige Parallelverfahren grundsätzlich verhindert werden können (b). Im Anschluss wird erörtert, wie diese anzuwenden sind, um Rule 13(a) FRCP zu ihrer intendierten Wirkung zu verhelfen (c).

---

[104] *Vestal*, 47 Iowa L. Rev. 11, 169 (1961) („race to litigate"); *Clements*, 74 Cornell L. Rev. 167, 170 (1988) („incentive to delay may produce frivolous motions").

[105] Zutreffend *Clements*, 74 Cornell L. Rev. 167, 170 f. (1988); *Vestal*, 2 Ind. Legal F. 25, 42 (1968).

[106] Darauf stellt etwa ab *Bellmore Sales Corp. v. Winfield Drug Stores, Inc.*, 187 F.Supp. 161, 162 (S.D.N.Y. 1960).

[107] *Clements*, 74 Cornell L. Rev. 167, 171 (1988).

[108] Oben S. 173 ff.

b) Instrumente zur Vermeidung von Parallelverfahren

aa) Parallelverfahren vor Bundesgerichten

Bekanntlich ist dem US-amerikanischen Recht eine von Amts wegen zu berücksichtigende Rechtshängigkeitssperre nach deutschem Vorbild (§ 261 Abs. 3 Nr. 1 ZPO) fremd.[109] Finden die Parallelverfahren ausschließlich vor Bundesgerichten statt, stehen indes diverse Mechanismen zur Verfügung, um die doppelte Prozessführung zu vermeiden.[110]

Unproblematisch ist die Situation, in der die Klagen bei demselben *District Court* anhängig gemacht werden. In diesem Fall kann das Gericht die Verfahren – eine im Zusammenhang mit der von Rule 13(a) FRCP geforderten Konnexität der *claims* unzweifelhaft gegebene „common question of law or fact" unterstellt – konsolidieren, Rule 42(a)(2) FRCP *(consolidation)*.[111] Werden die Parallelverfahren in unterschiedlichen Fora angestrengt, können sich die angerufenen Gerichte auf die Verweisung (*transfer*, 28 USC § 1404(a)) eines der Verfahren an das jeweils andere Gericht verständigen,[112] um die Parallelverfahren dort nach Rule 42(a)(2) FRCP zu konsolidieren. Diese auf Zweckmäßigkeits- und Gerechtigkeitserwägungen („for the convenience of parties and witnesses, in the interest of justice") beruhende Verweisungsmöglichkeit kann nur zugunsten anderer *District Courts* ausgeübt werden, die bereits zuständig sind („where [the civil action] might have been brought") oder in deren Zuständigkeit alle Parteien eingewilligt haben.[113] Das kann im Einzelfall sowohl das Erst- als auch das Zweitforum sein.[114]

---

[109] Oben S. 176 f. Zweifelhaft erscheint indes, ob die vorliegende Konstellation überhaupt von § 261 Abs. 3 Nr. 1 ZPO erfasst wäre, denn der *claim* des Klägers des Erstverfahrens unterscheidet sich von dem des das Zweitverfahren initiierenden Beklagten, der seinen *claim* im Erstverfahren nicht geltend macht. Insofern dürfte es nach deutschem Verständnis an der Identität der Streitgegenstände fehlen, vgl. nur *Rosenberg/Schwab/Gottwald*, Zivilprozessrecht, § 98 Rn. 22 f.

[110] Den Einsatz dieser Mechanismen angesichts der Überlastung der Justiz ausdrücklich fordernd *Vestal*, 47 Iowa L. Rev. 11, 27 f. (1961).

[111] So etwa geschehen in *Speed Products Co. v. Tinnerman Products*, 222 F.2d 61, 68 (2nd Cir. 1955).

[112] S. zuletzt etwa *Research Automation, Inc. v. Schrader-Bridgeport Intern., Inc.*, 626 F.3d 973, 982 (7th Cir. 2010); *Warshawsky & Co. v. Arcata Nat. Corp.*, 552 F.2d 1257, 1263 (7th Cir. 1977); *Keating Fibre Intern., Inc. v. Weyerhaeuser Co., Inc.*, 416 F.Supp.2d 1048, 1052 ff. (E.D.Pa. 2006); *Citigroup Inc. v. City Holding Co.*, 97 F.Supp.2d 549, 555 ff. (S.D.N.Y. 2000); *Black and Decker Corp. v. Vermont American Corp.*, 915 F.Supp. 933, 936 ff. (N.D.Ill. 1995).

[113] Ausführlich zu diesem kontrovers diskutierten Tatbestandsmerkmal *Wright/Miller/Cooper*, in: Fed. Prac. & Proc., § 3845.

[114] Vgl. *Clements*, 74 Cornell L. Rev. 167, 180 f. (1988); *Wright/Miller/Kane*, in: Fed. Prac. & Proc., § 1418 nach Fn. 8.

Ist ein *transfer* nicht möglich oder intendiert, erkennt das später angerufene Gericht aber, dass der dort anhängige *claim* eigentlich als *compulsory counterclaim* in ein anhängiges Verfahren vor einem anderen Gericht einzuführen ist, kann es das bei ihm anhängige Verfahren nach seinem Ermessen aussetzen *(stay)*.[115] Alternativ kann das Gericht diese Klage allein aus prozessökonomischen Gründen auch abweisen *(dismissal)*,[116] ggf. unter Zulassung der Einführung des Anspruchs als *compulsory counterclaim* in das frühere Verfahren („leave to plead“, vgl. auch Rule 15(a)(2) FRCP).[117] Einem *dismissal* kommt die Einstellung des Zweitverfahrens durch *abatement* gleich;[118] von letzterem wird indes traditionell wenig Gebrauch gemacht.[119] Der Unterschied zwischen diesen Vorgehensweisen besteht in der bloß suspendierenden Wirkung des *stay*.[120] Übt sich das Zweitgericht nicht in richterlicher Zurückhaltung („judicial self-restraint“[121]), unternimmt es also nichts zur Verhinderung der doppelten Prozessführung, kann das Erstgericht den Parteien im vorliegenden Zusammenhang kurzerhand untersagen, das Zweit-

---

[115] S. zuletzt etwa *AEP Energy Services Gas Holding Co. v. Bank of America, N.A.*, 626 F.3d 699, 723 ff. (2nd Cir. 2010); *LaDuke v. Burlington Northern R. Co.*, 879 F.2d 1556, 1561 f. (7th Cir. 1989) (Aussetzung statt Abweisung); *Semmes Motors, Inc. v. Ford Motor Co.*, 429 F.2d 1197, 1204 (2nd Cir. 1970); *Inforizons, Inc. v. VED Software Services, Inc.*, 204 F.R.D. 116, 118 ff. (N.D.Ill. 2001). S. aber *Bamdad Mechanic Co., Ltd. V. United Technologies Corp.*, 109 F.R.D. 128, 131 ff. (D.De. 1985) (Ablehnung der Aussetzung und Anordnung einer *antisuit injunction*).

[116] *Handy v. Shaw, Bransford, Veilleux & Roth*, 325 F.3d 346, 349 ff. (D.C. Cir. 2003) (Ablehnung der Abweisung); *Serlin v. Arthur Andersen & Co.*, 3 F.3d 221, 223 f. (7th Cir. 1993); *Adam v. Jacobs*, 950 F.2d 89, 93 f. (2nd Cir. 1991).

[117] S. etwa *Intervet, Inc. v. Merial Ltd.*, 535 F.Supp.2d 112, 115 (D.D.C. 2008); *Aaron Fine Arts v. O'Brien*, 244 F.R.D. 294, 298 (D.Md. 2007); *E.J. Korvette Co. v. Parker Pen Co.*, 17 F.R.D. 267, 269 (S.D.N.Y. 1955). Dazu auch *Wright/Miller/Kane*, in: Fed. Prac. & Proc., § 1418 Fn. 5 m.w.N. aus der erstinstanzlichen Rechtsprechung. Bekanntlich weist Rule 15(a)(2) FRCP die Gerichte an, eine Änderung bzw. Ergänzung der Klageerwiderung großzügig zu gestatten, dazu oben S. 133 ff.

[118] 1 Am.Jur.2d, Abatement, Survival, and Revival § 1 („At common law, an abatement is an overthrow of a suit, the equivalent of a dismissal (…).“). Aus rechtsvergleichender Perspektive *Habscheid*, in: FS Zweigert, 1981, S. 109, 118 f.; *Krause-Ablass/Bastuck*, in: FS Stiefel, 1987, S. 445, 455 f. (Rechtsfolge des *abatement* entweder Abweisung oder Aussetzung, jedenfalls keine Entscheidung über die Hauptsache).

[119] *Vestal*, 47 Iowa L. Rev. 11, 18 (1961) mit Nachweisen des (Nicht-)Gebrauchs in der Rechtsprechung. Krit. dazu *Wright/Kane*, Law of Federal Courts, S. 568 f. (Widerspruch zu Zweck der Rule 13(a) FRCP).

[120] Vgl. *Clements*, 74 Cornell L. Rev. 167, 179 (1988). S. auch 1 Am.Jur.2d, Abatement, Survival, and Revival § 3 („Where a question of abatement or stay arises in a court during determination of a pending action in another jurisdiction, a stay merely results in the temporary cessation of the proceedings awaiting the outcome of the litigation in the other jurisdiction, while an abatement generally constitutes a complete dismissal or discontinuance of the action.“).

[121] Vgl. etwa *Adam v. Jacobs*, 950 F.2d 89, 93 (2nd Cir. 1991).

verfahren weiterzuführen *(antisuit injunction).*[122] Bemerkenswert ist ein solches Prozessführungsverbot schon deshalb, weil das Erstgericht für sich in Anspruch nimmt, das Verhalten der Parteien außerhalb der eigenen Jurisdiktion zu lenken[123] – wiederum allein aufgrund prozessökonomischer Erwägungen.

bb) Parallelverfahren unter Beteiligung einzelstaatlicher Gerichte

Derartige Prozessführungsverbote zu erlassen ist dem Bundesgericht untersagt, wenn die Parteien das Zweitverfahren vor einem einzelstaatlichen Gericht austragen. Das ist im *Anti-Injunction Act* (28 USC § 2283)[124] ausdrücklich normiert und dient dazu, die Integrität des einzelstaatlichen Gerichtsverfahrens zu schützen und dieses vor unmittelbarer bundesstaatlicher Einflussnahme zu bewahren.[125] Das Verbot gilt nach 28 USC § 2283 nur dann nicht, wenn eine ausdrückliche gesetzliche Ausnahmeregelung eingreift oder die *injunction* für das Bundesgericht notwendig ist, um seine Zuständigkeit durchzusetzen („necessary in aid of its jurisdiction“) oder seine Entscheidungen zu schützen oder ihnen Geltung zu verschaffen („to protect or effectuate

---

[122] Vgl. etwa *AEP Energy Services Gas Holding Co. v. Bank of America, N.A.*, 626 F.3d 699, 723 ff. (2nd Cir. 2010) *(obiter)*; *Northwest Airlines, Inc. v. American Airlines, Inc.*, 989 F.2d 1002, 1004 (8th Cir. 1993); *Asset Allocation and Management Co. v. Western Employers Ins. Co.*, 892 F.2d 566, 572 ff. (7th Cir. 1989); *Columbia Plaza Corp. v. Security Nat. Bank*, 525 F.2d 620, 626 ff. (D.C. Cir. 1975); *Ellicott Mach. Corp. v. Modern Welding Co., Inc.*, 502 F.2d 178, 181 f. (4th Cir. 1974); *National Equipment Rental, Ltd. v. Fowler*, 287 F.2d 43, 45 f. (2nd Cir. 1961); *Martin v. Graybar Elec. Co.*, 266 F.2d 202, 204 (7th Cir. 1959). Zur umgekehrten Situation – Zweitgericht untersagt Parteien Fortführung des Erstverfahrens – *Sentry Corp. v. Conal International Corp.*, 164 F.Supp. 770, 773 f. (S.D.N.Y. 1958). Allgemein zur Verhinderung von „vexatious litigation“ durch *antisuit injunctions* Note, 78 Harv. L. Rev. 994, 1035 ff. (1965). Vgl. ferner aus internationaler Sicht *Peiffer*, Schutz gegen Klagen im *forum derogatum*, S. 310 ff.

[123] *Vestal*, 47 Iowa L. Rev. 11, 21 (1961).

[124] Ausführlich zur historischen Entwicklung von der frühen *Anti-Injunction Statute* aus dem Jahr 1793 zu 28 USC § 2283 Note, 78 Harv. L. Rev. 994, 1045 ff. (1965). Zu den historischen Hintergründen auch *U.S. Steel Corp. Plan for Employee Ins. Benefits v. Musisko*, 885 F.2d 1170, 1173 ff. (3rd Cir. 1989), cert. denied 493 U.S. 1074 (1990). Die Vorschrift verhindert indes nicht die Untersagung der Prozessführung in bestimmten Fällen von *in rem*-Zuständigkeit des Bundesgerichts, *Wright/Miller/Kane*, in: Fed. Prac. & Proc., § 1418 nach Fn. 14 m.w.N.; Note, 78 Harv. L. Rev. 994, 1048 f. (1965). Auch die Prozessführung in ausländischen Fora kann ohne Rücksicht auf 28 USC § 2283 unterbunden werden, *Wright/Miller/Kane*, in: Fed. Prac. & Proc., § 1418 bei Fn. 18; *Kelly*, 2 Can.-Am. L.J. 211 (1984). Zur Verhinderung ausländischer Parallelverfahren durch *antisuit injunctions* ausführlich *Hau*, Positive Kompetenzkonflikte im IZPR, S. 190 ff. (im Ergebnis ablehnend, S. 233 f.) sowie *Schulte*, Die anderweitige (ausländische) Rechtshängigkeit, S. 105 f. m. ausf. N. („‚aggressiver‘ Mechanismus“).

[125] *Halberstam*, RabelsZ 66 (2002), 216, 238.

its judgments").[126] Rule 13(a) FRCP wird nicht als eine solche gesetzliche Ausnahmeregelung verstanden.[127] Die Ausnahme zum Zweck der Zuständigkeitsdurchsetzung bezieht sich ausweislich der Gesetzesmaterialien lediglich auf Fälle, die von einem *state* an einen *federal court* verwiesen wurden (*removal*, 28 USC § 1441);[128] die Ausnahme zum Zweck des Schutzes und der Geltungsverschaffung der eigenen Entscheidungen soll dagegen verhindern, dass die Parteien vom betreffenden Bundesgericht bereits entschiedene Fragen erneut vor einem einzelstaatlichen Gericht verhandeln.[129] Auf Grundlage letzterer Ausnahme wurde daher im Zusammenhang mit Rule 13(a) FRCP ausnahmsweise die Möglichkeit einer *antisuit injunction* gegenüber Parteien in einem einzelstaatlichen Zweitforum angenommen.[130]

Eine *antisuit injunction* ist auch im umgekehrten Fall ausgeschlossen: Ein einzelstaatliches Erstgericht kann den Parteien die Fortführung eines bundesstaatlichen Zweitverfahrens nicht untersagen.[131] Allerdings besteht für Bundesgerichte nach der sog. *abstention doctrine* (etwa: Doktrin der Enthaltung) wiederum die Möglichkeit, auf die Ausübung ihrer Zuständigkeit zugunsten eines anhängigen einzelstaatlichen Verfahrens zu verzichten, und zwar entweder durch Abweisung der Klage oder – wie regelmäßig – durch Ausset-

---

[126] Die Vorschrift hindert Bundesgerichte indes nicht, einer Partei die Anstrengung eines einzelstaatlichen Zweitverfahrens zu untersagen, bevor dieses anhängig ist, *Dombrowski v. Pfister*, 380 U.S. 479, 484 Fn. 2 (1965). Dazu *Wright/Miller/Cooper*, in: Fed. Prac. & Proc., § 4222 nach Fn. 19.

[127] Ganz h.M., statt vieler: *Wright/Miller/Kane*, in: Fed. Prac. & Proc., § 1418 bei Fn. 13. Prägnant *Reines Distributors, Inc. v. Admiral Corp.*, 182 F.Supp. 226, 230 (S.D.N.Y. 1960) (Rule 13(a) FRCP als „simply a federal court housekeeping rule to expedite the courts' business. As such it could not possibly qualify as an exception within the intendment of Section 2283.").

[128] 28 USC § 2283, *Historical and Statutory Notes* („to make clear the recognized power of the Federal courts to stay proceedings in State cases removed to the district courts"). Zum *removal Schulte*, Die anderweitige (ausländische) Rechtshängigkeit, S. 124 f. Krit. insofern aber *Wright/Miller/Cooper*, in: Fed. Prac. & Proc., § 4425 bei Fn. 1 (Ausnahme meine Fälle der *in rem*-Zuständigkeit; dort auch mit Nachweisen zur umstrittenen Reichweite der Ausnahme im Übrigen).

[129] *Reines Distributors, Inc. v. Admiral Corp.*, 182 F.Supp. 226, 228 f. (S.D.N.Y. 1960) unter Hinweis auf 28 USC §2283, *Historical and Statutory Notes*. So auch Note, 78 Harv. L. Rev. 994, 1051 f. (1965). Ausführlich zu dieser Ausnahme *Wright/Miller/Cooper*, in: Fed. Prac. & Proc., § 4226.

[130] *Brown v. McCormick*, 608 F.2d 410, 415 f. (10th Cir. 1979).

[131] *Donovan v. City of Dallas*, 377 U.S. 408, 412 f. (1964) („(…) state courts are completely without power to restrain federal-court proceedings in in personam actions like the one here. And it does not matter that the prohibition here was addressed to the parties rather than to the federal court itself."). Dazu auch *Wright/Miller/Cooper*, in: Fed. Prac. & Proc., § 4212.

zung des Verfahrens.[132] Davon wird im Zusammenhang mit Rule 13(a) FRCP vorbehaltlich „außergewöhnlicher Umstände" allerdings kein Gebrauch gemacht.[133]

Auch im Übrigen sind die Konsolidierungsinstrumente bei Parallelverfahren unter Beteiligung eines einzelstaatlichen Gerichts beschränkt. Weder *transfer* noch *consolidation* sind möglich; das ergibt sich für den *transfer* aus der Norm selbst („district court", 28 USC § 1404(a))[134] und für die *consolidation* nach Rule 42(a) FRCP aus der Rechtsquelle, namentlich den nur für *District Courts* geltenden FRCP. Zu beachten ist jedoch, dass das einzelstaatliche Gericht selbstredend aus freien Stücken das dort anhängige Verfahren aussetzen kann, um dem allgemeinen Postulat der Verfahrenskonzentration nachzukommen.[135]

---

[132] Ausführlich zur Entwicklung dieser Doktrin durch den *U.S. Supreme Court* sowie den in die Enthaltungsentscheidung einfließenden Faktoren *Schulte*, Die anderweitige (ausländische) Rechtshängigkeit, S. 133 ff. (bei S. 148 f. zur Aussetzung neigend, dagegen *Wright/Miller/Cooper*, in: Fed. Prac. & Proc., § 4247 nach Fn. 32 – wegen Rechtskraftwirkung der früheren Entscheidung praktisch kein Unterschied zwischen *dismissal* und *stay*). Zu Kritik an der *abstention doctrine* zuletzt *Marshall*, 107 Nw. U. L. Rev. 881, 884 ff., 892 ff. (2013) (im Ergebnis für Verfassungsmäßigkeit der Doktrin). S. zu dieser Doktrin auch *Halberstam*, RabelsZ 66 (2002), 216, 238 ff. sowie rechtsvergleichend *Sander/Breßler*, ZZP 122 (2009), 157, 176 f.

[133] *Gensler*, in: FRCP, Practice Commentary, Rule 13. S. etwa *Handy v. Shaw, Bransford, Veilleux & Roth*, 325 F.3d 346, 351 ff. (D.C. Cir. 2003) (Ablehnung der *abstention*); *Phillips v. Mabus*, 894 F.Supp.2d 71, 94 Fn. 10 (D.D.C. 2012) (Ablehnung der *abstention*); *Enfission, Inc. v. Leaver*, 408 F.Supp.2d 1093, 1101 (W.D.Wa. 2005) (*abstention* infolge Vorliegens von „exceptional circumstances"). Diese Rechtsprechung geht zurück auf die Entscheidung des *U.S. Supreme Court* in *Colorado River Water Conservation District v. United States*, 424 U.S. 800, 818 (1976). Ausführlich dazu *Wright/Miller/Cooper*, in: Fed. Prac. & Proc., § 4247.

[134] Eine entsprechende Vorschrift für den gerichtssystemübergreifenden Rechtsverkehr existiert nicht, *Clements*, 74 Cornell L. Rev. 167, 190 Fn. 127 (1988).

[135] *Wright/Miller/Kane*, in: Fed. Prac. & Proc., § 1418 nach Fn. 19. Befürwortend *Kennedy*, 11 Hous. L. Rev. 255, 283 (1974); *Hayes*, 10 Sw. L.J. 402, 410 ff. (1956) („principle of comity"). Zweifelhaft *Clements*, 74 Cornell L. Rev. 167, 196 (1988) (Einzelstaatliches Zweitverfahren belaste nicht die bundesstaatliche Justiz, Rule 13(a) FRCP sei daher hier von untergeordneter Bedeutung; sodann jedoch konzedierend, der allgemeine Grundsatz zur Vermeidung von Mehrfachverfahren gelte auch hier). S. etwa *People ex rel. Dept. of Public Aid v. Santos*, 440 N.E.2d 876, 881 (Ill. 1982); *Sparrow v. Nerzig*, 89 S.E.2d 718, 722 (S.C. 1955) („(…) so in the case at bar would the assumption of jurisdiction by our court of a cause of action essentially the subject of a compulsory counterclaim in the pending federal action unnecessarily hinder the jurisdiction of the district court and effectually defeat the purpose of its rule of procedure before mentioned."); *National Mgt. Corp. v. Adolfi*, 277 A.D.2d 553, 554 f. (N.Y.App.3 2000); *Reines Distributors, Inc. v. Admiral Corp.*, 182 F.Supp. 226, 230 (S.D.N.Y. 1960) (*obiter*: „The state courts are free to recognize the federal policy and grant a stay on the basis of comity.").

c) Anwendung des Prioritätsprinzips zur Durchsetzung der Widerklagelast vor Entscheidungserlass

Ob der Beklagte die Widerklagelast im Erstforum vor Entscheidungserlass durch ein Parallelverfahren in einem Zweitforum vermeiden kann, hängt – abgesehen von der eingangs erwähnten Situation, in der eines der beiden Verfahren bereits rechtskräftig beendet ist – davon ab, welchem Verfahren mithilfe der soeben vorgestellten Konsolidierungsinstrumente der Vorzug eingeräumt wird. Fällt die Wahl auf das Erstverfahren, kommt der durch Rule 13(a) FRCP präklusionsbedrohte Beklagte nicht umhin, dort seinen zunächst im Zweitverfahren geltend gemachten (aber noch nicht rechtskräftig entschiedenen) Anspruch nunmehr widerklagend einzuführen. Soll hingegen dem vom Beklagten initiierten Zweitverfahren der Vorrang gebühren, hat sich der Beklagte mit seiner Forumswahl gegenüber dem Kläger des Erstverfahrens durchgesetzt und die Vermeidung der dort für ihn bestehenden Widerklagelast erreicht.[136]

Nach der wohl herrschenden Ansicht wird der Vorrang grundsätzlich dem zuerst initiierten Verfahren gewährt („Prioritätsprinzip“ oder „first-filed rule“).[137] Danach entscheidet das Erstgericht nicht nur zur Sache, sondern auch darüber, wie mit dem Zweitverfahren umzugehen sei.[138] Das Prioritätsprinzip wird mit dem Hinweis auf das dem Erstkläger durch ein Zweitverfahren entstehende „Ärgernis“ sowie mit prozessökonomischen Erwägungen

---

[136] Wie gesehen trifft den Kläger des Erstverfahrens wegen der insoweit geltenden Ausnahme für seinen bereits rechtshängigen Anspruch indes keine Widerklagelast im Zweitverfahren, Rule 13(a)(2)(A) FRCP.

[137] S. etwa *Collegiate Licensing Co. American Cas. Co. of Reading, Pa.*, 713 F.3d 71, 78 (11th Cir. 2013) („The first-filed rule provides that when parties have instituted competing or parallel litigation in separate courts, the court initially seized of the controversy should hear the case.“); *Employers Ins. Of Wausau v. Fox Entertainment Group, Inc.*, 522 F.3d 271, 275 ff. (2nd Cir. 2008); *Coady v. Ashcraft & Gerel*, 223 F.3d 1, 11 (1st Cir. 2000) („generally preferred“); *Adam v. Jacobs*, 950 F.2d 89, 92 (2nd Cir. 1991); *U.S. Fire Ins. Co. v. Goodyear Tire & Rubber Co.*, 920 F.2d 487, 488 f. (8th Cir. 1990) („well-established rule“); *Merrill Lynch, Pierce, Fenner & Smith, Inc. v. Haydu*, 675 F.2d 1169, 1174 (11th Cir. 1982) („in absence of compelling circumstances“); *Semmes Motors, Inc. v. Ford Motor Co.*, 429 F.2d 1197, 1202 (2nd Cir. 1970); *Martin v. Graybar Elec. Co.*, 266 F.2d 202, 204 (7th Cir. 1959) („general rule“). S. auch *Mueller*, Twenty-First Century Procedure, S. 617 f. („in general“); *Clements*, 74 Cornell L. Rev. 167, 173 f. (1988) („most courts“); *Kennedy*, 11 Hous. L. Rev. 255, 281 (1974) („normally“); Note, 78 Harv. L. Rev. 994, 1036 f. (1965).

[138] S. etwa *Sutter Corp. v. P & P Industries, Inc.*, 125 F.3d 914, 920 (5th Cir. 1997) („Therefore, the ‚first to file rule‘ not only determines which court may decide the merits of substantially similar cases, but also establishes which court may decide whether the second suit filed must be dismissed, stayed or transferred and consolidated.“). So auch *Clements*, 74 Cornell L. Rev. 167, 185, 188 (1988); Note, 78 Harv. L. Rev. 994, 1037 (1965).

begründet;[139] das Prinzip ist in der Anwendung zudem unproblematisch und bietet Rechtssicherheit.[140] Zu beachten ist allerdings, dass das Prioritätsprinzip als Vermutung verstanden wird, die zu widerlegen unter Abwägung bestimmter Faktoren möglich sein soll:[141] Das Prioritätsprinzip sei keine mechanisch anzuwendende starre Regel, sondern im Hinblick auf eine sinnvolle gerichtliche Streitbeilegung anzuwenden.[142] In die Abwägung zwischen Erst und Zweitforum werden als relevante Faktoren mitunter schlicht diejenigen eingestellt, die auch im Rahmen eines *transfer* nach 28 USC § 1404(a) Beachtung finden.[143] Zu diesen zählen unter anderen Zweckmäßigkeitserwägungen in Bezug auf Parteien und Zeugen, die Verfügbarkeit von Beweismitteln, die Vertrautheit des Gerichts mit dem anwendbaren Recht und nicht zuletzt das gerichtliche Interesse an prozessökonomischer Streitbeilegung, das für das eine oder andere Forum sprechen mag.[144] Entscheidend ist nach diesem Ansatz also die größere Sachnähe des Gerichts; hingegen wird der Zeitpunkt der (Erst-)Klageerhebung lediglich als weiterer Faktor unter obigen betrach-

---

[139] *Crosley Corp. v. Hazeltine Corp.*, 122 F.2d 925, 930 (3rd Cir. 1941) („vexation of subsequent litigation").

[140] *Tempco Elec. Heater Corp. v. Omega Engineering, Inc.*, 819 F.2d 746, 750 (7th Cir. 1987) (im Ergebnis ablehnend wegen drohendem *race to the courthouse*). Darauf verweist auch *Hau*, Positive Kompetenzkonflikte im IZPR, S. 228.

[141] S. etwa *Manuel v. Convergys Corp.*, 430 F.3d 1132, 1135 (11th Cir. 2005) („strong presumption"); *Asset Allocation and Management Co. v. Western Employers Ins. Co.*, 892 F.2d 566, 573 („rebuttable presumption"). So auch *Gensler*, in: FRCP, Practice Commentary, Rule 13. *Clements*, 74 Cornell L. Rev. 167, 182 ff. (1988), spricht sich in diesem Zusammenhang für einen vom Erstgericht durchzuführenden *neutral-balancing approach* aus. Auch die PTCP orientieren sich in Principle 2.6 am Prioritätsprinzip, erlauben aber die Fortführung des späteren Verfahrens, wenn der Anschein besteht, dass die Streitigkeit im Erstforum nicht fair, effektiv und in angemessener Zeit beigelegt wird („will not be fairly, effectively, and expeditiously resolved"), American Law Institute/UNIDROIT, Principles of Transnational Civil Procedure, S. 19, sowie dazu *Stürner*, RabelsZ 69 (2005), 201, 218.

[142] Vgl. etwa *Pacesetter Systems, Inc. v. Medtronic, Inc.*, 678 F.2d 93, 95 (9th Cir. 1982) (*The first-filed rule* „is not a rigid or inflexible rule to be mechanically applied, but rather is to be applied with a view to the dictates of sound judicial administration."); *Certified Restoration Dry Cleaning Network, LLC v. Tenke Corp.*, 511 F.3d 535, 551 (6th Cir. 2007); *Columbia Plaza Corp. v. Security Nat. Bank*, 525 F.2d 620, 628 (D.C. Cir. 1975). So auch *Kennedy*, 11 Hous. L. Rev. 255, 281 f. (1974).

[143] Vgl. *Manuel v. Convergys Corp.*, 430 F.3d 1132, 1135 (11th Cir. 2005); *Mattel, Inc. v. Louis Marx & Co.*, 353 F.2d 421, 424 Fn. 4 (2nd Cir. 1965) (Ausnahme vom Prioritätsprinzip bei Erstverfahren gegen Verbraucher); *Citigroup Inc. v. City Holding Co.*, 97 F.Supp.2d 549, 560 f. (S.D.N.Y. 2000); *National Patent Development Corp. v. American Hosp. Supply Corp.*, 616 F.Supp. 114, 118 (S.D.N.Y. 1984).

[144] Vgl. *Manuel v. Convergys Corp.*, 430 F.3d 1132, 1135 Fn. 1 (11th Cir. 2005); *National Equipment Rental, Ltd. v. Fowler*, 287 F.2d 43, 47 (2nd Cir. 1961); *Gibbs & Hill, Inc. v. Harbert Intern. Inc.*, 745 F.Supp. 993, 996 (S.D.N.Y. 1990). Zu diesen Faktoren auch *Vestal*, 47 Iowa L. Rev. 11, 25 f. (1961).

tet.[145] Teilweise wird im Rahmen der Abwägung auch untersucht, ob sich der dem Zweitverfahren zugrunde liegende *claim* als *compulsory counterclaim* im Erstverfahren darstellt.[146]

Im vorliegenden Zusammenhang der Widerklagelast spricht mehr dafür, dem Prioritätsprinzip zu folgen.[147] Die Maßgeblichkeit des Erstforums gewährleistet die Durchsetzung der dort bestehenden Widerklagelast und nimmt dem Beklagten die Möglichkeit, Rule 13(a) FRCP durch ein eigenes Zweitverfahren zu umgehen. Die Verhinderung dieser Umgehungsmöglichkeit entspricht dem gesetzgeberischen Willen, den dieser durch die Änderung von Rule 13(a)(2)(A) FRCP zum Ausdruck gebracht hat.[148] Nicht verkannt wird, dass auch eine Abwägung anhand der größeren Sachnähe des Gerichts, insbesondere unter Berücksichtigung einer bestehenden Widerklagelast im Erstforum, zur Maßgeblichkeit des Erstforums und damit zur Durchsetzung von Rule 13(a) FRCP führen kann. Eine solche Abwägung setzt aber voraus, dass man Erst- und Zweitverfahren jedenfalls im Grundsatz für legitim hält, Rule 13(a) FRCP mithin als „forum-neutral" betrachten will.[149] Die Annahme einer „Forumsneutralität" von Rule 13(a) FRCP überzeugt aber schon deshalb nicht, weil die Regelung wegen der ihr eigenen Ausnahme für bereits rechtshängige Ansprüche (Rule 13(a)(2)(A) FRCP) im parallelen Zweitverfahren regelmäßig keine Anwendung findet: Die Widerklagelast trifft den Erstbeklagten und Zweitkläger im Erstverfahren, nicht aber den Erstkläger und Zweitbeklagten im Zweitverfahren. Darüber hinaus ist dem Zweitverfahren auch deshalb die Legitimität abzusprechen, weil Rule 13(a) FRCP nach seinem Sinn und Zweck und dem gesetzgeberischen Willen gerade die Widerklageerhebung im Erstverfahren (er)fordert.[150] Widersetzt sich der Beklagte

---

[145] Vgl. *Ellicott Mach. Corp. v. Modern Welding Co., Inc.*, 502 F.2d 178, 182 (4th Cir. 1974); *Research Automation, Inc. v. Schrader-Bridgeport Intern., Inc.*, 626 F.3d 973, 981 f. (7th Cir. 2010). Ähnlich *Northwest Airlines, Inc. v. American Airlines, Inc.*, 989 F.2d 1002, 1005 (8th Cir. 1993). Befürwortend *Vestal*, 47 Iowa L. Rev. 11, 24 (1961) (allerdings nicht unmittelbar bezogen auf Rule 13(a) FRCP).

[146] S. *Adam v. Jacobs*, 950 F.2d 89, 92 f. (2nd Cir. 1991) (*dismissal* des Zweitverfahrens). Vgl. auch *Cameron v. Cameron*, 68 S.E.2d 796, 798 f. (N.C. 1952) (*abatement* des Zweitverfahrens) sowie dazu *Vestal*, 47 Iowa L. Rev. 11, 26 (1961). Implizit auch *Wright*, 39 Iowa L. Rev. 255, 265 f. (1954).

[147] A.A. *Clements*, 74 Cornell L. Rev. 167, 182 ff. (1988). Zurückhaltender *Wright/Miller/Kane*, in: Fed. Prac. & Proc., § 1418 nach Fn. 6 („occasionally" sei Zweitverfahren zweckmäßiger und daher vorzuziehen). Dagegen für die Maßgeblichkeit des Prioritätsprinzips *Hau*, Positive Kompetenzkonflikte im IZPR, S. 230 ff. („eher *internationalisierungsfähig*", Hervorhebung im Original).

[148] Dazu oben S. 173 ff.

[149] So *Clements*, 74 Cornell L. Rev. 167, 197 (1988).

[150] Zutreffend *Adam v. Jacobs*, 950 F.2d 89, 93 (2nd Cir. 1991) („The filing of the second action (…) contravenes the purpose of Rule 13 (…)"). So auch *Sherman/Squiers*, in: Moore's Federal Practice, § 13.16[1] („the duplicative action contravenes the purpose of

diesem Postulat durch Anstrengung eines Parallelverfahrens, ist bereits die grundsätzliche Billigung dieses Verhaltens[151] durch eine Berücksichtigung des Zweitverfahrens bei der Abwägung nicht einzusehen. Anders mag dies allenfalls zu bewerten sein, wenn sich der dem Zweitverfahren zugrunde liegende Anspruch als *permissive counterclaim* (Rule 13(b) FRCP) im Erstverfahren erweist. Selbst in diesem Fall dürfte aber das Erstverfahren in der Regel weiter fortgeschritten sein, sodass auch hier prozessökonomische Gründe dafür sprechen, ebendieses fortzuführen.[152] Gegen die Geltung des Prioritätsprinzips lässt sich schließlich auch nicht einwenden, dem Beklagten und Widerkläger müsse für seinen Anspruch ebenso eine eigene Forumswahl offenstehen wie dem Kläger.[153] Dass dem nach dem gesetzgeberischen, allgemein anerkannten Willen nicht in jedem Fall so ist, zeigt bereits die bloße Existenz von Rule 13(a) FRCP. Will man der Regelung ihren Zweck bewahren, ist der notwendige, interessengerechte Beklagtenschutz nicht durch die Akzeptanz von Parallelverfahren, sondern vielmehr durch die erörterten Maßnahmen *de lege lata* und *ferenda* zu erreichen. Zwar führt auch die vorgeschlagene prozesstaktische „Flucht in die Säumnis" nach hier vertretener Ansicht zu einer absoluten Vermeidung der Widerklagelast im Erstverfahren. Ein solches Vorgehen ist aber nach hier vertretener Ansicht von dem eindeutigen Wortlaut der Rule 13(a) FRCP gedeckt, belastet die Ressourcen der Justiz vergleichsweise gering (widerspricht also nicht völlig dem Zweck der Widerklagelast) und verlangt dem Beklagten zudem das „Opfer" der Niederlage im Erstverfahren ab, was in Abhängigkeit von dessen Interesse am Streitgegenstand des Erstverfahrens im Einzelfall dazu führen wird, von dieser prozesstaktischen Möglichkeit keinen Gebrauch zu machen.

d) Ergebnis

Erreicht der Beklagte in einem von ihm initiierten Zweitverfahren früher eine Entscheidung als im Erstverfahren, kann er eine dort bestehende Widerklagelast vermeiden. In der Regel werden die parallel angerufenen Gerichte aber schon aus Eigeninteresse, nämlich zur Schonung der gerichtlichen Ressour-

---

the Rule by creating a multiplicity of actions, wasting judicial resources, and burdening the litigation process.").

[151] Vgl. auch *Clements*, 74 Cornell L. Rev. 167, 185 (1988) (Abwägungslösung berge einen Anreiz für den Beklagten, Rule 13(a) FRCP zu missachten; gleichwohl sei an einer solchen Lösung festzuhalten).

[152] Vgl. *Clements*, 74 Cornell L. Rev. 167, 184 (1988), der den Fortschritt der Verfahren indes nur als Abwägungsfaktor in seinem *neutral-balancing approach* berücksichtigen will. Dem Fortschritt der Verfahren kommt auch im Rahmen der *abstention doctrine* „besondere Bedeutung" zu, *Schulte*, Die anderweitige (ausländische) Rechtshängigkeit, S. 142 f.

[153] So *Clements*, 74 Cornell L. Rev. 167, 183 (1988) („Both parties are equally entitled to ‚plaintiff's choice of forum'.").

cen, frühzeitig um eine Vermeidung einer doppelten Prozessführung bemüht sein. Dazu stehen ihnen, je nach Konstellation und beteiligten Gerichten, diverse Instrumente zur Konsolidierung der Verfahren zur Verfügung; stets in Betracht kommt eine freiwillige Aussetzung des Verfahrens sowie die Abweisung der (Zweit-)Klage unter Zulassung der Widerklageerhebung im anderen (Erst-)Verfahren. Zur Bestimmung des vorrangigen der parallel anhängigen Verfahren sollte das Prioritätsprinzip herangezogen und somit dem zuerst initiierten Verfahren der Vorrang gewährt werden. Das führt dazu, dass der Beklagte seinen ursprünglich im (dann je nach Konstellation zurücktretenden) Zweitverfahren geltend gemachten Anspruch nunmehr widerklagend in das Erstverfahren einzuführen hat, um der dort drohenden Präklusion durch Rule 13(a) FRCP vorzubeugen. Das Prioritätsprinzip wird dem Sinn und Zweck der Rule 13(a) FRCP und der gesetzgeberischen Intention zuverlässiger gerecht als die einzelfallabhängige Bestimmung des maßgeblichen Forums anhand der Sachnähe. Ein ausgewogener, die Interessen aller Beteiligten berücksichtigender Beklagtenschutz wird durch die skizzierten Maßnahmen *de lege lata* und *ferenda* auch und gerade unter Geltung des Prioritätsprinzips gewährleistet.

Schluss

Die vorstehende Untersuchung hat folgende wesentliche Ergebnisse zutage gefördert (A), auf deren Grundlage der nachfolgende Vorschlag einer geänderten Fassung der Rule 13(a) FRCP basiert (B).

A. Ergebnisse und Thesen

1. Verfahrenskonzentration genießt im US-amerikanischen Zivilprozess höchste Priorität. Die Notwendigkeit der mit dem richtigen Maß an Verfahrenskonzentration einhergehenden prozessökonomischen Streitbeilegung wird von Seiten der Wissenschaft und Praxis angesichts überlasteter und unterfinanzierter Justizsysteme des Bundes und der Einzelstaaten ausdrücklich betont. Als Mittel der Verfahrenskonzentration wurden vorliegend sowohl die Rechtskraft als auch die im Bundesgerichtssystem sowie in den meisten einzelstaatlichen Gerichtssystemen bestehende Widerklagelast durch *compulsory counterclaims* untersucht.

2. Verfahrenskonzentration wird im US-amerikanischen Zivilverfahrensrecht bereits durch ein vergleichsweise weites Verständnis der Rechtskraft erreicht. Die Doktrin der *claim preclusion* erlegt dem Kläger eine Last zur objektiven Klagehäufung auf, indem sie den *claim* des Klägers transaktionsbezogen versteht, den Kläger also unter Präklusionsandrohung anhält, sämtliche Ansprüche aus einem einheitlichen Lebenssachverhalt (der *transaction*) geltend zu machen. Die dem deutschen Recht als solche fremde Doktrin der *issue preclusion* bezieht sich auf einzelne tatsächlich verhandelte und entscheidungserhebliche Feststellungen des Gerichts; sie führt eine Bindung an diese Feststellungen in Folgeverfahren herbei und animiert daher zu besonders gründlicher Verhandlung derselben im Erstverfahren. Beide Doktrinen entstammen dem Common Law und unterliegen in objektiver wie subjektiver Hinsicht einer kaum überschaubaren Fülle an richterrechtlich entwickelten Ausnahmen.

Auch dem Beklagten wird durch die Rechtskraft in begrenztem Umfang eine Konzentrationslast auferlegt. Die Doktrin der *claim preclusion* führt zu einer präklusionsbewehrten Verteidigungslast des Beklagten in Bezug auf sämtliche verfügbaren *defenses*. Anders liegen die Dinge in Bezug auf – im

Einzelfall nicht leicht von einer *defense* zu unterscheidenden – *counterclaims*, mit denen der Beklagte, ähnlich der deutschen Widerklage, eigene Ansprüche in das Verfahren einführen, mithin *affirmative relief* gegenüber dem Kläger erreichen kann: *Claim preclusion* erlegt dem Beklagten für *counterclaims* grundsätzlich keine Widerklagelast in dem Sinne auf, dass eine Nichteinführung eines *counterclaim* in das Erstverfahren zu einer Präklusion mit diesem in einem Zweitverfahren führen würde. Indes steht dem Beklagten ein „Konzentrationsrecht" zu, seinen *counterclaim* freiwillig in das Verfahren einzuführen. Macht er von dieser Möglichkeit Gebrauch, trifft ihn eine Last zur objektiven Widerklagehäufung nach denselben Grundsätzen wie den Kläger. Eine Ausnahme bildet die *common law compulsory counterclaim rule*, die dem Beklagten eine Widerklagelast durch *claim preclusion* für solche *counterclaims* auferlegt, die im Erfolgsfall die durch den Kläger erstrittene Entscheidung faktisch aufheben würden oder mit dieser unvereinbar wären. Diese wiederum richterrechtlich entwickelte Regel wird in der Praxis eng ausgelegt. Sie lässt sich nach hier vertretener Ansicht dogmatisch allerdings nur als rechtskraftergänzende Präklusion erklären. Die *common law compulsory counterclaim rule* ist – jedenfalls in funktionaler Hinsicht – mit der aus der deutschen Streitgegenstandslehre bekannten Figur des „kontradiktorischen Gegenteils" vergleichbar. Das deutsche Recht kennt eine präklusionsbewehrte Widerklagelast in sog. Saldierungsfällen (auf § 322 Abs. 1 ZPO gestützte Rechtskraftpräklusion) sowie bei gegenläufigen Abänderungsbegehren nach § 323 ZPO bzw. § 238 FamFG (auf eine Analogie zu bzw. erweiternde Auslegung von § 322 Abs. 2 ZPO/§ 238 Abs. 2 FamFG gestützte rechtskraftergänzende Präklusion). Diesen Fällen kommt Ausnahmecharakter zu, sodass sich aus ihnen Rückschlüsse auf eine umfassende Widerklagelast im deutschen Recht nicht ziehen lassen.

3. Angesichts negativer Erfahrungen mit dem als zu starr und formalistisch empfundenen Common Law Pleading liegt die Idee einer prozessökonomischen Streitbeilegung auch den *Federal Rules of Civil Procedure* (FRCP) und diesen nachgebildeten einzelstaatlichen Regelungswerken zugrunde. Eine gewünschte, weil prozessökonomisch sinnvolle Verhandlung sämtlicher zwischen den Parteien bestehender Ansprüche lässt sich nach Rule 13 FRCP durch die Erhebung einer Widerklage seitens des Beklagten erreichen. Vorgesehen sind in Rule 13(a) FRCP einerseits *compulsory counterclaims*, die (in erster Linie) dem Beklagten eine präklusionsbewehrte Widerklagelast auferlegen; Rule 13(b) FRCP bietet andererseits die Möglichkeit, *counterclaims* freiwillig in das Verfahren einzuführen *(permissive counterclaims)*. Liegen die Voraussetzungen von Rule 13(a) FRCP vor (unten 5), wird dem Beklagten demnach die Entscheidung über seinen Beitrag zur Verfahrenskonzentration durch Auferlegung einer Widerklagelast faktisch abgenommen. Das wird mit der angestrebten prozessökonomischen Verfahrenskonzentration ebenso wie mit einer möglichst schonenden Nutzung der Ressourcen der Justiz und

nicht zuletzt mit dem entstehenden Rechtsfrieden und der Rechtssicherheit zwischen den Parteien begründet. Rule 13(a) FRCP trat 1938 mit den übrigen FRCP in Kraft und geht zurück auf die frühere Equity Rule 30. Die durch sie erreichte Verfahrenskonzentration tritt neben die unter 2. erwähnte verfahrenskonzentrierende Wirkung der Rechtskraft und geht, was den Beklagten betrifft, über diese hinaus.

4. Neben dem Postulat der Verfahrenskonzentration kam Rule 13(a) FRCP in der Vergangenheit faktisch auch eine zuständigkeitsbegründende Funktion im Rahmen der *supplemental jurisdiction* zu. Diese Funktion muss seit der Einführung von 28 USC § 1367, der die Kriterien für die *supplemental jurisdiction* vorschreibt, als überwunden gelten. Der wohl überwiegenden Ansicht, wonach die Verjährungshemmung des als *compulsory counterclaim* zu erhebenden, aber noch nicht erhobenen Anspruchs auch durch Erhebung der Klage in der Hauptsache erreicht wird, kann unter Berücksichtigung des Gebots der „prozessualen Waffengleichheit" zugestimmt werden; derselbe Rechtsgedanke kommt im deutschen Recht in § 524 Abs. 2 S. 1 ZPO zum Ausdruck. Jedenfalls aus teleologischen Erwägungen folgt, dass die in Rule 13(a) FRCP angeordnete Präklusion gerichtssystemübergreifend, also auch für spätere Verfahren vor einzelstaatlichen Gerichten wirken sollte. Diese Sichtweise wird durch die gerichtliche Praxis bestätigt.

5. Rule 13(a) FRCP ordnet tatbestandlich eine Widerklagelast für Ansprüche des Beklagten („pleader") gegen eine *opposing party* an, sofern diese bei Zustellung des *pleading* bestehen und fällig sind („at the time of its service (…) the pleader has"), derselben *transaction or occurrence* entspringen wie der klägerische *claim* und nicht die notwendige Einbeziehung Dritter außerhalb der gerichtlichen Zuständigkeit erfordern. Im Einzelnen gilt:

a) Wird ein *pleading* des Beklagten nicht erforderlich, findet Rule 13(a) FRCP richtigerweise keine Anwendung. Das kann der Fall sein, wenn die Parteien das Verfahren vergleichsweise beenden oder der Beklagte mit einer bloßen *motion to dismiss* (vgl. Rule 12(b) FRCP) die Abweisung der Klage erreicht. Bedient sich der Beklagte eines *pleading*, gelten dieselben formalen und inhaltlichen Anforderungen wie für die Klageschrift; insbesondere findet diesbezüglich auch die jüngste Rechtsprechung des *U.S. Supreme Court* („Twiqbal") Anwendung.

b) Die Widerklagelast besteht nur für solche Ansprüche, die bei Zustellung des *pleading* bestehen und fällig sind. Ggf. kann der Beklagte mit Zustimmung des Gerichts auf freiwilliger Basis (Rule 13(b) FRCP) einen nach Zustellung des *pleading* entstandenen oder fällig gewordenen Anspruch im Wege des *supplemental pleading* nach Rule 13(e) FRCP in das Verfahren einführen. Selbst ein die Voraussetzungen der Rule 13(a) FRCP erfüllender Anspruch kann unter den Voraussetzungen der Rule 15 FRCP (früher: Rule 13(f) FRCP a.F.) nachträglich in das Verfahren eingeführt werden *(amended pleading)*; die ggf. erforderliche Zustimmung des Gerichts soll großzügig erteilt werden.

c) „Opposing party" ist jede Partei, die dem Beklagten als Prozessgegner gegenübertritt. Die Einnahme einer gegnerischen Position kann auch erst im Laufe des Verfahrens stattfinden, etwa bei Inanspruchnahme eines Streitgenossen im Wege des *crossclaim*, Rule 13(g) FRCP oder im Rahmen der *third-party practice* nach Rule 14 FRCP. Eine Last zur parteierweiternden Widerklage besteht im Grundsatz nicht (dazu noch unten 9 lit. a).

d) Zentrales Merkmal der Rule 13(a) FRCP ist die erforderliche Konnexität zwischen klägerischem *claim* und *counterclaim* des Beklagten („arises out of the transaction or occurrence that is the subject matter of the opposing party's claim"). In der Rechtsprechung haben sich zur Bestimmung der Konnexität vier Auslegungsansätze herausgebildet, die danach fragen, ob (1) eine überwiegende Identität der zugrunde liegenden Tatsachen- und Rechtsfragen gegeben ist, (2) *claim preclusion* im fraglichen Fall zur Präklusion des Beklagten mit seinem *counterclaim* führen würde, (3) eine wesentliche Übereinstimmung der Beweismittel zu verzeichnen ist oder – nach herrschender Ansicht – (4) ein „logischer Zusammenhang" zwischen *claim* und *counterclaim* bzw. eine Identität der *operative facts* gegeben ist. Nach hier vertretener Ansicht sollte indes vielmehr die Identität der entscheidungserheblichen Tatsachen für *claim* und *counterclaim* maßgeblich sein. Das erzeugt Synergieeffekte für das Gericht im Hinblick auf diese für die Anwendbarkeit der Doktrin der *issue preclusion* ohnehin zu prüfenden Tatsachen, verhindert eine prozessunökonomische Konzentration nur lose miteinander verbundener Ansprüche und dient darüber hinaus dem Beklagtenschutz (dazu noch unten 9 lit. a).

e) Die Widerklagelast besteht ausweislich Rule 13(a)(1)(B) FRCP nur dann, wenn der fragliche Anspruch nicht die Einbeziehung eines Dritten außerhalb der gerichtlichen Zuständigkeit notwendig macht. Dieses Erfordernis ist aufgrund seiner systematischen Stellung entgegen der herrschenden Ansicht dogmatisch als negatives Tatbestandsmerkmal, nicht als Ausnahme des Tatbestands, einzuordnen. Die notwendige Parteihäufung ist in Rule 19 FRCP geregelt, die *de lege ferenda* – auch im Hinblick auf die dortigen Zuständigkeitsanforderungen – in Rule 13(a)(1)(B) FRCP Erwähnung finden sollte.

6. Rule 13(a) FRCP sieht selbst zwei ausdrückliche Ausnahmen von der Widerklagelast vor, deren praktischer Nutzen im Sinne des Beklagtenschutzes indes begrenzt ist: Rule 13(a)(2)(A) FRCP nimmt solche *counterclaims* von der Widerklagelast aus, die zum Zeitpunkt der Einleitung des Verfahrens bereits anderweitig rechtshängig waren. Rule 13(a)(2)(B) FRCP betrifft Verfahren *in rem* ohne *personal jurisdiction* für den Beklagten. Zahlreiche praxisrelevantere (intendierte oder im Ergebnis hingenommene) Ausnahmen von der Widerklagelast haben sich in der Rechtsprechung herausgebildet. Diese basieren häufig auf materiellrechtlichen Erwägungen, kommen im Übrigen

aber auch in bestimmten prozessualen Konstellationen sowie zum Schutz der Parteiautonomie der Prozessparteien zur Anwendung. Deren Präzedenzwirkung und damit ihre Aussagekraft sind mangels höchstrichterlicher Klärung mitunter begrenzt.

7. Sämtliche US-amerikanische Einzelstaaten haben ihre eigenen Verfahrensordnungen. Einige wenige Einzelstaaten haben keine Regelung zu einer präklusionsbewehrten Widerklagelast getroffen. Hier bleibt es bei der verfahrenskonzentrierenden Wirkung der Rechtskraft. Die Mehrheit der einzelstaatlichen Verfahrensordnungen enthält hingegen eine *compulsory counterclaim*-Vorschrift, die im Wesentlichen der Rule 13(a) FRCP entspricht. Teilweise sind geringe (sprachliche) Abweichungen zu verzeichnen, vereinzelt wurden auch ausdrückliche Ausnahmeregelungen getroffen, die in der bundesgesetzlichen Regelung keine Entsprechung finden. Zu diesen zählen insbesondere Ausnahmen für Ansprüche im Zusammenhang mit (Kraftfahrzeug-)Unfällen, bei Prozessführung durch einen Versicherer sowie für deliktische Ansprüche.

8. Wenngleich die Norm dies nicht ausdrücklich anordnet, herrscht Einigkeit, dass die Nichteinführung eines als *compulsory counterclaim* einzustufenden Anspruchs nach Rule 13(a) FRCP nach Entscheidungserlass im Erstverfahren zur Präklusion des Beklagten mit diesem *counterclaim* im Zweitverfahren führt. Umstritten ist hingegen die dogmatische Begründung: Die einen wollen die Präklusion als Rechtskraftwirkung *(claim preclusion)* verstehen, die anderen verweisen als Begründung auf die Prinzipien des *waiver* (Verzicht) bzw. des *estoppel* (Verwirkung). Nach hier vertretener Ansicht erweist sich die Rechtsfolge der Rule 13(a) FRCP – in Einklang mit der Rechtsfolgendogmatik der *common law compulsory counterclaim rule* – als rechtskraftergänzende Präklusion.

9. Verfahrenskonzentration erfordert einen Ausgleich der Interessen der beteiligten Parteien an einer möglichst weitreichenden Dispositionsbefugnis über ihre Ansprüche und der Herstellung von Rechtsfrieden und Rechtssicherheit sowie der Interessen der Justiz und der diese finanzierenden Öffentlichkeit an einer schonenden, prozessökonomischen Nutzung der gerichtlichen Ressourcen. Der Interessenausgleich *de lege lata* ist unzureichend; er geht regelmäßig zulasten des Beklagten: Dieser unterliegt im Hinblick auf die Dispositionsbefugnis über seine konnexen Ansprüche strukturellen Nachteilen, die sich aus seiner Parteistellung im Zivilprozess ergeben. Im Übrigen sieht sich der Beklagte dem der Rule 13(a) FRCP immanenten Missbrauchspotenzial für den Kläger ausgesetzt. Letzteres wird auch in der anwaltlichen Praxis betont, die sich, schon um einem drohenden Haftungsfall zu entgehen, im Zweifel einer vermeintlich bestehenden Widerklagelast beugt, obwohl prozesstaktische Erwägungen womöglich gegen die Einführung des *counterclaim* sprechen. Diese Erkenntnisse lassen die Notwendigkeit eines angemessenen Beklagtenschutzes im Rahmen von Rule 13(a) FRCP offenbar werden.

Um diesen zu erreichen, können Maßnahmen *de lege lata* und *ferenda* sowie praktische Wege zur Vermeidung der Widerklagelast unterschieden werden:

a) *De lege lata* bietet sich zunächst eine restriktive Tatbestandsauslegung an, die an den zentralen Tatbestandsmerkmalen der Norm ansetzt: Die Konnexität von *claim* und *counterclaim* sollte anhand der entscheidungserheblichen Tatsachen festgestellt werden (oben 5 lit. d); dieser Ansatz erweist sich tendenziell als enger als die herrschende Frage nach einem logischen Zusammenhang bzw. der Identität der *operative facts*. Der Beklagte wird so begünstigt, ohne das Ziel der Verfahrenskonzentration aus den Augen zu verlieren. Im Übrigen bleibt es dem Beklagten unbenommen, aus freien Stücken Widerklage zu erheben, Rule 13(b) FRCP. Auch der Parteibegriff („opposing party“) ist restriktiv auszulegen. Eine grundsätzlich nicht bestehende Last zur parteierweiternden Widerklage ist auch gegenüber bestimmten den Prozessparteien nahestehenden Dritten *(privies)* bzw. bei Verfahrensbeteiligung in unterschiedlichen Funktionen *(capacities)* aus Gründen der dem Beklagten entstehenden Rechtsunsicherheit abzulehnen. *De lege lata* wird ein begrenzter Beklagtenschutz auch durch die bestehenden Ausnahmen von Rule 13(a) FRCP erreicht. Die richterrechtlich entwickelte Ausnahme für isolierte Feststellungsverfahren sollte verallgemeinert und in Rule 13(a) FRCP kodifiziert werden, um das gesteigerte „Torpedopotenzial“ von Feststellungsklagen einzudämmen (unten B).

b) Neben dieser Ausnahme für isolierte Feststellungsverfahren wird *de lege ferenda* im Übrigen vorgeschlagen, die Dispositionsbefugnis des Beklagten über konnexe deliktische Ansprüche zu stärken und eine entsprechende Ausnahme in Rule 13(a) FRCP aufzunehmen (unten B). Das erscheint angemessen in Anbetracht der materiellen Schutzwürdigkeit des Beklagten in diesem Bereich und der entscheidenden Bedeutung der Forumswahl für das anwendbare Recht, insbesondere im Hinblick auf womöglich verfügbare *punitive damages* wegen eines besonders verwerflichen Verhaltens des Klägers. Um dem Beklagten gleichwohl einen Anreiz zur (dann freiwilligen, Rule 13(b) FRCP) Verfahrenskonzentration zu bieten, lässt sich diese Ausnahme mit der Versagung der Kostenerstattung in weiteren Verfahren auf Grundlage dieser deliktischen Ansprüche kombinieren.

c) Aus praktischer Beklagtensicht kann die Widerklagelast durch Parteivereinbarung umgangen werden. Ein kautelarjuristisches Mittel zur (relativen) Vermeidung von Rule 13(a) FRCP in Vertragsstreitigkeiten ist die Vereinbarung einer Schieds- oder Gerichtsstandsklausel. Eine solche führt dazu, dass der Beklagte die Widerklagelast in Fora vermeiden kann, in denen der Kläger entweder abredewidrig klagt oder wegen eines Anspruchs klagt, der der Klausel nicht unterfällt und der Beklagte über einen zu diesem Anspruch konnexen *counterclaim* verfügt, der der Klausel unterfällt. Darüber hinaus dürfte die absolute Vermeidung der Widerklagelast auch abseits von Schieds- und Gerichtsstandsklauseln durch die Vereinbarung eines Verzichts auf die

Präklusionseinrede in etwaigen Folgeverfahren zu erreichen sein. Nach hier vertretener Ansicht kann der Beklagte Rule 13(a) FRCP aufgrund des eindeutigen Wortlauts der Norm (in Ermangelung eines *pleading*) zudem durch eine „Flucht in die Säumnis" umgehen. Ein solches Verhalten geht zwar notwendig zulasten der Verfahrenskonzentration, erscheint aber angesichts der geringen Belastung der Justiz mit dem Erstverfahren unter prozessökonomischen Gesichtspunkten noch vertretbar. Nicht überzeugend ist es hingegen, dem Beklagten unter Missachtung von Rule 13(a) FRCP die Vermeidung der Widerklagelast durch Anstrengung eines Parallelverfahrens zu gestatten. Die prozessunökonomische Anstrengung eines Parallelverfahrens soll nach dem Sinn und Zweck der Regelung und dem anerkannten gesetzgeberischen Willen gerade verhindert werden; Rule 13(a) FRCP muss daher nach hier vertretener Ansicht auch vor Entscheidungserlass im Erstverfahren Berücksichtigung finden. Sind Parallelverfahren bei unterschiedlichen Gerichten anhängig, sollten diese daher die vielfältigen Instrumente zur Vermeidung bzw. Konsolidierung von Parallelverfahren nutzen, um unter Geltung des Prioritätsprinzips die Durchsetzung der Widerklagelast im Erstforum zu erreichen.

B. Vorschlag einer geänderten Fassung der Rule 13(a) FRCP

Nach alledem könnte eine geänderte Fassung der Rule 13(a) FRCP unter Berücksichtigung der gefundenen Ergebnisse wie folgt lauten (Änderungsvorschläge kursiv, aktuelle Fassung von Rule 13(a)(1)(B) FRCP in eckigen Klammern):

Rule 13. Counterclaim and Crossclaim

(a) Compulsory Counterclaim.

(1) In General. A pleading must state as a counterclaim any claim that – at the time of its service – the pleader has against an opposing party if the claim:

(A) arises out of the transaction or occurrence that is the subject matter of the opposing party's claim; and

(B) does not require adding another party *whose joinder is not feasible pursuant to Rule 19(a)*. [over whom the court cannot acquire jurisdiction.]

(2) Exceptions. The pleader need not state the claim if:

(A) when the action was commenced, the claim was the subject of another pending action; or

(B) the opposing party sued on its claim by attachment or other process that did not establish personal jurisdiction over the pleader on that claim, and the pleader does not assert any counterclaim under this rule*; or*

(C) the only relief sought in the action is a declaratory judgment; or

(D) the claim arises out of tort. If the pleader does not state the claim, the pleader cannot recover costs against the opposing party in any subsequent action on that claim.

(b) Permissive Counterclaim. A pleading may state as a counterclaim against an opposing party any claim that is not compulsory.

[…]

Literaturverzeichnis

Althammer, Christoph: Streitgegenstand und Interesse. Eine zivilprozessuale Studie zum deutschen und europäischen Streitgegenstandsbegriff, Tübingen 2012.

American Law Institute (Hrsg.): Restatement (1st) of Judgments, St. Paul, Mn. 1942.

dass.: Restatement (2d) of Judgments, St. Paul, Mn. 1988.

American Law Institute/UNIDROIT: Principles of Transnational Civil Procedure, Cambridge 2007.

Bach, Donald Leo: Landing in A.B.C.G. Soup: The Compulsory Counterclaim Trap, 79 Wis. Law. 12 (2006).

Baicker-MacKee, Steven/Janssen, William M./Corr, John B.: A Student's Guide to the Federal Rules of Civil Procedure, Eagan, Mn. 2010.

Bassett, Debra Lyn: The Forum Game, 84 N.C. L. Rev. 333 (2006).

Baur, Fritz: Ist die Anschlussberufung (Anschlussrevision) ein Rechtsmittel? Zugleich ein Beitrag zum Begriff und System der Rechtsmittel, in: Aristotelian University of Thessaloniki (Hrsg.): The Year Book of the School of Law and Economic Science. Miscellany in Honor of Charalambos N. Fragistas. Bd. 1, Thessaloniki 1966, S. 359.

Bekker, Ernst Immanuel: Die prozessuale Consumption im classischen römischen Recht, Berlin 1853.

Bellman, Howard S.: A Response to the Promise of ADR, 27 Ohio St. J. on Disp. Resol. 321 (2012).

Berger, Don: Zuständigkeit und forum non conveniens im amerikanischen Zivilprozeß, RabelsZ 41 (1977), 39.

Berry, David C.: Untwisting New Jersey's Cap on Punitive Damages, 27 Seton Hall L. Rev. 167 (1996).

Black, Henry Campbell: Black's Law Dictionary, 9. Aufl., St. Paul, Mn. 2009.

Blomeyer, Arwed: Zivilprozeßrecht. Erkenntnisverfahren, 2. Aufl., Berlin 1985.

Blume, William Wirt: The Scope of a Civil Action, 42 Mich. L. Rev. 257 (1943).

Blume, William Wirt/Reed, John W.: Pleading and Joinder. Cases and Statutes, New York 1952.

Böhm, Ulrike: Amerikanisches Zivilprozessrecht, Köln 2005.

Bone, Robert G.: Rethinking the Day in Court Ideal and Nonparty Preclusion, 67 N.Y.U. L. Rev. 193 (1992).

ders.: Plausibility Pleading Revisited and Revised: A Comment on *Ashcroft v. Iqbal*, 85 Notre Dame L. Rev. 849 (2010).

Borchers, Patrick J.: Punitive Damages, Forum Shopping, and the Conflict of Laws, 70 La. L. Rev. 529 (2010).

Born, Winfried: Anmerkung zu BGH, Beschluss vom 29.5.2013 - XII ZB 374/11, NJW 2013, 2360.

Boskey, Bennett/Braucher, Robert: Jurisdiction and Collateral Attack: October Term, 1939, 40 Colum. L. Rev. 1008 (1940).

Breyer, Michael: Kostenorientierte Steuerung des Zivilprozesses. Das deutsche, englische und amerikanische Prozesskostensystem im Vergleich, Tübingen 2006.

Burbank, Stephen B.: The Rules Enabling Act of 1934, 130 U. Pa. L. Rev. 1015 (1982).

ders.: Interjurisdictional Preclusion and Federal Common Law: Toward a General Approach, 70 Cornell L. Rev. 625 (1985).

ders.: Interjurisdictional Preclusion, Full Faith and Credit and Federal Common Law: A General Approach, 71 Cornell L. Rev. 733 (1986).

Casad, Robert C./Clermont, Kevin M.: Res Judicata. A handbook on its theory, doctrine, and practice, Durham, NC 2001.

Casad, Robert C./Richman, William M.: Jurisdiction in civil actions. Territorial basis and process limitations on jurisdiction of state and federal courts, 3. Aufl., Charlottesville, Va. 1998.

Cavanagh, Edward D.: Issue Preclusion in Complex Litigation, 29 Rev. Litig. 859 (2010).

Cecil, Joe S./Cort, George W./Williams, Margaret S./Bataillon, Jared J.: Motions to Dismiss for Failure to State a Claim After *Iqbal*. Report to the Judicial Conference Advisory Committee on Civil Rules, March 2011.

Chase, Oscar G.: Legal Processes and National Culture, 5 Cardozo J. Int'l & Comp. L. 1 (1997).

Clark, Charles E./Moore, James W. M.: A New Federal Civil Procedure, 44 Yale L.J. 387 (1935).

Clark, Charles E./Surbeck, Leighton H.: The Pleading of Counterclaims, 37 Yale L.J. 300 (1928).

Clark, Charles E.: Ancient Writs and Modern Causes of Action, 34 Yale L.J. 879 (1925).

ders.: The New Federal Rules of Civil Procedure: The Last Phase – Underlying Philosophy Embodied in Some of the Basic Provisions of the New Procedure, 23 A.B.A. J. 976 (1937).

ders.: Handbook of the Law of Code Pleading, 2. Aufl., St. Paul, Mn. 1947.

Cleary, Edward W.: Res Judicata Reexamined, 57 Yale L.J. 339 (1948).

Clements, Ben: Pre-Judgment Enforcement of Federal Rule of Civil Procedure 13(a), 74 Cornell L. Rev. 167 (1988).

Clermont, Kevin M.: Restating Territorial Jurisdiction and Venue for State and Federal Courts, 66 Cornell L. Rev. 411 (1981).

ders.: Common-Law Compulsory Counterclaim Rule: Creating Effective and Elegant Res Judicata Doctrine, 79 Notre Dame L. Rev. 1745 (2004).

ders.: The Repressible Myth of *Shady Grove*, 86 Notre Dame L. Rev. 987 (2011).

Comment: Privity and mutuality in the doctrine of res judicata, 35 Yale L.J. 607 (1926).

Comment: Effect of Unnecessary Affirmative Pleading upon the Burden of Proof, 39 Yale L.J. 117 (1929).

Comment: Federal Rules of Civil Procedure – Counterclaim Not Compulsory in First Suit When Statute Requires Splitting of a Cause of Action, 16 Vand. L. Rev. 427 (1963).

Conway, Michael D.: Narrowing the Scope of Rule 13(a), 60 U. Chi. L. Rev. 141 (1993).

Corey, Jon D.: The Discretionary Exercise of Supplemental Jurisdiction under the Supplemental Jurisdiction Statute, 1995 BYU L. Rev. 1263 (1995).

Costede, Jürgen: Unorthodoxe Gedanken zur Streitgegenstandslehre im Zivilprozeß, in: *Ahrens, Hans-Jürgen* (Hrsg.): Festschrift für Erwin Deutsch, Köln, München (u.a.) 1999, S. 907.

Creutz, Evan A.: Two Sides to Every Story: Measuring the Jurisdictional Amount in Federal Courts, 68 Fordham L. Rev. 1719 (2000).

Currie, Brainerd: Mutuality of Collateral Estoppel: Limits of the *Bernhard* Doctrine, 9 Stan. L. Rev. 281 (1957).
Deegan, John J.: Federal Rule 13 – A Trap in Declaratory Judgment Actions, 26 Ins. Counsel J. 61 (1959).
Degnan, Ronan E.: Federalized Res Judicata, 85 Yale L.J. 741 (1976).
Dodson, Scott: Jurisdictionality and *Bowles v. Russell*, 102 Nw. U. L. Rev. Colloquy 42 (2007).
Donahey, Teague I.: Antitrust Counterclaims in Patent Infringement Litigation: Clarifying the Supreme Court's Enigmatic *Mercoid* Decision, 39 IDEA 225 (1999).
Dorsel, Christoph: Forum non conveniens. Richterliche Beschränkung der Wahl des Gerichtsstandes im deutschen und amerikanischen Recht, Berlin 1996.
Durham, James D.: Article 2226a: Its Effect on Res Judicata and Collateral Estoppel, 17 Baylor L. Rev. 221 (1965).
Effron, Robin J.: The Shadow Rules of Joinder, 100 Geo. L. J. 759 (2012).
ders.: Reason Giving and Rule Making in Procedural Law, 65 Ala. L. Rev. 683 (2014).
Eichel, Florian: AGB-Gerichtsstandsklauseln im deutsch-amerikanischen Handelsverkehr. Zugleich ein Beitrag zum Einfluss des Haager Übereinkommens über Gerichtsstandsvereinbarungen vom 30.6.2005, Jena 2007.
Eichel, Florian/Niehoff, Gerrit: US Supreme Court stärkt Gerichtsstandsvereinbarungen, RIW 2014, 329.
Engel, Martin/Hornuf, Lars: Vexierbild Richermediation. Eine Studie zur Wahrnehmung verschiedener Mediationsformen in Deutschland, ZZP 124 (2011), 505.
Engel, Martin: Transatlantische Impulse für die Beilegung von Rechtssreitigkeiten. Mehr als nur Mediation: Adjudikation, Kokon-Verfahren und Online-Streitbeilegung bieten Chancen für Anwälte, AnwBl 2012, 13.
Engelmann, Arthur: Der Civilprozeß. Geschichte und System, Breslau 1970, Nachdruck der Ausgabe 1890.
Engelmann-Pilger, Albrecht: Die Grenzen der Rechtskraft des Zivilurteils im Recht der Vereinigten Staaten. Eine Darstellung mit rechtsvergleichenden Anmerkungen, Berlin 1974.
Engelmann-Pilger, Jens: Deliktische Haftung für das Fehlverhalten Dritter im Common Law, Frankfurt am Main 2007.
Epstein, Richard A.: *Bell Atlantic v. Twombly*: How Motions to Dismiss Become (Disguised) Summary Judgments, 25 Wash. U. J. L. & Pol'y 61 (2007).
Ewer, Wolfgang: Wenn nur der Konsens zählt – was bleibt für das Gerichtsverfahren? Mediation alleine kann es nicht richten: Die Gesellschaft braucht Gerichte und Anwälte, AnwBl 2012, 18.
Falk, Jerome B.: Collateral Estoppel Effect of State Court Judgment in Federal Antitrust Suits, 51 Cal. L. Rev. 955 (1963).
Farnsworth, Edward Allan/Sheppard, Steve: An Introduction to the Legal System of the United States, 4. Aufl., Oxford 2010.
Felder, Andreas: Die Lehre vom Forum Non Conveniens. Voraussehbarkeit des Ergebnisses ihrer Anwendung und prozessuale Aspekte für Verfahrensparteien vor den U.S. Federal Courts und den State Courts in New York bei class actions unter besonderer Berücksichtigung deutscher alternativer Foren oder Parteien, Konstanz 2005.
Finkelstein, Howard M.: Effect in New York of Non-Assertion of Counterclaim, 3 Syracuse L. Rev. 307 (1952).
Fisher, Scott J./Helin, Alison L.: Litigators Beware – Does the Permissive Counterclaim Rule Really Allow for a Choice?, 20 CBA Rec. 32 (2006).

Fleming, James: Consent Judgments as Collateral Estoppel, 108 U. Pa. L. Rev. 173 (1959).

Foerste, Ulrich: Zur Rechtskraft in Ausgleichszusammenhängen, ZZP 108 (1995), 167.

Freer, Richard D.: Rethinking Compulsory Joinder: A Proposal to Restructure Federal Rule 19, 60 N.Y.U. L. Rev. 1061 (1985).

ders.: Avoiding Duplicative Litigation: Rethinking Plaintiff Autonomy and the Court's Role in Defining the Litigative Unit, 50 U. Pitt. L. Rev. 809 (1989).

ders.: Federal Rules of Civil Procedure. Required Joinder of Parties. Ch. 19, in: *Moore, James William* (Hrsg.): Moore's Federal Practice, 3. Aufl., New York 2012.

ders.: Federal Rules of Civil Procedure. Third-Party Practice. Ch. 14, in: *Moore, James William* (Hrsg.): Moore's Federal Practice, 3. Aufl., New York 2012.

ders.: Introduction to Civil Procedure, 3. Aufl., New York 2012.

ders.: The Continuing Gloom about Federal Judicial Rulemaking, 107 Nw. U. L. Rev. 447 (2013).

Friedenthal, Jack H.: Joinder of Claims, Counterclaims and Cross-Complaints: Suggested Revision of the California Provisions, 23 Stan. L. Rev. 1 (1970).

Friedenthal, Jack H./Kane, Mary Kay/Miller, Arthur R.: Civil Procedure, 4. Aufl., St. Paul, Mn. 2005.

Galanter, Marc: News from Nowhere: The Debased Debate on Civil Justice, 71 Denv. U. L. Rev. 77 (1993).

Gensler, Steven S. (Hrsg.): Federal Rules of Civil Procedure, Rules and Commentary, Eagan, Mn. 2012.

Gilles, Peter: Grundprobleme des zivilprozessualen Anschließungsrechts, ZZP 92 (1979), 152.

Ginnow, Arnold O./Nikolic, Milorad (Hrsg.): Corpus Juris Secundum. Bd. 1, St. Paul, Mn. 1985.

Ginsburg, Ruth B.: Judgments in Search of Full Faith and Credit: The Last-In-Time Rule for Conflicting Judgments, 82 Harv. L. Rev. 798 (1969).

Glannon, Joseph W.: Civil Procedure, 7. Aufl., New York 2013.

Gorfinkel, John A./Lavine, Richard A.: Long-Arm Jurisdiction in California under New Section 410.10 of the Code of Civil Procedure, 21 Hastings L.J. 1163 (1970).

Görtz, Jürgen: Die subjektiven Grenzen der Rechtskraft US-amerikanischer Urteile, Frankfurt am Main 2005.

Gottwald, Peter: Streitgegenstandslehre und Sinnzusammenhänge, in: *Gottwald, Peter/Greger, Reinhard/Prütting, Hanns* (Hrsg.): Dogmatische Grundfragen des Zivilprozesses im geeinten Europa, Bielefeld 2000, S. 85.

ders.: Der Streitgegenstand – Einheit in Vielfalt, in: *Geimer, Reinhold/Schütze, Rolf A.* (Hrsg.): Recht ohne Grenzen. Festschrift für Athanassios Kaissis zum 65. Geburtstag, München 2012, S. 303.

Götze, Cornelius: Vouching In und Third-Party Practice. Formen unfreiwilliger Drittbeteiligung im amerikanischen Zivilprozeß und ihre Anerkennung in Deutschland, Berlin 1993.

Graba, Hans-Ulrich: Die Abänderung von Unterhaltstiteln, 4. Aufl., München 2011.

Green, Michael D.: The Inability of Offensive Collateral Estoppel to Fulfill Its Promise: An Examination of Estoppel in Asbestos Litigation, 70 Iowa L. Rev. 141 (1984).

Green, Thomas F.: Federal Jurisdiction over Counterclaims, 48 Nw. U. L. Rev. 271 (1953).

Greenbaum, Arthur F.: Jacks or Better to Open: Procedural Limitations on Co-Party and Third-Party Claims, 74 Minn. L. Rev. 507 (1990).

Greenebaum, Edwin H.: In Defense of the Doctrine of Mutuality of Estoppel, 45 Ind. L.J. 1 (1969).

Griffith, Lonnie E./Mikasen, Jody L. (Hrsg.): American Jurisprudence. Bd. 1, 2. Aufl., Rochester, NY 1994.

Grunsky, Wolfgang: Anmerkung zu BGH, Urteil vom 7.7.1993 - VIII ZR 103/92, LM § 322 ZPO, Nr. 135.

ders.: Grundlagen des Verfahrensrechts. Eine vergleichende Darstellung von ZPO, FGG, VwGO, FGO, SGG, 2. Aufl., Bielefeld 1974.

Gryphon, Marie: Assessing the Effects of a "Loser Pays" Rule on the American Legal System: An Economic Analysis and Proposal for Reform, 8 Rutgers J. L. & Pub. Pol'y 567 (2011).

Gulick, George S./Kimbrough, Robert T. (Hrsg.): American Jurisprudence. Bd. 6, 2. Aufl., Rochester, NY 1963.

Habscheid, Walther: Bemerkungen zur Rechtshängigkeitsproblematik im Verhältnis der Bundesrepublik Deutschland und der Schweiz einerseits und den USA andererseits, in: *Bernstein, Herbert/Drobnig, Ulrich/Kötz, Hein* (Hrsg.): Festschrift für Konrad Zweigert zum siebzigsten Geburtstag, Tübingen 1981, S. 109.

Halberstam, Daniel: Gerichtliche Zusammenarbeit im föderalen System der USA. Ein rechtsvergleichender Beitrag zur Diskussion über die Gerichtsreform in der Europäischen Union, RabelsZ 66 (2002), 216.

Hannon, Kendall W.: Much Ado about *Twombly* - A Study on the Impact of *Bell Atlantic Corp. v. Twombly* on 12(b)(6) Motions, 83 Notre Dame L. Rev. 1811 (2008).

Hansman, Raleigh E.: Time Does Not Heal All Wounds: An Analysis of the Defendant Disarming Decision in *Murray v. Mansheim*, 56 S.D. L. Rev. 155 (2011).

Hatamyar, Patricia W.: The Tao of Pleading: Do *Twombly* and *Iqbal* Matter Empirically, 59 Am. U. L. Rev. 553 (2010).

Hau, Wolfgang: Positive Kompetenzkonflikte im Internationalen Zivilprozessrecht. Überlegungen zur Bewältigung von *multi-fora disputes*, Frankfurt am Main 1996.

ders.: Widerklageprivileg und Widerklagelast, ZZP 117 (2004), 31.

Hay, Peter: On Merger and Preclusion (Res Judicata) in U.S. Foreign Judgments Recognition. Unresolved Doctrinal Problems, in: *Schütze, Rolf A.* (Hrsg.): Einheit und Vielfalt des Rechts. Festschrift für Reinhold Geimer zum 65. Geburtstag, München 2002, S. 325.

ders.: US-amerikanisches Recht. Ein Studienbuch, 5. Aufl., München 2011.

Hayes, Jere G.: Concurrent Jurisdiction as Affected by the Compulsory Counterclaim Rule, 10 Sw. L.J. 402 (1956).

Hazard, Geoffrey C./Leubsdorf, John/Bassett, Debra Lyn: Civil Procedure, 6. Aufl., New York 2011.

Heckman, Charles A.: Collateral Estoppel as the Answer to Multiple Litigation Problems in Federal Tax Law: Another View of *Sunnen* and *The Evergreens*, 19 Case W. Res. L. Rev. 230 (1968).

Heiderhoff, Bettina: Materieller Anspruch und Rechtshängigkeitssperre nach Art. 27 EuGVVO, in: *Geimer, Reinhold/Schütze, Rolf A.* (Hrsg.): Recht ohne Grenzen. Festschrift für Athanassios Kaissis zum 65. Geburtstag, München 2012, S. 383.

Heiser, Walter W.: California's Unpredictable Res Judicata (Claim Preclusion) Doctrine, 35 San Diego L. Rev. 559 (1998).

Henssler, Martin/Deckenbrock, Christian: Das neue Mediationsgesetz: Mediation ist und bleibt Anwaltssache!, Der Betrieb 2012, 159.

Hirsch, Günter: Außergerichtliche Beilegung von Verbraucherstreitigkeiten – ein alternativer Zugang zum Recht entsteht, NJW 2013, 2088.

Hirtz, Bernd: Plädoyer für den Prozess, NJW 2012, 1686.

Hoegen, Dieter L.: Required Joinder of Claims. A Comparative Study of the American and the German Law, 55 Mich. L. Rev. 967 (1957).

Hoff, Timothy: Joinder of Claims and Parties under the Alabama Rules of Civil Procedure, 25 Ala. L. Rev. 667 (1973).

Hommelsheim, Edgar: Cost Allocation in Civil Litigation. Kostentragung und -ausgleichung im amerikanischen Zivilprozeß, Bonn 1990.

Hopkins, James Love: The New Federal Equity Rules, 7. Aufl., Cincinnati, Oh. 1930.

Horstmeier, Gerrit: Umsetzung der Mediationsrichtlinie durch ein neues Mediationsgesetz – der große Wurf für die Mediation?, JR 2012, 1.

Howard, G. Houston: Rule 52 and the Appellate Process: Appellate Review of Fact Finding in Nonjury Cases, 40 Ala. L. Rev. 575 (1989).

Isaac, Kendall D.: Employment ADR and the Professional Athlete, 12 Appalachian J.L. 167 (2013).

James, Fleming/Hazard, Geoffrey C./Leubsdorf, John: Civil Procedure, 5. Aufl., New York 2001.

Jauernig, Othmar/Hess, Burkhard: Zivilprozessrecht. Ein Studienbuch, 30. Aufl., München 2011.

Johannsen, Kurt Herbert/Henrich, Dieter (Hrsg.): Familienrecht. Scheidung, Unterhalt, Verfahren, 5. Aufl., München 2010.

Jost, Fritz: Einvernehmliche Streitbeilegung in und außerhalb des Zivilprozesses, Ad Legendum 2012, 63.

Judicial Conference Advisory Committee on Civil Rules/Committee on Rules of Practice and Procedure: Report to the Chief Justice of the United States on the 2010 Conference on Civil Litigation, 2010.

Judicial Conference of the United States: Records of the U.S. Judicial Conference: Committees on rules of practice and procedures, 1935–1988.

dies.: Report of the Federal Courts Study Committee, April 1990.

Juenger, Friedrich K.: Forum Shopping, Domestic and International, 63 Tulane L. Rev. 553 (1989).

Junker, Abbo: Einheit und Vielfalt: Die Zivilprozeßrechte der Vereinigten Staaten von Amerika. Geschichte, Systematik, Rezeption, ZZP 101 (1988), 241.

Kane, Mary Kay: Original Sin and the Transaction in Federal Civil Procedure, 76 Tex. L. Rev. 1723 (1998).

Keidel, Theodor (Hrsg.): Kommentar zum Gesetz über das Verfahren in Familiensachen und in Angelegenheiten der freiwilligen Gerichtsbarkeit, 18. Aufl., München 2014.

Kelly, Terry: The Power of a Federal District Court to Enjoin an Action, Grounded on a Compulsory Counterclaim, in the Court of a Foreign Country, 2 Can.-Am. L.J. 211 (1984).

Kennedy, John E.: Counterclaims Under Federal Rule 13, 11 Hous. L. Rev. 255 (1974).

Klamaris, Nikolaos: Das Rechtsmittel der Anschlußberufung, Tübingen 1975.

Klein, Fannie J.: Federal and State Court Systems – A Guide, Cambridge, Ma. 1977.

Klein, Kenneth S.: *Ashcroft v. Iqbal* Crashes Rule 8 Pleading Standards on to Unconstitutional Shores, 88 Neb. L. Rev. 261 (2009).

Klein, Michael: Neuer Tatsachenvortrag im Abänderungsverfahren (§ 323 II ZPO), FPR 2002, 600.

Koch, Harald: Streitverkündung und Drittklage im amerkanisch-deutschen Prozeß, ZVglRWiss 1986, 11.

Koch, Raphael: Wider- und Drittwiderklage, JA 2013, 95.

Koffler, Joseph H./Reppy, Alison: Handbook of Common Law Pleading, St. Paul, Mn. 1969.

Kötz, Hein: Civil Justice In Europe And The United States, 13 Duke J. Comp. & Int'l L. 61 (2003).

Krause, Harry D./Meyer, David D.: Family Law in a Nutshell, 5. Aufl., St. Paul, Mn. 2007.

Krause-Ablass, Wolf-D./Bastuck, Burkhard: Deutsche Klagen zur Abwehr amerikanischer Prozesse? Zu den Wirkungen ausländischer Rechtshängigkeit und Rechtskraft nach deutschem und amerikanischem Recht, in: *Lutter, Marcus/Oppenhoff, Walter/Sandrock, Ottto u. a.* (Hrsg.): Festschrift für Ernst C. Stiefel zum 80. Geburtstag, München 1987, S. 445.

Krüger, Wolfgang/Rauscher, Thomas (Hrsg.): Münchener Kommentar zur Zivilprozessordnung. Bd. 1, 4. Aufl., München 2013.

Landen, F. Gifford: Truth in Lending Act – Defendant's Debt Counterclaim – Compulsory or Permissive?, 28 Case W. Res. L. Rev. 434 (1978).

Landes, William M.: Counterclaims: An Economic Analysis, 14 Int'l Rev. L. & Econ. 235 (1994).

Lash, Lester S.: Effect of Federal Compulsory Counterclaim Rule on Subsequent Ohio Action – Res Adjudicata, 21 Ohio St. L.J. 251 (1960).

Lederman, Leandra: Viva Zapata!: Toward a Rational System of Forum-Selection Clause Enforcement in Diversity Cases, 66 N.Y.U. L. Rev. 422 (1991).

Lee, Emery G./Willging, Thomas E.: Defining the Problem of Cost in Federal Civil Litigation, 60 Duke L.J. 765 (2010).

Lee, Evan Tsen: Principled Decision Making and the Proper Role of Federal Appellate Courts: The Mixed Questions Conflict, 64 S. Cal. L. Rev. 235 (1991).

Leipold, Dieter: Internationale Rechtshängigkeit, Streitgegenstand und Rechtsschutzinteresse – Europäisches und Deutsches Zivilprozeßrecht im Vergleich, in: *Leipold, Dieter/Lüke, Wolfgang/Yoshino, Shozaburo* (Hrsg.): Gedächtnisschrift für Peter Arens, München 1993, S. 227.

ders.: Teilklagen und Rechtskraft, in: *Bettermann, Karl August/Löwisch, Manfred/Otto, Hansjörg u. a.* (Hrsg.): Festschrift für Albrecht Zeuner zum siebzigsten Geburtstag, Tübingen 1994, S. 431.

ders.: Anmerkung zu BGH, Urteil vom 1.10.1997 - XII ZR 49/96, LM § 323 ZPO, Nr. 74.

ders.: Wege zur Konzentration von Zivilprozessen. Anregungen aus dem europäischen Zivilprozeßrecht; Vortrag gehalten vor der Juristischen Gesellschaft zu Berlin am 21. Oktober 1998, Berlin 1999.

Levin, A. Leo/Colliers, Denise D.: Containing the Cost of Litigation, 37 Rutgers L. Rev. 219 (1985).

Linke, Hartmut/Hau, Wolfgang: Internationales Zivilverfahrensrecht. Grundriss, 5. Aufl., Köln 2011.

Loyd, William H.: Development of Set-Off, 64 U. Pa. L. Rev. 541 (1916).

Ludwig, Heinz-Werner: Anmerkung zu OLG Düsseldorf, Urteil vom 28.11.1997 - 7 U 148/97, FamRZ 1999, 384.

Lüke, Wolfgang: Die Beteiligung Dritter im Zivilprozeß. Eine rechtsvergleichende Untersuchung zu Grundfragen der subjektiven Verfahrenskonzentration, Tübingen 1993.

Main, Thomas O.: The Procedural Foundation of Substantive Law, 87 Wash. U. L. Rev. 801 (2010).

Mann, Theodore R.: History and Interpretation of Federal Rule 60(b) of the Federal Rules of Civil Procedure, 25 Temp. L.Q. 77 (1951).

Marshall, William P.: Abstention, Separation of Powers, and Recasting the Meaning of Judicial Restraint, 107 Nw. U. L. Rev. 881 (2013).

Maunz, Theodor/Dürig, Günter (Hrsg.): Grundgesetz. Kommentar, 70. Erg.-Lfg., München 2013.

Maxeiner, James: Failures of American Civil Justice in International Perspective, Cambridge 2011.

McCaskill, O. L.: Actions and Causes of Action, 34 Yale L.J. 614 (1925).

McFarland, Douglas D.: In Search of the Transaction or Occurrence: Counterclaims, 40 Creighton L. Rev. 699 (2007).

ders.: Seeing the Forest for the Trees: The Transaction or Occurrence and the Claim Interlock Civil Procedure, 12 Fla. Coastal L. Rev. 247 (2011).

ders.: Supplemental Jurisdiction over Permissive Counterclaims and Set Offs: A Misconception, 64 Mercer L. Rev. 437 (2013).

McKnight, David L./Hinton, Paul J.: International Comparisons of Litigation Costs: Europe, the United States and Canada, 2013.

McLaughlin, Joseph T./Rowe, Thomas D.: Federal Rules of Civil Procedure. Relief from a Judgment or Order. Ch. 60, in: *Moore, James William* (Hrsg.): Moore's Federal Practice, 3. Aufl., New York 2012.

Millar, Robert Wyness: Historical Relation of Estoppel by Record to Res Judicata, 35 Ill. L. Rev. 41 (1940).

ders.: Premises of the Judgment As Res Judicata in Continental and Anglo-American Law, 39 Mich. L. Rev. 1 (1940).

ders.: Civil Procedure of the Trial Court in Historical Perspective, New York 1952.

ders.: Counterclaim against Counterclaim, 48 Nw. U. L. Rev. 671 (1954).

Miller, Arthur R.: From *Conley* to *Twombly* to *Iqbal*: A Double Play on the Federal Rules of Civil Procedure, 60 Duke L.J. 1 (2010).

Miller, Tracy M.: A Due Process Analysis of the Alabama Lis Pendens Statutes, 26 Am. J. Trial Advoc. 185 (2002).

Mishkin, Paul J.: The Federal Question in the District Courts, 53 Colum. L. Rev. 157 (1953).

Mogel, William A.: Res Judicata and Collateral Estoppel in Administrative Proceedings, 30 Baylor L. Rev. 463 (1978).

Morley, Jeremy D.: Forum Non Conveniens: Restraining Long-Arm Jurisdiction, 68 Nw. U. L. Rev. 24 (1973).

Moschzisker, Robert von: Res Judicata, 38 Yale L.J. 299 (1929).

Mueller, Christopher B.: Twenty-First Century Procedure, New York 2013.

Müller, Harald: Die Gerichtspflichtigkeit wegen „doing business". Ein Vergleich zwischen dem US-amerikanischen und dem deutschen Zuständigkeitssystem, Köln 1992.

Musielak, Hans-Joachim: Einige Gedanken zur materiellen Rechtskraft, in: *Heldrich, Andreas/Uchida, Takeyoshi* (Hrsg.): Festschrift für Hideo Nakamura zum 70. Geburtstag am 2. März 1996, Tokio 1996, S. 423.

Musielak, Hans-Joachim (Hrsg.): Kommentar zur Zivilprozessordnung, 11. Aufl., München 2014.

Nelle, Andreas: Anspruch, Titel und Vollstreckung im internationalen Rechtsverkehr, Tübingen 2000.

Neufang, Sebastian: Kostenverteilung im US-amerikanischen Zivilprozess und Urteilsanerkennung in Deutschland, Münster 2002.

Noone, Mary Anne: ADR, Public Interest Law and Access to Justice: The Need for Vigilance, 37 Monash U. L. Rev. 57 (2011).

Note: Counterclaim in Iowa, 24 Iowa L. Rev. 310 (1939).
Note: Patents – Contributory Infringement-Effect of Anti-trust Acts, 44 Colum. L. Rev. 447 (1944).
Note: Developments in the Law: Declaratory Judgments – 1941–1949, 62 Harv. L. Rev. 787 (1949).
Note: Developments in the Law – Res Judicata, 65 Harv. L. Rev. 818 (1952).
Note: The Value of the Distinction between Direct and Collateral Attacks on Judgments, 66 Yale L.J. 526 (1957).
Note: Ancillary Process and Venue in the Federal Courts, 73 Harv. L. Rev. 1164 (1960).
Note: Recent Cases – Res Judicata, 73 Harv. L. Rev. 1410 (1960).
Note: Appealability in the Federal Courts, 75 Harv. L. Rev. 351 (1961).
Note: Collateral Estoppel: Application to Actions between Former Codefendants, 1961 Duke L.J. 167 (1961).
Note: The Erie Doctrine and Federal Rule 13(a), 46 Minn. L. Rev. 913 (1962).
Note: Developments in the Law – Injunctions, 78 Harv. L. Rev. 994 (1965).
Note: Collateral Estoppel in Default Judgments: The Case for Abolition, 70 Colum. L. Rev. 522 (1970).
Note: The Collateral Estoppel Effect of Prior State Court Findings in Cases within Exclusive Federal Jurisdiction, 91 Harv. L. Rev. 1281 (1978).
Note: Forum Shopping Reconsidered, 103 Harv. L. Rev. 1677 (1990).
Note: Forum Selection Clause – Compulsory Counterclaim, 13 No. 3 Fed. Litigator (1998).
Oakley, John B./Coon, Arthur F.: The Federal Rules in State Courts: A Survey of State Court Systems of Civil Procedure, 61 Wash. L. Rev. 1367 (1986).
Oakley, John B.: Recent Statutory Changes in the Law of Federal Jurisdiction and Venue: The Judicial Improvements Act of 1988 and 1990, 24 U.C. Davis L. Rev. 735 (1991).
O'Leary, Kimberly E.: The Inadvisability of Applying Preclusive Doctrines to Summary Evictions, 30 U. Tol. L. Rev. 49 (1998).
O'Reilly, James T./Hanlon, James Patrick/Hall, Ralph F./Jackson, Steven L./Lewis, Erin Reilly: Punishing Corporate Crime. Legal penalties for criminal and regulatory violations, New York 2009.
Otte, Karsten: Umfassende Streitentscheidung durch Beachtung von Sachzusammenhängen. Gerechtigkeit durch Verfahrensabstimmung?, Tübingen 1998.
Otto, Hansjörg: Die Präklusion. Ein Beitrag zum Prozeßrecht, Berlin 1970.
ders.: Die inner- und außerprozessuale Präklusion im Fall der Vollstreckungsgegenklage, in: *Gerhardt, Walter/Diederichsen, Uwe/Rimmelspacher, Bruno u. a.* (Hrsg.): Festschrift für Wolfram Henckel. Zum 70. Geburtstag am 21. April 1995, Berlin 1995, S. 615.
Owens, M. Diane: Creditor's Counterclaim for Underlying Debt in Default is a Compulsory Counterclaim in Truth in Lending Action, 31 Mercer L. Rev. 1071 (1980).
Park, Valerie R.: The False Claims Act, Qui Tam Relators, and the Government: Which is the Real Party to the Action?, 43 Stan. L. Rev. 1061 (1991).
Parness, Jeffrey A.: Federal Rules of Civil Procedure. General Rules of Pleading. Ch. 8, in: *Moore, James William* (Hrsg.): Moore's Federal Practice, 3. Aufl., New York 2012.
Peiffer, Evgenia: Schutz gegen Klagen im *forum derogatum*. Gültigkeit und Durchsetzung von Gerichtsstandsvereinbarungen im internationalen Rechtsverkehr. Eine rechtsvergleichende Untersuchung unter Berücksichtigung ökonomischer Aspekte, Tübingen 2013.
Peterson, Todd David: The Misguided Law of Compulsory Counterclaims in Default Cases, 50 Ariz. L. Rev. 1107 (2008).

Petsche, Markus: What's wrong with forum shopping? An attempt to identify and assess the real issues of a controversial practice, 45 Int'l Law. 1005 (2011).

Planck, Julius Wilhelm von: Das Deutsche Gerichtsverfahren im Mittelalter. Nach dem Sachsenspiegel und den verwandten Rechtsquellen, Hildesheim 1973, Nachdruck der Ausgabe 1879.

Polasky, Alan N.: Collateral Estoppel-Effects of Prior Litigation, 39 Iowa L. Rev. 217 (1954).

Pushaw, Robert J.: A Neo-Federalist Analysis of Federal Question Jurisdiction, 95 Cal. L. Rev. 1515 (2007).

Putzier, Dieter: Verrechnung oder Aufrechnung – was gilt?, BauR 2002, 1632.

Ratliff, Jack: Offensive Collateral Estoppel and the Option Effect, 67 Tex. L. Rev. 63 (1988).

Rauscher, Thomas (Hrsg.): Münchener Kommentar zum FamFG, 2. Aufl., München 2013.

Redish, Martin H./Murashko, Dennis: The Rules Enabling Act and the Procedural-Substantive Tension: A Lesson in Statutory Interpretation, 93 Minn. L. Rev. 26 (2008).

Redish, Martin H.: Pleadings, Discovery, and the Federal Rules: Exploring the Foundations of Modern Procedure, 64 Fla. L. Rev. 845 (2012).

Reed, John W.: Compulsory Joinder of Parties in Civil Actions, 55 Mich. L. Rev. 327 (1957).

Reinhard, Jakob W.: Klageerhebung und Beklagtenschutz nach US-amerikanischem und deutschem Zivilprozessrecht. Eine Untersuchung anhand der US-amerikanischen Federal Rules of Civil Procedure und der ZPO am Beispiel ausgewählter Rechtsfragen, Berlin 2006.

Reischl, Klaus: Die objektiven Grenzen der Rechtskraft im Zivilprozeß, Tübingen 2002.

Reitz, John C.: Grundlegende Unterschiede zwischen dem deutschen und dem U.S.-amerikanischen Zivilprozeßrecht: Vorzüge, die sich ausschließen?, ZZP 104 (1991), 381.

Reynolds, Jennifer W.: ADR for the Masses, 90 Or. L. Rev. 691 (2012).

Riehm, Thomas/Bucher, Stefanie: Die Drittwiderklage, ZZP 123 (2010), 347.

Robertson, David W.: Federal Doctrine of Forum Non Conveniens: An Object Lesson in Uncontrolled Discretion, 29 Tex. Int'l L. J. 353 (1994).

Robertson, James L.: Joinder of Claims and Parties – Rules 13, 14, 17, and 18, 52 Miss. L.J. 37 (1982).

Rosenberg, Leo/Schwab, Karl-Heinz/Gottwald, Peter: Zivilprozessrecht, 17. Aufl., München 2010.

Rosenberg, Maurice: Collateral Estoppel in New York, 44 St. John's L. Rev. 165 (1969).

ders.: Judicial Discretion of the Trial Court, Viewed from Above, 22 Syracuse L. Rev. 635 (1971).

Rosenhouse, Michael A./Schiffres, Irwin J. (Hrsg.): American Jurisprudence. Bd. 9A, 2. Aufl., Rochester, NY 1991.

Roth, Herbert: Bedeutungsverluste der Zivilgerichtsbarkeit durch Verbrauchermediation, JZ 2013, 637.

Rowe, Thomas D./Burbank, Stephen B./Mengler, Thomas M.: Compounding or Creating Confusion About Supplemental Jurisdiction: A Reply to Professor Freer, 40 Emory L. J. 943 (1991).

Sager, Lawrence: Defense Tactics, Compulsory Arbitration, and a Proposed Compulsory Counterclaim Rule for Pennsylvania, 39 Temp. L.Q. 340 (1966).

Sander, Florian/Breßler, Steffen: Das Dilemma mitgliedstaatlicher Rechtsgleichheit und unterschiedlicher Rechtsschutzstandards in der Europäischen Union. Zum Umgang mit sogenannten „Torpedoklagen“, ZZP 122 (2009), 157.

Savigny, Friedrich Karl von: System des heutigen römischen Rechts. Bd. 6, 2. Aufl., Aalen 1981, Neudruck der Ausgabe Berlin 1847.

Schack, Haimo: Jurisdictional minimum contacts scrutinized. Interstaatliche und internationale Zuständigkeit US-amerikanischer Gerichte, Heidelberg 1983.

ders.: Die Versagung der deutschen internationalen Zuständigkeit wegen forum non conveniens und lis alibi pendens, RabelsZ 58 (1994), 40.

ders.: Einführung in das US-amerikanische Zivilprozessrecht, 4. Aufl., München 2011.

Schmidt-Brand, Jan-Peter: Zu den long-arm statutes im „Jurisdiktions-Recht“ der Vereinigten Staaten von Amerika und zu ihrer Bedeutung für wirtschaftsrechtliche Streitigkeiten. Funktion, Geschichte und Bedeutung im Minimum Contacts Konzept unter besonderer Berücksichtigung des New Yorker CPLR § 302, Frankfurt am Main 1991.

Schopflocher, Ernst H.: Civil Procedure: A Comparative Study of Some Principal Features under German and American Law, 1940 Wis. L. Rev. 234 (1940).

ders.: What Is a Single Cause of Action for the Purpose of the Doctrine of Res Judicata, 21 Or. L. Rev. 319 (1942).

Schulte, Norbert: Die anderweitige (ausländische) Rechtshängigkeit im US-amerikanischen Zivilprozeßrecht, Berlin 2001.

Schwartz, Victor E./Appel, Christopher E.: Rational Pleading in the Modern World of Civil Litigation: The Lessons and Public Policy Benefits of *Twombly* and *Iqbal*, 33 Harv. J. L. & Pub. Pol'y 1107 (2010).

Scott, Austin Wakeman: Collateral Estoppel By Judgment, 56 Harv. L. Rev. 1 (1942).

Sebok, Anthony J.: Punitive Damages in the United States, in: *Koziol, Helmut/Wilcox, Vanessa* (Hrsg.): Punitive Damages: Common Law and Civil Law Perspectives, Wien 2009, S. 155.

Seelmann, Walther: Der Rechtszug im älteren deutschen Recht. Ein Beitrag zur Geschichte der Berufung, Breslau 1911.

Sharp, Robert Duane: Relief from Fraudulent Judgments in the Federal Courts: Motion to Vacate or Independent Action – Opposite Sides of the Same Coin, 36 Drake L. Rev. 389 (1986).

Shemaria, Joseph: Res Judicata and the Bifurcated Negligence Trial, 16 UCLA L. Rev. 203 (1968).

Sherman, Edward F./Squiers, Mary P.: Federal Rules of Civil Procedure. Counterclaim and Crossclaim. Ch. 13, in: *Moore, James William* (Hrsg.): Moore's Federal Practice, 3. Aufl., New York 2012.

Shure, Mark E.: The Application of Federal Rule of Civil Procedure 13(a) in *McDonald's Corp. v. Levine*, 14 Loy. U. Chi. L.J. 857 (1983).

Siegel, David D.: Commentary on 1988 Revision of 28 USC § 1332, St. Paul, Mn. 1993.

ders.: Commentary on 1988 Revision of 28 USC § 1367, St. Paul, Mn. 1993.

ders.: Commentary on 1996 Amendment of 28 USC § 1332, St. Paul, Mn. 1998.

Solum, Lawrence B.: Effect of Judgment and Preclusion. Ch. 131–132, in: *Moore, James William* (Hrsg.): Moore's Federal Practice, 3. Aufl., New York.

Spellenberg, Ulrich: Prozeßführung oder Urteil. Rechtsvergleichendes zu Grundlagen der Rechtskraft, in: *Gerhardt, Walter/Diederichsen, Uwe/Rimmelspacher, Bruno u. a.* (Hrsg.): Festschrift für Wolfram Henckel. Zum 70. Geburtstag am 21. April 1995, Berlin 1995, S. 841.

Spencer, A. Benjamin: Plausibility Pleading, 49 B.C. L. Rev. 431 (2008).

Squiers, Mary P.: Federal Rules of Civil Procedure. Rules by District Courts. Ch. 83, in: *Moore, James William* (Hrsg.): Moore's Federal Practice, 3. Aufl., New York 2012.

Stein, Friedrich/Jonas, Martin (Hrsg.): Kommentar zur Zivilprozessordnung. Bd. 1 (2003), Bd. 4 (2008), 22. Aufl., Tübingen.

Steinman, Joan: The Party Status of Absent Plaintiff Class Members: Vulnerability to Counterclaims, 69 Geo. L. J. 1171 (1981).

Stosch, Felix Graf von: Prozeßförderung durch das Mittel der Präklusion im österreichischen und deutschen Recht – de lege lata – de lege ferenda, Berlin 2000.

Strader, Kent D.: Counterclaims against Whistleblowers: Should Counterclaims against Qui Tam Plaintiffs Be Allowed in False Claims Act Cases?, 62 U. Cin. L. Rev. 713 (1993).

Stürner, Rolf/Kern, Christoph: Comparative Civil Procedure – Fundamentals and Recent Trends, in: *Kurulu, Yayin* (Hrsg.): Gedächtnisschrift für Halûk Konuralp, Ankara 2009, S. 997.

Stürner, Rolf: Der deutsche Prozeßrechtslehrer am Ende des 20. Jahrhunderts, in: *Prütting, Hanns/Rüssmann, Helmut* (Hrsg.): Verfahrensrecht am Ausgang des 20. Jahrhunderts. Festschrift für Gerhard Lüke zum 70. Geburtstag, München 1997, S. 829.

ders.: The Principles of Transnational Civil Procedure. An Introduction to Their Basic Conceptions, RabelsZ 69 (2005), 201.

Sugar, Harriet S.: New Rules for an Old Game: North Carolina Compulsory Counterclaim Provision Applies in Divorce Suits, 57 N.C. L. Rev. 439 (1979).

Teitz, Louise Ellen: Transnational litigation, Charlottesville, Va. 1996.

Thalmann, Wolfgang: Die Abänderungsklage nach § 323 ZPO. Eine aktuelle Bestandsaufnahme der BGH-Rechtsprechung, in: *Gottwald, Peter/Jayme, Erik/Schwab, Dieter* (Hrsg.): Festschrift für Dieter Henrich zum 70. Geburtstag. 1. Dezember 2000, Bielefeld 2000, S. 621.

Thannhäuser, Klaus: Die „Erie-Doctrine" im Spannungsfeld zwischen den Bundes- und Staatengerichten der Vereinigten Staaten, Berlin 1969.

Thomas, Suja A.: The New Summary Judgment Motion: The Motion to Dismiss under *Iqbal* and *Twombly*, 14 Lewis & Clark L. Rev. 15 (2010).

Trappe, Johannes: Arbitration in Germany – some aspects and comparison of law, SchiedsVZ 2013, 167.

Vairo, Georgene M.: Venue. Ch. 110–112, in: *Moore, James William* (Hrsg.): Moore's Federal Practice, 3. Aufl., New York 2012.

Vestal, Allan D.: Reactive Litigation, 47 Iowa L. Rev. 11 (1961).

ders.: Preclusion/Res Judicata Variables: Nature of the Controversy, 1965 Wash. U. L. Q. 158 (1965).

ders.: Res Judicata/Claim Preclusion: Judgment for the Claimant, 62 Nw. U. L. Rev. 357 (1967).

ders.: Claim Preclusion by Rule, 2 Ind. Legal F. 25 (1968).

Vogel, Achim Olrik/Vogel, Thomas: Anmerkung zu OLG München, Urteil vom 30.5.1995 – 28 U 4457/94, BauR 1996, 430.

Walsh, Thomas J.: Rule-Making Power on the Law Side of Federal Practice, 13 A.B.A. J. 87 (1927).

Waterman, Thomas W.: A Treatise on the Law of Set-Off, Recoupment and Counter Claim, 2. Aufl., New York 1872.

Whytock, Christopher A.: The Evolving Forum Shopping System, 96 Cornell L. Rev. 481 (2011).

Williams, Spencer: Mass Tort Class Actions: Going, Going, Gone?, 98 F.R.D. 323 (1983).

Windscheid, Bernhard: Lehrbuch des Pandektenrechts. Bd. 2, 9. Aufl., Aalen 1963, bearbeitet von *Theodor Kipp*, Neudruck der Ausgabe Frankfurt am Main 1906.

Wood, Laurence I.: The Tangle of Mercoid Case Implications, 13 Geo. Wash. L. Rev. 61 (1944).

Woolley, Patrick: The Sources of Federal Preclusion Law after *Semtek*, 72 U. Cin. L. Rev. 527 (2003).

Wright, Charles Alan/Miller, Arthur R./Cooper, Edward H.: Jurisdiction and related matters, in: *Wright, Charles Alan/Miller, Arthur R.* (Hrsg.): Federal Practice and Procedure, St. Paul, Mn. 2013.

Wright, Charles Alan/Miller, Arthur R./Kane, Mary Kay: Federal Rules of Civil Procedure, in: *Wright, Charles Alan/Miller, Arthur R.* (Hrsg.): Federal Practice and Procedure, St. Paul, Mn. 2013.

Wright, Charles Alan/Kane, Mary Kay: Law of Federal Courts, 7. Aufl., Eagan, Mn. 2011.

Wright, Charles Alan: Joinder of Claims and Parties under Modern Pleading Rules, 36 Minn. L. Rev. 580 (1952).

ders.: Estoppel by Rule: The Compulsory Counterclaim under Modern Pleading, 39 Iowa L. Rev. 255 (1954).

ders.: Modern Pleading and the Alabama Rules, 9 Ala. L. Rev. 179 (1957).

Yeazell, Stephen C.: Civil Procedure, 8. Aufl., New York 2012.

Zeuner, Albrecht: Die objektiven Grenzen der Rechtskraft im Rahmen rechtlicher Sinnzusammenhänge, Tübingen 1959.

ders.: Rechtsvergleichende Bemerkungen zur objektiven Begrenzung der Rechtskraft im Zivilprozeß. Aspekte der anglo-amerikanischen, der französischen und der deutschen Lösungskonzeption, in: *Bernstein, Herbert/Drobnig, Ulrich/Kötz, Hein* (Hrsg.): Festschrift für Konrad Zweigert zum siebzigsten Geburtstag, Tübingen 1981, S. 603.

ders.: Zum Verhältnis zwischen internationaler Rechtshängigkeit nach Art. 21 EuGVÜ und Rechtshängigkeit nach den Regeln der ZPO, in: *Prütting, Hanns/Rüssmann, Helmut* (Hrsg.): Verfahrensrecht am Ausgang des 20. Jahrhunderts. Festschrift für Gerhard Lüke zum 70. Geburtstag, München 1997, S. 1003.

ders.: Beobachtungen und Gedanken zur Behandlung von Fragen der Rechtskraft in der Rechtsprechung des Bundesgerichtshofes, in: *Canaris, Claus-Wilhelm/Heldrich, Andreas/Hopt, Klaus J. u. a.* (Hrsg.): 50 Jahre Bundesgerichtshof. Festgabe aus der Wissenschaft. Bd. 3, München 2000, S. 337.

Entscheidungsverzeichnis

A. US-amerikanische Gerichte

I. Bundesgerichte

1. U.S. Supreme Court

Adam v. Saenger, 303 U.S. 59 (1938)
Allen v. McCurry, 449 U.S. 90 (1980)
Alyeska Pipeline Service Co. v. Wilderness Society, 421 U.S. 240 (1975)
Anderson v. Bessemer City, 470 U.S. 564 (1985)
Arizona v. California, 530 U.S. 392 (2000)
Arndt v. Griggs, 134 U.S. 316 (1890)
Ashcroft v. Iqbal, 556 U.S. 662 (2009)
Atlantic Marine Construction Co., Inc. v. US District Court for the Western District of Texas, 134 S.Ct. 568 (2013)
Baker by Thomas v. General Motors Corp., 522 U.S. 222 (1998)
Baker v. Gold Seal Liquors, Inc., 417 U.S. 467 (1974)
Baldwin v. Iowa State Traveling Men's Ass'n, 283 U.S. 522 (1931)
Beacon Theatres, Inc. v. Westover, 359 U.S. 500 (1959)
Bell Atlantic Corp. v. Twombly, 550 U.S. 544 (2007)
Bigelow v. Old Dominion Copper Mining & Smelting Co., 225 U.S. 111 (1912)
Blackmer v. United States, 284 U.S. 421 (1933)
Block v. Bourbon County Commissioners, 99 U.S. 686 (1878)
Blonder-Tongue Laboratories, Inc. v. University of Illinois Foundation, 402 U.S. 313 (1971)
Bose Corp. v. Consumers Union of United States, Inc., 466 U.S. 485 (1984)
Bowles v. Russell, 551 U.S. 205 (2007)
Burlington Northern R. Co. v. Wood, 480 U.S. 1 (1987)
Carroll v. President & Commissioners of Princess Anne, 393 U.S. 175 (1968)
Catlin v. United States, 324 U.S. 229 (1949)
Cobbledick v. United States, 309 U.S. 323 (1940)
Cohen v. Beneficial Industrial Loan Corp., 337 U.S. 541 (1949)
Colorado River Water Conservation District v. United States, 424 U.S. 800 (1976)
Commissioner of Internal Revenue v. Sunnen, 333 U.S. 591 (1948)
Conley v. Gibson, 355 U.S. 41 (1957)
Cromwell v. County of Sac, 94 U.S. 351 (1876)
D'Oench, Duhme & Co. v. Federal Deposit Insurance Corp., 315 U.S. 447 (1942)
Deposit Bank v. Frankfort, 191 U.S. 499 (1903)
Dombrowski v. Pfister, 380 U.S. 479 (1965)

Donovan v. City of Dallas, 377 U.S. 408 (1964)
Drake Bakeries, Inc. v. Local 50, Am. Bakery and Confectionery Workers Intern., AFL-CIO, 370 U.S. 254 (1962)
Durfee v. Duke, 375 U.S. 106 (1963)
Erie Railroad Co. v. Tompkins, 304 U.S. 64 (1938)
Fayerweather v. Ritch, 195 U.S. 276 (1904)
Federated Department Stores, Inc. v. Moitie, 452 U.S. 394 (1981)
Freeman v. Howe, 65 U.S. 450 (1861)
General Elec. Co. v. Marvel Rare Metals Co., 287 U.S. 430 (1932)
Goldblatt v. Town of Hempstead, 369 U.S. 590 (1962)
Graham County Soil and Water Conservation Dist. v. U.S. ex rel. Wilson, 559 U.S. 280 (2010)
Gulf Oil Corp. v. Gilbert, 330 U.S. 501 (1947)
Hart Steel Co. v. Railroad Supply Co., 244 U.S. 294 (1917)
Hughes v. United States, 71 U.S. 232 (1866)
International Shoe Co. v. Washington, 326 U.S. 310 (1945)
Jeter v. Hewitt, 63 U.S. 352 (1859)
Jones v. Bock, 549 U.S. 199 (2007)
Kremer v. Chemical Construction Corp., 456 U.S. 461 (1982)
Magnolia Petroleum Co. v. Hunt, 320 U.S. 430 (1943)
Marrese v. American Academy of Orthopaedic Surgeons, 470 U.S. 373 (1985)
Matsushita Electric Industrial Co. v. Epstein, 516 U.S. 367 (1996)
McDonald v. Mabee, 243 U.S. 90 (1917)
Mercoid Corp. v. Mid-Continent Inv. Co., 320 U.S. 661 (1944)
Mexican Central Railway Co. v. Eckman, 187 U.S. 429 (1903)
Montana v. United States, 440 U.S. 147 (1979)
Moore v. New York Cotton Exchange, 270 U.S. 593 (1926)
Mullane v. Central Hanover Bank & Trust Co., 339 U.S. 306 (1950)
Nesbit v. Independent District of Riverside, 144 U.S. 610 (1892)
New Hampshire v. Maine, 532 U.S. 742 (2001)
Owen Equipment & Erection Co v. Kroger, 437 U.S. 365 (1978)
Parklane Hosiery Co., Inc. v. Shore, 439 U.S. 322 (1979)
Pennoyer v. Neff, 95 U.S. 714 (1817)
Pioneer Investment Services Co. v. Brunswick Associates LP, 507 U.S. 380 (1993)
Provident Tradesmens Bank & Trust Co. v. Patterson, 390 U.S. 102 (1968)
Pullman-Standard v. Swint, 456 U.S. 273 (1982)
Reed v. Allen, 286 U.S. 191 (1932)
Reiter v. Cooper, 507 U.S. 258 (1993)
Schiro v. Fairley, 510 U.S. 222 (1994)
Semtek International v. Lockheed Martin Corp., 531 U.S. 497 (2001)
Shady Grove Orthopedic Associates, P.A. v. Allstate Ins. Co., 559 U.S. 393 (2010)
Shaffer v. Heitner, 433 U.S. 186 (1977)
Shields v. Barrow, 58 U.S. 130 (1855)
Sibbach v. Wilson & Co., 312 U.S. 1 (1941)
Smith v. Bayer Corp., 131 S.Ct. 2368 (2011)
Southern Construction Co. v. Pickard, 371 U.S. 57 (1962)
Strickland v. Washington, 466 U.S. 668 (1984)
Taylor v. Sturgell, 553 U.S. 880 (2008)
Temple v. Synthes Corp., Ltd., 498 U.S. 5 (1990)

United Mine Workers v. Gibbs, 383 U.S. 715 (1966)
United States v. Beggerly, 524 U.S. 38 (1998)
United States v. International Building Co., 345 U.S. 504 (1953)
United States v. Memphis Cotton Oil Co., 288 U.S. 62 (1933)
United States v. Mendoza, 464 U.S. 154 (1984)
United States v. Moser, 266 U.S. 236 (1924)
United States v. Robinson, 361 U.S. 220 (1960)
United States v. Stauffer Chemical Co., 464 U.S. 165 (1984)
United States v. United States Gypsum Co., 333 U.S. 364 (1948)
United Steelworkers of America v. Warrior & Gulf Nav. Co., 363 U.S. 574 (1960)
Weinberger v. Salfi, 422 U.S. 749 (1975)
Western Union Telegraph Company v. Pennsylvania, 368 U.S. 71 (1961)
Withers v. Greene, 50 U.S. 213 (1850)

2. Courts of Appeals

A/S Dampskibsselskabet Torm v. Beaumont Oil Ltd., 927 F.2d 713 (2nd Cir. 1991), cert. denied 502 U.S. 862 (1991)
Adam v. Jacobs, 950 F.2d 89 (2nd Cir. 1991)
AEP Energy Services Gas Holding Co. v. Bank of America, N.A., 626 F.3d 699 (2nd Cir. 2010)
Allan Block Corp. v. County Materials Corp., 512 F.3d 912 (7th Cir. 2008)
Alumax Mill Products, Inc. v. Congress Financial Corp., 912 F.2d 996 (8th Cir. 1990)
Ambromovage v. United Mine Workers of America, 726 F.2d 972 (3rd Cir. 1984)
Amcast Indus. Corp. v. Detrex Corp., 45 F.3d 155 (7th Cir. 1995)
American Home Assur. Co. v. Pope, 487 F.3d 590 (8th Cir. 2007)
Anderson v. Cryovac, Inc., 862 F.2d 910 (1st Cir. 1988)
Angst v. Royal Maccabees Life Ins. Co., 77 F.3d 701 (3rd Cir. 1996)
Asset Allocation and Management Co. v. Western Employers Ins. Co., 892 F.2d 566 (7th Cir. 1989)
Assmann v. Fleming, 159 F.2d 332 (8th Cir. 1947)
Associated Dry Goods Corp. v. Towers Financial Corp., 920 F.2d 1121 (2nd Cir. 1990)
Avemco Ins. Co. v. Cessna Aircraft Co., 11 F.3d 998 (10th Cir. 1993)
AVX Corp. v. Cabot Corp., 424 F.3d 28 (1st Cir. 2005)
Azalea Drive-In Theatre, Inc. v. Hanft, 540 F.2d 713 (4th Cir. 1976), cert. denied 430 U.S. 941 (1977)
Banco Nacional de Cuba v. Chase Manhattan Bank, 658 F.2d 875 (2nd Cir. 1981)
Baptiste v. Commissioner of Internal Revenue, 29 F.3d 433 (8th Cir. 1994)
Barefoot Architect, Inc. v. Bunge, 632 F.3d 822 (3rd Cir. 2011)
Birmingham Fire Ins. Co. of Pennsylvania v. Winegardner and Hammons, Inc., 714 F.2d 548 (5th Cir. 1983)
Blackwelder v. Millman, 522 F.2d 766 (4th Cir. 1975)
Blair v. Cleveland Twist Drill Co., 197 F.2d 842 (7th Cir. 1952)
Blair v. Equifax Check Services, Inc., 181 F.3d 832 (7th Cir. 1999)
Bluegrass Hosiery, Inc. v. Speizman Industries, Inc., 214 F.3d 770 (6th Cir. 2000)
Board of Regents of University of Wisconsin System v. Phoenix, 653 F.3d 448 (7th Cir. 2011)
Borden v. Saxon Mortg. Services, Inc., 469 Fed.Appx. 752 (11th Cir. 2012)
Boughner v. Secretary of Health, Education and Welfare, 572 F.2d 976 (3rd Cir. 1978)

Bowers Inv. Co., LLC v. U.S., 695 F.3d 1380 (Fed. Cir. 2012)
Brach v. Amoco Oil Co., 677 F.2d 1213 (7th Cir. 1982)
Bristol Farmers Market and Auction Co. v. Arlen Realty & Development Corp., 589 F.2d 1214 (3rd Cir. 1978)
Brown v. McCormick, 608 F.2d 410 (10th Cir. 1979)
Bruszewski v. United States, 181 F.2d 419 (3rd Cir. 1950)
Bunker Ramo Corp. v. United Business Forms, Inc., 713 F.2d 1272 (7th Cir. 1983)
Burlington Industries v. Milliken & Co., 690 F.2d 380 (4th Cir. 1982)
Burlington Northern R. Co. v. Strong, 907 F.2d 707 (7th Cir. 1990)
C.H. Robinson Worldwide, Inc. v. Lobrano, 695 F.3d 758 (8th Cir. 2012)
Carnation Co. v. T.U. Parks Const. Co., 816 F.2d 1099 (6th Cir. 1987)
Carter v. Attorney General of the United States, 782 F.2d 138 (10th Cir. 1986)
Carteret Savings & Loan Association, F.A. v. Jackson, 812 F.2d 36 (1st Cir. 1987)
CCMS Publishing Co., Inc. v. Dooley-Maloof, 645 F.2d 33 (10th Cir. 1981)
Certified Restoration Dry Cleaning Network, LLC v. Tenke Corp., 511 F.3d 535 (6th Cir. 2007)
Channell v. Citicorp Nat. Services, Inc., 89 F.3d 379 (7th Cir. 1996)
Chapman v. Aetna Finance Co., 615 F.2d 361 (5th Cir. 1980)
Chauffeurs, Teamsters, Warehousemen and Helpers, Local Union No. 135 v. Jefferson Trucking Co., Inc., 628 F.2d 1023 (7th Cir. 1980)
Christian v. Jemison, 303 F.2d 52 (5th Cir. 1962), cert. denied 371 U.S. 920 (1962)
City of Grand Rapids, Mich. v. McCurdy, 136 F.2d 615 (6th Cir. 1943)
Cleckner v. Republic Van & Storage Co., Inc., 556 F.2d 766 (5th Cir. 1977)
Coady v. Ashcraft & Gerel, 223 F.3d 1 (1st Cir. 2000)
Coastal Transfer Co. v. Toyota Motor Sales, U.S.A., 833 F.2d 208 (9th Cir. 1987)
Cochrane v. Iowa Beef Processors, Inc., 596 F.2d 254 (8th Cir. 1979), cert. denied 442 U.S. 921 (1979)
Collegiate Licensing Co. American Cas. Co. of Reading, Pa., 713 F.3d 71 (11th Cir. 2013)
Colonial Penn Life Ins. Co. v. Hallmark Ins. Adm'rs, Inc., 31 F.3d 445 (7th Cir. 1994)
Columbia Plaza Corp. v. Security Nat. Bank, 525 F.2d 620 (D.C. Cir. 1975)
Community Dental Services v. Tani, 282 F.3d 1164 (9th Cir. 2002)
Connecticut Indem. Co. v. Lee, 168 F.2d 420 (1st Cir. 1948)
Connors v. Tanoma Mining Co., 953 F.2d 682 (D.C. Cir. 1992)
Cooper Tire & Rubber Co. v. St. Paul Fire & Marine, 48 F.3d 365 (8th Cir. 1994)
Council Rock School Dist. v. Bolick, 462 Fed.Appx. 212 (3rd Cir. 2012)
Critical-Vac Filtration Corp. v. Minuteman Intern., Inc., 233 F.3d 697 (2nd Cir. 2000), cert. denied 532 U.S. 1019 (2001)
Crosley Corp. v. Hazeltine Corp., 122 F.2d 925 (3rd Cir. 1941)
Cummins, Inc. v. TAS Distributing Co., Inc., 700 F.3d 1329 (Fed. Cir. 2012)
Davis v. U.S. Steel Supply, 688 F.2d 166 (3rd Cir. 1982), cert. denied 460 U.S. 1014 (1983)
DEF v. ABC, 366 Fed.Appx. 250 (2nd Cir. 2010)
Desjardins v. Desjardins, 308 F.2d 111 (6th Cir. 1962)
Diamond Crystal Brands, Inc. v. Food Movers Intern., Inc., 593 F.3d 1249 (11th Cir. 2010), cert. denied 131 S. Ct. 158 (2010)
Dias v. Bank of Hawaii, 732 F.2d 1401 (9th Cir. 1984)
Dickerson v. Board of Education of Ford Heights, Ill., 32 F.3d 1114 (7th Cir. 1994)
Dillard v. Security Pacific Brokers, Inc., 835 F.2d 607 (5th Cir. 1988)
Dindo v. Whitney, 451 F.2d 1 (1st Cir. 1971)
Distribution Services, Ltd. v. Eddie Parker Interests, Inc., 897 F.2d 811 (5th Cir. 1990)

Dow Chemical Co. v. Metlon Corp., 281 F.2d 292 (4th Cir. 1960)
Dragor Shipping Corp. v. Union Tank Car Co., 378 F.2d 241 (9th Cir. 1967)
Duane Reade, Inc. v. St. Paul Fire and Marine Ins. Co., 600 F.3d 190 (2nd Cir. 2010)
Dunham v. Crosby, 435 F.2d 1177 (1st Cir. 1970)
Eastern Transp. Co. v. U.S., 159 F.2d 349 (2nd Cir. 1947)
Ellicott Mach. Corp. v. Modern Welding Co., Inc., 502 F.2d 178 (4th Cir. 1974)
Ellis v. Amex Life Ins. Co., 211 F.3d 935 (5th Cir. 2000)
Ellis v. Great-West Life Assurance Co., 43 F.3d 382 (8th Cir. 1994)
El Paso Natural Gas Co. v. U.S., 2014 WL 1328164 (D.C. Cir. 2014)
Employers Ins. Of Wausau v. Fox Entertainment Group, Inc., 522 F.3d 271 (2nd Cir. 2008)
Endeavor Marine, Inc. v. Crane Operators, Inc., 234 F.3d 287 (5th Cir. 2000)
Estevez v. Nabers, 219 F.2d 321 (5th Cir. 1955)
Etten v. Lovell Manufacturing Co., 225 F.2d 844 (3rd Cir. 1955), cert. denied 350 U.S. 966 (1956)
Expert Electric, Inc. v. Levine, 554 F.2d 1227 (2nd Cir. 1977), cert. denied 434 U.S. 903 (1979)
F.D.I.C. v. Bathgate, 27 F.3d 850 (3rd Cir. 1994)
F.D.I.C. v. Hulsey, 22 F.3d 1472 (10th Cir. 1994)
Federman v. Empire Fire and Marine Ins. Co., 597 F.2d 798 (2nd Cir. 1979)
Finkle v. Gulf & Western Mfg. Co., 744 F.2d 1015 (3rd Cir. 1984)
First Union Nat. Bank ex. rel. Southeast Timber Leasing Statutory Trust v. Pictet Overseas Trust Corp., Ltd., 351 F.3d 810 (8th Cir. 2003)
Fonseca v. Consolidated Rail Corp., 246 F.3d 585 (6th Cir. 2001)
Foster v. Hallco Manufacturing Co., Inc., 947 F.2d 469 (Fed. Cir. 1991)
Freeman v. Chicago Park Dist., 189 F.3d 613 (7th Cir. 1999)
Gilbert v. Ben-Asher, 900 F.2d 1407 (9th Cir. 1990)
Global NAPs, Inc. v. Verizon New England, Inc., 603 F.3d 71 (1st Cir. 2010)
Gonzalez v. Banco Cent. Corp., 27 F.3d 751 (1st Cir. 1994)
Gonzalez v. Hasty, 651 F.3d 318 (2nd Cir. 2011)
Great Lakes Rubber Corp. v. Herbert Cooper Co., 286 F.2d 631 (3rd Cir. 1961)
Greater Boston Television Corp. v. F.C.C., 463 F.2d 268 (D.C. Cir. 1971)
Green v. Ancora-Citronelle Corp., 577 F.2d 1380 (9th Cir. 1978)
Greene v. United States, 79 F.3d 1348 (2nd Cir. 1996), cert. denied 519 U.S. 1028 (1996)
Greyhound Exhibitgroup, Inc. v. E.L.U.L. Realty Corp., 973 F.2d 155 (2nd Cir. 1992), cert. denied 506 U.S. 1080 (1993)
Grimes v. Mazda North American Operations, 355 F.3d 566 (6th Cir. 2004)
Griswold v. County of Hillsborough, 598 F.3d 1289 (11th Cir. 2010)
H. L. Peterson Co. v. Applewhite, 383 F.2d 430 (5th Cir. 1967)
Haas v. Jefferson Nat. Bank of Miami Beach, 442 F.2d 394 (5th Cir. 1971)
Halpern v. Schwartz, 426 F.2d 102 (2nd Cir. 1970)
Handy v. Shaw, Bransford, Veilleux & Roth, 325 F.3d 346 (D.C. Cir. 2003)
Hapgood v. City of Warren, 127 F.3d 490 (6th Cir. 1997), cert. denied 523 U.S. 1046 (1998)
Harbor Insurance Co. v. Continental Bank Corp., 922 F.2d 357 (7th Cir. 1990)
Harborside Refrigerated Services, Inc. v. Vogel, 959 F.2d 368 (2nd Cir. 1992)
Hartford Acc. & Indem. Co. v. Pro-Football, Inc., 127 F.3d 1111 (D.C. Cir. 1997)
Hartford Acc. & Indem. Co. v. Sullivan, 846 F.2d 377 (7th Cir. 1988)
Hartford v. Gibbons & Reed Co., 617 F.2d 567 (10th Cir. 1980)
Hasse v. American Photograph Corp., 299 F.2d 666 (10th Cir. 1962)

Headwaters Inc. v. U.S. Forest Service, 382 F.3d 1025 (9th Cir. 2004)
Henderson v. Snider Bros., Inc., 409 A.2d 1083 (D.C. Cir. 1979)
Henry v. Farmer City State Bank, 808 F.2d 1228 (7th Cir. 1986)
Herpich v. Wallace, 430 F.2d 792 (5th Cir. 1970)
Horn & Hardart Co. v. National Rail Passenger Corp., 843 F.2d 546 (D.C. Cir. 1988)
Howard v. Leete, 257 F. 918 (6th Cir. 1919)
Hydranautics v. FilmTec Corp., 70 F.3d 533 (9th Cir. 1995)
Hyman v. Regenstein, 258 F.2d 502 (5th Cir. 1958), cert. denied 359 U.S. 913 (1959)
Iglesias v. Mutual Life Ins. Co. of New York, 156 F.3d 237 (1st Cir. 1998)
In re Adbox, Inc., 488 F.3d 836 (9th Cir. 2007)
In re Ark-La-Tex Timber Co., Inc., 482 F.3d 319 (5th Cir. 2007)
In re Baldwin, 249 F.3d 912 (9th Cir. 2001)
In re Bigelow, 271 B.R. 178 (B.A.P. 9th Cir. 2001)
In re Calvert, 105 F.3d 315 (3rd Cir. 1997)
In re George, 318 B.R. 729 (B.A.P. 9th Cir. 2004), cert. denied 546 U.S. 1094 (2006)
In re Oil Spill by Amoco, 699 F.2d 909 (7th Cir. 1983)
In re Pegasus Gold Corp., 394 F.3d 1189 (9th Cir. 2005)
In re Summerville, 361 B.R. 133 (B.A.P. 9th Cir. 2007)
Isaac v. Schwartz, 706 F.2d 15 (1st Cir. 1983)
J.Z.G. Resources, Inc. v. Shelby Ins. Co., 84 F.3d 211 (6th Cir. 1996)
Jackson v. DeSoto Parish School Board, 585 F.2d 726 (5th Cir. 1978)
Janney Montgomery Scott, Inc. v. Shepard Niles, Inc., 11 F.3d 399 (3rd Cir. 1993)
Jean Alexander Cosmetics, Inc. v. L'Oreal USA, Inc., 458 F.3d 224 (3rd Cir. 2006), cert. denied 549 U.S. 1305 (2007)
Johnson v. Salisbury, 448 F.2d 374 (6th Cir. 1971), cert. denied 405 U.S. 928 (1972)
Jones v. Aero/Chem Corp., 921 F.2d 875 (9th Cir. 1990)
Jones v. Ford Motor Credit Co., 358 F.3d 205 (2nd Cir. 2004)
Kane v. Magna Mixer Co., 71 F.3d 555 (6th Cir. 1995)
Karl Koch Erecting Co., Inc. v. New York Convention Center Development Corp., 838 F.2d 656 (2nd Cir. 1988)
Keith v. Aldridge, 900 F.2d 736 (4th Cir. 1990)
Kirkpatrick v. Lenoir County Bd. Of Educ., 216 F.3d 380 (4th Cir. 2000)
Kissell Co. v. Farley, 417 F.2d 1180 (7th Cir. 1969)
Klamath Water Users Protective Association v. Patterson, 204 F.3d 1206 (9th Cir. 2000)
Kloth v. Microsoft Corp., 355 F.3d 322 (4th Cir. 2004)
Klugh v. United States, 818 F.2d 294 (4th Cir. 1987)
Kwong v. Occidental Life Ins. Co. of Cal., 273 F.2d 691 (5th Cir. 1959)
L.P. Steuart, Inc. v. Matthews, 329 F.2d 234 (D.C. Cir. 1964)
Lacy v. General Finance Corp., 651 F.2d 1026 (5th Cir. 1981)
LaDuke v. Burlington Northern R. Co., 879 F.2d 1556, 1561 f. (7th Cir. 1989)
Lawhorn v. Atlantic Refining Co., 299 F.2d 353 (5th Cir. 1962)
Lawyers Title Ins. Corp. v. Doubletree Partners, L.P., 739 F.3d 848 (5th Cir. 2014)
Lee v. City of Peoria, 685 F.2d 196 (7th Cir. 1982)
Lesnik v. Public Industrials Corporation, 144 F.2d 968 (2nd Cir. 1944)
Libbey-Owens-Ford Glass Co. v. Sylvania Indus. Corp., 154 F.2d 814 (2nd Cir. 1946), cert. denied 328 U.S. 859 (1946)
LLC Corp. v. Pension Ben. Guar. Corp., 703 F.2d 301 (8th Cir. 1983)
Local Union No. 11, Intern. Broth. Of Elec. Workers, AFL-CIO v. G.P. Thompson Elec., Inc., 363 F.2d 181 (9th Cir. 1966)

Lowe v. McGraw-Hill Companies, Inc., 361 F.3d 335 (7th Cir. 2004)
Luckenbach S.S. Co. v. U.S., 312 F.2d 545 (2nd Cir. 1963)
Lummus Co. v. Commonwealth Oil Refining Co., 297 F.2d 80 (2nd Cir. 1961), cert. denied 368 U.S. 986 (1962)
Lundborg v. Phoenix Leasing, Inc., 91 F.3d 265 (1st Cir. 1996)
Lyle v. Bangor & Aroostook Railroad Co., 237 F.2d 683 (1st Cir. 1956)
Lyons v. Westinghouse Electric Corp., 222 F.2d 184 (2nd Cir. 1955), cert. denied 350 U.S. 825 (1955)
Maddox v. Kentucky Finance Co., Inc., 736 F.2d 380 (6th Cir. 1984)
Major Appliance Co. v. Gibson Refrigerator Sales Corp., 254 F.2d 497 (5th Cir. 1958)
Manuel v. Convergys Corp., 430 F.3d 1132 (11th Cir. 2005)
Marine Midland Bank v. Slyman, 995 F.2d 362 (2nd Cir. 1993)
Marrese v. American Academy of Orthopaedic Surgeons, 726 F.2d 1150 (7th Cir. 1984)
Martin v. Graybar Elec. Co., 266 F.2d 202 (7th Cir. 1959)
Martino v. McDonald's System, Inc., 598 F.2d 1079 (7th Cir. 1979), cert. denied 444 U.S. 966 (1979)
MasterCard Int'l, Inc. v. Visa Int'l Service Ass'n, Inc., 471 F.3d 377 (2nd Cir. 2006)
Mattel, Inc. v. Louis Marx & Co., 353 F.2d 421 (2nd Cir. 1965)
Mattel, Inc. v. MGA Entertainment, Inc., 705 F.3d 1108 (9th Cir. 2013)
Matter of King, 103 F.3d 17 (5th Cir. 1997), cert. denied 520 U.S. 1274 (1997)
McDaniel v. Anheuser-Busch, Inc., 987 F.2d 298 (5th Cir. 1993)
McLaughlin v. Bradlee, 803 F.2d 1197 (D.C. Cir. 1986)
Medina v. Wood River Pipeline Co., 809 F.2d 531 (8th Cir. 1987)
Mellon Bank, N.A. v. Ternisky, 999 F.2d 791 (4th Cir. 1993)
Merrill Lynch, Pierce, Fenner & Smith, Inc. v. Haydu, 675 F.2d 1169 (11th Cir. 1982)
Mesirow v. Duggan, 240 F.2d 751 (8th Cir. 1957)
Metropolitan Housing Development Corp. v. Village of Arlington Heights, 558 F.2d 1283 (7th Cir. 1977)
Miller Brewing Co. v. Joseph Schlitz Brewing Co., 605 F.2d 990 (7th Cir. 1979), cert. denied 440 U.S. 1102 (1980)
Moch v. East Baton Rouge Parish School Board, 548 F.2d 594 (5th Cir. 1977)
Montecatini Edison, S.P.A. v. Ziegler, 486 F.2d 1279 (D.C. Cir. 1973)
Montgomery Ward Development Corp. v. Juster, 932 F.2d 1378 (11th Cir. 1991)
Moore v. Harjo, 144 F.2d 318 (10th Cir. 1944)
Moore-McCormack Lines v. McMahon, 235 F. 142 (2nd Cir. 1956)
Moosavi v. Fairfax County Bd. Of Ed., 666 F.2d 58 (4th Cir. 1981)
Morrel v. Nationwide Mutual Fire Insurance Co., 188 F.3d 218 (4th Cir. 1999)
Mortgages, Inc. v. U.S. Dist. Court for Dist. of Nev. (Las Vegas), 934 F.2d 209 (9th Cir. 1991)
Mucha v. King, 792 F.2d 602 (7th Cir. 1986)
Murphy v. Gallagher, 761 F.2d 878 (2nd Cir. 1985)
M.R. v. Ridley School Dist., 744 F.3d 112 (3rd Cir. 2014)
Nachtman v. Crucible Steel Co. of America, 165 F.2d 997 (3rd Cir. 1948)
Nasalok Coating Corp. v. Nylok Corp., 522 F.3d 1320 (Fed. Cir. 2008)
National Equipment Rental, Ltd. v. Fowler, 287 F.2d 43 (2nd Cir. 1961)
National Surety Co. v. State Bank of Humboldt, 120 F. 593 (8th Cir. 1903)
Noel v. Hall, 341 F.3d 1148 (9th Cir. 2003)
North Branch Products, Inc. v. Fisher, 284 F.2d 611 (D.C. Cir. 1960)
Northwest Airlines, Inc. v. American Airlines, Inc., 989 F.2d 1002 (8th Cir. 1993)

Pacesetter Systems, Inc. v. Medtronic, Inc., 678 F.2d 93 (9th Cir. 1982)
Painter v. Harvey, 863 F.2d 329 (4th Cir. 1988)
Paramount Aviation Corp. v. Agusta, 178 F.3d 132 (3rd Cir. 1999), cert. denied 528 U.S. 878 (1999)
Park Club, Inc. v. Resolution Trust Corp., 967 F.2d 1053 (5th Cir. 1992)
Pérez-Guzmán v. Gracia, 346 F.3d 229 (1st Cir. 2003)
Peterson v. United Accounts, Inc., 638 F.2d 1134 (8th Cir. 1981)
Pfeiffer Co. v. U.S., 518 F.2d 124 (8th Cir. 1975)
Phelps v. Hamilton, 122 F.3d 1309 (10th Cir. 1997)
Phillips & Benjamin Co. v. Ratner, 206 F.2d 372 (2nd Cir. 1953)
Pioche Mines Consol., Inc. v. Fidelity-Philadelphia Trust Co., 206 F.2d 336 (9th Cir. 1953)
Pittston Co. v. United States, 199 F.3d 694 (4th Cir. 1999)
Plant v. Blazer Financial Services, Inc. of Georgia, 598 F.2d 1357 (5th Cir. 1979)
Pochiro v. Prudential Ins. Co. of America, 827 F.2d 1246 (9th Cir. 1987)
Polymer Industrial Products Co. v. Bridgestone/Firestone, Inc., 347 F.3d 935 (Fed. Cir. 2003)
Ponderosa Development Corp. v. Bjordahl, 787 F.2d 533 (10th Cir. 1986)
Porter & Dietsch, Inc. v. FTC, 605 F.2d 294 (7th Cir. 1979)
Professional Programs Group v. Department of Commerce, 29 F.3d 1349 (9th Cir. 1994)
Providential Development Co. v. U.S. Steel Co., 236 F.2d 277 (10th Cir. 1956)
Prudential Ins. Co. of America v. Saxe, 134 F.2d 16 (D.C. Cir. 1943)
Publicis Communication v. True North Communications Inc., 132 F.3d 363 (7th Cir. 1997)
R.G. Financial Corp. v. Vergara-Nuñez, 446 F.3d 178 (1st Cir. 2006)
Reinsurance Co. of America v. Administratia Asigurarilor de Stat, 808 F.2d 1249 (7th Cir. 1987)
Remington Rand Corp. v. Amsterdam-Rotterdam Bank, 68 F.3d 1478 (2nd Cir. 1995)
Republic Health Corp. v. Lifemark Hospitals of Florida, Inc., 755 F.2d 1453 (11th Cir. 1985)
Research Automation, Inc. v. Schrader-Bridgeport Intern., Inc., 626 F.3d 973 (7th Cir. 2010)
Revere Copper & Brass Inc. v. Aetna Cas. & Sur. Co., 426 F.2d 709 (5th Cir. 1970)
Riggs v. Government Emp. Financial Corp., 623 F.2d 68 (9th Cir. 1980)
Roger Edwards, LLC v. Fiddes & Son Ltd., 427 F.3d 129 (1st Cir. 2005)
Rose v. Town of Harwich, 778 F.2d 77 (1st Cir. 1985), cert. denied 476 U.S. 1159 (1986)
Rudell v. Comprehensive Accounting Corp., 802 F.2d 926 (7th Cir. 1986), cert. denied 480 U.S. 907 (1987)
S.E.C. v. Bilzerian, 29 F.3d 689 (D.C. Cir. 1994)
Saecker v. Thorie, 234 F.3d 1010 (7th Cir. 2000)
Safeway Trails v. Allentown & Reading Transit Co., 185 F.2d 918 (4th Cir. 1950)
Sayre v. Crews, 184 F.2d 723 (5th Cir. 1950)
Schellong v. INS, 805 F.2d 655 (7th Cir. 1986)
Schinzing v. Mid-States Stainless, Inc., 415 F.3d 807 (8th Cir. 2005)
Schultz v. Butcher, 24 F.3d 626 (4th Cir. 1994)
Schwab v. Bullock's Inc., 508 F.2d 353 (9th Cir. 1974)
Seaboldt v. Pennsylvania Railroad Company, 290 F.2d 296 (3rd Cir. 1961)
Semmes Motors, Inc. v. Ford Motor Co., 429 F.2d 1197 (2nd Cir. 1970)
Serlin v. Arthur Andersen & Co., 3 F.3d 221 (7th Cir. 1993)
Shepard Claims Service, Inc. v. William Darrah & Associates, 796 F.2d 190 (6th Cir.

1986)
Simons v. United States, 452 F.2d 1110 (2nd Cir. 1971)
Smith v. Harris, 644 F.2d 985 (3rd Cir. 1981)
Smith v. Pittsburgh Gage & Supply Co., 464 F.2d 870 (3rd Cir. 1968)
Somlyo v. J. Lu-Rob Enterprises, Inc., 932 F.2d 1043 (2nd Cir. 1991)
Songcharoen v. Plastic & Hand Surgery Associates, P.L.L.C., 2014 WL 1304636 (5th Cir. 2014)
Southard v. Southard, 305 F.2d 730 (2nd Cir. 1962)
Spartan Grain & Mill Co. v. Ayers, 517 F.2d 214 (5th Cir. 1975)
Spartan Grain & Mill Co. v. Ayers, 581 F.2d 419 (5th Cir. 1978)
Speed Products Co. v. Tinnerman Products, 222 F.2d 61 (2nd Cir. 1955)
St. Paul Fire and Marine Ins. Co. v. Seafare Corp., 831 F.2d 57 (4th Cir. 1987)
Stafos v. Jarvis, 477 F.2d 369 (10th Cir. 1973)
Stahl v. Ohio River Co., 424 F.2d 52 (3rd Cir. 1970)
Starker v. United States, 602 F.2d 1341 (9th Cir. 1979)
Starzenski v. City of Elkhart, 87 F.3d 872 (7th Cir. 1996), cert. denied 519 U.S. 1055 (1997)
State Nat. Ins. Co. Inc. v. Yates, 391 F.3d 577 (5th Cir. 2004)
Steen v. John Hancock Mut. Life Ins. Co., 106 F.3d 904 (9th Cir. 1997)
Stewart-Warner Corp. v. Westinghouse Electric Corp., 325 F.2d 822 (2nd Cir. 1963)
Stone v. Department of Aviation, 453 F.3d 1271 (10th Cir. 2006)
Stoner v. Terranella, 372 F.2d 89 (6th Cir. 1967)
Stridiron v. Stridiron, 698 F.2d 204 (3rd Cir. 1983)
Sutter Corp. v. P & P Industries, Inc., 125 F.3d 914 (5th Cir. 1997)
Switzer Bros., Inc. v. Chicago Cardboard Co., 252 F.2d 407 (7th Cir. 1958)
Tank Insulation Int'l, Inc., v. Insultherm, Inc., 104 F.3d 83 (5th Cir. 1997)
Tempco Elec. Heater Corp. v. Omega Engineering, Inc., 819 F.2d 746 (7th Cir. 1987)
Texas Co. v. Borne Scrymser Co., 68 F.2d 104 (4th Cir. 1933)
Texas Employers' Insurance Association v. Jackson, 862 F.2d 491 (5th Cir. 1988), cert. denied 490 U.S. 1035 (1989)
The Evergreens v. Nunan, 141 F.2d 927 (2nd Cir. 1944)
Thomas v. Barton Lodge II, Ltd., 174 F.3d 636 (5th Cir. 1999)
Thompson v. U.S., 312 F.2d 516 (10th Cir. 1962), cert. denied 373 U.S. 912 (1963)
Transamerica Occidental Life Insurance Co. v. Aviation Office of America, Inc., 292 F.3d 384 (3rd Cir. 2002)
Trustmark Ins. Co. v. ESLU, Inc., 299 F.3d 1265 (11th Cir. 2002)
Tyler v. Cuomo, 236 F.3d 1124 (9th Cir. 2000)
Tyler v. DH Capital Management, Inc., 2013 WL 5716131 (6th Cir. 2013)
Tyus v. Schoemehl, 93 F.3d 449 (8th Cir. 1996), cert. denied 520 U.S. 1166 (1997)
U.S. ex rel. Hall v. Tribal Development Corp., 49 F.3d 1208 (7th Cir. 1995)
U.S. ex rel. Killingsworth v. Northrop Corp., 25 F.3d 715 (9th Cir. 1994)
U.S. ex rel. Kreindler v. United Technologies, 985 F.2d 1148 (2nd Cir. 1993), cert. denied 508 U.S. 973 (1993)
U.S. ex rel. Madden v. General Dynamics Corp., 4 F.3d 827 (9th Cir. 1993)
U.S. ex rel. Milam v. Univ. of Tex. M.D. Anderson Cancer Center, 961 F.2d 46 (4th Cir. 1992)
U.S. Fire Ins. Co. v. Goodyear Tire & Rubber Co., 920 F.2d 487 (8th Cir. 1990)
U.S. for Use and Benefit of Treat Bros. Co. v. Fidelity and Deposit Co. of Maryland, 986 F.2d 1110 (7th Cir. 1993)

U.S. for Use of Briggs v. Grubb, 358 F.2d 508 (9th Cir. 1966)
U.S. Steel Corp. Plan for Employee Ins. Benefits v. Musisko, 885 F.2d 1170 (3rd Cir. 1989), cert. denied 493 U.S. 1074 (1990)
U.S. v. Dico, Inc., 136 F.3d 572 (8th Cir. 1998)
U.S. v. Ligas, 549 F.3d 497 (7th Cir. 2008)
U.S. v. Sarman, 699 F.2d 469 (9th Cir. 1983)
U.S. v. Snider, 779 F.2d 1151 (6th Cir. 1985)
Union Paving Co. v. Downer Corp., 276 F.2d 468 (9th Cir. 1960)
United Artists Corp. v. Masterpiece Productions, 221 F.2d 213 (2nd Cir. 1955)
United Capitol Ins. Co. v. Kapiloff, 155 F.3d 488 (4th Cir. 1998)
United States ex rel. Johnson v. Johnson, 531 F.2d 169 (3rd Cir. 1976)
United States v. 7108 West Grand Avenue, Chicago, Ill., 15 F.3d 632 (7th Cir. 1994)
United States v. Bailey, 957 F.2d 439 (7th Cir. 1992), cert. denied 505 U.S. 1229 (1992)
United States v. Bostian, 59 F.3d 474 (4th Cir. 1995)
United States v. Eastport Steamship Corp., 255 F.2d 795 (2nd Cir. 1958)
United States v. Five Unlabeled Boxes, 572 F.3d 169 (3rd Cir. 2009)
United States v. Petty, 530 F.3d 361 (5th Cir. 2008)
United States v. Stauffer Chemical Co., 684 F.2d 1174 (6th Cir. 1982)
United States v. Young, 804 F.2d 116 (8th Cir. 1986)
Universal Minerals, Inc. v. C.A. Hughes & Co., 669 F.2d 98 (3rd Cir. 1981)
Valencia v. Anderson Bros. Ford, 617 F.2d 1278 (7th Cir. 1980)
Valley View Angus Ranch, Inc. v. Duke Energy Field Services, Inc., 497 F.3d 1096 (10th Cir. 2007)
Vroon v. Templin, 278 F.2d 345 (4th Cir. 1960)
Warren v. McCall, 709 F.2d 1183 (7th Cir. 1983)
Warshawsky & Co. v. Arcata Nat. Corp., 552 F.2d 1257 (7th Cir. 1977)
Wells v. Rockefeller, 728 F.2d 209 (3rd Cir. 1984)
Whigham v. Beneficial Finance Co. of Fayetteville, Inc., 599 F.2d 1322 (4th Cir. 1979)
Williamson v. Columbia Gas & Electric Corp., 186 F.2d 464 (3rd Cir. 1950), cert. denied 341 U.S. 921 (1951)
Wilson v. Thompson, 638 F.2d 801 (5th Cir. 1981)
Winter v. Lavine, 574 F.2d 46 (2nd Cir. 1978)
Wood v. McEwen, 644 F.2d 797 (9th Cir. 1981)
Woods v. Empire Health Choice, Inc., 574 F.3d 92 (2nd Cir. 2009)
Xerox Corp. v. SCM Corp., 576 F.2d 1057 (3rd Cir. 1978)
Young v. City of New Orleans, 751 F.2d 794 (5th Cir. 1985)
Zion v. Sentry Safety Control Corp., 258 F.2d 31 (3rd Cir. 1958)

3. District Courts

Aamco Automatic Transmissions, Inc. v. Tayloe, 67 F.R.D. 440 (E.D.Pa. 1975)
Aaron Fine Arts v. O'Brien, 244 F.R.D. 294 (D.Md. 2007)
Adamson v. Dataco Derex, Inc., 178 F.R.D. 562 (D.Ks. 1998)
Allan Block Corp. v. County Materials Corp., 239 F.R.D. 523 (W.D.Wis. 2006)
AllTech Communications, LLC v. Brothers, 601 F.Supp.2d 1255 (N.D.Ok. 2008)
Amercian Samec Corp. v. Florian, 9 F.R.D. 718 (D.Conn. 1949)
Anspach v. Meyer, 2014 WL 345676 (D.Az. 2014).
Architectural Coatings Associates Ltd. Partnership v. Applied Coatings Intern., Inc., 103 F.R.D. 442 (E.D.Pa. 1984)

Associated Financial Corp. v. Kleckner, 2010 WL 3024746 (S.D.N.Y. 2010)
Automated Products Intern., LLC v. Norco Industries, Inc., 2014 WL 29095 (N.D.Ind. 2014)
Avondale Shipyards, Inc. v. Propulsion Systems, Inc., 53 F.R.D. 341 (E.D.La. 1971)
Axiom Worldwide, Inc. v. HTRD Group Hong Kong Ltd., 2013 WL 2406260 (M.D.Fla. 2013)
Baltimore & O.R. Co. v. Thompson, 80 F.Supp. 570 (E.D.Mo. 1948)
Bamdad Mechanic Co., Ltd. V. United Technologies Corp., 109 F.R.D. 128 (D.De. 1985)
Bancroft Life & Cas. ICC, Ltd. v. Davnic Ventures, L.P., 2012 WL 1222112 (S.D.Tex. 2013)
Bank of America, N.A. v. Kissi, 2013 WL 4804824 (D.Md. 2013)
Bank of Vermont v. Lyndonville Sav. Bank & Trust Co., 906 F.Supp. 221 (D.Vt. 1995)
Baron v. Bryant, 556 F.Supp. 531 (D. Hawaii 1983)
Barr v. Illinois Co. Inc., 1985 WL 2597 (N.D.Ill. 1985)
Bellmore Sales Corp. v. Winfield Drug Stores, Inc., 187 F.Supp. 161 (S.D.N.Y. 1960)
Berger v. Reynolds Metals Co., 39 F.R.D. 313 (E.D.Pa. 1966)
Bible Way Church of Our Lord Jesus Christ World Wide, Inc. v. Showell, 260 F.R.D. 1 (D.D.C. 2009)
Black and Decker Corp. v. Vermont American Corp., 915 F.Supp. 933 (N.D.Ill. 1995)
Black v. London Assur. Co. of London, England, 122 F.Supp. 330 (W.D.S.C. 1954)
Blanchard v. Katz, 117 F.R.D. 527 (S.D.N.Y. 1987)
Blue Dane Simmental Corp. v. American Simmental Association, 952 F.Supp. 1399 (D.Ne. 1997)
Bonilla v. Trebol Motors Corp., 913 F.Supp. 655 (D.P.R. 1995)
Borden Co. v. Sylk, 42 F.R.D. 429 (E.D.Pa. 1967)
Bose Corp. v. Consumers Union of U.S., Inc., 384 F.Supp. 600 (D.Mass. 1974)
Bouchat v. Champion Products, Inc., 327 F.Supp.2d 537 (D.Md. 2003)
Brady v. C.F. Schwartz Motor Co., Inc., 723 F.Supp. 1045 (D.De. 1989)
Brown v. First Nat. Bank of Wewoka, Okl., 14 F.R.D. 339 (E.D.Ok. 1953)
Burch ex rel. U.S. v. Piqua Engineering, Inc., 145 F.R.D. 452 (S.D.Oh. 1992)
Burden v. Selectquote Insurances Services, 2011 WL 1298902 (N.D.Cal. 2011)
Burg v. Horn, 37 F.R.D. 562 (E.D.N.Y. 1965)
California Trucking Ass'n v. Corcoran, 74 F.R.D. 534 (N.D.Cal. 1977)
Calloway v. Marvel Entertainment Group, 564 F.Supp. 107 (S.D.N.Y. 1983)
Cannizzaro v. Bache, Halsey Stuart Shields, Inc., 81 F.R.D. 719 (S.D.N.Y. 1979)
Chambers v. Cameron, 29 F.Supp. 742 (N.D.Ill. 1939)
Citigroup Inc. v. City Holding Co., 97 F.Supp.2d 549 (S.D.N.Y. 2000)
Citizens Trust Co. v. New England Dredge & Dock Co., 260 F.Supp. 800 (D.Conn. 1966)
Competitive Technologies v. Fujitsu Ltd., 286 F.Supp.2d 1118 (N.D.Cal. 2003)
Conney v. Erickson, 251 F.Supp. 986 (W.D.Wis. 1965)
Cook County v. MidCon Corp., 574 F.Supp. 902 (N.D.Ill.1983)
Cravatts v. Klozo Fastener Corp., 15 F.R.D. 12 (S.D.N.Y. 1953)
Cyclops Corp. v. Fischbach & Moore, Inc., 71 F.R.D. 616 (W.D.Pa. 1976)
D'Jamoos v. Griffith, 368 F.Supp.2d 200 (E.D.N.Y. 2005)
Die Services Intern., LLC v. Deutsch Systems Inc., 2014 WL 65231 (E.D.Mich. 2014).
Dindo v. Whitney, 52 F.R.D. 194 (D.N.H. 1971)
Dolfi Music, Inc. v. Forest Inn, Inc., 59 F.R.D. 5 (E.D.Wis. 1973)
Donson Stores, Inc. v. American Bakeries Co., 58 F.R.D. 485 (S.D.N.Y. 1973)
Dooling v. Bank of the West, 2013 WL 3791011 (E.D.Tex. 2013)

Douglas v. Wisconsin Alumni Research Foundation, 81 F.Supp. 167 (N.D.Ill. 1948)
Durham v. Bunn, 85 F.Supp. 530 (E.D.Pa. 1949)
E & J Gallo Winery v. Morand Bros. Beverages Co., 247 F.Supp.2d 979 (N.D.Ill. 2003)
E.J. Korvette Co. v. Parker Pen Co., 17 F.R.D. 267 (S.D.N.Y. 1955)
Earle M. Jorgenson Co. v. T.I. United States, Ltd., 133 F.R.D. 472 (E.D.Pa. 1991)
Education Management, Inc. v. Scottsdale Ins. Co., 2007 WL 391564 (E.D.La. 2007)
Enfission, Inc. v. Leaver, 408 F.Supp.2d 1093 (W.D.Wa. 2005)
Eon Laboratories, Inc. v. Smithkline Beecham Corp., 298 F.Supp.2d 175 (D.Mass. 2003)
F.D.I.C. v. Modular Homes, Inc., 859 F.Supp. 117 (D.N.J. 1994)
Fabricant v. Sears Roebuck, 202 F.R.D. 306 (S.D.Fla. 2001)
Fluxo-Cane Overseas Ltd. v. E.D. & F. Man Sugar Inc., 2009 WL 3156537 (D.Md. 2009)
Frederick County Fruit Growers Association v. Dole, 709 F.Supp. 242 (D.D.C. 1989)
Fur Dressers Union Local 2F v. DeGeorge, 462 F.Supp. 890 (M.D.Pa. 1978)
General Casualty Co. of America v. Fedoff, 11 F.R.D. 177 (S.D.N.Y. 1951)
General Dynamics Corp. v. American Tel. & Tel. Co., 650 F.Supp. 1274 (N.D.Ill. 1986)
GIA-GMI, LLC v. Michener, 2007 WL 1655614 (N.D.Cal. 2007)
Gibbs & Hill, Inc. v. Harbert Intern. Inc., 745 F.Supp. 993 (S.D.N.Y. 1990)
Gilbane Bldg. Co. v. Nemours Foundation, 606 F.Supp. 995 (D.De. 1985)
Green Bay Packaging, Inc. v. Hoganson & Associates, Inc., 362 F.Supp. 78 (N.D.Ill. 1973)
Griffin v. State Board of Education, 296 F.Supp. 1178 (E.D.Va. 1969)
Grupke v. Linda Lori Sportswear, Inc., 174 F.R.D. 15 (E.D.N.Y. 1997)
Heintz & Co. v. Provident Tradesmens Bank & Trust Co., 30 F.R.D. 171 (E.D.Pa. 1962)
HGN Corp. v. Chamberlain et. al., 642 F.Supp. 1443 (N.D.Ill. 1986)
Higgins v. Shenango Pottery Co., 99 F.Supp. 522 (W.D.Pa. 1951)
In re BWL, Inc., 123 B.R. 675 (D.Me. 1991)
In re Concept Clubs, Inc., 154 B.R. 581 (D. Utah 1993)
In re Financial Partners Class Action Litigation, 597 F.Supp. 686 (N.D.Ill. 1984)
In re Fitzgerald, 237 B.R. 252 (D.Conn. 1999)
In re Peaktop Techs. (USA), Inc. Shareholder Derivative Litigation v. Peaktop Intern. Holdings Ltd., 2007 WL 700826 (S.D.N.Y. 2007)
In re Sunrise Securities Litigation, 818 F.Supp. 830 (E.D.Pa. 1993)
In re Watauga Steam Laundry, 7 F.R.D. 657 (E.D.Tn. 1947)
Industrial Equipment & Marine Services, Inc. v. M/V Mr. Gus, 333 F.Supp. 578 (S.D.Tex. 1971)
Inforizons, Inc. v. VED Software Services, Inc., 204 F.R.D. 116 (N.D.Ill. 2001)
Innovative Tech Systems, Inc. v. Micro Computer Co., Inc., 1998 WL 398245 (E.D.Pa. 1998)
Interphoto Corp. v. Minolta Corp., 47 F.R.D. 341 (S.D.N.Y. 1969)
Intervet, Inc. v. Merial Ltd., 535 F.Supp.2d 112 (D.D.C. 2008)
Ivey v. Daus, 181 F.Supp. 793 (S.D.N.Y.1960)
Jackson v. Innovative Securities Services, LLC, 283 F.R.D. 13 (D.D.C. 2012)
James E. McFadden, Inc. v. Bechtel Power Corp., 1986 WL 4195 (E.D.Pa. 1986)
James v. Sun Glass Hut of California, Inc., 799 F.Supp. 1083 (D.Co. 1992)
Johns v. Rozet, 141 F.R.D. 211 (D.D.C. 1992)
Johnson v. Con-Vey/Keystone, Inc., 856 F.Supp. 1443 (D.Or. 1994)
Keating Fibre Intern., Inc. v. Weyerhaeuser Co., Inc., 416 F.Supp.2d 1048 (E.D.Pa. 2006)
Keckley v. Payton, 157 F.Supp. 820 (N.D.W.V. 1958)
Keene Corp. v. United States, 591 F.Supp. 1340 (D.D.C. 1984)
Kirkcaldy v. Richmond County Bd. Of Educ., 212 F.R.D. 289 (M.D.N.C. 2002)

Kuster Laboratories v. Lee, 10 F.R.D. 350 (N.D.Cal. 1950)
LaFollette v. Herron, 211 F.Supp. 919 (E.D.Tn. 1962)
Laverty v. Massad, 661 F.Supp.2d 55 (D.Mass. 2009)
Law Offices of Jerris Leonard, P.C. v. Mideast Systems, Ltd., 111 F.R.D. 359 (D.D.C. 1986)
Lockwood v. Bowles, 46 F.R.D. 625 (D.D.C. 1969)
Lodge 743, Intern. Association of Machinists, AFL-CIO v. United Aircraft Corp., 220 F.Supp. 19 (D.Conn. 1963), cert. denied 380 U.S. 908 (1965)
Longwood Mfg. Corp. v. Wheelabrator Clean Water Systems, Inc., 954 F.Supp. 17 (D.Me. 1997)
Manego v. Orleans Board of Trade, 598 F.Supp. 231 (D.Mass. 1984), cert. denied 475 U.S. 1084 (1986)
Markus v. Dillinger, 191 F.Supp. 732 (E.D.Pa. 1961)
Mattel, Inc. v. MGA Entertainment, Inc., 782 F.Supp.2d 911 (C.D.Cal. 2011)
Mayo Clinic Jacksonville v. Alzheimer's Institute of America, Inc., 683 F.Supp.2d 1292 (M.D.Fla. 2009)
McCarter v. Mitcham, 693 F.Supp. 349 (W.D.Pa. 1988)
McLaughlin v. Bradlee, 599 F.Supp. 839 (D.D.C. 1984)
Medicenters of America, Inc. v. T & V Realty & Equipment Corp., 371 F.Supp. 1180 (E.D.Va. 1974)
Meinrath v. Singer Co., 87 F.R.D. 422 (S.D.N.Y. 1980)
Mercury Insurance Co. v. Verea Ruegg, 12. F.R.Serv. 13a.11, case 2 (S.D.N.Y. 1949)
Meritage Homes Corp. v. Hancock, 522 F.Supp.2d 1203 (D.Az. 2007)
Michigan Tool Co. v. Drummond, 33 F.Supp. 540 (D.D.C. 1938)
Microsoft Corp. v. Ion Technologies Corp., 484 F.Supp.2d 955 (D.Minn. 2007)
Middletown Plaza Associates v. Dora Dale of Middletown, Inc., 621 F.Supp. 1163 (D.Conn. 1985)
Milosavljevic v. Brooks, 55 F.R.D. 543 (N.D.Ind. 1972)
Mitchell v. Richey, 164 F.Supp. 419 (W.D.S.C. 1958)
Montae v. American Airlines, Inc., 757 F.Supp.2d 47 (D.Mass. 2010)
Mosdos Chofetz Chaim, Inc. v. Village Of Wesley Hills, 701 F.Supp.2d 568 (S.D.N.Y. 2010)
Mutual Fire, Marine and Inland Ins. Co. v. Adler, 726 F.Supp. 478 (S.D.N.Y. 1989)
National Patent Development Corp. v. American Hosp. Supply Corp., 616 F.Supp. 114 (S.D.N.Y. 1984)
National Super Spuds, Inc. v. New York Mercantile Exchange, 75 F.R.D. 40 (S.D.N.Y. 1977)
Non-Ferrous Metals, Inc. v. Saramar Aluminum Co., 25 F.R.D. 102 (N.D.Oh. 1960)
Northgate Motors, Inc. v. General Motors Corp., 111 F.Supp.2d 1071 (E.D.Wis. 2000)
Northwest Airlines, Inc. v. International Ass'n of Machinists and Aerospace Workers, 712 F.Supp. 732 (D.Minn. 1989)
O'Connor v. Columbia Gas Transmission Corp., 643 F.Supp.2d 799 (W.D.Va. 2009)
Old Hickory Barge & Fleeting, Inc. v. Barge M-553, 107 F.R.D. 689 (M.D.La. 1985)
Overseas Motors, Inc. v. Import Motors Ltd., 375 F.Supp. 499 (E.D.Mi. 1974), cert. denied 423 U.S. 987 (1975)
Owens v. Blue Tee Corp., 177 F.R.D. 673 (M.D.Ala. 1998)
Partain v. First Nat. Bank of Montgomery, 59 F.R.D. 56 (M.D.Ala. 1973)
Pecore v. Jennie-O Turkey Store, Inc., 2014 WL 49962 (D.Minn. 2014)
Phillips v. Mabus, 894 F.Supp.2d 71 (D.D.C. 2012)

Pitcavage v. Mastercraft Boat Co., 632 F.Supp. 842 (M.D.Pa. 1985)
Porto Transport, Inc. v. Consolidated Diesel Electric Corp., 20 F.R.D. 1 (S.D.N.Y. 1956)
Prestenback v. Employer's Ins. Companies, 47 F.R.D. 163 (E.D.La. 1969)
Rainbow Management Group, Ltd. v. Atlantis Submarines Hawaii, L.P., 158 F.R.D. 656 (D. Hawaii 1994)
Reagan v. Commonwealth Theatres of Puerto Rico, Inc., 300 F.Supp. 676 (D.P.R. 1969)
Reines Distributors, Inc. v. Admiral Corp., 182 F.Supp. 226 (S.D.N.Y. 1960)
Reynolds v. Hartford Acc. & Indem. Co., 278 F.Supp. 331 (S.D.N.Y. 1967)
Rhodes, Inc. v. Morrow, 937 F.Supp. 1202 (M.D.N.C. 1996)
Robinson v. Ariyoshi, 441 F.Supp. 559 (D. Hawaii 1977)
Rosenthal v. Fowler, 12 F.R.D. 388 (S.D.N.Y. 1952)
Santana v. Gallo Bldg. Services, Inc., 2012 WL 6051096 (M.D.Fla. 2012)
Sentry Corp. v. Conal International Corp., 164 F.Supp. 770 (S.D.N.Y. 1958)
SiCap Industries, LLC v. Carpenter, 501 F.Supp.2d 335 (N.D.N.Y. 2007)
Sikora v. AFD Industries, Inc., 18 F.Supp.2d 841 (N.D.Ill. 1998)
Skaro v. Eastern Sav. Bank, 866 F.Supp. 229 (W.D.Pa. 1994)
Slaff v. Slaff, 151 F.Supp. 124 (S.D.N.Y. 1957)
Sokkia Credit Corp. v. Bush, 147 F.Supp.2d 1101 (D.Ks. 2001)
Soni v. Boston Medical Corp., 683 F.Supp.2d 74 (D.Mass. 2009)
Sony Financial Services, LLC v. Multi Video Group, Ltd., 2003 WL 22928602 (S.D.N.Y. 2003)
Sotomura v. County of Hawaii, 460 F.Supp. 473 (D. Hawaii 1978)
St. Paul Fire and Marine Ins. Co. v. Casualty Reciprocal Exchange, 118 F.R.D. 480 (W.D.Ark. 1987)
Steinberg v. St. Paul Mercury Ins. Co., 108 F.R.D. 355 (S.D.Ga. 1985)
Triangle Conduit & Cable Co. v. National Electric Products Corp., 38 F.Supp. 533 (D.De. 1941)
Tri-C Const. Co., Inc. v. Bluegrass Steel Erectors, LLC, 2007 WL 3232568 (E.D.Ky. 2007)
Twardzik v. Sepauley, 45 F.R.D. 529 (E.D.Pa. 1968)
U.S. ex rel. Newsham v. Lockheed Missiles and Space, Co., Inc., 779 F.Supp. 1252 (N.D.Cal. 1991)
U.S. ex rel. Rodriguez v. Weekly Publications, 74 F.Supp. 763 (S.D.N.Y. 1947)
U.S. for Use and Benefit of Allen Const. Corp. v. Verrier, 179 F.Supp. 336 (D.Me. 1959)
U.S. for Use and Benefit of Kashulines v. Thermo Contracting Corp., 437 F.Supp. 195 (D.N.J. 1976)
U.S. v. Raefsky, 19 F.R.D. 355 (E.D.Pa. 1956)
U.S. v. Shafter, 49 F.R.D. 164 (S.D.N.Y. 1969), cert. denied 400 U.S. 827 (1970)
U.S. v. Timber Access Industries Co., 54 F.R.D. 36 (D.Or. 1971)
United Consumers Club, Inc. v. Prime Time Marketing Management, Inc., 2008 WL 150623 (N.D.Ind. 2008)
United Pacific Energy Operations and Consulting, Inc. v. Gas and Oil Technologies, Inc., 2011 WL 4591062 (E.D.Cal. 2011)
United States v. Iron Mt. Mines, 812 F. Supp. 1528 (E.D.Cal. 1993)
United States v. Villanueva, 453 F.Supp. 17 (E.D.Wa. 1978)
Universal Underwriters Ins. Co. v. Security Industries, Inc., 391 F.Supp. 326 (W.D.Wa. 1974)
USM Corp. v. SPS Technologies, Inc., 102 F.R.D. 167 (N.D.Ill. 1984)
UST Capital Corp. v. Charter Nat. Life Ins. Co., 684 F.Supp. 757 (D.Mass. 1986)
Weber v. Weber, 44 F.R.D. 227 (E.D.Pa. 1968)

Wesley v. General Motors Acceptance Corp., 1991 WL 169204 (N.D.Ill. 1991)
Whyte v. PP&G, Inc., 2014 WL 1340194 (D.Md. 2014)
Wigglesworth v. Teamsters Local Union No. 592, 68 F.R.D. 609 (E.D.Va. 1975)
Williams v. Robinson, 1 F.R.D. 211 (D.D.C. 1940)
Youell v. Grimes, 203 F.R.D. 503 (D.Ks. 2001)

4. Sonstige Gerichte

AEY, Inc. v. United States, 114 Fed.Cl. 619 (Fed. Cl. 2014)
American Guaranty Co. v. United States, 401 F.2d 1004 (Ct. Cl. 1968)
Bailey v. United States, 40 Fed.Cl. 449 (Fed. Cl. 1998)
Canned Foods, Inc. v. U.S., 140 F.Supp. 771 (Ct. Cl. 1956)
Container Transport International, Inc. v. United States, 468 F.2d 926 (Ct. Cl. 1972)
K-Con Building Systems, Inc. v. United States, 2014 WL 1348155 (Fed. Cl. 2014)
Larson v. United States, 89 Fed.Cl. 363 (Fed. Cl. 2009)
Rosales v. United States, 89 Fed.Cl. 565 (Fed. Cl. 2009)
Sasso v. Hackett, 2004 WL 1647031 (Terr.V.I. 2004)
Scott v. U.S., 354 F.2d 292, 296 ff. (Ct. Cl. 1965)

II. Einzelstaatliche Gerichte

Adams v. KVWO, Inc., 570 P.2d 458 (Wy. 1977)
Adams v. Pearson, 104 N.E.2d 267 (Ill. 1952)
Aldape v. Akins, 668 P.2d 130 (Id.App. 1983)
Bartlett v. Pullen, 586 A.2d 1263 (Me. 1991)
Beegan v. Schmidt, 451 A.2d 642 (Me. 1982)
Bernhard v. Bank of America National Trust and Savings Association, 122 P.2d 892 (Cal. 1947)
Brown v. Lockwood, 76 A.D.2d 721 (N.Y.App.2 1980)
Brown's Tie & Lumber Co. v. Kirk, 710 P.2d 18 (Id.App. 1985)
Buckmaster v. Platter, 426 N.E.2d 148 (Ind.App. 1981)
Burnett v. Smith, 70 Mass. 50 (Mass. 1855)
Cameron v. Cameron, 68 S.E.2d 796 (N.C. 1952)
Capital Assur. Co., Inc. v. Margolis, 726 So.2d 376 (Fla.App. 1999)
Central Mortg. Co. v. Morgan Stanley Mortg. Capital Holdings LLC, 27 A.3d 531 (De. 2011)
Chandler v. Cleveland Sav. and Loan Ass'n, 211 S.E.2d 484 (N.C.App. 1975)
Chew v. Lord, 181 P.3d 25 (Wa.App. 2008)
City of Chicago v. St. John's United Church of Christ, 935 N.E.2d 1158 (Ill.App. 2010)
Colby v. Umbrella, 955 A.2d 1082 (Vt. 2008)
Coleman v. Coleman, 522 A.2d 1115 (Pa. 1987)
Commonwealth v. Olivo, 369 Mass. 62 (Mass. 1975)
Cook-Reynolds Co. v. Wilson, 214 P. 1104 (Mt. 1923)
Crouch v. Crouch, 193 A.D. 221 (N.Y.App.2 1920)
Danner v. Dillard Department Stores, Inc., 949 P.2d 680 (Ok. 1997)
Davis v. Naugatuck Valle Crucible Co., 130 A. 162 (Conn. 1925)
Del Turco v. Peoples Home Savings Association, 478 A.2d 456 (Pa.Super. 1984)
DeNardo v. State, 740 P.2d 453 (Ak. 1987), cert. denied 484 U.S. 919 (1987)
Destiny 98 TD v. Miodowski, 693 N.W.2d 278 (Ne. 2005)

Dobkin v. Chapman, 21 N.Y.2d 490 (N.Y. 1968)
Doe v. Bd. Of Regents of University of Nebraska, 788 N.W.2d 264 (Ne. 2010)
Estate of Goston v. Ford Motor Co., 898 S.W.2d 471 (Ark. 1995)
Friedman Professional Management v. Norcal Mutual Ins. Co., 15 Cal.Rptr.3d 359 (Cal.App. 2004)
Gardner v. Gardner, 240 S.E.2d 399 (N.C. 1978)
Gareeb v. Weinstein, 390 A.2d 706 (N.J.Super.A.D. 1978)
Goodman v. Benjamin Rutchik, Inc., 171 N.Y.S. 152 (N.Y.App.2 1918)
Granite Bond & Mortgage Corp. v. Hutchins, 233 N.Y.S. 404 (N.Y.App.4 1929)
Greene v. Transport Ins. Co., 169 Ga.App. 504 (Ga.App. 1984)
Gwinnett Commercial Bank v. Flake, 260 S.E.2d 523 (Ga.App. 1979)
Haliburton v. Riley, 589 S.W.2d 821 (Tex.App. 1979)
Harrison v. Nancy Lee Mines, Inc., 714 P.2d 529 (Id.App. 1985)
Hawkeye Foodservice Distribution, Inc. v. Iowa Educators Corp., 812 N.W.2d 600 (Ia. 2012)
Horne v. Woolever, 163 N.E.2d 378 (Oh. 1959), cert. denied 362 U.S. 951 (1960)
House v. Hanson, 72 N.W.2d 874 (Minn. 1955)
Iannacchino v. Ford Motor Co., 888 N.E.2d 879 (Mass. 2008)
Jack v. Foster Branch Homeowner's Ass., Inc., 452 A.2d 1306 (Md.App. 1982)
Jocie Motor Lines v. Johnson, 57 S.E.2d 388 (N.C. 1950)
Johnson's Island, Inc. v. Board of Township Trustees of Danbury Township, 431 N.E.2d 672 (Oh. 1982)
Keller v. Keklikian, 244 S.W.2d 1001 (Mo. 1951)
Kingman v. Draper, 14 Ill.App. 577 (Ill.App. 1884)
Kopp v. Fair Political Practices Commission, 905 P.2d 1248 (Cal. 1995)
Kraushaar v. Zion, 196 Misc. 437 (N.Y.Sup. 1949)
Kress v. Lederle Laboratories, a Div. of American Cyanamid Co., 901 S.W.2d 206 (Mo.App. 1995)
Kret By Kret v. Brookdale Hospital Medical Center, 462 N.Y.S.2d 896 (N.Y.App.2 1983)
Kulchar v. Kulchar, 462 P.2d 17 (Cal. 1969)
Leiendecker v. Asian Women United of Minnesota, 731 N.W.2d 836 (Minn.App. 2007)
London v. City of Philadelphia, 194 A.2d 901 (Pa. 1963)
Loschiavo v. Miranda, 1997 WL 446217 (Conn.Super. 1997)
Malloy v. Trombley, 50 N.Y.2d 46 (N.Y. 1980)
Mathews v. Sniggs, 182 P. 703 (Ok. 1919)
McBurney v. Aldrich, 816 S.W.2d 30 (Tenn.App. 1991)
McCord v. Williams & Love, 2 Ala. 71 (Ala. 1841)
McCurry v. Chevy Chase Bank, FSB, 233 P.3d 861 (Wa. 2010)
McDonald's Corp. v. Levine, 108 Ill.App.3d 732 (Ill.App. 1982)
Meyer v. Vance, 406 P.2d 996 (Ok. 1965)
Mistick Inc. v. City of Pittsburgh, 646 A.2d 642 (Pa. Commw. Ct. 1994)
Mitchell v. Federal Intermediate Credit Bank, 164 S.E. 136 (S.C. 1932)
Murray v. Mansheim, 779 N.W.2d 379 (S.D. 2010)
National Mgt. Corp. v. Adolfi, 277 A.D.2d 553 (N.Y.App.3 2000)
Neil v. Clark, 12 S.E.2d 921 (S.C. 1941)
New Jersey Highway Authority v. Renner, 114 A.2d 555 (N.J. 1955)
Nottingham v. Weld, 377 S.E.2d 621 (Va. 1989)
O'Brien v. O'Brien, 362 Pa. 66 (Pa. 1949)
O'Connor v. Varney, 10 Gray 231 (Mass. 1857)

Ordway v. White, 217 N.Y.S.2d 334 (N.Y.App.4 1961)
Osman v. Gagnon, 876 A.2d 193 (N.H. 2005)
Panniel v. Diaz, 376 N.J.Super. 597 (N.J.Super. 2004)
Paulson v. Oregon Surety & Casualty Co., 70 Or. 175 (Or. 1914)
People ex rel. Dept. of Public Aid v. Santos, 440 N.E.2d 876 (Ill. 1982)
Peregrine Financial Group, Inc. v. Martinez, 305 Ill.App.3d 571 (Ill.App. 1999)
Phoenix Ins. Co. v. Haney, 108 So.2d 227 (Miss. 1959), cert. denied 360 U.S. 917 (1959)
Pitts v. City of Sacramento, 138 Cal.App.4th 853 (Cal.App. 2006)
Powell v. Infinity Ins. Co., 922 A.2d 1073 (Conn. 2007)
Rios v. Davis, 373 S.W.2d 386 (Tex.App. 1963)
Rose v. Household Finance Corp. II, 728 S.E.2d 879 (Ga.App. 2012)
Rowland v. Harrison, 577 A.2d 51 (Md. 1990)
Rynsburger v. Dairymen's Fertilizer Cooperative, Inc., 72 Cal.Rptr. 102 (Cal.App. 1968)
Schoeman v. New York Life Ins. Co., 726 P.2d 1 (Wa. 1986)
Schwabe v. Chantilly, Inc., 226 N.W.2d 452 (Wis. 1975)
Scurlock Oil Co. v. Smithwick, 724 S.W.2d 1 (Tex. 1986)
Signo v. Florida Farm Bureau Casualty Ins. Co., 454 So.2d 3 (Fla.App. 1984)
Smith v. Russell Sage College, 54 N.Y.2d 185 (N.Y. 1981)
Sparrow v. Nerzig, 89 S.E.2d 718 (S.C. 1955)
State ex rel. Schachter v. Ohio Public Employees Retirement Board, 905 N.E.2d 1210 (Oh. 2009)
Stephens v. LPP Mortgage, Ltd., 316 S.W.3d 742 (Tex.App. 2010)
Stoddard v. Treadwell, 26 Cal. 294 (Cal. 1864)
Susquehanna S. S. Co. v. A. O. Andersen Co., 239 N.Y. 285 (N.Y. 1925)
Thomas & Thomas Court Reporters, L.L.C. v. Switzer, 810 N.W.2d 677 (Ne. 2012)
Tirozzi v. Shelby Ins. Co., 719 A.2d 62 (Conn.App. 1998)
Urbanski v. Urbanski, 433 N.Y.S.2d 718 (N.Y. 1980)
Watkins v. Resorts Intern. Hotel & Casino, 591 A.2d 592 (N.J. 1991)
Webb v. Nashville Area Habitat for Humanity, Inc., 346 S.W.3d 422 (Tn. 2011)
Wheat v. Dotson, 12 Ark. 699 (Ark. 1852)
Wickenhauer v. Lehtinen, 734 N.W.2d 855 (Wis. 2007)

B. Deutsche Gerichte

RGZ 11, 423
BGHZ 13, 71 = NJW 1954, 880
BGHZ 26, 391 = NJW 1958, 826
BGHZ 53, 92 = NJW 1970, 425
BGH NJW 1993, 1795
BGHZ 123, 137 = NJW 1993, 2684
BGH NJW 1995, 967
BGHZ 136, 374 = NJW 1998, 161
BGH NJW 2000, 3789
BGH WM 2000, 2107
BGHZ 149, 120 = NJW 2002, 2182
BGHZ 153, 239 = NJW 2003, 1044
BGH NJW 2003, 3058

BGHZ 163, 274 = NJW 2005, 2771
BGH NJW 2007, 1961
BGH NJW 2008, 1227
BGH NJW 2008, 2922
BGHZ 183, 77 = NJW 2010, 2210
BGH NJW 2013, 2358
OLG Düsseldorf, FamRZ 1998, 916
OLG Koblenz, WM 1992, 244
OLG München, BauR 1996, 428
OLG Stuttgart, NJW 2011, 540

C. EuGH

EuGH v. 8.12.1987 – Rs. C-144/86 *(Gubisch/Palumbo)*, NJW 1989, 665
EuGH v. 9.12.2003 – Rs. C-116/02 *(Gasser/MISAT)*, EuZW 2004, 188

Sachregister

Abstention doctrine 235
Affirmative defense siehe Defense
Affirmative relief 79, 82 f.
Amended pleading (Rule 15 FRCP) 76 f., 133 ff.
American Rule (of Costs) 2, 212
Ancillary jurisdiction siehe Zuständigkeit *(supplemental jurisdiction)*
Antisuit injunction 233 f.
Appeal 64 ff.
Aufrechnung, Prozessaufrechnung 83
Aussetzung des Verfahrens 233, 235 f.

Bar (claim preclusion) 18
Beklagtenschutz
- *De lege ferenda* 219 ff.
- *De lege lata* 215 ff.
- Notwendigkeit 207 ff.
- Rechtspolitischer Hintergrund 206

Beweismittel 153 ff.

Claim preclusion 16 ff.
- Ausnahmen 35 ff.
- Historischer Ursprung 17 f.
- Verfahrenskonzentration durch *claim preclusion siehe* Verfahrenskonzentration
- Voraussetzungen 19 ff.

Class action 53, 58, 65, 143 ff., 216 ff.
Collateral estoppel 42
Common law compulsory counterclaim rule
- Tatbestand 91 ff.
- Rechtsfolgendogmatik 93 ff.

Compulsory counterclaim (Rule 13(a) FRCP)
- Ausnahmen 173 ff.
- Derogation 227 f.
- Einzelstaatliches Recht 195 ff.
- Funktion 109 ff.
- Konnexität 145 ff., 215
- Parteibegriff 135 ff., 216 f.
- Rechtsfolgen 188 ff.
- Tatbestand 123 ff.
- Zuständigkeitsbegründung 112 ff.

Consolidation (Rule 42 FRCP) 232, 236
Coparties siehe Streitgenossenschaft
Counterclaim
- Abgrenzung 79 ff., 83 ff.
- Historische Ursprünge 82 f.

Cross-complaint 81 f.

Default judgment siehe Säumnis
Defense 79 ff.
- *Affirmative defense* 80 f.
- *Denial* 79 f.

Deliktische Ansprüche 200, 222 ff.
Derogation *siehe Compulsory counterclaim* (Rule 13(a) FRCP)
Direct estoppel 42
Diversity of citizenship jurisdiction 22, 169
Due process (U.S. Constitution) 19, 24, 165, 182

Endurteil *(claim preclusion, issue preclusion)* 27 f., 43 f.
Estoppel 191 f.
Equity-Aufhebungsklage 72 ff.
Equity Rule 30 109

Fälligkeit 131 f.
*False Claims Act siehe Qui tam-*Verfahren
Federal Common Law 15 f.
Federal Rules of Appellate Procedure 66 f.
Federal Rules of Civil Procedure 104 ff.

Feststellungsklagen 184 ff., 219
Field Code 105
Final judgment rule 65 f.
„First-filed rule" *siehe* Prioritätsprinzip
Forum non conveniens 25, 176, 207 f., 227
Forum shopping 208 f., 222 f.
Fraud 72, 83 f., 90, 98
Full faith and credit clause 13 f., 120

Gerichtsstandsklauseln 188, 225 ff.
Gerichtssystem der USA
– Föderalistische Struktur 13
– Gerichtssystemübergreifende Präklusion 13 ff., 119 ff.
Gesamtschuldner 168

In rem jurisdiction siehe Zuständigkeit
Indispensable party 166
Insolvenzverfahren 177 f.
Interessenausgleich *siehe* Beklagtenschutz
Issue preclusion 39 ff.
– Ausnahmen 51 ff.
– Historischer Ursprung 41 f.
– *Issue* (Begriff) 45 ff.
– *Nonmutual issue preclusion* 62 ff.
– Verfahrenskonzentration durch *issue preclusion siehe* Verfahrenskonzentration
– Voraussetzungen 43 ff.

Judicial Conference of the United States 105 f.
Judicial Improvements Act 114
Judicial estoppel 10

Kernpunkttheorie (EuGH) 157 f.
Klageänderung *siehe Amended pleading*
Konnexität *siehe Compulsory counterclaim*
Kontradiktorisches Gegenteil 95 ff.
Konzentrationsrecht 87 f., 99
Kostenerstattung 197, 219 f.

Laches, doctrine of 72
Last
– Begriff 74
– Verteidigungslast 85 f.
– Widerklagelast 87 f., 91 ff., 104 ff.
– Widerklagelast im deutschen Recht 99 ff.
– zur objektiven Klagehäufung 75 f.
– zur objektiven Widerklagehäufung 88 f.
– zur parteierweiternden Widerklage 140 ff., 216 ff.
– zur Parteihäufung 78
Law of the case 9 f.
Local Rules 106 f.
Logischer Zusammenhang (Konnexität) 155 ff.
Long arm statutes 25

Merger (claim preclusion) 18
Missbrauchspotenzial 118, 207 ff., 219, 230 f.
Motion
– Abgrenzung 123 ff.
– *Motion for relief from judgment* (Rule 60(b) FRCP) 68 ff.
– *Postverdict motions* 69
Mutuality, doctrine of 61 ff.
– *Nonmutual defensive issue preclusion* 62, 78
– *Nonmutual offensive issue preclusion* 62 f., 78

Notice pleading siehe Pleading
Necessary party 166

Operative facts 23, 112, 155 ff., 161 f., 215
Opposing party siehe Compulsory counterclaim (Parteibegriff)

Patentstreitigkeiten 179 f.
Parallelverfahren 230 ff.
– auf Grundlage des *Miller Act* 180 f.
– Instrumente zur Vermeidung 232 ff.
Parteien mit verschiedenen Funktionen 55, 141 ff.
Parteien, nominelle 55 f.
Parteierweiternde Widerklage *siehe* Last
Parteihäufung, notwendige (Rule 19 FRCP) 165 ff.
Parteirollenidentität *(claim preclusion)* 19 f., 43, 88, 94, 152, 194

Pendent jurisdiction siehe Zuständigkeit *(supplemental jurisdiction)*
Permissive counterclaim 5, 108, 133, 196 f.
Personal jurisdiction siehe Zuständigkeit
Plaintiff shopping 63
Pleading 123 ff.
– Common Law Pleading 105
– *Notice pleading* 2 f., 105, 150
Präklusion *siehe Compulsory counterclaim* (Rechtsfolgen)
Pre-trial discovery 2, 47, 70, 84, 128, 150
Primary rights theory 33, 209
Principles of Transnational Civil Procedure (PTCP) 40 f., 146
Prioritätsprinzip 237 ff.
Privity 57 ff., 143 ff., 216 ff.
Prozessführung durch Versicherer 191, 193 f., 201, 221 f.
Prozessführungsverbot *siehe Antisuit injunction*
Prozesskosten 212 ff.
Prozessökonomie 11, 76, 85, 110, 121, 142 f., 211 f., 232 ff.
Prozesspraxis 210
Punitive damages 223, 224 f.

Qui tam-Verfahren 181 f.

„Reactive litigation“ *siehe* Parallelverfahren
Rechtsfrieden 10, 85, 91, 96, 111, 126
Rechtshängigkeit 173 ff., 232
Rechtskraft 9 ff.
– Abgrenzung 9
– Durchbrechung 64 ff.
– Rechtskrafterstreckung auf Dritte 57 ff.
– Formelle Rechtskraft 27 f.
– Zweck 10 ff.
Rechtskraftergänzende Präklusion *siehe Compulsory counterclaim* (Rechtsfolgen)
Rechtspolitik 205 ff.
Recoupment 82 f., 107, 118
Representation 58 f., 143 ff., 216 f.
Restatement (Second) of Judgments 18
Review de novo 67 f.
Rule 13 FRCP *siehe Compulsory counterclaim*
Rules Enabling Act 31, 105, 193

Sachurteil *(claim preclusion)* 28 ff., 44 f.
Saldierungsfälle 100 ff.
Säumnis
– Anwendbarkeit von Rule 13(a) FRCP 126 f.
– „Flucht in die Säumnis“ 228 ff.
– Rechtskraftwirkung 29 f.
Schiedsklauseln 187, 225 f.
Set-off 82 f., 107
„Splitting of the claim“ 18, 36, 86, 181
Stare decisis 9
Streitgegenstand 31 ff., 145 ff.
Streitgenossenschaft 56, 136 f.
Streitwertgrenze 22, 212 ff., 220 f.
Subject matter jurisdiction siehe Zuständigkeit
Summary judgment 125, 212
Supplemental pleading (Rule 13(e) FRCP) 133 ff.

Tatsachen, entscheidungserhebliche 50 f., 160 ff.
Territorialitätsprinzip 119 f.
Third-party practice (Rule 14 FRCP) 137 ff.
„Torpedoklagen“ 185 f., 219
Transaction siehe Streitgegenstand
Transfer (28 USC § 1404) 232
Truth in Lending Act 183
„Twiqbal“ (Entscheidungen des *U.S. Supreme Court*) 129 ff.

Unterhaltstitel, Abänderung von 102 f.

Venue siehe Zuständigkeit
Verfahrenskonzentration
– Ausgleich struktureller Nachteile 207 ff.
– *Claim preclusion* 75 f., 79 ff.
– *Issue preclusion* 77 ff., 97 f.
– Leitgedanke des US-amerikanischen Zivilprozesses 206 f.

Verjährung
– Einrede 81
– Einzelstaatliches Recht 199
– Hemmung durch Klageerhebung 117 f.
Voluntary dismissal 31

Waiver 191 f.
Widerklagelast *siehe* Last
Widerklageprivileg 99
Wirksames Urteil *(claim preclusion, issue preclusion)* 21 ff., 43
Writ 105

Zugewinnausgleichsforderung 100 f.
Zuständigkeit
– *In rem jurisdiction* 17, 24, 176 f.
– *Personal jurisdiction* 24 ff., 116 f.
– *Subject matter jurisdiction* 21 ff., 112 ff.
– *Supplemental jurisdiction* 23, 112 ff.
– *Venue* 21, 116 f.
Zustellung 26, 117, 123 f., 131, 174
Zwischenfeststellungs(wider)klage 40

Veröffentlichungen zum Verfahrensrecht

Herausgegeben von Rolf Stürner

Alphabetische Übersicht

Adloff, Daniel: Vorlagepflichten und Beweisvereitelung im deutschen und französischen Zivilprozess. 2007. *Band 46.*

Andrews, Neil: The Modern Civil Process. 2008. *Band 50.*

Atteslander-Dürrenmatt, Agnes H.: Der Prozessvergleich im internationalen Verhältnis. 2006. *Band 41.*

Bargen, Jan Malte von: Gerichtsinterne Mediation. 2008. *Band 57.*

Baumgärtner, Samuel P.: The Proposed Hague Convention on Jurisdiction and Foreign Judgments. 2003. *Band 32.*

Beckhaus, Gerrit M.: Die Bewältigung von Informationsdefiziten bei der Sachverhaltsaufklärung. 2010. *Band 69.*

Bender, Hans-Udo: Merkmalskombinationen in Aussagen. 1987. *Band 2.*

Berentelg, Maria: Die *Act of State*-Doktrin als Zukunftsmodell für Deutschland? 2010. *Band 68.*

Bergmeister, Felix: Kapitalanleger-Musterfahrensgesetz (KapMuG). 2009. *Band 60.*

Bernhard, Jochen: Kartellrechtlicher Individualschutz durch Sammelklagen. 2010. *Band 72.*

Bertele, Joachim: Souveränität und Verfahrensrecht. 1998. *Band 20.*

Böning, Daniela: Grundpfandrechte in Deutschland und den USA. 2011. *Band 78.*

Bohnert, Joachim: Ordnungswidrigkeiten und Jugendrecht. 1989. *Band 4.*

Bosch, Wolfgang: Rechtskraft und Rechtshängigkeit im Schiedsverfahren. 1991. *Band 5.*

Brenner, Harald: Die strafprozessuale Überwachung des Fernmeldeverkehrs mit Verteidigern. 1994. *Band 11.*

Breyer, Michael: Kostenorientierte Steuerung des Zivilprozesses. 2006. *Band 42.*

Bruns, Alexander: Informationsansprüche gegen Medien. 1997. *Band 16.*

– / *Münch, Joachim / Stadler, Astrid* (Hg.): Die Zukunft des Zivilprozesses. 2014. *Band 101.*

Dittmer, Jana: Die Feststellung der Zahlungsunfähigkeit von Gesellschaften mit beschränkter Haftung. 2013. *Band 94.*

El-Ghazi, Mohamad: Die Zuordnung von Gesetzesverletzungen zu Sach- und Verfahrensrüge in der strafprozessualen Revision. 2014. *Band 100.*

Engel, Martin: Collaborative Law. 2010. *Band 76.*

Fiedler, Lilly: Class Actions zur Durchsetzung des europäischen Kartellrechts. 2010. *Band 66.*

Foerster, Max: Transfer der Ergebnisse von Strafverfahren in nachfolgende Zivilverfahren. 2008. *Band 53.*

Fredriksen, Halvard H.: Europäische Vorlageverfahren und nationales Zivilprozessrecht. 2009. *Band 64.*

– (Hg.): siehe *Lipp, Volker.*

Gärditz, Klaus: Strafprozeß und Prävention. 2003. *Band 31.*

Glaser, Michael: Der Rechtsschutz nach § 98 Abs. 2 Satz 2 StPO. 2008. *Band 54.*

Glunz, Benjamin: Psychologische Effekte beim gerichtlichen Einsatz von Videotechnik. 2012. *Band 88.*
Görtz-Leible, Monika: Die Beschlagnahmeverbote des § 97 Abs. 1 StPO im Lichte der Zeugnisverweigerungsrechte. 2000. *Band 24.*
Grawe, Stefan: Die strafprozessuale Zufallsverwendung. 2008. *Band 52.*
Hager, Guenter: Konflikt und Konsens. 2001. *Band 26.*
Hauck, Gerswith: ‚Schiedshängigkeit' und Verjährungsunterbrechung nach § 220 BGB. 1996. *Band 15.*
Hauck, Pierre: Heimliche Strafverfolgung und Schutz der Privatheit. 2014. *Band 102.*
Heese, Michael: Gläubigerinformation in der Insolvenz. 2008. *Band 56.*
Heiß, Thomas A.: Anerkenntnis und Anerkenntnisurteil im Zivilprozess. 2012. *Band 89.*
Holterhus, Till Patrik: Beweisführung in der Europäischen Fusionskontrolle. 2014. *Band 104.*
Hübner, Rudolf: Ausländisches Recht vor deutschen Gerichten. 2014. *Band 105.*
Illmer, Martin: Der Arglisteinwand an der Schnittstelle von staatlicher Gerichtsbarkeit und Schiedsgerichtsbarkeit. 2007. *Band 47.*
Jacoby, Florian: Der Musterprozeßvertrag. 2000. *Band 22.*
Jocksch, Christian: Das Freigabeverfahren gem. § 246a AktG im System des einstweiligen Rechtsschutzes. 2013. *Band 96.*
Keil, Ulrich: Die Systematik privatrechtlicher Rechtsprechungsänderungen. 2007. *Band 49.*
Kern, Christoph: Justice between Simplification and Formalism. 2007. *Band 45.*
Kimmerle, Maximiliane: Befriedigungsverfügungen nach Art. 24 EuGVÜ/31 EuGVO. 2013. *Band 98.*
Kleinheisterkamp, Daniela: Kreditwesengesetz und Strafverfahren. 2010. *Band 75.*
Kleinheisterkamp, Thomas: Prozessführung über gepfändete Geldforderungen. 2001. *Band 25.*
Koch, Birgit: Rechtsschutz durch Gegendarstellung in Frankreich und Deutschland. 1995. *Band 13.*
Kofmel Ehrenzeller, Sabine: Der vorläufige Rechtsschutz im internationalen Verhältnis. 2005. *Band 39.*
Kohler, Marius: Die Entwicklung des schwedischen Zivilprozeßrechts. 2002. *Band 29.*
Koshiyama, Kazuhiro: Rechtskraftwirkungen und Urteilsanerkennung nach amerikanischem, deutschem und japanischem Recht. 1996. *Band 14.*
Kranjčić, Christian: „... dass er treu und gewissenhaft übertragen werde." 2010. *Band 70.*
Krause, Rainer: Urteilswirkung gegenüber Dritten im US-amerikanischen Zivilprozeßrecht. 1994. *Band 10.*
Kuhn, Tomas: Ersatzaussonderungsrecht und Drittwiderspruchsklage. 2008. *Band 55.*
Kwaschik, Annett: Die Parteivernehmung und der Grundsatz der Waffengleichheit im Zivilprozeß. 2004. *Band 35.*
Lames, Peter: Rechtsfortbildung als Prozeßzweck. 1993. *Band 9.*
Landbrecht, Johannes: Teil-Sachentscheidungen und Ökonomie der Streitbeilegung. 2012. *Band 90.*
Lange, Sonja: Das begrenzte Gruppenverfahren. 2011. *Band 80.*
Lipp, Volker / Fredriksen, Halvard H. (Hg.): Reforms of Civil Procedure in Germany and Norway. 2011. *Band 83.*
Lüke, Wolfgang: Die Beteiligung Dritter im Zivilprozeß. 1993. *Band 8.*
Majer, Christian F.: Die Räumungsvollstreckung und ihre effektive Durchsetzung. 2012. *Band 85.*

Mantzouranis, Ioannis: Die notwendige Streitgenossenschaft im Zivilprozess. 2013. *Band 99.*

Marotzke, Wolfgang: Von der schutzgesetzlichen Unterlassungsklage zur Verbandsklage. 1992. *Band 6.*

Mayer, Claudia: Sicherheitsleistung durch Bankbürgschaft im Zivilprozess. 2009. *Band 62.*

McGuire, Mary-Rose: Verfahrenskoordination und Verjährungsunterbrechung im Europäischen Prozessrecht. 2004. *Band 34.*

Mencke, Christian: Die zivilprozessuale Beiladung im Klageverfahren gem. § 148 AktG. 2012. *Band 92.*

Miras, Antonio: Die Entwicklung des spanischen Zivilprozeßrechts. 1994. *Band 12.*

Möbius, Simon: Das Prinzip der Rechtsschutzgleichheit im Recht der Prozesskostenhilfe. 2014. *Band 103.*

Mom, Andreas: Kollektiver Rechtsschutz in den Niederlanden. 2011. *Band 81.*

Mossler, Sven F.: Beschleunigter Rechtsschutz für Zahlungsgläubiger in Europa. 2004. *Band 38.*

Müller, Henning Ernst: Behördliche Geheimhaltung und Entlastungsvorbringen des Angeklagten. 1992. *Band 7.*

Münch, Joachim: siehe *Bruns, Alexander.*

Muthorst, Olaf: Das Beweisverbot. 2009. *Band 59.*

Neyses, Andrea: Die Insolvenzanfechtung in Mehrpersonenverhältnissen. 2012. *Band 93.*

Niedermaier, Tilman: Schieds- und Schiedsverfahrensvereinbarungen in strukturellen Ungleichgewichtslagen. 2013. *Band 97.*

Niehoff, Gerrit Cornelius: Verfahrenskonzentration durch *compulsory counterclaims* in den US-amerikanischen Zivilprozessordnungen. 2014. *Band 106.*

Niklas, Boris: Die subjektive Reichweite von Schiedsvereinbarungen. 2008. *Band 51.*

Norouzi, Ali B.: Die audiovisuelle Vernehmung von Auslandszeugen. 2010. *Band 74.*

Oepen, Klaus: Massefremde Masse. 1999. *Band 21.*

Otte, Karsten: Umfassende Streitentscheidung durch Beachtung von Sachzusammenhängen. 1998. *Band 19.*

Pflughaupt, Matthias: Prozessökonomie. 2011. *Band 82.*

Putzke, Christina: Rechtsbeugung in Kollegialgerichten. 2012. *Band 91.*

Quast, Anna: Rechtskräftiger Titel des Zedenten und Schutz des Schuldners. 2009. *Band 63.*

Reichenbach, Sandy B.: § 1004 BGB als Grundlage von Beweisverboten. 2004. *Band 37.*

Reischl, Klaus: Die objektiven Grenzen der Rechtskraft im Zivilprozeß. 2002. *Band 28.*

Riepl, Frank: Informationelle Selbstbestimmung im Strafverfahren. 1998. *Band 17.*

Rink, Florian: Die Sicherheit von Grundpfandrechten in Deutschland und England. 2006. *Band 43.*

Ritz, Philipp: Die Geheimhaltung im Schiedsverfahren nach schweizerischem Recht. 2007. *Band 48.*

Rott, Thilo: Vereinheitlichung des Rechts der Mobiliarsicherheit. 2000. *Band 23.*

Sawang, Judith: Geheimhaltung und rechtliches Gehör im Schiedsverfahren nach deutschem Recht. 2010. *Band 77.*

Schafft, Thomas: Selektion von Rechtsmittelverfahren durch gesetzliche Zugangsbeschränkungen. 2005. *Band 40.*

Scheuermann, Isabel: Internationales Zivilverfahrensrecht bei Verträgen im Internet. 2004. *Band 36.*

Schmidt, Andreas: Der Beweis des Versicherungsfalls im deutschen, U.S.-amerikanischen und englischen Recht. 2011. *Band 84.*

Schnabl, Daniel: Die Anhörungsrüge nach § 321a ZPO. 2007. *Band 44.*
Schwabenbauer, Peter: Der Zweifelssatz im Strafprozessrecht. 2012. *Band 87.*
Schwieren, Friederike: Die Kostenbelastung des Gläubigers bei der Räumungsvollstreckung. 2010. *Band 65.*
Sepperer, Sophia: Der Rechtskrafteinwand in den Mitgliedstaaten der EuGVO. 2010. *Band 67.*
Spernath, Valentin: Die Schutzschrift in zivilrechtlichen Verfahren. 2009. *Band 58.*
Spohnheimer, Frank: Gestaltungsfreiheit bei antezipiertem Legalanerkenntnis des Schiedsspruchs. 2010. *Band 71.*
Stadler, Astrid: Der Schutz des Unternehmensgeheimnisses im deutschen und U.S.-amerikanischen Zivilprozeß und im Rechtshilfeverfahren. 1989. *Band 3.*
–: siehe *Bruns, Alexander.*
Städtler, Hans Jörg: Grundpfandrechte in der Insolvenz. 1998. *Band 18.*
Stürner, Rolf: Die richterliche Aufklärung im Zivilprozeß. 1982. *Band 1.*
Timmerbeil, Sven: Witness Coaching und Adversary System. 2004. *Band 33.*
Toepel, Friedrich: Grundstrukturen des Sachverständigenbeweises im Strafprozeßrecht. 2002. *Band 27.*
Weber, Michael: Europäisches Zivilprozessrecht und Demokratieprinzip. 2009. *Band 61.*
Weichbrodt, Johannes: Der verbotene Beweis im Straf- und Zivilprozess. 2012. *Band 86.*
Wendenburg, Felix: Der Schutz der schwächeren Partei in der Mediation. 2013. *Band 95.*
Winker, Monika: Die Missbrauchsgebühr im Prozessrecht. 2011. *Band 79.*
Ziegert, Kathrin: Die Interventionswirkung. 2003. *Band 30.*
Zwickel, Martin: Bürgernahe Ziviljustiz: Die französische juridiction de proximité aus deutscher Sicht. 2010. *Band 73.*

Mohr Siebeck · Postfach 2040 · D–72010 Tübingen.
Neueste Informationen im Internet unter www.mohr.de